Dan Raviv und Yossi Melman

Die Geschichte des Mossad

Aufstieg und Fall
des israelischen Geheimdienstes

Aus dem Englischen von
Uta Haas

Deutsche Erstausgabe

WILHELM HEYNE VERLAG
MÜNCHEN

HEYNE SACHBUCH
Nr. 19/225

Titel der Originalausgabe:

EVERY SPY A PRINCE

Redaktion: Stefan Braun

Copyright ©1990 by Dan Raviv and Yossi Melman
Copyright © 1992 der deutschen Ausgabe
by Wilhelm Heyne Verlag GmbH & Co. KG, München
Printed in Germany 1992
Umschlaggestaltung: Atelier Adolf Bachmann, Reischach
Herstellung: H + G Lidl, München
Satz: Fotosatz Völkl, Puchheim
Druck und Verarbeitung: Pressedruck, Augsburg

ISBN 3-453-05805-4

PROLOG

»Und der Herr redete mit Mose und sprach:
Sende Männer aus, daß sie das Land Kanaan
erkunden, das ich den Kindern Israel geben will,
aus jeglichem Stamm ihrer Väter einen Prinzen.«

4. Mose Kap. 13: 1—2

Der Überfall des Irak auf Kuwait am 2. August 1990 stürzte Israel, die USA und die übrige internationale Völkergemeinschaft in eine Krise. Bevor die Geheimdienste einschätzen konnten, was tatsächlich geschah, war der blitzartige Vorstoß über die Grenze bereits abgeschlossen. Innerhalb von Stunden war Kuwait von seinem weit mächtigeren Nachbarn unterworfen worden. Die Invasion bestätigte eine simple Tatsache: Überraschungen verursachen Krisen.

Die Nachrichtendienste einer jeden Regierung haben die Aufgabe, derartige Überraschungen zu verhindern. Und so verlangte Präsident George Bush – ehemals selbst Direktor der Central Intelligence Agency (CIA) – vom US-Geheimdienst umgehend eine Erklärung, was genau passiert war und wie man das Geschehene rückgängig machen könnte.

Die CIA überprüfte die vorhandenen schriftlichen Unterlagen sowie die in den Computern gespeicherten Daten über den Irak und seinen Präsidenten Saddam Hussein. Das Resultat: Das Material war ziemlich dürftig. Trotz ihrer enormen technischen Möglichkeiten wie der Satellitenaufklärung, der Nutzung hochentwickelter Radarflugzeuge und der Überwachung des Telefon- und Funkverkehrs hatten die USA keine Ahnung, warum Saddam in Kuwait einmarschiert war und was er als nächstes tun würde.

Die CIA war gezwungen, sich an die vor Ort ansässigen Experten zu wenden. Sie besaßen die genauesten Dateien über alle arabischen Länder, sie verfügten über die längsten Erfahrungen in der Einschätzung der Absichten ihrer Feinde, und sie waren bereits im Besitz eines Systems für den Austausch von Informationen. Logische Konsequenz der Amerikaner: Sie wandten sich an den israelischen Nachrichtendienst.

Von der ersten Stunde an hatte sich der Staat Israel den Ruf erworben, auf dem Felde der Spionage sowie bei geheimdienstlichen Aktionen besonders erfolgreich zu sein.

Für Premierminister David Ben-Gurion und seine Kollegen, die imMai 1948 Israel für unabhängig erklärten, stand von Anfang an fest, daß sie bei ihrem Kampf ums Überleben die Unterstützung eines erstklassigen Nachrichtendienstes benötigten. Ihr Land war zwar eines der kleinsten dieser Erde, mußte aber den tüchtigsten Geheimdienst in der ganzen Welt aufbauen.

Sein damaliger Anführer Ben-Gurion ging, 3200 Jahre nachdem Moses auf Gottes Geheiß zwölf hervorragende Israeliten ausgesandt hatte, das Gelobte Land auszukundschaften, daran, einen modernen jüdischen Staat zu schaffen. Auch die Gruppe um Ben-Gurion stellte auf der Suche nach den »Prinzen« des jüdischen Volkes strenge Anforderungen an ihre ersten Geheimagenten: Sie mußten aus Patriotismus und nicht des persönlichen Vorteils wegen handeln. Sie sollten die besten Seiten der israelischen Gesellschaft repräsentieren und nicht ihre schlechtesten. Sie mußten sich dem Grundsatz absoluter Selbstbeherrschung unterwerfen – was in der israelischen Armee als »Reinheit der Waffen« bezeichnet wird – und durften sich keineswegs als schießwütige »Helden« aufspielen, die sich durch Blutvergießen hervortaten. Und sie mußten sich jederzeit bewußt sein, daß sie eine Demokratie verteidigten und keinen diktatorischen Staat, der skrupellos seine Feinde im eigenen Land wie jenseits der Grenzen vernichtete. Israel beschäftigt mehr als 10 000 Mitarbeiter in seinen Nachrichtendiensten, und sicherlich kann nicht jeder ein Prinz oder eine Prinzessin sein. Aber sie können versuchen, es zu werden. Und eben dies verlangten die Gründungsväter des Staates von ihnen.

»Der menschliche Faktor ist der größte und entscheidendste für unsere Gesellschaft und unsere Geheimdienste«, erklärte Meir Amit[1], ein ehemaliger Leiter der Auslandsspionageagentur Mossad.

Wenn wir die Frage stellen, ob Israels Spione den Test bestanden haben, so sollten wir uns gleichermaßen mit den Nachrichtendiensten der USA und anderer demokratisch regierter Länder beschäftigen. Für uns unsichtbar, leben Spione und Gegenspione mitten unter uns. Der Geheimdienst, der den Präsidenten schützt, ist winzig im Vergleich zu der Zahl der Geheimagenten, die uns alle umgeben. Mit Sicherheit gibt es in Amerika ausländische Spione, deren Tätigkeiten als unvermeidbar hingenommen werden, solange sie nicht zu weit gehen. Amerikas Sicherheitsdienste arbeiten in den USA wie in Übersee, um sowjetische Spionageringe aufzudecken, den internationalen Terrorismus zu bekämpfen und – im weitesten Sinn – Amerikas nationale Interessen zu schützen.

Ist der Arbeitgeber eines Agenten ein demokratisch regierter Staat, so wird unterstellt, daß das Spiel bestimmten Regeln unterliegt. Die CIA und ihr britischer, französischer, deutscher oder italienischer Gegenpart müssen die Sicherheit ihrer Nationen gegen Feinde verteidigen, die ihre Wertvorstellungen nicht teilen. Dennoch erwartet man von ihnen, daß sie bei ihrer Arbeit nicht menschliche oder bürgerliche Rechte verletzen, zu deren Verteidigung sie angetreten sind.

Zwischen Demokratie und geheimer Verteidigung scheint ein innerer Widerspruch zu bestehen. Aber die USA und die meisten ihrer Verbündeten haben bewiesen, daß eine offene, auf Freiheit und Bürgerrechte gegründete Gesellschaft vor ihren Feinden durch eine verdeckt arbeitende Gruppe geschützt werden kann – durch die Nachrichtendienste. Allerdings: Die Ehe verlief nicht immer reibungslos.

Als in Amerika die Verletzung ziviler Rechte durch CIA und FBI, die Watergate-Einbrecher und andere Mitglieder der Geheimdienste entdeckt wurde, waren Gerichte, Kongreß und Medien mächtig genug, die Kontrolle wiederherzustellen. Verdeckte Operationen zum Nutzen der mächtigsten Demokratie der Welt bleiben umstritten. Sie sind jedoch mittels einer verstärkten Aufsicht durch den Kongreß und das wachsende Mißtrauen der Öffentlichkeit gegenüber der CIA inzwischen weniger geworden.

Die amerikanischen und britischen Nachrichtendienste hatten sogar mit Nachwuchssorgen zu kämpfen. Kaum jemand will für einen staatlichen Dienst arbeiten, von dem man nur wenig versteht, der aber von vielen geringgeschätzt wird. In den USA wie in anderen Staaten ist es schwierig, den durch die jüngsten Skandale angerichteten Schaden wieder auszubügeln. Menschen, die es gewohnt sind, im Schatten der Geheimhaltung zu operieren, entwickeln selten einen Instinkt für Öffentlichkeitsarbeit.

Israel bildet in vieler Hinsicht eine Ausnahme. So in der überwältigenden Unterstützung seiner Nachrichtendienste durch die

Bevölkerung, die so wenig über sie weiß. Trotz des permanenten Kriegszustandes konnten die Israelis in der Regel nachts ruhig schlafen in dem Vertrauen, daß sie sowohl von einer schlagkräftigen Armee als auch einem erstklassigen Geheimdienst verteidigt würden.

Eine geheime CIA-Studie, die von jenen militanten Moslems entdeckt und veröffentlicht wurde, die 1979 die amerikanische Botschaft in Teheran besetzten, kam zu dem Schluß: »Israels Spionage- und Sicherheitsdienste gehören zu den besten der Welt. Dank ihres sachverständigen Personals und ihrer ausgeklügelten Techniken arbeiten sie höchst effektiv. Sie verfügen über eine außerordentliche Fähigkeit im Organisieren, Abschirmen und Auswerten von Informationen, die sie von angeworbenen Agenten, jüdischen Gemeinden und anderen Informanten in der ganzen Welt erhalten.«

Der Höhepunkt des Erfolges wurde 1967 mit dem überwältigenden Triumph Israels im Sechstagekrieg erreicht – ein Verdienst seines erstklassigen Nachrichtendienstes. Das spätere Versagen bei der Voraussage des Yom-Kippur-Krieges 1973 mit Ägypten und Syrien, der die Israelis an ihrem höchsten jüdischen Feiertag überraschte, betrachtete man als Ausrutscher. Ihren schon beinahe legendären Ruf gewannen die Geheimdienste 1976 mit der Rettung der entführten Passagiere auf dem Flughafen von Entebbe im fernen Uganda zurück, die durch einen Sondertrupp der Armee erfolgreich abgeschlossen wurde.

Die 80er Jahre brachten jedoch in der Auffassung wie in der Arbeitsweise der Geheimdienste einschneidende Veränderungen. Israel hatte neue Führer, die den Geheimdiensten verwegene Aufgaben übertrugen, ohne ihnen die Zügel bürokratischer Kontrolle anzulegen. Persönliche Rivalitäten und Ambitionen prallten innerhalb der Nachrichtendienste aufeinander, und viele verließen die »Geheimbruderschaften«, um anderweitig ihr Glück zu suchen.

Für Israel war es ein Jahrzehnt der Herausforderungen, und die Nachrichtendienste waren aufgerufen, dem Staat beim Überleben zu helfen. Die Invasion im Libanon 1982 erzwang zwar den Abzug der palästinensischen Guerillas, lief anschließend aber aus dem Ruder. Sicherheitsbeamte, die sich einen geradezu legendären Ruf in der Bekämpfung des Terrorismus erworben hatten, wurden dabei erwischt, wie sie Gefangene während des Verhörs erschossen und sich anschließend herauszulügen versuchten. Die USA und der Iran verhandelten über ein Geschäft »Waffen gegen Geiseln«. Da der Mossad von den Gesprächen ausgeschlossen war, sah er schlicht zu, wie die Sache ans Licht kam und schiefging. Ein Techniker der höchst geheimen Atomanlage in Dimona verstieß gegen sämtliche Sicherheitsbestimmungen, fotografierte das Gelände und verkaufte seine Geschichte an die ausländische Presse. Er »überließ« es einem betretenen Geheimdienst, das Risiko einzugehen, ihn aus Europa nach Israel zu entführen.

Ende der 80er Jahre meinte ein kurz zuvor in den Ruhestand getretener israelischer Agent: »Wir haben uns mit der CIA-Krankheit angesteckt. Den Mossad und Shin Bet scheint niemand mehr zu lieben. Aber wir haben uns immer sicherer und tüchtiger gefühlt, als die gesamte Nation hinter uns stand.«

Im Gegensatz zur CIA werden Israels Geheimdienste nach außen hin so vollkommen abgeschirmt, daß sie nicht einmal einen offiziellen Sprecher für die Öffentlichkeitsarbeit haben. Nach dem Vorbild der USA im Watergate-Skandal zehn Jahre zuvor traten auch in Israel Politiker und Presse für eine größere Offenheit und mehr Diskussionen über die Aktionen der Geheimdienste ein. Viele Mitglieder der Regierung und des sogenannten Verteidigungs-Establishments waren nur sehr ungern bereit, irgend etwas aufzudecken. Andere dagegen vertraten die Meinung, daß die Beantwortung zumindest einiger Fragen helfen könnte, das Vertrauen der Öffentlichkeit in seine verborgenen Verteidiger wiederherzustellen.

Vor kurzem nun hat ein speziell ernanntes Mossad-Team eine umfangreiche offizielle Geschichte des Dienstes erarbeitet. Aber das Dokument wurde als »top-secret« eingestuft und wird in den Archiven des Mossad verwahrt. Hier kann es von den Rekruten im Rahmen ihrer zweijährigen Ausbildung sowie von ehemaligen Mitarbeitern eingesehen werden, falls sie eine moralische Aufrüstung brauchen. Zur Veröffentlichung ist es nicht bestimmt.

Die Enthüllung der vollständigen Geschichte der israelischen Nachrichtendienste bleibt daher eine inoffizielle Mission von Zivilisten, die von außen sondieren müssen. Dieser Prozeß rührt an viele bloßliegende Nerven, reißt vernarbte Wunden wieder auf und bringt das Negative wie das Positive der vergangenen

42 Jahre ans Licht. Die komplette Geschichte, in der viele Dinge zum erstenmal, andere erstmals im Detail erzählt werden, beweist mit Sicherheit eines: daß auch Israels Spione nur Menschen sind.

Dies scheint eine Selbstverständlichkeit zu sein. Aber die außergewöhnliche Publizität, die Israels erfolgreiche und vermeintlich geheime Heldentaten erhielten, ließ den Mythos der Unbesiegbarkeit und Allwissenheit entstehen. Der Nachrichtendienst, in erster Linie bestehend aus dem Mossad (für Operationen im Ausland), Shin Bet (zuständig für die Sicherheit im Inneren) und Aman (dem militärischen Abschirmdienst), hat Fehler gemacht, zugleich jedoch dafür gesorgt, daß die Öffentlichkeit nichts darüber erfuhr. Es hat sogar noch weitere Geheimdienstorganisationen gegeben, deren Existenz oder Namen nie öffentlich bekannt geworden sind.

Auch wenn wir akzeptieren, daß israelische Geheimagenten nur Menschen sind, dürfen wir angesichts ihrer persönlichen Hintergründe und Karrieren dennoch die »Schwarz-Weiß-Frage« stellen, ob sie Helden oder Verbrecher sind. Zur Wahl zwischen diesen beiden Extremen gezwungen, müssen wir doch wohl feststellen, daß die meisten von ihnen Helden waren.

Dies ist allerdings nicht die ganze Wahrheit. Würde man die Ausnahmen nicht erwähnen – die Strolche und Versager –, so würde niemand verstehen, warum diese Männer und Frauen versehentlich angeworben wurden, noch, wie man nach ihrer Bloßstellung mit ihnen verfuhr. Israels Geheimdienstchefs waren höchst betroffen, als ihnen die Suche nach den Mutigen und Fähigen auch korrupte und eitle Mitarbeiter bescherte.

Wer die hohen Standards der Gründer der Nachrichtendienste verletzt hatte, wurde hart bestraft. Diese Standards wurden von Anfang an, seit dem Jahr 1948, durchgesetzt. Als der erste Direktor des militärischen Abschirmdienstes sich innerhalb weniger Monate als ungeeignet erwies, wurde er von Ben-Gurion sofort aus seinem Amt entfernt. Der verdammte dabei nachdrücklich die Folterungen und Morde, deren dieser Mann beschuldigt wurde.

Die Arbeit der Agenten ist oft nur schwer zu überwachen, da sie häufig außerhalb der Grenzen Israels eingesetzt werden. Nicht alles, was sie tun, kann kontrolliert werden. Für den »König« und seinen »Hof« in Israel ist es nahezu unmöglich, sicherzustellen, daß sich alle Spione wie »Prinzen« benehmen. Schlimmer noch: Selbst wenn eine Verfehlung vorlag, war häufig nicht festzustellen, wer dafür verantwortlich war. »Wer gab den Befehl?« und »Ich nicht« waren immer wiederkehrende Refrains in der Geschichte der israelischen Nachrichtendienste.

So wollte auch 1951 niemand die Verantwortung für das Versagen des Spionagenetzes im Irak übernehmen. 1954 folgten anonyme und bittere Fingerzeige auf den Zusammenbruch einer Sabotageaktion in Ägypten, die von der zensierten israelischen Presse schlicht als »Esek Bish«, hebräisch für »faules Geschäft«, tituliert wurde. Im Ausland wurde das politische Debakel als »Lavon-Affäre« bekannt, weil Pinkas Lavon als Verteidigungsminister zurücktreten mußte, nachdem die von den Israelis trainierten Saboteure gefaßt worden waren. Lavon hat sich jedoch stets geweigert, für diesen »Unfall« die Verantwortung zu übernehmen, und seitdem belasten Beschuldigungen und Gegenbeschuldigungen die Akten des israelischen Geheimdienstes.

Mit mehr Erfolg wurde 1965 der Mord an einem unbekannten marokkanischen Dissidenten aufgeklärt. Wiederum wollte kein »Prinz« oder ein anderes königliches Mitglied der israelischen Verteidigung die Verantwortung für die Beteiligung des Mossad übernehmen. Zwar bekannte sich Marokkos eigener Geheimdienst zu der Tat in Frankreich, aber es steht fest, daß auch israelische Agenten beteiligt waren. Heute wird nicht mehr darüber gesprochen, zwischen den Geheimdienstchefs und den Spitzenpolitikern blieb jedoch ein Gefühl der Bitterkeit.

Die Frage nach der Verantwortlichkeit kam abermals auf den Tisch, als der Geheimdienst 1973 bei der Voraussage des Yom-Kippur-Krieges versagte.

Von den Arabern überrascht und zum Rückzug gezwungen, hätte Israel um ein Haar seinen ersten Krieg verloren. Als an der Front wieder Ruhe herrschte, gingen in Jerusalem die Kämpfe in den Ausschüssen weiter. Zwar stellte sich die Untersuchungskommission vor Premierministerin Golda Meir und andere Politiker, indem sie in erster Linie Aman Unfähigkeit vorwarf. Der israelischen Öffentlichkeit genügte es jedoch nicht, auf einen unsichtbaren Geheimdienst wütend zu sein. Golda Meir und ihr Verteidigungsminister Moshe Dayan mußten zurücktreten.

In den 80er Jahren wurde der Trend, die Verantwortung abzuschieben, noch stärker. Angeblich hatte man die hierarchischen

Strukturen verstärkt, aber die Nachrichtendienste wurden immer häufiger in Skandale verwickelt. Statt jedoch für eine Klärung der Vorfälle zu sorgen, wie man dies von einer Demokratie erwartete, wurden die Anstrengungen verdoppelt, Fragen nach der Verantwortung möglichst ins Leere laufen und unbeantwortet zu lassen.

Als palästinensische Freischärler, die einen israelischen Bus entführt hatten, kurz nach ihrer Gefangennahme starben, kam ein ganzer Sumpf von Meineiden und Brutalitäten bis hin zum Mord bei Shin Bet ans Tageslicht. Die eingesetzte Untersuchungskommission berichtete detailliert über den Versuch, die Angelegenheit zu vertuschen; niemand bekannte sich dazu, die Befehle gegeben zu haben. Die Führung von Shin Bet trat zwar zurück, aber die Politiker kamen ungeschoren davon.

Als der Amerikaner Jonathan Pollard verhaftet wurde, weil er innerhalb des US-Geheimdienstes für Israel spioniert hatte, tauchte zum erstenmal der Name »Lakam« auf. Seine Existenz war eins der bestgehüteten Geheimnisse in Israel gewesen. Kurz nach seiner Entdeckung wurde Lakam aufgelöst. Die geheimnisvolle Agentur und ihre Aktivitäten seit den 50er Jahren – in erster Linie die Unterstützung des geheimen israelischen Atomprogramms – blieben bis heute im dunkeln.

Auch in diesem Fall war niemand gewillt, die Verantwortung für den Einsatz eines amerikanischen Juden als Spion zu übernehmen. Pollard selbst sah sich als einen »Prinzen« des Volkes Israel. Aber seine Aktionen zerstörten das Vertrauensverhältnis zwischen dem US-Judentum und Israel ebenso wie zwischen den Nachrichtendiensten der beiden Nationen.

Als der Reagan-Administration 1986 das Bekanntwerden der Irangate-Affäre schwer zu schaffen machte, unternahmen die US-Behörden alles, um Israel die Schuld in die Schuhe zu schieben. Dessen Geheimdienste, so wurde behauptet, hätten sowohl die Iraner als auch die Amerikaner zum Nutzen Israels manipuliert. Die bislang geheimgehaltene Wahrheit ist, daß der vorgesehene Austausch »Waffen gegen Geiseln« nicht auf der Linie des Mossad lag. Nur besaß sein damaliger Chef, der für alle geheimen Aktionen im Ausland verantwortlich war, innerhalb der Bürokratie zuwenig Gewicht, um Israel aus dem Skandal herauszuhalten.

Gegen Ende des Jahrzehnts war der Nachrichtendienst, der

unter höchster Geheimhaltung operiert hatte und gleichermaßen respektiert worden war, zwar besser bekannt, aber weit weniger geschätzt. Im Yom-Kippur-Krieg hatte er sich zum erstenmal öffentlich blamiert, aber in den 80er Jahren wurde so viel mehr Negatives bekannt, daß die israelische Bevölkerung weitgehend das Vertrauen in ihre Nachrichtendienste verlor. Statt nachts weiterhin ruhig zu schlafen in dem Vertrauen, der Mossad, Shin Bet und Aman würden sie beschützen, wälzten sich die Israelis in tiefen Zweifeln über ihre Geheimdienste unruhig hin und her.

Es war alles andere als beruhigend, wenn die Verteidigungs- und Geheimdienstchefs eingestanden, daß die heutigen Spione, verglichen mit den »guten alten Zeiten«, ganz und gar keine Prinzen mehr waren. »Sowohl auf der Beratungs- als auch auf der Aktionsebene der Sicherheitsdienste wird heute weniger professionell gearbeitet«, erklärte der ehemalige Chef des militärischen Abschirmdienstes, General Shlomo Gazit. »Bei den Entscheidungsprozessen wird weniger Vorsicht angewandt und weniger nachgedacht. Ohne Zweifel ist der israelische Geheimdienst nicht mehr der alte.«[2]

Parallel zu der Entwicklung Israels kann die Geschichte seiner Nachrichtendienste zeitlich in vier Hauptperioden unterteilt werden: Von 1948 bis 1962 dominierte in ganz Israel der Pioniergeist, und der menschliche Faktor war für den eben flügge werdenden Geheimdienst der bei weitem wichtigste. Nach dem ersten Skandal und der Entlassung des Chefs des militärischen Abschirmdienstes, Isser Beeri, wurde der Chef des inländischen Nachrichtendienstes, Isser Harel, für mehr als ein Jahrzehnt zur Zentralfigur des Nachrichtenwesens. Er blieb der einzige *Memuneh,* der »Alleinverantwortliche« sowohl für Shin Bet als auch für den Mossad. Mehr als jeder andere hat Harel den Charakter der Geheimdienste geprägt. Nach den Richtlinien seines Chefs Ben-Gurion forderte der Memuneh von seinen Spionen, daß sie Prinzen zu sein hatten.

Harel, der als eine Art Mönch beschrieben wird, vertrat den Standpunkt, daß es Aufgabe der Geheimdienstchefs sei, ein Beispiel zu geben. Von allen Shin-Bet- und Mossad-Männern wie -Frauen forderte er den gleichen Patriotismus und die gleiche Hingabe wie von sich selbst. Er erwartete von ihnen, daß sie seinen Enthusiasmus für alles Israelische teilten.

Es ist möglich, daß die ersten israelischen Spione noch nicht wußten, wie sie manche Dinge anpacken mußten, da ihnen die Erfahrung und die Tradition der etablierten Geheimdienste anderer Nationen fehlten. Aber sie lernten es. »Wenn man dich zur Tür hinauswirft«, so wurde ihnen gesagt, »dann steig' durch ein Fenster wieder hinein.« Niemand akzeptierte ein »Nein« als Antwort. Alles war möglich. Die Spionage-Prinzen fanden einen Weg.

Fast alle hatten den gleichen Hintergrund: Es waren in Europa geborene Juden, die mehrere Sprachen beherrschten und auf ihre Erziehung und Kultur stolz waren. Nach englischem Vorbild schufen sie ein Netz von »old boys«, indem sie den sozialen Zusammenhalt in der Heimat auf eine eindrucksvolle Zweckgemeinschaft an der »Front« übertrugen. Sie fühlten sich ihren arabischen Gegnern um Meilen, ja Lichtjahre überlegen. Einige israelische »Frontagenten« gingen dabei jedoch etwas zu weit und lebten ihre Spionagephantasien in teuren Hotelsuiten und eleganten Restaurants aus. Ihre Einstellung kollidierte mit Harels Puritanismus und Strenge. Der *Memuneh* blieb ausnahmslos Sieger.

Manche Klagen über den heutigen Geheimdienst zielen auf vermeintliche Korruption oder im besten Fall unnötige Ausgaben, schlicht Verschwendung. Der Wunsch, mit den geringsten Mitteln die besten Ergebnisse zu erzielen, ist seit Harels Zeiten lebendig geblieben.

Eine weitere Eigenart Harels – wenngleich nicht ganz so langlebig – war sein absolutes Engagement für alle Außenagenten von Mossad und Shin Bet. Der *Memuneh* versuchte stets, ihnen das Gefühl zu geben, daß sie Israels Elite waren und daß die Geheimdienste wie die Gesellschaft als Ganzes voll hinter ihnen standen. Falls jemand verhaftet wurde, versuchte Israel Stoßtrupps zu organisieren, um ihn zu befreien. Oder aber man nahm Araber gefangen, um sie gegen die eigenen Leute auszutauschen. Daneben wurden internationale Würdenträger vom Papst bis zum Präsidenten der USA um Hilfe gebeten. Aber auch hier gab es Ausnahmen, wie das Beispiel der israelischen Spione zeigt, die seinerzeit in Ägypten gefaßt wurden und sich jahrelang im Stich gelassen fühlten.

Während der vierjährigen Übergangszeit von 1963 bis 1967 war Meir Amit der starke Mann beim Nachrichtendienst, zunächst als Direktor des militärischen Abschirmdienstes Aman und später des Mossad. Er führte professionellere Methoden bei der Rekrutierung und Ausbildung ein und wich damit etwas von dem ab, was Analytiker als *humint*-Methode bezeichneten – »auf menschliche Intelligenz gestützte Spionage«. Computer und andere technische Hilfsmittel wurden angeschafft, wenngleich Amit stets betonte, daß talentierte Agenten gleichermaßen gebraucht würden.

»Nachrichtendienst«, stellte Amit fest, »ist ein auf geistiger Ebene geführter Kampf. Apparaten und modernen technischen Erfindungen kann dabei nur die Rolle zufallen, dem Menschen bei dieser Herausforderung zu assistieren.« Israel nutzt »das Zusammenspiel von Mensch und Maschine, aber hierbei ist der Mensch ausschlaggebend – das gilt besonders für den Nachrichtendienst«.[3]

Amit wollte das Netz der »old boys« aufbrechen, die gemeinsam in der Haganah und anderen ehemaligen Untergrundorganisationen gekämpft hatten. Statt sich wie Harel bei der Rekrutierung auf seinen Instinkt zu verlassen, verfuhr der neue Mossad-Chef eher nach Art der amerikanischen Großkonzerne. Er suchte systematisch nach jungen Leuten – vor allem in den militärischen Eliteeinheiten –, die sich durch »Aggressivität, Gerissenheit, Initiative, Kampfbereitschaft und Entschlossenheit auszeichneten«.

Da er den israelischen Auslandsgeheimdienst eher wie ein Großunternehmen führen wollte, zog Amit mit dem Mossad vom Gelände des Verteidigungsministeriums in Tel Aviv in neue Büros um. Den »alten Hasen« waren diese viel zu aufwendig, und erstmals fiel das Wort Verschwendung, ja sogar Korruption.

Die dritte Periode – von 1967 bis 1977 – begann mit dem Sechstagekrieg und den gewaltigen Veränderungen, die der Blitzsieg für das israelische Volk mit sich brachte. Die Spionage-Prinzen hielten sich sämtlich für unbesiegbar.

Amit war Mossad-Chef bis 1969 und räumte ein: »Nach dem Krieg unterlagen wir der Krankheit der Arroganz, des ›Wir wissen es besser; wir sind die Besten, weit besser als alle anderen‹. Dies führte zu einem Werteverlust und einer Geringschätzung der Demokratie.«

Die Eroberung der Sinai-Halbinsel, des Westjordanlandes, der Golanhöhen sowie des Gazastreifens bedeutete für die

Nachrichtendienste zusätzliche Arbeit. Statt wie bisher die Demokratie und den häuslichen Frieden im Landesinnern zu schützen, sah sich Shin Bet plötzlich vor der Aufgabe, den Staat gegen mögliche Feinde in den besetzten Gebieten verteidigen zu müssen. Shin-Bet-Offiziere kamen täglich in Kontakt mit Arabern, die in Israel keine demokratischen Rechte besaßen. Mehr als zuvor mußte ein Teil des Nachrichtendienstes geheimpolizeiliche Aufgaben wahrnehmen. Die einstigen Prinzen waren nun nicht etwa Ritter, sondern glichen eher kleinen Feudalhelden »im Lande Shin Bet« auf der Westbank und im Gazastreifen.

Zugleich wurde die Überwachung der arabischen Nachbarstaaten im Hinblick auf eine militärische Bedrohung etwas vernachlässigt. Brigadegeneral Yoel Ben-Porat, der Chef der Abhörabteilung beim militärischen Abschirmdienst, erinnert sich: »Man ging generell von einer angeborenen Unfähigkeit der Araber aus. Eine einzige israelische Panzerkompanie – so glaubte man – könne ein dreimal so starkes Bataillon aufhalten. Natürlich war das Unsinn. Aman wußte nichts über die Araber, ihre Geschichte, Kultur, Religion und Literatur. Die Leute bei Aman sprachen kein Arabisch und hielten es für unter ihrer Würde, die Sprache zu lernen. Als Nachrichtendienstler muß man jedoch die Dinge in ihrer eigenen Sprache angehen und verstehen.«[4]

Diese Arroganz rächte sich im ägyptisch-syrischen Überraschungsangriff am Yom Kippur 1973. Die aufeinanderprallenden Ansichten darüber, wer bei der Prognose versagt hatte, spalteten die Nachrichtendienste und führten bei der israelischen Bevölkerung zu einem gewaltigen Vertrauensverlust. Israels Spione, in denen Verteidigung und Politiker einst Prinzen gesehen hatten, sanken zu »bloßen Bauern« herab.

Die vierte Phase begann 1977 mit der Wahl Menachim Begins, dem ersten nicht der Arbeiterpartei angehörenden Premierminister Israels. Ihn faszinierten die »Mantel-und-Degen-Aktionen« der Nachrichtendienste. Er verjüngte die Geheimdienste und drängte sie zu aufregenden Aktionen, um die Geschichte zugunsten Israels umzuschreiben.

Begins Hunger nach Initiativen schuf – insbesondere nach der blamablen Invasion im Libanon 1982 – eine allgemeine Ära des Abenteurertums. Mossad- und Aman-Analysen wurden vom Premierminister und von anderen führenden Politikern ignoriert. Agenten wurden eher wegen ihrer Brutalität und weniger für ihren Verstand geschätzt.

Einige Spione, die geglaubt hatten, sie könnten durch patriotische und mutige Aktionen »Prinzen« werden, kamen zu der Überzeugung, daß sie sich in der neuen Ära ihre Fürstentümer selbst kaufen mußten. Der Wunsch nach persönlichem Reichtum ließ sie den Sprung ins Privatgeschäft tun. Eine ganze Reihe ehemaliger Geheimdienstler wurden selbständige Sicherheitsberater und Waffenhändler, jederzeit zum Handel mit dem Meistbietenden bereit. Sie brachten Israel weltweit in Verruf.

Fast alles, was diese israelischen Freibeuter auf eigene Faust unternahmen, wurde ihrer Regierung zur Last gelegt, meistens dem Mossad. Als 1989 Berichte erschienen, wonach israelische Söldner den Drogenbaronen in Kolumbien und Panama geholfen hatten, konnte die Regierung in Jerusalem zu ihrer Entlastung nichts weiter unternehmen, als eine Untersuchung der Vorfälle anzuordnen.

Israels Agenten waren nicht die einzigen, die mit dunklen Geschäften im Ausland in Verbindung gebracht wurden. Besonders Veteranen der britischen Armee waren als Söldner in den entlegenen Ecken des Globus aktiv. In einer Stellungnahme zu der Behauptung, die CIA habe Drogenschmuggler unterstützt, die bereit waren, Waffen zu den antikommunistischen Milizen in Lateinamerika zu transportieren, sagte der Senator von New York, Alfonse D'Amato: »Die Geheimdienste dieses Landes sollten bei Gott besser am Kampf (gegen den Drogenhandel) teilnehmen, als sich mit dem Abschaum der Menschheit zusammenzutun, wie dies bereits vorgekommen ist.«[5]

Auch wenn dies eine Zusammenarbeit mit dem »Abschaum« bedeutete, so waren einige der israelischen Waffenhändler und Spezialisten immerhin »Ehemalige«, die sich häufig an faszinierenden und strategisch lebenswichtigen Orten befanden. Sie boten Israel verlockende Möglichkeiten, mit denen sich der offizielle Geheimdienst nicht messen konnte.

Diese über den gesamten Globus verstreuten israelischen »Agenten« wurden nur oberflächlich kontrolliert. Viele standen nicht auf der offiziellen Gehaltsliste und befolgten daher keine Anweisungen, selbst wenn diese erteilt wurden. Aber auch in Fällen, in denen sie zweifelsfrei bei den Nachrichtendiensten angestellt waren – wie Pollard in Amerika und ein Palästinenser, der als Doppelagent in England arbeitete –, ließ Israel sie gnadenlos fallen, wenn sie gefaßt wurden. Im Bruch mit der früheren Tradition wurden in beiden Fällen keinerlei Anstrengungen unternommen, ihre Inhaftierung in den beiden befreundeten Ländern zu verhindern.

Auch aus dem Land selbst wurden bizarre Eskapaden ruchbar, in die Shin Bet und andere Dienste verwickelt waren. Das Prestige des Nachrichtendienstes sank noch weiter, so daß sich schließlich die Frage nach der Qualität seines Chefs stellte. Eine höchst merkwürdige Angelegenheit war die wilde Geburtstagsparty, die für den Direktor von Shin Bet von seiner prominenten Freundin ausgerichtet wurde, sowie die Tatsache, daß die israelische Presse – wenn auch ohne Namensnennung – über dieses feucht-fröhliche Fest berichtete, als gehörten die Prinzen des Geheimdienstes zur Prominenz der Klatschspalten.

Um eine Stellungnahme zu dem Skandal gebeten, der im Zusammenhang mit der Ermordung eines Busentführers während des Verhörs bekannt geworden war, bediente sich ein ranghoher Shin-Bet-Offizier eines sarkastischen hebräischen Sprichworts: »Der Urin steigt uns langsam in den Kopf.« Mit anderen Worten: Sie waren arrogant. Gezwungen, im Kampf gegen den arabischen Terrorismus auf Täuschung und Betrug zu setzen, begannen die gefallenen Prinzen des Shin Bet, das israelische Rechtssystem zu mißbrauchen. Sie vergaßen ihr königliches Erbe, und sie wurden gefaßt.

Israels Geheimdienst ist ebenso wie der anderer Länder ein Spiegel jener Gesellschaft, der er dient und von der er seine Macht und Motivation bezieht. Jedes Land besitzt eine nachrichtendienstliche Struktur, die nach seinem eigenen Bild geformt ist. Parallel zu der eigentlichen geheimdienstlichen Arbeit entwickelt sich eine gewisse Folklore und Mythologie, die das der Nation eigene Temperament und den Charakter seiner Kultur reflektiert.

Ähnlich wie in anderen Bereichen menschlichen Handelns betrachten die Engländer den Nachrichtendienst als Sport. Die Betonung liegt auf dem Wettkampf, der eher eine geistige Auseinandersetzung als ein Krieg mit Waffen und Muskeln ist. Der englische Nachrichtendienst legt Wert darauf, als elegant, geistreich, intellektuell und voll sprudelnder Ideen zu gelten. Er basiert auf hohen menschlichen Qualitäten: Verstand und Intelligenz. Man könnte ihn als englische Lebensart mit einem Schuß Romantik und Abenteuer charakterisieren.

Die Franzosen betreiben einen Sport, in dem die Regierung das eine sagt, aber etwas völlig anderes meint. Ihre Geheimdienste tun sich schwer damit, Befehlen folgen zu müssen, und versuchen, die Entscheidungen ihrer politischen Meister zu unterminieren. Für französische Spione ist nichts endgültig: Ein Handel ist kein Handel, und es besteht stets eine offizielle Bereitschaft, in die andere Richtung zu sehen.

Die Amerikaner haben aus dem Nachrichtendienst ein Großunternehmen gemacht. Ihre Betonung liegt auf der Quantität. Das US-Spionagesystem ist ein gewaltiges Konglomerat, das nicht auf individueller Virtuosität, sondern in erster Linie auf der Leistungsfähigkeit und Methodik des Gesamtgefüges beruht. Der Akzent liegt auf der Teamarbeit, unterstützt von der besten Ausrüstung und der neuesten Technologie. US-Geheimagenten haben den Ruf gelegentlicher Grausamkeit. Wenn sie es für richtig halten, bombardieren sie Zivilisten, stürzen Regierungen und schmieden Komplotte, um Staatsoberhäupter zu liquidieren. Der amerikanische Agent beruft sich zu seiner Rechtfertigung stets darauf, daß er für eine freiheitliche Welt und die Demokratie arbeitet und nicht nur im eigennützigen Interesse der USA.

Vor der Zeit von Glasnost betrachteten die Sowjets ihren Nachrichtendienst in erster Linie als Instrument zum Schutz ihres eigenen Regimes und des kommunistischen Systems. Der einzelne innerhalb der Organisation war nur ein kleines Rädchen, ein Teil des Kollektivs. Er war das willfährige Werkzeug einer starren Bürokratie, die entsprechend ihrer Natur hierarchisch aufgebaut war.

Im israelischen Nachrichtendienst läßt sich der Einfluß aller vier Modelle wiederfinden. Die Erfahrungen Englands, Frankreichs, der USA und der Sowjetunion haben seit 1948 bewußt oder unbewußt die Nachrichtendienste Israels mitgeprägt.

Der wenig bekannte Begründer des Nachrichtendienstes, Reuven Shiloa, war einer der Patrizier britischen Stils, die die Geburt des israelischen Geheimdienstes überwachten. Er liebte geheime Projekte, diplomatische Intrigen und breitangelegte strategische Konzepte. Er romantisierte die Rolle des Spions, aber widmete der Effizienz wenig Aufmerksamkeit.

Isser Harel verbesserte die Leistungsfähigkeit weitgehend nach sowjetischen Richtlinien. Russische Charakteristika färbten auf den israelischen Geheimdienst ab – vielleicht unbewußt als Bestandteil des bolschewistischen Erbes, das die Gründungsväter Israels aus Rußland und Osteuropa mitgebracht hatten. Der russische Einfluß umfaßte Sozialismus, Pionierwesen, Zentralisation und die Idee, daß die Interessen des Staates höher anzusiedeln seien als die des einzelnen. Harel war von diesen Ideen beeinflußt, wenngleich sein eigener Instinkt und sein Verstand am Ende schwerer wogen als der russische Faktor.

Meir Amit brachte ebenfalls viel von sich selbst in ein amerikanisch beeinflußtes Management des Geheimdienstes ein. Er unternahm große Anstrengungen, um den Einsatz von Personal und technischen Einrichtungen effizient miteinander zu verbinden. Die neuesten Computer und Technologien gehörten in dem von Amit geformten Geheimdienst zum unentbehrlichen Rüstzeug.

Die beiden politischen Rivalen an der Spitze Israels in den 80er Jahren, Shimon Peres und Yitzhak Shamir, hatten viel Gemeinsames, als sie mit leichtem Unbehagen die Zügel der Regierung und der Nachrichtendienste in die Hand nahmen. Beide hatten ihre ersten Erfahrungen in geheimen Operationen in Frankreich gesammelt. Peres pendelte von 1956 bis 1963 zwischen Israel und Paris im Rahmen geheimer Verteidigungsprojekte hin und her, während Shamir dort als rangältester Mossad-Agent stationiert war. Sie übernahmen die Täuschungspraktiken des labyrinthartig strukturierten französischen Geheimdienstes und führten sie in Israel ein. Das heute traditionelle Augenzwinkern als Surrogat für eine formelle Erlaubnis oder bürokratische Genehmigung führt dazu, daß die Israelis das Gefühl haben, sich alles erlauben zu können, was immer »alles« heißen mag.[6]

Letztlich aber bestimmt doch der israelische Charakter die Geschichte der Geheimdienste der Nation. Vor allem hat Israel immer auf *humint* gesetzt – trotz der Satelliten im Weltall, trotz der elektronischen Überwachung oder sonstiger Erfindungen des Raumfahrtzeitalters, die es seinem Arsenal einverleibt hat. Seine Ressourcen an menschlicher Intelligenz – seine Agenten – haben ihm die entscheidende Prägnanz verliehen.

Ein humanistischer Gedanke ist denn auch eines der Hauptanliegen des israelischen Nachrichtendienstes, eines, das ihn von allen Geheimdiensten anderer Länder unterscheidet: ausländischen Juden die Einwanderung zu ermöglichen. Von Anfang an hat sich der Nachrichtendienst in der »Jewish Intelligence« engagiert – in geheimen Aktionen zum Schutz der Juden in aller Welt und ihrer Unterstützung bei der Einreise in ihre biblische Heimat Israel. Zvi Zamir, Amits Nachfolger als Mossad-Chef, erinnert sich: »Unsere jüdischen Brüder aus den Ländern herauszuholen, wo man sie unterdrückte, und hierher zu bringen, war von allen von mir zu verantwortenden Aktionen das wichtigste und aufregendste Erlebnis. Es war eine große menschliche Tat.«[7]

Schwer vorstellbar ist, daß die CIA angewiesen wurde, jeden Inhaber eines amerikanischen Passes in der ganzen Welt zu schützen, oder daß Englands MI 6 sämtliche Hilfsmittel mobilisierte, um Landsleute auf ihre Insel zurückzubringen. Die Mission des Mossad und der anderen Geheimorganisationen, sowohl den eigenen Staat wie das »gesamte Volk Israels« zu verteidigen, verschafft dem israelischen Nachrichtendienst eine Sonderstellung.

Noch immer werden, wie zu Beginn des Staates Israel, erhebliche Geldsummen und menschliche Ressourcen für »Jewish Intelligence« eingesetzt, aber zugleich nimmt der schwierige Kampf gegen den arabischen Terrorismus ständig mehr Zeit und Personal in Anspruch. Darüber hinaus stehen die Analytiker des Nachrichtendienstes und die Shin-Bet-Offiziere vor Ort seit 1987 zusätzlich vor der Schwierigkeit, mit dem Aufstand der Palästinenser in den besetzten Gebieten fertig zu werden, von dem sie völlig überrascht worden sind.

Es ist schwierig, die Erfolgsrate der Nachrichtendienste abzuschätzen, die sich inzwischen auf das 21. Jahrhundert vorbereiten. Wann immer ein israelischer Geheimdienstoffizier zurücktritt oder die Altersgrenze erreicht, behauptet er unweigerlich, daß die Dinge nicht mehr so seien, wie sie einst waren. Die »Ehemaligen« behaupten, daß alles, was wundervoll war, zusammenbricht und daß wenig Vorzügliches bleibt.

Der Mossad-Veteran David Kimche ist überzeugt, daß der Geheimdienst demnächst zusammenbricht, weil die Männer und Frauen, die heute für ihn arbeiten, nicht mehr die gleiche Einstellung hätten wie 1953, als er dort anfing. »Der Hauptunterschied lag in der hervorragenden Motivation unserer Leute«, erklärt Kimche. »Wir erfüllten eine Mission und waren bereit, Tag und Nacht mit absoluter Hingabe für die Sache zu arbeiten.«[8]

Friedhöfe sind nun einmal voller Toter, die sich einst für unersetzlich hielten. Die »Ehemaligen« werden laufend von neuen Leuten abgelöst, die bei richtiger Überwachung und Anleitung die zersetzenden Skandale und Versäumnisse der 80er Jahre vergessen machen können. Mit offensichtlichem Neid stellten US-Geheimdienstler 1979 in einer geheimen CIA-Studie über Israels Nachrichtendienste fest, daß »sich die meisten israelischen Agenten darüber klar sind, daß die Existenz ihrer Nation von einem effektiv und reibungslos funktionierenden Geheim- und Sicherheitsdienst abhängt«. Die CIA-Analytiker fügten hinzu, daß sich die ranghohen israelischen Geheimdienstoffiziere alle seit langem »persönlich gekannt haben. Diese Beziehungen haben sich in schwierigen Zeiten, wie sie andere Nationen in diesem Maß nur selten erlebten, noch vertieft und sind heute die Basis für Teamarbeit und Koordination zwischen den verschiedenen Diensten.«[9]

Als die von Moses erwählten Prinzen – die Würdenträger – von ihrer Kundschaftermission ins verheißene Land zurückkehrten, widersprachen ihre Aussagen einander völlig, und sie stritten heftig über das, was sie gesehen hatten. Unser Buch ist der Versuch, einen ausgewogenen Bericht davon zu geben, was sich unter der Oberfläche von Krieg, Frieden und Politik in Israel abgespielt hat – aufgrund von Augenzeugen- und Erfahrungsberichten von dessen heutigen Spionen.

1. ERSTE SCHRITTE

An einem für Tel Aviv typischen Sommertag, dem heißen und feuchten 30. Juni 1948, fuhr ein halbes Dutzend Männer in Uniform – vorsichtshalber mit verschiedenen Taxis und Autos – vor dem Haus Ben Yehudah Street 85 vor. Einer nach dem anderen verschwanden sie in dem weißgetünchten Appartementhaus, das sich nach außen in nichts von den anderen Gebäuden dieser Wohngegend unterschied. Im ersten Stock jedoch befand sich hinter einer Tür mit der Aufschrift CONSULTANCY SERVICES das Hauptquartier von Shai.

Shai war die Abkürzung von Sherut Yediot, hebräisch für »Informationsdienst«, dem Nachrichtendienst der vor der Unabhängigkeit im Untergrund kämpfenden Armee der palästinensischen Juden, bekannt als Haganah – »Verteidigung«. Die Haganah war mit der Geburt des Staates Israel am 15. Mai in der neuen nationalen Armee aufgegangen, den Israel Defence Forces. Sechs Wochen später kam mit der Einrichtung des israelischen Nachrichtendienstwesens auch das Ende für Shai.

Es war eine außergewöhnliche Gruppe in einer außergewöhnlichen Situation. Mitten im ersten Krieg mußte das neugeborene Israel einen Weg finden, seine Sicherheit und Verteidigung zu gewährleisten, während es gleichzeitig eine dauerhafte Demokratie aufbaute. Die Männer, die sich am letzten Junitag in Tel Aviv versammelten, waren die Gründungsväter der Geheimagenturen, die das israelische Nachrichtenwesen bilden sollten.

Sie alle verfügten über reiche Erfahrungen auf dem Gebiet geheimer Operationen: Spionage, Schmuggel und Sammeln von Informationen auf jede erdenkliche Weise – erworben im Kampf für die zionistische Unabhängigkeit. Aber am Aufbau der Demokratie hatten sie nur als Beobachter, nicht als Aktive mitgewirkt. Sie hatten die Engländer bei der Arbeit beobachtet: als Gegner der jüdischen Untergrundorganisationen in Palästina und als Politiker im fernen London. Beides gefiel ihnen.

Wie konnte man das kopieren, was sie gesehen hatten? Es gab keine Augenblickslösung, eine sich im Kriegszustand befindliche Nation zu verteidigen, ohne ihre demokratischen Werte mit Füßen zu treten, besonders nicht im Mittleren Osten, wo westliche Begriffe keine Tradition hatten.

Shais 47jähriger Leiter, Oberstleutnant Isser Beeri, führte den Vorsitz beim letzten Treffen seiner äußerst erfolgreichen Agentur. Seine kleinen Augen wanderten von einem zum anderen, als sie ihre Plätze rund um den alten hölzernen Eßtisch einnahmen. Die Untergrund-Veteranen unterhielten sich, während sie die Überschriften der Tageszeitungen überflogen – die wie üblich über die Lage an den verschiedenen Fronten berichteten. Der Existenzkampf des Staates hatte mit seinem Geburtstag begonnen, als die Armeen aller arabischen Nachbarstaaten angriffen.

Beeri räusperte sich: »Ich komme direkt vom ›ha-Zaken‹ – dem ›Alten Mann‹.« Das war eine Anspielung auf David Ben-Gurion, den charismatischen ersten Premierminister Israels, der zugleich als Verteidigungsminister fungierte. Unbewußt nahmen die Shai-Offiziere eine straffere Haltung an. Mit seinen 62 Jahren war Ben-Gurion der geachtetste Staatsmann und Leitstern Israels – für alle.

Beeri ließ seine Leute noch einen Moment warten. »Bevor wir uns der Tagesordnung zuwenden«, fuhr er fort, »zunächst die neuesten Nachrichten vom Kriegsschauplatz.« Er berichtete seinen Kollegen, daß Israels Armee zwar den Vormarsch des zahlenmäßig weit überlegenen Feindes gestoppt habe, die Ägypter aber weiterhin ihre Streitkräfte nur 20 Meilen vor Tel Aviv zusammenzögen, während die Syrer die Kibbuzim nahe dem See von Galiläa bedrohten. Bedrängt von der arabischen Legion Transjordaniens, war auch die Lage in Jerusalem nicht gerade rosig.

»Dennoch«, so fügte Beeri hinzu, »beschäftigt sich der Premierminister bereits mit der Zukunft.« Auf die Dauer, so hatte Ben-Gurion ihm gerade klargemacht, benötige Israel zu seiner Verteidigung auch einen Geheimdienst – keinen guten, sondern einen vorzüglichen.

Dringlichster »Tagespunkt«, wie Beeri sich ausdrückte, sei daher, wie man die Weisung des Premierministers realisieren könne, Shai aufzulösen und aus seinen Agenten die Basis für ein neu zu organisierendes Nachrichtendienstwesen zu schaffen.[10] Es ging nicht darum, für Shai einen neuen Namen zu finden. Vielmehr sollten sich auch die Spionageabteilungen der Haganah und der anderen vormals zionistischen Untergrundgruppen auflösen, um danach gemeinsam vier Unterabteilungen des neuen Nachrichtendienstes zu bilden:

I.: Der militärische Abschirmdienst: Beeri erklärte, er selbst werde künftig die wichtigste Abteilung innerhalb dieses Nachrichtendienstes führen, also die »nachrichtendienstliche Abteilung der Armee«. Später erhielt sie den Namen »Aman« – die Abkürzung für *Agaf ha-Modi'in* oder »Spionageflügel«. Ihr fielen weitgefächerte Aufgaben wie das Sammeln von Informationen über die arabischen Armeen, die Zensur der israelischen Zeitungen, die Aufrechterhaltung der Sicherheit innerhalb der israelischen Armee sowie in geringem Umfang die Spionageabwehr zu.

Beeri war leicht an seinen dunklen Augenbrauen, dem tief gespaltenen Kinn und dem weißen Haarkranz zu erkennen – wenn dieser auch nicht so üppig war wie Ben-Gurions geisterhafte Umrahmung. Seine überdurchschnittliche Größe hatte ihm den Spitznamen Isser ha-Gadol, Isser der Große, eingetragen. 1901 war er unter dem Namen Isser Birentzweig geboren. Wie die meisten israelischen Pioniere hatte er später einen hebräischen Familiennamen angenommen, um einen Schlußstrich unter seine europäische Vergangenheit zu ziehen. Seit 1938 war er Mitglied von Haganah und Shai und war stets fanatisch gegen jede Art von Korruption zu Felde gezogen. Für ihn konnte, sollte und würde Israel eine perfekte Gesellschaft sein.

II.: Der inländische Geheimdienst: Beeri erklärte dem Shai-Veteranen Isser Harel, daß er die heute unter dem Namen Shin Bet bekannte Abteilung leiten solle – die beiden hebräischen Anfangsbuchstaben von *Sherut ha-Bitachon ha-Klali,* »Allgemeiner Sicherheitsdienst«. Auch Harel hatte seinen alten Namen Isser Halperin abgelegt, unter dem er 1912 in Rußland geboren wurde. Innerhalb Shais war er für die Überwachung des rechtsgerichteten Flügels der Juden zuständig gewesen, die den Führungsanspruch Ben-Gurions und der Haganah ablehnten. Harel war genau der richtige Mann für den neuen Posten. Seiner Meinung nach konnten die Feinde im Innern Israels ebenso gefährlich werden wie die äußeren Gegner. Er glaubte an einen strikten Verhaltenskodex für Israels Verteidiger. Im Gegensatz zu Beeri war er dunkelhaarig, hatte einen dunkleren Teint und größere Ohren. Außerdem war er kleiner, was ihm den Spitznamen Isser *ha-Katan* eintrug, Isser der Kleine.

III.: Der auswärtige Nachrichtendienst: Beeri informierte Boris Guriel, daß er als neuer Chef des Political Department des

Außenministeriums auch den Teil des Nachrichtendienstes übernehmen solle, der für das Sammeln von Informationen im Ausland verantwortlich sein sollte. Guriel war vor etwas mehr als 50 Jahren in Lettland als Boris Gurvich geboren und besaß bereits große Erfahrungen im Umgang mit Ausländern: Als britischer Soldat im Zweiten Weltkrieg war er in deutsche Gefangenschaft geraten. Nachdem er diese Feuerprobe überlebt hatte, war er bei Shai für das Ausspionieren der britischen Mandatsregierung in Palästina zuständig gewesen.

IV.: Das Institut für Aliyah B: Als letztes fügte Beeri noch hinzu, daß *ha-Mossad le-Aliyah Bet,* das »Institut für Aliyah B« (trotz des ähnlichen Namens hat diese Organisation nichts mit dem heutigen Spionagedienst, dem Mossad, zu tun), seine geheimen Aktionen unter der Führung von Shaul Avigur fortsetzen werde, obgleich seine ursprüngliche Aufgabe, Juden nach Palästina einzuschleusen, modifiziert werden müsse, nachdem die Einwanderung nach Israel nunmehr völlig legal erfolge. Als die Organisation 1937 von der Haganah gegründet wurde, unterschied sie das »B« im Namen von der legalen *aliyah* – oder »Einwanderung« – der wenigen Juden, die das Glück hatten, von den Briten die Einreiseerlaubnis zu bekommen.

Der Chef der Aliyah B, der 1899 in Lettland geborene Saul Meyeroff, hatte 1934 den Shai mitbegründet. 1948 war er Ben-Gurions Stellvertreter im Verteidigungsministerium und dafür zuständig, im Ausland Waffen für den Unabhängigkeitskampf zu kaufen. Zur Erinnerung an seinen im ersten israelischen Krieg gefallenen Sohn nahm er den Namen Avigur an – »Vater des Gur«.

Avigur war bei der Geburt der Nachrichtendienste am 30. Juni 1948 in Tel Aviv nicht dabei, ebensowenig wie ein anderer Shai-Mitbegründer: Reuven Shiloa. Letzterer hatte jedoch als Sonderberater des Premierministers für auswärtige Angelegenheiten und allgemeine Strategie das Konzept für die Reorganisation geliefert. Shiloas Name kam nie auf die Liste der von jüdischen Studenten in aller Welt verehrten Nationalhelden – von biblischen Kriegern bis zu den Soldaten des modernen Israel. Geheimagenten oder -agentinnen erfahren selten die ihnen zukommende Anerkennung. Shiloa sollte jedoch als »Mister Intelligence« in die Geschichte Israels eingehen.

Shiloa war ein kleiner Mann mit blaugrauen Augen hinter professoralen Brillengläsern. Sein durchdringender Blick, mit dem er jeden seiner Gesprächspartner fixierte, gab ihnen das Gefühl, einem Verhör unterzogen zu werden, wobei er eine Mischung aus Geheimnis und Strenge ausstrahlte. Er war von einer unersättlichen Neugier geprägt. Wenn eine Sache sein Interesse geweckt hatte, ging er ihr bis ins kleinste Detail nach.

Shiloa war groß im Fragenstellen, selbst aber verschlossen wie eine Auster. Er war ein einsamer Wolf, blieb für sich und leistete seine beste Arbeit hinter den Kulissen. Er war ein methodischer Planer und analytischer Denker, der seine Vorschläge nüchtern und knapp vortrug. Seine Projekte wurzelten stets im festen Grund der Realität, sich selbst jedoch umgab er gern mit der Mystik des Geheimnisvollen.

Sein Biograph Hagai Eshed schrieb über ihn: »Bei Interviews und dem Ausfüllen von Fragebögen pflegte Shiloa in privaten Dingen unterschiedliche und sich widersprechende Angaben zu machen, selbst wenn es sich nur um Nebensächliches handelte. Gleichsam als wolle er seine Person in ein undurchdringliches Geheimnis hüllen.«[11]

Und der mit ihm befreundete, berühmte israelische Diplomat Abba Eban erinnert sich: »Wenn Reuven Shiloa mit dem Taxi fuhr, nannte er dem Fahrer nie sein Ziel. Nur der kurze und lakonische Befehl: ›Fahren Sie‹. Wenn der Fahrer die Geduld verlor und fragte: ›Aber wohin?‹, richtete Shiloa seinen durchdringenden und mißtrauischen Blick auf den Mann, als ob er einen gefährlichen Spion vor sich habe.«[12]

Er war der geborene Geheimagent, obwohl im Dezember 1909 noch nichts darauf hindeutete, als er unter dem Namen Reuven Zaslanski auf die Welt kam. Die Familie lebte in einem jüdisch-orthodoxen Viertel von Jerusalem, das damals zum Osmanischen Reich gehörte. Reuvens Vater, Yitzak Zaslanski, war Rabbi. Er weckte in seinen vier Kindern – zwei Söhnen und zwei Töchtern – einen unbändigen Wissensdurst und beschränkte sich nicht nur auf ihre religiöse Erziehung, die das Leben in der Gemeinschaft bestimmte.

Reuven war ein ernsthafter und talentierter Schüler. Er sagte nicht viel, zeigte aber gelegentlich Sinn für Humor. Er zeichnete sich besonders bei Schüleraufführungen aus, wobei er eine schauspielerische Begabung entwickelte, die er später auch bei seiner Agententätigkeit einsetzte. Er war ein selbständiger Denker und hatte noch vor dem Beginn seines Studiums den religiös geprägten Lebensstil seiner Familie aufgegeben.

Wenn er wollte, konnte er äußerst charmant sein. Während seiner Hebräischstunden für amerikanische Einwanderer begann er Betty Borden, einer Sozialarbeiterin aus New York, den Hof zu machen. Sie heirateten 1936.

Seine andere große Liebe jedoch war die Haganah. Ben-Gurion und die übrigen Chefs erkannten sehr bald seine Talente und schoben ihn die Stufenleiter hinauf. Er dankte es ihnen mit unerschütterlicher Treue.

Während seines Aufstiegs in die höchsten Ränge der zionistischen Aktivitäten kürzte er seinen Namen von Zaslanski in Zaslami. Im Untergrund nahm er dann den Codenamen »Shiloa« an. Er hätte keinen passenderen wählen können. Shiloa leitete sich von dem hebräischen Wort *shaliah* – »Emissär« – ab, und als solcher diente er Ben-Gurion bei verschiedenen geheimen Missionen auf höchster Ebene.

Dies war noch keine echte Agententätigkeit, aber auf seinen Geheimreisen lernte Shiloa ein paar grundsätzliche Dinge, die später seine Auffassung vom Nachrichtenwesen prägten: die klare Identifikation des Gegners, die umfassende Sammlung von Informationen über ihn und die nie nachlassende Suche nach Verbündeten. Die Juden, die im Mittleren Osten nur eine kleine Minderheit darstellten, mußten schnell und absolut zuverlässig Freund und Feind voneinander zu unterscheiden lernen.

Seinen ersten Auslandsauftrag erhielt Shiloa im August 1931, noch vor seinem 22. Geburtstag. Die Jewish Agency schickte ihn mitten ins arabische Land: nach Bagdad, der Hauptstadt des Irak. Offiziell arbeitete er dort als Lehrer. Nebenbei betätigte er sich als Journalist, was ihm die Möglichkeit gab, unauffällig im Land herumzureisen. In drei Jahren baute Shiloa ein eindrucksvolles Netz von Informationsquellen auf, während er angeblich Interviews für seine Zeitung durchführte.

Die nachhaltigsten Eindrücke sammelte Shiloa auf einem Treck in die kurdischen Berge im Norden des Irak, wo er Kontakt zu den staatenlosen, nichtarabischen Bergbewohnern aufnahm. Er vergaß die Kurden niemals. Als er später seine persönliche Vision von einem zukünftigen israelischen Spionagedienst entwickelte, spielte für ihn die Notwendigkeit einer heimlichen Allianz mit allen nichtarabischen Minderheiten im Mittleren

Osten eine ganz wichtige Rolle. Er war überzeugt, daß die Juden überall an den Rändern der arabischen Welt Freunde haben könnten. Shiloas »periphere Philosophie« wurde zum bleibenden Grundsatz des israelischen Nachrichtendienstes.

Als er 1934 nach Jerusalem zurückkehrte, beauftragte ihn die Haganah mit der Gründung einer professionellen Nachrichtenabteilung zum Schutz der langfristigen Interessen der jüdischen Gemeinde in Palästina. Gemeinsam mit Meyeroff/Avigur stellte er in kurzer Zeit Shai auf die Beine. Offiziell war Shiloa Verbindungsoffizier zwischen Ben-Gurions Jewish Agency und dem britischen Gouverneur in Palästina.[13]

Als in Europa der Zweite Weltkrieg ausbrach, ergriff Shiloa die Gelegenheit, sein Verhältnis zu den Briten zu vertiefen. Deutschland war der gemeinsame Feind der Juden und Engländer. Shiloa unterstützte die Aufstellung einer jüdischen Brigade innerhalb der britischen Streitkräfte. Diese Brigade bildete später den Grundstock der israelischen Armee.

Für die palästinensischen Juden, die nur wenige ihrer jüdischen Brüder vor den Vernichtungslagern der Nazis retten konnten, war der Krieg eine harte Probe. Aber zugleich war er für Shiloa und seine Leute ein Lernprozeß. Sie nahmen auf jede nur denkbare Weise am Kampf teil und eigneten sich eine unbezahlbare Geschicklichkeit bei der Infiltration, Aufklärung und Tarnung an. Sie schickten jüdische Agenten hinter die Linien des Feindes: die »arisch« aussehenden in die von Deutschland besetzten Gebiete Europas, die »arabisch« aussehenden und sprechenden nach Syrien und in den Libanon, die damals beide vom nazifreundlichen Vichy-Frankreich regiert wurden.

26 jüdische Fallschirmjäger, die Shiloa für den britischen Spionagedienst angeworben hatte, wurden hinter den Linien der Nazis in den Balkanländern abgesetzt. Einige wurden gefaßt und als Spione hingerichtet, die, wie Hannah Senesh und Enzio Sereni, als jüdische Helden in eine himmlische Ruhmeshalle einzogen. Andere überlebten und vollbrachten weitere Heldentaten für den israelischen Nachrichtendienst wie Yeshayahu (Shaike) Trachtenberg-Dan.

Aber Shiloa lernte nicht nur während des Krieges, er erwarb sich auch einflußreiche Freunde, die den Juden später in dem sich ausweitenden Konflikt mit den Arabern helfen konnten. Er hatte Gelegenheit, enge Verbindungen zu Offizieren des britischen militärischen Spionagedienstes in Jerusalem und Kairo herzustellen. Ähnliche, noch weiter reichende Beziehungen entwickelten sich im Zweiten Weltkrieg zwischen der zionistischen Bewegung und dem amerikanischen Nachrichtendienst. Mit den Agenten des »Office of Strategic Services« war Shiloa eng befreundet. Die Agentur bildete 1947 den Kern der CIA.

Diese Verbindungen wurden nach dem Krieg intensiviert und bildeten die Plattform für die lebenswichtige Zusammenarbeit zwischen der CIA und dem israelischen Nachrichtendienst. Shiloas Aktivitäten während des Krieges sind ohne Zweifel ein Beweis für seine Klugheit und die Fähigkeit, eine langfristige Strategie für die zukünftige Bedeutung der Nachrichtendienste zu entwickeln. Bei einem Vortrag vor seinen Kollegen und den Mitbegründern des jüdischen Staates, die sich selbst beibringen mußten, wie man eine moderne Nation in deren biblischem Heimatland regiert, bezeichnete Shiloa den Nachrichtendienst als ein »im höchsten Grade politisches Werkzeug«.[14] In einer Umgebung, in der öffentliche Deklarationen und Absichtserklärungen nicht gerade häufig sind, hat Shiloa die verborgene Seite der israelischen Diplomatie und Außenpolitik wie folgt definiert:

Feind Nummer eins des jüdischen Volkes waren die Araber, und die arabische Gesellschaft mußte von professionellen Agenten infiltriert werden. Der israelische Geheimdienst mußte aber auch als »jüdisch-zionistischer« Beschützer der Juden in aller Welt über die Grenzen Palästinas hinausdenken.

Die Spionage mußte sich der modernen Technologie bedienen und durch die Pflege der Beziehungen zu den befreundeten Spionagediensten in Europa und den USA Anschluß an den neuesten Stand der Spionagemethoden halten.[15]

Auch wenn er nicht am Treffen in der Ben Yehudah Street teilnahm, wachte Shiloa dennoch wie ein Schutzengel über die eben flügge gewordene Nation. An Isser Beeri hatte er eine ganze Menge auszusetzen.

Am Nachmittag des 30. Juni 1948, nur ein paar Stunden, nachdem er sich den Mantel des Direktors des militärischen Abschirmdienstes angezogen hatte, ließ sich Beeri in seinem Pflichtbewußtsein zu einer in der Geschichte Israels einmaligen Aktion hinreißen. Er berief ein illegales Gericht, das in einem Schnellverfahren einen Offizier der israelischen Armee des Verrats überführte, und ließ ihn sofort hinrichten.

Das Opfer war Captain Meir Turbanski, der in der Haganah gedient hatte und nach der Unabhängigkeit den Auftrag erhielt, die erste ständige Basis der Israel Defence Forces in Jerusalem aufzubauen. Daneben hatte er einen privaten Posten bei der Jerusalem Electricity Company, und seinen israelischen Kollegen waren seine Beziehungen zu dem englischen Manager der Gesellschaft suspekt.

Zu Beginn des ersten arabisch-israelischen Krieges 1948 landete die jordanische Artillerie vernichtend genaue Treffer auf israelische Militärbasen.

Shais Jerusalemer Kommandant, Major Binyamin Gibli, schloß daraus, daß es in den israelischen Reihen einen Spion geben müsse. Es erschien logisch, daß Turbanski möglicherweise seine Vorgesetzten in der Elektrizitätsgesellschaft mit Informationen versorgte. Diese wiederum konnten sie an die britischen Offiziere weitergeben, die die arabische Legion Transjordaniens befehligten. Schließlich war Turbanski während des Zweiten Weltkrieges Major bei den britischen Royal Engineers gewesen und galt als anglophil.

Diese Indizienkette genügte, um ihn zum Tode zu verurteilen. Seine Richter, die sich in einem verlassenen Haus nahe der Hauptstraße Jerusalem – Tel Aviv zusammenfanden, waren Beeri, Gibli und zwei weitere Shai-Offiziere.

Über dieses Schnellverfahren gibt es kein schriftliches Protokoll. Sämtliche Richter – bis auf Beeri – behaupteten später, sie seien der Ansicht gewesen, es habe sich um ein bloßes Verhör gehandelt. Es sei ihnen nicht bewußt gewesen, daß sie mit ihrer Stellungnahme ein Urteil gefällt hätten, das vollstreckt werden sollte. Jedenfalls wurde Turbanski noch am selben Nachmittag standrechtlich erschossen, wobei ein paar unbeteiligte Soldaten zusahen, die kaum glauben konnten, daß die Israelis einen der Ihren umbrachten.

Ein Zeuge erinnert sich, die Rufe von Kameraden gehört zu haben: »›Ein Verräter! Sie erschießen einen Verräter!‹ Wir setzten uns auf den felsigen Hügel und sahen zu. Eine Gruppe aus sieben jungen Soldaten brachte einen jungen Mann in Uniform. Es waren fast noch Kinder, schlampig gekleidet. Sie setzten ihn auf einen Stuhl. Sie verbanden ihm nicht einmal die Augen mit einem Tuch. Dann traten sie ein wenig zurück. Wir hörten, wie sie die Hähne der tschechischen Gewehre spannten. Es wurde sehr still. Die Sonne schien. Nur eine kurze Salve störte den Frieden. Der Mann fiel von seinem Stuhl.«[16]

Ein paar Stunden danach informierte Beeri den Premierminister, daß ein Exekutionskommando der Armee einen »in einem Kriegsgerichtsverfahren verurteilten Verräter« erschossen habe. Nachdem er einen bitteren Brief von Turbanskis Witwe erhalten hatte, ordnete Ben-Gurion eine offizielle Untersuchung des Falles an, in deren Verlauf der Captain rehabilitiert und seiner Familie eine Entschädigung zugesprochen wurde.

Ebenfalls an jenem 30. Juni 1948 folterten Beeris Shai-Leute in Haifa, einer Stadt mit gemischt jüdisch-arabischer Bevölkerung, einen Freund des jüdischen Bürgermeisters, der ihnen zu liberal war. Die Shai-Agenten wollten ein Geständnis erpressen, daß Bürgermeister Abba Khousky mehr als »sanft« mit den Arabern umginge – daß Khousky ein Verräter an der zionistischen Sache sei.

Ihr Opfer war Jules (Yehudah) Amster. Beeri hatte am 15. Mai 1948 seine Verhaftung befohlen, dem Tag der Unabhängigkeitserklärung Israels. Amster war Taxibesitzer und hinter den Kulissen Khouskys rechte Hand. Man beschuldigte ihn der Spionage und hielt ihn unter alptraumartigen Bedingungen zweieinhalb Monate lang in einem geheimen Gefangenencamp fest. Amsters Besitz wurde eingezogen, und die Verhöroffiziere – zunächst Agenten von Shai und später von Beeris neuem militärischem Abschirmdienst – folterten ihn gnadenlos. Sie drohten, ihn zu erschießen, schlugen ihn, ließen Wasser auf seinen Kopf tropfen, rissen ihm die Zähne aus, verbrannten ihm die Fußsohlen und injizierten ihm Drogen. Am 1. August wurde er entlassen, ohne daß man etwas aus ihm herausbekommen hatte.

Seine durch nichts gerechtfertigte Verhaftung und anschließende Folterung wurden jahrelang geheimgehalten. Erst 1964 erklärte sich das Verteidigungsministerium bereit, ihm eine finanzielle Entschädigung zu zahlen. Die ganze Zeit über war bekannt gewesen, daß Beeri versucht hatte, Amster zu einer belastenden Aussage gegen seinen Freund Khousky zu zwingen.

Beeri fälschte sogar Beweismaterial, wonach der Bürgermeister die Haganah für die Briten ausspioniert habe. Ben-Gurion erfuhr von der Sache, und Beeri geriet auf die Abschußliste.[17]

Der letzte Tropfen, der das Faß zum Überlaufen brachte, war die Ermordung eines reichen Arabers im Sommer 1948. Das

Opfer war Ali Qassem, ein vom militärischen Abschirmdienst angeworbener Doppelagent, der die arabischen Milizen in Palästina ausspionieren sollte. Beeris Agenten verdächtigten ihn aufgrund mehrerer Pannen, in Wahrheit als Tripelagent vor allem für die Araber zu arbeiten, und erschossen ihn.

Ben-Gurion ordnete eine sorgfältige Untersuchung des Qassem-Falles an. Im November wurde Beeri von seinem Posten beurlaubt. Im anschließenden Verfahren vor einem Militärgericht wurde er wegen Totschlags verurteilt und aus der Armee ausgeschlossen. Wegen der illegalen Tötung Turbanskis sowie der Folterung Amsters stellte man ihn ein zweites Mal vor Gericht. Beeri bestritt die Vorwürfe, wurde jedoch für schuldig befunden und symbolisch zu einem Tag Gefängnis verurteilt.[18]

Der erste Chef des militärischen Abschirmdienstes und die aktivste Kraft im neuen Spionagedienst hatte dieses Amt nur sechs Monate bekleidet. Beeri war an seiner engstirnigen Auffassung von nationaler Sicherheit gescheitert. Geriet sie in Gefahr, so war keine Zeit für politische Spielereien – oder die Achtung menschlicher Rechte. Der Staat mußte geschützt werden, so einfach war das für Beeri.

Er machte die bittere Erfahrung, daß er unrecht hatte. Ein Verhalten, das man den Führern totalitärer Staaten nachsehen mochte, konnte in Israel auf Dauer nicht geduldet werden – einem Israel, das sich von Anbeginn an als Demokratie verstanden hatte. Bis zu seinem Herztod im Januar 1958 hat Beeri immer wieder beteuert, unschuldig zu sein. Sein Sohn Itai Beeri hat noch Jahre später nachdrücklich betont, Isser der Große habe nur Ben-Gurions Befehle ausgeführt.[19]

Beeris Sturz löste einen Schock aus, der den Nachrichtendienst auf Jahre hinaus hätte lähmen können. Ben-Gurion begegnete dieser Gefahr, indem er Colonel Chaim Herzog zu seinem Nachfolger bestimmte, der als Beeris bisheriger Stellvertreter die notwendige Kontinuität garantierte. Auch Herzogs Freundschaft zu Reuven Shiloa trug dazu bei, die tiefen Wunden im Fleisch der jungen Nation zu heilen. Dieser hatte sich aus allen Anfangssünden herausgehalten und sich auf die strategische Planung sowie auf auswärtige Angelegenheiten konzentriert.

Herzog sorgte während seiner kurzen Amtszeit bei Aman für die Einführung von Computern. Genaugenommen handelte es sich eher um eine Ansammlung sperriger Rechenmaschinen als um ein kompaktes Computersystem. Aber sie arbeiteten recht ordentlich. Ohne große Schwierigkeiten gelang es den Israelis mit ihrer Hilfe, die einfachen Codes zu knacken, die die Armeen Ägyptens, Syriens und anderer arabischer Nachbarstaaten benutzten. Herzog und sein Team machten Israel zu einer der ersten Nationen, die die Vorteile neuer und raffinierter Technologien auf dem Gebiet der Spionage nutzte. 1983 wurde Herzog nach einer langen und glänzenden Karriere zum Präsidenten Israels gewählt.

Shiloa beschloß, sich stärker persönlich an der Verwaltung der Nachrichtendienste zu beteiligen, und gründete einen Koordinierungsausschuß, in dem er selbst den Vorsitz übernahm. Er nannte ihn *Va'adat Rashei ha-Sherutim*, »Komitee der Sicherheitschefs«. Im April 1949, nach dem Sieg Israels über die Araber, trat »VARASH« – ein Name, der nie veröffentlicht wurde – zum erstenmal zusammen. Neben Shiloa und Herzog nahmen Isser Harel für Shin Bet und Boris Guriel für das Political Department des Außenministeriums an der Sitzung teil.

Varashs Tagesordnungen sowie Zeit und Ort der Sitzungen werden noch immer streng geheimgehalten. Seine Aufgaben sind jedoch bekannt: die Kooperation zwischen den verschiedenen Sicherheitsdiensten einfach und direkt zu gestalten und möglichst zu verhindern, daß aufgrund von Mißverständnissen Irrtümer entstehen oder Dinge unnütz doppelt getan werden.

Als sich die Kommission zum erstenmal traf, bezeichnete Shiloa sie schlicht als Coordination Committee. Man hatte auch den Polizeichef Yehezkel Sahar zur Teilnahme aufgefordert, obgleich die Polizei normalerweise nicht in alle Staatsgeheimnisse eingeweiht war, sie aber immerhin die größte Sicherheitsmacht des Landes darstellte.[20]

Shaul Avigur von Aliyah B nahm dagegen nicht teil, da er mehr mit dem Sammeln von Einwanderern als von Informationen beschäftigt war. Die übrigen Sicherheitschefs, die sich neu gruppiert hatten und sich häufig als »Varash« trafen, sahen sich schon bald einer ungewöhnlichen Herausforderung gegenüber, der »Revolte der Spione«.

Anführer der Revolte war Asher Ben-Natan, bekannt unter seinem Codenamen Arthur. Sein gutes Aussehen hatte ihm den Spitznamen »Arthur der Schöne« eingetragen. Angeblich hatte er großen Erfolg bei den Frauen, und jeder in der kleinen Familie des israelischen Geheimdienstes wußte, daß Ben-Natan ganz generell das Leben genoß.

Er wurde 1921 in Österreich geboren. Den Nazis entkam er 1938 durch seine Auswanderung nach Palästina. Um auch anderen Juden bei der Immigration zu helfen, schloß er sich Avigurs Aliyah B an. Nach dem Krieg war er Verbindungsoffizier des Nachrichtendienstes in Wien, wo er unter dem Namen Arthur Pier offiziell als Journalist arbeitete. Später wechselte er als Einsatzchef zu Guriels Political Department ins Außenministerium über. Das Department war – trotz seines harmlosen Namens – der überseeische Arm des israelischen Geheimdienstes. Guriels Leute hatten die Aufgabe, Spione in arabische Länder einzuschleusen und Verbindungen zu ausländischen Nachrichtendiensten herzustellen. Eine der wenigen schriftlichen Aufzeichnungen über Ben-Natans Arbeit in Frankreich, Italien und anderen Ländern findet sich in einem Bericht, den er an Premierminister Ben-Gurion sandte: »Wir sammeln Informationen über arabische Vermögen und die Wirtschaftsbeziehungen zwischen Europa und den Arabern.«[21] Dieses Schriftstück stammt aus den ersten Tagen des Staates, als noch jedes kleinste Detail neu und aufregend erschien.

Die Agenten des Political Department erhielten diplomatische Tarnung in den israelischen Konsulaten und Botschaften in London, Rom, Paris, Wien, Bonn und Genf. Dies hatte den Vorteil, daß sie als Diplomaten Immunität genossen, war aber bei der eigentlichen Arbeit von Nachteil, weil dadurch die Verbindung des Agenten mit seiner Regierung offenkundig wurde und viele Gastländer daher unterstellten, daß alle ausländischen Diplomaten Spione seien.

Bis 1950 schickten Israels europäische Agenten ihre Berichte an Ben-Natans Hauptquartier in Paris, das eine bemerkenswerte Autonomie gegenüber Guriel besaß. In späteren Jahren hielt sich Ben-Natan zumeist in Tel Aviv auf, wo er die Berichte empfing und Einsatzbefehle erteilte. Jede Gruppe in den verschiedenen europäischen Hauptstädten besaß ihr eigenes Agentennetz – meist Nichtisraelis, die Informationen verkauften. In einigen Fällen konnten dank ihrer Hilfe militärische Seetransporte auf dem Weg in arabische Länder sabotiert werden.

Daneben beschäftigten sich die israelischen Agenten in ihrer

»Freizeit« ein wenig mit Schmuggel: nicht um dadurch reich zu werden, sondern um ein paar heimliche Aktionen zu finanzieren, da sich das Außenministerium geweigert hatte, alle von Ben-Natans Team eingereichten Rechnungen und Belege zu übernehmen.

Der größte Erfolg des Political Department war die Beschaffung der Aufmarschpläne der syrischen Armee durch einen in Damaskus eingeschleusten Agenten. Solche Informationen waren für den jungen, von seinen Nachbarn bedrängten jüdischen Staat lebenswichtig.

Im allgemeinen jedoch wurde das von Ben-Natan und seinen Leuten beschaffte Material von ihren politischen Vorgesetzten nicht als sehr wertvoll eingestuft. Vielleicht lag dies an Ben-Natans Lebensstil.

Er und seine ranghöchsten Mitarbeiter, darunter auch Gershon Peres, der Bruder des späteren Premierministers, benahmen sich, wie es ihrer Vorstellung nach Spionen zukam. Sie dinierten in den eleganten Restaurants von Paris und Genf, tranken aus den vornehmsten Heilquellen und benutzten die Lobbys der besten europäischen Hotels als Treffpunkte. Ihre Extravaganz stand in diametralem Gegensatz zu dem damals in Israel herrschenden puritanischen, sozialistischen Geist. Dies provozierte eine Menge Ärger, besonders auf seiten Avigurs und Shiloas. Guriel dagegen kümmerte das Ganze wenig. Die Beschuldigung, seine Leute füllten sich die Taschen mit Hilfe nicht genehmigter und gefälschter Rechnungen, tat er mit einem Achselzucken ab. Es gab sogar Gerüchte, daß Leute des Political Department ihre Hand auf geheime Schweizer Bankkonten gelegt hätten, die den in den Gaskammern umgekommenen Juden gehört hatten.[22]

Die übrigen Nachrichtendienste waren aber nicht nur hierüber, sondern auch über die Arbeitsweise des Political Department empört. Seine Rivalen – Aman, Shin Bet und Aliyah B – beschimpften Guriels Leute als reine Amateure, die sich lediglich als Profis maskierten und kaum etwas zu Israels Verteidigung beitrugen.

Als Vorsitzender des Varash sah sich Shiloa von Ben-Gurion und den Militärchefs stark unter Druck gesetzt, genaue Informationen über die Kampfstärke der arabischen Armeen zu liefern. 1950 wuchs die Angst, daß die arabischen Staaten die durch den

Koreakrieg und den »kalten Krieg« zwischen den USA und der UdSSR entstandenen internationalen Spannungen zu einer zweiten Attacke gegen Israel ausnutzen könnten, um die Niederlage von 1948/49 auszugleichen.

Mit Guriels und Ben-Natans Spezialitäten – den politischen Plänen der Araber, ihren wirtschaftlichen Projekten und dem, was in den Schlafzimmern ihrer Anführer geschah – war den Führern des jüdischen Staates weniger gedient.

Binyamin Gibli – inzwischen zum Oberstleutnant befördert – war der erbittertste Gegner des Political Department. Er war ein junger, begeisterungsfähiger militärischer Nachrichtenoffizier und diente als Stellvertreter Chaim Herzogs. Als dieser im April 1950 als Militärattaché nach Washington ging, rückte er auf dessen Posten als Aman-Direktor nach.

Gegen Gibli sprach seine Mitwirkung am Todesurteil gegen Turbanski. Wenn Ben-Gurion ihn dennoch auf den höchsten Posten des militärischen Abschirmdienstes berief, so geschah dies im Interesse einer kontinuierlichen Arbeit, die ihm seit Beeris Sturz sehr wichtig war. Aber der Premierminister setzte mit seiner Wahl ein gefährliches Zeichen: Er war bereit, notfalls ethische Überlegungen auf dem Altar des Erfolges zu opfern.

In jedem Fall hatte seine Entscheidung ungeahnte Folgen. Gibli entschloß sich, eine rücksichtslose Kampagne gegen das Political Department zu starten. In Shin-Bet-Chef Isser Harel fand er einen Verbündeten, der für den verschwenderischen Stil des Political Department und seine mageren Ergebnisse nur äußerste Verachtung übrig hatte. In dem folgenden Durcheinander sandten sowohl Gibli als auch Harel eigene Agenten ins Ausland. Guriel krempelte die Ärmel für einen Faustkampf hoch: Das Political Department drang in das Territorium von Shin Bet ein und schickte Einbrecher in die Botschaften des Sowjetblocks in Tel Aviv. Harel schäumte.[23]

Guriels Agenten betrachteten sich als einen exklusiven Club nach Übersse entsandter Spione und verachteten die Grobheit und den Mangel an Umgangsformen von »Giblis Militärs und Harels Polizisten«. Ben-Natan spöttelte, daß die Neuankömmlinge sich niemals in die kultivierte und gebildete europäische Gesellschaft einfügen würden. Überflüssig zu erwähnen, daß die verschiedenen israelischen Spione nicht harmonisch zusammenarbeiteten.

Die Sicherheitsdienste Frankreichs und Italiens, die besonders israelfreundlich waren, konnten sich auf das Ganze keinen Reim machen. Sie waren durch eine riesige Anzahl sich widersprechender Bitten israelischer Verbindungsoffiziere verunsichert. Offensichtlich handelte es sich um einen internen Machtkampf, und die ausländischen Freunde des Nachrichtendienstes wußten nicht, wie sie sich verhalten sollten. Sie wußten nur, daß sich das von feindlichen Nationen umgebene Israel nicht den Luxus innerer Machtkämpfe leisten konnte.

Ben-Gurion ärgerte sich sehr und befahl Reuven Shiloa, dem Chaos ein Ende zu machen. »Mr. Intelligence« sollte die Gelegenheit bekommen, den Nachrichtendienst zu reorganisieren. Shiloa erklärte, daß das Political Department aufgelöst werde, und zwang Guriel zum Rücktritt. Guriels europäischen Agenten wurde mitgeteilt, sie würden von den neuen Kommandanten neue Anweisungen erhalten.

Ben-Natan weigerte sich jedoch, nachzugeben. Wenige Tage nach Shiloas Erklärung versammelte er am 2. März 1951 seine ranghöchsten Agenten am Genfer See. »Arthur der Schöne« und seine ebenso anmutige Gesellschaft von Weinkennern und Gourmets waren verärgert. In einem ersten Wutausbruch erklärten sie gemeinsam ihren Rücktritt. Sie würden für keinen der anderen Nachrichtendienste arbeiten, sondern schlicht ihre Sachen packen und nach Hause fahren.

Ben-Natan nahm in der Schweiz an einem Seminar für internationale Beziehungen teil, und seine Leute weigerten sich, ihre geheimen Unterlagen an Shiloa herauszugeben. Von ihnen würde er keine Unterstützung bekommen. Ein paar der Agenten in Europa verbrannten sogar ihre Akten. Israels Spione streikten.[24]

Der Aufstand hatte zu keiner Zeit eine Chance. Mit der uneingeschränkten Unterstützung des Premierministers organisierte Shiloa das ganze Nachrichtenwesen völlig neu – über die Köpfe der Männer hinweg, die ihm die Gefolgschaft verweigerten. Die gesamte Verantwortung für spezielle Aufgaben wurde Aman übertragen, dem militärischen Abschirmdienst unter Gibli. Dieser gründete umgehend die absoluter Geheimhaltung unterliegende »Unit 131«, deren Aufgabe es war, Agenten in die arabischen Länder einzuschleusen.

Aus den Ruinen des Political Department erhob sich *ha-Mos-*

sad le Modiin ule-Tafkidim Meyuhadim, das »Institute for Intelligence and Special Tasks« – besser bekannt als Mossad. Für kurze Zeit firmierte die Organisation noch unter anderen Namen: als »Central Institute for Coordination« und »Central Institute for Intelligence and Security«. Als Geburtstag des Mossad gilt jedoch der 1. April 1951, an dem Shiloa seine den Streik beendende Neuformierung des Nachrichtenwesens bekanntgab.

Ben-Gurion ernannte Shiloa zum ersten Direktor des Mossad, der unmittelbar dem Büro des Premierministers unterstellt wurde. Zum erstenmal machte sich hier ein amerikanischer Einfluß im israelischen Nachrichtenwesen bemerkbar. Das bisherige Modell wurde aufgegeben, wonach der auswärtige Spionagedienst entsprechend dem englischen Geheimdienst (MI 6) dem Außenminister verantwortlich war. Die CIA arbeitete dagegen direkt mit dem Oval Office (dem Büro des Präsidenten der USA im Weißen Haus) zusammen.

Dennoch gab es einen Unterschied: Während die CIA stets eine eigene Einsatzabteilung hatte, mußte der Mossad ohne diese auskommen. Es gab lediglich ein gemeinsames Komitee mit Aman, das die praktische Arbeit der geheimen Armee-Einheit 131 überwachte. Im übrigen hatte der Mossad die Aufgabe, Fakten zu sammeln, ohne sie selbst auszuwerten.

Shiloa war nur kurze Zeit Mossad-Chef, aber er bestimmte die Grundprinzipien, nach denen die Spionageorganisation in den kommenden Jahrzehnten arbeitete. Entsprechend seinem Geheimbericht an die zionistische Führung kurz nach dem Zweiten Weltkrieg sorgte Shiloa für eine gute Zusammenarbeit mit den ausländischen Nachrichtendiensten – insbesondere dem CIA. Er schuf eine Sondereinheit für Wirtschaftsspionage, die eifrig nach Schleichpfaden suchte und Löcher in das arabische Embargo gegen den Handel mit Israel riß. Außerdem trat er nachdrücklich dafür ein, daß der jüdische Staat enge und vertrauensvolle Beziehungen zu den Juden in aller Welt unterhalten müsse.

Ferner führte Shiloa eine sehr eingehende Überprüfung aller laufenden Aktionen, die er sozusagen »geerbt« hatte, durch, denn trotz des mißlungenen Streiks der Führungsoffiziere in Europa waren deren Agenten weiter als Spitzel im Einsatz. Shiloa brauchte ein Jahr, bis er einen faulen Apfel im Korb des Political Department fand. Der Spion, der nie hätte angeworben werden dürfen, war David Magan.

David Magan wurde Anfang der 20er Jahre als Sohn jüdischer Eltern in Ungarn unter dem Namen Theodore Gross geboren. Die Familie Gross siedelte nach Südafrika über. Später ging Theodore nach Italien, wo er Gesang studierte. Nach Abschluß seiner Ausbildung trat er in Italien und Mexiko als Opernsänger auf. Im Zweiten Weltkrieg diente er in der britischen Armee, wo er seinen Namen in Ted Cross änderte und als Spionageoffizier bei gefährlichen Aufgaben in Italien und Deutschland zum Einsatz kam.

Als 1948 der Krieg in Palästina ausbrach, fühlte sich Gross/Cross verpflichtet, als Soldat nach Israel zu gehen. Aufgrund seiner Erfahrungen und weil er Englisch, Deutsch, Italienisch, Spanisch und Französisch sprach, wurde er von Ben-Natan für das Political Department angeworben. In Israel nahm der freiwillige Spion den Namen Magan an, hebräisch: »Schild«. Als Ted Cross schickte man ihn nach Italien, wo er ein Netz arabischer Agenten leitete, die militärische und politische Informationen für Israel sammelten.

1950 wurde Magan/Cross nach Ägypten versetzt, wo er eine Kette örtlicher Informanten aufbaute. Shiloa und sein neuer Mossad bekamen zwar Berichte von ihrem Kairoer Agenten, behielten ihn aber nicht lange. 1952 bekam er den Befehl, Ägypten zu verlassen. Nach einem kurzen Zwischenstopp in Rom flog er nach Tel Aviv.

Als David Magan wurde er sofort verhaftet, angeklagt, überführt und zu 15 Jahren Gefängnis verurteilt. Der überraschende Vorwurf: Spionage für Ägypten. Ohne hierzu befugt zu sein oder dem Mossad über seine Aktionen zu berichten, hatte Magan/Cross Kontakte zu Agenten des ägyptischen Geheimdienstes aufgenommen. Vor Gericht verteidigte er sich damit, daß es stets seine Absicht gewesen sei, die Ägypter zu betrügen – ihnen vorzuschlagen, als Doppelagent zu arbeiten, in Wahrheit aber Israel treu zu dienen.

Seine Behauptungen wurden Magan weder von der Staatsanwaltschaft noch vom Gericht abgenommen, zumal Beweise vorlagen, wonach er in Italien in illegale Drogengeschäfte verwickelt war und wegen Handels mit Narkotika im Gefängnis gesessen hatte.

Viele ehemalige Mitarbeiter des aufgelösten Political Department waren dennoch weiterhin davon überzeugt, daß Magan/

Cross Israel nicht verraten hatte. Boris Guriel, der im Prozeß als Entlastungszeuge aussagte, behauptete, Shiloa und der Mossad hätten das Beweismaterial gegen Magan gefälscht, um den Ruf des Political Department zu untergraben. Aufgrund einer Kampagne zur Aussetzung der Strafe auf Bewährung kam Magan 1959 nach sieben Jahren Gefängnis frei. Gross/Magan/Cross änderte noch einmal seine Identität. Unter einem neuen Namen heiratete er, gründete eine Familie und lebte bis zu seinem Tod im Jahr 1973 in Israel mit dem bitteren Gefühl, ungerecht behandelt worden zu sein – ein Mann in der Anonymität, dessen wahre Identität und Lebensgeschichte niemand in der von ihm gewählten Heimat kannte.[25]

Die Dauerschäden, die Ben-Natans Revolte und der Fall Magan angerichtet hatten, ließen sich schwer einschätzen. Zudem erschwerte ein tiefes Mißtrauen zwischen den Chefs der israelischen Geheimdienste und ihren auswärtigen Agenten jede Spionagetätigkeit.

Shiloa – inzwischen offiziell Chef des Mossad und zugleich Vorsitzender des Varash – war so sehr mit internen Verwaltungsaufgaben in Anspruch genommen, daß er die auswärtigen Angelegenheiten vernachlässigte.

In dieser Situation mußte einfach etwas schiefgehen. Das peinliche Versagen schien vorprogrammiert, aber niemand sah die Gefahr. Der Vorfall ereignete sich im Irak, und zwar genau in dem Moment, als die Reorganisation der Nachrichtendienste wirksam wurde und der Mossad geboren war:

Zwei geheimnisvolle Männer in nahezu identischen, kurzärmeligen, am Hals offenen Hemden betraten die Fabrik Techno-Kfitz in Tel Aviv. Die beiden Beamten – einen anderen Schluß ließen ihre Erscheinung und ihr Benehmen gar nicht zu – fragten nach Yaakov Frank, einem der Manager des Unternehmens. »Reuven Shiloa würde sich gern einmal mit Ihnen unterhalten«, erzählten sie dem kräftigen 30jährigen. Man schrieb Januar 1951, zehn Wochen vor der Gründung des Mossad, und in der israelischen Öffentlichkeit war man sich über Shiloas offizielle Stellung innerhalb der Regierung nicht so ganz klar. Niemand hatte jemals vom Varash-Komitee gehört. Frank hatte jedoch von Shiloa gehört und war ohne Zögern bereit, sich mit dem fast legendären Agenten zu treffen.

Frank war begeistertes Mitglied der Haganah gewesen und

hatte für Aliyah B in New York gearbeitet, nachdem er der Verfolgung durch die Engländer in Palästina entkommen war. Als amerikanischer Soldat hatte er im Zweiten Weltkrieg im Kampf gegen die Japaner im Pazifik gedient. Im Oktober 1944 wurde er auf den Philippinen schwer verwundet. Als Israel 1948 unabhängig wurde, kehrte er mit einem amerikanischen Paß und einer monatlichen Rente vom Pentagon dorthin zurück.

Da er fast völlig wiederhergestellt war, nahm Frank am Unabhängigkeitskampf teil und sollte 1951 – für ihn völlig überraschend – wieder in den aktiven Dienst berufen werden. Die beiden undurchsichtigen Beamten brachten ihn von der Fabrik zur Kirya, dem »Town Center« – dem riesigen Gelände des Armee- und Verteidigungsministeriums am östlichen Rand des Geschäftsviertels von Tel Aviv. Sie führten Frank in eins der völlig neutralen Häuser und die Treppe hinauf in Shiloas Privatbüro.

Der Chef des israelischen Geheimdienstes blätterte in den Personalpapieren des Jüngeren. »Ich sehe, Frank, daß Sie Aliyah B geholfen haben, Juden nach Israel zu bringen. Außerdem waren Sie Major in der Armee«, stellte Shiloa fest. »Sie sind genau der Mann, den wir brauchen.«

»Was kann ich für Sie tun?« erkundigte sich Frank mit rotem Kopf, der stets bereit war, eine Mission für Israel zu übernehmen.

»Ich möchte, daß Sie in den Irak gehen«, erwiderte Shiloa. »Unser Mann in Bagdad beendet demnächst seine Dienstzeit, und wir möchten Sie bitten, seinen Posten zu übernehmen.«

»Ich bin unter einer Bedingung einverstanden«, erklärte Frank, »daß ich dort volle Autorität genieße.«

»Natürlich«, nickte Shiloa. »Sie werden sowohl für die Emigration der dortigen Juden verantwortlich sein als auch für das Beschaffen von Informationen.«

»Ist es nicht die Aufgabe von Aliyah B, die Juden hinauszuschmuggeln?« beharrte Frank, ein Veteran jener Organisation, noch unsicher, wer sein nächster Dienstherr sein würde. »Machen Sie sich darüber keine Gedanken«, beruhigte ihn Shiloa. »Das wird alles geregelt.«

Nach einer kurzen Einweisung durch Shiloas Leute wurde Frank zu einem Gespräch mit Außenminister Moshe Sharett gebeten, der die Bedeutung des Bagdad-Unternehmens unterstrich und Frank versicherte, daß der israelische Staat hinter ihm stünde. Drei Wochen nach der ersten Kontaktaufnahme flog Yaakov Frank mit einem falschen Paß, ausgestellt auf den Namen Yitzhak Stein, von Tel Aviv nach Teheran. In der iranischen Hauptstadt wurde er von dem Aliyah-B-Chef Zion Cohen empfangen. »Nun verrat' mir mal, Zion«, bohrte Frank, »für wen arbeite ich eigentlich?« Arbeitete er für Shiloa? Aber welche Organisation sollte das sein? Für Aliyah B? Für Guriels Political Department? Für Giblis Abschirmdienst? »Keine Ahnung«, erwiderte Cohen, »ich befinde mich völlig im unklaren. Ich habe das Gefühl, daß man in Tel Aviv ganz andere Sorgen hat.«

Frank saß zwei Monate untätig in Teheran herum. Als Cohen ihm einen falschen Paß gab, um ihm eine neue Identität zu ermöglichen, wurde Frank wütend. Der Paß zwang ihn, sich in Ismail Tashbakash zu verwandeln, einen Teppichhändler aus Bahrein. Er war hingegen davon ausgegangen, daß er einen kanadischen Geschäftsmann darstellen sollte. Er sprach gut Englisch, war mehrfach in Kanada gewesen und überzeugt, daß seine Jahre in den USA es ihm ermöglichen würden, mit der Geschichte durchzukommen.

Nun erwartete man von ihm, in die Haut eines Arabers vom Persischen Golf zu schlüpfen. »Ich sehe wie ein Europäer aus, nicht wie ein Araber. Ich sprach zwar ein wenig Arabisch, aber mit palästinensischem Akzent. Unter diesen Umständen konnte ich mir nicht vorstellen, meiner Rolle gerecht zu werden«, erinnerte er sich. »Es war zum Wahnsinnigwerden. Warum, um Himmels willen, fragte ich mich, machen sie das mit mir? Arbeiten alle Spione so?«[26]

Niemand war da, bei dem er sich hätte beschweren können. Er überlegte, nach Israel zurückzukehren, aber sein Patriotismus hinderte ihn daran, die Mission abzubrechen. Auch ohne nähere Anweisungen beschloß er, weiterzumachen. Zunächst verbrannte er sämtliche Papiere, die ihn mit dem jüdischen Staat in Verbindung bringen konnten. Danach bestach Frank/Stein/Tashbakash ein paar Schmuggler, die ihn vom Iran in den Irak bringen sollten. Am 20. April 1951 war dies angesichts der zahlreichen polizeilichen Kontrollstellen kein leichtes Unternehmen. Aber sein eigentlicher Leidensweg sollte erst beginnen.

Frank hatte den Versprechungen Tel Avivs vertraut, daß man dem Posten in Bagdad eine codierte Nachricht schicken werde, um seine Ankunft anzuzeigen. Als er jedoch nach einer langen und ermüdenden Reise bei der ihm als Kontaktadresse genannten jüdischen Familie anklopfte, mußte er feststellen, daß man ihn keineswegs erwartete.

Pikanterweise war es die erste Nacht des Passahfestes, des höchsten jüdischen Feiertags im Frühjahr, und die Familie – die das traditionelle Sedermahl zelebrierte – erlaubte dem Neuankömmling nicht, die Nacht über zu bleiben. Sie fürchtete, er könnte ein Agent der irakischen Polizei sein. Franks flehende Bitten stießen auf taube Ohren, und sogar einer der Sedergäste, Mordecai Ben-Porat, der es hätte besser wissen müssen, weigerte sich, ihn anzuhören.

Ben-Porat war Aliyah Bs Hauptagent in Bagdad. Er war ein im Irak geborener Jude, nach Palästina eingewandert, hatte in der israelischen Armee gedient und war im Herbst 1949 in den Irak zurückgeschickt worden, um die illegale Ausreise der Juden zu organisieren. Dazu benutzte er die Identität zweier Juden, die den Irak bereits verlassen hatten, und bediente sich abwechselnd der Namen Zaki Habi und Moshe Nissim. Seine Deckung war jedoch unvollständig, da viel zu viele seine wahre Identität kannten. In dem Durcheinander, das damals innerhalb der Nachrichtendienste herrschte, war Ben-Porat auch noch in andere geheime Operationen verwickelt. Die strikte Einhaltung der sonst üblichen »compartmentalization« (Abgrenzung der Arbeitsbereiche) wäre weit sicherer gewesen. Aber statt dessen leitete der Auswanderungsorganisator noch ein – hauptsächlich aus Juden bestehendes – Agentennetz, das ihn mit hochinteressanten militärischen und politischen Informationen versorgte. Mit dem Hauptquartier in Tel Aviv war er über einen Zweiwege-Kurzwellensender verbunden. Die Station in Bagdad benutzte den Coderuf »Berman«.[27]

Gleichsam zwischen Tür und Angel und in Hörweite der Sedertafel mußte sich Frank der unangenehmen Aufgabe entledigen, Ben-Porat mitzuteilen, daß er den Auftrag habe, seinen – Ben-Porats – Posten zu übernehmen. Der amtierende Chef weigerte sich jedoch abzutreten. Er behauptete, sein Agententeam und die Führer der jüdischen Nachrichtendienste, die von seinen geheimen Aktivitäten wüßten, würden einem Wechsel nicht zustimmen.

Frank, der inzwischen völlig erschöpft war und sich kaum

noch beherrschen konnte, wurde noch wütender, als Ben-Porat ihn in das riesige Hotel Semiramis brachte. Frank wußte, daß jeder Ausländer, der in einem Hotel abstieg, seinen Paß bei der Polizei registrieren lassen mußte. Dieses Risiko konnte seine Aufgabe zunichte machen.

Eher aus emotionalen Gründen als aufgrund logischer Überlegungen entschied sich Frank, die Sache durchzustehen. Er würde in Bagdad bleiben und versuchen, seinen Auftrag auszuführen – wenigstens solange er nicht eindeutig in Lebensgefahr geriet. Er war auch keineswegs überrascht, als er nach ein paar Tagen feststellte, daß er von irakischen Sicherheitsbeamten beschattet wurde. Er wechselte mehrere Male die Taxis, um seine Verfolger abzuschütteln, und wandte sich dann an Ben-Porats Agenten, um von ihnen Fluchthilfe zu erbitten. Sie weigerten sich, ihm zu helfen.

Frank behielt jedoch die Nerven und ging in ein Reisebüro, wo er einen Angestellten bestach, der ihm ein Flugticket und ein Ausreisevisum besorgte. Er war klug genug, nach Beirut und nicht in eine europäische Hauptstadt zu fliegen, denn die irakische Geheimpolizei hatte ein weit wachsameres Auge auf Flüge nach Europa als nach arabischen Bestimmungsorten.

Frank/Stein/Tashbakash war nur eine Woche in Bagdad gewesen, aber noch waren seine Schwierigkeiten keineswegs zu Ende. In Beirut stieg er um und flog in die Türkei weiter, um von dort ein Flugzeug nach Tel Aviv zu nehmen. Auch das israelische Konsulat in Istanbul glaubte ihm seine Geschichte nicht und zögerte, einem »Teppichhändler aus Bahrein« ein Visum für Israel auszustellen. Das war jedoch die einzige Identität, die Frank dokumentarisch belegen konnte.

Das Konsulat brauchte drei Tage, bis es »Tashbakash« endlich das Visum gab. Selbst in diesem Moment noch Patriot, beschwor Frank den Konsul, das Visum nicht in den Bahreiner Paß zu stempeln, um ihn für die Zukunft nicht zu entwerten. Kein israelischer Geheimagent konnte ein Reisedokument benutzen, das eine Verbindung mit Israel erkennen ließ. Aber der Konsul, ein sturer Bürokrat, stempelte das Visum ordnungsgemäß hinein.

Der Flug nach Tel Aviv verlief ohne Zwischenfälle, und Frank erreichte den Flughafen Lod, ohne daß sich irgendwer vom Nachrichtendienst sehen ließ. Noch verwirrender war, daß Shiloa sich schlicht weigerte, ihn zu empfangen, als er am nächsten

Tag dessen Büro aufsuchte – nunmehr als ein Mitglied des neuen Mossad.

Auch 40 Jahre später ist Franks Wut auf seine Anwerber kein bißchen abgekühlt, denen er »amateurhaftes Handeln und Dilettantismus« vorwirft, »die mich fast das Leben gekostet hätten. Die rechte Hand wußte nicht, was die linke tat. Die Desorganisation nahm überhand. Wir hatten Glück, daß die Iraker noch unfähiger waren als wir.«

Die irakischen Gegenspione waren indessen nicht völlig unfähig. Einen Monat nach Franks überstürzter Abreise knackten sie den israelischen Spionagering in Bagdad.

Stellt man Ben-Porats dürftige Deckung in Rechnung sowie seine Hartnäckigkeit, neben der Spionage- auch die Ausreiseangelegenheiten zu leiten, dann war der Zusammenbruch seines Agentenrings unvermeidlich. Genau ein Jahr vor seinem Streit mit Frank hatte Ben-Porat eine Auseinandersetzung mit einem ranghohen Agenten von Aliyah B, der in einer wichtigen Mission im April 1950 aus Europa gekommen war. Shlomo Hillel trat als »britischer Geschäftsmann Richard Armstrong« auf, der die Near East Air Transport Corporation of the United States in Gesprächen mit der irakischen Regierung vertrat.

Diese amerikanische Luftfahrtgesellschaft verwischte ihre Spuren sehr sorgfältig, um ihre enge Beziehung zur israelischen Regierung zu verbergen. Niemand wußte, daß die Gesellschaft in den Jahren 1948 und 1949 in einer geheimen Aliyah-B-Operation alle 50000 Juden aus dem Jemen und aus Aden nach Israel geflogen hatte – unter dem Codenamen »Operation Magic Carpet«.

Nach zwei Jahren aktiver antisemitischer Schikanen erließ das irakische Parlament im März 1950 ein Gesetz, das es jedem Juden erlaubte, das Land zu verlassen. Sie brauchten nur ihre irakische Staatsangehörigkeit aufzugeben. Für ein Regime, das Israel den Krieg erklärt und Hunderte von Juden wegen zionistischer Aktivitäten eingesperrt hatte, schien dies überraschend milde. Das Ganze ging auf ein »Geschenk« zurück, das man dem Premierminister Toufik al-Sawidi gemacht hatte, der daraufhin die Auswanderungstore öffnete. Toufik al-Sawidi war zugleich der Vorsitzende der Iraq Tours, die wiederum – keineswegs zufällig – die Agentur der Near East Air Transport Corporation war. Mit anderen Worten: Der Chef der irakischen Regierung erhielt Bestechungsgelder und Provisionen vom israelischen Geheimdienst.

Der Premierminister war nicht der einzige. Hillel/Armstrong und seine Aliyah-B-Agenten stellten sicher, daß auch Sawidis Opponent und Vorgänger Nuri as-Said – der später noch einmal Premierminister wurde – seinen Anteil erhielt: Die Luftfahrtgesellschaft vergab einen Wartungsauftrag an die von Colonel Sabah as-Said – Nuris Sohn – geleitete Iraqi Airways.

Die gesamte Operation wurde jedoch durch Ben-Porat gefährdet. Seine Verstrickung in die verschiedenen geheimen Kontakte sprengte beinahe deren Deckung. Das Hauptquartier von Aliyah B in Tel Aviv mußte ihm verbieten, sich einzumischen. Von Mai 1950 bis Januar 1952 gelang es Hillel, annähernd 150 000 irakische Juden auf dem Luftweg nach Israel zu bringen. Die Direktflüge waren als »Operation Ezra and Nehemiah« bekannt – so benannt nach den beiden jüdischen Anführern, die vor etwa 2300 Jahren ihr Volk aus dem Exil im Irak – dem damaligen Mesopotamien – ins Heilige Land zurückbrachten. Die »Ezra and Nehemiah«-Luftbrücke verdrängte Ben-Porats sehr viel kleineres Unternehmen, das Juden auf dem Landweg vom Irak in den Iran schmuggelte und sie von dort nach Israel flog.[28]

Ben-Porat kam auch persönlich in Schwierigkeiten. Wiederholt wurde er von irakischen Agenten verhaftet und brutal verhört. Schließlich gelang es ihm, mit einem der von Hillel organisierten Flüge nach Israel zu entkommen. Ein zweiter Israeli, der mit Ben-Porat zusammen verhaftet wurde, konnte seine Tarnung als persischer Kaufmann unmöglich wahren. Er sprach nicht einmal Farsi. Sein wirklicher Name, so gestand er den Irakern, sei Yehudah Tajar. Er war ein ehemaliges Mitglied der Palmach, der elitären »Storming Forces« der Haganah. Das Political Department hatte ihn nach Bagdad geschickt als Führungsoffizier für eine Gruppe junger irakischer Juden und angeworbener Araber, die strategische Informationen für Israel ausspionierten. Ben-Porat und Tajar sollten parallel zueinander arbeiten, auf keinen Fall aber zusammen. Sie verletzten sämtliche Regeln der Arbeitsaufteilung, trafen sich häufig, sprachen miteinander Hebräisch und sangen beim Autofahren sogar israelische Schlager. Solche elementaren Fehler brachten das jüdische Spionagenetz wie eine Reihe Dominosteine zu Fall.

Die Iraker verhafteten etwa 100 Juden, einen nach dem anderen, und beschlagnahmten ein riesiges Waffenlager. 20 irakische Juden wurden im November 1951 für schuldig befunden und gehängt. Tajar wurde zu einer lebenslangen Gefängnisstrafe verurteilt. Neun Jahre später wurde er jedoch ausgewiesen, nachdem der Mossad Beziehungen zu dem neuen irakischen Führer Colonel Abdel Karim Qassem aufgenommen hatte. Tajar kam im Austausch gegen Informationen über eine Verschwörung irakischer Dissidenten gegen Qassem frei.

Neben anderen Verbrechen warf man den Angeklagten vier Fälle von Sabotage vor. Darunter ein Bombenattentat, das geringfügige Schäden im Informationszentrum der amerikanischen Botschaft angerichtet hatte. Die größte und überraschendste Attacke war jedoch die Explosion einer Handgranate in der Masouda-Shemtov-Synagoge in Bagdad, während Hunderte von Juden dort beteten. Vier Gemeindemitglieder, darunter ein zwölfjähriger Junge, wurden getötet und etwa 20 weitere verletzt.

Die verblüffende Beschuldigung, ein israelisches Spionagenetz habe einen Anschlag auf eine Synagoge verübt, schockierte die irakischen Juden. Unter den Auswanderungswilligen kursierten Gerüchte. Man argwöhnte, israelische Agenten versuchten, ihren Weggang durch Terroranschläge zu beschleunigen. Die nach Israel eingewanderten Iraker waren ohnehin bereits verärgert. Sie warfen der in Europa geborenen Staatsführung vor, sie mit nur geringer Aussicht auf eine vernünftige Wohnung und Arbeit in primitiven Zelten und Hütten unterzubringen. Die neuen sephardischen – orientalischen – Einwanderer fühlten sich erniedrigt, daß man sie mit Insektiziden besprühte und ihre Freiheit beschnitt. Die aschkenasischen – europäischen – Politiker waren ihrer Meinung nach zu sehr damit beschäftigt, sich wegen der Rettung der irakischen Juden zu gratulieren, statt in der neuen Heimat Konkretes für sie zu tun.

Premierminister Ben-Gurion befürchtete, Gerüchte über geheime Terroranschläge könnten die ersten Spannungen innerhalb der israelischen Gesellschaft verschärfen. Daraufhin beauftragte er 1960 Harel mit einer internen Untersuchung. Der Geheimbericht der Dreierkommission stellte fest: »Wir haben keinen faktischen Beweis dafür gefunden, daß Israelis oder Juden an den Bombenattentaten beteiligt waren.«

Mitarbeiter des Nachrichtendienstes leugneten entschieden,

irgendwelche terroristischen Taktiken angewandt zu haben. Dagegen erklärten sie voller Stolz, daß sie immer wieder neue und originelle Methoden entwickelten, um die Juden nach Israel zu transportieren. Unordnung zu Hause erforderte von den Agenten im Ausland häufig ein kluges Improvisieren. Nicht zuletzt kämpften sie für das Überleben ihrer jungen Nation. In den Anfangsjahren, als Israel nur eine kleine Insel inmitten eines gewaltigen Meeres arabischer Nationen war, galt die jüdische Einwanderung für den Staat als lebenswichtig. Es war nicht nur eine geographische, sondern auch eine demographische Angelegenheit. Mit Hilfe der Agenten von Aliyah B verdoppelte sich die Bevölkerung Israels allein in den ersten vier Jahren nach der Unabhängigkeit auf über eine Million Juden.[29]

Und welchen Dank erhielten die Männer und Frauen von Aliyah B? Ihre Organisation wurde im März 1952 aufgelöst. Reuven Shiloa erklärte, man brauche sie nicht länger. Wie ein Jahr zuvor Arthur Ben-Natan und seine Agenten vom Political Department, so opponierte auch der Führungsstab von Aliyah B und beschuldigte Shiloas Mossad, er wolle sich nur das eindrucksvolle Vermögen der Organisation unter den Nagel reißen.

Aliyah B war ein Wirtschaftsimperium und ein strategisches Meisterwerk. Der jüdische Staat hatte niemals etwas Ähnliches besessen – ein gewaltiges Unternehmen, das den weltweiten Transport des wertvollsten Gutes Israels organisierte: Menschen. Um eine massive, im Untergrund arbeitende Reiseagentur herum aufgebaut, gehörten der Aliyah B mehr als 60 Schiffe und Flugzeuge sowie zahllose Autos und Lastwagen. Ihre Maßnahmen waren durch ein weltweites Netz quasilegaler Radiosender gut koordiniert.

Die Agentur half Hunderttausenden von Juden, in das ihnen verheißene Land zu kommen. Bestechung und Geheimdiplomatie waren Dinge, die Aliyah B schon frühzeitig lernte. Ihre Agenten konzentrierten sich darauf, direkte Beziehungen zu politischen Führern herzustellen, häufig im »Feindesland«. Dies galt nicht nur für Kontakte zu den irakischen Premierministern Sawidi und Nuri as-Said, sondern auch für Verbindungen zu ungarischen Politikern, dem Schah von Persien und König Abdullah von Transjordanien, um über Möglichkeiten für eine sichere Passage der irakischen Juden nach Israel zu verhandeln.

Aliyah Bs Budget belief sich auf über zehn Millionen Dollar, eine so gewaltige Summe, daß die Agentur in einigen Hafenstädten des vom Krieg verwüsteten Europas einen echten Wirtschaftsfaktor darstellte. So weit gespannt war das System der an Polizisten, Hafenbehörden, Regierungsvertreter und Schiffseigner gezahlten Schmiergelder. Israels Agenten handelten auf den Schwarzmärkten Frankreichs, Griechenlands, Italiens, Österreichs und anderer Länder.

»Aliyah B ging als die größte Organisation ihrer Art in die Annalen des Staates Israel ein, und nichts, was seither geschah, reicht an das heran, was wir taten«, meint ein ehemaliger Agent rückblickend.[30]

Einige ihrer Flugzeuge wurden als erste El-Al-Maschinen eingesetzt. Ihre Schiffe bildeten den Kern der nationalen Schifffahrtsgesellschaft Zim. Die bei weltweiten Operationen gewonnenen Erkenntnisse kamen Israels junger Marine zugute. Außerdem verfügte Aliyah B über einige der besten Fälscher und Spione, die der Mossad gut gebrauchen konnte. Um den Führungswechsel bürokratisch zu untermauern, machten sich Shiloa und sein Assistent Akiva Levinsky die Mühe, ein Memorandum zu unterzeichnen, das dem Mossad die Verantwortung für die Einwanderung aus arabischen Ländern übertrug – speziell für »Untergrundaktionen mit dem Ziel, Kontakt zu Juden aufzunehmen und sie nach Israel zu bringen«. Die Jewish Agency versprach, die Kosten zu übernehmen. Nach diesem Muster sollten die zukünftigen Aktionen abgewickelt werden.[31]

Shiloas Machtposition schien unangreifbar, nachdem er Aliyah B und das Political Department aufgelöst sowie ein leistungsfähigeres Nachrichtendienstwesen geschaffen hatte. Aber für Shiloa stand nicht alles zum besten. Nach einem Autounfall, bei dem er sich eine Kopfverletzung zugezogen hatte, war seine Gesundheit angeschlagen. Außerdem fühlte er sich von dem ehrgeizigen Isser Harel unter Druck gesetzt. Premierminister Ben-Gurion notierte am 24. Mai 1952 in seinem Tagebuch: »Isser kam zu mir. Seiner Meinung nach hat Shiloa versagt.«[32] Allgemein war man der Auffassung, daß Shiloa zwar ein brillanter Kopf, aber nicht der geeignete Mann sei, einen Dienst zu leiten. Am 20. September 1952, nach nur 18monatiger Amtszeit als erster Direktor des Mossad, erklärte Shiloa Ben-Gurion seinen Rücktritt. Auf die Frage nach einem möglichen Nachfolger nannte Shiloa drei Namen: Levinsky, Gibli und Harel.

Ben-Gurion wählte Harel. In den ersten vier Jahren hektischer Betriebsamkeit im In- und Ausland war es dem jungen Nachrichtendienst noch nicht gelungen, eine klare Linie zu entwickeln. Ständig in Bewegung, war seine Orientierung unklar. Jede einzelne geheimdienstliche Aktion war für das Überleben Israels gleichermaßen wichtig gewesen. Der ständige Zustrom von Juden aus dem Ausland zur Stärkung des jungen Staates war ebenso notwendig wie das Einschleusen von Spionen hinter die feindlichen Linien oder die Verfolgung von Verrätern und Umstürzlern im Land selbst. Aber noch schien das Ganze improvisiert und zusammenhanglos.

Die ersten Geheimdienstchefs waren noch immer auf der Suche nach einer Struktur, in der sich ein effizienter Sicherheitsdienst mit echter Demokratie verbinden ließ. Sie blickten auf ihren politischen Meister, aber selbst Ben-Gurion – der die Antwort auf so viele brennende Fragen gefunden hatte – wußte nicht weiter.

Isser Harels Ausdauer und Geradlinigkeit hatten den Premierminister beeindruckt. Ben-Gurion hielt ihn für den richtigen Mann für diese Aufgabe. Mit der Übertragung der Verantwortung für Shin Bet (Inland) und den Mossad (Ausland) wurde Harel der oberste Chef des israelischen Nachrichtendienstes.

2. KINDHEIT

»Isser, ich brauche 5000 Dollar.« Mit dieser Bitte war Dan Pines, Herausgeber des Zeitungsorgans der Arbeiterpartei, *Davar,* am 20. September 1952 – an Harels erstem Arbeitstag als Mossad-Chef – zu ihm gekommen.

»Und wofür brauchst du das Geld?« erkundigte sich Harel.

»Wieso, du weißt nicht …?« Pines schüttelte erstaunt den Kopf, während er eine lange, komplizierte Geschichte über einen Spionagering vom Stapel ließ, den er in der UdSSR unterhielt. Harel hörte geduldig zu, aber instinktiv schaltete sich bei ihm ein Warnlicht ein.

»Dan, gib mir ein paar Tage, um mich zu akklimatisieren, dann werden wir sehen.«

Der Mossad-Chef witterte Betrug. Als Chef des Shin Bet hatte er für so etwas einen sechsten Sinn entwickelt. Statt Pines das Geld zu geben, beauftragte er eine Kommission mit der Überprüfung der ihm nicht ganz koscher erscheinenden Angelegenheit. Die Untersuchung konnte keinen öffentlichen Skandal verursachen, denn in den Anfangsjahren Israels war es üblich, nur Mitglieder der regierenden Mapai-Partei in solche Kommissionen zu berufen – statt ein gemischt-parlamentarisches Komitee einzusetzen. Diese Praxis garantierte, daß alle Peinlichkeiten, insbesondere wenn es sich um Angelegenheiten des Geheimdienstes handelte, in der »Familie« blieben.

Die Prüfungskommission fand die Wahrheit sehr bald heraus: Pines log und hatte den von Shiloa nachlässig geführten Mossad regelmäßig geschröpft. Shiloa traf lediglich der Vorwurf eines dürftigen Managements und einer guten Portion Naivität. Pines hatte ihn wie den Außenminister Moshe Sharett im Dezember 1951 davon überzeugt, daß er daran arbeite, innerhalb der UdSSR einen »zionistischen Untergrund« aufzubauen.

Nach Auflösung von Aliyah B war Israel speziell daran interessiert, den Kontakt zu den russischen Juden nicht zu verlieren. Dies machte Pines' Vorschlag besonders attraktiv. Der angesehene Journalist hatte ihnen von einem namentlich nicht genannten sowjetischen Funktionär berichtet, der bereit war, Israel heimlich zu helfen. Und er zeigte ihnen Briefe, die er angeblich von potentiellen Agenten aus dem Ausland erhalten hatte. In

Wahrheit waren sie von ausländischen Freunden Pines' abgeschickt worden. Der Amateurspion nutzte Shiloas mangelhafte Kontrolle neun Monate lang aus, wobei er immer wieder vorgab, sich heimlich mit russischen Spionen in Paris, New York und Kopenhagen getroffen zu haben. Jedesmal, wenn er nach Tel Aviv zurückkehrte, wurden ihm seine Auslagen vom Mossad in voller Höhe erstattet.

Der reisende Reporter hatte die ganze Geschichte erfunden, weil er eine schwerkranke Tochter hatte, die teure, nur in Europa erhältliche Medikamente brauchte.[33] Da sein Handeln verzeihlich war und man die ganze Angelegenheit unter den Teppich kehren wollte, erhob man gegen Pines keine Anklage.

Die Leichtigkeit, mit der er Shiloa betrogen hatte, war die Folge des allgemeinen Durcheinanders innerhalb des Nachrichtenwesens. Der Spionagering im Irak war aufgeflogen, die Geheimdienste wurden umorganisiert, und ungeprüfte Projekte verschlangen viele tausend Dollar, die der junge jüdische Staat kaum erübrigen konnte. Mit der Aufdeckung des Schwindels bewies Harel bereits am allerersten Tag beim Mossad seinen Wert. Nicht zuletzt hatte Ben-Gurion ihn wegen seines gesunden Mißtrauens ausgesucht. Der Premierminister hatte Harel als Shin-Bet-Chef näher kennengelernt. Ihre Auffassungen deckten sich. Nach der 1948 gewonnenen Unabhängigkeit hatte sich Ben-Gurion zunächst innenpolitischen Problemen zugewandt: der Integration Hunderttausender von Einwanderern, strikten Sparmaßnahmen und den erbitterten Kämpfen zwischen den politischen Fraktionen. Da ihn Außenpolitik weit weniger begeisterte, war es nur natürlich, daß Ben-Gurion sich mehr für Shin Bet als den Mossad oder den militärischen Abschirmdienst interessierte. Harel fand beim Premierminister stets offene Türen, weit offenere als Shiloa und seine Assistenten.

Ebenso wie Ben-Gurion und die übrigen Gründer Israels stammte Harel aus Osteuropa. Er wurde 1912 als Isser Halperin in Witebsk, in der Region Voložin des zaristischen Rußlands, geboren. Er war das jüngste von vier Kindern eines wohlhabenden Geschäftsmannes und Talmud-Lehrers. Harel blieb, wie er als Kind gewesen war: klein und hyperaktiv.

Rußland befand sich damals an der Schwelle zu einem aufregenden Umbruch. Harel erinnerte sich noch an den Besuch des russischen Revolutionärs Leo Trotzki in Witebsk. Trotz seiner konservativ-jüdischen Erziehung mag der junge Isser durchaus von der kommunistischen Strömung mitgerissen worden sein. Sein Vater aber las ihm und seinen Brüdern aus hebräischen Büchern vor und unterwies sie im Zionismus, nicht im Marxismus.

Als Heranwachsender schloß sich Isser der linksgerichteten zionistischen Gruppe *Ha-Shomer ha-Tza'ir* an, der »Jungen Garde«. Aus ihr entwickelte sich später die Mapam-Partei – die Harel als Erwachsener in Israel gehaßt hat. Im Januar 1930 gehörte Isser Halperin zu den wenigen Glücklichen, die von Ha-Shomer in einen Kibbuz in Palästina geschickt wurden. Er kam als sozialistischer Pionier, verlor aber sehr schnell jeglichen Geschmack am Sozialismus. Nach fünf Jahren verließen Isser und seine junge Frau Rivka die Kollektivfarm und gründeten eine eigene Orangen-Verpackungs-Firma.

Als der Zweite Weltkrieg ausbrach, schloß Isser sich der Haganah an und trat 1944 ihrem Nachrichtendienst bei, dem Shai. Acht Jahre im Untergrund waren ein exzellentes Training für seine spätere Arbeit. Während des 48er Krieges wurde Ben-Gurion auf ihn aufmerksam. Mit 36 Jahren wurde er der erste Direktor von Shin Bet – im Verlauf jenes Treffens in der Ben Yehudah Street im Juni.

Vier Jahre später, als Shiloa im September 1952 in Ungnade fiel, wurde Harel auch Chef des Mossad. Er war erst 40 Jahre alt, wirkte jedoch eher wie 50. Aber Harels müdes, älteres Aussehen täuschte – er besaß noch immer die grenzenlose Energie eines Knaben.

Sehr schnell baute er sich ein eigenes nachrichtendienstliches Imperium auf: Hunderte von Agenten aus zwei Organisationen standen mit Harel in direktem Kontakt. Er selbst war nur dem Premierminister verantwortlich. Formell bekam Shin Bet einen neuen Chef: Isador Rot, ein ehemals polnischer Jude, der früher Harels Stellvertreter gewesen war. Als er jetzt zu Shin Bet zurückkehrte, nachdem er kurze Zeit aushilfsweise beim Mossad gearbeitet hatte, änderte er seinen ihm nicht hinreichend hebräisch klingenden Namen in Izzy Dorot. Ein Personalaustausch zwischen Shin Bet und dem Mossad war in den ersten beiden Jahrzehnten des israelischen Nachrichtendienstes nichts Besonderes. Dorot behielt seine Spitzenposition nur ein Jahr. Als Chef war er ziemlich unscheinbar. Im September 1953 wurde er zum Rücktritt aufgefordert. Bis zu seinem Tod im Jahr 1979 lebte er in völliger Abgeschiedenheit in Israel. Kaum ein Mitglied des israelischen Nachrichtendienstes erinnert sich an ihn.

Sein Nachfolger war Amos Manor. Er wurde im Oktober 1918, in den letzten Tagen der österreichisch-ungarischen Monarchie, als Artur Mendelevici in Transsylvanien geboren. Mendelevici diente in der ungarischen Armee, als 1939 der Zweite Weltkrieg ausbrach. Gemeinsam mit anderen Glaubensgenossen blieb er in der Armee, selbst dann noch, als die nazifreundliche faschistische Regierung die Juden zwang, den gelben Stern auf ihrer Kleidung zu tragen. Erst 1943 wurde er aus der Armee ausgestoßen. Mendelevici saß in einem der ersten Züge, die ungarische Juden in das Vernichtungslager Auschwitz nach Polen brachten.

Millionen Juden wurden in Auschwitz ermordet, aber Mendelevici überlebte die unbeschreiblichen Greuel. Er kehrte nach Transsylvanien zurück, das inzwischen zu Rumänien gehörte. Kurz nach Kriegsende wurde ihm jedoch klar, daß es für einen Juden in Osteuropa keine Chance gab. Er bat zionistische Aktivisten, ihm zu helfen, ins britisch regierte Palästina zu kommen. Aber statt ihm bei der Ausreise aus Rumänien behilflich zu sein, entschieden die Aliyah-B-Agenten, daß sie jemanden, der Auschwitz überlebt und eine militärische Ausbildung hatte, am besten dort gebrauchen konnten, wo er gerade war. Sie überredeten Mendelevici, sich Aliyah B anzuschließen. Drei Jahre arbeitete er als Agent in Budapest und half, viele tausend dem Holocaust entkommene Juden in ihre biblische Heimat zu bringen.

Auch nach der Unabhängigkeit 1948 war Mendelevici weiterhin für Israel tätig, obgleich er noch nie dort gewesen war. Erst 1949 ergriff er seine Chance, als die kommunistische Regierung Rumäniens die Schließung aller zionistischen Einrichtungen anordnete. Mit falschen Pässen und der ständigen Angst, man könne sie wegen illegaler politischer Tätigkeit oder sogar wegen Spionage verhaften, flohen Mendelevici und seine Frau nach Israel.

Drei Tage nach ihrer Ankunft, im Juni 1949, besuchte Mendelevici Außenminister Sharett und nahm auf dessen Vorschlag einen hebräischen Namen an. Aus Artur Mendelevici wurde Amos Manor.

Als nächstes schied er bei Aliyah B aus. Nachdem er so lange an der geheimen Immigration mitgearbeitet hatte und nun selbst mit der »Untergrundbahn« gefahren war, kam Manor zu der Überzeugung – die von Ben-Gurion und Shiloa nur drei Jahre später geteilt werden sollte –, daß ein legaler Staat keine Organisation brauche, die sich auf illegale Arbeit spezialisierte.

Aliyah-B-Chef Avigur erkannte, daß Manor dem Nachrichtendienst weiterhin gute Dienste leisten konnte und daß das ungewohnte Leben in Israel seinen Patriotismus in keiner Weise gedämpft hatte. Avigur schickte ihn zu Harel. Dieser war von Manor beeindruckt und verpflichtete ihn sofort. Er begann auf der untersten Sprosse der informellen Shin-Bet-Leiter und wurde schon sehr bald Chef der Spionageabwehr.

Manor hielt von Anfang an die Spione aus den Nationen des Ostblocks für weit gefährlicher als die der arabischen Nachbarn. Die Araber waren bei ihrem Versuch, das neugeborene Israel zu erdrücken, geschlagen worden, und es gab absolut keine Anzeichen dafür, daß arabische Spione tüchtiger waren als arabische Soldaten.

Als Harel Shiloa beim Mossad ablöste, wurde Manor zum Stellvertreter des neuen Shin-Bet-Chefs Izzy Dorot befördert, und 1953, als man Dorot beiseite schob, wurde Manor dessen Nachfolger.

Manors Aufstieg war erstaunlich, wenn man bedenkt, daß er erst 36 Jahre alt war und seit knapp vier Jahren in Israel lebte. Außerdem gehörte er nicht zu der elitären Clique des Staates, die Seite an Seite in der Haganah oder der Palmach gekämpft hatte. Er hatte nicht in der britischen Armee oder ihrer berühmten jüdischen Legion gedient. Er hatte 1948/49 nicht einmal für Israels Unabhängigkeit gekämpft. Hebräisch sprach er mit einem unverkennbar ungarischen Akzent. Er benahm sich eher wie ein Europäer als wie ein »moderner Israeli« – zugegeben, eine neue und nicht leicht zu beschreibende Nationalität, aber immerhin von jener Elite ins Leben gerufen, der Manor sich anzuschließen versuchte.

In der formellen Hierarchie hatte Manor damit die gleiche Ebene erreicht wie Harel. Beide waren sie Chef eines Nachrichtendienstes, Manor von Shin Bet und Harel vom Mossad. Aber es stellte sich bald heraus, daß Harel der Erste unter den Gleichen war. Er hatte niemals die Zügel des inländischen Nachrichtendienstes aus der Hand gegeben, und mit Premierminister Ben-Gurions Unterstützung gelang es Harel, die beiden Zugpferde des israelischen Nachrichtendienstes gleichzeitig zu lenken: Shin Bet und den Mossad.

Harel traf alle wesentlichen Entscheidungen, und Ben-Gurion erfand 1957 sogar einen speziellen Titel für ihn. In der Knesset, Israels Parlament, sprach er ihn als *Memuneh* an, den »Alleinverantwortlichen« der Geheimdienste. Formell wurde der Titel weder vom Kabinett noch von der Knesset bestätigt, aber Ben-Gurion hatte keine Bedenken, ihn zu verkünden. In einem Land, wo er bewundert und fast als Vaterfigur verehrt wurde, nahm er sich die Freiheit, nach seinem Instinkt zu handeln, ohne sich um demokratische Formalitäten zu kümmern. Während die USA und andere westliche Nationen besondere Verfahren für die offizielle Verleihung von Beamtentiteln entwickelt hatten, wurde Jung-Israel von dem »Alten Mann« in einem eher persönlichen Stil regiert. Schließlich war Harel Vorsitzender von Varash, dem Komitee, in dem sich sämtliche Geheimdienstchefs zusammenfanden.

Harel konzentrierte eine ungeheure Machtfülle in seinen Händen – mehr als irgendein Nachrichtendienstchef einer westlichen Nation je auf sich vereint hatte. Hier besaß ein Mann soviel Gewalt wie die Chefs von FBI und CIA, J. Edgar Hoover und Allen Dulles, zusammen. Isser der Kleine genoß seine beispiellose Macht sowie das unbegrenzte Vertrauen und die Anerkennung Ben-Gurions.

Umgekehrt bewies der Memuneh Ben-Gurion gegenüber grenzenlose Loyalität und war bereit, für die Regierung nahezu alles zu tun. Wenn Ben-Gurion ihn darum bat, machte Harel den Nachrichtendienst gern zum Handlanger der regierenden Mapai-Partei. Obschon Israels Gründungsväter durchaus an die Demokratie glaubten, so hatten sie doch die nicht auszurottende Angewohnheit, ihre eigenen politischen Interessen mit denen des Staates gleichzusetzen.

Loyalität gegenüber der Partei Ben-Gurions war absolut selbstverständlich. Das volle Spektrum politischer Wahlmöglichkeiten hatte sich in Israel noch nicht entwickelt. Niemand hatte irgendwelche Erfahrungen, wie man eine Demokratie regierte, und es standen nur wenige Traditionen und Normen als Anleitung zur Verfügung. Die Nation stand erst am Anfang ihres langen Weges aus dem Verschwörertum eines im Untergrund geführten jüdischen Freiheitskampfes. Für die große

Mehrheit der Israelis war die Mapai-Partei praktisch der Staat. Die Mapai kontrollierte die meisten von dessen Institutionen: die Industrie, die Gewerkschaften, den Führungsstab der Armee sowie die Nachrichtendienste.

Harel setzte seine – sich häufig sträubenden – Mitarbeiter auch für Aufgaben ein, die eigentlich Sache der Polizei waren: für die Bekämpfung des Schwarzhandels und – zusammen mit dem militärischen Abschirmdienst – die Öffnung Tausender von Briefen auf der Jagd nach Devisenschiebern und Staatsfeinden.[34]

Bei der Suche nach Staatsfeinden galt für Ben-Gurion und seine Mapai-Partei der simple Grundsatz: »Wer nicht für uns ist, ist gegen uns.« Folglich sorgte Harel dafür, daß Shin-Bet-Agenten die anderen politischen Parteien Israels infiltrierten.

In erster Linie hieß das: »Augen nach rechts«. Als Reflex auf Ben-Gurions abgrundtiefen Haß gegenüber Menachim Begin, dem ehemaligen Kommandanten der Irgun und jetzigen Führer der Herut-Partei, ließ Harel ihn und seine Kollegen überwachen. Bald konnte Harel dem Premierminister berichten, die Herut-Partei plane, in der Armee »eine Mini-Untergrundbewegung« zu gründen.[35] Der Verdacht entbehrte jeder Grundlage, denn Begin hatte sich inzwischen zu einem echten parlamentarischen Demokraten gewandelt. Aber Harel »sah sogar die Schatten der Berge als Berge«.

In den folgenden Monaten löste Shin Bet mehrere kleine und unbedeutende Dissidentenringe auf, die Verbindungen zu religiösen Fanatikern und der politischen Rechten unterhielten. Einer von ihnen, der sich *Bri ha-Kana'im* – »Bund der Zeloten« – nannte, hatte sich verschworen, das alte Königreich Israel unter einer strikt religiösen Führung wieder auferstehen zu lassen. Im Schmuck ihrer Bärte und in schwarze orthodoxe Gewänder gekleidet, hatten sie Autos, ein Restaurant und einen Fleischerladen in Brand gesteckt, der nichtkoscheres Fleisch verkaufte.[36]

Shin Bet penetrierte die Gruppe der Zeloten und verhaftete sie. Jedem war klar, daß es sich um naive Amateure handelte, aber Harels Bericht an Ben-Gurion schilderte sie als tödliche Gefahr für die Demokratie. Der Memuneh wollte seine Shin-Bet-Agenten als tüchtige und raffinierte Vaterlandsretter gesehen wissen.

Harel sonnte sich auch in dem Ruhm, einen Attentatsversuch auf Verkehrsminister David Zvi Pincus vereitelt zu haben. Er ließ Shaaltiel Ben-Yair und zwei andere junge Veteranen der vorstaatlichen Untergrundbewegung *Lehi* – bekannt als »Stern Gang« – wegen Planung antireligiöser Gewaltverbrechen verhaften.

Angeblich hatten sie geplant, aus Protest gegen die Beschränkung des öffentlichen Verkehrs am Sabbath in der Nähe der Wohnung des Ministers eine Bombe hochgehen zu lassen. Dieser hatte aufgrund eines politischen Abkommens zwischen der Mapai-Partei und religiösen Gruppen angeordnet, daß an den jüdischen Feiertagen keine Busse mehr fahren durften. Ben-Yair wurde vor Gericht gestellt, aber aus Mangel an Beweisen freigesprochen.[37] Ironie der Geschichte: Er arbeitete später für den Nachrichtendienst.

Während er noch mit den rechten Umstürzlern abrechnete, wandte der Memuneh seine Aufmerksamkeit zunehmend auch den Linken zu. Shin Bet stürzte sich in eine intensive Überwachung der kleinen kommunistischen Partei Israels. Dies wurde keineswegs als kontrovers empfunden, denn für die breite Öffentlichkeit waren Kommunisten wie Antizionisten gleichermaßen Außenseiter in einer patriotischen, zionistischen Gesellschaft.

Den meisten Israelis ging Harel jedoch zu weit, als er auch die sozialistische Mapam-Partei mit ihrem unstrittig zionistischen Leumund ins Visier nahm. Obgleich linksgerichtet, trat Mapam ganz klar für den Bestand eines unabhängigen jüdischen Staates ein und suchte keine nähere Bindung an das kommunistische Moskau. Bei der Errichtung neuer jüdischer Siedlungen und Kibbuzim war Mapam weit aktiver als jede andere Partei. Ihre Mitglieder dienten in der Armee, und einige rückten in hohe militärische Ränge auf.

Andererseits verweigerte Mapam strikt jede weitere politische Zusammenarbeit mit Ben-Gurion, nachdem ihre Führer den Eindruck gewonnen hatten, er wolle Israel vom Sozialismus wegführen. Als sie darüber hinaus begannen, den sowjetischen Diktator Stalin zu verehren, war für Harel das Maß voll. Der Memuneh kam zu dem Schluß, daß die Mapam als fünfte Kolonne für den Sowjetblock arbeite. Er argwöhnte sogar, daß sie möglicherweise einen Militärputsch zur Übernahme der Regierung plane, da viele ihrer Parteimitglieder dem Offizierskorp der Armee angehörten.

Shin Bets geheime Attacke auf die angeblichen Umstürzler wurde in der Öffentlichkeit am 29. Januar 1953 bekannt, als der Parteisekretär der Mapam, Natan Peled, auf einer Pressekonferenz in Tel Aviv mit einer dramatischen Geste auf der offenen Handfläche einen winzigen Radiosender präsentierte. Er berichtete den Journalisten, daß man die »Wanze« unter der Tischplatte des Mapam-Chefs Meir Ya'ari gefunden habe. Peled sagte, die Partei habe seit langem den Verdacht gehabt, daß ihre internen Diskussionen irgendwie zu Ben-Gurion durchgesickert seien. Nun habe man das Mikrophon und den Sender gefunden und außerdem zwei Einbrecher gefaßt, die versucht hätten, mit Nachschlüsseln in die Parteizentrale einzudringen. Sie seien von Parteimitgliedern gestellt und der Polizei übergeben worden. Der Richter, so stellte Peled fest, habe jedoch erstaunlich milde reagiert – er habe eine minimale Geldbuße und eine zweiwöchige Freiheitsstrafe verhängt, ohne eine Untersuchung der bizarren Umstände anzuordnen.[38]

Peled bot den versammelten Journalisten hierfür eine Erklärung an: Er behauptete, die beiden Einbrecher seien von Harel auf Anordnung Ben-Gurions und der Mapai ausgesandte Shin-Bet-Agenten gewesen. Die Regierungspartei bestritt diese Behauptung, aber die Mapam wußte es besser. Auch sie hatte ihre Informanten unter den Shin-Bet-Mitarbeitern. Es waren Agenten einer Mapam-Sicherheitsabteilung, die ihre Spione in den anderen Parteien sowie den Nachrichtendiensten postiert hatte.

Bereits 1951 hatte Harel einen Spion entdeckt, der Israels Spione ausspionierte: Der langjährige Shin-Bet-Agent Gershon Rabinovitz wurde wegen seiner zumindest äußerlich starken Neigungen für die Mapam gefeuert. Andere Mapam-»Maulwürfe« blieben jedoch unentdeckt und versorgten die Partei mit Informationen zu deren Selbstverteidigung.

Harel »entlarvte« ferner einen Informanten, der in der für arabische Angelegenheiten zuständigen Nachrichtenabteilung des Außenministeriums saß. Zum Glück für Israels Sicherheit war der Spion weder Araber, noch arbeitete er für sie. Es handelte sich um Yaakov Bar'am, einen Israeli, der aufgrund seiner Stellung die Möglichkeit hatte, an alle Berichte des Mossad und des militärischen Abschirmdienstes heranzukommen. Im Mai 1955 wurde er gefaßt, als er geheime Dokumente an die Sicherheitsabteilung der Mapam weitergab. Die Partei war offensichtlich entschlossen, sich an der Quelle darüber zu informieren, was im jüdischen Staat geschah. Harel verzichtete auf gerichtliche Schritte gegen Bar'am, um die Fehde zwischen Mapai und Mapam nicht noch mehr anzuheizen.[39]

Größeren Ruhm trug Harel die aufmerksame Überprüfung des Außenministeriums und die Verhaftung eines Spions ein, der bereits als feindlicher Agent nach Israel gekommen war. Sein richtiger Name war Wolff Goldstein – geboren 1912 als Sohn jüdischer Eltern in Osteuropa, die später in die Schweiz übersiedelten. Als Jugendlicher begeisterte sich Goldstein für den Marxismus-Leninismus und ließ sich von sowjetischen Spionen anwerben. Von Anfang an war er fest entschlossen, sich in die israelische Regierung einschleusen zu lassen, und absolvierte zu diesem Zweck einen KGB-Spionagekurs in Moskau. Goldstein behauptete, daß ihn das Gemeinschaftsleben in einem Kibbuz gereizt habe.

Er kam während des ersten arabisch-israelischen Krieges 1948 nach Israel und bekam mit überraschender Leichtigkeit eine Anstellung im Außenministerium. Man steckte ihn in die Wirtschaftsabteilung, die so unterbesetzt war, daß sie dringend Personal brauchte. Auch er änderte seinen Namen. Wolff Goldstein wurde durch eine Übersetzung ins Hebräische zu Ze'ev Avni.

Obgleich Avni nur ein kleiner israelischer Funktionär war, betraute man ihn mit einigen wichtigen Posten im Ausland. Zu Beginn der 50er Jahre wurde er als Wirtschaftsberater an die israelische Botschaft in Brüssel versetzt. Man führte dort geheime Verhandlungen mit westdeutschen Politikern über Reparationszahlungen an israelische Juden wegen ihrer Leiden während des Holocaust. Avni berichtete dem KGB regelmäßig über alle Details der Gespräche.

Später stationierte man ihn in Belgrad, wo er seinen verheerendsten Schlag gegen die nationale Sicherheit des jüdischen Staates landete. Sein Aufgabenbereich umfaßte die Wirtschaftsbeziehungen zwischen Israel und Jugoslawien. Wegen des chronischen Personalmangels gestattete man ihm ausnahmsweise den Zugang zum »Allergeheimsten«, dem Nachrichtenübermittlungs- und Code-Raum der Botschaft. Avni lernte mit den Chiffriermaschinen umzugehen, die für alle Nachrichten zwischen dem Außenministerium in Israel und der Botschaft in Jugoslawien benutzt wurden.

Sein Angebot, Überstunden zu machen und abwesende beziehungsweise kranke Nachrichtenübermittler zu vertreten, wurde dankbar angenommen. Schon bald hatte sich der sowjetische Spion den Geheimcode des israelischen Außenministeriums verschafft und ermöglichte damit dem KGB, alle schriftlichen Mitteilungen von und an israelische Diplomaten und die unter diplomatischer Tarnung arbeitenden Agenten zu entziffern.

Harel, der die Personallisten der diplomatischen Dienste ständig mißtrauisch überprüfte, fand bald Gründe, Avni und seiner Arbeitswut zu mißtrauen. Zwischen seinem merkwürdigen Benehmen in Belgrad und der offensichtlichen Entlarvung israelischer Agenten schien es eine Verbindung zu geben. Harel erfand einen Vorwand, um Avni im April 1956 nach Tel Aviv kommen zu lassen. Sich keiner Gefahr bewußt, flog Avni nach Hause und wurde von Harels Shin Bet verhaftet. Bei der Vernehmung brach Goldstein/Avni zusammen und gab alles zu. Seinen »Arbeitsbericht« fanden die Israelis äußerst nützlich. Er zeigte Reue und schwor dem Kommunismus mit so offensichtlicher Aufrichtigkeit ab, daß mehrere der Vernehmungsoffiziere seine Freunde wurden.

Goldstein/Avni wurde nach zehn Jahren freigelassen. Er ging in die Schweiz, kehrte aber erstaunlicherweise ein paar Jahre später nach Israel zurück. Mit Zustimmung des Varash-Komitees tauchte Ze'ev Avni endgültig unter und lebte fortan mit einer neuen Identität in einer landwirtschaftlichen Gemeinschaft nördlich von Tel Aviv.[40] Heute arbeitet er als Psychologe für die israelische Armee.

Harel mußte sich häufig auf seinen Instinkt verlassen, statt auf schnelle Computer oder fette Budgets. Während der ganzen ersten 20 Jahre war Shin Bet eine sehr kleine Organisation mit nur ein paar hundert Mitarbeitern und geringen finanziellen Mitteln. Andererseits waren eine Menge Aufgaben zu bewältigen.

Die Organisation war in zwei Geschäftsbereiche gegliedert: *Support* und *Operations*. Der Support-Bereich umfaßte die Abteilungen für Verwaltung, Verhöre und Rechtsberatung, Technologie, Koordination und Planung sowie für die logistische Unterstützung der Operationen. Der Operations-Bereich von Shin Bet war in drei Abteilungen gegliedert:

1. Die *Sicherheitsabteilung:* zuständig für den Schutz der israelischen Botschaften und anderer Vertretungen im Ausland, Schutz des Premierministers und anderer Amtsträger sowie den Schutz der israelischen Verteidigungsindustrie.
2. *Abteilung für arabische Angelegenheiten:* in erster Linie verantwortlich für die Überwachung subversiver Elemente unter der arabischen Minderheit innerhalb der israelischen Grenzen, die bis 1965 unter militärischer Verwaltung lebte.
3. *Abteilung für nichtarabische Angelegenheiten* – die größte und wichtigste Abteilung: verantwortlich für Spionageabwehr, die Überwachung ausländischer Diplomaten und Delegationen sowie für den Kampf gegen Umsturzversuche der Kommunisten oder anderer politischer Extremisten.[41]

Von Anbeginn an war es Shin Bets Aufgabe gewesen, die Tätigkeit sämtlicher Diplomaten zu überwachen – gleichgültig, welches Land sie vertraten.

Nur wenige Monate nach der Geburt des Staates Israel entdeckte der US-Militärattaché in Tel Aviv, Colonel E. P. Archibald, daß sein Telefon abgehört wurde.

Ein Jahr später versuchte ein israelischer Agent, einen Mitarbeiter des amerikanischen Konsulats in Jerusalem zu erpressen, geheime Dokumente an Shin Bet weiterzuleiten. Der Sekretär des Konsulats hatte eine israelische Geliebte, die unter Druck gesetzt wurde, Informationen aus ihm herauszuholen. Man ging sogar soweit, das Märchen von einer notwendigen Abtreibung zu erfinden.

1954 entdeckten Sicherheitsbeamte in der US-Botschaft in Tel Aviv Mikrophone im Büro des Botschafters. 1956 fand man im Haus eines amerikanischen Militärattachés in zwei Telefonen »Wanzen«. Außerdem unternahm Shin Bet den groben Versuch – Jahrzehnte bevor sich der KGB dieses Mittels bediente –, Frauen und Geld zu benutzen, um die US-Marinesoldaten zu verführen, die die Botschaft in Tel Aviv bewachten.[42]

Die meisten dieser Bemühungen erbrachten nichts von Wert, aber Harel folgte weiterhin seinem Instinkt und ließ sich nicht von Etikette oder Tradition einengen. Vor allem wollte er nur die besten Leute. Alle Mitarbeiter des Nachrichtendienstes waren angewiesen, die Augen offenzuhalten nach Israelis, die Leistungsfähigkeit, Patriotismus und Energie zeigten.

1955 überredete Harel den Premierminister, die talentiertesten Mitarbeiter der ehemaligen Untergrundbewegung Lehi anzuwerben – trotz Ben-Gurions Abscheu und Widerwillen ihnen gegenüber. In der angespannten und politisch aufgeladenen Atmosphäre, die damals in Israel herrschte, war dies ein Schachzug von beispielloser Dreistigkeit. Rechtsgerichteten ehemaligen Terroristen war der Zugang zum Staatsdienst verwehrt – sie durften nicht einmal unterrichten –, weil sie angeblich ein Sicherheitsrisiko darstellten. Nun hatte Harel sie sich näher angesehen und fand, daß sie neutralisiert seien, keine reale Gefahr mehr darstellten und daß ihre Erfahrung in konspirativen und Untergrund-Techniken genutzt werden sollte.

Zu den neuen Shin-Bet- und Mossad-Leuten gehörte auch Yitzhak Yezernitzki, der ehemalige Chef des *Lehi* – also der »Stern Gang«. Er änderte später seinen Namen in Yitzhak Shamir und sollte schließlich Israels Premierminister werden.

Weitere Lehi-Veteranen wurden vom Spionagedienst angeworben: Yaakov Eliav wurde nach Spanien geschickt. Yehoshua Cohen, der 1948 an der Ermordung des UN-Beauftragten Graf Folke Bernadotte aus Schweden beteiligt war, wurde zu Ben-Gurions Leibwächter ernannt. Shaaltiel Ben-Yair, der noch vier Jahre zuvor verdächtigt worden war, ein Bombenattentat gegen den Verkehrsminister geplant zu haben, wurde unter falscher Identität nach Ägypten geschickt und war einer der erfolgreichsten Spione im Ausland.[43] David Shomron wurde dem Mossad-Posten in Paris zugewiesen, und Eliyahu Ben-Elissar wurde Führungsoffizier in Europa für Agenten in arabischen Ländern. Diese »Rechten« waren Harel ewig dankbar, daß er sie aus der Isolation herausgeholt und ihnen die Gelegenheit gegeben hatte, ihren Wert für Israel zu beweisen.

Harel tat sein Bestes, um in seinen Agenten ein Gefühl des Stolzes zu wecken, einer exklusiven Bruderschaft anzugehören. »Ihr seid seltene Geschöpfe in einem Reservat«, hielt er ihnen vor Augen. Und da sie auch nur Menschen waren, genossen sie das Lob. Mit Sicherheit nahmen sie nicht des Geldes wegen am Spionagegeschäft teil. Die Gehälter, die den Mitarbeitern von Shin Bet und Mossad gezahlt wurden, entsprachen denen der »normalen« Staatsbediensteten in Israel. Nach westlichen Ansprüchen waren sie niedrig, verdoppelten sich aber ungefähr, wenn der Agent ins Ausland geschickt wurde. Die Arbeit war anspruchsvoll und gefährlich und die Arbeitszeit unbegrenzt. Aber wenigstens konnte Harel sicher sein, daß seine Agenten sich als »geschützte Spezies« sahen.

Auch Reisen ins Ausland, die in jenen Tagen eine seltene Vergünstigung und für einen gewöhnlichen Israeli fast unerschwinglich waren, gehörten zu den Privilegien ihrer Arbeit. Selbst wer sich im Support-Bereich abquälte und normalerweise nicht unbedingt an die »Front« geschickt wurde, konnte in den Genuß dieses Vorteils kommen. Auch Techniker, Mechaniker oder Sekretäre wurden von Zeit zu Zeit mit Aufgaben im Ausland betraut, die keine speziellen Fähigkeiten verlangten, z. B. als Kurier oder als Wachdienst.

Umgekehrt verlangte Harel von seinen Leuten absolute Loyalität und äußerste Hingabe an ihre Aufgabe. Das beste Beispiel war Harel selbst: Arbeit und keine Verschwendung. Statt in teuren Hotels zu wohnen oder in eleganten Restaurants zu essen, zog er billigere und einfachere Alternativen vor – auch auf seinen häufigen Reisen nach Europa, in die USA und nach Südafrika.

Als 1950 in Israel der Betrag, den ein normaler Bürger an Devisen besitzen durfte, drastisch eingeschränkt wurde, erlaubte man den Mitarbeitern der Nachrichtendienste per Ausnahmegenehmigung, weit mehr als die zulässigen 100 Dollar auf eine Auslandsreise mitzunehmen. Es verstand sich von selbst, daß dieses Geld in erster Linie zur Finanzierung spezieller Aktionen gedacht war, um Informanten zu bezahlen oder außergewöhnliche Ausgaben – wie Schmiergelder – davon zu bestreiten. Harel selbst trug jeden Pfennig, den er wieder mit zurückbrachte, zur ersten Bank, die er nach seiner Ankunft auf dem Flughafen Lod sah.

Der Memuneh war zwar für den Mossad und Shin Bet zuständig, konnte aber das totale und bis heute unerklärliche Versagen des militärischen Abschirmdienstes in den 50er Jahren in Ägypten nicht verhindern. Obgleich die Angelegenheit von offizieller Seite noch immer verschleiert wird, war sie der berüchtigtste Skandal in der Geschichte Israels. Die ganze Serie von Pannen und Entlarvungen ist als Lavon-Affäre bekannt geworden – benannt nach Verteidigungsminister Lavon, der deswegen zurücktreten mußte.

Ägypten war sowohl für den Mossad als auch für den militäri-

67

schen Abschirmdienst Aman ein ertragreiches Spionagefeld. Nach der traditionellen Aufgabenteilung war Aman speziell für die Beschaffung von Informationen über die Streitkräfte der feindlichen Nachbarn Israels zuständig, während sich der Mossad ganz allgemein mit geheimen Operationen im Ausland befaßte. So erfreute sich Ägypten als größter arabischer Nachbarstaat der gleichzeitigen Aufmerksamkeit zweier israelischer Geheimdienste. Dabei geriet Amans »Unit 131« durch eine miserabel vorbereitete Operation in ernsthafte Schwierigkeiten. Es begann mit der Entsendung Avraham Dars nach Kairo im Mai 1951.

Avraham Dar leistete überraschend gute Arbeit, wenn man sein Handicap berücksichtigte, daß er als Agent einen Engländer darzustellen hatte. Er war der Enkel eines in Aden geborenen Juden und wirkte wegen seiner dunklen Hautfarbe nicht gerade europäisch. Aber sein Englisch war ausgezeichnet, und er hatte als Agent für Aliyah B Erfahrung in der Untergrundarbeit gesammelt. Als Palmach-Offizier hatte er am Krieg 1948 teilgenommen, stand aber nicht im Ruf überragender Führungsqualitäten oder besonderer analytischer Fähigkeiten. In Ägypten nannte er sich John Darling und trat als Vertreter einer britischen Elektronikfirma auf. »Der Name Darling wurde nicht zufällig gewählt«, erinnert sich Dar später. »Einer der britischen Armeeoffiziere in Ägypten hieß Darling, und solche scheinbaren Familienbeziehungen konnten für mich nützlich sein.«[44]

Nachdem sich Dar unter seiner Deckung etabliert hatte – sogar der echte Darling glaubte an ihre Verwandtschaft –, begann er mit der Ausführung seines Auftrages: ein Netz von »Schläfern« aufzubauen, die zu gegebener Zeit für geheime Aktionen mobilisiert werden konnten. Dar/Darling organisierte zwei Gruppen junger ägyptischer Juden, die begeisterte Anhänger Israels waren. 1952 wurden sie sogar heimlich zu Trainingszwecken dorthin gebracht.

Fast alle diese ägyptischen Zionisten waren krasse Amateure. Die Ausbilder der »Unit 131« hatten Mühe, ihnen erst einmal die Grundlagen der Spionage einzubleuen. Von unsichtbarer Tinte, chiffrierten Funksprüchen und Überlebenstechniken verstanden diese zweitklassigen Agenten ebensoviel wie von Atomphysik, nämlich nichts. Aber niemand vom israelischen Geheimdienst äußerte Bedenken. Immerhin gab es unter ihnen Ausnahmen. Zu den talentierteren Spionageschülern zählte Eli Cohen, der später als »bester Spion« Israels galt.

Eine der weiblichen Agentinnen, Marcelle Ninio, richtete mit Geldern des Geheimdienstes in Ägypten ein Reisebüro ein. Sie war wegen ihrer Lebhaftigkeit und bemerkenswerten Schönheit allgemein beliebt und stellte die Verbindung zwischen den beiden ägyptischen Zellen her.

Zu Beginn des Jahres 1952 nahmen nationalgesinnte Offiziere der ägyptischen Armee heimlich Verbindung zu Kermit (Kim) Roosevelt und Miles Copeland auf, den beiden Top-Agenten der CIA im Mittleren Osten, um den Sturz König Faruks vorzubereiten. Im Juli führten sie ihren Plan durch. Die Anführer des Putsches riefen die Republik aus und luden CIA-Agenten ein, ihre Leute auszubilden. 1954 wurde dann ihr wirklicher Führer, Oberstleutnant Gamal Abdel Nasser, Präsident. Die CIA übernahm seinen persönlichen Schutz.

Dem israelischen Geheimdienst gefiel diese besondere und geheime Verbindung ganz und gar nicht. Die angeworbenen Nachwuchsspione hatten drei Jahre lang »geschlafen«, als im Juni 1954 das zuvor vereinbarte Codewort von Tel Aviv nach Kairo gefunkt wurde und die »Operation Susannah« in Gang setzte. Endlich wurden die Zellen der »Unit 131« aktiv. Ihre Aufgabe bestand darin, die neue arabische nationalistische Regierung in Verruf zu bringen. Dar/Darling jedoch war nicht mehr ihr Führungsoffizier. Er war durch Avraham Seidenwerg ersetzt worden.

Seidenwerg war der Sohn eines österreichischen Politikers, der in einem Konzentrationslager der Nazis umgekommen war. Der jüngere Seidenwerg ging nach Palästina, änderte seinen Namen in Avri El-Ad und zeichnete sich 1948 im Kampf der Palmach um Jerusalem aus. Mit 22 Jahren war er Major, aber seine Armeekarriere endete ziemlich plötzlich, als er in einem eroberten arabischen Dorf einen Kühlschrank mitgehen ließ und deswegen vor ein Kriegsgericht kam.

Ende 1952 – verschuldet, arbeitslos und geschieden – traf sich Seidenwerg/El-Ad mit Avraham Dar und Mordechai Ben-Zur von der »Unit 131«. Für sie war er genau der richtige Mann, um eine gefährliche Mission auf feindlichem Gebiet durchzuführen. Er hatte nichts zu verlieren und würde die Gelegenheit zur Rehabilitation dankbar annehmen.

Der militärische Abschirmdienst lieh sich für seinen neuen Rekruten die Identität eines Kibbuznik, eines gebürtigen Deutschen namens Paul Frank. Seidenwerg/El-Ad/Frank ging für neun Monate nach Westdeutschland, um eventuelle Lücken in seiner Tarnung zu schließen, und unterzog sich einer ausgesprochen schmerzhaften Operation, um seine Beschneidung rückgängig zu machen. Dem deutschen Arzt erzählte er, daß er gar kein Jude sei und daß es ihn wütend mache, wenn seine Freundinnen ihn dafür hielten. Der Doktor hatte dafür volles Verständnis.[45]

Der israelische Spion reiste als wohlhabender »deutscher« Geschäftsmann Paul Frank im Dezember 1953 mit dem Schiff nach Kairo. Er wurde schnell akzeptiert von der wachsenden deutschen Kolonie in Ägypten, in der viele eine Nazivergangenheit hatten, der sie entfliehen wollten.

Als Führungsoffizier der Spionagenetze in Kairo machte Seidenwerg/El-Ad/Frank jeden nur denkbaren Fehler. Er kannte alle seine Spione – nicht nur ein paar Spitzenagenten – persönlich und besuchte sie sogar in ihren Wohnungen. So konnten sie und ihre Familien ihn gegebenenfalls identifizieren, auch wenn sie ihn nur als »Robert« kannten.

Am 30. Juni 1954 ging er aufgrund des lang erwarteten Codewortes nach Alexandria. »Operation Susannah« war ein Sabotageunternehmen. Ziele der Bombenanschläge sollten jedoch keine militärischen Einrichtungen sein, sondern Kinos, Postämter sowie amerikanische und englische Institutionen. Washington und London sollten gegen die Ägypter aufgebracht werden, und die neue Regierung in Kairo sollte als labil und unzuverlässig erscheinen.

Die etwas wunderliche Mission begann mit der Explosion eines Sprengkörpers in einem Kairoer Postamt. Philip Nathanson, mit 19 Jahren der jüngste der zionistischen Agenten, und Victor Levi trugen die primitiven Sprengsätze in Brillenetuis bei sich. Es gab nur geringen Schaden, und der ägyptische Militärzensor verbot jede Veröffentlichung des Ereignisses. Ägyptens Image hatte nicht gelitten.

Eine Woche später wurden im Rahmen einer israelischen Radiosendung chiffrierte, weit ehrgeizigere Instruktionen gesendet. Seidenwerg/Frank befahl seinem Team, Bomben in den Büchereien des United States Information Center in Kairo und

Alexandria zu plazieren. Diesesmal berichtete sowohl die nationale als auch die internationale Presse über die Explosionen. »Unit 131« in Tel Aviv war zufrieden.

Am 22. Juli explodierten zwei Sprengkörper in Kairo. Der eine steckte jedoch noch in Philip Nathansons Hosentasche. Ein Polizeioffizier half ihm aus seinem brennenden Beinkleid und verhaftete ihn. Dies war das unrühmliche Ende der »Operation Susannah«, die den israelischen Nachrichtendienst jahrelang verfolgen sollte. Nathanson war der erste, der bei den Verhören zusammenbrach. Wie im Irak war es der ägyptischen Sicherheitspolizei danach ein leichtes, den gesamten unprofessionellen Spionagering aus zumeist ortsansässigen Juden auszuheben, die alle gesellschaftlich miteinander verkehrten. Auch Ninio, die Reisebürochefin und Verbindungsfrau, wurde schnell gefaßt.

Und es kam noch schlimmer: Ein weiterer israelischer Spion, der in absoluter Deckung hätte arbeiten sollen, wurde ebenfalls erwischt. Es handelte sich um Meir (Max) Bennett. Er wurde 1917 in Ungarn als Sohn einer orthodoxen jüdischen, aus Deutschland stammenden Familie geboren. 1935 wanderte die Familie illegal nach Palästina ein; er selbst wurde Agent für Aliyah B. Wenig später wechselte Bennett jedoch zu Aman, und da er sechs Sprachen beherrschte, betraute man ihn mit zahlreichen Missionen in vielen Ländern. Als er 1951 nach Ägypten geschickt wurde, bekleidete er den Rang eines Majors.

Ähnlich wie Seidenwerg/El-Ad erhielt auch Bennett die Identität eines Deutschen. Israelische Spione als Deutsche auftreten zu lassen, hatte einen sehr einfachen Grund. Viele von ihnen sprachen von Haus aus deutsch, und kaum jemand verdächtigte einen Deutschen, für den israelischen Staat zu arbeiten. Daneben gab es noch einen gewichtigeren Grund: Der westdeutsche Geheimdienst verhalf den Israelis zu ihrer »Tarnidentität« – inklusive Paß und anderen Dokumenten.

Der »Vater« dieser speziellen Beziehung zwischen dem jüdischen Staat und dem »neuen« Deutschland war ausgerechnet ein ehemaliger Nazisympathisant: General Reinhard Gehlen. Während des Zweiten Weltkrieges war er Chef der für die Ostfront zuständigen Spezialabteilung »Fremde Heere Ost«. Nach der Niederlage des Dritten Reiches war er von den Amerikanern verhaftet worden. Aber statt ihn als Kriegsverbrecher vor Gericht zu stellen, ließen sie den General mitsamt seinem Stab wieder frei. Der General hatte dem amerikanischen und britischen Geheimdienst seine im Krieg gesammelten Unterlagen für eine deutsch-amerikanische Zusammenarbeit gegen Sowjetrußland mitgebracht.[46] Man übertrug ihm die Leitung des neugeschaffenen westdeutschen Nachrichtendienstes, und Hitlers ehemaliger General begründete enge berufliche Beziehungen zu Israel – der neuen Heimat vieler der Naziverfolgung entkommener Juden.

Ein paar israelische Geheimdienstagenten meinten, sie könnten sich die Schuldgefühle der Deutschen wegen der Ermordung von sechs Millionen Juden im Holocaust zunutze machen. Die CIA jedoch sah die Verbindung zwischen Gehlen und den Israelis entschieden nüchterner. Die Amerikaner waren der Ansicht, daß die hohe Kunst des Nachrichtendienstes eine totale Trennung zwischen Emotionen und kühler Interessenabwägung verlange.

Die CIA folgerte daher, daß der israelische Geheimdienst bei seinem Handel mit den Deutschen Trümpfe in der Hand haben müsse, positive wie negative. Der Reiz lag nach amerikanischer Meinung in der Flut von Spionagematerial, das die Israelis von den vielen Tausenden von Einwanderern aus der Sowjetunion und dem übrigen Osteuropa erhielten. Israels Geheimdienste waren Experten in der Verwertung jeder interessanten Information, selbst wenn sie für den Konflikt im Mittleren Osten nur geringen unmittelbaren Wert besaß. War sie für die Westdeutschen von Interesse – weil sie z. B. ein Licht auf die militärischen und politischen Positionen des Sowjetblockes warf –, schlossen die Israelis einen Handel ab.

Außerdem waren die amerikanischen Agenten überzeugt, daß die Sache noch einen Pferdefuß haben mußte: Der israelische Geheimdienst hatte kompromittierendes Material über die Nazivergangenheit hoher westdeutscher Politiker in der Hand. Die CIA glaubte, die Israelis hätten diskret durchblicken lassen, daß dieses skandalträchtige Material veröffentlicht werde, falls sich die Deutschen nicht als rundum kooperativ erwiesen. Die US-Agenten betonten in ihren Berichten, eine derartige Erpressung würde Erfolg haben, da insbesondere die Westdeutschen eine panische Angst vor den »Leichen in ihrem Schrank« hätten, selbst wenn die Israelis in Wahrheit nicht viel vorweisen könnten. Die Drohung blieb bestehen.

Ob Bennett nun von den ausgedehnten geheimen Beziehungen und den dahinterstehenden verwickelten Motiven wußte oder nicht, auf jeden Fall profitierte er davon auf seiner Reise nach Ägypten. Nach seiner Legende war er ein ehemaliger Nazi, der eine deutsche Firma für Prothesen vertrat. Später wurde er Chefingenieur von Ford in Ägypten. Als Spion nahm Bennett eine Sonderstellung ein: Fords wichtigster Kunde war die ägyptische Armee, was Bennett den häufigen Zugang zu militärischen Mitarbeitern und Standorten verschaffte.

Da seine in Israel lebende Frau nicht wissen durfte, wo er war, wurden ihr seine Briefe über eine Londoner Deckadresse zugestellt. Eines Tages vergaß einer der dortigen Mitarbeiter, die ägyptischen Briefmarken abzulösen, und Jean Bennett erfuhr, wo sich Max aufhielt. Sie meinte, solche amateurhaften Fehler seien für die gesamte Affäre typisch gewesen.[47]

Bennett erfüllte pflichtgetreu seine Aufgaben. Eine davon war tödlich. »Es war ein idiotischer Fehler seiner Mitarbeiter«, erklärte Avraham Dar Jahre später. »Ihre Kontakte zur Gruppe Seidenwerg/Frank waren unterbrochen worden, und nun wählten sie den leichtesten Weg, dieser Geld zukommen zu lassen. Die Regeln der Arbeitsaufteilung verbieten dem Nachrichtendienst jegliche Verbindung zwischen zwei Gruppen, noch dazu, wenn diese völlig verschiedene Aufgaben haben. Aber die Leute waren leichtsinnig. Also traf sich Bennett mit Marcelle Ninio und Frank und gab ihnen das Geld.«[48]

Beim Verhör erzählte Ninio, was sie über Bennett wußte. Die Ägypter stürmten seine Wohnung, zogen ihn nackt aus und schlugen ihn grausam zusammen, als sie sahen, daß er beschnitten war. Am 21. Dezember 1954 schnitt sich Max Bennett in einer Kairoer Gefängniszelle die Pulsadern auf und starb, einen Tag bevor man ihn vor Gericht gestellt hätte. Es muß ihm klar gewesen sein, daß er als höchstrangiger israelischer Spion verloren war. Bennett zog es vor, nicht erniedrigt zu werden.[49]

Israel leugnete auch jetzt noch, in die Sache verwickelt gewesen zu sein. Bennetts Leichnam wurde zur Beerdigung nach Italien überführt. Erst 1959 wurde er heimlich exhumiert und zur neuerlichen Beerdigung nach Israel geflogen. Sein Grab ist nicht gekennzeichnet, und seine Witwe erfuhr von seiner zweiten Beisetzung erst einen Tag vor dem festgesetzten Termin. Alle Fragen der Familie nach den Umständen seines Todes blieben unbeantwortet. Erst 1988 gab Israel offiziell zu, daß Bennett ein

Agent gewesen sei. Bei einer Zeremonie im Büro des Verteidigungsministers wurde ihm posthum der Rang eines Oberstleutnants verliehen.

Die israelischen Behörden verweigerten auch den anderen gefangenen Spionen in der Lavon-Affäre jede Hilfe. Zwei der ägyptischen Juden wurden 1955 gehängt, und vier andere erhielten lange Freiheitsstrafen. Israel wies sogar ein ägyptisches Angebot zurück, sie gegen Gefangene aus dem Suez-Krieg 1956 auszutauschen. Stabschef Dayan war gegen den Handel, da er fürchtete, er würde Israel in eine peinliche Lage bringen.[50] Erst 1968, nach dem Sechstagekrieg, wurden Marcelle Ninio, Philip Nathanson, Robert Dassa und Victor Levi gegen Tausende von ägyptischen POWs ausgetauscht. Mehr als 20 Jahre später beklagten sich die vier noch immer wütend, daß man sie im Stich gelassen hatte. Der Streit wurde voll Erbitterung in der israelischen Presse ausgetragen.

Das einzige Mitglied des Spionagenetzes, das der Verhaftung entging, war Paul Frank. Er wagte es sogar, unter diesem Namen noch zwei weitere Wochen in Ägypten zu bleiben. Bei seiner Rückkehr nach Tel Aviv wurde aus Seidenwerg/Frank wieder Avri El-Ad. Aman schickte ihn in einer anderen militärischen Geheimdienstmission nach Europa. Nur Isser Harel hatte Bedenken angemeldet, da er El-Ad in Verdacht hatte, er könne ein Doppelagent gewesen sein – ähnlich wie David Magan. El-Ads leichte Flucht aus Ägypten erschien ihm nicht ganz geheuer. Der Memuneh roch Verrat, wo er ihm begegnete. Und irgend etwas an El-Ad stimmte ganz und gar nicht.

Gibli mußte wegen der Lavon-Affäre von seinem Posten als Aman-Chef zurücktreten. Aber auch sein Nachfolger, Generalmajor Yehoshafat Harkabi, hatte Vertrauen zu El-Ad. Harel jedoch folgte stur seinem Instinkt. Ohne Harkabi davon zu unterrichten, schickte er Shin-Bet-Agenten nach Europa, um El-Ad beschatten zu lassen.

Sie meldeten ihm, daß El-Ad einen ägyptischen Offizier im Büro des Militärattachés kontaktiert und diesem geheime Dokumente über Israels Nachrichtendienst gegeben habe. Der Aman-Agent, so folgerte Harel, war ein Verräter. El-Ad wurde sofort nach Israel zurückgebracht, neun Monate lang ununterbrochen von Shin Bet verhört und im Juli 1959 vor Gericht gestellt. Die Anklage lautete auf Spionage für Ägypten.

Um seine Haut zu retten, grub El-Ad eine alte Geschichte wieder aus. Er gestand, daß er seinerzeit mitgeholfen habe, die Wahrheit in der Lavon-Affäre zu verschleiern, und behauptete, daß Offiziere der »Unit 131« ein Komplott geschmiedet hätten, um Verteidigungsminister Lavon die Schuld am Scheitern der »Operation Susannah« in die Schuhe zu schieben.

Sein Geständnis in dieser hier nicht zur Verhandlung stehenden Angelegenheit half El-Ad vor Gericht jedoch nichts. Nach einem unter äußerster Geheimhaltung durchgeführten Verfahren wurde er zu zehn Jahren Gefängnis verurteilt. Der Militärzensor verbot der Presse, irgendwelche Details zu bringen, und die Namen der in den Fall verwickelten Personen unterlagen einem absoluten Tabu. Die Zeitungen berichteten über das Ganze als Esek Bisk – »faule Angelegenheit«. Gibli wurde als »ein hoher Offizier«, Ben-Zur als »Reserveoffizier« und Avri El-Ad – in einer eigenartigen Hommage an den gleichnamigen Spielfilm – als »der dritte Mann« bezeichnet.

Wie auch immer, den Shin-Bet-Vernehmungsoffizieren war es nicht gelungen, El-Ad zu »knacken« und zu dem Geständnis zu zwingen, daß er für den ägyptischen Geheimdienst gearbeitet oder daß er seine Kameraden in Kairo und Alexandria verraten hatte. Nach seiner Entlassung aus dem Gefängnis ging El-Ad nach Kalifornien. Er schrieb ein Buch, in dem er den Vorwurf erhob, Harel habe ihm nur etwas anhängen wollen.[51]

Die Lavon-Affäre hatte viel weiter reichende Folgen als das bloße Versagen bei einer einzelnen geheimen Operation oder die Verhaftung einer fleißigen Spionagezelle. Zum erstenmal erkannten Israels Politiker, daß es äußerst gefährlich werden konnte, der Sicherheit des Staates die Priorität vor allen anderen nationalen Belangen einzuräumen. Sie hatten darauf vertraut, daß Sicherheit und Demokratie von allein ins Gewicht kommen würden. Jetzt erkannten sie, daß ein Ausgleich ohne ihr aktives Eingreifen nicht zu erreichen war. Als Führer eines demokratischen Staates mußten sie eine Lösung finden, bevor sich die Waage endgültig zugunsten der Sicherheit neigte. Die Affäre war ein mißtönendes Signal, daß man jungen, waghalsigen, aber unbeherrschten Geheimdienst-Kommandanten zuviel Autorität eingeräumt hatte. Noch Jahrzehnte später diente die »faule Sache« als warnendes Beispiel.

Die israelische Öffentlichkeit erfuhr kaum, was beim Nachrichtendienst ihrer Nation »faul« war. Während Geheimdienst und Regierung in Aufruhr waren, blieb Isser Harel auf seinem Posten und machte erfolgreich weiter. Die ganze Zeit über war er die zuverlässige Kraft, die die Subversion im Land ausrottete und Israels Interessen im Ausland schützte.

Zur gleichen Zeit wuchs Israel zu einer ernst zu nehmenden regionalen Macht heran. Aus einer kleinen, eben flügge gewordenen Nation, die mit Mühe ihre turbulente Loslösung von England überlebt hatte, entwickelte sich der jüdische Staat zu einem aktiven und wichtigen Faktor im Spiel der internationalen Politik.

Der Versuch, mit – besonders in Ägypten – etwas eigenartigen Mitteln die westlichen Mächte gegen die Araber aufzuwiegeln, war beinahe ins Auge gegangen, als Israels Beteiligung daran ans Licht kam. Aber die politischen Tatsachen sprachen für sich: Israel fiel die Führungsrolle unter den Staaten des Mittleren Ostens zu, was Stärke, Standhaftigkeit und jene Stabilität anbelangte, die der Westen suchte. Die USA, England und ganz besonders Frankreich entschlossen sich, es zukünftig freundschaftlich zu unterstützen. Dabei waren die Beziehungen zu Frankreich so überwiegend militärischer Natur, daß Ben-Gurion 1956 – trotz des Versagens des militärischen Abschirmdienstes – die Leitung in dieser Sache General Harkabis Aman und dem Verteidigungsministerium übertrug.

Harel protestierte zwar und berief sich darauf, daß der Mossad für alle geheimen Verbindungen zu ausländischen Staaten zuständig sei, aber der Premierminister vertraute darauf, daß die Militärs die Zusammenarbeit mit Frankreich in den Griff bekommen würden. Ben-Gurion setzte auf General Dayan, den Top-Abwehrmann Shimon Peres und sogar auf den Mann, der fünf Jahre zuvor den »Aufstand der Spione« organisiert hatte, Asher Ben-Natan.

3. NUKLEARE ENTWICKLUNG
UND LAKAM

»Packen Sie sofort Ihre Koffer«, kam über Funk die Order vom Hauptquartier in Tel Aviv. Es war September 1956, und die Botschaft wurde richtig empfangen von Asher Ben-Natan, dem ehemaligen Spion in Europa und jetzigem Generalmanager einer israelischen Gesellschaft in Afrika.

Die Firma nannte sich Red Sea Incoda und hatte ihren Sitz in Djibuti, einer abgelegenen französischen Kolonie am Horn von Afrika. Über die Straße von Bab el-Mandeb hätte man mit dem Ruderboot den Jemen erreichen können. Von seiner Lage her war Djibuti ein idealer Horchposten für den israelischen Nachrichtendienst, aber Ben-Natans offizieller Job bestand darin, in Äthiopien Fleisch einzukaufen und es über das Rote Meer nach Israels südlichem Hafen Eilat zu verschiffen. Die Red Sea Incoda hatte rituelle Schlachter und Rabbis eingestellt, die sicherstellten, daß Rind- und Lammfleisch koscher waren.

Insgeheim überwachte Ben-Natan, der – nachdem Ben-Gurion ihm seine frühere Aufsässigkeit vergeben hatte – 1953 nach Djibuti entsandt worden war, die Schiffsbewegungen und den Funkverkehr am strategisch wichtigen Horn von Afrika und in den umliegenden arabischen Staaten. Die französischen Behörden übersahen geflissentlich die Spionageseite des Fleischgeschäfts.

Der Funkspruch an Ben-Natan war der Beginn einer weiteren Vertiefung der Beziehungen zwischen Israel und Frankreich. Er flog wie befohlen nach Tel Aviv und wurde sofort ins Verteidigungsministerium gebracht. Hier begrüßte ihn der junge Generaldirektor des Ministeriums, Shimon Peres, und betraute Ben-Natan mit einer neuen Aufgabe: »Der Alte Mann möchte, daß Sie sofort nach Paris fliegen, die alten Kontakte aus Ihrer Zeit beim Political Department erneuern und als Sonderbeauftragter des Verteidigungsministeriums für Gesamteuropa arbeiten. Es ist besser, wenn Sie jetzt nicht zu viele Fragen stellen. In kurzer Zeit wird Ihnen alles klar werden.«

Etwa einen Monat später, am 22. Oktober, hatte Ben-Natan das Gefühl, daß sich der Nebel hob. Er sollte bald erfahren, wozu er in Frankreich war. In einer Privatvilla im Pariser Vorort

Sèvres saß er an einem langen, wuchtigen Tisch inmitten einer Gruppe so unterschiedlicher Männer, daß er sich buchstäblich in den Arm kneifen mußte, um sich zu vergewissern, daß er nicht träumte. Um den Tisch hatten sich mehr als ein Dutzend Männer versammelt, darunter David Ben-Gurion – in seiner Doppelfunktion als Premier- und Verteidigungsminister – und der Stabschef der Armee, Moshe Dayan. Dessen schwarze Augenklappe erinnerte an den Verlust des linken Auges im Jahr 1942, als er für den britischen Geheimdienst im Kampf gegen die nazifreundlichen Vichy-Truppen in Syrien arbeitete.

In erster Linie konzentrierte sich Ben-Natan jedoch auf ein paar Leute, deren Gesichter er bisher nur aus den Wochenschauen kannte. Da waren der französische Premierminister Guy Mollet, Verteidigungsminister Maurice Bourgès-Mannoury, Außenminister Christian Pineau sowie mehrere Assistenten und Berater – einige in Armeeuniformen, andere in Zivil. Ihnen gegenüber saßen Selwyn Lloyd, Staatssekretär im britischen Außenministerium, und dessen Berater.[52] Die Sèvres-Konferenz war kein Kaffeekränzchen. Diese Männer planten einen Krieg, der in Israel als Sinaifeldzug und weltweit als »Suez«-Krieg bekannt geworden ist.

Am 29. Oktober 1956 drangen israelische Fallschirmtruppen und Landstreitkräfte über die Sinaihalbinsel in Richtung Suezkanal in Ägypten ein. Entsprechend dem Sèvres-Plan schickten Frankreich und England Ultimaten an Israel und Ägypten mit der Aufforderung, ihre Truppen an Ort und Stelle, ein paar Meilen vom Kanal entfernt, zu stoppen. Wie vorher verabredet, stimmte Israel zu. Ägypten lehnte ab. Dies nahmen Franzosen und Engländer zum Anlaß, am 5. November Fallschirmtruppen in der Kanalzone abzusetzen und die strategisch wichtige Wasserstraße unter ihre Kontrolle zu bringen.

Inzwischen hatte die israelische Armee in nur vier Tagen die gesamte Sinaihalbinsel erobert. Es schien, als habe die Sèvres-Konferenz ihr Ziel erreicht und die langen Monate der Vorbereitung durch Militärs und Nachrichtendienste hätten Früchte getragen. Israels Kriegsziel war die Vernichtung der mit sowjetischen Waffen ausgerüsteten ägyptischen Armee, um so die von Präsident Nasser erklärte Blockade des Seeweges nach Eilat durch das Rote Meer zu brechen. Daneben verfolgte man das öffentlich bekanntgegebene Ziel, die Angriffe palästinensischer

Terroristen zu stoppen, die vom ägyptischen Gazastreifen aus operierten.

Englands Premierminister Anthony Eden hoffte in seinem abgrundtiefen Haß auf Nasser, die britische Kontrolle über den Kanal wiederherzustellen, den der ägyptische Staatspräsident verstaatlicht hatte. Eden erwartete, daß eine Niederlage zum Sturz Nassers führen würde, der auf einer Woge des mittelöstlichen Radikalismus ritt, die sich gegen westliche Interessen richtete. Frankreich war in erster Linie daran interessiert, den »Nasserismus« zu stoppen, der die FLN – Front de Libération Nationale – in ihrem Kampf gegen die französischen Besatzungstruppen in Algerien inspirierte.

Schon vor der Sèvres-Konferenz hatte Frankreich damit begonnen, Israel für den bevorstehenden Krieg Waffen zu liefern. Seit April 1956 kamen französische Transportmaschinen und Frachtschiffe im Dunkel der Nacht und entluden nach und nach ein ganzes Waffenarsenal: Panzer, Kampfflugzeuge, Kanonen und Munition. Das Unternehmen erforderte eine enge Zusammenarbeit der Geheimdienste. Aman-Chef General Harkabi war häufig zu Gesprächen mit seinen Kollegen vom militärischen und zivilen Nachrichtendienst in Paris. Um die Verbindung zu institutionalisieren, wurde in Frankreich ein ständiger Aman-Vertreter stationiert. Obgleich Isser Harel durchzusetzen versuchte, daß sein Mossad wenigstens das Monopol auf die Kontakte mit den zivilen ausländischen Geheimdiensten erhielt, mußte der Memuneh bei den Kriegsvorbereitungen zurückstekken.[53]

Israel und seine Partner streuten währenddessen eifrig falsche Informationen aus. Noch wenige Tage vor dem Sinai-Angriff verbreiteten israelische Spione als »sicheren Tip«, daß Israel als Vergeltung für palästinensische, von Jordanien aus geführte Guerillaattacken einen Angriff auf Jordanien vorbereite.

Als militärische Operation wurde der Sinaifeldzug – insbesondere von seiten Israels – brillant geführt. Als politisches Manöver war er ein Fehlschlag. Der israelische, der französische und der britische Geheimdienst glaubten, daß Nasser dem zunehmenden internationalen Druck nachgeben werde, nicht zuletzt, weil sich ihre junge Dreierallianz natürlich um die USA erweitern würde. Statt dessen reagierten die USA auf die Invasion der Suez-Zone mit totaler Verachtung. Sie zwangen die drei Aggressoren, sich zurückzuziehen, und stellten damit endgültig klar, daß die USA eine Supermacht waren, während Frankreich und England nicht einmal mehr den Titel »Großmacht« verdienten.

Während Israel noch immer den Triumph seiner Armee auf der Sinaihalbinsel feierte, begann es im November, seine Truppen zurückzuziehen. Die letzten der eroberten Gebiete – Sharm es-Sheikh und der Gazastreifen – wurden Ägypten im März 1957 zurückgegeben. Israels Ruf als progressive, sozialistische, den Frieden suchende Nation hatte schweren Schaden erlitten. Nach Meinung der Weltöffentlichkeit hatte Israel an einem unklugen, imperialistischen Komplott teilgenommen.

Doch die Israelis wußten genau, was sie taten. Sie nahmen an der dreiseitigen Suez-Verschwörung vor allem deshalb teil, weil Ben-Gurion den brennenden Wunsch nach Atomwaffen hatte. Der Public-Relations-Wert der Teilnahme war vernachlässigbar, aber die Festigung einer starken Allianz mit Frankreich war von großem Wert für die strategischen Ziele des Premierministers. Sie untermauerte »die Brücke über das Mittelmeer«.[54] Diese Brücke diente den Israelis für den Transport von allem, was sie zum Bau der Atombombe brauchten.

Atommacht zu werden war ein Ziel, von dem Ben-Gurion seit Beginn der Souveränität Israels träumte. In der modernen Welt bedeutete dies wahre Unabhängigkeit. Elektrizität zu erzeugen, ohne von importierter Kohle oder Öl abhängig zu sein, konnte wertvoll sein, aber noch weit wichtiger war die Entwicklung eines nuklearen militärischen Potentials: Es würde Israel zu einer konkurrenzlosen Macht im Mittleren Osten machen und konnte die endgültige Garantie für den Fortbestand des jüdischen Staates bedeuten.

Bereits sieben Monate nach der Unabhängigkeitserklärung lud der Premierminister einen Experten aus Paris ein – Maurice Surdin –, den er in einer Tagebuchnotiz vom 20. Dezember 1948 als »den Erbauer des französischen Atomofens« bezeichnete. Als Jude 1913 auf der Krim geboren, ging er als Moshe Surdin nach Palästina, siedelte dann aber nach Frankreich über, wo er Physik studierte. Nach dem Zweiten Weltkrieg war er für die Atomenergiekommission in Paris tätig, die an der Entwicklung der französischen Atombombe arbeitete.

»Ben-Gurion war an dem Atomthema äußerst interessiert«, erinnert sich Surdin. »Ihn interessierte jedes Detail.«[55] Ihr Treffen verlief ergebnislos, aber Ben-Gurion und sein Schwarm junger Berater weigerten sich, die Idee aufzugeben. Die Nutzung der Atomkraft, so glaubten sie, würde Israels geringe Größe und seine geringe Bevölkerungszahl aufwiegen.

General Dayan war von dem Gedanken an eine israelische Atombombe natürlich begeistert. Für ihn war ein Atomwaffenarsenal die beste Abschreckung gegen einen mit vereinten Kräften geführten arabischen Angriff, ohne »in jedem israelischen Hinterhof einen Panzer stationieren zu müssen«. Ein riesiges stehendes Heer zu unterhalten, so argumentierte der Stabschef, könne den Staat auf die Dauer bankrott machen.

»Für die Aufrechterhaltung der Sicherheit und für begrenzte militärische Konflikte brauchen wir nur eine kleine Armee, die schlagkräftig, billig und professionell ist – und Atomwaffen für eine generelle Konfrontation«, erklärte Dayan. »Andernfalls erleben wir eine wirtschaftliche Strangulierung.«[56]

1952 gründete das israelische Kabinett die Israeli Atomic Energy Commission, die IAEC. Ihr Vorsitzender war Ernst David Bergmann, ein brillanter, 1903 in Deutschland geborener Chemiker. Er kam in den frühen 30er Jahren nach Palästina und schuf das Wissenschaftskorps der israelischen Armee. Während er in der Krebsforschung und auf anderen Gebieten arbeitete, war Bergmann zugleich Direktor der Wissenschaftsabteilung des Verteidigungsministeriums und ein engagierter Befürworter des Atomprojekts.

Fast bei jeder Gelegenheit erörterten Ben-Gurion und seine wissenschaftlichen, militärischen und politischen Berater die Möglichkeiten, einen Atomreaktor zu erwerben. Ihre Chance kam 1955, als General Dwight D. Eisenhowers »Atoms for Peace«-Programm ihnen einen kleinen Fünf-Megawatt-Forschungsreaktor in Nahal Sorek, 16 Kilometer südlich von Tel Aviv, zur Verfügung stellte. Der Reaktor unterstand amerikanischer Aufsicht und war in jedem Fall zu klein, um irgend etwas zu produzieren, das man militärisch hätte nutzen können.[57]

Im selben Jahr witterte Shimon Peres die Gelegenheit, möglicherweise etwas Größeres zu bekommen. Als Lieferant kam Frankreich in Frage, wo Guy Mollets sozialistische Regierung im April an die Macht gekommen war. Mollet vertrat gegenüber Algerien einen ähnlich harten Standpunkt wie Israel gegenüber Nasser. Daß auch Israel eine sozialistische Regierung hatte, konnte nur hilfreich sein. Wann immer Peres in Frankreich war – was häufig geschah –, brachte er Israels Wunsch zur Sprache, einen Reaktor zu kaufen. Peres war gleichzeitig Diplomat, Nachrichtendienstoffizier und Waffenkäufer. Außenministerin Golda Meir hielt nichts von dieser Hyperaktivität. Sie warf Peres vor, er mache das Verteidigungsministerium zu einem zweiten, unabhängigen Außenministerium. Hinter ihrem Protest steckte jedoch weit mehr: Golda Meir und die »alte Garde« der regierenden Mapai-Partei wollten keine Atomwaffen für Israel. Peres jedoch besaß die volle Unterstützung Ben-Gurions, und so konnte der Verteidigungsberater seine Bemühungen fortsetzen. Von April bis zum Sinaifeldzug im Oktober 1956 wurde Peres' Forderung nach einem Reaktor ein wesentlicher Teil des geheimen Paktes zwischen den beiden Ländern.

Der Durchbruch gelang am 21. September 1956 in einem etwa 160 Kilometer südlich von Paris gelegenen, von idyllischen Bauernhöfen umgebenen Landhaus. Dort traf sich Peres mit Verteidigungsminister Bourgès-Mannoury, der emsig den Angriff auf Ägypten vorbereitete. Die Franzosen waren von der Vorstellung geblendet, daß Israel teilnehmen würde, da sie hofften, die israelischen Truppen würden für sie die Schmutzarbeit erledigen und die ägyptische Armee aus der Suez-Zone vertreiben.

An jenem Herbsttag suchte sich Bourgès-Mannoury die Teilnahme Israels zu sichern, indem er endlich auf Peres' wiederholte Wünsche in der Atomfrage einging. Im Auftrag der französischen Regierung bot der Verteidigungsminister dem Israeli ein »Bonbon« in Form eines Reaktors an.[58] Zum erstenmal in der Geschichte der Menschheit hatte sich ein Staat bereit erklärt, einem anderen das nukleare Know-how zu liefern, ohne irgendwelche Sicherungsmaßnahmen einzubauen oder sich die Aufsicht vorzubehalten.

Erst jetzt verstand Ben-Natan, warum man ihn aus Afrika geholt und wieder dem Verteidigungsministerium als Vertreter für Europa zugewiesen hatte. Er war nicht nach Paris geschickt worden, um bei den Vorbereitungen des Suez-Krieges mitzuwirken, sondern sollte helfen, für Israel einen zweiten Reaktor zu kaufen.

Letztlich brachte jedoch selbst die enge Zusammenarbeit im Suez-/Sinaifeldzug die atomare Angelegenheit nicht zum endgültigen Abschluß. Im Herbst 1957 wurde die Zeit für die israelischen Lobbyisten knapp, da die Vierte Republik am Rande eines Zusammenbruchs stand. Die Öffentlichkeit hatte genug von der politischen Instabilität. Der Suez-Krieg hatte die Nation in eine peinliche Lage gebracht, und die Rufe nach einer Machtübernahme durch General Charles de Gaulle, den Helden des Zweiten Weltkrieges, wurden immer lauter. Nachdem sie die Zustimmung der sozialistischen Regierung im Prinzip gewonnen hatten, mußten Peres und Ben-Natan nun befürchten, daß die Nachfolger Israels Bitte um einen Reaktor zurückweisen würden.

Zum Glück für die Israelis war Bourgès-Mannoury inzwischen zum Premierminister avanciert und entschlossen, vor seinem Ausscheiden seine einmal gegebene Zusage zu erfüllen. Dennoch waren die Dinge für Peres alles andere als einfach. Er eilte zwischen den einzelnen Ministerien in Paris hin und her und stellte dabei fest, daß viele Stellen in der französischen Bürokratie zögerten, den Israelis zu geben, was sie haben wollten. Außenminister Pineau schrieb Peres einen Brief und gab zu bedenken, daß es für die von ihm verlangte Hilfe keinen Präzedenzfall in der Geschichte gäbe, daß die Amerikaner ihre atomare Hilfe für Frankreich einstellen könnten, wenn sie von der Sache erführen, und daß die Russen mit der Lieferung atomarer Waffen an Ägypten antworten könnten.

Während für die sozialistische Regierung die Zeit ablief, argumentierte Peres leidenschaftlich, daß Israel Hilfe brauche, um zukünftigen und unvorhersehbaren Gefahren begegnen zu können. Pineau verlangte, daß Israel sich wenigstens noch einmal mit Frankreich beraten müsse, sobald der Reaktor einsatzbereit sei. Peres stimmte zu. Der französische Außenminister war überredet.

Peres mußte sein Rennen über die bürokratischen Hürden fortsetzen. Als nächstes mußte er sich mit dem Energieminister Pierre Guillaumat auseinandersetzen, der stur daran festhielt, das vorgeschlagene Abkommen könne diplomatische Konsequenzen haben, die er nicht abschätzen könne. Premierminister Bourgès-Mannoury intervenierte schließlich und entschied den Streit am 2. Oktober 1957 durch eine Kabinettsabstimmung. An seinem letzten Tag im Amt erfüllte er Israels Wunsch, buchstäblich wenige Stunden, bevor er wegen einer anderen Angelegenheit durch ein Mißtrauensvotum in der Nationalversammlung gestürzt wurde. Am 3. Oktober unterzeichneten Bourgès-Mannoury und Außenminister Pineau auf der einen und Peres und Ben-Natan auf der anderen Seite zwei höchst geheime Dokumente: einen politischen Vertrag, der die wissenschaftliche Zusammenarbeit zwischen den beiden Nationen regelte, und ein technisches Abkommen über die Lieferung eines 24-Megawatt-Reaktors einschließlich der notwendigen Techniker und des Know-how.

Peres kabelte die Neuigkeiten in einer chiffrierten Mitteilung von der israelischen Botschaft aus an Ben-Gurion. Der Premierminister telexte nach Paris zurück: »Meine Glückwünsche zu Ihrem wichtigen Vertragsabschluß.«[59]

Selbst nach dem Kauf des ansehnlichen Atomreaktors machten sich israelische Wissenschaftler und einige ältere Politiker zunehmend Sorgen, es könne nun ein gefährlicher Atomwaffen-Wettlauf einsetzen. Als das Projekt in Ben-Gurions Kabinett diskutiert wurde, geschah dies mit großer Zurückhaltung und wenig Begeisterung seitens der Minister, die der Ansicht waren, das Ganze sei viel zu teuer und diplomatisch riskant. Sieben der acht Mitglieder der IAEC traten Ende 1957 aus Protest zurück. Sie behaupteten, es gäbe zuviel Begeisterung auf militärischer Seite für den Aufbau eines israelischen Atomwaffenpotentials, und gründeten das Committee for the Denuclearization of the Middle East Conflict. Es gab hitzige Debatten hinter verschlossenen Türen. Die ganze Angelegenheit wurde jedoch dermaßen geheimgehalten, daß die Öffentlichkeit nie etwas von dieser Auseinandersetzung erfuhr.

Dies alles schien Ben-Gurion und Peres nicht zu beunruhigen. Sie hatten noch immer Professor Bergmann als Ein-Mann-IAEC und übertrugen ihm die Leitung für das Reaktorprojekt. Es war ihnen gar nicht unlieb, daß weniger Leute wußten, was Israel tat.[60] Das Atomprojekt war Israels höchstes Staatsgeheimnis, und man ergriff zu seinem Schutz mehr Sicherheitsmaßnahmen als jemals in der Geschichte dieses Landes, in dem Geheimhaltung ohnehin ganz groß geschrieben wurde.

Da Wissen Macht bedeutet, tat Peres alles, um andere davon auszuschließen. Das Atomprogramm war sein ganz persönliches Lieblingsprojekt. Deshalb ersuchte er auch nicht den vorhandenen Nachrichtendienst – wie man hätte annehmen sollen –, für dessen Sicherheit und Geheimhaltung zu sorgen. Er war vielmehr der Meinung, daß die Atommacht Israel einen besonderen Nuklear-Geheimdienst brauche.

Bis dahin hatte die Verantwortung für die Beschaffung technischer und wissenschaftlicher Informationen aus dem Ausland bei Aman und Mossad gelegen. 1957 gründete Peres einen zusätzlichen Geheimdienst für atomare Angelegenheiten und übertrug die Leitung Binyamin Blumberg.

Blumberg war ein erfahrener Offizier. Er hatte in einem Kibbuz im Norden Israels gelebt, bevor er sich der Haganah anschloß. Nach dem ersten arabisch-israelischen Krieg 1948 arbeitete er für Shin Bet als Chefsicherheitsoffizier im Verteidigungsministerium. Als Amos Manor, der 1953 die Leitung von Shin Bet übernahm, ihm vorschlug, er solle der Einfachheit halber sein Gehalt vom Verteidigungsministerium beziehen, war Blumberg keineswegs einverstanden. Offensichtlich gefiel ihm die Zugehörigkeit zum Geheimdienst besser als ein schlichter Job im Ministerium.

Seine Aufgabe war es, die Sicherheit innerhalb des Ministeriums sowie einiger Unternehmen der Rüstungsindustrie zu gewährleisten. Eben dazu gehörte auch der große neue Reaktor – als Verteidigungsanlage. Blumberg schien der richtige Mann, um sicherzustellen, daß die ganze Sache geheim blieb, und um die Vertrauenswürdigkeit der dort Beschäftigten zu überwachen.

Bei Amtsantritt bezog er ein bescheidenes Büro im Verteidigungsministerium. Um seine Arbeit zu verschleiern, nannte er die neue Abteilung »Office of Special Assignments«. Ein paar Jahre später sollte der Name in *Lishka le-Kishrei Madra,* »Science Liaison Bureau« oder SLB, umgeändert werden. Unter Insidern firmierte die Agentur nach ihrem hebräischen Akronym als »Lakam«. Später wurde Lakam aus dem Gebäude des Verteidigungsministeriums an einen geheimen Ort mitten in Tel Aviv verlegt: in ein Bürogebäude in der Carlebach Street.

Mit der Unterstützung von Peres versuchte Blumberg die Existenz der Agentur selbst vor den übrigen Nachrichtendiensten geheimzuhalten – sogar vor Isser Harel, dem Memuneh. »Lakam wurde hinter meinem Rücken und ohne mein Wissen gegründet«, erinnert sich Harel zornig. »Ich hatte so meinen Verdacht. Ich wußte, daß irgend jemand im Verteidigungsministerium in irgendwelchen Angelegenheiten herumgeisterte, und daß dieser Jemand sofort die Straßenseite wechselte, sobald er einen Agenten vom Mossad erblickte. Es war eine geheimnisvolle, verschwörerische Angelegenheit. Nicht einmal Ben-Gurion wußte von der Gründung der Versuchsabteilung, aus der sich dann Lakam entwickelte.«[61]

Peres war der Ansicht, daß er Harels Erlaubnis zum Aufbau seiner Sonderagentur für nukleare Sicherheit nicht brauchte, auch wenn dieser Ben-Gurions Vertrauensmann und Kopf der Geheimdienste war. Der neue Reaktor aus Frankreich war immerhin noch geheimer als jedes bisherige »Top-Secret-Thema«. Dennoch ist es schwer vorstellbar, daß der Premierminister nicht über Lakam Bescheid wußte. Schließlich war Ben-Gurion die treibende Kraft hinter dem Atomprojekt und persönlich an allen verteidigungsbezogenen Industrien Israels höchst interessiert. Lakam sollte schließlich auch diese unterstützen.

Blumberg störte sich nicht am Neid oder den Beschwerden der anderen. Seine einzige Sorge war, das Reaktorprojekt gegen jedes Informationsloch abzuschotten. Dies war keine leichte Aufgabe bei Hunderten von französischen Technikern und Konstrukteuren, die in Israel am Bau der neuen Anlage mitarbeiteten. Der Bauplatz lag in der Negev-Wüste, im freien Gelände auf halber Strecke zwischen dem Toten Meer und Beersheba, der »Hauptstadt« des Negev – nach der Bibel eine Oase, in der sich der Patriarch Abraham gerne aufhielt.

In den französischen Arbeitsverträgen war die Rede von »einem warmen Klima und Wüstenbedingungen«, was den Standort des Reaktors nicht besonders verschleierte. Nicht nur Blumberg, sondern vor allem auch der französische Geheimdienst machte sich Sorgen um die Sicherheit im Negev. Die Franzosen trauten den Israelis nicht ganz, die für ihre Geschwätzigkeit bekannt waren, und entsandten deshalb eigene Agenten, um die Geheimhaltung zu gewährleisten und Durchlässe zu verhindern.

Eines Tages besuchte ein als Priester verkleideter Spion aus Paris den Bürgermeister von Beersheba und fragte ihn, wie sich denn die Sache in der Negev-Wüste entwickele. Stolz darauf, daß seine Wüste in mehr als einer Hinsicht erblühte, erzählte der Bürgermeister seinem Gast von dem französischen Atomreaktor, der ganz in der Nähe gebaut werde. Der Spionage-Priester schickte ein höchst bedenkliches Kabel an sein Hauptquartier.[62]

Um die dreijährigen, intensiven Bauarbeiten nahe der Einwandererstadt Dimona zu kaschieren, bediente sich Israel der von Blumberg vorgeschlagenen offiziellen Version: Man baue dort »Textilfabriken«.

Während der Lakam-Chef die Sicherheit auf der Erde überwachte, braute sich am Himmel über ihm ein Sturm zusammen. Während eines Aufklärungsfluges fotografierte 1960 eine amerikanische U-2 die Baustelle. Die Analytiker des US-Geheimdienstes hatten keine Schwierigkeiten, die wahre Bestimmung der Anlage zu erkennen. Unmittelbar danach tauchten amerikanische Spione in der Nähe von Dimona auf. Die politische Führung der USA begann sich Sorgen zu machen. Aufgrund eines Tips aus Washington berichtete die amerikanische und englische Presse, daß Israel an der Entwicklung der Atombombe arbeite. Die Regierung der USA verlangte von Israel, die volle Wahrheit zu wissen.

Auch Präsident de Gaulle setzte Israel unter Druck. Kurz nach seiner Amtsübernahme 1958 hatte Frankreich begonnen, seine Haltung gegenüber dem Mittleren Osten zu ändern. De Gaulle suchte die Aussöhnung mit der arabischen Welt und bot sogar Algerien die Unabhängigkeit an – politische Veränderungen, die auf Kosten Israels gingen. Außerdem argwöhnte auch er, daß der Reaktor in Dimona militärischen Zwecken dienen sollte, und dieser Gedanke beunruhigte den Präsidenten erheblich.

Im Mai 1960 beauftragte de Gaulle seinen Außenminister, den israelischen Botschafter in Paris zu informieren, daß Frankreich kein Uran mehr nach Dimona liefern werde. Der Präsident wollte verhindern, daß Israel in seinem Reaktor das für eine Atombombe benötigte Plutonium herstellte. Der frankophile Peres blieb dennoch optimistisch. Wochenlang weigerte er sich einzusehen, daß die »Brücke über das Mittelmeer« sehr wackelig geworden war.

Schließlich war die Gefährdung von Israels geheimstem Verteidigungsprojekt nicht mehr zu übersehen, und Ben-Gurion flog kurzfristig nach Paris, um sich am 13. Juni 1960 mit General de Gaulle zu treffen. Im Elysee-Palast fragte ihn der Präsident ohne Umschweife: »Warum braucht Israel überhaupt einen Atomreaktor?« Ben-Gurion beteuerte, daß er nur friedlichen Zwecken dienen solle und man in Dimona keinerlei Vorrichtungen zur Herstellung von waffentauglichem Plutonium einbauen werde. Als er, nach Israel zurückgekehrt, feststellte, daß sich der Druck Frankreichs, der USA und der Auslandspresse weiterhin verstärkte, entschloß sich der Premierminister, erstmals öffentlich zu bestätigen, daß nun auch in Israel das Atomzeitalter begonnen habe. Am 21. Dezember 1960 verkündete er in der Knesset, daß Israel einen zweiten Atomforschungsreaktor baue – ausschließlich zu friedlichen Zwecken, wie er dem Parlament versicherte.[63]

Dies war die Erklärung, die de Gaulle verlangt hatte. Die Israelis waren zu Kreuze gekrochen, und die Franzosen waren nun bereit, die noch fehlenden Teile zur Vollendung des Reaktors zu liefern.

Um die zerbrechliche Verbindung mit Frankreich zu schützen, waren die Israelis sogar bereit, etwas zu tun, was kaum ein Nachrichtendienst jemals tat: eine geheime Quelle »zu verbrennen«. Am 16. März 1961 erfuhr der Militärattaché der israelischen Botschaft in Paris, Colonel Uzi Narkiss, von einem Komplott zur Ermordung Präsident de Gaulles. Der Informant war Claude Arnaud, ein Jesuit und ehemaliger Colonel im französischen Widerstand. Nach dem Krieg war er Offizier in der Auslandsabteilung des französischen Geheimdienstes gewesen. Aus Ernüchterung über de Gaulles Politik gegenüber Algerien quittierte er jedoch den Dienst und schloß sich einer mysteriösen katholischen Sekte an, die für den Vatikan spionierte. Bekannt als »der Mann mit den 1000 Gesichtern«, freundete sich Arnaud mit Colonel Narkiss an und begann, mit den Israelis Informationen auszutauschen.

Warum Arnaud Narkiss über das Komplott gegen de Gaulle unterrichtete, wurde nie ganz klar. Er verriet seine eigenen Kameraden, als er erzählte, daß sie einen arabischen Mörder für den Präsidenten zu dingen versuchten. Arnaud war zwar wie seine rechtsgerichteten Kollegen gegen einen Rückzug der französischen Truppen aus Algerien, aber einen Mord lehnte er offensichtlich ab. Wahrscheinlich genügte es ihm, wenn man den Mann bei seinem Attentatsversuch faßte und die Sache Algerien in die Schuhe schob.

Das Komplott wurde jedoch zu einem weit früheren Zeitpunkt vereitelt, und Arnaud konnte nicht einmal seine Anonymität wahren. Narkiss hatte die Information sofort durch ein chiffriertes Blitztelex an das Verteidigungsministerium in Tel Aviv durchgegeben, wo es Amans Aufgabe war, derartige Berichte zu analysieren. Geheimdienstchefs und Politiker berieten, was zu tun sei. Isser Harel erinnert sich, daß Shimon Peres und Armeestabschef General Zvi Zur Narkiss' Vorschlag stützten, Israel solle de Gaulle nicht warnen, weil nicht sicher sei, ob die Information stimme.

Narkiss ließ seinem ersten Telex sogar noch ein zweites folgen, in dem er seine Kollegen drängte, nicht wie Judas Ischariot zu handeln und Jesus zu verraten – ein seltsamer Gedanke, wenn man bedenkt, daß der potentielle Mörder wohl kaum ein Freund Israels war.[64]

Harel hatte sich seit langem darüber geärgert, daß Aman die gesamten Verbindungen zu Frankreich beherrschte. Dies war der Grund, warum der Memuneh nun gegenüber den Militärs den entgegengesetzten Standpunkt einnahm. Harel bestand darauf, Frankreich über die Verschwörung zu informieren. Ben-Gurion entschied den Streit zu seinen Gunsten.

De Gaulle wurde von dem Mordplan unterrichtet, wenn auch mit einer Verzögerung von zwei Wochen. Er verlangte, daß man ihm den Namen des Informanten nannte. Um seinen guten Willen zu demonstrieren, kam Israel der Aufforderung nach. Die Franzosen verhafteten Colonel Arnaud und verhörten ihn, konnten ihm aber nichts beweisen und ließen ihn deshalb laufen. Arnaud war wütend auf die Israelis, und Aman verlor einen wertvollen Informanten.

Die geheime Verbindung zwischen den beiden Regierungen war indessen weit wichtiger. Nachdem sich die Franzosen endlich zur Lieferung des noch ausstehenden Materials für die Vollendung des Reaktors in Dimona verpflichtet hatten, betrachtete Israel alles Weitere als ganz normales Handelsgeschäft – bis auf die strikte Geheimhaltung.

Der 24-Megawatt-Schwerwasserreaktor in Dimona war in der Lage, Plutonium zu produzieren, um jedes Jahr wenigstens eine 20-Kilotonnen-Bombe von »Hiroshima-Umfang« herstellen zu können.

Die entscheidende Frage war, ob die Franzosen den Israelis auch beim Erwerb einer Wiederaufbereitungsanlage helfen würden, die in der Lage war, das Plutonium aus den verbrauchten Brennstäben zu extrahieren. François Perrin, der Sohn eines

Nobelpreisträgers und von 1951 bis 1970 wissenschaftlicher Leiter der französischen Atomenergiekommission, vertrat den Standpunkt, die Wiederaufbereitung sei indirekt Teil des Originalvertrages von 1957. Angesichts der neuen Politik de Gaulles weigerte sich seine Kommission zwar dennoch, eine Wiederaufbereitungsanlage zu liefern, sperrte sich aber nicht gegen Israels Versuch, sie anderweitig zu erwerben. Sie erlaubte sogar einer privaten Firma namens St. Gobain – die entsprechende Anlagen für die militärischen Reaktoren Frankreichs lieferte –, ihre Technologie und ihre Pläne für das Dimona-Projekt zu verkaufen.[65]

Generell wurde es unter de Gaulles Präsidentschaft für Israel schwieriger, das zu bekommen, was es für die atomare Entwicklung brauchte. Blumbergs Lakam nahm die Herausforderung an, indem er seine Aktivitäten ausdehnte. Neben seinen Sicherungsaufgaben beteiligte sich Lakam nun auch am Aufspüren und am Kauf von Ersatzteilen und Brennmaterial für Dimona. Die unbedingte Geheimhaltung, die solche Transaktionen erforderten, führte wieder zu einer intensiveren Zusammenarbeit mit den übrigen Nachrichtendiensten Israels. Langsam begannen die alten Wunden zu verheilen.

Blumbergs Lakam arbeitete nach den gleichen Methoden wie ein professioneller Geheimdienst: strikte Aufgabentrennung und Einsatz von getarnt arbeitenden Agenten »an der Front«. Er selbst gehörte zwar nicht dem Varash an, aber Lakam gehörte mit Sicherheit zum Nachrichtendienst.

Lakams gewählte Tarnung war keine Fiktion. Die Mitarbeiter der Agentur wurden schlicht als Wissenschaftsattachés an die großen israelischen Botschaften in Europa und den USA geschickt. Blumbergs Leute berichteten direkt an sein Hauptquartier in Tel Aviv und nicht – wie bei Diplomaten üblich – auf dem Weg über das Außenministerium. Die wissenschaftlichen Berater waren angewiesen, jede Veröffentlichung auf ihrem Gebiet zu erwerben und private wie berufliche Beziehungen zu den Wissenschaftlern der jeweiligen Länder herzustellen, in denen sie postiert waren.

Israelische Wissenschaftler, die in ihrem Ferienjahr oder zu Forschungszwecken ins Ausland gingen, wurden gebeten, Lakam den einen oder anderen Gefallen zu tun, obgleich sie für gewöhnlich nicht wußten, wer genau sie darum bat. Für ihre Regierung jedoch hielten sie nach den neuesten Entwicklungen in ihrem jeweiligen Fach die Augen offen und erwarben Handbücher, Pläne und sonstige Veröffentlichungen. Die meisten Wissenschaftler brauchte man nicht einmal besonders zu »bearbeiten«. Ihre Institute gehörten ohnehin der israelischen Regierung, die Universitäten waren und sind eng mit der Rüstungsindustrie verbunden oder werden von der Regierung finanziert. Wie die meisten Israelis, werden auch die Wissenschaftler zu Patrioten erzogen.

In einigen Fällen verlangte man von Israelis, die an Forschungsprojekten im Ausland arbeiteten, wissenschaftliches Material zu stehlen. Meist stellten sie sich allerdings so ungeschickt an, daß sie selbst und ihre Führungsoffiziere in Gefahr gerieten – in der Regel die Wissenschaftsattachés, die diplomatische Immunität genossen.

Ein älterer israelischer Wissenschaftler, der an einem angesehenen westeuropäischen Institut arbeitete, berichtet, daß er regelmäßig die verschiedensten Dokumente heimlich fotokopiert habe. Die Kopien nahm er mit nach Hause, wo sie einmal in der Woche vom Wissenschaftsattaché der israelischen Botschaft abgeholt werden sollten. Der Attaché, offensichtlich ein Lakam-Agent, erwies sich jedoch als unglaublich unzuverlässig. Er verspätete sich häufig, und manchmal kam er auch überhaupt nicht. Die beiden Israelis konnten von Glück sagen, daß das Gastland keinen Verdacht hegte.[66]

Da Israel viel Mühe darauf verwandte, sich Freunde im Ausland zu schaffen, war es äußerst wichtig, daß dieses ganze großangelegte Spionagesystem streng geheim blieb.

Seit dem Sinaifeldzug von 1956 wurde Israel gefürchtet und respektiert. Ausschließlich mittels konventioneller Waffen hatten die Israelis die Ägypter mit Leichtigkeit zur Seite gefegt, die immerhin die größte der arabischen Armeen besaßen. Obgleich die Vermutungen über die Atombewaffnung ebenso wie der Suez-Krieg Israels guten Ruf bei den Entwicklungsländern ruiniert hatten, machte der rapide Aufstieg des jüdischen Staates zu einer regionalen Supermacht ihn zu einer politischen Kraft, mit der man rechnen mußte, zu einem Partner, den es zu umwerben galt, und zu einem wünschenswerten Freund in einer strategisch wichtigen, aber chronisch instabilen Region.

Israel war – wo immer dies möglich schien – an einer offenen

Freundschaft gelegen, aber es stellte sich schnell heraus, daß das Ausland häufig geheime Bindungen vorzog. Vieles in der Diplomatie war so delikat, daß man es nicht dem im Licht der Öffentlichkeit stehenden Außenministerium überlassen konnte. So fiel den Nachrichtendiensten die Aufgabe zu, Allianzen zum Schutz der nationalen Sicherheit zu knüpfen.

4. STRATEGISCHE ALLIANZEN

»Wir sind sehr an einem Abkommen über eine Zusammenarbeit mit Ihnen interessiert«, erklärte David Ben-Gurion dem Chef der Central Intelligence Agency im Mai 1951 in den alten Büros der CIA gegenüber dem Lincoln Memorial in Washington. Der Premierminister hielt sich zu einem privaten Besuch in den USA auf, seinem ersten nach dem Sieg Israels im Unabhängigkeitskrieg. Ben-Gurion wollte Geld für sein Land beschaffen, indem er persönlich die ersten Verkäufe von israelischen Staatsanleihen in den USA unterstützte. Zugleich nutzte er diesen Besuch zu diplomatischen Zwecken.

Der »Alte Mann« traf sich mit Präsident Harry S. Truman und mit dem Direktor der CIA, General Walter Bedell Smith. Mit ihnen sowie dessen Assistenten Allen Dulles wurde ein geheimes Mittagessen arrangiert. Bevor Ben-Gurion Israel verließ, hatte Reuven Shiloa – damals noch Chef des Mossad – vorgeschlagen, daß der Premierminister eine geheimdienstliche Zusammenarbeit zwischen den beiden Nationen anregen solle.

Es war ein hochgestecktes Ziel: Von linksgerichteten Parteien regiert, galt Israel als sozialistischer Staat. Im Kibbuz, jener einzigartigen israelischen Farm-Kooperative, wo alle Güter nach den jeweiligen Bedürfnissen unter den Mitarbeitern geteilt wurden, sah man die Verkörperung des kommunistischen Traums. Auch Israels Wirtschaft beruhte auf dem Prinzip des Kollektivismus und der Verstaatlichung der meisten Produktionsmittel.

»Kapitalismus« und »freie Marktwirtschaft« galten im nationalen Lexikon Israels als »schmutzige Wörter«. Aber besonders beunruhigend – aus amerikanischer Sicht – war die Vermutung, daß die Israelis mit den Sowjets sympathisierten – was auf die wichtige Unterstützung des Ostblocks in den ersten Tagen der jungen Nation zurückging.

Hätte Andrej Gromyko, der sowjetische Botschafter bei den Vereinten Nationen, in seiner Rede nicht die Gründung des Staates Israel unterstützt, hätte es möglicherweise keine Resolution 181 gegeben – die die Teilung Palästinas in zwei Staaten verfügte, einen jüdischen und einen arabischen. Auf Moskaus Geheiß lieferten die Tschechoslowakei und Jugoslawien Waffen an Israel und bildeten in ihren Ländern israelische Piloten aus. Darüber hinaus erhöhte die Bereitschaft Rumäniens, Ungarns und Polens, alle Juden ausreisen zu lassen, Israels kleines Bevölkerungspotential.

Im Gegensatz zum übrigen israelischen Establishment forderte Shiloa, Israel solle seine prosowjetische Haltung aufgeben und statt dessen seine Außenpolitik auf eine starke Bindung zu Amerika ausrichten. Sein höchstes Ziel war ein Verteidigungsabkommen mit Washington und die Aufnahme Israels in die von Amerika geleitete North Atlantic Treaty Organization (NATO). Als einen ersten Schritt auf diesem Weg schlug er geheime Kontakte zwischen der CIA und dem Mossad vor.

Ben-Gurion und die älteren Regierungsmitglieder glaubten nicht, daß Shiloas Vorschlag große Chancen habe, aber die Angelegenheit war einen Versuch wert. Ben-Gurion war überrascht, als Bedell Smith und Dulles erfreut darauf eingingen.

Dies war nicht das erste Treffen zwischen dem amerikanischen General und dem »Alten Mann«. Sie waren sich bereits unmittelbar nach dem Zweiten Weltkrieg begegnet, als Ben-Gurion die Überlebenden des Holocaust in den Lagern in Deutschland besucht hatte. Bedell Smith, der seinerzeit Stabschef bei General Eisenhower war, dem Kommandanten der alliierten Streitkräfte in Europa, begleitete damals den Führer der Zionisten auf seiner Inspektionsreise. Die Ermordung von sechs Millionen Juden in Auschwitz, Treblinka, Dachau und anderen Todeslagern der Nazis und der Anblick der Hunderttausende von Flüchtlingen, die überlebt hatten, hinterließ bei vielen amerikanischen Soldaten, die während des Krieges in Deutschland gedient hatten, einen unauslöschlichen Eindruck. Israel seinerseits verstand es hervorragend, die Erinnerung an den Holocaust heraufzubeschwören, sobald eine emotionale Meinungsbildung notwendig erschien. Die Sympathie und die Schuldgefühle einiger westlicher Politiker ließen sich gut nutzen, wenn der jüdische Staat politische und militärische Hilfe einforderte.

Israelische Diplomaten betonten immer wieder die Notwendigkeit, ihr Land zu stärken, damit es niemals wieder einen Holocaust würde geben können. Es war ein Ausschlachten des unaussprechlichen Schreckens der Kriegszeit, eines Entsetzens, das in der Menschheitsgeschichte ohne Beispiel war. Bedell Smith und Dulles ließen sich überzeugen. In Washington wurde sich Ben-Gurion mit den CIA-Chefs einig, sofort Gespräche aufzunehmen, um die Zusammenarbeit voranzutreiben. Einen Monat später, im Juni 1951, wurde Shiloa nach Washington geschickt, um die letzten Details für ein formelles, aber geheimes Abkommen auszuarbeiten. Er führte lange Verhandlungen mit Bedell Smith, Dulles und besonders James Jesus Angleton.[67]

Auch Angleton war tief vom Holocaust beeinflußt, und er gehörte zu den Männern, die hartnäckig jeden Gegenstand verfolgten, der ihr Interesse wachgerufen hatte. Nach einer unglücklichen Kindheit in Arizona, wo das Klima seine Tuberkulose bessern sollte, ging Angleton 1933 mit 16 Jahren nach Italien, als sein Vater einen Posten in Mailand übernahm. Nach ein paar Jahren kehrte Angleton in die USA zurück, um in Yale zu studieren. Hier gab er eine Literaturzeitung heraus, u. a. mit Beiträgen von Ezra Pound und Archibald MacLeish.

1943 warb ihn einer seiner Lehrer für die Spionageabwehrabteilung des Office of Strategic Services an – angeblich ein Club von Exzentrikern und Intellektuellen –, wie maßgeschneidert für Angleton. Er war ausgesprochen mißtrauisch und suchte beständig hinter allem nach einem verborgenen Sinn.[68]

Angleton diente dem OSS in England und Italien, wo er Informanten anwarb sowie nazistische und faschistische Spionageringe aufdeckte. Einer seiner besten Informanten war der Aliyah-B-Agent in Italien. Angleton war besonders von der Geschicklichkeit des jüdischen Untergrunds und dessen Vertretern in Europa beeindruckt. Einer von ihnen, Teddy Kollek, erinnerte sich später: »Jim sah in Israel einen echten Verbündeten, und das zu einer Zeit, als der Glaube an eine Mission etwas Seltenes geworden war.«[69] Er wußte, daß einige frühere Bemühungen, die Beziehungen zwischen dem zionistischen Untergrund und amerikanischen Agenten zu verstärken, von den Engländern durchkreuzt worden waren, die noch immer Palästina verwalteten. Als Shiloa und die CIA 1951 ein Kooperationsabkommen erreichten, war Angleton davon sehr angetan.

Das Übereinkommen schuf die Grundlage für den Austausch strategischer Informationen zwischen CIA und Mossad und verpflichtete sie, einander alle Angelegenheiten von gegenseitigem Interesse zu berichten. Israel und die USA versprachen, sich nicht gegenseitig zu bespitzeln und Verbindungsoffiziere auszutauschen, die in ihren jeweiligen Botschaften in Washington und Tel Aviv stationiert werden sollten.

Um den Vertrag jedoch mit Leben zu erfüllen, mußte noch ein Haupthindernis überwunden werden. Angleton, der zum Chef der Gegenspionage bei der CIA befördert werden sollte, war ein fanatischer Gegner des Kommunismus. Trotz seiner Bewunderung für die jüdischen Geheimagenten in Europa meinte er, Israel stelle – mit seinen sozialistischen Idealen und seinen Beziehungen zum Sowjetblock – ein hohes Sicherheitsrisiko dar. Angleton befürchtete, daß die Emigration der Juden aus Osteuropa sowjetischen Spionen die Gelegenheit geben würde, ihrerseits Israel zu unterwandern und als Sprungbrett in den Westen zu benutzen. Die kommunistische Führung konnte auswanderungswillige Juden leicht mit der Drohung erpressen, sich ihre zurückbleibenden Verwandten »vorzunehmen«. »Die Vermischung der europäischen Rassen in Palästina bietet den Sowjets eine einmalige Gelegenheit, in ein strategisch wichtiges Gebiet einzudringen«, hieß es in einem Memorandum des State Department, das empfahl, US-Militärattachés in Israel sollten »sowjetische Aktivitäten beobachten und müßten mit den sowjetischen Taktiken absolut vertraut sein«.

Washington glaubte ferner, die Russen infiltrierten die israelische Armee.[70]

Shiloa war sich der Befürchtungen der Amerikaner bewußt und versicherte ihnen, Israels Nachrichtendienste seien wachsam. Aliyah B und Isser Harels Shin Bet überprüften jüdische Neuankömmlinge aus Ländern hinter dem Eisernen Vorhang sehr genau.

Was Angleton und die CIA schließlich überzeugte, war Israels Hinweis, daß »das Bittere sich in Süßes verwandeln könne«, wie es in der Bibel heißt – daß man die neuen Einwanderer nicht fürchten, sondern sich ihrer bedienen solle. Immerhin kamen die Juden aus allen sozialen Schichten und besaßen genaue Kenntnisse über sowjetisches Militär, über Wissenschaft, Wirtschaft und Politik.[71] Amos Manor, hochrangiger Shin-Bet-Agent und selbst aus Osteuropa eingewandert, wurde mit der Verbindung zur CIA beauftragt. Hierfür wurde ein eigenartiger bürokratischer Kompromiß ausgehandelt, wonach Manor von Shin Bet bezahlt wurde, aber die Beziehungen zu einem ausländischen Spionagedienst wahrnahm.

Seine beiden Posten verknüpften sich vorteilhaft, als Shin Bet entdeckte, daß Nationen des Ostblocks sich israelischer Firmen zu bedienen versuchten, um das westliche Embargo für Maschinen und Technologie zu umgehen. Manor hielt die CIA und das US-Handelsministerium hierüber auf dem laufenden.

Im Frühjahr 1952 entdeckte das FBI, daß zwei Diplomaten in der israelischen Botschaft in Washington entgegen der Vereinbarung in Spionageangelegenheiten verwickelt waren. Israel versicherte sofort, die Männer hätten nur arabische Diplomaten beschattet, worauf man ihnen erlaubte, unauffällig das Land zu verlassen und so ihre spektakuläre Ausweisung zu vermeiden. Israel mußte der amerikanischen Führung versprechen, daß sich ähnliches nicht wiederholen werde.

Dem FBI war Manors rasanter Aufstieg so bald nach seiner Einwanderung aus dem kommunistischen Rumänien im Oktober 1952 ohnehin verdächtig. Man versuchte ihn daher am Besuch der USA zu hindern. Aber Angleton von der CIA, dem er sympathisch war, bürgte für ihn, und innerhalb weniger Wochen nahmen fünf Mossad- und Aman-Agenten an einem Spionagekurs der CIA teil.

Aber auch Angleton konnte letzte Zweifel nicht ausschließen. Seine Spionageabwehrabteilung schickte daher ihre eigenen Experten nach Israel, um die Gefahr einer sowjetischen Infiltration zu beurteilen. Jede dieser Missionen schuf Probleme – besonders für den CIA-Standortchef in der Botschaft in Tel Aviv. Dieser hielt sich für durchaus sachverständig, was das Geschehen und die Persönlichkeiten vor Ort betraf, und war der Ansicht, daß Besuche aus dem Hauptquartier nur Verwirrung, Verdächtigungen und alle möglichen Gerüchte verursachten. Bei wenigstens einer Gelegenheit bekam ein Agent von der CIA, der Bedenken gegen einen bestimmten hochrangigen israelischen Spion anmelden sollte, Mossad und Shin Bet durcheinander und äußerte seinen Verdacht gegenüber der falschen Agentur.

Die Angelegenheit brachte nicht nur den ortsansässigen CIA-Chef in eine peinliche Lage, sondern irritierte und ärgerte auch viele Mitglieder des israelischen Nachrichtendienstes – vor allem den empfindlichen Isser Harel. Hier tummelten sich die Amerikaner auf seiner Wiese, stellten seine eigene Effizienz in Frage und beschritten einen Weg, der schließlich sogar vor seiner eigenen Tür enden konnte.

Auf jeden Fall hatte Harel das Gefühl, die Amerikaner seien an einer echten bilateralen Zusammenarbeit nicht interessiert.

Sie verlangten eine einseitige umfassende Information über alle Erkenntnisse des israelischen Geheimdienstes, so behauptete er, ohne sich entsprechend zu revanchieren. Harel hatte sogar den Verdacht, die CIA könne in Israel – ähnlich wie 1953 in Guatemala – einen Putsch vorbereiten. Shiloa sah die Dinge wie üblich anders. Auch nach Verlassen des Mossad blieb er Ben-Gurions Sonderberater für internationale und nationale Strategie. Er überzeugte den Premierminister, daß man um einer Allianz mit den USA willen so lange gewisse Zugeständnisse – wie die Vernehmung der Immigranten und die Lieferung von Informationen an die Amerikaner – machen müsse, bis man das Vertrauen der CIA gewonnen habe.[72]

Die Amerikaner versorgten Israel mit technischen Ausrüstungen für den nachrichtendienstlichen Bedarf, einschließlich Abhöranlagen und elektronisches Gerät zur Entzifferung von Codes. Israelische Offiziere wurden in die USA geschickt, um zu lernen, wie man sie einsetzte.[73] Um die Zusammenarbeit zu überwachen, wurden zwei exzellente Agenten und Bundesgenossen von Shiloa an der israelischen Botschaft in Washington postiert: der ehemalige Aman-Chef Colonel Chaim Herzog als »schlichter« Militärattaché und Shiloas Freund Teddy Kollek als Kanzler. Kollek hatte bereits vor 1948 Erfahrungen im Waffenkauf für die Zionisten und in der Organisation von Netzen amerikanischer Sympathisanten gesammelt.

Parallel zu seinen Bemühungen, sich mit den USA zu verbünden, baute der israelische Nachrichtendienst auch in der näheren Umgebung strategische Beziehungen auf.

Shiloa hatte in den Anfangsjahren des israelischen Staates die Erfahrung gemacht, daß sich durchaus geheime Kontakte zu Nachbarländern herstellen ließen, die offiziell als feindlich galten. Als Ben-Gurions Top-Geheimdiplomat nahm Shiloa persönlich an Treffen mit König Abdullah von Transjordanien, dessen Premierminister sowie anderen Regierungsmitgliedern und Militärs teil. Sie erreichten sogar eine stillschweigende Verständigung, den im UN-Votum von 1947 propagierten palästinensischen Staat noch vor seiner Geburt zu beerdigen: Israel überrannte einige der arabischen Gebiete, und Abdullah eroberte 1948 die jordanische West Bank. Transjordanien hatte niemals versucht – anders als Ägypten und andere arabische Staaten –, Israel zu zerstören. König Abdullah wurde in der arabischen

Welt für Israel nicht nur zum »agent of influence« (die Bezeichnung für einen ausländischen Politiker, dessen politische Ziele sich mit denen des eigenen Landes decken), sondern ein bezahlter Agent. Seine jüdischen Kontaktleute zahlten ihm 10.000 US-Dollar für seine Dienste. Abdullahs Ermordung 1951 verhinderte den Abschluß eines Friedensvertrages mit Israel.[74]

In Syrien übernahm im März 1949 der Generalstabschef, Colonel Hosni Zaim, die Macht und bot Israel Frieden an. Die Umstände überholten seine anscheinend friedfertige Großzügigkeit, so daß ein Vertrag nicht zustande kam. Erst Jahrzehnte später wurde bekannt, daß Zaim auf der Gehaltsliste des amerikanischen, französischen und sogar israelischen Geheimdienstes stand. CIA-Agenten unterstützten ihn bei seinen Umsturzplänen.[75] Israel verfügte darüber hinaus – häufig aufgrund von Bestechung – über Kontakte zur ägyptischen und irakischen Führung.

Shiloa war sich jedoch bewußt, daß die geheimen Beziehungen zu einigen arabischen Führern die grundsätzlichen politischen und strategischen Gegebenheiten im Mittleren Osten nicht verändern konnten, daß der innere Kreis der arabischen Nationen in seinem Haß auf Israel nicht nachlassen würde und man daher im ständigen Kriegszustand werde leben müssen.

Er wußte außerdem, daß es im Mittleren Osten noch andere geographische und ethnische Faktoren gab. Der innere Zirkel war von einem äußeren Kreis umgeben, einem Ring nichtarabischer Staaten; und die arabischen Staaten selbst besaßen religiöse und ethnische Minoritäten. Freundschaften konnte es mit den Randstaaten und mit den Minoritäten geben, die – wie Israel und der Westen – dem zunehmenden arabischen Nationalismus und Radikalismus mißtrauisch und ablehnend gegenüberstanden. Das gemeinsame Motto: »Die Feinde meines Feindes sind meine Freunde.« Jede Macht, die sich dem arabischen Nationalismus entgegenstellte oder ihn bekämpfte, galt als möglicher Verbündeter Israels: die Minderheit der Maroniten im Libanon, die Drusen in Syrien, die Kurden im Irak und die Christen im südlichen Sudan. Sie alle litten unter der moslemischen Majorität in ihren Ländern. Die Iraner – obgleich Moslems – wiesen stets stolz darauf hin, daß sie Perser und keine Araber seien. Das Konzept der Kontaktaufnahme zu allen diesen Gruppen war bei den israelischen Entscheidungsgremien unter der Bezeichnung

»the peripheral alliance« bekannt. Als »geheime« Seite der nationalen Außenpolitik fiel diese in den Zuständigkeitsbereich der Nachrichtendienste.

Bei der Aufnahme der Beziehungen zur kurdischen Minderheit im südlichen Irak folgten die israelischen Agenten den Fußspuren Shiloas, der unter dem Deckmantel eines Journalisten in den 30er Jahren mit den Kurden zusammengearbeitet hatte. Diese Bergbewohner führten einen ständigen Kampf um ihre Unabhängigkeit gegen die Zentralregierung in Bagdad. In den 60er Jahren erhielten sie vom Mossad die aktivste und direkteste Unterstützung: Israelische Militärberater trainierten kurdische Guerillas. Der israelische Kabinettsminister Aryeh (Lova) Eliav, ein ehemaliger Aliyah-Agent, ritt 1966 persönlich auf einem Maultier über die Berge, um seinen kurdischen Freunden ein Feldlazarett zu bringen.[76] 3000 irakische Juden konnten mit Hilfe der Kurden fliehen.

Jenseits der östlichen Grenze, im Iran, erkannte die Teheraner Führung Zion Cohen von Aliyah B als de-facto-Vertreter der israelischen Regierung an. Der Schah des Iran nahm als Führer einer moslemischen Nation formell nie diplomatische Beziehungen zu Israel auf. Aber er respektierte Israels Kampf gegen die größeren arabischen Nationen und genehmigte direkte Flüge von Teheran nach Tel Aviv, um irakische Juden in ihr Heimatland zu bringen.

Mit seiner Hinwendung zum Iran verfolgte Israel vor allem das Ziel, die proisraelischen und antiarabischen Haltungen unter den iranischen Regierungsmitgliedern zu fördern. Die Beziehungen waren intensiv und allumfassend. Der Mossad und Shin Bet trainierten iranische Soldaten und Mitarbeiter der *Sazmani-Amniyat Va Kisvar* (Savak), der »Staatlichen Nachrichten- und Geheimdienstorganisation«. Savak-Agenten waren häufig in Israel, und die Iraner halfen beim Transfer von Hilfsgütern für die gegen den Irak rebellierenden Kurden.

Der Mossad arbeitete häufig mit Unterstützung oder in Koordination mit der CIA und Englands Übersee-Geheimdienstabteilung MI 6. Die Amerikaner waren von Nasser enttäuscht und änderten ihre Meinung über Kollusionen, nachdem sie noch 1956 gegen die Invasion der Suezkanal-Zone protestiert hatten.[77] Die amerikanischen und englischen Bemühungen, Israel in eine geheime prowestliche Allianz hineinzuziehen, waren

1958 besonders intensiv, als ein antiwestlicher Pro-Nasser-Nationalismus gewaltig an Boden gewann. Anhänger Nassers hätten fast die Kontrolle über den Libanon erlangt. Im Irak riß Colonel Abdel Karim Qassem nach der Ermordung Nuri as-Saids und der königlichen Familie der Haschemiten die Macht an sich. In ähnlicher Gefahr schwebten die Mitglieder der haschemitischen Königsfamilie in Jordanien.

Washington und London empfahlen Israel, sich in zwei kooperativen Gruppen zu engagieren: der »nördlichen Reihe« einer peripheren Allianz, die Israel mit der Türkei und dem Iran verband; und der »südlichen Reihe«, einer Verbindung zwischen Israel und Äthiopien. Alle diese Nationen waren in Grenzstreitigkeiten mit arabischen Staaten verwickelt und fürchteten eine sowjetische Subversion. An der Spitze der Liste stand die Türkei.

Im Dezember 1957 empfing der türkische Premierminister Adnan Menderes einen Sonderbotschafter Israels, Eliyahu Sassoon. Beide verabredeten für Juni 1958 eine Folgekonferenz der Spitzenfunktionäre der jeweiligen Geheimdienste. Das israelische Team wurde von Shiloa angeführt, obgleich er offiziell schon seit Jahren nicht mehr dem Mossad angehörte. Premierminister Ben-Gurion und Außenministerin Meir waren jedoch der Ansicht, daß Shiloa die geeignetste Person für geheime diplomatische Missionen sei. Ben-Gurion selbst flog am 28. August 1958 nach Ankara, um sich mit Menderes zu treffen. Er wurde von Golda Meir, Shiloa und dem Stabschef der Armee begleitet. Die Präsenz einer El-Al-Maschine in einem moslemischen Land wurde offiziell damit entschuldigt, daß »technische Schwierigkeiten« das Flugzeug zur Landung gezwungen hätten.[78]

Das konkrete Resultat all dieser Gespräche war eine formelle, aber streng geheime Vereinbarung über eine umfassende Zusammenarbeit zwischen dem Mossad und dem Turkish National Security Service (TNSS). Etwa zur gleichen Zeit schloß der Mossad einen ähnlichen Vertrag mit der iranischen Savak ab.

Am Ende des Jahres 1958 gründeten die drei Agenturen die formelle Kooperationsgruppe Trident, die halbjährliche Zusammenkünfte aller drei Spionagechefs abhielt. Ihr gemeinsames Interesse konzentrierte sich vor allem auf Berichte über die Aktivitäten sowjetischer Spione im Mittleren Osten. Die Türkei versorgte den Mossad mit Informationen, welche TNSS-Spione in

Syrien gesammelt hatten und die sich auf Pläne des radikalen arabischen Regimes gegen Israel bezogen. Wie bereits die Savak-Agenten, so trainierte der Mossad auch die türkischen Spione in Spionageabwehrtechniken und dem Einsatz technischen Geräts.[79]

Israels geheime »Diplomaten« versuchten ihre Erfolge in der »nördlichen Kette« auf ähnliche Weise in einer »südlichen Kette« der peripheren Allianzen zu wiederholen. Vor allem der Sudan war für den Mossad von großem Interesse. Das Land lag genau im Süden von Israels Nemesis, Ägyptens Präsident Nasser. Zur gleichen Zeit, als er 1954 in Kairo das Kommando übernahm, befand sich der Sudan im Übergang zur Unabhängigkeit von einer gemeinsamen britisch-ägyptischen Verwaltung. Die Politiker in Khartoum waren beunruhigt, als Nasser sich in ihren Wahlkampf mit Parolen für »die Einheit des Niltales« einmischte.

Mitglieder der volkstümlichen Umma-Partei und der nationalistischen Bewegung Mahdia eilten mit der Hoffnung auf britische Unterstützung nach London. Nassers Plan, den Suezkanal zu nationalisieren und die englischen Truppen aus der Kanalzone zu vertreiben, konnte den Sudanesen nur helfen, Sympathien zu erwerben. Des weiteren bauten sie auf Premierminister Anthony Edens Haß auf Nasser.

Die sudanesische Delegation war jedoch mit der Londoner Antwort nicht zufrieden. Die Mitarbeiter bei MI 6 zeigten Verständnis, aber die Diplomaten des Foreign and Commonwealth Office reizten Nasser, statt ihn zu beruhigen. Irgendwann fiel die Bemerkung, man sei bereit, sich »sogar mit dem Teufel zu verbünden«, um Ägyptens Expansionismus zu stoppen. Dies veranlaßte die Leute von MI 6, der Delegation vorzuschlagen, sie sollten sich in der Tat mit dem »Satan« der islamischen Welt zusammentun – nämlich mit Israel. Die Engländer verwiesen die Sudanesen an den israelischen Diplomaten Mordecai Gazit.

Gazit, damals Erster Sekretär der israelischen Botschaft in London, war zuvor Agent im Political Department des Außenministeriums gewesen. Während der »Revolte der Spione« schied er nicht aus dem Dienst aus, sondern arbeitete weiter für das Ministerium, selbst als das Political Department aufgelöst wurde. Er war gern bereit, sich mit Sidki el-Mahdi und den anderen Politikern aus dem Sudan im exklusiven »Savoy« zu treffen.

Man besprach mehrere Möglichkeiten einer Kooperation gegen Nasser. Als Unterstützung für die in Armut lebenden Sudanesen wollten die Israelis, die ihre eigene Wüste zum Blühen gebracht hatten, ihnen zeigen, wie sie ihre Baumwollfelder ertragreicher gestalten konnten.

Politiker und Parteien wechselten einander in Khartoum ab, aber die geheimen Kontakte zwischen dem Sudan und Israel wurden fortgesetzt. Ihren Höhepunkt erreichten sie im August 1957 bei einem heimlichen Treffen im Plaza-Athenée-Hotel in Paris zwischen Außenministerin Golda Meir und Abdullah Khalil, dem sudanesischen Premierminister. Im folgenden Jahr rissen die Verbindungen jedoch plötzlich ab, als Khalil von der Armee gestürzt wurde.

Weiter östlich fanden die Israelis, Amerikaner und Engländer in den 50er Jahren in Äthiopien einen stabileren, prowestlichen Staat von offensichtlich höchster strategischer Bedeutung, da er Aussicht auf die Schiffahrtswege ins Rote Meer und weiter nach Suez und Eilat bot. Kaiser Haile Selassie war bereits seit mehr als zwei Jahrzehnten an der Macht. Er behauptete von sich, ein Nachkomme des alten hebräischen Stammes von Juda zu sein, und benutzte sogar dessen Symbol, einen majestätischen Löwen, als Emblem. Selassie bewunderte den jüdischen Staat.

Nachdem in Äthiopien ein israelisches Konsulat eröffnet worden war, folgten den Diplomaten landwirtschaftliche Berater, Professoren, die bei der Gründung der Universität von Adis Abeba behilflich waren, sowie die unvermeidlichen militärischen Berater und Geheimdienstler. Die Israelis halfen dem Kaiser beim Training seiner Sicherheitskräfte und erhielten die Erlaubnis zur Errichtung eines starken Horchpostens, der den arabischen Funkverkehr überwachte. Der Mossad unterhielt eine große Agentenstation in der äthiopischen Hauptstadt, die ähnliche, aber weit extensivere Aufgaben hatte als Asher Ben-Natan seinerzeit im benachbarten Djibouti.

Die USA und Großbritannien unterstützten und schätzten zwar Israels strategische Beiträge bei der Errichtung peripherer Allianzen, aber Israels wirklicher Durchbruch in die oberste Etage westlicher Nachrichtendienste kam mit einem Erfolg in Europa. Die Israelis brachten es fertig, sämtliche CIA-, MI-6-, französischen, holländischen, belgischen und sonstigen westlichen Agenten auszustechen, die in Osteuropa nach dem Manuskript einer Rede fahndeten. Es ging um die geheime Rede, die der neue sowjetische Führer Nikita Chruschtschow auf einem Sonderparteitag der Kommunistischen Partei im Februar 1956 gehalten hatte.

Seine Ansprache beendete die Stalin-Ära, indem er zum erstenmal detailliert ihre Schrecken beschrieb: die Gulag-Gefangenenlager, die Schauprozesse und die politischen Morde. Chruschtschow, der gerade aus einem Führungskollektiv zum neuen sowjetischen Diktator aufgestiegen war, mußte besser verstanden werden. Der genaue Schaden, den der tote Stalin in der Sowjetunion angerichtet hatte, war zu katalogisieren. Die Worte des sowjetischen Führers konnten möglicherweise von der westlichen Propaganda benutzt werden, den Glauben des Ostens an Stalinismus und Kommunismus zu schwächen.

Um an den Text zu kommen, versuchten die westlichen Nachrichtendienste, Kommunisten in den Satellitenstaaten des Sowjetblocks zu bestechen, die beim Moskauer Parteitag dabeigewesen waren. Die meisten ausländischen Gäste waren jedoch von der Sitzung am 23. Februar ausgeschlossen worden, auf der Chruschtschow Stalin auf so dramatische Weise demontiert hatte. Jede ausländische Delegation hatte nur ihren Leiter in den Saal entsenden dürfen, »in der Wolle gefärbte« Kommunisten, die niemals Geheimnisse an einen kapitalistischen Spion verraten würden.

Kein Wunder daher, daß sich Allen Dulles später an den 17. April als das Datum eines seiner größten Erfolge in seiner Laufbahn als Direktor der CIA erinnerte. An diesem Tag erhielt Dulles von seinem Spionageabwehrchef James Angleton die Kopie der russischen Rede. Dieser berichtete ihm, er habe den Mammuttext von »den Israelis« bekommen. Das fünf Jahre zuvor von der CIA und dem Mossad unterzeichnete Kooperationsabkommen hatte sich ausgezahlt. Und der Mossad hatte sich mit einem Schlag für immer einen Namen gemacht.

Isser Harel ist heute der einzige – ehemalige oder jetzige – Funktionär, der je schriftlich bestätigt hat, daß das junge, winzige Israel es fertiggebracht hatte, der CIA einen so riesigen Gefallen zu tun. In seinen hebräisch geschriebenen Memoiren schreibt Harel: »Wir beschafften unseren amerikanischen Kollegen ein Dokument, was als eine der größten Leistungen in der Geschichte der Nachrichtendienste gilt: die vollkommene, geheime Rede des Ersten Sekretärs der sowjetischen Kommunistischen Partei.« Aber während er Israels Rolle bei der Beschaffung der Chruschtschow-Rede für den Westen bestätigt und das Ganze einen »riesigen Erfolg« nennt, enthüllt Harel nicht, wer genau das Dokument in seine oder ihre Hand bekam – oder wie.[80]

Die erstaunliche Geschichte, die später herauskam, läßt vermuten, daß selbst Harel die Quelle nicht kannte. Jahrzehnte später war die Spur schwer zu verfolgen, aber sie schien nach Polen zu führen und zu einem Kommunisten namens Stefan Staszewski. Er war seinerzeit Parteichef in Warschau und erklärte in den 80er Jahren überraschend, daß er selbst es gewesen sei, der den Schleier des Geheimnisses von Chruschtschows aufsehenerregender Rede gelüftet habe.

Staszewski behauptete, die sowjetische Parteispitze habe den Text der Rede an ein paar ausgewählte Kommunisten in den osteuropäischen Satellitenstaaten geschickt. Eine Kopie – 85 Seiten Russisch – gelangte per Kurier an Eduard Ochab, den Ersten Sekretär der Regierungspartei Polens. Dieser hatte nicht am Moskauer Parteitag teilgenommen und war schockiert über das, was er las: eine totale Bestätigung der allerschlimmsten Behauptungen, die er je über Stalin gehört hatte. Es war, als wollte man einen gläubigen Christen überzeugen, nicht länger an Jesus zu glauben.

Vorsichtig und verstohlen ließ Ochab einige alte polnische Kommunisten an der Blasphemie aus Moskau teilhaben – in Wahrheit war es die neue Bibel. Zunächst einmal mußten sie die Kopie lesen, die er in seinem Safe eingeschlossen hatte. Dann ordnete er an, sie ins Polnische zu übersetzen, und sandte eine Anzahl numerierter Abschriften an einige städtische Parteiführer, unter anderem auch an Staszewski.

Der Warschauer Parteiführer war der Ansicht, daß die Rede von weit mehr Leuten gelesen werden sollte, und verfügte, noch einmal 1000 Kopien anzufertigen und zu verteilen. Er sagte später, er selbst habe den Text drei westlichen Zeitungskorrespondenten gegeben, darunter auch Philip Ben.[81]

Ben wurde 1913 als polnischer Jude unter dem Namen Norbert Niszewski in Lodz geboren. Seine Laufbahn als Journalist begann er bereits als Jugendlicher. Als Hitlers Armee 1939 in Polen einfiel, wurde er Soldat. Niszewski diente in der polnischen Befreiungsarmee, floh mit seiner Einheit in die Sowjet-union und wurde später in den Mittleren Osten geschickt, um sich den englischen Streitkräften anzuschließen. Statt dessen aber ging er 1943 nach Palästina, wo er für hebräische Zeitungen schrieb und seinen polnischen Namen änderte. Ben bedeutet »Sohn«, und Philip war der Vorname seines Vaters.

Während der Unabhängigkeitskämpfe 1948 und in den folgen-den, aufregenden Jahren schrieb Ben mehr über das entferntere Ausland als über den Mittleren Osten und die Krisen in seiner Umgebung. Seine Kolumnen über internationale Affären waren brillant. 1952 bot ihm die französische Zeitung *Le Monde* einen Vertrag an. Sein Spezialgebiet sollte Osteuropa sein.

Ben baute sich ein ausgedehntes Netz von Informanten auf, und sein Ruf ging bald weit über den eines Durchschnittsjourna-listen hinaus. Moshe Avidan, der in den 50er Jahren israelischer Botschafter in Polen war, erinnert sich, daß andere in Warschau stationierte Diplomaten sich um Informationen an seine Bot-schaft wandten, da »euer israelischer Journalist doch alles weiß«. Sie meinten Ben. Seine Reportagen über den Streik der Arbeiter in Posen, die im Oktober 1956 in *Le Monde* und Israels *Ma'ariv* erschienen, verursachten eine solche Sensation, daß die polnische Regierung ihn auswies. Es gab noch einen anderen Grund: seine Liebesaffäre mit der jungen, attraktiven Polin Franka Toroncik. Ben, der bereits verheiratet war, schmuggelte seine Geliebte außer Landes. Als die Polen ihn zur Persona non grata erklärten, bezeichneten sie ihn als »einen Agenten des isra-elischen und amerikanischen Geheimdienstes«.

Seine Schwester Hanna Tikicinski erinnert sich: »Er hatte immer etwas Geheimnisvolles an sich.«

»Das stimmt«, bestätigt Franka Toroncik, die in Israel blieb, wo sie bis zu seinem Tod mit Ben gelebt hat. »Es ist richtig, daß er ein Geheimnis zu wahren verstand. Nicht einmal mir erzählte er alles.« Ben war jahrelang Korrespondent bei den Vereinten Nationen in New York. Er starb 1978. Obgleich er im Dienst der Öffentlichkeit viele tausend Worte geschrieben hatte, wurden zahllose unbekannte Geschichten mit ihm beerdigt.

Eine dieser Geschichten, die Ben nie preisgab, war – so der Warschauer Parteichef Staszewski – seine Rolle bei der Veröf-fentlichung der Geheimrede Chruschtschows. Ein langjähriger Kollege von Ben bei *Ma'ariv* meint, es sei »nicht unmöglich« und vielleicht »nur natürlich«, daß Ben die Nachrichtendienste seines Landes mit Informationen versorgte, die er auf seinen Reisen in vielen Städten sammelte. Falls Staszewski den Chruschtschow-Text tatsächlich an Ben aushändigte, mag er ihn durchaus an den israelischen Geheimdienst weitergegeben haben, statt an *Ma'ariv* und seine israelischen Leser.

Staszewski behauptet heute indes, daß er den Text zugleich auch den Journalisten der *New York Times,* Flora Lewis und ihrem Ehemann Sidney Gruson, gegeben hatte. Flora Lewis, die ein tadelloses Gedächtnis besitzt, erinnert sich zwar, daß sie und Gruson gerüchteweise über eine wichtige Rede Chruschtschows gehört hätten. Trotz intensivster Anstrengungen sei es ihnen aber nicht gelungen, etwas über ihren Inhalt zu erfahren. Staszewski versichert dagegen nach wie vor, daß er Philip Ben den Chruschtschow-Text selbst gegeben habe.[82]

War Ben der Geheimagent, der die Rede an Israel weitergab und dadurch den jüdischen Staat in den Kreis der mächtigen Liga der internationalen Nachrichtendienste erhob? Nur ein Mensch kennt die Wahrheit. Der israelische Meisterspion, der es verstand, sein Leben lang fast unsichtbar zu bleiben: Amos Manor, jahrelang Titularchef von Shin Bet während Harels Zeit als Memuneh.

Nachdem er die Ränge des israelischen Nachrichtendienstes durchlaufen hatte, war Manor elf Jahre lang bis zu seiner Pensionierung 1964 Chef von Shin Bet. 25 Jahre später – inzwischen Geschäftsmann und Vorstandsmitglied verschiedener Gesellschaften – unterhält sich Manor ungern mit Journalisten. »Ich habe nie über meine Arbeit gesprochen, und ich möchte auch jetzt nicht von meiner Gewohnheit abweichen«, erklärt er.

Sein größter – vordem unbekannter – Erfolg war die Beschaffung der Chruschtschow-Rede. Es mag für die Analytiker des Nachrichtendienstes ein Schock gewesen sein, daß Shin Bet – zuständig für den inneren Sicherheitsbereich – dieses Kunststück fertiggebracht hatte und nicht der berühmte Mossad mit seinem weltweiten Spionagenetz. Aber Manor besaß exzellente Informanten in Osteuropa. Ihre Hauptaufgabe war es, den Amerikanern dabei zu helfen, Embargo-Umgehungen seitens der Sowjets aufzudecken und die Versuche des Sowjetblocks zu vereiteln, Spione nach Israel einzuschleusen.

Es war einer von Manors Spionen in Warschau, der die

Chruschtschow-Rede in ihrer russischen Originalfassung in der zweiten Aprilwoche 1956 an das Shin-Bet-Hauptquartier in Jaffa schickte. Während er für Shin Bet am Ausbau des Spionageabwehrnetzes arbeitete, bekam er Zugang zu einem Chruschtschow-Text und gab ihn als Kuriosität weiter.

Manor konnte kein Russisch und bat einen seiner langjährigen Mitarbeiter, der von Rußland nach Israel eingewandert war, die 85 Seiten ins Hebräische zu übersetzen. Außerdem bat er Shin Bets Top-Experten für die UdSSR, den Text zu lesen und ihn auf seine Echtheit hin zu überprüfen. Der KGB war dafür bekannt, daß er »getürkte« Dokumente benutzte, um Falschinformationen in die Welt zu setzen.

Am Freitag, dem 13. April, saß der Shin-Bet-Chef am Ende seines Arbeitstages an seinem Schreibtisch in Jaffa und las den Text der Chruschtschow-Rede. Seit Wochen hatte er gehört, wie wichtig sie sei und daß die CIA und andere verzweifelt hinter ihr her seien. Es war in der Tat eine interessante Rede, in der vieles über die anscheinend undurchdringliche Politik der UdSSR offengelegt wurde.

Nachdem er den Text gelesen hatte, steckte Manor die hebräische Fassung in seine Aktentasche – zusammen mit der Analyse seiner Rußlandexperten, die die Rede für echt hielten. Dann fuhr er direkt zu Ben-Gurion und gab ihm die beiden Schriftstücke.

Manor und Ben-Gurion sahen sich am Sonnabend abermals, und nachdem sich der Premierminister überzeugt hatte, daß die Chruschtschow-Rede authentisch war, gab er Anweisung, sie auf direktem Weg an die Amerikaner weiterzuleiten. Erst danach fuhr Manor zu Isser Harel, um ihm den Text zu zeigen – selbstverständlich ohne seine Quelle zu nennen.

Israel war stets darum bemüht, die Amerikaner zu beeindrucken, und so flog zwei Tage nach Ben-Gurions Entscheidung ein israelischer Geheimdienstkurier nach Washington und übergab Jim Angleton das Schriftstück. Instinktiv erfaßte der Premierminister, daß ihm hiermit der Durchbruch gelingen konnte, der Israel zu einem respektierten Verbündeten der USA machte. Außerdem: Hätte Israel die Geheimrede selbst veröffentlicht, so bestand die Gefahr, daß die bereits angespannten Beziehungen zu seinem ehemaligen sowjetischen Gönner weiteren Schaden erleiden würden.

Die Chruschtschow-Rede wurde nicht nur vom CIA-Hauptquartier mit großem Interesse gelesen. Die Amerikaner gaben sie an die *New York Times* weiter und ließen außerdem jedes ihrer 20 000 Wörter in allen Sprachen der kommunistisch regierten Länder über Radio Free Europe und Radio Liberty ausstrahlen. Gedruckte Texte wurden sogar an Ballons gebunden und flogen über den Eisernen Vorhang in die Ostblockstaaten. Auf diese Weise gelangten Tausende von Kopien nach Polen. Vielleicht war dies die weitgestreute Verteilung der Chruschtschow-Rede, an die sich der ehemalige Parteiboß Staszewski erinnerte. Auf der anderen Seite könnte Philip Ben auch Manors Agent in Osteuropa gewesen sein: Auge und Ohr des antikommunistischen Shin Bet im Herzen des kommunistischen Blocks.

Selbst als alter Mann zeigt Amos Manor keine Neigung, den Namen seines Helden am anderen Ende der Leitung zu nennen. Es ärgert Manor zwar, daß Harel, der Ex-Memuneh, versucht hat, den Lorbeer für den Mossad einzuheimsen. Es war nicht der Mossad, sondern Shin Bet, der die geheime Chruschtschow-Rede bekam aber wer sandte sie ihm zu? In der Welt der Spionage führen Antworten nur zu noch mehr Fragen.[83]

Den Amerikanern wurde nicht mitgeteilt, wie Israel an den Text gekommen war. CIA-Direktor Allen Dulles war überzeugt, daß der Mossad seine Großartigkeit bewiesen hatte. Er belohnte sowohl ihn als auch Angleton, dem er die Leitung des »Israel account« übertrug. Zusätzlich zu seinem Posten als Chef der Abwehr wurde Angleton damit Israels eifriger Anwalt in US-Geheimdienst- und Verteidigungskreisen. In Anbetracht der im State Department, im Pentagon sowie bei einem Teil des CIA-Personals vorherrschenden proarabischen Neigung war seine Freundschaft für die Israelis eine Oase in der amerikanischen Wüste.

Angleton ging gelegentlich sogar so weit, Informationen abzuschwächen oder ihnen zu widersprechen, wenn sie dazu angetan waren, Israel zu schaden. Als der Militärattaché der USA in Tel Aviv im Oktober 1956 berichtete, Israel plane einen Angriff auf Ägypten, behauptete Angleton, die Information sei falsch. Absichtlich oder unabsichtlich half er damit Israel, den Nebelschleier über den Vorbereitungen für den Suez-Krieg zu erhalten.[84] Seine Bewunderung für den jüdischen Staat wurde für Angleton zur fixen Idee. Er verfiel völlig dem Zauber des israeli-

schen Geheimdienstes. Eifersüchtig bestand er auf seiner alleini-
gen Zuständigkeit für den »Israel account«. »Angleton übernahm neben der Spionageabwehr eine weitere wichtige Verantwortung – Israel. Diese Aufgabe erledigte er nach demselben
traditionellen Funktionsschema wie seine übrige Arbeit«, so ein
inzwischen verstorbener Direktor der CIA.[85]

Angleton wurde wütend, wenn andere Mitarbeiter der CIA
versuchten, ohne seine Kenntnis mit Israel Kontakt aufzunehmen. Als Peter Wright, ein Kollege von der Spionageabwehrabteilung MI 5, Englands Inlandssicherheitsdienst, 1971 Washington besuchte, schickte Angleton dem MI-5-Direktor Sir Martin
Furnival Jones eine offizielle Beschwerde, in der er sich eifersüchtig beklagte, Wright führe hinter seinem Rücken geheime
Verhandlungen mit anderen CIA-Funktionären, bei denen es
um Israel und den Mittleren Osten gehe. Die Engländer machten sich nicht die Mühe, den Brief zu beantworten.[86]

Bei anderen Gelegenheiten verdächtigte er Lord Victor Rothschild konspirativer Umtriebe, den in London ansässigen Sproß
der berühmten jüdischen Bankiersfamilie. Rothschild war während des Zweiten Weltkriegs als Spion für England tätig gewesen
und unterhielt weiterhin enge Beziehungen zu seinen ehemaligen Auftraggebern in London. Zugleich war er mit den Chefs
der israelischen Nachrichtendienste persönlich befreundet. Angleton nahm ihm seine Kontakte äußerst übel.[87]

Israelis, die mit Angleton zusammengearbeitet haben, räumen ein, er sei ein wenig verschroben gewesen, aber sie rechnen
es ihm hoch an, daß er die amerikanische Mauer des Mißtrauens
gegenüber Israel eingerissen und den Weg für eine lebenswichtige strategische Zusammenarbeit geebnet hat. Im November
1987, ein Jahr nach Angletons Tod, setzten die Israelis ihrem
amerikanischen Freund ein Denkmal. In Sichtweite des luxuriösen King-David-Hotels, wo er während Dutzender von Jerusa-
lem-Besuchen abzusteigen pflegte, wurde in einen großen Stein
in Hebräisch, Englisch und Arabisch eine Inschrift eingemei-
ßelt: IN ERINNERUNG AN EINEN LIEBEN FREUND,
JAMES (JIM) ANGLETON. Die Enthüllung fand unter Teilnahme der ehemaligen und derzeitigen Chefs der israelischen
Nachrichtendienste statt.

Während dieses Treffens erzählte Teddy Kollek, Jerusalems
Bürgermeister, wie er Angleton zum erstenmal traf, als er im

September 1950 das Hauptquartier der CIA besuchte. Nachdem er ihn verlassen hatte, so Kollek, sei er fast mit einem Engländer zusammengestoßen, den er unter dem Namen Harold (Kim) Philby kannte. Ziemlich verwirrt sei er in Angletons Büro zurückgeeilt und habe ihn gefragt: »Was macht Philby hier?«

»Kim ist ein guter Freund von uns und der englische MI-6-Verbindungsmann zur CIA«, erwiderte Angleton.

Kollek hatte Philby nie gemocht. Zum Teil rührte seine Aversion daher, daß Philbys Vater zum Islam konvertiert war und sich als Sonderberater der königlichen Familie in Saudi-Arabien niedergelassen hatte. Für wichtiger hielt es Kollek jedoch, Angleton zu erzählen, daß er Philby aus den 30er Jahren in Australien kannte – und Philby seinerzeit entschieden linke Ansichten vertreten habe. Kollek hatte auch an seiner Hochzeit mit einer jüdischen Kommunistin in Wien teilgenommen. Dies war ein Teil seiner Vergangenheit, den Philby dem englischen Geheimdienst wohlweislich verschwiegen hatte.[88]

Angleton hörte sich an, was ihm sein israelischer Freund erzählte, ließ die Sache jedoch auf sich beruhen, bis die ranghohen englischen Diplomaten Guy Burgess und Donald Maclean 1951 nach Moskau überliefen. Die CIA informierte MI 6, daß sich auch Philby verdächtig gemacht habe und als Verbindungsmann in Washington nicht länger erwünscht sei. Später aber wurde Angletons tiefsitzender Antikommunismus zur Manie. Er startete eine intensive Suche nach weiteren Verrätern in den westlichen Nachrichtendiensten. Er verzieh es sich nie, daß er Philby nach dem Tip von Kollek nicht entschlossener verfolgt hatte.

Ein weiterer, ebenfalls nicht beachteter Hinweis auf Philby kam von einer Engländerin, die 1961 Israel besuchte. Flora Solomon war die Tochter eines reichen Bankiers im ehemals zaristischen Rußland, der nach England gegangen war. Sie arbeitete bei der Ladenkette »Marks and Spencer« und war wie ihre Arbeitgeber eine glühende Zionistin. Auf einer Cocktailparty in der Nähe von Tel Aviv traf sie ihren alten Freund Lord Victor Rothschild. Flora Solomon schimpfte auf Philby, der damals englischer Zeitungskorrespondent in Beirut war, und verurteilte seine antiisraelischen und proarabischen Zeitungsartikel. Dabei machte sie eine winzige Bemerkung, die Rothschild verblüffte: »Wie gewöhnlich tut Kim, was ihm seine Auftraggeber in Rußland sagen«, stellte Flora Solomon fest.

Rothschild wollte mehr wissen, und Flora Solomon erzählte ihm nun, daß Philby 1940 versucht habe, sie für den russischen Nachrichtendienst anzuwerben. Philby hatte ihr seine Arbeit als »geheim und gefährlich« geschildert. Als sie abgelehnt habe, habe er sie gebeten, mit niemandem darüber zu sprechen.

Rothschild unterrichtete sowohl den Mossad als auch den britischen Geheimdienst von diesem Gespräch, aber MI 6 reagierte nicht schnell genug. Philby hörte im Libanon, daß man ihn verdächtigte, und tauchte im Januar 1962 unter – um gegen Ende des Jahres als dekorierter General des KGB in Moskau wieder aufzutauchen.[89]

Die von dem dreifachen Verrat betroffenen Engländer waren beeindruckt, wieviel die Israelis gewußt hatten. Wie schon Angleton in den USA, so begannen auch die höheren Chargen des englischen Geheimdienstes, nicht zuletzt MI-6-Vizechef Maurice Oldfield und MI-5-Vize Peter Wright, die Tüchtigkeit des Mossad zu schätzen. Die englischen Nachrichtendienste realisierten, daß Israel kein Dritte-Welt-Land war, sondern zumindest in der Welt der Geheimdienste eine Supermacht. Mossad-Liaisonoffiziere in London erreichten ein formelles Kooperationsabkommen mit MI 6, ähnlich dem Vertrag zwischen dem Mossad und der CIA.[90]

Für Israel wurde Oldfield die englische Version von Angleton. Er war das älteste von elf Kindern einer armen englischen Bauernfamilie. Seinen Instinkt für die Arbeit des Geheimdienstes entwickelte Oldfield im Zweiten Weltkrieg während seiner Stationierung in Suez. Er kannte den Mittleren Osten, und er kannte auch Teddy Kollek. Die beiden trafen sich in den späten 40er Jahren und wurden gute Freunde. Diese Freundschaft sollte sich vor allem in den 70er Jahren auszahlen, als Oldfield Direktor von MI 6 wurde – Codename »C«. Die Schriftsteller Jan Fleming und John le Carré waren von Oldfield ebenfalls so beeindruckt, daß sie ihn als Vorbild für ihre Romanhelden »M« bzw. George Smiley verwendeten.[91]

Oldfield sorgte dafür, daß Israels Interessen in der englischen Gesellschaft gewahrt wurden, wo Beamte und Diplomaten eine schon fast »arabische« Feindseligkeit an den Tag legten. Der Nachrichtenchef verwies immer wieder auf die Vorteile, die England durch seine geheimen Verbindungen zum jüdischen Staat zugefallen waren.

Die Israelis konnten ihr Talent auch im Fall Roy Guindon beweisen, einem Sicherheitsoffizier der Royal Canadian Mounted Police, dem Gegenstück zu Shin Bet oder dem amerikanischen FBI. Guindon wurde 1959 an die kanadische Botschaft in Moskau versetzt. Unter den Diplomaten der sowjetischen Hauptstadt erwarb er sich rasch den Ruf eines Weiberhelden. Dies nutzte der KGB aus, um ihm eine klassische Falle zu stellen. Als Köder benutzte man eine junge, attraktive Agentin, die sich Larissa Fedorovna Dubanova nannte.

Durch einen arrangierten »Zufall« saß Guindon bei einer Aufführung des Bolschoi-Balletts neben ihr. Ein zweiter Zufall wollte es, daß sie hervorragend Englisch sprach. Guindon und die schöne Maid hatten ein paar Monate lang ein Verhältnis miteinander. Dann erzählte sie ihm, daß sie schwanger sei. KGB-Offiziere arrangierten eiligst eine geheime und illegale Hochzeit – und hatten Guindon genau dort, wo sie ihn haben wollten. Unter der Drohung, andernfalls die Dubanova nie wiederzusehen, verriet Guindon dem sowjetischen Geheimdienst Kanadas diplomatischen Code und installierte in der kanadischen Botschaft elektronische »Wanzen«. Als er später von Moskau in die kanadische Botschaft in Washington versetzt wurde, arbeitete Guindon weiter für den KGB. Seine Frau hatte niemals ein Kind, erzählte ihm aber, sie habe eine Fehlgeburt erlitten. Die sowjetischen Funktionäe »erlaubten« ihr nur selten, ihn in Amerika zu besuchen – gerade oft genug, um den Kanadier bei der Stange zu halten.

Guindons Verrat kam erst ans Licht, als er in den frühen 60er Jahren an die kanadische Botschaft in Tel Aviv abkommandiert wurde. Sein Telefon wurde wie bei den meisten ausländischen Diplomaten in Israel abgehört. Da Guindon so leichtsinnig war, mit seinen sowjetischen Auftraggebern zu telefonieren, erfuhr Shin Bet von seiner Verbindung zum KGB. Der israelische Nachrichtendienst informierte MI 6. Die Engländer gaben der RCMP einen Tip, die eiligst einen Vorwand erfand, um ihn nach London zu locken. Von dort brachten ihn Sicherheitsoffiziere nach Ottawa, wo er ein umfassendes Geständnis ablegte. Als Gegenleistung für seine uneingeschränkte Zusammenarbeit kam er nicht vor Gericht.[92]

Der Aufbau intensiver Beziehungen zu ausländischen Nachrichtendiensten war einer der größten frühen Erfolge des israelischen Geheimdienstes. Sie gingen einher mit technologischen, strategischen und peripheren Allianzen für den jüdischen Staat. Sie waren das Hauptkapital Israels, das der Nachrichtendienst unter Shiloas Leitung angesammelt hatte.

Als Shiloa jedoch im Mai 1959 plötzlich an einem Herzinfarkt verstarb – während er eine weitere heimliche Mission in Richtung Türkei und Iran vorbereitete –, war er sehr bald und völlig vergessen. Er hatte wenig politische Freunde, ganz wenige Feinde, die Angewohnheit, allein zu arbeiten, und kein Interesse an Schlagzeilen gehabt. Shiloa und seine großartigen Konzepte waren Relikte der Vergangenheit.

Obgleich der israelische Nachrichtendienst gerade elf Jahre alt war, war er in vielen Dingen bereits mündig. Die Zeit war reif für Isser Harel, wieder auf der Bühne zu erscheinen und sich den täglichen Anforderungen einer in aller Stille vorzunehmenden Landesverteidigung zu stellen.

Solange der Memuneh nach Verrätern Ausschau hielt, kam es kaum vor, daß ein Verräter in israelischen diplomatischen Diensten Fuß fassen konnte oder feindliche Spione in den israelischen Nachrichtendienst eindrangen. »In einem sich ständig im Kriegszustand befindlichen Land ist dies kein Wunder«, meinte der ehemalige CIA-Direktor William Colby. »In Amerikas Wildem Westen wäre auch kein Cowboy zu den Indianern übergelaufen.«[93]

Beständige und mißtrauische Wachsamkeit gehörten auch dazu. Das Verdienst für eine exzellente Erfolgsbilanz der Spionageabwehr gebührt Harel. In ständigem Einsatz für den Mossad – während er Shin Bet mehr als ein Jahrzehnt nur locker überwachte – entwickelte er seinen höchst persönlichen Stil bei der Leitung des israelischen Sicherheitsdienstes. Weitgehend aufgrund seiner eigenen Besessenheit verbrachte Harel viel Zeit mit der Durchführung von Kreuzzügen.

5. HAREL,
DER KREUZFAHRER

Neben all seinen anderen Qualitäten besaß Harel eine Fähigkeit, die ihn zu einer komplexen Figur auf dem Thron des
israelischen Nachrichtendienstes machte: Er nahm Kränkungen
und Verweise nicht zur Kenntnis und war felsenfest davon überzeugt, für die Verteidigung Israels einmalig qualifiziert zu sein.

Kleinere Enttäuschungen wie z. B., daß man ihn bei den Vorbereitungen des Suez-Krieges 1956 zur Seite geschoben hatte,
die hinter seinem Rücken erfolgte Gründung der technologischen Spionageagentur Lakam oder auch sein Ausschluß von Israels strategischen und peripheren Allianzen vermochten Harel
nicht zu stoppen. Statt voller Ärger zurückzuschauen, sah er
hoffnungsvoll nach vorn.

Harel opferte sich dafür auf, den Interessen Israels zu dienen
und das politische Primat Ben-Gurions zu festigen. So erklärte
der Memuneh eines Tages der populären, in hebräischer Sprache erscheinenden Zeitschrift *Ha-Olam ha-Zeh* (»Diese Welt«)
den Krieg, weil diese seiner Meinung nach eine eindeutige und
unmittelbare Gefahr für den Premierminister, die Mapai-Partei
und das gesamte System darstellte.

Die Zeitung war eine Mischung aus saftigem Klatsch, Sex-
skandalen und Sensationsjournalismus. Sie setzte sich für die
Versöhnung mit den palästinensischen Arabern ein und vertrat
generell eine unorthodoxe Auffassung vom israelischen Leben.
Ihr Herausgeber, Uri Avneri, forderte Ben-Gurion auf, Großmut zu zeigen – und die Schaffung eines palästinensischen Staates zu erlauben – trotz Israels Sieg im Befreiungskrieg. In den
frühen 50er Jahren war das reine Ketzerei.

Ben-Gurion und sein zentralistischer Regierungsstil waren natürliche Ziele für die giftigen Pfeile des Magazins. Umgekehrt
haßte die Regierungspartei Avneri ebenso aufrichtig. Die Mapai
organisierte einen Boykott gegen *Ha-Olam ha-Zeh,* aber die
Leser blieben ihrer Zeitung treu. Die Auflage konnte 1956 sogar
noch gesteigert werden, als das Blatt auf der Titelseite den Vorwurf der Korruption gegen den Polizeichef von Tel Aviv erhob.
Die skandalösen Schlagzeilen waren mehr, als Harel als ergebe-
ner Diener des Premierministers ertragen konnte. Immerhin

war der Polizeichef der Sohn des Premiers, Amos Ben-Gurion. Avneri richtete seine verbale Artillerie auch auf Shin Bet selbst. Harel war wütend, denn damals schrieb niemand über die israelischen Geheimdienste. Statt Shin Bet beim Namen zu nennen, berichtete *Ha-Olam ha-Zeh* des öfteren über »die Organisation der Dunkelmänner«.

Die Zeitschrift schilderte den Dienst als ein Monster, das grausam die Menschenrechte verletzte. Shin Bet wurde so ungefähr für alles verantwortlich gemacht, was in Israel schlecht war. Als Avneri von einer Gruppe dienstfreier Fallschirmjäger aufgrund eines persönlichen Streits zusammengeschlagen wurde, beschuldigte er den Nachrichtendienst. Als einer seiner Autoren sich wegen einer Liebesaffäre versteckt hielt, behauptete *Ha-Olam ha-Zeh,* der Mann sei von »den Dunkelmännern« entführt worden.

Avneris Mätzchen ärgerten nicht nur den Memuneh, sondern auch den Titularchef von Shin Bet, Amos Manor. Unter der Beschuldigung der »Provokation und Lüge« stellte Manor die Mitarbeiter der Zeitung unter Polizeiaufsicht – in der Hoffnung, irgendeiner schmutzigen Sache auf die Spur zu kommen. *Ha-Olam ha-Zeh* begann ebenfalls, gezielt herumzuschnüffeln, was allerdings nichts bringen konnte, da es gesetzlich verboten war, irgendeinen Mitarbeiter der Nachrichtendienste beim Namen zu nennen.

Isser Harel beschloß, sich einer ungewöhnlichen Waffe zu bedienen: einer Konkurrenzzeitschrift. Am 1. August 1956 startete Shin Bet die Herausgabe eines Wochenmagazins mit Namen *Rimon,* »Granatapfel«, wobei es Harel jedoch nicht gelang, die Eigentumsverhältnisse an dem neuen Blatt zu verschleiern. Als Gegengewicht zu der in *Ha-Olam ha-Zeh* respektlosen Darstellung der aktuellen Ereignisse brachte *Rimon* die offizielle Ansicht des Establishments, garniert mit pikanten Klatschgeschichten aus dem Showbusineß, um sie attraktiver zu machen. Ausstattung und Stil von *Rimon* erreichten jedoch nie die des Originals.

Nach einer unerfreulichen Schlammschlacht zwischen den beiden Magazinen erlitt der Nachrichtendienst eine Niederlage. Nach drei mageren Verkaufsjahren konnte sich Shin Bet *Rimon* finanziell nicht mehr leisten. Die Zeitung wurde eingestellt.[94]

Harel konnte sein Scheitern als Herausgeber leicht verwinden, da er sich inzwischen einen beachtlichen Ruf im Abfangen von Spionen erworben hatte. Er vereitelte die Versuche der Kommunisten, in Israels Regierungskreise einzudringen, und verhinderte ähnliche Missionen seitens der arabischen Staaten und ihrer Agenten. Etwa um die gleiche Zeit, als Harel und Manor Goldstein als sowjetischen Spion im israelischen Außenministerium entlarvten, schnappten die Leute des Memuneh auch Mary Frances Hagen.

Mary Hagen war als amerikanische Journalistin im Hauptquartier der Vereinten Nationen in New York tätig. Sie war mit vielen der arabischen Abgeordneten befreundet und erklärte sich bereit, für ihren Verlobten, den syrischen Diplomaten Galab al-Khieli, in Israel zu spionieren. 1956 kam sie als Auslandskorrespondentin ins Land und begann, Berichte an den syrischen Geheimdienst zu senden. Da sie ein ungewöhnliches Interesse an Israels Grenzen zeigte, ließ Shin Bet sie bald rund um die Uhr beschatten. Schließlich wurde Mary Hagen von Harels Agenten verhaftet und hinter verschlossenen Türen vor Gericht gestellt. Ihren Korrespondenten-Kollegen wurde nicht gestattet, am Verfahren teilzunehmen. Am 27. August 1956 wurde sie wegen Spionage verurteilt und verbrachte acht Monate in einem israelischen Gefängnis. Die etwas naive Mary Hagen kehrte anschließend nach New York zurück, um festzustellen, daß Khieli sie nicht einmal mehr sehen wollte.[95]

Die arabischen Versuche, Israel zu unterwandern, stellten indessen keine echte Gefahr dar. Die Israelis wie die CIA erkannten bald, daß den Nachrichtendiensten der arabischen Staaten hierfür die nötige Sorgfalt und Zähigkeit fehlte.

Dagegen war man überzeugt, daß die Russen von Haus aus ein natürliches Talent für die Spionagetätigkeit mitbrachten: die Fähigkeit, dazusitzen und zu warten, die nötige Gründlichkeit bei der Zusammensetzung winziger Teilchen zu einem vollständigen Puzzle und das völlige Ausschalten von Gefühlen bei der Arbeit. Kurz, die Russen waren großartige Schachspieler und ihre Figuren auf dem Schachbrett internationaler Spionage die gefährlichsten.

Harel, selbst russischer Abstammung, schätzte die Talente seiner Gegner aus dem Sowjetblock und wußte, daß einige als Spione in Israel tätig waren. Ohne Zweifel hatten die Amerikaner recht, daß unter den aus Osteuropa kommenden Juden auch viele kommunistische Agenten waren. Soweit sie auf untergeordneten Posten in der Industrie oder in der Landwirtschaft arbeiteten und dem KGB über das tägliche Leben im jüdischen Staat berichteten, konnte er wenig unternehmen. Harel war zwar Perfektionist und hätte gern alle ausgeschaltet, aber er mußte sich auf jene konzentrieren, die unter Umständen wichtige Positionen erreichten. Sein sechster Sinn für das Aufspüren von »Maulwürfen« und sein Mißtrauen gegen Mapam erreichten einen neuen Höhepunkt, als er herausfand, daß zwei Mitglieder der linksgerichteten Partei Spione der Sowjets waren.

Zunächst entdeckte Shin Bets Spionageabwehr, daß sich Aharon Cohen, ein Mapam-Experte für den Mittleren Osten, regelmäßig mit einem in Tel Aviv stationierten sowjetischen Diplomaten traf, der als KGB-Offizier identifiziert wurde. Cohen wurde 1958 verhaftet. Die Parteiführung war darüber so empört, daß sie Cohen zu Hilfe eilte und Harel beschuldigte, eine Intrige gegen ihren Freund angezettelt zu haben. Vor Gericht gab Cohen zwar zu, daß er sich mit Russen getroffen habe, leugnete aber hartnäckig, ihnen irgendwelche Geheimnisse verraten zu haben. Man hielt ihn dennoch für überführt und verurteilte ihn zu fünf Jahren Gefängnis, aber Israels oberstes Gericht halbierte später die Strafe.[96]

Der zweite Mapam-Mann, der wegen Spionage verhaftet wurde, stand dem Premierminister schockierend nahe. Oberstleutnant Israel Beer besaß Ben-Gurions uneingeschränktes Vertrauen, bevor er als Renegat entlarvt wurde. Beer war 1912 in Wien geboren und seit seiner Jugend Sozialist. In seinem Lebenslauf berichtete er von Straßenkämpfen gegen die Faschisten, noch bevor die Nazis 1938 in Österreich einmarschierten. Beer erzählte, er habe an einer österreichischen Militärakademie studiert und als Freiwilliger in der Internationalen Brigade am Kampf gegen Generalissimus Franco in Spanien teilgenommen. 1938 ging Beer nach Palästina und wurde aufgrund seiner angeblichen Kriegserfahrungen in die Haganah aufgenommen. Seine sozialistischen Ansichten, seine liberale Erziehung und sein sachverständiges Urteil in militärischen Angelegenheiten führten bald zu einer Freundschaft mit den Führern der israelischen Kampfgemeinschaft.

Nach der Unabhängigkeit 1948 wäre Beer fast stellvertretender Stabschef der Armee geworden. Offensichtlich enttäuscht und verärgert trat er von seinem Posten zurück und arbeitete danach als militärischer Korrespondent für eine israelische Zeitung. Etwa um die gleiche Zeit wechselte er von der Mapam – in deren Sicherheitsabteilung er tätig gewesen war – zu Ben-Gurions gemäßigterer Mapai. Er freundete sich mit den Spitzen der Verteidigung wie Shaul Avigur, Shimon Peres und sogar mit dem Premierminister an. Nicht lange danach händigte Ben-Gurion Beer sein persönliches Tagebuch aus und bat ihn, die offizielle Geschichte des Unabhängigkeitskrieges zu schreiben. Diese Arbeit bot Beer die einmalige Chance, die sensitivsten und geheimsten Dokumente über die israelische Verteidigung einzusehen.

1956 begann man gegen Beer Verdacht zu schöpfen. General Moshe Dayan meinte es nicht nur als Witz, als er auf den Militärhistoriker zeigte und fragte: »Was macht denn dieser Spion hier?« Dies war kurz bevor Ben-Gurion und Dayan mit ihren Begleitern nach Frankreich zu den geheimen Verhandlungen in Sèvres flogen. Dayan war überrascht, Beer an ihrem heimlichen Versammlungsort anzutreffen, obgleich er der Delegation nicht angehörte.[97]

In der Nacht des 31. März 1961 war ein Shin-Bet-Team während einer Routineüberwachung bekannter ausländischer Agenten in Tel Aviv Zeuge einer ungewöhnlichen Begegnung: Jemand übergab dem KGB-Offizier und »Diplomaten« Victor Sokolow ein Aktenstück. Shin Bet verfolgte den Unbekannten. Die Spur führte zu Beers Wohnung. In kurzer Zeit war der Freund des Premierministers verhaftet. Die von ihm weitergegebene Akte enthielt Auszüge aus Ben-Gurions Tagebuch und geheime Berichte über eine israelische Verteidigungseinheit.

Beer hatte bereits Harels Aufmerksamkeit auf sich gezogen, als er nichtautorisierte Kontakte zu General Reinhard Gehlen aufnahm, dem Chef des bundesdeutschen Nachrichtendienstes. Gehlen und der BND nahmen in den Plänen der NATO zur Verteidigung Europas eine Sonderstellung ein. Gehlen hatte im Zweiten Weltkrieg für Hitlers Abwehrabteilung »Fremde Heere Ost« gearbeitet, die ein Spionagenetz in der Sowjetunion unterhielt. Nun, da er mit der CIA und MI 6 zusammenarbeitete, hatte er seine »Schläfer« in Rußland aktiviert. Die Sowjets waren sich der vom BND ausgehenden Gefahr bewußt und suchten jemanden, der ihnen verriet, was Gehlen vorhatte. Beer konnte dies wahrscheinlich für den KGB herausfinden, da man ihm als ranghohem Israeli in Bonn vertrauen würde.

Die Westdeutschen – in ihrer übersprudelnden Nachkriegsbeflissenheit, den Israelis jeden Gefallen zu tun – verschafften Beer den nahezu ungehinderten Zugang zur deutschen Armee, zu Einrichtungen der NATO sowie amerikanischen oder anderen Militärbasen. Beer konnte seinen sowjetischen Auftraggebern sogar Einzelheiten über die Baupläne der amerikanischen Raketenabschußrampen in Europa beschaffen. Als Nebenprodukt seiner Spionageunternehmen unterrichtete er die Sowjets über israelische Waffenkäufe, Besuche israelischer Offiziere in Europa und die Stimmung in der israelischen Armee.

Harel vermutete, daß Beer von Anfang an von den Kommunisten in Israel als Spion postiert und über einen in Tel Aviv arbeitenden Korrespondenten der sowjetischen Nachrichtenagentur Tass 1956 aktiviert worden war. Die Russen bezahlten Beer in bar, der das Geld prompt für Frauen sowie in Bars und eleganten Restaurants ausgab.

Sein Lebenslauf ähnelt bemerkenswert dem Kim Philbys. Beide sympathisierten mit den Kommunisten, wurden als »Schläfer« vom sowjetischen Geheimdienst während des spanischen Bürgerkriegs angeworben und später aktiviert. Beer drang ebenso wie Philby in das Zentrum der Sicherheitsdienste seines eigenen Landes vor und wurde zu einem höchst wertvollen Aktivposten der Sowjets, bevor er seine Karriere als erfolgreicher Journalist abschloß.

Philby wurde nicht gefaßt; Beer wurde. Vor Gericht gab er an, seine Vergangenheit erfunden zu haben. Er hatte nie das Doktorat in Geschichte erworben, wie er prahlte, noch war er je in Spanien gewesen. Die Verwirrung über seine wahre Identität wuchs, als er sein vor Gericht abgelegtes Geständnis widerrief und behauptete, seine erste Autobiographie habe doch der Wahrheit entsprochen. Auch ohne seinen wirklichen Namen und seinen Hintergrund zu kennen, fanden die israelischen Richter genügend Beweismaterial gegen Beer, um ihn wegen Spionage zu 15 Jahren Haft zu verurteilen. Bis zu seinem Tod im Gefängnis im Jahr 1966 beharrte er darauf, kein Spion gewesen zu sein, sondern ein aufrichtiger Patriot. Alles, was er habe erreichen wollen, sei ein bündnisfreies statt eines prowestlichen Israel gewesen.[98]

Selbst wenn es Beer nie gegeben hätte, hatten die Amerikaner gute Gründe, an der Geschicklichkeit der Israelis zu zweifeln, »Maulwürfe« an der Unterwanderung ihres Sicherheitssystems zu hindern. Seit seiner Unabhängigkeit im Jahr 1948 war das kleine Israel ein großes Ziel für den sowjetischen Nachrichtendienst und ein grobes Sieb, wenn es um das Zurückhalten von Geheimnissen ging. Die Russen waren an Israels geographischer Lage und seinen weitgestreuten Kontakten zum Westen interessiert. Unter den sowjetischen Agenten waren osteuropäische Diplomaten, Journalisten, Wissenschaftler und Wirtschaftsdelegationen.

Diese intensive Tätigkeit erforderte ein riesiges Agentennetz. Die Sowjets hatten in ihrer Botschaft in Tel Aviv mehr als 60 Mitarbeiter. Etwa die Hälfte waren Agenten des KGB oder des GRU, des militärischen Abschirmdienstes. Sie waren israelische Spione an, aber da ortsansässige Kommunisten automatisch unter Verdacht standen und von Shin Bet überwacht wurden, bevorzugten die Sowjets Nichtkommunisten aus den Kreisen des Establishments. Beliebte Ziele waren die Ehegatten von Diplomaten.

Israels Diplomaten wurden vor ihrer Versetzung nach Osteuropa stets davor gewarnt, sich auf irgendwelche Liebesaffären einzulassen. Das Außenministerium weigerte sich sogar, unverheiratete Männer oder Frauen hinter den Eisernen Vorhang zu entsenden, und Shin-Bet-Offiziere hielten in jeder Botschaft nach möglichen Erpressern Ausschau.

Harels nie nachlassende Suche nach israelischen Verrätern entsprang seiner Sorge um die Sicherheit der Nation, verbunden mit seinem persönlichen Haß auf den Kommunismus. Außerdem wollte er – wie schon Shiloa vor ihm – den USA beweisen, daß Israel ein verläßlicher Partner war.

Der Memuneh war daher enttäuscht, als er 1960 entdeckte, daß Professor Kurt Sitta in Israels Wissenschaftsbereich eingedrungen war. Sitta war 1910 als Sohn einer nichtjüdischen deutschen Familie im tschechoslowakischen Sudetenland geboren. Er studierte in Prag, wo er als Genie in Mathematik und Physik galt. Die Gestapo verhaftete ihn und sperrte ihn ins Konzentrationslager Buchenwald, weil seine Frau Jüdin war. Er teilte seine grauenvollen Erfahrungen mit prominenten Kommunisten, die ebenfalls dort gefangengehalten wurden. Einige von ihnen gingen nach dem Krieg zum tschechischen Geheimdienst und warben auch ihren Freund Sitta als Spion an.

Er studierte in England Atomphysik und unterrichtete anschließend über dieses Thema an der Syracuse University in New York. In der Annahme, er sei ein kommunistischer Agent, wurde er vom FBI verhört. Man bot ihm an, als Doppelagent zu arbeiten. Sitta verließ unter etwas fragwürdigen Umständen die USA und ging 1953 nach Brasilien.

Zwei Jahre später wurde er eingeladen, am Technion in Haifa Vorlesungen zu halten, Israels Äquivalent zum »Massachusetts Institute of Technology« (MIT). Universität, Land und Leute gefielen ihm. So behauptete er wenigstens, als er erfreut den Posten des Vorsitzenden der physikalischen Abteilung annahm.

Sittas ungewöhnlicher Erfolg als nichtjüdischer Ausländer in Israel bot den Tschechoslowaken und letztlich ihren sowjetischen Meistern eine goldene Gelegenheit. Zwischen 1955 und 1960 traf sich ein als Diplomat der tschechoslowakischen Botschaft in Tel Aviv getarnter Geheimdienstoffizier häufig mit dem Professor und sammelte dabei eine große Menge Material. Es dauerte fast fünf Jahre, aber schließlich wurde die Spionageoperation von Harel entdeckt. In der Nacht des 16. Juni 1960 klopften zwei Männer an die Tür von Sittas Villa in der Horeb Street in einem exklusiven Vorort von Haifa. Es waren ein Shin-Bet-Agent und ein Mitarbeiter der Sonderabteilung der Polizei. Sie holten Sitta ab, um ihn wegen Spionage vor Gericht zu bringen.

Seine Verhaftung schockierte Freunde, Studenten und Kollegen im Technion wie in der politischen Führung Israels. Ihren zweiten Schock erlebten sie im Verlauf des Prozesses, als sie hörten, wieviel Schaden er als Spion angerichtet hatte. Sitta hatte sich auf Professor Bergmanns Israel Atomic Energy Commission konzentriert. Vielleicht wurde er nur zufällig genau zwei Tage vor Inbetriebnahme des israelischen Versuchsreaktors in Nahal Sorek verhaftet. Israelische Auswerter vergleichen seine Tätigkeit mit der von Julius und Ethel Rosenberg in den USA und Klaus Fuchs in England, die dem Sowjetblock die atomaren Geheimnisse ihrer Länder verrieten.

Sitta wurde zu fünf Jahren Gefängnis verurteilt, aber er wurde sehr bald wieder aus der Haft entlassen, damit er in Westdeutschland einen neuen akademischen Start versuchen konnte. Harel und die israelischen Nachrichtendienste gaben sich alle Mühe, den Schaden zu reparieren, den ihr Ruf als »Maulwurf«-Jäger durch den Fall Sitta erlitten hatte. Sie behaupteten, er sei nur ein kleiner Fisch gewesen. Auch habe er sich nur oberflächlich mit der Spionage befaßt. Er sei vom tschechoslowakischen Geheimdienst mit der Drohung erpreßt worden, andernfalls seinem alten Vater etwas anzutun. Nach Harels Version hatte Sitta den Kommunisten nur belanglose Informationen geliefert, die mit atomaren Angelegenheiten nichts zu tun hatten. Gleichzeitig warf er dem FBI vor, Israel über Sittas Vorgeschichte nicht vollständig informiert zu haben. Wäre Shin Bet ordnungsgemäß unterrichtet gewesen, so hätte man ihn eher fassen können.[99]

Trost und Erfolg fand Harel in seinen nie nachlassenden Anstrengungen, neue Bürger nach Israel zu holen. Neben seiner Besessenheit, »Maulwürfe« zu jagen und Spione zu verfolgen, galt sein Interesse stets der jüdischen Immigration. Ursprünglich hatte Reuven Shiloa den Geheimdienst ins Einwanderungsgeschäft gebracht. Harel machte daraus eine hohe Kunst. Nach einigen Jahren relativer Untätigkeit auf diesem Gebiet kam es 1953 in den beiden größten jüdischen Gemeinden zu einem Wiedererwachen des ethnischen Bewußtseins: im Sowjetblock und in der arabischen Welt.

Als Aliyah B 1952 aufgelöst wurde, war ihr bisheriger Chef Shaul Avigur erst einmal arbeitslos. Er kehrte nach Kinneret zurück, einem Kibbuz am See von Galiläa, und fühlte sich nach zwei Jahrzehnten aktiver Geheimdiensttätigkeit für sein Volk plötzlich überflüssig. Hilfe kam von seinem Schwager, Außenminister Moshe Sharett, der im Dezember 1953 Premierminister wurde, als sich Ben-Gurion für zwei Jahre von diesem Amt zurückzog. Sharett telefonierte mit Isser Harel und bat den Memuneh, Avigur einen Gefallen zu tun. »Bring Shaul ins Geschäft zurück«, verlangte der neue Premierminister.[100] Harel zögerte, aber da er seine freundschaftlichen Beziehungen zu Sharett nicht gefährden wollte, stimmte er schließlich dem geheimen Aufbau einer neuen Organisation unter dem schlichten Namen »Liaison Bureau« zu. Avigur war der Kopf, aber vieles andere blieb unklar, beispielsweise wem die neue Einheit verantwortlich sein sollte. Avigur bekam den nichtssagenden Titel »Assistent des Verteidigungsministers für spezielle Aufgaben«. Die Büros der

Einheit befanden sich im Außenministerium, administrativ gehörte sie zum Büro des Premierministers.

Anfangs bestand die Aufgabe des Liaison Bureau hauptsächlich darin, innerhalb und außerhalb Israels dafür zu kämpfen, daß den Juden in der Sowjetunion die Ausreise gestattet wurde. Die neue Einheit vereinte alle diesbezüglichen Aktivitäten unter einem Dach. Der Zeitpunkt für die Gründung des Liaison Bureau wurde nicht rein zufällig gewählt und keineswegs nur, um Avigur und seinem Schwager Sharett einen Gefallen zu tun, sondern aus kühlen politischen Überlegungen. Solange Israel gute Beziehungen zu Moskau und seinen Satellitenstaaten unterhielt, wollte Jerusalem den Sowjetblock nicht verärgern und versuchte deshalb, die jüdische Frage herunterzuspielen. Nach dem Koreakrieg jedoch entschloß sich Israels Regierung zu einer klaren prowestlichen Haltung. Sie glaubte, daß sie nichts mehr zu verlieren hatte. Dies erwies sich als richtig, als die Einwanderungen aus Ungarn, Rumänien und Polen aufhörten und beunruhigende Berichte über den Antisemitismus unter Stalin auftauchten.

Im Rahmen seiner Aufgabe, Verbindungen zu den Juden aufzunehmen, entsandte das Liaison Bureau eigene Sonderdiplomaten in die Sowjetunion, in der mit drei Millionen Juden die zweitgrößte jüdische Gemeinde der Welt lebte – übertroffen nur von den USA mit sechs Millionen. Avigur suchte seine Abgesandten sehr sorgfältig aus. Zunächst mußten es Freiwillige sein mit »hoher zionistischer Motivation«. Und sie mußten sich mit jüdischen Traditionen und Bräuchen auskennen, denn Haupttreffpunkte würden die Synagogen sein. Israels Repräsentanten mußten zumindest die orthodoxen Gebete beherrschen.

Die Diplomaten des Liaison Bureau mußten relativ jung sein, um den geistigen und körperlichen Anstrengungen ihrer Arbeit gewachsen zu sein. In Moskau zu leben konnte schon unbequem genug sein, aber diese Männer und Frauen mußten auf den verschiedensten ermüdenden und endlosen Wegen in alle Ecken der Sowjetunion reisen. Verheiratete mit Familien wurden bevorzugt. Und schließlich mußten die Kandidaten wenigstens einigermaßen gut Russisch sprechen.[101]

Zu Avigurs Agenten gehörte auch Aryeh (Lova) Eliav, der lange Zeit für Aliyah B als Sonderemissär tätig gewesen war. Er wurde im Sommer 1958 als Zweiter Sekretär an die israelische Botschaft in Moskau geschickt. Neben seinen Aufgaben innerhalb des konsularischen Dienstes, die Eigentumsfragen und andere bilaterale Angelegenheiten betrafen, war er – wie er in seinem Tagebuch berichtet – damit betraut, den Juden in den Synagogen Taschenkalender und Miniaturausgaben hebräisch-russischer Wörterbücher in die Taschen zu stecken. Außerdem verteilten die Diplomaten Gebetbücher, Bibeln, israelische Zeitungen und Bücher in Hebräisch, obgleich sie wußten, daß die Sowjetregierung dies als »antistaatliche Propaganda« ansah.

Der KGB wußte in etwa, was Eliav trieb, und stellte ihm eine Falle. Als er eines Tages von Moskau zur Universität Leningrad reiste, fiel Eliav auf dem Bahnhof der Hauptstadt eine bemerkenswert attraktive junge Frau auf. Sie hatte jenes europäische Etwas, das in Moskau nur allzu rar ist, und es fiel schwer, sie nicht anzuschauen. Am Abend sah er sie im Hotel in Leningrad wieder. Obgleich er sich sicher war, daß sie vom KGB auf ihn angesetzt war, um ihn zu kompromittieren, meinte Eliav, daß ein bloßer Flirt kaum Schaden anrichten könne. Jeder weiteren Versuchung würde er entschlossen widerstehen. Eliav bat die geheimnisvolle Schöne um einen Tanz, und sie ging begeistert darauf ein. Der Israeli hatte noch nie so Tango getanzt wie in dieser Nacht. Heiße Küsse waren die Einladung zu weiteren gemeinsamen Freuden.

An diesem Punkt wurde Eliav das Spiel zu gefährlich. Er entfloh ihrer Umarmung und zog sich in die Einsamkeit seines Hotelzimmers zurück, das er sorgfältig verschloß. Er ahnte, was sich abspielen würde, wenn man ihn mit der Lady erwischte: ein »betrogener Ehemann«, der ihn zu ermorden drohte, Beschwichtigungsversuche von »Hotelangestellten«, und am Ende eine glückliche »Lösung«, die ihn zum KGB-Agenten in seiner Botschaft machen würde.[102]

Die besondere Aufmerksamkeit, die der KGB den Diplomaten des Liaison Bureau schenkte, beruhte auf seiner Überzeugung, es handele sich bei ihnen um Spione. Die Sowjets versuchten daher möglichst viel über sie in Erfahrung zu bringen, und dies möglichst schon vor ihrer Abreise aus Israel.

Im März 1958 informierte Israel die sowjetische Botschaft in Tel Aviv, daß man Oberstleutnant Moshe Gat als Zweiten Botschaftssekretär nach Moskau schicken wolle. Das Liaison Bureau bat um ein entsprechendes Visum. Ein sowjetischer »Diplomat« forderte daraufhin seinen israelischen Informanten auf,

Gats Vergangenheit zu durchleuchten. Zu seinem Pech war der Israeli ein Doppelagent, der die Sache sofort seinem Führungsoffizier bei Shin Bet berichtete.[103]

Mitarbeiter des Liaison Bureau, die nach Moskau kamen, wurden von den dortigen Behörden besonders strikten Reisebeschränkungen unterworfen, um zu verhindern, daß sie sich mit anderen Juden trafen. »Die KGB-Agenten verfolgten uns rund um die Uhr, einschließlich Ankunft und Abreise, und sogar bis in unsere Wohnungen und Zimmer«, erinnert sich Eliav. »Die gesamte Skala von offener bis geheimer elektronischer und optischer Überwachung wurde ständig vom KGB eingesetzt. Hinzu kam, daß fast jedes Mitglied unseres Stabes noch drastischeren Maßnahmen ausgesetzt wurde: von ›aufgebrachten Bürgern‹ inszenierten ›Skandalen‹ bis zu tätlichen Angriffen und der Drohung mit Gefängnis.« Die sowjetische Führung wußte natürlich, daß die Synagogen inzwischen zu weit mehr als bloßen Gebetshäusern geworden waren, und versuchte, die israelischen Agenten von den wenigen Juden fernzuhalten, die die Sabbat- und Feiertagsgottesdienste besuchten.[104]

Auch auf Eliyahu Hazan, einen weiteren Zweiten Botschaftssekretär in Moskau, konzentrierte sich die besondere Aufmerksamkeit des KGB. Ihm wurde bald klar, daß sein Dienstmädchen KGB-Agentin war. Das war an sich nicht ungewöhnlich. Erst eine Lebensmittelvergiftung seiner Ehefrau machte ihn stutzig. Kurz nachdem das Ehepaar Hazan im September 1955 in Odessa am Schwarzen Meer angekommen war, wo Eliyahu einen jüdischen Kontaktmann treffen sollte, setzten bei Ruth schwere Magenbeschwerden ein. Sie wurde eilends ins Krankenhaus gebracht, kurz nachdem ihr Ehemann zu seinem Treffen aufgebrochen war.

Als er in sein Hotel zurückkehrte, wurde Hazan von zwei KGB-Agenten erwartet, die ihn aufforderten, sie zu begleiten. Er protestierte und verwies auf seine diplomatische Immunität, aber die Geheimpolizisten setzten sich über diese internationale Spitzfindigkeit hinweg und beschuldigten ihn antisowjetischer Umtriebe. Einige Bücher, die er seinem Kontaktmann gegeben hatte, so erklärten sie ihm, enthielten verbotenes Propagandamaterial. Hazan wurde stundenlang verhört, wobei sich die Fragen vor allem auf seine Zusammenkünfte mit anderen Juden konzentrierten.

Schließlich verlangten die Sowjets von ihm, daß er für sie arbeite. Man sagte ihm, daß seine Hausgehilfin schwanger sei – was nach seiner Ansicht physiologisch gar nicht möglich war –, und drohten mit einem öffentlichen Skandal. So ganz nebenbei ließen sie noch einfließen, daß im Falle einer Weigerung, »Ihre Frau ihre Magenbeschwerden wohl nicht wieder los wird«. Damit war klar, daß sie vergiftet worden war.

Hazans Widerstand brach zusammen, und er erklärte sich einverstanden. Der KGB wies ihn drei Tage lang in seine Arbeit ein und gab ihm einen ersten Vorschuß von 1500 Rubeln sowie seine Freiheit. Ruth ging es wieder besser, und beide kehrten nach Moskau zurück. Zwei Tage lang quälte sich Hazan mit Gewissensbissen herum. Seine Kollegen bemerkten, daß er verstört und nervös war, und Botschafter Yosef Avidar lud ihn schließlich zu einem freundschaftlichen Gespräch unter vier Augen ein. Hazan gestand, was er getan hatte. In Begleitung eines Kollegen setzte man ihn in das erste Flugzeug nach Israel, wo er sofort aus dem Dienst entlassen wurde. Disziplinarische Maßnahmen wurden jedoch nicht gegen ihn ergriffen. Ende 1955 notierte der damalige Außenminister Moshe Sharett in sein Tagebuch: »Es ist schändlich, daß einer unserer Leute nicht widerstehen konnte, sondern, unter Druck gesetzt, zusammenbrach. Für uns ist das eine Schmach.«[105]

Im Mittleren Osten suchten Israels »Geheimdiplomaten« unterdessen nach Wegen, um an die aufregenden Aktionen anzuknüpfen, mit deren Hilfe man schon die Juden aus dem Irak und dem Jemen herausgebracht hatte. Die nächste größere Einwanderungswelle aus dem sephardischen oder »orientalischen« Teil der Welt wurde im November 1956 aus Ägypten erwartet. Zu Beginn des Suez-Feldzuges hatte Shaul Avigur ein kleines Agententeam nach Ägypten geschickt. Es sollte die gemeinsam mit England und Frankreich durchgeführte militärische Aktion dazu benutzen, Verbindung zu ägyptischen Juden aufzunehmen und ihre heimliche Ausreise nach Israel vorzubereiten. Am 9. November reisten Lova Eliav und Avraham Dar, die schon 1951 das israelische Spionagenetz geleitet hatten, zusammen mit einem Aman-Funker nach Ägypten. Sie trugen französische Uniformen und wurden von einer französischen Militärmaschine nach Port Said am Eingang des Suezkanals geflogen.

Zu Beginn der Operation »Tushia« – »listig« – hatte man gehofft, die Geheimdienstagenten würden in der Lage sein, viele ägyptische Juden zu erreichen und die meisten von ihnen zur Übersiedlung nach Israel zu überreden. Der Plan sah vor, daß Eliav, Dar und der Funker sich den französischen und britischen Streitkräften bei ihrem Marsch in Richtung Kairo und Alexandria anschließen sollten, wo eine in die Tausende gehende jüdische Gemeinde lebte. Als dann die anglo-französischen Truppen ihre Invasion stoppten, saßen die drei noch in Port Said – wo nur 200, zumeist ältere Juden wohnten.

Trotzdem machten sie weiter. Eliav und Dar besuchten die örtliche Synagoge, wo sie ihre wahre Identität kaum verbargen, und boten den Juden an, sie sicher aus Ägypten herauszubringen. Die Juden in Port Said begriffen, daß die beiden »Franzosen« israelische Geheimagenten waren, und 65 von ihnen packten ihre Koffer. Sie wurden zu den Docks gebracht und auf zwei französischen Landungsbooten eingeschifft. Die beiden Schiffe fuhren einige Meilen ins Mittelmeer hinaus, wo sie sich mit zwei Schiffen der israelischen Marine trafen, die – mit Unterstützung des französischen Geheimdienstes – als italienische Fischerboote getarnt waren: der *Aphrodite* und der *Castello del Mare*. Französische Seeleute trugen die alten Leute und die Frauen von den Landungsbooten auf die israelischen Schiffe, wo sie von Shlomo Hillel begrüßt wurden, einem ehemaligen Mitarbeiter der Aliyah-B-Auswanderungsagentur im Irak. Einen Tag später landeten sie in Haifa. Zwei Tage später kehrten auch Eliav, Dar und der Funker – wiederum mit Hilfe des französischen Geheimdienstes – per Flugzeug nach Israel zurück.[106]

Der Mini-Exodus aus Port Said war kein großes Wagnis und mit Hilfe der Franzosen leicht durchzuführen. Die heimliche Ausreise von Juden aus anderen Ländern erforderte dagegen den Einsatz Zehntausender von Menschen. Das wichtigste Beispiel: Marokko. Am 2. März 1956 endete die französische Kolonialverwaltung in Marokko. Acht Jahre lang hatten seine Tore weit offengestanden, und ungefähr 100 000 marokkanische Juden waren nach Israel ausgewandert. Das Land war jedoch kaum unabhängig geworden, als die neue Regierung dem Drängen der anderen arabischen Staaten nachgab und Ausreise von Juden verbot. Ägyptens Präsident Nasser erklärte voller Empörung, jeder jüdische Einwanderer werde sofort zum israelischen Soldaten, der Araber töte.

In Israel machte man sich natürlich über das Schicksal der restlichen 100 000 Juden in Marokko Sorgen. Isser Harel hatte bereits seit zwei Jahren mit ähnlichem gerechnet. Um für eine plötzliche Unterbrechung der Einwanderungskampagne gerüstet zu sein, hatte er in Marokko vorsorglich eine geheime Infrastruktur für zionistische Aktivitäten aufgebaut. Der Mossad hatte ein Team von Kibbuzniks und in Marokko geborenen Reserveoffizieren rekrutiert, die Französisch und Arabisch sprachen. Weitere Voraussetzung war, daß sie Kampfeinheiten angehört hatten und möglichst in der Durchführung geheimer Unternehmen erfahren waren.

Verantwortlicher Geheimdienstoffizier des israelischen Netzes in Marokko war Shmuel Toledano. Seine Kollegen kannten ihn unter dem Namen »Amnon«, einem Pseudonym, das er beibehielt, als er 1954 die militärische Abteilung von Aman verließ und zum Mossad wechselte.

Toledano arbeitete als »Diplomat« an der israelischen Botschaft in Paris und war für den Schutz jüdischer Interessen rund um den Globus zuständig – eine in der ganzen Welt einmalige Aufgabe für einen Geheimdienst.

Toledanos Einheit – Codename »Framework« – hatte ursprünglich die Aufgabe, junge marokkanische Juden im Kampf auszubilden, damit sie ihre Gemeinde gegen zu erwartende Pogrome oder andere Belästigungen durch ihre arabischen Nachbarn verteidigen konnten. Als die Möglichkeit einer legalen Auswanderung mit der französischen Schirmherrschaft 1956 endete, erhielt »Framework« den Auftrag, die Emigration mit illegalen Mitteln fortzuführen.

Dies war eine ähnliche Situation wie im Irak, bevor das dortige Agentennetz zusammenbrach. Diesmal jedoch hatten die Mossad-Agenten aus den Fehlern der Vergangenheit gelernt und waren auf das Wagnis besser vorbereitet. Nach dem 1952 von Shiloa erarbeiteten Muster teilten sich der Mossad und die Jewish Agency die verantwortliche Leitung von »Framework«. Als Beschwerden kamen, begegnete ihnen Harel – um nicht in die »irakische« Falle ständiger Zwietracht zu geraten –, indem er Toledanos Vertreter, Shlomo Havilio, im Februar 1960 kurzerhand entließ und statt dessen Alex Gatmon zum »Framework«-Commander ernannte, der als Geheimagent in Marokko arbeitete.

Bis zu diesem Zeitpunkt hatten etwas mehr als 5000 Juden Marokko in Richtung Israel verlassen. Die Mossad-Agenten hatten in den großen Städten des neuen nordafrikanischen Staates Büros eingerichtet und begannen, mit Hilfe gefälschter Dokumente und anderer illegaler Mittel die Ausreise jener Juden zu arrangieren, die gewillt waren, in das ihnen verheißene Land überzusiedeln.

Für die religiösen nordafrikanischen Juden waren die jungen israelischen Agenten Abgesandte des Messias. Sie wiesen die Juden an, sich an bestimmten Treffpunkten in den großen Städten zusammenzufinden. Von dort wurden sie mit Taxis oder Lastwagen zur Grenze gebracht. Um den Weg zu ebnen, zahlte der Mossad eine halbe Million Dollar Schmiergelder an die marokkanischen Behörden. Eine bevorzugte Route führte über Tanger, das damals eine internationale Stadt war. Später benutzte man zwei spanische Städte als Basishäfen für das Unternehmen, das von Generalissimo Francisco Franco uneingeschränkt unterstützt wurde – wie der Mossad glaubte, aus Schuldgefühlen wegen Spaniens enger Beziehung zu Hitler und Mussolini und wohl auch wegen der Vertreibung der spanischen Juden im Jahr 1492.

Ferner erwarb der Mossad ein ehemaliges Armeelager an der spanischen Südküste, das auf dem Gebiet der britischen Kronkolonie Gibraltar lag. Das Gelände und die Baracken wurden in ein Auffanglager für marokkanische Einwanderer umgewandelt. Die englische Regierung wußte natürlich, wozu ihre alte Armeebasis benutzt wurde, sah aber entgegenkommenderweise weg. Sobald die jüdischen Flüchtlinge im Lager angekommen waren, war es Aufgabe der Jewish Agency, sie zu versorgen, nach Marseille und von dort auf größeren Schiffen weiter nach Israel zu bringen.

Am 10. Januar 1961 kam es zu einer Tragödie. Ein Fischerboot, die *Pisces,* geriet, vollgepackt mit jüdischen Flüchtlingen, zwischen der marokkanischen Küste und Gibraltar in einen Sturm. 43 Männer, Frauen und Kinder sowie ein Funker vom Mossad ertranken. Das Unglück löste weltweit eine Welle der Sympathie aus, aber auch einen scharfen Protest der marokkanischen Regierung. Das geheime Agentennetz flog auf, zahlreiche zionistische Aktivisten wurden verhaftet und das gesamte Unternehmen gefährdet. Israel bat die Regierungen von Frankreich und den USA sowie die internationalen Wohlfahrtsorganisationen, auf Marokko Druck auszuüben. Israel hatte Glück. Anfang März wurde Hassan II. zum König gekrönt, dem viel an einer westlichen Unterstützung lag und der daher absolut kein Interesse hatte, als Verfolger einer jüdischen Minderheit betrachtet zu werden. Der Untergang der *Pisces* bekam auf diese Weise einen ironisch-positiven Effekt: Die jüdische Auswanderung wurde beschleunigt, und das gesamte Unternehmen konnte besser organisiert werden.

Das Unternehmen erhielt den biblischen Codenamen »Yakhin« – nach dem einen der beiden Zentralpfeiler, die den von König Salomon in Jerusalem erbauten heiligen Tempel stützten. Im übertragenen Sinn betrachtete Israel die Einwanderung als einen Hauptpfeiler, auf dem die Existenz des jüdischen Staates ruhte.

Die Operation »Yakhin« war ein gemeinsames Projekt Marokkos, Israels und Frankreichs. Mossad-Mitarbeiter schwärmten in fast alle jüdischen Gemeinden Marokkos aus. Sie luden die Bewohner ein, in ihr altes Heimatland zurückzukommen, und waren von den positiven Antworten überwältigt. Die Mossad-Agenten sagten den Juden, wie sie die Treffpunkte erreichen konnten, und brachten sie dann mit Bussen und Lastwagen in marokkanische Häfen, wo Schiffe und Flugzeuge auf sie warteten. Frankreich half bei der Organisation der Transporte. Mehr als 80000 Juden verließen mit Hilfe »Yakhins« Marokko. Die israelisch-marokkanische Zusammenarbeit wirkte sich noch auf ein weiteres arabisches Land aus: das keine 1000 km im Osten liegende Tunesien. Im Sommer 1961 verlangte die dortige Regierung, daß Frankreich seine Marinebasis in Bizerta räumen solle. In der darauf folgenden Krise verhafteten die Tunesier in Bizerta sowohl einige französische Bürger als auch ein paar Dutzend Juden.

Die Mossad-Agenten in Marokko begannen, um Tunesiens Juden zu fürchten, sorgten dafür, daß ein französisches Kriegsschiff – wie seinerzeit in Port Said – an der nordafrikanischen Küste entlangfuhr und daß es vor Bizerta 1000 Juden aufnahm. Sie wurden zunächst nach Frankreich, später schließlich nach Israel gebracht.[107]

Während die marokkanische Operation richtig in Schwung kam, mußte sich Harel anderen Angelegenheiten zuwenden.

Dazu gehörte die Verhaftung und Bestrafung eines Mannes, der den hohen für israelische Spione geltenden Idealen so ganz und gar nicht entsprach. Sein Name: Mordecai (Motke) Kedar.

Kedar wurde im Sommer 1956 vom militärischen Abschirmdienst für eine Mission in Ägypten angeworben. Colonel Yuval Ne'eman, Amans Technologieexperte, der sich für gewöhnlich mit der Erfindung und Entwicklung von Spionagevorrichtungen beschäftigte, gab Kedar im Café *Ta'am Tov* (»Guter Geschmack«) in Tel Aviv die letzten Anweisungen. Der neue Agent sollte zunächst nach Argentinien fliegen. Dort sollte er einige Monate bleiben, um sich die erforderliche Tarnung zu verschaffen, bevor er für Amans ›Unit 131‹ nach Ägypten ging.

Kedar wurde zu Beginn der 30er Jahre als Mordecai Kravitzki in Polen geboren. Er wurde von seiner Mutter verlassen, von seinem Großvater nach Palästina gebracht und lebte dort in Hadera, einem Dorf an der Küstenstraße zwischen Tel Aviv nach Haifa. Er zeichnete sich früh durch hohe Intelligenz, Führungsqualitäten und körperliche Stärke, aber auch durch eindeutige kriminelle Neigungen aus.

Im Krieg von 1948 diente Kedar bei der Marine, entfernte sich jedoch wegen disziplinarischer Probleme unerlaubt von der Truppe. Zu Beginn der 50er Jahre war er einer der Anführer in der kleinen, aber gewalttätigen Unterwelt von Hadera. Seine Bande stahl Autos und handelte mit Diebesgut. Die Polizei brachte seinen Namen sogar mit bewaffneten Raubüberfällen und Morden in Verbindung. Kedar wurde verhaftet, aber die Beamten fanden keine ausreichenden Beweise, um ihn vor Gericht zu bringen. Die Bewohner von Hadera fürchteten Kedar mehr als die Polizei und waren nicht zu einer Zusammenarbeit mit den Beamten bereit.

Er zog nach Tel Aviv, wo er Stammgast in verschiedenen böhmischen Cafés war, sich mit Frauen herumtrieb und ein Leben in Muße und Verschwendung führte, ohne daß irgend jemand wußte, woher er das Geld nahm. Im übrigen war er nervös und reizbar und suchte schließlich einen Psychiater auf, Dr. David Rudi.

Was Kedar nicht wußte, war, daß der gute Doktor auf der Gehaltsliste des Nachrichtendienstes stand. Beim Geheimdienst war er für seine eigenartigen Eingangsinterviews mit angehenden Rekruten bekannt. Seine Pfeife zwischen die Zähne geklemmt, stellte er eine erste Frage wie: »Wie oft im Monat haben Sie sexuellen Verkehr?« oder: »Wie oft haben Sie masturbiert, bevor Sie Ihre Jungfräulichkeit verloren haben?« Die Reaktion der zukünftigen Spione wurde notiert, bevor Dr. Rudi eine etwas ernstere Frage nachschob, wie: »Würden Sie mir bitte sagen, warum Sie bereit sind, einen Auftrag zu übernehmen, von dem Sie vielleicht nicht zurückkehren?«[108]

Kurz, Dr. Rudi brachte das Wunder fertig, Kedar als für die menschliche Gesellschaft tauglich zu erklären. Danach stellte er ihn General Yehoshafat Harkabi vor, dem Chef von Aman, der Kedar für seine »Unit 131« rekrutierte. Für seine Freunde und seine Familie verschwand Kedar damit kurz nach dem Sinaifeldzug 1956 von der Bildfläche. Seine Frau und sein kleiner Sohn, die er zurückließ, bekamen von ihm Postkarten aus allen Gegenden der Welt.

Im November 1957 wurde Kedar nach Israel zurückbeordert. Er flog erster Klasse mit El Al von Paris, wurde in einen kleinen Raum des Tel Aviver Flughafens Lod gebracht und aufgefordert, einen Routinebericht über seine Tätigkeiten zu schreiben. Dann betraten plötzlich drei bewaffnete Polizisten das Zimmer und verhafteten ihn. 18 Monate lang – bis Mai 1959 – erfuhr niemand, nicht einmal der Nachrichtendienst, was aus Motke Kedar geworden war. Er war wieder einmal verschwunden, diesmal ohne eine Postkartenfährte – als ob ihn die Erde verschluckt hätte.

Selbst das Wachpersonal im Ramle-Gefängnis hatte keine Ahnung, wer ihr neuer Insasse war oder warum er total isoliert gehalten wurde. Erst nach einem halben Jahr Einzelhaft erlaubte man ihm, täglich eine halbe Stunde allein im Hof spazierenzugehen. Er wurde zwar in eine andere, größere Zelle verlegt, bekam aber keinen der anderen Gefangenen zu sehen.

Avri El-Ad, der ehemalige »Unit 131«-Führungsoffizier in Ägypten, der zwar die Affäre Lavon überlebt hatte, aber dann in Ramle eingesperrt wurde, sagte, er sei dort nur als »X4« bekannt gewesen. Gefesselt und hinter dicken Wänden isoliert, saß Motke Kedar in seiner Nachbarzelle. Sie spielten Schach, indem sie ihre Züge nach einem Morsecode an die Wand klopften. »Laß dich von ihnen nicht kleinkriegen!« klopfte Kedar einmal. »Wenn du dich von denen demoralisieren läßt, bist du ein gebrochener Mann.«[109]

Nach mehreren unvollständigen, zensierten Hinweisen auf Kedar in der israelischen Presse räumte die Regierung schließlich ein, daß ein (noch immer nicht mit Namen genannter) Mann – die Zeitungen schlossen daraus auf eine Verbindung zum Geheimdienst – wegen mehrerer krimineller Verbrechen verhaftet worden sei. Sein Verfahren fand hinter geschlossenen Türen statt. Er wurde zu 20 Jahren Gefängnis verurteilt.

Kedar leugnete die ihm zur Last gelegten Verbrechen. Er war nicht gebrochen. Im Gefängnis hielt er sich körperlich fit und wurde Anhänger von Ayn Rand und ihrer Philosophie. Nach 17 Jahren Gefängnis – davon sieben in Einzelhaft – wurde Kedar 1974 entlassen und forderte die Wiederaufnahme seines Verfahrens. Polizei, Staatsanwaltschaft und die Nachrichtendienste wiesen alle seine Forderungen zurück.[110] Die israelische Regierung hat über den Fall Kedar absolutes Stillschweigen gewahrt. Er ist noch immer eins ihrer bestgehüteten Geheimnisse. Was die Behörden verheimlichen wollen, ist nicht, daß Kedar wegen krimineller Taten verurteilt wurde, sondern daß er einen Mord beging, während er sich im Auftrag des Geheimdienstes im Ausland aufhielt.

Kedar hatte im November 1957 in Argentinien einen jüdischen Geschäftsmann umgebracht und ihm sein Geld geraubt. Das Opfer wurde mit 80 Messerstichen brutal abgeschlachtet. Er war Kedars Kontaktmann, der ihm dabei helfen sollte, eine Legende aufzubauen, bevor er nach Ägypten ging. Der größte Teil des geraubten Geldes befand sich in Kedars Taschen, als er nach Tel Aviv zurückflog. Das Motiv für diesen Mord – was immer es sein mag – ist bis heute nicht herauszubekommen. Für eine delikate Mission des Geheimdienstes war Kedar ganz sicher eine schlechte Wahl, aber sein damaliger Aman-Chef, der heutige Professor und aktive Friedenskämpfer Harkabi, meint dazu nur: »Die Leute, die für solche Aufgaben ausgewählt werden, sind alle kein unbeschriebenes Blatt mehr. Es gibt da immer irgendwelche Geschichten.«[111]

Isser Harel, der Kedar zurückrief und vor Gericht brachte, hat eingeräumt, daß es durchaus ernsthafte Überlegungen gegeben habe, ihn schlicht umzubringen, um sein Verbrechen zu vertuschen. Die Chance eines diplomatischen Konflikts mit Argentinien oder irgendwelche Schwierigkeiten für den Geheimdienst hätten so leichter vermieden werden können. »Es stand (jedoch) von Anfang an fest, daß wir das Gesetz nicht in unsere eigenen Hände nehmen konnten«, schrieb Harel. »Dafür gibt es Richter und Gerichte. Der britische Geheimdienst mag Menschen eliminieren. Wir nicht.«

Harel fügte stolz hinzu: »Während meiner Amtszeit als Memuneh ist kein Verräter exekutiert worden.«[112]

Aus Harels Sicht bewies der Fall Kedar nur einmal mehr seine alte Behauptung, daß der Einsatz von Geheimagenten ein viel zu wichtiges Geschäft sei, als daß man es Aman überlassen könne. Harel wollte ein Monopol für den Mossad. Schließlich fand man einen Kompromiß. Die Verantwortung für Aktionen in den arabischen Ländern verblieb beim militärischen Abschirmdienst; für den Rest der Welt sollte das neue »Operation Department« von Harels Shin Bet zuständig sein.

Harel baute seine Operationseinheit mit der für ihn typischen Energie aus. Da er praktisch für Shin Bet und den Mossad verantwortlich war, bestand er darauf, daß die neue Einheit beiden Diensten zur Verfügung stehen und man in ihr die besten Männer beider Organisationen konzentrieren müsse. Die Leiter der Abteilung wurden Rafi Eitan und Avraham Shalom – vormals Bendor –, die sich später beide bei verschiedenen Operationen auszeichnen sollten – durch ihre Brillanz wie durch Skandale.[113] In den folgenden Jahren kümmerte sich Harel sehr intensiv um seine neue Abteilung. Als die Einheit ihre Arbeit aufnahm, erschien der Memuneh häufig persönlich, um Karten und Pläne zu studieren, in letzter Minute vorgenommene Änderungen zu überwachen und die Spannung zu genießen. Seine Agenten saßen in aller Welt: London, Paris, Genf, Rom, Antwerpen, Johannesburg und New York.

Nun, da ihm Eitan, Shalom und andere Spezialagenten zur Verfügung standen, konnte Harel ein Ziel verfolgen, für das er bisher nicht die Mittel gehabt hatte. Als Perfektionist hatte es ihn stets geärgert, daß die schlimmsten Feinde des jüdischen Volkes noch auf freiem Fuß waren. Obgleich 1946 ein paar Nazis in Nürnberg vor Gericht gestanden hatten, waren Tausende der Justiz entkommen. Einige wurden von westlichen Geheimdiensten sogar im Kampf gegen den Kommunismus eingesetzt. Nach Harels Auffassung war es die Aufgabe Israels, die schlimmsten Nazis vor Gericht zu bringen.

Besonders von zwei Männern wußte man, daß sie untergetaucht waren: Adolf Eichmann, der Verwalter von Hitlers »End-lösung«, der mit äußerster Gründlichkeit dafür gesorgt hatte, daß sechs Millionen Juden ermordet wurden, sowie Dr. Josef Mengele, bekannt für seine grauenhaften medizinischen Experimente im Vernichtungslager Auschwitz. Harel hatte seinen Kontaktleuten im westdeutschen Nachrichtendienst einge-schärft, daß ihm jede Information über Eichmann höchst will-kommen sei. Ende 1957 erhielt er von Fritz Bauer, dem jüdi-schen Generalstaatsanwalt in Hessen, den Hinweis, daß Eich-mann in Argentinien lebe.

Sofort schickte Harel Agenten seiner neuen Operationsein-heit auf eine langwierige und sorgfältige Suche nach dem Archi-tekten des nazistischen Massenmordes in das südamerikanische Land. Dies war so ungefähr die weiteste Reise, die israelische Geheimdienstleute unternommen hatten. Operationsteams in Buenos Aires sowie anderen Orten Südamerikas waren extrem kostspielig. Aber Harel verfügte über ein Budget für seine Ab-teilung, das er hierfür ausgeben konnte und wollte.

Etwa Anfang 1960 fanden Harels Leute Eichmann aufgrund eines weiteren Hinweises von Bauer. Der Ex-Nazi lebte mit sei-ner Frau und vier Söhnen unter dem Namen »Ricardo Klement« in Buenos Aires. Harel informierte Ben-Gurion, der inzwischen wieder Premierminister war, und bekam sofort die Genehmi-gung, Eichmann zu entführen, um ihn in Israel vor Gericht zu stellen.

Mehr als 20 Männer und zumindest eine Frau von Mossad und Shin Bet, einschließlich Hilfs- und Überwachungskräften, wur-den für das Entführungsteam ausgewählt. Niemand wurde ge-zwungen, daran teilzunehmen; alle meldeten sich freiwillig. Fast alle hatten Angehörige im Holocaust verloren und haßten Eich-mann. Harel bat sie, ihre Emotionen im Zaum zu halten. Wegen der technischen, politischen und sogar personellen Komplexität flog der Memuneh persönlich nach Paris, um einen Auffangpo-sten für die Entführung einzurichten, und reiste dann weiter nach Argentinien, um die volle und persönliche Verantwortung zu übernehmen.

Der beste Fälscher des Mossad reiste nach Europa, wo er für alle Agenten falsche Pässe und sonstige Dokumente herstellte, damit sie mit verschiedenen Maschinen und unter Namen, die nie wieder benutzt werden würden, nach Buenos Aires fliegen konnten. Um keine Spuren zu hinterlassen, reiste auch der Fälscher mitsamt seinen Utensilien und Papieren nach Argentinien. Er sollte an Ort und Stelle nochmals für sämtliche Israelis und auch Eichmann falsche Papiere herstellen, um ihn außer Landes schmuggeln zu können.

Wenigstens ein halbes Dutzend »sichere Häuser« und noch mehr Autos wurden in Buenos Aires im Rahmen einer komplexen Logistik gemietet, die mit eindrucksvoller Ungezwungenheit gehandhabt wurde. Eine weibliche Agentin wurde für die traditionelle Rolle einer »Hausfrau« ausgewählt, um für den Nazi-Gefangenen zu kochen und sein zukünftiges »Heim« in Ordnung zu halten. Eitan, Shalom und ihrem Kollegen Peter (Zvi) Malkin fiel die Ehre zu, sich Eichmann zu schnappen. Am 10. Mai 1960 überfielen sie ihn in der Nähe seines Hauses und stießen ihn auf den Rücksitz ihres Autos. Zur Erleichterung der Israelis wehrte sich »Klement« nicht und gab auch sofort zu, Eichmann zu sein.

Die Entführung war zeitlich so geplant, daß sie mit dem offiziellen Besuch einer israelischen Delegation in Argentinien zusammenfiel, die mit vielen anderen ausländischen Gästen an den Feiern zum 150. Jahrestag der Unabhängigkeit teilnahm. Am 19. Mai flog eine El-Al-Maschine die Delegierten ein. Am nächsten Tag spätabends sollte sie sie nach Tel Aviv zurückbringen. Später berichteten Harel und seine Leute, ihre schwierigste Aufgabe habe darin bestanden, Eichmann mehr als neun Tage lang zu verkosten und für ihn zu sorgen, während man auf das Flugzeug nach Israel wartete. Sie verhörten ihren Gefangenen. Manchmal starrten sie ihn auch nur voller Verwunderung darüber an, wie mittelmäßig die Personifizierung des Bösen aussehen konnte. Der bereits kahl werdende Mann, der zum Lesen eine Brille brauchte, unterzeichnete höflich ein Dokument, in dem er sich der Jurisdiktion eines israelischen Gerichts unterwarf.

Es lief seinen Entführern jedoch kalt den Rücken hinunter, als Eichmann vom Deutschen ins Hebräische überwechselte und die *Shema* rezitierte, das Gebet der Juden auf ihrem Weg in die Gaskammern: »Höre, o Israel, der Herr ist unser Gott, der Herr ist der Eine.«

Nach Harels Worten erzählte Eichmann, er sei ein großer Freund der Juden. »Wir waren wütend. Einige meiner Leute waren drauf und dran, den Befehl zu vergessen, ihn nicht anzurühren. Sie wollten ihn umbringen. Aber sie taten es nicht, und er begann, sich kleine Gefälligkeiten von ihnen zu erbitten.« Der Gefangene erklärte sich bereit, alle Geheimnisse Hitlers zu enthüllen, wenn man ihn am Leben ließe. Harel versprach ihm, er werde den besten verfügbaren Anwalt für seine Verteidigung vor Gericht bekommen.[114]

Harel verbrachte nur wenig Zeit in dem Versteck, wo man Eichmann an ein Bett gekettet festhielt. Statt dessen schuf der Memuneh eine perfekte Spionagemaschinerie, die man als mobiles Hauptquartier bezeichnen könnte. Er sagte seinen Hauptagenten, wo sie ihn zu bestimmten Zeiten des Tages finden konnten, und wanderte in der – insoweit Paris ähnelnden – argentinischen Hauptstadt von Café zu Café. Wahrscheinlich hätte sich kein Außenstehender später erinnert, ihn schon einmal an einem bestimmten Ort gesehen zu haben.

Am 20. Mai verließ Harel seine Deckung, um die Vorgänge an Ort und Stelle kontrollieren zu können, und verlegte sein Hauptquartier in die Cafeteria des Ezeiza-Flughafens. Dort saß er gemeinsam mit seinem Fälscher an einem Tisch und prüfte und verteilte die Identitätspapiere, die seine Agenten für eine unbeanstandete Ausreise aus Buenos Aires benötigten.

Im Versteck hatte man Eichmann und seine Begleiter inzwischen in El-Al-Uniformen gesteckt. Ein Mossad-Arzt, ein Anästhesiespezialist, injizierte dem Kriegsverbrecher ein starkes Beruhigungsmittel in den Arm. Die etwas schläfrig wirkende »Austauschcrew« erweckte keinen Verdacht, als sie am Abend an Bord der israelischen Maschine ging – gemeinsam mit den unverdächtigen israelischen Würdenträgern, die an den argentinischen Feierlichkeiten teilgenommen hatten, unter ihnen der damalige Erziehungsminister Abba Eban.

Der echte El-Al-Pilot erfuhr von seinem berüchtigten Passagier erst nach dem Start in Buenos Aires, in den ersten Minuten des 21. Mai. Um die Maschine unterwegs aufzutanken, suchte man sich auf Harels Vorschlag die abseitsgelegenste Stadt, die man finden konnte. Mit dem letzten Tropfen Flugbenzin erreichten sie Dakar im Senegal. Niemand in Westafrika stellte irgendwelche Fragen nach einem verschwundenen Deutsch-Argentinier. Das Auftanken verlief ohne Zwischenfälle, und das Sonderflugzeug, das den berüchtigten Nazi zu seiner Verurteilung nach Israel brachte, landete am 22. Mai um sieben Uhr morgens in Tel Aviv.

Premierminister Ben-Gurion tat den seltenen Schritt, dem Nachrichtendienst am nächsten Tag seine Anerkennung auszusprechen, als er der Knesset berichtete, »daß die Sicherheitsdienste Israels Eichmann gefunden haben ... und ihn binnen kurzem vor ein israelisches Gericht stellen werden«. Der Beifall des Parlaments war einmütig.[115]

Der Prozeß begann ungefähr ein Jahr später, am 11. April 1961. Unter weltweiter Berichterstattung in Presse und Fernsehen hörte »der Mann im Glaskasten« die Aussagen der Zeugen, die auf herzzerreißende Weise seine Verbrechen und die der gesamten Tötungsmaschinerie der Nazis beschrieben. Eichmann verteidigte sich, er habe nur Befehle ausgeführt. Er wurde jedoch wegen Verbrechen gegen die Menschlichkeit verurteilt und am 31. Mai 1962 im Ramle-Gefängnis gehängt. Außer Captain Meir Toubianski, der 1948 auf Befehl des Abwehrchefs Isser Beeri erschossen wurde, war er der einzige Mensch, der in Israel je hingerichtet wurde.

Eichmanns Entführung und der einmütige weltweite Beifall, der dem israelischen Nachrichtendienst gezollt wurde, gehörten sicher zu Harels Sternstunden. Noch 30 Jahre später wurde er, wo immer er auftauchte, als »der Mann« begrüßt, »der Eichmann gefangen hat«. Das kühnste Unternehmen des Memuneh war zugleich ein klassischer Beweis für *humint* – die außergewöhnlichen intellektuellen Fähigkeiten seiner Agenten, die in diesem Fall ohne alle technologischen Hilfsmittel gearbeitet hatten.

Erst Jahrzehnte später hat Harel erzählt, wie nah sein Team daran war, in derselben Nacht wie Eichmann auch noch Josef Mengele zu fassen. Peter Malkin, der sich in Argentinien ausführlich mit Eichmann unterhalten habe, sagte, er hatte ihn immer wieder bedrängt: »Sagen Sie uns, wo Ihr Freund Mengele ist. Sie müssen doch wissen, wo er lebt.« Aber Eichmann habe sich darauf versteift, keine Ahnung zu haben.[116] Harel behauptete jedoch, er habe den Verdacht gehabt, daß Eichmann, der in einer sehr armseligen Umgebung lebte, »von Mengele unterstützt worden sei, dessen Familie sehr vermögend war«. Immerhin hatten die israelischen Agenten eine Adresse, der sie nachgehen konnten: ein luxuriöses Appartement in Buenos

Aires, in dem Mengele gewohnt hatte. Die Agenten durchsuchten das Gebäude und stellten fest, daß Mengele und seine Familie das Appartement zwei Wochen vor Eichmanns Entführung fluchtartig verlassen hatten. Mengele ging nach Paraguay und später nach Brasilien.[117]

Trotzdem wurden die Versuche fortgesetzt, ihn zu fassen. Eine der wenigen hohen Mossad-Agentinnen, Yehudit Nisiyan, leistete glänzende Arbeit als Chefin einer Einheit, die Nachrichten über Mengele und weitere flüchtige Deutsche sammelte. Als Brasilien 1985 den jahrelangen Gerüchten ein Ende bereitete und bekanntgab, der Naziarzt sei verstorben, entsandte der Mossad insgeheim einen Pathologen, um das Skelett zu untersuchen und gegebenenfalls zu bestätigen, daß man das Wild an der Spitze der Jagdliste ein für allemal ausstreichen konnte.[118]

Ein wenn möglich noch größeres Geheimnis ist, daß eine Mossad-Aktionsgruppe drei Osteuropäer ermordete, die im Zweiten Weltkrieg mit den Deutschen zusammengearbeitet hatten, darunter einen Polen, der Aufseher in einem Konzentrationslager gewesen war. Der Mossad sorgte dafür, daß ihre Familien erfuhren, warum sie umgebracht worden waren, damit auch andere Kriegsverbrecher die abschreckende Nachricht erfuhren.

Für Harel war die Bestrafung der Nazis eine heilige Aufgabe, die Abtragung einer Schuld gegenüber sechs Millionen ermordeter Juden. Es war eine Mission, die die Israelis aus der Gruppe der westlichen Geheimdienste heraushob. Die Nachrichtendienste anderer Nationen versuchten nur dann einer Person habhaft zu werden, wenn sie für den von ihnen zu verteidigenden Staat eine Gefahr bedeutete. Harel dagegen setzte seinen Mossad für eine intensive, weltweite Jagd auf Kriminelle fremder Staaten ein, die in dritten oder vierten Ländern gegen Menschenrechte verstoßen hatten – und nicht etwa gegen Verteidigungs- oder Sicherheitsinteressen des Staates Israel, der noch nicht einmal bestand, als die Verbrechen begangen wurden.

In einer Welt, die nichts gegen die Nazis unternahm, als sie vor Gericht anzuklagen, falls man sie denn hatte, fand Harel eine einzigartige Lösung: Die Israelis würden sie ihnen liefern. Harel schuf eine Sondereinheit, die die Spezialaufgabe hatte, Nazis zu jagen, die Juden ermordet hatten. Verantwortlicher Mossad-Offizier wurde Shmuel Toledano, der sich Mitte der 50er Jahre beim Exodus der Juden aus Marokko ausgezeichnet hatte.

Die westdeutsche Regierung half den Israelis, eine Liste der zehn gesuchtesten Nazis zusammenzustellen. Unter anderem suchte Toledanos Einheit Dr. Mengele, Hitlers Stellvertreter Martin Bormann, Gestapochef Heinrich Müller und Leon de Grelle, einen Belgier und begeisterten SS-Offizier.

Die Jagd auf de Grelle löste eine bizarre Affäre aus. Im Frühjahr 1961 hörte der ehemalige Shin-Bet-Agent Zwy Aldouby, daß der Mossad den belgischen Nazi suchte. Aldouby träumte davon, den Ruhm selbst einzuheimsen. Er nahm Kontakt zu Yigal Mossensohn, einem berühmten israelischen Schriftsteller und ehemaligen Polizeioffizier, auf und engagierte ihn für eine Entführungsaktion – wobei er den Eindruck erweckte, er handele in offiziellem Regierungsauftrag.

Aldouby war damals nebenberuflich als Journalist tätig und benutzte seine Kontakte, um alte Freunde im französischen Sicherheitsdienst zu rekrutieren, einschließlich Präsident de Gaulles Leibwächter. In der Hoffnung, die Geschichte am Ende als Drehbuch verkaufen zu können – und mit dem von einigen großen Zeitschriften gezahlten Vorschuß –, wurde das bunt zusammengewürfelte Team in Spanien aktiv.

Sie verfolgten de Grelle bis zu seinem Haus nahe Sevilla, um ihn à la Eichmann zu entführen und den belgischen Gerichten zu übergeben, die ihn bereits in Abwesenheit zum Tode verurteilt hatten. Sie hofften sogar, de Grelle werde sie schließlich zu Bormann führen, da sie Briefe zwischen den beiden Nazis abgefangen hatten.

Nach mehreren Erkundungsfahrten wurden Aldouby und sein französischer Partner Jacques Finston verhaftet, als sie am 14. Juli 1961 von Frankreich aus die spanische Grenze überschreiten wollten, um ihren Plan endgültig in die Tat umzusetzen. Ein paar Tage später wurde auch Mossensohn von der Polizei an Bord einer Yacht gestellt, die den entführten de Grelle hätte außer Landes bringen sollen. Mossensohn erinnert sich: »Wahrscheinlich wurden wir die ganze Zeit über beschattet, denn Aldouby konnte den Mund nicht halten. Er sprach über die Operation am Telefon. Alle seine Freundinnen wußten davon, und er hatte viele.«[119]

Aldouby und Finston wurden von den Spaniern eingesperrt. Sie wurden gefoltert und zu sieben Jahren Haft verurteilt. Mossensohn hatte weit mehr Glück – er kam nach ein paar Stunden frei. Mehr als 20 Jahre später wußte er immer noch nicht, warum man ihn hatte laufen lassen. Dann erzählte ihm ein Mossad-Agent, daß er sein Glück Israels Premierminister verdanke. Da Ben-Gurion seine Bücher schätzte, habe der »Alte Mann« Generalissimo Franco angerufen und ihn gebeten: »Tun Sie Mossensohn nichts. Lassen Sie ihn frei.«[120]

Diese merkwürdigen Ereignisse wirkten sich wieder einmal negativ für den israelischen Nachrichtendienst aus. Mehrere Staaten in Westeuropa wurden nach der geplanten De-Grelle-Aktion gegenüber israelischen Agenten äußerst mißtrauisch. Harel schickte seine neue Operationseinheit weiterhin auf ausländische Abenteuer aus, wobei er persönlich in Aktion trat, wenn ihn ein Fall besonders interessierte. Die nächste große Jagd galt nicht einem Mann, sondern einem Jungen. Der israelische Nachrichtendienst durchstreifte den Globus nach einem Zehnjährigen mit Spitznamen Yossele.

Yosef Schumacher war erst acht Jahre alt, als er Ende 1959 von seinem eigenen Großvater entführt wurde, einem ultraorthodoxen Juden, der sich Sorgen darüber machte, daß Yosseles Eltern den Jungen zu weltlich erzogen. Der alte Mann wurde von Mitgliedern der *Neturei Karta* (»Wächter der Zitadelle«) unterstützt, die wütende Gegner des Zionismus waren und sind. Ihrer Meinung nach brauchen die Juden keinen Staat, solange der Messias nicht gekommen ist.

Yossele wurde als Mädchen verkleidet ins Ausland geschmuggelt und zunächst in Europa, später in New York von einem Versteck ins andere gebracht. Der Fall sorgte für ständige Schlagzeilen in der israelischen Presse, aber niemand schien zu wissen, wo er war. Der simple Refrain eines Schlagers, der auf dem Fall basierte, wurde fast nonstop in ganz Israel gesungen: »Wo ist Yossele?« Über die Behörden wurden Witze gemacht, weil sie nicht in der Lage waren, das Kind aufzuspüren.

Nachdem er Eichmann gefaßt hatte, fühlte Harel sich herausgefordert, eine weitere menschliche »Nadel im Heuhaufen« zu finden. Es ärgerte ihn gewaltig, wie sich Presse und Oppositionspolitiker über Ben-Gurion und sein Kabinett wegen ihres Versagens in dieser Sache lustig machten. Harel startete das Unternehmen »Tiger« und schickte seine Gemeinschaftseinheit trotz der Bedenken einiger Vertreter bei Mossad und Shin Bet auf die Suche nach Yossele Schumacher. Hochrangige Agenten im Ausland erhielten Order, ihre anderen Tätigkeiten – inklusive der Suche nach Mengele – ruhen zu lassen und den Jungen zu finden. Mit Erfolg.

Als erstes verlegte Harel sein Hauptquartier für eine Weile nach Paris, um dort ein paar fromme Juden zu befragen, die anscheinend geholfen hatten, den vermißten Jungen zu verstekken. Der Memuneh bat sie sehr eindringlich, doch daran zu denken, wie sehr Yosseles Eltern litten. Seine Worte erweichten das Herz von Ruth Ben-David, die den Jungen per Schiff aus Israel hinausgebracht hatte, indem sie ihm eine Perücke aufsetzte und ihn Claudine nannte. Sie gab den Mitgliedern des Mossad die Adresse in New York, wo Yossele sich aufhielt.

Israels gesuchtester Junge wurde im Juli 1962 in einem von jüdischen Zeloten bewohnten Appartement in Brooklyn gefunden. Das FBI wurde unterrichtet und Yossele im Triumph zu seinen Eltern nach Israel zurückgebracht. Es mag albern erscheinen, aber wiederum ernteten die Geheimdienste warmen Dank, und Israels geheime Verteidiger sonnten sich in dem Lob.[121] Etwa um die Zeit, als Klein-Yossele gefunden wurde, erhielt der Marokko-Veteran und Nazi-Jäger Shmuel Toledano einen neuen Auftrag von Harel – wieder in Südamerika, aber mit dem vorhergehenden sonst nicht zu vergleichen.

Die Ergreifung Eichmanns 1960 in Buenos Aires brachte dem Mossad rund um die Welt viel Ruhm ein. Aber sie gab zugleich dem Antisemitismus in Argentinien Auftrieb und brachte die dort Lebenden 500 000 Juden in Gefahr. Die Berichte sprachen von einer merklichen Zunahme der Angriffe auf Juden, die von der argentinischen Faschistengruppe Tacuara, »Pfeil«, organisiert wurden. Zu ihren Mitgliedern zählten viele Söhne und Töchter prominenter Polizei- und Armeeoffiziere.

Am 1. Juli 1962 wurde eine jüdische Studentin namens Garcia Sirota von Tacuara-Mitgliedern entführt. Man tätowierte ihr ein Nazi-Hakenkreuz auf die Brust. Das Ereignis schockierte die jüdischen Gemeinden in Argentinien, und in Israel brachten die Zeitungen Leitartikel, die die Regierung dringend aufforderten, »unseren jüdischen Brüdern« in Südamerika Hilfe zu schicken. Harel ließ sich nicht lange bitten. Toledano bekam Order, im Rahmen eines geheimen Mossad-Projektes junge jüdische Aktivisten aus Argentinien und dessen Nachbarländern für ein intensives Selbstverteidigungstraining nach Israel zu bringen.

Das Thema Nazis und Antisemitismus wurde – wie seine Jagd auf kommunistische »Maulwürfe« – ein Hauptanliegen Harels, das letztlich zu seinem Sturz führte. In den frühen 60er Jahren begann er sich speziell für die ominöse Ankunft deutscher Raketenforscher in Ägypten zu interessieren. Präsident Nasser hatte die Deutschen gebeten, ihm bei der Entwicklung von Boden-Boden-Raketen zu helfen, die in einem zukünftigen Krieg gegen Israel eingesetzt werden konnten. Harel glaubte ernsthaft, daß die Deutschen sich mal wieder an einem größeren Unternehmen zur Vernichtung der Juden beteiligten. Er antwortete mit der Operation »Damokles«, ein Schwert, das zukünftig über dem Kopf eines jeden deutschen Wissenschaftlers hing, der für die Ägypter arbeitete.

Man sandte Bombenbriefe an die in das Raketenprojekt involvierten Deutschen und ihre Familien. Einschüchterungsversuche dieser Art wurden in ganz Europa durchgeführt. Harel griff damit eine erfolgreiche Technik wieder auf, die bereits 1956 angewandt worden war. Damals waren auf Befehl des Aman-Chefs Harkabi Briefbomben an jene ägyptischen Offiziere geschickt worden, die für die Übergriffe der Terroristen aus dem Gazastreifen auf Israel verantwortlich waren. Zwei ranghohe Ägypter waren damals getötet worden.

Die Anschläge auf die deutschen Wissenschaftler verursachten ein paar Verletzungen und verängstigten die Betroffenen. Harel glaubte sich auf dem richtigen Weg, aber gleichzeitig wurden seine Beziehungen zu Ben-Gurion durch diese Aktionen extrem belastet, der ihn immer wieder drängte, die westdeutsche Regierung nicht zu verärgern. Der Premier bedeutete ihm schlicht: »Hände weg von den Deutschen.«

Harel ging in dieser Angelegenheit ungewöhnlich weit. Sein Schachzug löste sogar bei vielen Mossad-Leuten Unruhe aus. Um die Wissenschaftler zum Abzug zu zwingen, sandte er ein Team nach Madrid, das sich mit dem ehemaligen Nazi-Offizier Otto Skorzeny traf, der mit einigen Deutschen in Kairo befreundet war. Die Mossad-Agenten gaben sich ihm gegenüber als Vertreter des Nachrichtendienstes der NATO aus und überredeten ihn, seine Freunde zum Verlassen Ägyptens zu veranlassen – zum Schutz westlicher Interessen.[122]

Kaum zwei Jahre nachdem der Massenmörder Eichmann vom Mossad aus Argentinien entführt worden war, mag es überraschen, daß sich die Israelis in dieser Sache eines Deutschen bedienten. Aber Harel entschied – hierin dem Nachkriegstribunal folgend –, daß Skorzeny zwar deutscher Soldat gewesen sei, aber keine Kriegsverbrechen begangen habe.

Der Einsatz eines anderen ungewöhnlichen Agenten führte dann zu dem katastrophalen Ende der Operation Damokles. Es war der Österreicher Dr. Otto Joklik. Seine Rekrutierung war ein ungewöhnlicher Erfolg für den Memuneh, denn Joklik war einer der für Nasser in Ägypten arbeitenden Raketenforscher. Mehr Abenteurer als Ballistikexperte, hatte Joklik die Ägypter überzeugt, daß er für sie eine Kobaltbombe bauen könne. Fröhlich kassierte er von Ägypten ein großzügiges Gehalt, ohne daß seine Arbeit sehr erfolgreich war.

Harel überredete Joklik, statt dessen für ihn zu arbeiten. Wie israelische Insider behaupten, habe diesen vor allem die zusätzliche Verdienstmöglichkeit gereizt. Der Österreicher wurde der »Innenarbeiter« des Mossad. Nachdem er Kairo verlassen hatte, flog er nach Israel und übergab den Israelis die gesamten Unterlagen für das geheime Raketenprojekt. Zugleich warnte Joklik davor, daß Ägypten mit allen Kräften ein äußerst gefährliches Ziel verfolge: die Entwicklung sogenannter »ABC«-Waffen – »atomare, biologische und chemische« Waffen. Diese Massenvernichtungsmittel könnten in den Sprengköpfen der von den Deutschen entworfenen Raketen untergebracht werden. Die Geschichte des Österreichers deckte sich mit Harels Befürchtungen.

Vor allem wegen des von ihm strikt vertretenen Prinzips der Aufgabentrennung erzählte Harel niemandem in den Führungsgremien der Verteidigungs- und Sicherheitsdienste etwas von Jokliks Aufenthalt in Israel. Der stellvertretende Verteidigungsminister Shimon Peres fand jedoch über interne Quellen in den engverzahnten Nachrichtendiensten heraus, daß Harel den »österreichischen Wissenschaftler« versteckt hielt. Peres bestand auf einer Begegnung mit Joklik, damit das Ministerium ihm einige Fragen stellen konnte.

Harel lehnte ab, wobei er sich auf eine innerhalb des Nachrichtendienstes bestehende Tradition berief, daß Agenturen selten ihre geheimen Quellen miteinander teilen. Man tauscht zwar Informationen aus, nicht aber die Informanten selbst. Je weniger Leute sie kennen, desto sicherer sind sie.

Peres beschwerte sich bei Ben-Gurion und drohte mit seinem Rücktritt. In seiner Eigenschaft als Premierminister befahl der »Alte Mann« Harel, Joklik dem Verteidigungsministerium zur Verfügung zu stellen. Als Verteidigungsminister wiederum beauftragte er Binyamin Blumberg mit der Befragung, den Chef von Lakam. Da zu Blumbergs Stab auch Wissenschaftler gehörten, würde er Harels Befürchtung beurteilen können, Ägypten verfüge in Kürze über »ABC«-Waffen, die die Existenz Israels bedrohten. Selbstverständlich machte dieses Vorgehen Harel nur noch wütender.

Blumbergs Analytiker verneinten – ohne daß irgend jemand von ihrer Verbindung zu Lakam wußte – Jokliks Behauptung über eine vermeintliche Gefahr durch das ägyptische Raketenprojekt. Vielmehr kamen sie zu dem Ergebnis, daß der wissenschaftliche Leumund des Österreichers zu erheblichen Zweifeln Anlaß gäbe. Harel jedoch war nach wie vor überzeugt, daß Nasser die Vernichtung Israels plane. Der Memuneh vertraute Joklik. Er gab ihm den Israeli Yosef Ben-Gal zur Seite und schickte die beiden in geheimer Mission in die Schweiz. Dort sollten sie sich Heidi Görka vornehmen, die Tochter des an Ägyptens Raketenprojekt mitarbeitenden Wissenschaftlers Paul Görka. Sie sagten ihr, es könne schlimme Folgen haben, wenn ihr Vater Kairo nicht sofort verlasse. Heidi Görka informierte die Schweizer Polizei, die die beiden Mossad-Agenten am 15. März 1963 vor einem Baseler Hotel verhaftete.

Nur wenige Wochen zuvor waren zwei israelische Agenten in der Nähe der Wohnung eines Raketenforschers in Westdeutschland gefaßt worden. Damals hatte der Mossad dank seiner guten Beziehungen zum BND diesen überreden können, in aller Stille für die Freilassung der Israelis zu sorgen. Joklik und Ben-Gal hatten in der Schweiz nicht so viel Glück. Ihr Gerichtsverfahren brachte Israel in der Öffentlichkeit in eine peinliche Lage. Der Österreicher und der Israeli kamen – wenn auch nur für kurze Zeit – ins Gefängnis. Wenn es stimmt, daß jedem drei Fehler erlaubt sind, dann war dies der erste.

In dem Glauben, daß Deutsche und Ägypter noch immer an ihren Plänen festhielten und der Prozeß in der Schweiz eine Erklärung verlange, beschloß Harel, sich an die Öffentlichkeit zu wenden. Er hoffte, die Welt oder zumindest das israelische Volk davon zu überzeugen, daß die Erben der Nazi-Generation jetzt

Ägypten als Basis benutzten, um dem von den Überlebenden des Holocaust errichteten Staat einen tödlichen Schlag zu versetzen.

Mossad-Agenten wurden damit beauftragt, Journalisten in mehreren europäischen Ländern zu informieren. Drei führende israelische Zeitungsreporter übernahmen – von Harel überredet – einen Sonderauftrag, teils für ihre Zeitungen, teils als Spione für den Mossad, mehr über die deutschen Wissenschaftler herauszubekommen.[123]

Dies war wahrscheinlich das erste Mal – und eins der wenigen Male –, wo der Mossad Journalisten für sich arbeiten ließ. Es war Harels zweiter großer Fehler. Die von ihnen als Ergebnis ihrer Recherchen veröffentlichten Artikel verursachten in der israelischen Öffentlichkeit eine Panik vor der von Ägypten drohenden Raketengefahr. Ben-Gurion tobte. Er wies Harel wegen der nicht autorisierten Information der Presse scharf zurecht und beschuldigte ihn, die sich zwischen Israel und Westdeutschland anbahnenden Beziehungen zu ruinieren. Diese Verbindungen waren für Ben-Gurion, Peres und ihre Kreise von besonderem Interesse, da sich Israels Freundschaft zu Frankreich unter de Gaulle abzukühlen begann.

Harel kümmerte sich nicht viel um diplomatische Überlegungen oder die Frage, wie wichtig Westdeutschland für Ben-Gurions neue Außenpolitik war. Der Memuneh setzte seine Kampagne ungerührt fort. Der »Alte Mann« aber war nicht bereit, ihm irgend etwas zu erlauben, das die Beziehungen zu Bonn blockierte. Dies war Harels dritter großer Fehler.

Ben-Gurion forderte Harel auf, seinen privaten Kreuzzug zu beenden. Harel lehnte ab und suchte Rückendeckung bei anderen Mitgliedern der Mapai-Partei wie Außenministerin Golda Meir und Finanzminister Levi Eshkol. Zur gleichen Zeit hatten die politischen Diskussionen über die Lavon-Affäre ihren grimmigen Höhepunkt erreicht.

Zum erstenmal seit 1948 schloß sich Harel damit Ben-Gurions Gegnern an und fand sich plötzlich im feindlichen Lager. Harel hoffte noch immer, das Veto seines Mentors umgehen und den heiligen Kampf gegen die Nazi-Wissenschaftler wieder aufnehmen zu können. In Ben-Gurions Augen war dies indes gleichbedeutend mit Verrat.

Hinter den Kulissen hatte sich zwischen dem Premierminister

und Harel über andere Dinge bereits Mißtrauen breitgemacht. Ben-Gurion war schon über Harels Eifer in der Verfolgung Israel Beers nicht sehr glücklich gewesen. Dessen Verhaftung 1961 warf auch auf Ben-Gurion ein schlechtes Licht. Auf der anderen Seite war Harel absolut nicht damit einverstanden gewesen, daß Ben Gurion Shimon Peres zum Leiter des geheimen Atomprojekts und von Lakam ernannte. Auf der anderen Seite stieß sich der Premierminister an Harels übertriebener Machtfülle. Im Streit um die deutschen Wissenschaftler bekam die Beziehung der beiden alten Freunde nun tiefe Risse, und ihr einst tiefes Vertrauen zueinander würde zerstört.

Am 25. März 1963, neun Tage nach der Verhaftung Jokliks und Ben-Gals in der Schweiz, reichte Harel sein Rücktrittsgesuch ein. Insgeheim hoffte er, Ben-Gurion würde sein Gesuch nicht annehmen und ihn bitten, als Memuneh auf seinem Posten zu bleiben. Harel glaubte inzwischen selbst an den Mythos, der sich um seine Person rankte. Der kleine Junge aus Witebsk war zum Großmeister im internationalen Schachspiel geworden. Er traf sich mit mächtigen Persönlichkeiten wie Allen Dulles, dem Vertrauten Präsident Eisenhowers, und General Bachtiar, dem Chef von Savak und gleichzeitigen Premierminister des Iran. Harel war der Ansicht, daß ihm die gleiche Machtfülle zustehe und er sogar Kabinettsminister werden sollte. Zumindest glaubte er, daß er als Memuneh unersetzlich sei. Ben-Gurion dachte anders darüber.

Dies war das Ende einer Ära. Der große Kreuzritter war durch sein eigenes Schwert gefallen.

6. Amit gestaltet den Mossad um

Ein Kurier überbrachte Generalmajor Meir Amit einen Zettel. »Nehmen Sie sofort Kontakt mit dem Büro des Premierministers in Tel Aviv auf«, las er, bevor er die Botschaft sauber zusammenfaltete und in die Brusttasche seiner Armeeuniform steckte. Es war der 26. März 1963, und Amit besuchte Militäreinheiten in der Nähe des Toten Meeres.

Er tat, wie ihm befohlen, eilte zum nächsten Telefon und rief Ben-Gurions Büro an. »Der ›Alte Mann‹ möchte sie sofort sehen. Wir schicken ein Flugzeug«, erklärte ihm der Adjutant des Premierministers.

Etwa drei Stunden später betrat Amit das Büro Ben-Gurions in Tel Aviv. Es war ein schmales, dreistöckiges Backsteingebäude mit einem roten Ziegeldach und einem winzigen Portal und diente als Zweigstelle des Hauptbüros in Jerusalem. Amit kannte sich in dieser Gegend gut aus. Das Büro des Premiers lag inmitten ähnlicher Häuser an einer der Alleen der Kirya, der militärischen Zone, die den Generalstab der Armee sowie die Hauptquartiere der Nachrichtendienste beherbergte.

Ben-Gurion begrüßte ihn und zeigte ihm die Kopie eines Briefes, den er wenige Stunden zuvor an Isser Harel geschickt hatte. Er enthielt die Annahme des Rücktrittsgesuchs. Ohne Amit auch nur zu fragen, ob er den neuen Posten haben wollte, sagte Ben-Gurion: »Sie sind der nächste Chef des Mossad.« Es war ein Befehl, und Amit gehorchte.[124]

Das plötzliche Angebot hatte General Amit überrascht, obschon er persönlich der Ansicht war, daß es nach zwölf Jahren außergewöhnlichen Einflusses auf die Nachrichtendienste für Harel an der Zeit war, zu gehen. Die zweite Überraschung war Ben-Gurions Entscheidung, Amit nicht die gleichen Machtbefugnisse einzuräumen wie Harel. Es würde keinen Memuneh mehr geben, der sowohl die Spionage im Ausland wie die Spionageabwehr im Inland leitete. Shin-Bet-Chef würde jemand anders werden.

Dennoch bekleidete Amit zunächst zwei Ämter. Als krönender Abschluß einer langen Karriere als Soldat war er ein Jahr zuvor zum Aman-Chef ernannt worden. Amit war 1926 in Tiberias als Meir Slutzki geboren. Als Sozialist erzogen, schloß sich

Amit dem Kibbuz Alonin im unteren Galiläa an und engagierte sich in der Haganah. Im Befreiungskrieg 1948 kommandierte er eine Kompanie. Nach dem Sieg fühlte er sich zwischen seinen kommunalen Bindungen und der Verpflichtung, das Land zu verteidigen, hin und her gerissen. Statt in den Kibbuz zurückzukehren, entschloß er sich, in der Armee zu bleiben – den neuen Israel Defence Forces.

Während der 50er Jahre kommandierte Amit Infanterie- und Panzereinheiten. Er gehörte zu den Männern, die das »Prinzip des ›Follow me‹« entwickelten, das Markenzeichen der israelischen Armee. Der IDF-Offizier bleibt dabei nicht im Hintergrund, sondern führt seine Truppen persönlich als mutiges Vorbild in die Schlacht. Amit wurde ein guter Freund von General Moshe Dayan und diente ihm 1956 während des Suez-Krieges als Adjutant. Danach ließ er sich für ein Philosophiestudium beurlauben und erwarb an der Columbia University in New York einen Grad in Volkswirtschaft.

Als man ihm 1962 den Posten des Aman-Chefs anbot, hätte er sich vielleicht zweimal überlegen sollen, ob er ihn annähme. Der Geheimdienstjob hatte seinen Inhabern bisher nichts als Unglück gebracht. Drei von vier Kommandeuren waren zum Rücktritt gezwungen worden: 1949 Isser Beeri wegen Verletzung der Bürgerrechte, 1955 Benyamini Gibli wegen seiner stupiden Sabotageaktion in Ägypten und 1958 Yehoshafat Harkabi wegen seines Versagens bei einer Manöverübung der Armeereservisten. Auf Harkabi jedoch folgte ein personifiziertes Erfolgswunder: Chaim Herzog. Er hatte zuvor bereits Beeri bei Aman ersetzt und kehrte 1958 auf diesen Posten zurück, um den Ruf des militärischen Abschirmdienstes aufzubessern. Er verschaffte Aman wieder Respekt, aber selbst Herzog konnte seine Agentur nicht aus dem riesigen Schatten des Mossad unter Harel herausbringen.

Als sich Herzog 1962 endgültig aus dem öffentlichen Dienst zurückzog, wurde sein Aman-Posten gegen Harels Widerstand Amit angeboten. Der Memuneh hielt es für einen Fehler, für dieses Amt einen Mann ohne Erfahrung im Nachrichtendienst auszuwählen. Insgeheim mag er auch den Ruf des Generals als Konkurrenz bei seinen eigenen loyalen Gefolgsleuten gefürchtet haben. Harels Einfluß auf Ben-Gurion schwand jedoch bereits, und Amit bekam den Posten.

Nachdem Amit das Aman-Hauptquartier in der Kirya übernommen hatte, versuchte er von Anfang an, die bestehende
Feindseligkeit und Konkurrenz zwischen seiner Agentur und
Harels Mossad abzubauen. Seiner Meinung nach war bei der
Verteidigung des jüdischen Staates kein Raum für Rivalitäten
unter den einzelnen Geheimdiensten. Statt dessen schlug er eine
enge Zusammenarbeit vor.

Nach einigen Wochen hatte sich das Verhältnis zwischen ihm
und Harel jedoch trotz aller Versöhnungsversuche allenfalls ver-
schlechtert. Sie vertraten nicht nur unterschiedliche Ansichten,
sie waren auch von der Mentalität her völlig verschieden. Harel
war ein Mann der Tat, Amit ein Spezialist für militärische Strategie. Harel reiste unangefochten monatelang durch Europa, um
Yossele Schumacher oder irgendeine andere Beute aufzuspüren, schlief in irgendwelchen Hütten und fror bei nächtlichen
Überwachungsaktionen auf der Straße.

Die Offiziere des Abschirmdienstes fanden die Methoden des
Mossad lachhaft, weil Israels Auslandsspione kaum etwas her-
ausbrachten, wenn es um die militärische Stärke der arabischen
Länder ging.

Als Amit Chef des Mossad wurde, versprachen sich die ranghohen Kommandanten hiervon natürlich eine erhebliche Aus-
weitung der Produktivität. Er war einer der Ihren, und durch
seine Doppelfunktion bei Mossad und Aman mußten sich Leistungsfähigkeit und Koordination zwangsläufig verbessern. Bisher hatte noch niemand vor ihm beide Posten gleichzeitig innegehabt.

Amit mußte sich auf seinem neuen Posten erst durchsetzen.
Er war der erste Außenseiter, der Leiter des Mossad wurde. Außerdem hatte er das Handicap, daß er einen Mann ersetzen
sollte, der zwölf Jahre lang den Mossad und Shin Bet nach seinen
Vorstellungen geformt hatte. Die meisten Mitarbeiter konnten
und wollten Harel nicht vergessen. Für sie war der Memuneh
schon zu seinen Lebzeiten zur Legende geworden, zum Patriar-
chen des Nachrichtendienstes.

Als Amit das erstemal das Mossad-Hauptquartier betrat, war
der Empfang ausgesprochen frostig. Im Gegensatz zu seinen
neuen Untergebenen, die Zivil trugen, erschien Amit in seiner
Generalsuniform. Zuerst suchte er Harel auf, der ihn »sauer wie
eine Zitrone« erwartete, wie Amit sich später erinnerte.[125]

Der scheidende Mossad-Chef machte ein paar nichtssagende Bemerkungen, stand dann einfach auf und ging. Seine drei Sekretärinnen brachen in Tränen aus.

Am nächsten Tag, dem 27. März 1963, landete ein dechiffriertes Telex auf dem Schreibtisch des neuen Mossad-Chefs. Die Absender bedauerten Harels Ausscheiden aus dem Nachrichtendienst und hoben hervor, »daß alles versucht werden muß, um ihn zurückzubringen«. Die Erklärung war von den ranghöchsten Mossad-Agenten in Europa unterzeichnet. Aber nicht etwa mit ihren Namen, sondern mit ihren Codenamen – wie bei Geheimberichten üblich –, und Amit mußte erst seine Assistenten bemühen, um herauszubekommen, daß der Brief von Shmuel Toledano, Yitzhak Shamir, Mordecai Almog und Yosef (Joe) Ra'anan kam.

Toledano und die anderen hatten zuerst erwogen, gemeinsam zurückzutreten, sich aber dann entschlossen, nur dieses grobe Telex zu schicken. Ihr Aufbegehren war weniger ernst als »der Aufstand der Spione« 22 Jahre zuvor, als das Political Department des Außenministeriums reorganisiert wurde. Dennoch hatte Amit einen schweren Start in einer verbitterten Atmosphäre.[126]

Amit hatte weder Verständnis noch Geduld für Briefeschreiber und Petenten. Er entstammte einer anderen Tradition, wo die militärische Befehlskette respektiert wurde. Wenn ein Kommandant in der Schlacht fiel oder aus einem anderen Grund die Leitung abgab, konnte und mußte er ersetzt werden.

Der neue Mossad-Chef schoß scharf zurück, um weitere Proteste dieser Art im Keim zu ersticken. »Ich kann Ihr Benehmen nicht akzeptieren«, schrieb Amit. »Ich bin an kollektive Proteste nicht gewöhnt.«

Die vergiftete Stimmung innerhalb des Geheimdienstes veranlaßte Amit, Harels Sabotageaktionen gegen die deutschen Wissenschaftler in Ägypten überprüfen zu lassen. Die Untersuchung führte ein aus Kabinettsministern gebildetes Sonderkomitee durch. Harel wurde Einsicht in die Mossad-Akten gewährt, bevor er vor dem Ausschuß aussagte.[127] Die Kluft zwischen Amit und den Mossad-Leuten war zu tief, als daß man zu einer Verständigung hätte kommen können. Noch Jahrzehnte später war es schwierig, Amit oder den nunmehrigen Premierminister Shamir zu bewegen, ein nettes Wort über den anderen zu sagen.

Amit und Joe Ra'anan machten kein Hehl aus ihrer Feindschaft, als sie 1970 beide Vorsitzende verschiedener israelischer Wirtschaftsgruppen waren. Am tiefsten war jedoch der Abscheu zwischen Amit und Harel, der wie alter Wein mit jedem Jahr an Intensität gewann.[128]

1963 flog Amit nach Paris, um sich mit seinen europäischen Agenten auszusprechen. Außerdem bot er Yaakov Karoz – einem Protegé Harels – an, sein Stellvertreter zu werden. Karoz war Chef der Mossad-Abteilung für politische Aktionen und auswärtige Beziehungen und hatte der Agentur seit ihren frühesten Tagen als »alternativer Diplomat« gedient. Er nahm Amits Angebot an – ein Schritt, der den Zorn der Harels-Anhänger etwas besänftigte.

Auch ein Wechsel in der israelischen Regierung half, die Spannungen zu entschärfen. Im Juni 1963, drei Monate nachdem Ben-Gurion Harel gezwungen hatte, den Dienst zu quittieren, trat der »Alte Mann« selbst als Premierminister zurück. Er war die Machtstreitigkeiten innerhalb der Mapai-Partei über die Lavon-Affäre müde. Das Versagen des Nachrichtendienstes in Ägypten hatte seine Vormachtstellung stark untergraben. Neun Jahre, nachdem der Sabotagering aufgeflogen war, hatte er genug.

Ben-Gurion ging – und gründete mit seinen Gefolgsleuten Moshe Dayan und Shimon Peres eine neue, zentralistische Partei: Rafi. Mapai, die noch immer über die meisten Sitze in der Knesset verfügte, wählte Levi Eshkol zum neuen Premierminister.

Eshkol zeigte großes Interesse am Nachrichtendienst. Die Arbeit des Mossad betrachtete er buchstäblich mit Ehrfurcht. Von Zeit zu Zeit beglückwünschte er Amit zu der Arbeit seiner Agenten. Dieser wiederum nutzte die Chance und sorgte dafür, daß Eshkol, der als ehemaliger Finanzminister die richtigen Quellen in der Verwaltung kannte, das Budget des Mossad erhöhte. Dies versetzte Amit in die Lage, zusätzlich ein paar seiner eigenen Leute einzustellen und so die Reform des Geheimdienstes zu beschleunigen.

Amit bekleidete bis Dezember 1963 seine zwei Posten und pendelte zwischen den Büros von Mossad und Aman in Tel Aviv hin und her. Er benutzte diese Übergangsphase zur Umstrukturierung des Mossad, indem er Amans Eliteabteilung »Unit

131« in den Mossad übernahm. »Unit 131«, deren Ruf durch die Lavon-Affäre angeschlagen war, benötigte eine neue Identität und wurde mit zwei kleinen Operationseinheiten des Mossad zusammengelegt. Wegen des chronischen Personalmangels beim Mossad hatten diese einerseits Harels weltweite Missionen unterstützt und andererseits als Anlaufstelle für ausländische Informanten gedient, die von israelischen Führungsoffizieren betreut wurden. Yitzhak Shamir, der Chef des europäischen Teams, sollte die neue Einheit leiten, trat aber statt dessen zurück.[129]

Auch die drei anderen ranghohen Agenten, die seinerzeit das Telex an Amit unterzeichnet hatten, verließen innerhalb der nächsten zwei Jahre den Dienst. Sie konnten sich ausrechnen, daß ihre Beförderungschancen nicht mehr sehr hoch waren, nachdem sie so unverblümt »Flagge gezeigt« hatten. Toledano gab später zu, er habe seinerzeit gehofft, selbst Chef der Agentur zu werden. Statt dessen mußte er sich mit dem Posten eines Beraters in arabischen Angelegenheiten für Premierminister Eshkol zufriedengeben. Eine zwar angemessene Stellung für jemanden, der wie Toledano fließend Arabisch sprach, nicht aber für einen ehemaligen Agenten des Geheimdienstes.

Für Shamir, der bereits vor der Geburt Israels im Untergrund gearbeitet hatte, war die Umstellung besonders schwierig. Als Kommandant der »Stern Gang« und bei seiner späteren Spionagetätigkeit des Mossad in Europa hatte Shamir jene asketischen Eigenschaften entwickelt, die für eine Karriere beim Geheimdienst Voraussetzung sind: Er war argwöhnisch, in persönlichen Dingen anspruchslos und ständig im Dienst.

»Shamir war introvertiert, äußerst pflichtbewußt und ein harter Arbeiter«, erinnert sich einer seiner Kollegen vom Mossad. »Er brachte sich selbst Französisch bei, so schwierig das war. Man konnte sich stets auf ihn verlassen, aber es mangelte ihm an brillanten Ideen. Er kam morgens zur Arbeit und kehrte abends zu seiner Frau Shulamit und seinen beiden Kindern zurück.«[130] Shamirs Tochter Gilada zog es später ebenfalls zum Geheimdienst, während sein Sohn Yair Colonel bei der Luftwaffe wurde.

Nach seinem Ausscheiden beim Mossad gründete er eine Fabrik, aber das Geschäft war kein Erfolg. Es gab für ihn wenig Alternativen, und so ging er 1972 mit 55 Jahren in die Politik. Stets darauf bedacht, sich in der Menge unsichtbar zu machen, mußte sich der kleine, kaum jemals lächelnde Mann mit seinem schmalen Schnurrbart erst einmal daran gewöhnen, im Licht der Öffentlichkeit zu stehen. Selbst nachdem er das politische Handwerk gelernt hatte und Premierminister geworden war, erinnerte sich Shamir gern an seine Tätigkeit als Geheimagent. »Die Zeit beim Mossad gehört zu der glücklichsten meines Lebens«, meinte er, »selbst Politik und Präsidentschaft lassen sich nicht damit vergleichen.«[131]

Amit ersetzte die Ausscheidenden durch die Besten seiner eigenen Agenten, darunter den Leiter der militärischen Informationssammelabteilung Rehaviad Vardi.[132]

Er sorgte ferner für eine Beförderung der Militärattachés in den israelischen Botschaften in Übersee und ernannte einige von ihnen gleichzeitig zu Leitern der dortigen Mossad-Büros.

Der neue Chef wollte den Mossad zu einer anerkannten, modernen Geheimdienstorganisation umformen, deren erklärte Hauptaufgabe das Sammeln militärischer und politischer Daten über die arabischen Staaten sein sollte. Zukünftig sollten keine großartigen Aktionen mehr gestartet werden, die er für eine pure Geldverschwendung hielt. Beeinflußt durch sein volks- und betriebswirtschaftliches Studium in den USA wollte Amit die Arbeitsweise und das Management großer amerikanischer Firmen auf den Mossad übertragen.

Dementsprechend verlegte Amit das Mossad-Hauptquartier aus dem Kirya-Gelände des Verteidigungsministeriums in ein Gebäude im Zentrum Tel Avivs. Er selbst gönnte sich ein vornehmes, im amerikanischen Stil eingerichtetes Büro mit Holztäfelung und eleganten neuen Möbeln.

Dies wiederum verärgerte einige langjährige Mitarbeiter. Ihnen hatten die alten, bescheidenen Büros des ehemaligen Memuneh weit besser gefallen. Gezielt wurden aus dem Mossad Gerüchte in Umlauf gesetzt, wie sie 1951 bereits Asher Ben-Natan und seinem Political Department zum Verhängnis geworden waren. Sie reichten von Amits Verschwendungssucht bis zur Korruption von Mitarbeitern. Geschichten über das angeblich luxuriöse Leben hochrangiger Mossad-Funktionäre, die im Ausland in exklusiven Hotels wohnten und in den besten Restaurants speisten, machten die Runde.[133]

Amit trat diesen Gerüchten entschieden entgegen, ließ sich

aber andererseits seine Gewehre, Möbel und Teppiche nicht nehmen. Er wollte den Mossad modernisieren, und dazu gehörten auch neue, moderne Büros.

Darüber hinaus änderte er die Rekrutierungsmethoden des Mossad. Statt sich wie bisher auf Empfehlungen nach Art des britischen Prinzips der »old boys« zu verlassen und darauf zu setzen, daß ein langjähriger Bekannter, der die »richtige« Schule besucht und der »richtigen« Armee-Einheit angehört hatte, auch einen guten Spion abgeben würde, führte er objektivere Auswahlkriterien ein.

Dabei suchte Amit seine möglichen Kandidaten nicht nur in der Armee, sondern auch auf den Universitäten, in der Wirtschaft und unter den Einwanderern. Sein besonderes Augenmerk richtete er auf Männer und Frauen, die in ihrem Auftreten und ihrer Kleidung europäisch wirkten – Dinge, die in der israelischen Gesellschaft gemeinhin verpönt waren.

Einer seiner Kandidaten war Charlie Mayorkas. Er war als Jude in Istanbul geboren. Sein Vater war in der Schweiz aufgewachsen, seine Mutter kam aus Österreich. Mit 17 Jahren verließ er die Türkei, um der Einberufung zu entgehen. Er reiste nach Frankreich, wo er ein Medizinstudium begann, aber nach einem Jahr an die wirtschaftswissenschaftliche Fakultät überwechselte. 1965 kam er nach Israel, nicht aus ideologischen Gründen, sondern weil die Jewish Agency bereit war, ihm ein Studium an der Hebrew University in Jerusalem zu finanzieren.

Auf dem Campus in Jerusalem fiel er den Mossad-Werbern auf. Sie schlugen ihm vor, für die Agentur zu arbeiten, und er nahm begeistert an. Nach drei Jahren Grundausbildung entdeckten seine Vorgesetzten jedoch, daß er homosexuell war. Er wurde sofort entlassen. »Ich wollte dem Staat dienen, und dann dies. Welcher andere Israeli wäre wohl besser geeignet gewesen, bei meinem familiären Hintergrund. Ich beherrsche allein acht Sprachen, die mir den Zugang zu allen europäischen Ländern eröffnet hätten«, beklagte er sich. Viele Mossad-Kollegen sympathisierten mit ihm, wollten aber kein unnötiges Risiko eingehen – aufgrund der Gefahr sexueller Erpressung und kompromittierender Verstrickungen.[134]

Die Chancen der Frauen waren beim Mossad kaum besser. »Eine Frau kann in der arabischen Welt keine Informationen zusammentragen«, erklärte ein hoher Mossad-Funktionär. »Die untergeordnete Stellung der Frauen in der arabischen Gesellschaft hindert uns daran, weibliche Agenten oder Führungsoffiziere zu beschäftigen. Die Araber würden sich weigern, für sie zu arbeiten. Beim Anblick einer solchen Frau würden sie eher aus dem Fenster springen.«[135]

Die meisten Frauen wurden daher in der Verwaltung und im Dienstleistungsbetrieb beschäftigt. Der Mossad hat stets gezögert, Frauen mit längerfristigen Aufgaben in Übersee zu betrauen, selbst wenn es sich um relativ ungefährliche Posten handelte wie den eines Liaison-Offiziers zu den Sicherheitsdiensten anderer Nationen.

Diese ungleiche Behandlung wirkt sich auch auf ihre Beförderung aus, da in der Regel Posten mit Entscheidungsbefugnissen denen vorbehalten bleiben, die Erfahrungen im Außendienst gesammelt haben. Für die Mossad-Frauen ist es ein Circulus vitiosus. Jene, die als Sekretärinnen anfangen, können zwar theoretisch in leitende Positionen aufsteigen – aber eher zur Leiterin eines Büros als einer Einsatztruppe.

Wie so oft hat jedoch jede Regel ihre Ausnahmen: Lily Kastel war schon zu ihren Lebzeiten eine Legende, und noch Jahre nach ihrem Tod 1970 schwärmten die älteren Mitarbeiter des Mossad von ihrem außerordentlichen Talent. Sie schloß sich der Agentur 1954 an, nachdem sie bereits bei Shai Erfahrungen gesammelt hatte.

Lily Kastel sprach hervorragend Hebräisch, Englisch, Französisch, Deutsch und Russisch sowie hinreichend Arabisch und Italienisch. Sie wird als attraktiv, intelligent und zuverlässig geschildert. Harel bediente sich bei verschiedenen Aufgaben in Europa ihres Verstandes wie ihrer Schönheit.[136] Worin ihre Arbeit im einzelnen bestand, wurde jedoch nie bekannt.

Mit der Reform der Agentur unter Amit verbesserten sich auch die Aufstiegsmöglichkeiten der Frauen ein wenig. Sein Anspruch an Können und Professionalität gab den Frauen eine faire Chance, zur Leiterin einer Abteilung berufen zu werden, die für eine bestimmte Region oder für Sonderaufgaben zuständig war.

Ein solcher Abteilungsleiter ist die Verbindungsstelle zwischen den Agenten an der Front und dem Chefbüro in Tel Aviv. Außerdem versorgt er das Personal im Ausland mit allem, was es zur Durchführung eines Auftrags benötigt. Der Abteilungsleiter übermittelt Befehle und nimmt das gesamte vor Ort zusammengetragene Material in Empfang.[137] Die Abteilung Ostafrika zum Beispiel sammelt alle geheimen Informationen, die von der personalstarken Mossad-Agentur in Nairobi und von allen Agenturen aus den Nachbarländern Kenias kommen.

Nur wenn eine spezielle Mission den Einsatz weiblicher Agenten erfordert, betraut man Frauen mit Aufgaben im Ausland, aber auch dann nur, wenn zuvor alle anderen Möglichkeiten ausgeschöpft sind. Trotz der gleichen Zurückhaltung wie bei der Armee, die ihre weiblichen Soldaten kaum an der Front einsetzt, geben die Geheimdienstchefs zu, daß der Einsatz von Frauen gewisse Vorteile haben kann. Allein schon, weil sie weniger verdächtig sind. Wenn sie bei einer Beschattungsaktion mit einem männlichen Kollegen zusammenarbeiten, erregen die beiden als vermeintliches Ehe- oder Liebespaar weniger Aufmerksamkeit als ein Mann allein.

Im übrigen setzt der Mossad – wenn auch ungern – Frauen als Köder ein, um jemanden in eine Falle zu locken. Meist ziehen die Geheimdienstchefs dabei unverheiratete Frauen vor, und stets handelt es sich um einen einmaligen Einsatz. Der Mossad zögert lange, bevor er seinen Agenten – Frauen wie Männern – die Anweisung erteilt, um einer Mission willen sexuelle Beziehungen einzugehen. Dies mag ein Überbleibsel von Harels Puritanismus sein – es ist bekannt, daß der Memuneh einem verheirateten Agenten bereits einen Verweis erteilte, nachdem er Sekretärinnen im Hauptquartier in den Arm genommen hatte.

Heute hingegen ist es beispielsweise üblich, arabische Informanten von Mossad oder Aman im Rahmen einer Befragung über die Grenze nach Israel zu schmuggeln und sie dort an einen ruhigen Ort zu bringen. Hier werden sie dann ausführlich interviewt und für ihre Arbeit entlohnt, indem man ihnen Prostituierte zur Verfügung stellt. Das anschließende Beisammensein wird gelegentlich gefilmt, um ein Druckmittel in der Hand zu haben, mit dem man den Informanten auch zukünftig bei der Stange halten kann.

Diese und andere Arbeitsmethoden des Mossad wurden während der Amtszeit Meir Amits als Chef der Agentur verfeinert. Viele der Personalprinzipien und Organisationsstrukturen, die die Geheimagentur auf lange Zeit prägen sollten, wurden ebenfalls unter Amit eingeführt.

Von den acht Sektionen des Mossad sind das Collection Department, das Operational Planning and Coordination Department, das Research Department und das Department of Political Action and Liaison die wichtigsten. Die anderen Abteilungen – Training, Finances and Manpower, Technology and Technical Operations – dienen hauptsächlich zur Unterstützung der vier Hauptabteilungen.

Die beiden Abteilungen, die für das Sammeln von Informationen und für politische Angelegenheiten zuständig sind, sind sowohl nach regionalen als auch funktionalen Gesichtspunkten organisiert, und sie sind hoch spezialisiert. Der Mossad hat faktisch ein Monopol als Sammelstelle geheimer Informationen aus dem Ausland, mit Ausnahme einiger grenznaher militärischer Ziele, wo Aman auch eigene Spione einsetzt.[138]

Die Arbeitsweise des Mossad änderte sich im Lauf der Zeit. Harel setzte auf den menschlichen Instinkt. Sein eigener Instinkt war ohne Zweifel exzellent, und er zog eine nicht erklärbare, aber gut geschulte Inspiration jedem Einsatz noch so moderner Technologie vor. Seine Verachtung für elektronische Geräte verhehlte er nie.

Harel war stets stolz darauf, daß sich sein Mossad im Gegensatz zu anderen Geheimdiensten im Westen vor allem auf Menschen und menschliche Intelligenz stützte. Insofern galt seine Agentur bei den Experten in aller Welt als das feinste Beispiel für *humint*.

Auch unter Amit blieb der Mossad weiterhin *humint*-orientiert, wenngleich die Technik stärker in den Vordergrund rückte. So wurde eine große Anzahl modernster Computer für die Agentur angeschafft, wobei die entsprechende Ausstattung bei Aman unter Herzog, Amit und seinem Nachfolger Colonel Aharon Yariv als Vorbild diente. Yariv war unter Amit Leiter von Amans Data-Collection-Department gewesen.[139]

Amit glaubte, daß sich die Informationskapazität des Mossad in den arabischen »Konfrontationsstaaten« an den Grenzen Israels nur durch das Speichern nüchterner Tatsachen und deren gezielte Analyse verbessern lasse. Die menschliche Intuition hatte dahinter zurückzutreten. Im Rückblick auf die Arbeit der einsamen Geheimagenten, die Harel in den Jahren nach dem so peinlichen Versagen der »Unit 131« in Ägypten eingesetzt hatte, kam Amit zu dem Schluß, daß ihr Erfolg nicht überzeugte.

Einer der erfolgreichen Mossad-Spione war Shaaltiel Ben-

Yair, der von 1958 bis 1962 unerkannt in Ägypten lebte. Er war der Sohn einer jüdischen Familie, die an der Grenze zwischen Palästina und dem Libanon lebte, und Ben-Yair hatte bereits als Kind gelernt, sich wenn nötig als Araber auszugeben. Als Teenager trat er Ende der 30er Jahre in Menachim Begins extremistische Untergrundbewegung Irgun ein. Bei seinen jeweiligen Missionen mimte er einen jungen arabischen Viehhändler.

Shaaltiels Vater wurde die Sache jedoch zu gefährlich, und so schickte er seinen Sohn auf eine Marineschule nach Frankreich. Aber der junge Ben-Yair hielt es dort nicht lange aus und brannte mit einer älteren Frau durch. Immerhin lernte er exzellent Französisch. Zurück in Palästina, besuchte er eine schottische Schule, wo er Englisch sprechen lernte wie ein Schotte.

Im Zweiten Weltkrieg kämpfte er in einer britischen Kommandoeinheit in Ägypten und später in Yitzhak Shamirs »Stern Gang« gegen die Engländer, bevor er für den Unabhängigkeitskrieg 1948 in die israelische Armee eintrat.

Allein damit beschäftigt, in Tel Aviv von Bar zu Bar zu bummeln, hörte er 1955, daß sich Shamir und andere Freunde aus dem ehemaligen jüdischen Untergrund dem Mossad angeschlossen hatten. Ben-Yair war glücklich, als man ihn ebenfalls nahm. Ohne irgendwelche Schwierigkeiten schlüpfte er in die Rolle des Belgiers »François Renancœur«, eines internationalen »Experten« für Rinderzucht. Es gelang ihm, eine Einladung von der ägyptischen Regierung zu erhalten, als Berater für Viehzucht nach Kairo zu kommen.

An einem Tag gegen Ende der 50er Jahre läutete im Pariser Appartement des israelischen Autors Amos Kenan das Telefon. »Hier ist Charlie«, sagte eine Stimme, die er seit Jahren nicht gehört hatte. Es war einer von Ben-Yairs Codenamen. Kenan hörte ein paar Sekunden zu und machte sich dann eilig auf den Weg, um sich mit seinem alten Freund von der »Stern Gang« auf einem Touristenboot auf der Seine zu treffen. Zu seiner Überraschung trug Ben-Yair keinen Schnurrbart mehr und lehnte es ab, irgend etwas anderes als Französisch zu sprechen.

»Übrigens, ich bin jetzt Viehexperte und für dich ab sofort François«, vertraute der »ehemalige« Israeli Kenan an. »Einmal im Monat komme ich für einen Abend nach Paris, fahre am nächsten Tag nach Brüssel weiter und von dort nach Kairo. Ich habe niemanden, mit dem ich reden kann. Meine Arbeit ist schwierig. Ich bin entsprechend geschult worden, und selbst wenn du mich mitten in der Nacht auf hebräisch anschreien würdest, würde ich nicht reagieren.«

Niemand in Ägypten konnte sich vorstellen, daß ich Arabisch verstehe. Und in Belgien halten sie mich für einen Belgier. Mein südfranzösischer Akzent deckt sich mit dem ihren. Sicherheitshalber erzähle ich den Leuten noch, daß ich einen Teil des Krieges in Südfrankreich zugebracht habe.«

In Ägypten war Ben-Yair alias Renancœur einer von Israels wagemutigsten Agenten. Er hatte den Auftrag, ägyptische Flughäfen zu kartographieren und Einzelheiten über militärische Einrichtungen zu liefern. Das Ganze war äußerst gefährlich. Dennoch war er einer der wenigen israelischen Spione, die ihren Auftrag erfolgreich beendeten und nach Hause zurückkehrten. Seine wertvollste Eigenschaft war, daß er von Natur aus ein Einzelgänger war, sozusagen ein Ein-Mann-Spionagenetz. Trotzdem war es Ben-Yair nicht möglich gewesen, in totaler Einsamkeit zu leben, und so hatte er Kenan angerufen, obwohl er auf diese Weise seine Deckung verletzte.

Als er 1962 nach Israel zurückkehrte, fand Ben-Yair das Leben, das ihn dort erwartete, zu langweilig – eine verbreitete Krankheit unter ehemaligen Außendienstagenten, denen plötzlich die Spannung fehlt. Er ging nach Kanada und änderte seinen Namen. Er hatte seine Pflicht gegenüber seinem Heimatland erfüllt; nun verließ er es.

Eine Spionagegeschichte mit einem weit unglücklicheren Ende ist die von Jack Leon Thomas, einem Armenier, der in Kairo aufwuchs und für den israelischen Geheimdienst arbeitete, ohne es zunächst überhaupt zu merken. Thomas war ein gebildeter junger Mann, gut aussehend, mit kohlschwarzem Haar. Er beherrschte Arabisch, Englisch, Französisch und Deutsch. 1956 ging er nach Beirut und von dort nach Westdeutschland, wo er sich in verschiedenen kaufmännischen Berufen versuchte. 1958 traf er dort einen jungen Libanesen namens Emil. Sie wurden enge Freunde und besuchten gemeinsam die Bars und Restaurants in Köln und Bonn. Emil hatte anscheinend eine Menge Geld; zumindest bezahlte er jedesmal die Rechnung. Ihre Gespräche drehten sich meist um Geschäfte und Frauen, und wenn das Gespräch ins Politische abglitt, machte Thomas aus seinem Haß auf Ägyptens Präsident Nasser keinen Hehl.

Eines Abends bot Emil Thomas eine riesige Geldsumme an und schlug ihm vor, nach Ägypten zurückzukehren und beim Sturz des korrupten Diktators mitzuhelfen. Thomas würde, so erzählte er ihm, für eins der NATO-Länder arbeiten. Man nennt diese Methode – die besonders beim Mossad beliebt ist – »Rekrutieren unter falscher Flagge«. Israel wurde mit keinem Wort erwähnt, und Thomas, der schon immer eine Vorliebe für den Westen hatte, schluckte den Köder.

In einem kleinen Appartement in Köln brachten ihm Unbekannte die Grundlagen der Spionage bei: das Fotografieren von Dokumenten und die Entwicklung von Filmen; das Verstecken der Negative in Zahnpastatuben, Schuhkartons oder Büchern; das Schreiben mit unsichtbarer Tinte und die Weitergabe von Codenachrichten an unbekannte Komplizen durch das Hinterlassen in »toten Briefkästen«.

Voller Enthusiasmus kehrte Thomas im Juli 1958 nach Kairo zurück und begann damit, Informanten für sein Spionagenetz anzuwerben. Von Zeit zu Zeit reiste er nach Westdeutschland und traf sich mit seinen Auftraggebern, die weiterhin vorgaben, »ranghohe Funktionäre der NATO« zu sein. Im Austausch für die militärischen Informationen, die er ihnen mitbrachte, erhielt er von seinem Führungsoffizier Geld und neue Ordern.

Auf einer seiner Reisen traf der junge Armenier eine Deutsche namens Kathy Bendhoff. Nach einer stürmischen Romanze heirateten sie, und Kathy Bendhoff ging mit ihm nach Kairo, wo er seine Frau als Kurierin in sein Spionagenetz einbaute.

Thomas' Führungsoffizier in Köln erzählte ihm schließlich die Wahrheit: »Du hast die ganze Zeit für den israelischen Geheimdienst gearbeitet.« Die Enthüllung war für Thomas weder eine Überraschung, noch verblüffte seine Gelassenheit die israelischen Kontrolleure. Sie wußten, daß sie es mit einem intelligenten Mann zu tun hatten, und in der Tat hatte Thomas bereits vermutet, daß er für Israel arbeitete. Jetzt, da er es mit Bestimmtheit wußte, kümmerte es ihn überhaupt nicht. Er haßte Nasser gleichwohl und kehrte mit noch größerer Begeisterung auf seinen Spionageposten nach Kairo zurück.

Nach und nach wurde sein Netz größer. Thomas rekrutierte zwei Armenier und einen jüdischen Nachtclubtänzer. Ein weiterer Informant war ein Artillerieoffizier – ein Jugendfreund von Thomas. Kathy wurde nach Amsterdam geschickt, wo der Mossad sie sehr gründlich zur Funkerin ausbildete. Das ausgewählte Codebuch war »Die gute Erde« von Pearl S. Buck. Das Ehepaar erhielt eine Gehaltserhöhung. Das Geld wurde über eine belgische Bank als »Hilfe von Verwandten in Deutschland« überwiesen.

Mit der Zeit schaffte man sich eine umfangreiche Spionageausrüstung an: fünf Kameras, einen Koffer mit doppeltem Boden, einen Elektrorasierer mit einem Geheimfach für Dokumente, ein hohles Feuerzeug für Negative und ein raffiniertes Zwei-Wege-Radio im Badezimmer des Appartements in der Garden City von Kairo. Alle paar Tage meldete sich Kathy Bendhoff-Thomas in Tel Aviv, gab ihre Informationen durch und nahm gleichzeitig neue Befehle entgegen.

Im Mai 1960 empfing das Ehepaar eine Nachricht, die ein größeres Projekt ankündigte; Einzelheiten würden noch folgen. Es sollte sich schon einmal nach einem ägyptischen Armeeoffizier umsehen, den sie später eventuell in ihr Netzwerk einbauen könnten. Mehr nicht. Die Botschaft warnte sie ausdrücklich, weitere Instruktionen abzuwarten. Aber sie waren bereits von der schlimmsten aller Berufskrankheiten infiziert, die einen Spion befallen kann: übertriebenes Selbstbewußtsein. Entgegen ihrem Auftrag unternahmen sie einen Annäherungsversuch bei einem jungen Offizier koptisch-christlicher Herkunft namens Adiv Hanna Karolos.

Karolos schien angebissen zu haben, informierte aber statt dessen sofort seinen Vorgesetzten über das, was vorgefallen war. Die ägyptische Gegenspionage stellte dem israelischen Netz eine Falle. Als erstes versorgte sie Thomas mit falschen Informationen, der glaubte, Tel Aviv nützliche Daten zu liefern.

Thomas, dem schließlich – aufgrund jenes von Isser Harel favorisierten Instinkts – der Boden unter den Füßen zu heiß wurde, bereitete die Auflösung seines Spionageringes und ihrer aller Flucht vor. Er besorgte für sich und seine Frau falsche Pässe. Gemeinsam mit dem jüdischen Tänzer gelang Kathy die Flucht, aber Thomas und die anderen Mitglieder des Netzes wurden am 6. Januar 1961 verhaftet.

Vor Gericht verteidigte sich Thomas, er habe nur des Geldes wegen, aus Abenteuerlust und weil er das Nasser-Regime hasse für Israel gearbeitet. »Ich bin jedoch kein Verräter«, erklärte er, »ich habe mich niemals als Ägypter gefühlt. Wir Armenier werden in Ägypten unterdrückt, weil wir eine Minorität sind.« Das Militärgericht verurteilte Thomas und zwei seiner Leute dennoch wegen Spionage und Verrats. Alle drei wurden am 20. Dezember 1962 gehängt.

Während des Verfahrens enthüllte die Staatsanwaltschaft, daß Thomas und seine Leute verschiedenen Piloten der ägyptischen Armee eine Million Dollar geboten hatten, falls sie sich mit einer russischen MIG nach Israel oder Zypern absetzten.

Israels Geheimdienstchefs gaben nicht auf. Bedrängt vom Kommandeur der Luftwaffe, dem äußerst energischen General Ezer Weizman, gaben sie sich alle Mühe, ein in Rußland gebautes Kampfflugzeug in die Hand zu bekommen. Mehrere Möglichkeiten wurden in Betracht gezogen: ein Flugzeug in der Luft abzufangen und es zur Landung in Israel zu zwingen, einen Agenten als Piloten in eine der arabischen Luftstreitkräfte einzuschmuggeln oder einen arabischen Piloten zu bestechen. Aber womit konnte man einen Piloten bestechen, der bereits jeden Luxus genoß, den die arabischen Streitkräfte zu bieten hatten?

Trotz der Probleme war die Mehrheit der Ansicht, daß dieser Weg letzten Endes die besten Erfolgschancen bot, auch wenn es schwierig werden würde. Aman und der Mossad hatten bereits zahlreiche Informationen über die Luftstreitkräfte Ägyptens, Jordaniens, Syriens und des Irak gesammelt. Jede noch so unwichtige Information über jeden einzelnen feindlichen Piloten wurde gemeldet, und bei Aman sowie in Amits neuen Computern gespeichert. Die Informationen waren so umfassend, daß die Bearbeiter der Dossiers das Gefühl hatten, sie kannten Hunderte von arabischen Piloten persönlich.

Darum war es für die Israelis eigentlich eine Enttäuschung, als 1964 ein ägyptischer Pilot zu ihnen überlief. Captain Abbas Hilmi war zwar tatsächlich Pilot der ägyptischen Luftwaffe und sein Flugzeug eine russische Maschine. Aber es war eine Trainingsmaschine und damit ziemlich uninteressant für jene, die mit aller Gewalt eine Kampfmaschine in die Hand bekommen wollten.

Trotz dieser herben Enttäuschung wurde Captain Hilmi wärmstens empfangen. Die Informationen, die er Aman lieferte, waren eine wichtige Ergänzung des bereits mit größter Sorgfalt gesammelten Materials über die arabischen Luftstreitkräfte. Darüber hinaus erwies sich Hilmi noch in anderer Hinsicht als nützlich. Er verurteilte öffentlich Nassers Intervention im Jemen und seinen Versuch, einem weiteren Land seinen arabischen Sozialismus gewaltsam aufzuzwingen. Und Hilmi enthüllte, daß die Ägypter gegen die jemenitischen Royalisten Giftgas einsetzten.

Der ägyptische Überläufer bekam eine finanzielle Unterstützung und einen guten Posten in Israel, konnte sich aber nicht an das Leben im jüdischen Staat gewöhnen. Gegen den warnenden Rat der Geheimdienstleute in Tel Aviv entschloß sich Hilmi, nach Südamerika zu gehen. Der Mossad stattete ihn daraufhin mit falschen Papieren und einer beträchtlichen Geldsumme aus, damit er in Argentinien ein neues Leben beginnen konnte.

Kaum war Hilmi jedoch in Buenos Aires angekommen, als er die ihm von den Israelis gegebenen Ratschläge in den Wind schlug und eine Reihe buchstäblich tödlicher Fehler beging. Erstens schickte er seiner Mutter in Ägypten eine Postkarte, die die Geheimpolizei abfing, die so seinen Aufenthaltsort erfuhr. Dann freundete er sich mit einer Ägypterin an, die er in einem argentinischen Nachtclub kennengelernt hatte. Sie versprach ihm ihre Gunst, und er tappte prompt in die Falle. In ihrer Wohnung warteten bereits ägyptische Agenten auf ihn. Sie überwältigten Hilmi, brachten ihn in einer Kiste zur ägyptischen Botschaft und schmuggelten ihn auf ein Frachtschiff nach Ägypten. Von einem Kriegsgericht wurde er wegen Verrats verurteilt und erschossen.[140]

Obgleich ihn in der Hilmi-Affäre keine Schuld traf, schadete die Gefangennahme dem Ruf des israelischen Nachrichtendienstes. Um die Scharte auszuwetzen, griffen Mossad und Aman ihren alten Plan wieder auf, einen arabischen Piloten zu bestechen, mit einem Kampfflugzeug zu desertieren. Weizman beharrte auf seinem Standpunkt, daß die Untersuchung einer MIG der Schlüssel zum Sieg Israels über die Araber sein könne. Ein Jahr später, im Frühjahr 1962, wurde schließlich ein taugliches Opfer gefunden. Diesmal war es ein irakischer Pilot.[141]

Munir Redfa war der Sohn einer reichen maronitisch-christlichen Familie im Irak, wo Nichtmoslems generell unterdrückt wurden. Von den Russen ausgebildet, war er Pilot in einer Staffel von MIG 21, den modernsten sowjetischen Militärmaschinen. Aufgrund von Zeitungsausschnitten, aufgefangenen irakischen Funksprüchen und Informationen ihrer Bagdader Agenten waren die Israelis über Redfas Hintergrund gut informiert. So war bekannt, daß Redfa über die Bombardierung und Beschießung der kurdischen Dörfer im Norden des Landes durch die irakische Luftwaffe entsetzt und wütend gewesen war.

Die für diese Mission vorgesehenen israelischen Agenten wurden sehr sorgfältig ausgesucht und über Europa nach Bagdad geschickt, um mit dem Piloten und seiner Familie Kontakt aufzunehmen. Von allen auf das Redfa-Projekt angesetzten Agenten war eine Israelin am erfolgreichsten, die in den USA geboren war und einen amerikanischen Paß besaß.

Sie spielte eine reiche Touristin, war fast auf allen hochkarätigen Partys in Bagdad und verdrehte dem Piloten den Kopf, obgleich er verheiratet war und zwei Kinder hatte. Wie alle weiblichen israelischen Spione weigerte sich die Frau, mit Redfa im Irak sexuelle Beziehungen aufzunehmen. Er sollte mit ihr nach Europa kommen, um dort seinen Lohn zu empfangen. Der Pilot war einverstanden, sie nach Paris zu begleiten, wo sich eine Romanze anzubahnen versprach.

Nach zwei Tagen Aufenthalt in Frankreich war Redfa sogar bereit, mit seiner bezaubernden Freundin nach Israel zu kommen, wo sie, wie sie sagte, »einige interessante Freunde« habe. Der irakische Pilot hegte zwar einen gewissen Verdacht, schien sich aber nicht allzuviel Sorgen zu machen. Bereits 24 Stunden später saß er mit einem vom Mossad besorgten falschen Paß als Passagier in einer El-Al-Maschine nach Tel Aviv.

In Israel wurde Redfa als VIP behandelt. Gemeinsam besichtigte man einen israelischen Militärflughafen. Dort traf er auf Offiziere von Mossad und Aman, die ihm eine Million Dollar und Asyl für seine gesamte Familie boten, falls er Israel eine der neuen MIG-21-Maschinen ausliefern würde. Zum Beweis dafür, daß ihr Angebot ernst gemeint sei und sie in höherem Auftrag handelten, arrangierten die Geheimagenten für Redfa ein Treffen mit General Mordecai Hod, dem Kommandeur der israelischen Luftwaffe, der gerade Ezer Weizman abgelöst hatte. Der Iraker war überrascht, wie genau die Israelis über seine Luftwaffe informiert waren. Sie kannten sämtliche Namen der irakischen Piloten und die ihrer sowjetischen Ausbilder. Die Israelis beschrieben ihm in allen Einzelheiten Flugplatz, Landebahnen, Kontrollturm, Kommandozentrale und Wohnquartiere.

Gemeinsam mit Redfa wurde für den gewagten Nonstop-Flug

vom Irak nach Israel ein Datum festgelegt. Hod half bei der Planung der Flugroute und den Kommunikationsvorbereitungen für den Stichtag. Ein paar Tage später kehrten der Pilot und seine »amerikanische Freundin« über Paris nach Bagdad zurück. Wie in Israel verabredet, wurde für Redfa eine Anzahlung auf ein Schweizer Bankkonto eingezahlt. Außerdem wurde Redfas Familie aus dem Land geschmuggelt, um später wieder mit ihm zusammenzutreffen. Der Mossad wurde dabei von einer älteren jüdischen Haushälterin unterstützt, die seit vielen Jahren zur Familie Redfa gehörte.

In der Zwischenzeit flog Amit nach Washington, um den CIA-Chef Richard Helms davon in Kenntnis zu setzen, daß die USA bald Gelegenheit haben würden, sich am Anblick einer MIG 21 zu erfreuen. Auch die Amerikaner versuchten seit langem unter Einsatz ihrer Geheimtechnologie mehr über dieses Flugzeug herauszufinden, um die Schlagkraft ihrer »Top Gun«-Jagdeinheiten zu verbessern und die Nahkämpfe zwischen amerikanischen und sowjetischen Maschinen effektiver simulieren zu können.

Die Planung war perfekt. Am 15. August 1966 floh Redfa mit höchster Geschwindigkeit auf der vereinbarten Route über Jordanien aus seiner Heimat und landete seine MIG 21 auf einem Militärflughafen im Süden Israels. Es war das erste Mal, daß dem Westen eines dieser hochentwickelten sowjetischen Kampfflugzeuge in die Hände fiel. Noch Jahrzehnte später waren die Luftstreitkräfte der USA und der NATO von dieser Heldentat des israelischen Geheimdienstes tief beeindruckt. Für die westlichen Militärs war die Beschaffung der MIG 21 eines der Schlüsselereignisse, die dem Mossad für alle Zeiten seinen geradezu legendären Ruf sicherten. Mehr als je zuvor galt Israel als Meister der *humint*-Methode.

Der Übertritt Redfas – einigen Insidern des Geheimdienstes unter dem Spitznamen »007« bekannt – bereitete Meir Amit große Genugtuung. Diesmal ging der Erwerb eines arabischen Flugzeugs gut aus. Munir Redfa und seine Familie bekamen eine neue Identität, die vereinbarte Geldsumme und alles, was sie für ein glückliches Leben in Israel brauchten. Seine »amerikanische Freundin« kam ebenfalls sicher aus dem Irak heraus.[142]

Während die Operation 007 noch geplant wurde, mußte Meir Amit mit zwei katastrophalen Einbrüchen in Syrien und Ägypten fertig werden. 1965 wurden die beiden ranghöchsten Mossad-Agenten in den beiden wichtigsten arabischen Hauptstädten innerhalb von fünf Wochen verhaftet: Eli Cohen in Damaskus und Wolfgang Lotz in Kairo.

Bis zu ihrer Gefangennahme versorgten Cohen und Lotz den israelischen Nachrichtendienst mit absolut verblüffenden Informationen mitten aus den politischen und militärischen Machtzentren der Araber. Sie waren äußerst fähige und mutige Männer, und beide drangen bis in die höchsten Führungsspitzen vor. Cohen wurde der persönliche Vertraute des syrischen Präsidenten, während Lotz mit vielen der ranghöchsten Offiziere der ägyptischen Armee und des Geheimdienstes befreundet war.

Eliyahu (Eli) Cohen wurde 1924 in Alexandria in Ägypten geboren. Er half insgeheim den ägyptischen Juden bei der Übersiedlung nach Israel und gehörte später jenem unseligen israelischen Sabotagenetz an, das 1954 von der ägyptischen Regierung zerschlagen wurde. Es war reiner Zufall, daß Cohen nicht zusammen mit seinen Freunden verhaftet wurde.

Nach dem Suez-Krieg von 1956 gelang es ihm, nach Israel zu kommen. Mit großem zionistischem Eifer meldete er sich sofort als Freiwilliger zum israelischen Nachrichtendienst. Amans »Unit 131« war noch immer für die Spionage in den benachbarten arabischen Ländern zuständig, wenngleich man nach dem Fiasko von 1954 die Kontrolle verstärkt hatte. Cohen hatte immer einen guten Eindruck gemacht. Amans psychologische Eignungstests zeigten jedoch ein paar Schönheitsfehler. Die Analytiker stellten fest, Cohen habe einen hohen IQ, sei sehr mutig, habe ein phänomenales Gedächtnis und könne ein Geheimnis für sich behalten. Die Tests ließen aber auch erkennen, daß »er entgegen seinem bescheidenen Auftreten maßlos überheblich« sei und »voller innerer Spannungen« stecke. »Cohen«, so das Ergebnis, »schätzt Gefahren nicht immer richtig ein und neigt dazu, mehr Risiken einzugehen als nötig.«

Der israelische Geheimdienst ließ ihn zunächst in Ruhe. Als aber die Spannungen entlang der syrischen Grenze im Mai 1960 erheblich zunahmen, brauchte Aman dringend einen Spion in Damaskus. Cohen schien der richtige Mann für diesen Posten. Trotz der Dringlichkeit der Angelegenheit wurde er ein halbes Jahr in Israel und fast ein weiteres Jahr in Argentinien ausgebildet – inzwischen ein beliebter, da abseits gelegener Platz, um eine Legende aufzubauen. Cohen verließ Israel am 3. Februar 1961 und kam in Buenos Aires als Kamal Amin Taabeth an, ein syrischer Kaufmann aus der Feder Amans, der sogleich den Kontakt zu den vielen arabischen Unternehmern in Südamerika suchte. Mit verblüffendem Erfolg machte Cohen, alias Taabeth, schon bald die Bekanntschaft reicher und einflußreicher Mitglieder der syrischen Gesellschaft.

Als er am 10. Januar 1962 nach Damaskus weiterreiste, waren seine Taschen voller Einführungsschreiben. Er war der faszinierende neue Mann in der Stadt, von allen Syrern in Argentinien wärmstens empfohlen. Kurz darauf wurde einer seiner besten Freunde aus Buenos Aires, Major Amin al-Hafez, Präsident von Syrien. »Taabeth« galt als Anwärter auf einen Kabinettsposten und sollte vielleicht sogar Verteidigungsminister werden.

Während er sein Import-Export-Geschäft führte, pflegte Cohen seine politischen Kontakte. Er wurde oft eingeladen, Armeebasen zu besichtigen, und bereiste sämtliche gegen Israel gerichtete Befestigungsanlagen auf den Golan-Höhen.

Seine zumeist gemorsten Informationen nach Tel Aviv deckten alle Lebensbereiche in Syrien ab. Der israelische Nachrichtendienst erhielt so ein bemerkenswert vollständiges Bild von einem feindlichen Land, das als undurchdringlich gegolten hatte. Cohens Berichte waren in Amans Hauptquartier stets willkommen. Sie enthielten glänzende Informationen über interne Streitereien an der Führungsspitze, aber auch Daten über das syrische Militär, die die im Computer gespeicherten Akten der Spionageabwehr ergänzten.

Anhand der von ihm über Europa herausgeschmuggelten Dokumente beschrieb Cohen detailliert den Truppenaufmarsch entlang der Grenze. Außerdem notierte er die genaue Lage von Panzerfallen, die die israelischen Streitkräfte im Falle eines Krieges am Vorrücken hindern sollten. Er stellte eine Liste aller syrischen Piloten zusammen und lieferte exakte Skizzen der Waffen, mit denen ihre Kampfflugzeuge bestückt waren.

Hätten er und seine israelischen Überwacher nur ein wenig mehr Vorsicht walten lassen, so wären Cohens Überlebenschancen wesentlich besser gewesen. Im November 1964 war er auf Urlaub inIsrael, während er die Geburt seines dritten Kindes erwartete. Er vermißte seine Familie und hatte ihr auf indirektem Weg über seine Kontrolleure Grüße bestellen lassen, ohne mitzuteilen, wo er war. Während seines Urlaubs sollte er auch seine neuen Ansprechpartner kennenlernen, nachdem das »Unit 131«-Team im Anschluß an Amits Ernennung in den Mossad integriert worden war.

Cohen verzögerte immer wieder seine Abreise und deutete dem Mossad gegenüber an, daß er nach vier Jahren im Ausland ganz gern aus der Kälte wieder ins Haus kommen würde. Er erwähnte, daß er ein ungutes Gefühl in bezug auf Colonel Ahmed Suedani habe, dem Chef des syrischen Abwehrdienstes. Unglücklicherweise schenkten Cohens Führungsoffiziere diesen Warnzeichen keine Beachtung. Es gab erneut Spannungen an der Grenze, und es zeichnete sich die Möglichkeit eines Krieges ab. Es war lebenswichtig, zuverlässige Informationen aus Damaskus zu bekommen. Der Mossad drängte Cohen, so schnell wie möglich auf seinen Spionageposten zurückzukehren.

In den nächsten zwei Monaten verhielt sich Cohen alles andere als klug. Es ist möglich, daß ihn die unglaubliche Leichtigkeit, mit der er mit den höchsten Amtsträgern im Land Freundschaft geschlossen hatte, überheblich gemacht hatte. So nahm er sofort seine Funktätigkeit wieder auf – was bedeutete, daß ein geschicktes Abwehrteam das Ende der Funkpause mit »Taabeths« Rückkehr aus dem Ausland in Verbindung bringen konnte.

Er erhöhte sogar noch die Zahl seiner Sendungen. Über einen Zeitraum von fünf Wochen sandte er 31 Funksprüche nach Tel Aviv. Aus Müdigkeit oder einer unbewußten Todessehnsucht heraus machte er Fehler. Mit schöner Regelmäßigkeit funkte Cohen seine Spionageberichte stets zur gleichen Zeit: um 8.30 morgens. Dies erleichterte natürlich die elektronische Ortung seines Senders.

Gelegentlich sendete Cohen an einem Tag gleich zweimal. So fragte ihn zum Beispiel Tel Aviv eines Morgens: »Was wurde aus der MIG-21-Gruppe, die in Alarmbereitschaft war?« Am selben Nachmittag um 4.00 Uhr gab Cohen die detaillierte Antwort: »Einer ihrer Piloten wurde getötet, als seine Maschine nach einem Trainingsunfall in der Luft am Boden mit einem klcinen Flugzeug zusammenstieß, und der dritte erhielt Startverbot wegen herabsetzender Äußerungen, die er über seinen Kommandanten gemacht hatte.«

Cohen wurde leichtsinnig; als ob er bewußt sein Schicksal herausfordern wollte. Seine Führungsoffiziere in Tel Aviv hätten ihn stoppen müssen, aber niemand tat es. Das Material, das er sandte, war zu wertvoll.[143]

Offensichtlich geleitet von einem Funkpeilgerät, das möglicherweise von einem der russischen Berater bedient wurde, brachen Colonel Suedanis syrische Geheimdienstleute am 18. Januar 1965 in Cohens Appartement ein und ertappten ihn auf frischer Tat.

Suedani versuchte zunächst, Israel hereinzulegen, indem er Cohen zwang, chiffrierte fiktive Informationen durchzugeben. Nachdem er dieses Spiel drei Tage lang betrieben hatte, ohne von Tel Aviv eine Antwort zu erhalten, gaben die Syrer auf und sandten einen letzten Funkspruch an Premierminister Levi Eshkol: »Kamal und seine Kameraden werden auf unbestimmte Zeit unsere Gäste sein. Über sein weiteres Schicksal werden wir Sie später unterrichten.«

Mehrere hundert Syrer, die mit Cohen befreundet waren, wurden verhaftet. Präsident Hafez al-Assad war mehr als peinlich berührt, daß er den Mann gekannt hatte, ohne zu wissen, was er war. Cohen gab zu, ein israelischer Spion zu sein, gab aber auch unter der Folter nichts preis, was den Syrern hätte weiterhelfen können.

Appelle an den Papst und europäische Regierungen seitens der Israelis blieben wirkungslos. Eli Cohen wurde von einem syrischen Gericht zum Tode verurteilt und am 18. Mai 1965 – unter dem Beifall einer riesigen Menge – auf einem öffentlichen Hinrichtungsplatz in Damaskus gehängt.

Israels zweites Spionage-As, Wolfgang Lotz, wurde 1921 in Mannheim geboren. Seine jüdische Mutter war Schauspielerin, sein christlicher Vater leitete in Berlin ein Theater. Ihm verdankt Wolfgang, daß er nicht beschnitten wurde, was sich später für ihn als Glück erweisen sollte.

Seine Eltern ließen sich scheiden, Hitler kam an die Macht, und der kleine Lotz wurde von seiner Mutter auf der Suche nach einem für Juden sicheren Ort nach Palästina gebracht. Wolfgang änderte seinen Namen in Ze'ev Gur-Aryeh, das hebräische Wort für »Wolf«. Während seines Studiums an der Ben-Shemen-Landwirtschaftsschule östlich von Tel Aviv entwickelte er eine solche Leidenschaft für Pferde, daß seine Freunde ihm den Spitznamen »Sus« gaben – das hebräische Wort für Pferd.

Gur-Aryeh schloß sich 1937 der Haganah an und kämpfte im Zweiten Weltkrieg auf seiten der Briten hinter den deutschen Linien in Nordafrika. Er sprach Arabisch und Englisch ebenso gut wie Deutsch und Hebräisch. 1948 bis 1949 war er Leutnant in den neuen Israel Defence Forces und kämpfte für die Unabhängigkeit seines Landes. Zum Major befördert, kommandierte er eine Kompanie, die im Suez-Krieg ägyptische Stellungen eroberte. Erst danach interessierte sich Aman für ihn. Die Abwehroffiziere waren an Gur-Aryeh interessiert, weil er ganz und gar nicht wie ein Israeli aussah. Er erinnerte sich später: »Ich war blond, stämmig und ... ein starker Trinker und entsprach genau dem Bild eines ehemaligen deutschen Offiziers.«[144]

Die Aman-Offiziere fragten ihn, ob er es sich zutraue, sein Judentum zu verbergen und andere davon zu überzeugen, ein Ex-Nazi zu sein. Während der Ausbildung, die »intensiv und anstrengend« war, wurde aus Ze'ev Gur-Aryeh wieder der »Deutsche« Wolfgang Lotz. Anschließend schickte man ihn nach Westdeutschland zurück, um seine Legende aufzubauen – ähnlich wie zehn Jahre zuvor bei Max Bennett. Lotz trat als deutscher Geschäftsmann auf, der in Hitlers Armee in Nordafrika gedient und anschließend elf Jahre lang in Australien Rennpferde gezüchtet hatte.

Im Dezember 1960 befahlen ihm seine Kontaktleute bei Aman, nach Ägypten zu gehen. Sie statteten ihn mit dem notwendigen Kapital aus – nach israelischen Begriffen eine gewaltige Summe –, um dort eine Pferderanch aufzubauen. Man hielt es für unwahrscheinlich, daß Ägyptens *Mukhabarat el-Amma* oder »General Intelligence Agency« den Hintergrund des reichen Deutschen intensiv durchleuchten würde. Es war zwar riskant, wie Lotz sich erinnerte, aber er war »einer der wenigen Geheimagenten, die unter ihrem richtigen Namen und mit echten Papieren gearbeitet haben«.

Lotz war ein geselliger und charismatischer Mann, ein vollendeter Gastgeber auf Partys für hohe Armeeoffiziere und die »richtigen Leute« der ägyptischen Gesellschaft. Er rauchte mit ihnen Haschisch und ermunterte sie, über ihre verteidigungsbezogene Arbeit zu reden. Über einen winzigen Sender, der im Absatz seines Reitstiefels verborgen war, funkte er seine detaillierten Berichte nach Tel Aviv.

Lotz wurde sogar bei Isser Harels unseliger Kampagne gegen

die deutschen Wissenschaftler in Ägypten eingesetzt. Er lieferte ihre Kairoer Adressen an das Mossad-Hauptquartier, und er schickte ihnen mehrere anonyme Briefe, in denen er sie warnte, sie sollten das ägyptische Raketenprogramm aufgeben – zu ihrer eigenen Sicherheit. Ferner lagerte Lotz den Sprengstoff, der offensichtlich für Briefbomben verwendet werden sollte.

Alle paar Monate reiste der Spion nach Europa, um seinem Führungsoffizier Bericht zu erstatten. In Paris zum Beispiel hatte er von einer öffentlichen Telefonzelle aus eine bestimmte Nummer anzurufen. »Nachdem ich das Codewort genannt hatte, sagte man mir, ich solle um 3.00 Uhr in einem bestimmten Café einen Freund treffen«, erinnerte sich Lotz. »In Wirklichkeit bedeutete 3.00 Uhr im Café X = 2.00 Uhr im Café Y.«

Im Juni 1961 traf Lotz im Nachtzug Paris–München »eine große, ausgesprochen hübsche, blauäugige Blondine mit einer Figur, für die ich schon immer eine Schwäche hatte«. Zwei Wochen später heirateten Wolfgang und Waltraud. Es ist nahezu unfaßbar, daß ein ausgebildeter und absolut zuverlässiger Agent so etwas tun konnte. Aber Lotz sagte, er habe seine israelischen Kontrolleure nicht erst lange gefragt, sondern seine Frau einfach mit nach Kairo genommen.

Einige, allerdings unbestätigte Berichte behaupten, die junge Frau Lotz sei schlicht ein Teil seiner Legende gewesen. Der Chef des BND, General Reinhard Gehlen, habe seiner Agentin Waltraud – im Rahmen der geheimdienstlichen Zusammenarbeit mit Israel – den Auftrag erteilt, mit Lotz in Ägypten zusammenzuarbeiten.[145] Dies wird durch die wenig bekannte Tatsache gestützt, daß Lotz bereits zweimal geschieden und mit einer dritten Frau in Israel verheiratet war. Diese Ehe bestand noch.

Lotz erzählte, seine junge Frau sei, als sie über seine wahre Identität aufgeklärt worden war, sofort bereit gewesen, ihm zu helfen. Sie entwickelten einen Code: »Statt Israel sagten wir Schweiz, und der israelische Geheimdienst war für uns Onkel Otto.« Auf ihrem Gestüt in der Nähe einer Raketenversuchsstation hatten sie gemeinsam ein Auge auf ehemalige Nazi-Offiziere und deutsche Wissenschaftler, die den Ägyptern bei der Entwicklung neuer Waffen halfen.

Als er dabei erwischt wurde, in einen Raketenstützpunkt einzudringen, ließ Lotz den Kommandanten alle seine Freunde beim Militär und der Geheimpolizei anrufen, um ihn von seiner

Harmlosigkeit zu überzeugen. Hinreichend beeindruckt führte der Kommandant den deutschen Pferdezüchter anschließend persönlich auf dem ganzen Gelände herum. »Auch wir werden eines Tages ein großarabisches Reich sein«, brüstete sich der ägyptische Offizier. »Die Israelis haben einen ausgezeichneten Nachrichtendienst. Über die Raketen dürfen sie allerdings nichts erfahren, bevor wir zum endgültigen Schlag ausholen. Kommen Sie mit, ich zeige Ihnen die Anlage.«

Gelegentlich kam es vor, daß sich Kollegen von Lotz wenig professionell verhielten: Auf Partys in Kairo begegnete er häufig Caroline Bolter, die sich als holländisch-ungarische Frau eines deutschen Archäologen ausgab. Sie war sehr bemüht, mit den deutschen Wissenschaftlern ins Gespräch zu kommen und sie vorsichtig über das ägyptische Raketenprogramm auszufragen. Lotz hörte, wie sie bei einer solchen Gelegenheit in angetrunkenem Zustand plötzlich von Deutsch in Jiddisch verfiel. Wenig später wurde sie erwischt, wie sie das Haus eines deutschen Wissenschaftlers fotografierte. Lotz verständigte Tel Aviv und riet, man solle Frau Bolter – falls sie eine israelische Spionin sei – besser sofort zurückholen. Die Folge: Sie verschwand.

In der Zwischenzeit war in Tel Aviv die Verantwortung für Lotz' Betreuung von Aman auf den Mossad übergegangen. Die Führungsoffiziere beim Mossad waren zunächst unsicher, wie sie sich der offensichtlichen Bigamie ihres Staragenten gegenüber verhalten sollten. Sie ließen einige Zeit verstreichen, bevor sie seiner israelischen Frau mitteilten, daß er eine Deutsche geheiratet hatte.

Den neuen Führungsoffizieren paßten auch ein paar andere Dinge nicht: Er trank zuviel, und die Geschenke an seine ägyptischen Freunde waren ihnen ein wenig zu aufwendig. Lotz gab ihnen die Beträge durch, wenn er Europa besuchte. Bei der Rechnungsabteilung des Mossad nannte man ihn nur »den Champagnerspion«. Die Informationen, die er ihnen sandte, waren jedoch absolut zuverlässig und unersetzlich. Meir Amits Mossad erlitt deshalb einen schweren Schlag, als die ägyptischen Mukhabarat-Agenten am 22. Februar 1965 das Kairoer Appartement stürmten und Lotz und seine Frau verhafteten. Wahrscheinlich war Lotz' Sender mit Hilfe eines Funkpeilgeräts geortet worden – wie in Damaskus. Und auch hier hatte wohl der sowjetische Abschirmdienst GRV seine Hand im Spiel.

Dennoch gab es zwischen dem Fall Lotz und dem Fall Cohen gravierende Unterschiede. Während Cohen zugab, ein israelischer Spion zu sein, und dafür gehängt wurde, hielt Lotz stur an der Behauptung fest, daß er ein nichtjüdischer Deutscher sei, der nur des Geldes wegen für Israel gearbeitet habe.

Der Mossad stellte Lotz und seiner Frau für ihren Spionageprozeß in Kairo neben dem ägyptischen Anwalt einen deutschen Verteidiger. Dieser behauptete sofort öffentlich, er sei von Lotz' deutschen Wehrmachtskameraden geschickt worden. »Da ich nie in der deutschen Armee gedient habe«, erinnerte sich Lotz, »konnte ich mir ausrechnen, wer ihn wirklich bezahlte.«

Lotz und seine Frau wurden zu Gefängnisstrafen verurteilt, aber nach nur drei Jahren Haft anläßlich des israelisch-ägyptischen Gefangenenaustausches im Anschluß an den Sechstagekrieg wieder freigelassen. Mossad-Chef Amit hatte sich bei Premierminister Eshkol dafür eingesetzt, daß Lotz und seine Frau in den Austausch einbezogen werden mußten. Da die israelische Regierung jedoch nur ungern zugeben wollte, daß Lotz für Israel spioniert hatte, mußte Amit erst mit seinem Rücktritt drohen, bevor er sich durchsetzen konnte.

Im Gegensatz zu Cohen hat Lotz überlebt. Aber während Cohen heute als israelischer Märtyrer und Held gefeiert wird, wurde esLotz als Zivilist in Israel bald zu langweilig. Er ging nach Westdeutschland und später nach Kalifornien, doch seine geschäftlichen Unternehmungen zahlten sich nie so recht aus.

7. DER WEG IN DEN KRIEG

Noch während seine Truppen im jemenitischen Bürgerkrieg involviert waren, schlug Ägyptens Präsident Nasser einen politischen Kurs ein, der die gesamte arabische Welt in einen weit größeren Konflikt stürzen sollte.

Trotz seiner mit Feuereifer vorgetragenen panarabischen Reden wußte Nasser, daß Ägypten allein Israel nicht würde besiegen können. Im Januar 1964 lud er daher sämtliche Könige und Präsidenten der arabischen Staaten zu einer Zusammenkunft nach Kairo ein. Die Versammlung gründete eine neue Bewegung: die Palestine Liberation Organization (PLO), die dafür kämpfen sollte, Israel auszulöschen und durch einen weiteren arabischen Staat zu ersetzen.

Nasser wußte jedoch, daß die Gründung neuer Organisationen allein nicht genügte, dieses Ziel zu erreichen. So beschloß die Versammlung weiter, die Nebenflüsse des Jordans abzuleiten, der für die israelische Landwirtschaft lebenswichtig ist. Als die Grabungsarbeiten begannen, bombardierten die Israelis die Bulldozer im benachbarten Syrien, in Jordanien und im Libanon.

Den arabischen Führern wurde klar, daß sie dem jüdischen Staat nur mit Waffengewalt beikommen konnten. Dementsprechend stellte man ein gemeinsames militärisches Kommando auf und arbeitete ganz offen auf einen Krieg hin. Gleichzeitig agierten sie jedoch auch im geheimen.

Der ägyptische und der syrische Nachrichtendienst, die nie zu den weltbesten Spionagediensten gehörten, bemühten sich intensiv, die israelische Gesellschaft zu unterwandern. Sie rekrutierten ein paar arabische Israelis – keineswegs eine ideale Wahl, da sie ohnehin überwacht wurden – und sandten gelegentlich als Touristen getarnte Agenten nach Israel.

Eine andere Technik entsprach spiegelbildlich dem Modus operandi des Mossad: arabische Agenten mit der Identität von Juden auszustatten. Diese reisten dann als Immigranten nach Israel, wo sie in der Menge der neuen und willkommenen jüdischen Ankömmlinge untergingen.

Auch Kobruk Yaakovian, ein für Ägypten arbeitender Armenier, gelangte auf diesem Weg im Dezember 1961 nach Israel. Er reiste unter dem falschen Namen »Yitzhek Koshuk« und kam über Brasilien. Das israelische Konsulat in Rio de Janeiro hatte ihm ein Visum ausgestellt in dem Glauben, es handele sich um einen Juden, der in seine biblische Heimat zurückkehren wolle.

In Wahrheit hatte der ägyptische Nachrichtendienst Yaakovian angeworben, als er wegen eines kleineren Delikts in Kairo im Gefängnis saß. Vorsichtshalber wurde er sogar beschnitten. Koshuk arbeitete einige Zeit in einem Kibbuz, ließ sich dann in der Hafenstadt Ashkalon nieder und trat in die israelische Armee ein. Gegen seinen Wunsch, in der bewaffneten Truppe zu dienen, blieb er in einer Transporteinheit hängen. Doch auch so brachte er es fertig, wertvolle Informationen nach Kairo zu senden, bevor Shin Bet ihn im Dezember 1963 faßte. Yaakovian profitierte davon, daß Israel keine Todesstrafe für Spionage kennt. So verbrachte er nur einige Jahre in einem israelischen Gefängnis und wurde später nach Ägypten abgeschoben.

In den späten 60er Jahren waren die Ägypter erfolgreicher, als sie »einen der besten« Spione nach Israel schickten. Er nannte sich Jacques Biton und eröffnete eine Reiseagentur in der Brenner Street in Tel Aviv. Auch er trat als Jude auf und war ebenfalls beschnitten. Im Gegensatz zu Yaakovian wurde Biton – dessen wahre Identität unbekannt blieb – nie gefaßt. Er leistete sich den für einen Spion ungewöhnlichen Luxus, in Pension zu gehen. Die Ägypter erlaubten ihm, nach Westdeutschland überzusiedeln, wo er sich mit seiner Frau für den Rest seines Lebens niederließ.

Das staatliche Fernsehen Ägyptens landete 1988 einen riesigen Hit, als es Bitons Lebensgeschichte als Film ausstrahlte. Natürlich behauptete die israelische Regierung sofort, das Ganze sei ein »arabisches Märchen«. Als in Kairo aber weitere Einzelheiten bekanntgegeben wurden, mußte sie schließlich zugeben, daß hier ein feindlicher Agent ungeschoren davongekommen war. Gleichzeitig behaupteten die Israelis indes, er habe wenig bis gar keinen Schaden angerichtet.

Die spontane Reaktion, Biton sei völlig ungefährlich gewesen, beruhte auf der schon traditionellen israelischen Überheblichkeit, die Araber seien gar nicht in der Lage, in Israel eine erfolgreiche Aktion durchzuführen. Besonders nach dem Sechstagekrieg 1967 waren die Israelis überzeugt davon, daß ihre Feinde unfähig waren, irgend etwas richtig zu machen.

Der Blitzsieg über Ägypten, Jordanien und Syrien war größtenteils ein Triumph Meir Amits. Im Gegensatz zu seinem Vorgänger Isser Harel hatte Amit seine Bemühungen von Anfang an darauf konzentriert, soviel wie möglich über die benachbarten arabischen Staaten und ihre Armeen in Erfahrung zu bringen, um jederzeit gründlich auf einen Krieg vorbereitet zu sein.

Nachrichten konnten aus vielen Quellen geschöpft werden. Auch das befreundete Ausland konnte seinen Anteil dazu beitragen. Nach seinem Amtsantritt beim Mossad 1963 sorgte Amit daher vor allem dafür, daß die Nachrichtendienste Verbindungen zu den ihnen entsprechenden Organisationen in der ganzen westlichen Welt aufnahmen.

Die für politische Aktionen und Auslandsverbindungen zuständige Abteilung beim Mossad bekam ein zweites, geheimes »Außenministerium«, welches das eigentliche Ministerium gelegentlich ausmanövrierte. In seinen Memoiren beschreibt Miles Copeland – der sich selbst als »ersten politischen Agenten der CIA« bezeichnet –, was unter dem Begriff »politische Aktion« im geheimdienstlichen Sinn zu verstehen ist: das Antichambrieren bei industriellen und kommerziellen Konzernen in den Zielländern, um diese zu veranlassen, einen diskreten Druck auf ihre Abgeordneten und damit die Regierungen auszuüben; das Entsenden von Beratern sowie das Anwerben örtlicher Persönlichkeiten als »Agenten mit Einfluß«.[146] Dies entsprach exakt der Arbeitsweise der Israelis.

Es gab viele Länder – zum Beispiel 30 Entwicklungsländer in Afrika –, wo die Israelis nach und nach Botschaften eröffneten, nachdem zunächst diplomatische Beziehungen hergestellt und verschiedene Hilfsprogramme eingerichtet worden waren. Wie fast alle Nationen hatte auch Israel seine Mossad-Agenten in den Botschaften als »Diplomaten« stationiert.

Wo keine offiziellen Beziehungen aufgenommen oder diese später wegen politischer Meinungsverschiedenheiten wieder abgebrochen wurden, erfüllten die »Diplomaten« des Mossad Funktionen, die üblicherweise nicht von den Geheimdiensten wahrgenommen wurden. So überredete Amit die CIA, Israels geheime Aktivitäten in Afrika mit Millionen von Dollar zu unterstützen. Diese Projekte galten als von »allgemeinem Interesse« für den Westen und erschienen in den Büchern der CIA unter dem Codenamen »KK Mountain«.[147]

Das »periphere Konzept« des ersten Mossad-Direktors Reuven Shiloa bekam während Amits Amtszeit erneut große Bedeutung. Israels geheime Beziehungen zu Äthiopien, der Türkei und dem Iran wurden intensiviert. Beide, Israel und der Iran, unterstützten den Aufstand der Kurden gegen die irakische Regierung. Israelische Agenten im Südjemen halfen den Royalisten, die Ägypter abzuwehren. Im südlichen Sudan warfen israelische Flugzeuge Nachschubmaterial für die christlichen Rebellen ab. Und noch tiefer in Afrika, im weitentfernten Uganda, half der Mossad im Oktober 1970 Idi Amin, Präsident Milton Obote zu entmachten.

In Zusammenarbeit mit Shin Bet schuf der Mossad ferner Verbindungen zu einer großen Zahl ausländischer Sicherheitsdienste, indem er der geheimen Organisation »Kilowatt« beitrat, die sich der Bekämpfung des internationalen Terrorismus verschrieben hatte.

Mitglieder waren die Repräsentanten der Spionagedienste von Italien, Belgien, Westdeutschland, England, Luxemburg, den Niederlanden, der Schweiz, Dänemark, Frankreich, Kanada, Irland und Norwegen sowie nun auch Israel. Ähnliche Verbindungen bestanden zwischen dem Mossad und Portugal, Spanien sowie Österreich.

In den meisten dieser Staaten existieren auch heute Mossad-Stationen, die in der Regel den israelischen Botschaften als »diplomatische Abteilungen« angegliedert sind. Der Leiter der Station informiert den Botschafter jedoch nicht über deren Aktivitäten. Statt dessen sendet er seine Berichte direkt nach Tel Aviv. In jeder dieser Stationen arbeitet je ein Vertreter der beiden wichtigsten Abteilungen beim Mossad: des Collection und des Liaison Department. Die Agenten im Ausland achten streng auf die Trennung ihrer Arbeitsbereiche, so daß die Männer der einen Abteilung nicht wissen – und nicht wissen sollen –, was die der anderen tun. Offiziell arbeiten sie mit den Geheimdiensten des Gastlandes zusammen. Dies schließt jedoch nicht aus, daß sie zugleich ein eigenes Netz unterhalten, ohne den Gastgeber hierüber zu informieren.

Amits Begeisterung für »quasidiplomatische« Tätigkeiten konzentrierte sich vor allem auf zwei Kontinente: Afrika und Asien. In den Augen der seit kurzem unabhängigen schwarzafrikanischen Staaten der 60er Jahre war Israel ein Beispiel, das

Nachahmung verdiente. Während die USA und die UdSSR als expansionistische Supermächte galten und die europäischen Staaten als Kolonialmächte verrufen waren, galt Israel als eine junge Nation, die den raschen Entwicklungsprozeß der jetzigen Zeit gemeistert hatte. Afrikas Führer hofften, daß von Israels Pioniergeist, seiner Initiative und Geschicklichkeit ein wenig auch auf sie abfärben würde.

Mehr als ein Dutzend afrikanische Staaten hießen Israels Techniker und Instrukteure für Landwirtschaft, Industrie, Handel und Verteidigung willkommen. Hunderte von Experten arbeiteten an Entwicklungsprojekten, und bald kamen auch Israels reisende Politiker nach. Außenministerin Golda Meir bereiste den Kontinent, und Premierminister Levi Eshkol war ebenfalls in einer Reihe afrikanischer Staaten ein geehrter Gast.

Die Zahl der israelischen Berater wuchs enorm, und natürlich war eine erhebliche Zahl von Mossad-Agenten darunter. Die Regierungen der afrikanischen Gastländer hatten hierfür gewöhnlich volles Verständnis. Israel entwickelte schnell eine exzellente geheimdienstliche Zusammenarbeit mit Kenia, Zaire, Liberia und Ghana. In jedem dieser Länder wurden die Spionageagenturen oder Sicherheitsdienste von den Israelis geschult oder unterstützt.[148]

Der führende Mann des Mossad in Afrika war David (Dave) Kimche. Kimche, dessen osteuropäische Familie von der Schweiz nach England übergesiedelt war, wurde Zionist und ging 1946 nach Palästina. Seine typisch englischen Angewohnheiten behielt er bei. Kimche war zurückhaltend und kultiviert und trug eine dicke, schwarzumrandete Brille. Außerdem hatte er ein intelligentes, freundliches Gesicht und dunkles Haar. Den Israeli hörte man nicht heraus, denn er sprach ein so perfekt akzentuiertes Englisch, daß ihn jeder für einen englischen Gentleman hielt.

Kimche wurde nach ein paar Jahren Studium 1953 vom Mossad rekrutiert. Beim Nachrichtendienst erwarb er sich bald den Ruf scharfer Wahrnehmung, exzellenter analytischer Fähigkeiten und äußerster Zurückhaltung. Er war das lebende israelische Abbild von John le Carrés erfundenem englischem Spion George Smiley. Sein Interesse galt der Herstellung von Beziehungen zu nichtarabischen oder nichtmoslemischen Minderheiten im Mittleren Osten, sein Spezialgebiet aber war Afrika.

Hinter verschiedenen Masken arbeitete er überall auf dem Kontinent, darunter auch als israelischer »Diplomat« David Sharon. Kimche war eine zuverlässige und freundliche Quelle für ausländische Journalisten und kannte stets den neuesten Klatsch über noch so abgelegene afrikanische Regime.[149]

Amit sorgte dafür, daß Israel seine Geheimdiplomatie in den Fernen Osten ausdehnte. Er eröffnete eine Mossad-Station in Singapur – einer ehemaligen englischen Kolonie, die anschließend zu Malaysia gehörte, bis sie aus eigener Kraft unabhängig wurde. Den chinesischen Führern Singapurs, die in ständiger Furcht vor dem benachbarten Malaysia und ihrer eigenen malayischen Minderheit lebten, waren Israels Militär- und Verteidigungsberater höchst willkommen.

Der Mossad etablierte in Singapur eine ständig israelische Militärdelegation. Sie wurde von Colonel Binyamin (Fuad) Ben-Eliezer geleitet, einem äußerst erfahrenen Offizier und späteren Brigadegeneral. Ben-Eliezer und sein Team unterstützten Singapurs Armee und Geheimpolizei mit Ratschlägen, im Rahmen ihrer Ausbildung und schließlich mit Waffen.

Das kleine Singapur mit einer Bevölkerung von knapp 2,5 Millionen wurde zum Sprungbrett für die »Diplomaten« des Mossad in ganz Asien. Den ersten Erfolg hatten sie in Indonesien – einer Nation mit 180 Millionen Menschen, von denen 90 Prozent Moslems sind. Präsident Sukarno, der nach dem Zweiten Weltkrieg die Unabhängigkeit seines Volkes von den Niederlanden erkämpft hatte, war einer der Führer der Blockfreien-Bewegung und ein entschiedener Gegner Israels. Er wurde 1965 gestürzt, nachdem er die Demokratie abgeschafft und angeblich mit den mächtigen indonesischen Kommunisten bei ihrem Umsturzversuch zusammengearbeitet hatte.

Nachdem er für die Abschlachtung von 300000 Kommunisten gesorgt hatte, wurde der oberste Befehlshaber der Armee, General Suharto, neuer Präsident. Für die Konsolidierung seiner Regierung war er bereit, so ungefähr alles zu tun. Und gerade im Jahr zuvor hatte Israel in nur sechs Tagen die zahlenmäßig weit überlegenen arabischen Armeen besiegt. Entsprechend beeindruckt wandte sich Suharto an Israel. Der Mossad schickte von seiner Station in Singapur eine Abordnung nach Djakarta, um die Möglichkeiten einer Zusammenarbeit ausgiebig und letztlich mit Erfolg auszuhandeln.

Kurz darauf trainierten israelische Berater – nach außen hin als Europäer oder Amerikaner auftretend – die indonesische Armee und Suhartos Nachrichtendienst. Der einheimische Sicherheitsdienst in Djakarta war überzeugt, daß er mit Hilfe der Israelis seine Schlagkraft bald deutlich würde verbessern können.

Wegen der entschieden antikolonialistischen Politik ihres Landes trauten die Indonesier weder der CIA noch anderen westlichen Nachrichtendiensten. Der Mossad bot sich daher als perfekte Alternative an. Er bekam die Erlaubnis, in Djakarta eine ziemlich große Station einzurichten, die nach außen als Handelsgeschäft firmierte. Mit Bedauern ließ Präsident Suharto die Israelis allerdings wissen, daß die Aufnahme offizieller diplomatischer Beziehungen für sein Land als einer islamischen Nation natürlich undenkbar sei. Ihre geheimen Verbindungen aber wurden zunehmend enger. Indonesische Militär- und Geheimdienstoffiziere wurden zur Ausbildung nach Israel geschickt, wobei sie sich besonders für Taktiken zur Bekämpfung der kommunistischen Guerillas interessierten – Techniken, die die Israelis zum Schutz ihrer eigenen Grenzen und gegen den palästinensischen Terrorismus ebenfalls immer weiter zu perfektionieren suchten.

In den 70er Jahren vermittelte der Mossad umfangreiche Waffenverkäufe von Israel an Indonesien. Darunter war auch ein Dutzend in Amerika gebauter Skyhawks, die die israelische Luftwaffe aussortiert hatte. Zusätzlich zu den Einnahmen aus solchen Waffengeschäften gewann Israel in Indonesien einen nachrichtendienstlichen Brückenkopf in der islamischen Welt. Indonesien entwickelte sich zu einer wertvollen Basis bei der Überwachung arabischer Diplomaten und palästinensischer Aktivisten.

Auf ähnliche Weise war Indien mit seiner noch höheren Bevölkerungsdichte für Meir Amit ein nützlicher Partner, wenngleich die Beziehungen auch zwischen den beiden Nationen geheim bleiben mußten. Getarnte Operationen basieren immer auf gemeinsamen Interessen, die zu einem Informationsaustausch führen. Für Indien und Israel hieß der gemeinsame Feind Pakistan – eine moslemische Nation, die die arabischen Länder des Mittleren Ostens unterstützte.

Der Mossad war äußerst beunruhigt, als er erfuhr, Libyens

Präsident Mu'ammar al-Khadifi habe Pakistan angeboten, den Bau eines Atomreaktors unter der Bedingung zu finanzieren, daß Pakistan für ihn eine »islamische Bombe« entwickle und baue. Die israelischen Agenten erörterten als Reaktion darauf sogar die Möglichkeit, den pakistanischen Reaktor in einer gemeinsamen Aktion mit den indischen Streitkräften zu zerstören.[150]

Die Geschicklichkeit des Mossad, ausländische Kontakte zugunsten Israels zu knüpfen, zeigte sich in der einzigartigen Verbindung zu Marokko. Als arabischer Staat und führendes Mitglied der Arabischen Liga hatte sich Marokko stets laut und mit Nachdruck auf die Seite der Palästinenser gestellt. Insgeheim jedoch unterhielt es für beide Seiten nützliche Beziehungen zu Israel. König Hassan II., der persönlich dem Westen zuneigt, fühlte sich in den 60er Jahren durch das radikale, antiroyalistische Regime im Nachbarland Algerien ebenso wie durch Nasser bedroht.

Mossad-Experten halfen Hassan, einen Nachrichtendienst aufzubauen. Im Gegenzug erhielt Israel die Zusicherung des Königs, die Juden in seinem Land zu schützen und ihnen die ungehinderte Ausreise nach Israel zu gestatten. Die Beziehungen zwischen den beiden Staaten waren zwar geheim, aber sie waren gut – ja, geradezu ideal. Amit merkte jedoch bald, daß Hassans Großmut ihren Preis forderte: den Kopf Mehdi Ben-Barkas.

Als führender marokkanischer Dissident war Ben-Barka in Abwesenheit zum Tode verurteilt worden. Der von General Muhammad Oufkir geleitete marokkanische Sicherheitsdienst beschloß, das Urteil zu vollstrecken, wo immer man Ben Barka finden würde. Oufkir bat seinen Freund Amit um Hilfe. Der Mossad-Chef erklärte sich einverstanden, da er befürchtete, eine Weigerung werde sich nachteilig für die marokkanischen Juden auswirken. Zu Beginn des Sommers 1965 trafen sich Amit und Oufkir in Frankreich, um letzte Details ihrer Vereinbarung zu besprechen. Der Mossad würde dabei helfen, Ben-Barka eine Falle zu stellen.

Am 29. Oktober 1965 veranlaßten israelische Agenten Ben-Barka, zu einem angeblichen Treffen mit einem Filmproduzenten von Genf nach Paris zu reisen. Dort wurde er vor einem eleganten Restaurant auf dem linken Seineufer von drei französischen Sicherheitsoffizieren »verhaftet«, die mit den Marokkanern zusammenarbeiteten. Als die Israelis merkten, daß zu viele marokkanische und französische Agenten in den Fall verwickelt waren, verschwanden sie von der Bildfläche – bis auf den Chef der Mossad-Station in Marokko, der das zweifelhafte Vergnügen hatte, an Oufkirs Seite bleiben zu müssen, da Amit den marokkanischen Sicherheitschef nicht vor den Kopf stoßen wollte. Das volle Ausmaß seiner Mission war dem mit einem falschen englischen Paß reisenden israelischen Agenten unbekannt. Und so wurde er davon überrascht, daß Oufkir und seine Leute Ben-Barka erschossen und im Garten einer Villa außerhalb von Paris begruben.

Amit und Oufkir glaubten, ihr Geheimnis mit dem Toten zusammen beerdigt zu haben. Wer würde schon dem Verschwinden eines Menschen Beachtung schenken – oder einem Mord, der sich völlig an die Normen der Politik des Mittleren Ostens hielt? Die beiden Geheimdienstchefs hatten jedoch nicht mit der Reaktion zweier in Charakter und Temperament sehr unterschiedlicher Männer gerechnet: Isser Harel und General de Gaulle.

Der französische Präsident ordnete sofort eine Untersuchung an, wie Ben-Barka mitten im Herzen von Paris hatte verschwinden können. Die Nachforschungen brachten nicht nur die israelisch-marokkanische Verbindung an den Tag, sondern auch die Beteiligung des französischen Geheimdienstes, des Service de Documentation Extérieure et de Contre-Espionage.

De Gaulle tobte. Er hegte den Verdacht, sein Geheimdienst könne ein Komplott gegen ihn schmieden, und ordnete unverzüglich an, beim Nachrichtendienst für Ordnung zu sorgen. Wie konnte Frankreichs Verbündeter, mit dem de Gaulle zusammenarbeitete, Dinge hinter seinem Rücken tun?[151]

Als Reaktion auf die Ermordung Ben-Barkas verfügte der französische Präsident, die europäische Kommandostelle des Mossad aus Paris zu entfernen und alle geheimdienstlichen Beziehungen zwischen den beiden Nationen abzubrechen. Seine Entscheidung war Wasser auf Israels Mühlen, wo sich wegen der Verstrickung des Geheimdienstes in die Mordgeschichte ein Skandal anbahnte. Die israelischen Politiker waren untereinander völlig zerstritten, als sich der Wahltermin im November 1965 näherte. Die Arbeiterpartei würde die Wahl zwar wie üblich gewinnen, aber die Arbeiterbewegung als solche war in sich tief gespalten: in Ben-Gurions Rafi-Partei und die Mapai Levi Eshkols und Golda Meirs.

Die Mapai-Führung, die aus der Lavon-Affäre und ähnlichen Skandalen gelernt hatte, war fest entschlossen, unter allen Umständen zu verhindern, daß sich die Affäre Ben-Barka weiter ausdehnte – oder öffentlich bekannt wurde. Der Mord hatte in Frankreich einen spektakulären Skandal ausgelöst; die israelische Beteiligung wurde absolut geheimgehalten.

Als das israelische Sex-Magazin *Bul* eine Anspielung brachte, wonach »Israelis in den Ben-Barka-Fall verwickelt« sein könnten, beschlagnahmte Shin Bet kurz vor der Auslieferung alle 30000 Exemplare der Ausgabe. Nur fünf Zeitschriften erreichten einen Kiosk. Die Herausgeber der Zeitschrift, Shmuel Mor und Maxim Gilan, wurden in Sicherungshaft genommen.[152] Man berief sich auf Artikel 23 des israelischen Sicherheitsgesetzes, obwohl dieser Abschnitt bisher ausschließlich auf Fälle der Spionage gegen den jüdischen Staat angewandt worden war. Es war das erste und – bis auf dieses Buch – einzige Mal, daß dieses Gesetz gegen jüdische Journalisten in Israel herhalten mußte.

Wie in der Lavon-Affäre lautete die Kernfrage: Wer gab den Befehl? Amit behauptete, Levi Eshkol habe ihm für die Aktion »grünes Licht« gegeben. Der Premierminister stritt alles ab. Die Forderung nach einer Untersuchungskommission wurde nun auch von Isser Harel unterstützt. Die Stimme des ehemaligen Memuneh hatte besonderes Gewicht, vor allem deshalb, weil er gerade zum Berater des Premierministers in Fragen des Nachrichtendienstes ernannt worden war.

Harel war im September 1965, einen Monat vor dem Mord an Ben-Barka, in den öffentlichen Dienst zurückgekehrt. Es mag sein, daß Eshkol seinem ständigen Rivalen Ben-Gurion damit zeigen wollte, wer der erste Mann im Staat war. Es war eine Art Botschaft: Ich, Levi Eshkol, habe den Platz des »Alten Mannes« eingenommen und gebe dem israelischen Geheimdienst den Mann zurück, der einst Ben-Gurions Protegé war, aber zum alten Eisen geworfen wurde.

Eshkol ignorierte Amits Protest gegen Harels Rückberufung, und der schmutzige Krieg zwischen den beiden Rivalen entbrannte mit der alten Heftigkeit. Der Nachrichtendienst fühlte sich hin und her gerissen. Amit verweigerte Harel die Zusammenarbeit. Harel fand Wege, Amit zu umgehen. Unter Ausnutzung persönlicher Beziehungen und seiner Kenntnis der Archive verschaffte er sich Verschlußakten des Mossad. Er vermittelte direkte Gespräche zwischen den Chefs der Mossad-Abteilungen und Premierminister Eshkol, wobei häufig über Amits Fähigkeiten – vor allem aber über seine Fehler – diskutiert wurde.[153]

Gegen geheime Operationspläne Amits legte Harel bei Eshkol sein Veto ein. So auch, als Amit 1966 den kühnen Plan entwickelte, zu einem geheimen Treffen mit Präsident Nassers Stellvertreter, Feldmarschall Hakim Amar, nach Kairo zu reisen. Der Vorschlag kam von einem ausländischen jüdischen Geschäftsmann, der mit den hochrangigen ägyptischen Politikern gut bekannt war. Amit war äußerst interessiert.

Harel hielt dagegen, daß die vorgeschlagenen Kairoer Gespräche eine Falle sein könnten. In jedem Fall sei es für den Mossad-Chef verrückt und unverantwortlich, sich dem Feind in die Hand zu geben. Falls er in Ägypten verhaftet und vernommen würde, so warnte Harel, könnte er gezwungen werden, lebenswichtige israelische Geheimnisse preiszugeben.

In der Schlacht der Giganten stellte sich Eshkol auf die Seite Harels. Die vorgeschlagenen Verhandlungen mit Ägypten fanden nie statt. Mit Bedauern und Bitterkeit meint Amit heute, daß er den Kriegsausbruch im Juni 1967 möglicherweise hätte verhindern können, wenn er damals heimlich nach Kairo geflogen wäre. Der Nachrichtendienst hatte jedoch keine Zeit, lange über diese Frage nachzugrübeln, da sich die Spannungen entlang den Grenzen zu Ägypten und Syrien verstärkten und alle Aufmerksamkeit in Anspruch nahmen.

Amits »faulstes Ei«, der Ben-Barka-Mord in Paris, wurde schließlich unter den Teppich gekehrt. Das war mehr, als Harel mit seiner strikten Forderung nach einer vollständigen Aufklärung hinnehmen konnte. Im Juni 1966 legte er seinen Posten nieder. Zu Amits immenser Erleichterung hatte Harels Comebackversuch damit nach nur neunmonatiger Tätigkeit im Büro des Premierministers ein plötzliches Ende gefunden. Der neue Kreuzzug des Memuneh war ins Leere gelaufen – abgesehen von der Verhinderung der Friedensmission nach Kairo. Diesesmal verließ Harel den Geheimdienst für immer.[154]

Amit verteidigte seinen Posten beim Mossad mit knapper Not. Nun fühlte er sich frei, alle Kräfte auf die Vorbereitung eines eventuellen Krieges zu konzentrieren.

Aman-Chef Colonel Yariv, Amits ehemaliger Stellvertreter, leistete Unglaubliches beim Sammeln und Auswerten jeder kleinsten verfügbaren Information über die arabischen Streitkräfte, die sich 1967 auf eine Invasion Israels vorbereiteten. Mit Hilfe eines unter anderem von Colonel Yuval Ne'eman bei Aman entwickelten Computersystems war der Abwehrdienst in der Lage, die israelischen Militärs mit genauen Listen über strategisch wichtige Ziele und mögliche Problempunkte zu versorgen.

Als Nasser im Mai die Straße von Tirana blockierte, um Israel den Seeweg abzuschneiden, prüfte Premierminister Eshkol zunächst drei Wochen lang alle diplomatischen Möglichkeiten, bevor er die Blockade zur kriegerischen Handlung erklärte. In der Zwischenzeit hatte Nasser die UN-Friedenstruppen angewiesen, Ägyptens Sinaihalbinsel zu verlassen.

Israels Antwort erfolgte am Morgen des 5. Juni 1967 aus der Luft. In weniger als sechs Stunden schuf die israelische Luftwaffe mit ihren dank der Zielliste des Nachrichtendienstes verheerenden Bombenabwürfen die Grundlage für den Sieg im Sechstagekrieg. Die gesamte ägyptische Luftwaffe wurde noch am Boden zerstört. Syrien und Jordanien mußten ähnlich vernichtende Schläge einstecken.

In den ersten Stunden des Blitzkrieges war das Durcheinander vollkommen. Während die arabischen Radiostationen sich höhnisch über ihre angeblichen Siege freuten, meldete John Hadden, der CIA-Stationschef in Israel, seinem Hauptquartier in Langley, Virginia: »Der Krieg ist zu Ende.« Yochanaan Ha-Dan – wie er von den israelischen Verbindungsoffizieren in Verballhornung seines Namens genannt wurde – hatte ein hervorragendes Verhältnis zum Mossad und damit Zugang zu den neuesten Frontberichten.

Nur wenige Tage zuvor war Amit in besonderer Mission für Eshkol im neuen CIA-Hauptquartier gewesen. Sein Auftrag lautete: den Amerikanern zu sagen, daß ein Krieg nicht mehr zu vermeiden sei, Nasser ihn praktisch schon begonnen habe und Israel gezwungen sei, den ersten bewaffneten Schlag zu führen, um zu überleben.

CIA-Direktor Richard Helms und Präsident Lyndon B. Johnson hörten sich Amits Argumente an. Die USA zeigten Verständnis für Israel und stellten sich dem Präventivangriff nicht entgegen. Amits Erfolg beruhte nicht zuletzt auf den internationalen nachrichtendienstlichen Beziehungen, die der Mossad jahrelang intensiv gepflegt hatte. Den Rest erledigten Luftwaffe und Armee.

Während des Sechstagekrieges kam es zu einem höchst geheimnisvollen und umstrittenen Zwischenfall. Die israelische Luftwaffe und Marine stürzten sich aus heiterem Himmel auf ein amerikanisches Schiff. Die USS *Liberty* war ein im Mittelmeer operierendes Spionageschiff, das, ausgestattet mit den raffiniertesten Sendern, Antennen und Satellitenschüsseln, für die National Security Agency (NSA) arbeitete. Am Mittwoch, dem 8. Juni, lag die *Liberty* vor der Küste der Sinai-Halbinsel und verfolgte auf ihren Monitoren den Vormarsch der israelischen Truppen. Obgleich es die amerikanische Flagge zeigte, wurde das Überwachungsschiff von den israelischen Kampffliegern und Kriegsschiffen bombardiert, im Tiefflug angegriffen und torpediert. 34 amerikanische Seeleute wurden getötet und weit mehr verwundet.

Bis heute haben weder Israel noch die USA zu diesem Vorfall eine überzeugende Erklärung abgegeben und damit Gerüchten, Spekulationen und der verständlichen Wut vieler US-Marineveteranen Vorschub geleistet. Wie konnten es die Israelis wagen, ein Schiff ihres Hauptverbündeten anzugreifen? Und warum taten sie es?

Überlebende wie Angehörige der Gefallenen meinen, der Angriff sei absichtlich geführt worden. Die Israelis hätten gewußt, was sie taten, als sie die elektronischen Augen und Ohren der NSA gerade in dem Moment blind und taub machten, als Israel seine Streitkräfte von der ägyptischen zur syrischen Front verlegte.[155]

CIA-Stationschef Hadden und der US-Marineattaché in Tel Aviv, Captain Ernest Castle, bekamen den Auftrag, der Sache auf den Grund zu gehen. Die Israelis bedauerten, ihre Streitkräfte hätten schlicht einen Fehler gemacht. Nach weiteren gründlichen Untersuchungen glaubten Hadden und Castle ihnen. Anscheinend hatten die israelische Marine und die Luftwaffe in der Hitze des Gefechts einen unrühmlichen Wettkampf durchgeführt, wer als erster ein Schiff versenkte, das nach dem offiziellen Schlachtplan dort nicht hingehörte. Sie hätten zwar die US-Flagge gesehen, aber angenommen, es handele sich um ein als amerikanisch getarntes ägyptisches Schiff. Lange Jahre waren die USA über die vermeintliche Arroganz der Israelis verärgert, die sich weigerten, den Familien der Opfer eine Entschädigung zuzahlen.

Am 11. Juni war das jubelnde Israel Herr über Jordaniens West Bank, Ägyptens Sinai-Halbinsel und den Gazastreifen sowie Syriens Golan-Höhen. Die Eroberung dieser riesigen Gebiete beendete ein für allemal das Bild vom winzigen jüdischen Staat, der kaum zwischen den großen und mächtigen arabischen Nachbarn überleben würde.

8. SHIN BETS ERFOLGREICHSTE ZEIT

Sein Bett war noch warm, Bettücher und Decken lagen verstreut auf dem Boden, das Wasser im Kessel hatte gekocht, und selbst der Tee in den Tassen war noch heiß, nur Abu Ammar war verschwunden. Wenige Sekunden bevor die israelischen Soldaten und Sicherheitsleute die dreistöckige Villa in Ramallah im Westjordanland stürmten, war der Führer der PLO – dem Ausland besser bekannt unter dem Namen Jasir Arafat – entkommen.

In seinem Versteck im zweiten Stock hatte Arafat die Stimmen der Israelis gehört, war aus dem Fenster gesprungen und hatte sich in einem in der Nähe geparkten Auto versteckt. Als seine Verfolger wieder abgezogen waren, floh er in Richtung Osten und überquerte zum letzten Mal den Jordan.[156]

Es war Mitte Dezember 1967, sechs Monate, nachdem Israel dieses Gebiet von Jordanien erobert hatte. Arafat hat seither nie wieder einen Fuß auf den Boden der West Bank gesetzt.

Shin-Bet-Direktor Yosef Harmelin war frustriert. Bereits zum siebten Mal war der PLO-Führer seinen Leuten entkommen. Dessen Guerillaorganisation war seit ihrer Gründung im Jahr 1964 für den israelischen Nachrichtendienst zu einem ernsten Gegner geworden, auch wenn Arafat die Führung erst im Anschluß an den Sechstagekrieg 1967 übernommen hatte. Am 1. Januar 1964 hatte Harmelin Amos Manor als Chef bei Shin Bet abgelöst. Manor hatte gehofft, 1963 auf den Posten Isser Harels als Memuneh nachzurücken, und meinte, sich bei Premierminister Eshkol nicht gegen den Mossad-Chef Amit durchsetzen zu können.

Trotz seines Versagens bei der Festnahme Arafats gab es eine Menge, worauf Shin Bet 1967 stolz sein konnte. Vor allem war es dem Geheimdienst gelungen, den Versuch der PLO, einen »Volksaufstand« in den besetzten Gebieten anzuzetteln, bereits im Keim zu ersticken.

Die meisten von Israel im Juni besetzten Gebiete konnten leicht gehalten werden: Von den Golan-Höhen waren fast alle Syrer mit Ausnahme von ein paar tausend Drusen geflohen. Auf der Sinai-Halbinsel lebten so gut wie keine Ägypter, außer ein paar Beduinenstämmen. Die schwersten Probleme gab es im

Westjordanland und im Gazastreifen – mit anderen Worten dort, wo die Araber geblieben waren.

Im Westjordanland, einem Gebiet von weniger als 3000 Quadratmeilen (ca. 7770 km^2), lebten rund 600 000 Palästinenser, in der Enge des knapp 1000 Quadratmeilen (ca. 2600 km^2) umfassenden Gazastreifens 400 000.

Die Palästinenser waren bestürzt und verängstigt, nachdem sich die Israelis dort als Besatzungsmacht etabliert hatten. Der Nachrichtendienst gründete eine Einsatztruppe, der David Kimche vom Mossad sowie einige Shin-Bet- und Aman-Mitarbeiter angehörten, um die politische Stimmung unter der einheimischen Bevölkerung zu erforschen. Als Ergebnis schlug die Gruppe vor, den Palästinensern Autonomie und letztlich die Gründung eines separaten Staates zu gewähren, aber Eshkol und seine Regierung ignorierten diesen Rat. Einige der arabischen Würdenträger waren zurückhaltender und baten die Israelis lediglich, ihnen eine rasche Rückkehr zum normalen Geschäfts- und Privatleben zu erlauben. Außerdem war klar, daß die meisten Bewohner des Westjordanlandes eine Rückkehr zu den alten Verhältnissen unter König Hussein von Jordanien vorzogen. Selbst die Bewohner des Gazastreifens, denen es unter den Ägyptern ziemlich schlecht gegangen war, wollten lieber eine arabische als eine israelische Regierung.

In der Hoffnung, aus der allgemeinen Unzufriedenheit Kapital schlagen zu können, planten die PLO und einige andere Splittergruppen, es den Vietkong gleichzutun, die mit Erfolg den mächtigen amerikanischen Streitkräften Widerstand leisteten. Ein zweites Vorbild war die FLN, die die Franzosen aus Algerien vertrieben hatte. Arafat und seine Kameraden riefen die palästinensische Bevölkerung auf, sich gegen die israelisch-zionistische Besatzung zu erheben.

Ihr Plan bestand darin, das Land für die Israelis unregierbar zu machen. Vorerst würde die PLO das tägliche Leben in den 500 Städten und Dörfern im Westjordanland und im Gazastreifen kontrollieren, bis eine palästinensische Revolutionsregierung die Macht übernahm, was nach Ansicht linksgerichteter Theoretiker unter den Guerillas zwangsläufig die Folge sein würde.

Sofort nach dem Sechstagekrieg erschien im Westjordanland ein PLO-Aufruf, der sich einer klassischen, kommunistischen Diktion bediente: »Wir müssen in jeder Straße, jedem Dorf, jeder Nachbarschaft heimlich Widerstand leisten. Jeder ist verpflichtet, den Feind zu bekämpfen. Rollt Felsbrocken von den Bergen, um die Verkehrsadern zu blockieren. Versucht die Fahrzeuge der Feinde in Flammen aufgehen zu lassen. Wir müssen die wirtschaftlichen und kulturellen Einrichtungen der Besatzungsmächte boykottieren.« Das Rundschreiben endete mit Hinweisen zur Anfertigung von Molotowcocktails.[157]

Was die Guerillagruppen im Sinn hatten, war ein allgemeiner Befreiungskrieg, auf den Mao Tse-tung oder Fidel Castro stolz sein könnten. Die PLO borgte sich nicht nur fremde Konzepte, sondern übernahm auch die Operationstaktiken Chinas, Kubas, Vietnams und Algeriens. Die Palästinenser erhielten von Colonel Ahmed Suedani, dem Chef des syrischen Abwehrdienstes, aktive Unterstützung. Suedani galt als enthusiastischer Befürworter von »Volksaufständen« überall im Mittleren Osten, ausgenommen in Syrien.

Militante PLO-Gruppen schmuggelten Dutzende ihrer mit Gewehren und Sprengstoff ausgerüsteten Mitglieder in die besetzten Gebiete und errichteten ihre Kommandoposten unter den Augen ihrer neuen israelischen Herren. Arafat kümmerte sich persönlich um die Rekrutierung von bewaffneten Gruppen für bestimmte Operationen, und seine Genehmigung wurde für fast jede Kleinigkeit eingeholt. Guerillazellen wurden für blitzartige Überfälle gegen Armeefahrzeuge und Patrouillen eingesetzt, und in den engen Straßen der Städte im Westjordanland errichteten die palästinensischen Guerillas zahlreiche Hinterhalte.

In Israel selbst zündeten die Palästinenser Sprengkörper auf Märkten, in Kinos, Theatern, an Bushaltestellen und in Restaurants. Den Aufständischen war es egal, ob ihre Bomben Zivilisten oder Soldaten trafen. Für Arafat und seine Strategen war dies ein ganz normaler Krieg, während die Israelis und der größte Teil der übrigen Welt für die Taktiken der PLO nur ein Wort kannten: Terrorismus.

Shin Bet hatte keine Zeit, über die Terminologie lange nachzudenken. Premierminister Eshkol und Verteidigungsminister Dayan verlangten von Harmelins Geheimdienst, die Revolte niederzuschlagen und für Recht und Ordnung zu sorgen. Die Armee kümmerte sich unterdessen in den besetzten Gebieten um die täglichen Verwaltungsangelegenheiten. In der Regierung wie in der Armee gab es jedoch viele, die es Shin Bet nicht zutrauten, mit dieser Aufgabe fertig zu werden.

Shin Bet war damals eine kleine, selbständige Einheit, die in völliger Anonymität arbeitete. Ihr Name war in der Bevölkerung unbekannt, Zeitungsberichte über ihre Operationen unterlagen einer strengen Zensur, und es war per Gesetz verboten, die Identität irgendeines Agenten aufzudecken. Der gesamte Dienst umfaßte etwa 500 Leute. Man war eine große Familie, in der jeder jeden kannte, und Familiengeheimnisse wurden Außenseitern nicht verraten. Zugleich war es eine Agentur ohne Glanz, die immer im Schatten von Mossad und Aman gestanden hatte. Nur selten bekam Shin Bet von Amans Operationsabteilung ein paar Brocken zugeworfen, die man sich mit dem Mossad teilte. Immerhin gehörte dazu die Festnahme Adolf Eichmanns oder die Suche nach dem kleinen Yossele Schumacher.

Shin Bets Hauptaufgabe war das gewöhnlich wenig spektakuläre Geschäft, ausländische Spione und inländische Umstürzler ausfindig zu machen, wobei selbstverständlich der arabischen Minderheit in Israel das Hauptaugenmerk galt.

Ein Jahr vor dem Sechstagekrieg wurde die Militärverwaltung in den arabischen Städten und Dörfern Israels von der Regierung abgeschafft, die seit dem Unabhängigkeitskrieg 1948 dort die Aufsicht geführt hatte. Die arabischen Bürger Israels hatten zwar immer das Wahlrecht für die Knesset besessen, aber nicht derselben zivilen Verwaltung unterstanden, die für die jüdisch dominierten Gebiete zuständig war.

Der Vorschlag, die Militärverwaltung in bestimmten Regionen Israels abzuschaffen, kam 1966 vom ehemaligen Mossad-Agenten Shmuel Toledano, der inzwischen Eshkols Berater für arabische Angelegenheiten geworden war. Shin-Bet-Chef Harmelin unterstützte den Vorschlag – nicht weil seine Agentur plötzlich ihre Liebe zu den Arabern und ihren zivilen Rechten entdeckt hatte, sondern weil man auf diese Weise die Staats- und Sicherheitsinteressen besser verfolgen konnte.

Zu Shin Bets Aufgaben gehörte es, die Araber daran zu hindern, als fünfte Kolonne ihren Brüdern jenseits der Grenze zu helfen. Die Agentur behauptete, die Abschaffung der Militärverwaltung würde den Arabern einen Anreiz bieten, sich in die israelische Gemeinschaft zu integrieren: auf ihren Universitäten zu studieren, Unternehmen zu gründen, Karriere zu machen, ihr

Einkommen zu steigern und sich nicht länger diskriminiert, frustriert, enttäuscht und chancenlos zu fühlen, was nur die Subversion fördere. Bei Shin Bet war man der Ansicht, daß die Aufhebung der offiziellen Beschränkungen die arabische Bevölkerung beruhigen und die extremistische Minderheit isolieren würde, die sich von Israel unterdrückt fühlte.[158]

Toledanos Vorschlag wurde angenommen. Mit der folgenden Neufestlegung des Aufgabenbereichs von Shin Bet begann die eigentliche Ära Harmelins. Bevor er den farblosen und nüchternen Manor als Chef bei Shin Bet ablöste, war Harmelin Leiter von dessen Spionageabwehrabteilung gewesen. Er hatte die Jagd auf Spione zum Hauptanliegen der gesamten Agentur gemacht.

Der neue Chef liebte den geistigen Florettkampf. Ausländische Spione in die Falle zu locken verlangte einen großen Teil an Gerissenheit, und die anschließenden Vernehmungen waren eine besonders interessante intellektuelle Herausforderung.

Niemand hatte ein überzeugenderes Pokergesicht als Harmelin. Er war ein beeindruckend großer Mann, aber seine Fähigkeit, eine völlig ausdruckslose Miene aufzusetzen, war das Bemerkenswerteste an ihm. Seine Gefühle verbergen zu können ist für einen Agenten äußerst wichtig. Harmelin mußte diese Gabe mit in die Wiege gelegt worden sein, als er 1923 in Wien das Licht der Welt erblickte.

Nach dem *Anschluß* Österreichs an Deutschland im Jahr 1938 flohen Harmelins Eltern vor dem drohenden Holocaust nach Mexiko, während Yosef – schon damals ein begeisterter Zionist – statt dessen nach Palästina ging. Er studierte an der Ben-Shemen-Landwirtschaftsschule, die auch der spätere politische Führer Shimon Peres und der zukünftige Spion Wolfgang Lotz besuchten. Wie Harel und Amit arbeitete auch Harmelin zunächst in einem Kibbuz, bevor er im Zweiten Weltkrieg in die britische Armee eintrat. Nach dem Krieg war er Mitglied der Haganah, wo er Harel traf. Ein paar Jahre nachdem Israel unabhängig geworden war, wurde Harmelin von Shin Bet rekrutiert, wo er sich allmählich bis an die Spitze hocharbeitete.[159]

Sein Verhältnis zu Levi Eshkol, der ihn zum Shin-Bet-Chef machte, war sehr förmlich. Eshkol hatte sich das anders gedacht. Als Premierminister direkt verantwortlich für Mossad und Shin Bet, bemühte er sich um eine enge, fast väterliche Beziehung zu

Harmelin – als Gegengewicht zu seinem etwas schwierigen Verhältnis zu Mossad-Chef Meir Amit.

Da zu Harmelins Aufgaben der Schutz des Premierministers und der Regierungsmitglieder gehörte, erklärte er Eshkol kurz nach dem Kennedy-Mord, daß dieser künftig rund um die Uhr von zwei statt wie bisher von nur einem Leibwächter beschützt werden würde.

»Sie können sich auf ihre äußerste Diskretion verlassen«, versprach der Shin-Bet-Chef, der wußte, daß Eshkol Witwer war und sicher gelegentlich weibliche Gesellschaft suchte. »Selbst über die intimsten Angelegenheiten würden sie nie ein Wörtchen verlieren«, fügte er noch hinzu.

Mit dem für ihn typischen leisen Lachen entgegnete Eshkol: »Aber im Gegenteil. Sollen sie erzählen.«[160] Harmelin konnte über derartige Witze nicht lachen. Seine Arbeit war für ihn eine tiefernste Angelegenheit. Mit dem gleichen Ernst widmete er sich seinem neuen Arbeitsgebiet: den besetzten Gebieten.

Die Entscheidung, Shin Bet die Aufsicht und Kontrolle über die eroberten Gebiete zu übertragen und damit seine Sicherheitsaufgaben über Israels offizielle Grenzen hinaus auszudehnen, fiel am 19. Juni 1967 auf einem Varash-Treffen. Eine Woche zuvor war der Sechstagekrieg mit einem Triumph zu Ende gegangen, und der Siegesrausch war noch kaum abgeflaut. Traditionell führte der Mossad-Chef Amit den Vorsitz. Mit am Tisch saßen: der Aman-Chef Aharon Yariv, Shin-Bet-Chef Harmelin, der Chef der nationalen Polizei und der Generaldirektor des Außenministeriums.

Die israelische Regierung tat sich schwer damit, über den Status und die zukünftige Behandlung der eroberten Territorien eine Einigung zu erzielen. Waren es »befreite« Gebiete des biblischen Reiches Israel oder »erobertes« Feindesland?

Da noch keine eindeutige politische Entscheidung vorlag, sah sich das Varash-Komitee zu einer Verwaltungspolitik von »Zuckerbrot und Peitsche« gezwungen, die darauf hinauslief, den Status quo zu bewahren und gleichzeitig der Aufrechterhaltung der Ordnung höchste Priorität einzuräumen. Um zwischen die Mehrheit der Palästinenser und die gefährlichen, subversiven Splittergruppen einen Keil zu treiben, beschloß man, der Bevölkerung ein Leben wie bisher zu gestatten – als Zuckerbrot.

Die Peitsche hingegen war der Entschluß, jeden hart zu bestrafen, der an einem Umsturzversuch oder an offener Gewalt teilnahm. Wer Guerillagruppen unterstützte, mußte mit Gefängnis und der Zerstörung seines Hauses rechnen – in der Regel wurde es zur Warnung für andere mit Dynamit gesprengt. Das Heim zu verlieren war eine schwere Strafe, aber die härteste und einschneidendste Maßnahme, die Shin Bet verhängen konnte, war die Vertreibung. Von den ersten Wochen der Machtübernahme in den sogenannten »verwalteten Territorien« an wurden der Zusammenarbeit mit der PLO verdächtige arabische Einwohner zu den Jordanbrücken eskortiert und ausgewiesen.

Die »Zuckerbrot und Peitsche«-Theorie in die Praxis umzusetzen, entpuppte sich als schwere Aufgabe. Die Shin-Bet-Agenten waren dafür nicht ausgebildet. Die eroberten Gebiete waren für sie Terra incognita – ein Arbeitsfeld mithin, wo die Agentur keine Leute »vor Ort« hatte und die Bevölkerung nicht kannte. Shin Bet mußte bei Null beginnen.

Der erste Schritt war eine von Yarivs militärischem Abwehrdienst unterstützte, massive psychologische Kriegsführung. Gezielt wurden Gerüchte über die Brutalität eines harten israelischen Kurses verbreitet. Sie waren nicht wahr, aber sie ließen einen frösteln.[161]

Als jedem Einwohner klar sein mußte, daß die Israelis sich zum Bleiben entschlossen hatten, wandte sich Shin Bet der nächsten, größeren Aufgabe zu: den palästinensischen Aufstand zu ersticken und den Terrorismus zu bekämpfen. Harmelin übertrug diese Arbeit Avraham Ahituv, dem Leiter der kleinen Abteilung für arabische Angelegenheiten bei Shin Bet. Ahituvs Abteilung war in die Bresche gesprungen, als 1966 in Galiläa die Militärverwaltung aufgehoben wurde, und hatte dafür gesorgt, daß es seitens der Araber nicht zu subversiven Aktionen, Aufhetzung oder offener Gewalt kam.

Ahituv war von Beruf Anwalt und ging mit der in Rechtsfällen erforderlichen Genauigkeit vor. Seine Arbeit war jedoch von fragwürdiger Legalität. Aber von seinen Kollegen bei Shin Bet war nur Lob zu hören, als er ein weitgespanntes Netz von Informanten unter den israelischen Arabern aufbaute. Seinen Leuten entging nicht die geringste Kleinigkeit. Ein Geheimbericht der CIA bezeichnete Ahituv als »überdurchschnittlich intelligent, hart arbeitend, ehrgeizig und gründlich«, aber auch als »eigensinnig, schroff und arrogant«.[162]

Ahituv hatte zuvor die Shin-Bet-Operationen im Gazastreifen geleitet, die Palästinenser dort unter Kontrolle gehalten und sich dabei einen gewissen Ruf erworben. 1967 wurde ihm die Aufgabe übertragen, nunmehr in den gesamten eroberten Gebieten nach dem gleichen Muster für Ordnung zu sorgen.

Ahituvs tüchtigster Assistent war Yehudah Arbel, ein kleiner Mann mit vorzeitig ergrautem Haar und hypnotischen, strahlend blauen, aber eiskalten Augen. Er war romantisch und ein Ästhet. Seine Biographie glich der vieler anderer israelischer Geheimdienstagenten.

Er wurde in Transsylvanien geboren – das damals zu Ungarn, später zu Rumänien gehörte –, ging nach Palästina, diente in der britischen Armee und kämpfte im israelischen Unabhängigkeitskrieg von 1948. Bis er 1955 zu Shin Bet ging, arbeitete er als Polizeioffizier.

Als 1967 der Krieg ausbrach, war Arbel Jerusalemer Distriktchef von Shin Bet. Es war ein kleiner, ruhiger Bezirk, der relativ wenig Arbeit machte. Da im israelischen Westsektor von Jerusalem damals nur wenige Araber wohnten, bestand seine Tätigkeit überwiegend in der Spionageabwehr und der Überwachung ausländischer Diplomaten.

Arbel langweilte diese Arbeit mit der Zeit so sehr, daß er an einen Rücktritt dachte. Seine neue Aufgabe, der Kampf gegen den Terrorismus, wurde jedoch sehr bald zu einer der wichtigsten im israelischen Nachrichtendienst. Auf Arbel wirkte sie wie ein plötzlicher Adrenalinstoß. Er fühlte sich wie neugeboren. Ständig fuhr er im Westjordanland von einem Dorf zum anderen, warb Informanten und koordinierte die Unterwanderung der Widerstandszellen.[163]

In kürzester Zeit hatte Shin Bet das unmittelbare Problem im Griff: Die Palästinenser würden es nicht schaffen, einen Volksaufstand in den eben eroberten Gebieten anzuzetteln. Shin Bet verfügte über ausgezeichnete Insiderinformationen, die wichtigste Waffe in einem erfolgreichen Kampf gegen den oppositionellen Untergrund.

Ahituv und Arbel erreichten es, das gesamte Westjordanland und den Gazastreifen kreuz und quer mit einem Netz von Informanten und Geheimagenten zu durchziehen. Die meisten waren Araber, die bezahlt oder erpreßt worden waren, aber es waren auch ein paar exzellent arabisch sprechende Israelis darunter.

Sie lieferten Shin Bet häufig Hinweise auf geplante Angriffe der Guerillas.[164] Beinahe wäre es Shin Bet schließlich sogar gelungen, in jener Dezembernacht 1967 Arafat in seiner Villa in Ramallah zu fassen.

Shin-Bet-Agenten tauchten aufgrund rechtzeitiger Hinweise plötzlich bei subversiven Treffen auf oder warteten in einem Hinterhalt, um palästinensische Überfallkommandos noch vor der geplanten Tat abzufangen. Ermöglicht wurden diese Erfolge durch einen sogenannten »präventiven Nachrichtendienst«. Er gilt als das Ideal eines jeden Geheimdienstes, der es mit Gewalt und Terrorismus zu tun hat. Es geht nicht darum, den Täter zu fassen, sondern darum, die Tat zu verhindern.

Bis Dezember 1967 konnte Shin Bet bereits eine erstaunliche Erfolgsliste vorweisen: Die meisten PLO-Zellen waren ausgehoben, und ihr Hauptquartier mußten sie aus dem Westjordanland nach Jordanien verlegen. 200 palästinensische Guerillas waren bei Kämpfen mit Armee- und Shin-Bet-Einheiten getötet und mehr als 1000 gefangengenommen worden.

Das Scheitern des versuchten palästinensischen Aufstands im Jahr 1967 ging jedoch nicht allein auf das Konto des isrealischen Nachrichtendienstes. Dazu beigetragen hatte auch der Mangel an Professionalismus auf seiten der Palästinenser. Sie hielten sich nicht an die strikte Regel der Aufgabenteilung, die Grundlage einer jeden Spionage- und Untergrundtätigkeit. Statt dessen organisierten sie sich in relativ großen Gruppen, kannten einander und verließen sich darauf, daß die ortsansässige Bevölkerung sie nicht an die Behörden verraten würde. Selbst Arafat und seine ranghöchsten Befehlshaber kannten die meisten Zellenmitglieder und verstießen damit gegen alle Regeln einer guten Konspiration. Ihr Kommunikationssystem war primitiv, und ihre Codes waren simpel. Sie hatten keine Fluchtrouten eingeplant. Weder waren ihre »sicheren Häuser« wirklich sicher, noch waren die Mitglieder ihrer Guerillatrupps für den Fall der Gefangennahme darauf vorbereitet, eine Vernehmung durchzuhalten. Sobald sie gefaßt wurden, erzählten sie alles, was sie wußten.

Ihre Codes wurden geknackt, ihre Waffen und ihr Sprengstoff beschlagnahmt. Wie Dominosteine fiel eine Zelle nach der anderen. Vor allem aber konnten sie das chinesische Diktum Mao Tse-tungs nicht erfüllen, wonach ein Guerillakämpfer die Unterstützung der Bevölkerungsmassen braucht und sich »wie ein Fisch im Wasser« fühlen muß. Die palästinensischen Untergrundkämpfer konnten nicht unerkannt unter ihren Nachbarn »schwimmen«. Diese schwemmten sie vielmehr an den Strand von Shin Bet. Zwischen »Zuckerbrot und Peitsche« entschied sich die Bevölkerung für Frieden, Ruhe und Wohlstand – statt für eine Zusammenarbeit mit dem Untergrund.[165]

Shin Bet erhielt für seine Arbeit höchste Anerkennung. Die Bedeutung von Harmelins Agentur innerhalb der Nachrichtendienste wuchs, und Ahituvs Führungsoffiziere wurden zu »Gebietskönigen«. Ähnlich wie in einem feudalen Staat erhielt jeder israelische Agent seine eigene Region zugeteilt, in der Regel ein Dorf oder eine Gruppe von Dörfern. Er hatte Israels Auge und Ohr zu sein und alles zu wissen, was in seinem »Lehen« passierte. Der Agent kannte die meisten Dorfbewohner mit Namen, während er ihnen nur unter seinem Decknamen bekannt war – in der Regel ein erfundener arabischer Name wie Abu Musa, »Vater von Moses«.

Wenn ein Palästinenser eine Baugenehmigung brauchte, besprach die Militärverwaltung in den besetzten Gebieten den Fall zuerst mit dem örtlichen Shin-Bet-Führungsoffizier. Ein arabischer Kaufmann, der seine Zitrusfrüchte vom Gazastreifen oder Olivenöl aus dem Westjordanland exportieren wollte, bekam die nötigen Lizenzen nur mit Zustimmung Shin Bets. Fast das gesamte Tagesgeschehen, jede Minute des palästinensischen Lebens wurde von Shin Bet wie eine Geschäftstransaktion überwacht. Die Araber lieferten Informationen und erhielten dafür Sicherheit und kleine Vergünstigungen.[166]

Aber Shin Bets Erfolg kam Israel teuer zu stehen. Die Welt beurteilte die Nation nach dem, was an Negativem von seiner Sicherheitspolitik nach außen drang. Die Subversion war verhindert, aber Israels guter Ruf war rund um die Welt verspielt worden. Statt von der internationalen Öffentlichkeit bewundert zu werden, war aus dem jüdischen Staat das »häßliche Israel« geworden. Alles, was das Land an Gutem geleistet hatte, war von negativen Schlagzeilen hinweggewischt. Der Gejagte des Jahres 1967 galt plötzlich selbst als brutaler Unterdrücker.

So wie die meisten Nachrichtendienste Ethik, Werte und Moral ihrer Völker reflektieren, so schadete umgekehrt die Veränderung im Bild Israels zugleich Shin Bet. Bis zum Sechstagekrieg glich das Personal der Agentur einer kleinen Familie mit einem gemeinsamen Hintergrund: Sie hatten in der britischen Armee oder der Haganah gedient und waren in der Mehrzahl Angehörige des europäisch-askenasischen Teils der jüdischen Bevölkerung.

Durch die Verhältnisse nach dem 67er Krieg war Shin Bet gezwungen, sich in eine repressive Macht zu verwandeln und eine zentrale Rolle bei der Verwaltung der eroberten Territorien und deren Bevölkerung zu übernehmen. Shin Bet wurde zum Sicherheitsdienst einer Besatzungsmacht, selbstbewußt bis zur Arroganz. Da ein weit größeres Gebiet als bisher abgedeckt werden mußte, traten oft eilige Improvisationen an die Stelle von Perfektionismus und Genauigkeit.

Um Shin Bets riesige Spionagenetze aufbauen zu können, mußte der Personalbestand dringend erhöht werden. In einer nördlichen Vorstadt von Tel Aviv entstand ein neuer, moderner Gebäudekomplex als Ersatz für das alte Shin-Bet-Hauptquartier in Jaffa. Die Rekrutierungskriterien wurden verwässert, und es würde weniger Gewicht auf einen hohen Standard gelegt. Alles mußte schnell geschehen. Auch das soziale Profil bei Shin Bet änderte sich. Agenten, die arabisch sprachen und jetzt besonders wichtig waren, fand man in erster Linie unter den orientalisch-sephardischen Juden. Es gab Ausnahmen, aber zumeist waren dies weniger gebildete Menschen, die eher auf Muskelkraft als auf Überlegungen setzten.

Bis dahin kamen die meisten Kandidaten aus Eliteeinheiten der Armee, Männer die besonders geschult waren, sich und ihre Motive zu hinterfragen und nie die Moral ihres Handelns aus den Augen zu verlieren. Um möglichst schnell zu expandieren, griff Shin Bet nun auch auf Reserveeinheiten zurück, deren Soldaten weniger von Moral und Ethik belastet waren.

Selbst hochrangige Shin-Bet-Kommandanten, die normalerweise ein gutes Auge für Problembewerber hatten, machten Fehler. Yossi Ginossar, der zwei Jahrzehnte später bei zwei der schlimmsten Skandale in der Geschichte der israelischen Nachrichtendienste die Hauptrolle spielen sollte, war einer dieser »Fehler«.

Die veränderte Arbeitsweise diktierte auch neue Methoden. In einer Zeit, wo 2000 Araber zur Vernehmung inhaftiert waren, wo versteckte Bomben in Autos explodierten und Hotels und

Flugzeuge Ziele von Terroristen darstellten, war es wichtig, Informationen so schnell wie möglich zu bekommen. Der Zeitfaktor wurde zum wichtigsten Element des präventiven Nachrichtendienstes. Schnelle Aktionen schienen ein brutales Vorgehen zu verlangen, ohne zweimal darüber nachzudenken.

Zunächst hatte Shin Bet Schwierigkeiten, sich den neuen Gegebenheiten anzupassen. Als Yosef Harmelin eines Tages einen jungen Vernehmungsoffizier dabei erwischte, wie er einem verdächtigen Palästinenser ins Gesicht schlug, warf ihn der Chef auf der Stelle hinaus. Harmelin war nicht der Meinung, daß die Anwendung physischer Gewalt nötig sei.[167] Die Umstände jedoch waren mächtiger. Die Shin-Bet-Agenten lernten auf die harte Weise, was Besatzung bedeutete. Sie verrichteten eine schmutzige Arbeit aus einem vielleicht edlen Grund. Harmelin und seinem Stellvertreter gelang es, den Terrorismus zu unterdrücken, aber sie mußten dazu das sogenannte »System« einführen.

Die Sicherheitsmethoden erzeugten in der Tat systematisch ein doppeltes Rechtssystem: Das eine – von Natur aus demokratisch – galt für die israelischen Bürger. Ein völlig anderes wurde gegen palästinensische Ruhestörer und Verdächtige in den besetzten Territorien angewandt.

Das »System« mit seiner doppelten Normenauslegung kreierte ein neues Grenzland: »Shin-Bet-Land«. Im »Shin-Bet-Land« verfügte die Agentur sowohl über eigene Haftanstalten als auch über ihrer Aufsicht unterstehende Abteilungen in den israelischen Zivilgefängnissen. Wann immer Palästinenser verhaftet wurden, kamen sie direkt in diese Haftanstalten oder Spezialabteilungen. Polizei oder Gefängnisaufsicht kümmerten sich nicht darum, was in den Zellen hinter jenen Wänden geschah.

Araber, die man des Terrorismus beschuldigte, wurden brutal verhört. Schläge waren selten; es gab andere Mittel der Gewalt, die keine sichtbaren Zeichen hinterließen: Wenn sich die Tore eines Shin-Bet-Gefängnisses hinter ihm geschlossen hatten, wurde dem palästinensischen Gefangenen ein schwarzer Sack über den Kopf gestülpt. Dann ließ man ihn in der heißen israelischen Sonne oder in der Winterkälte auf den Vernehmungsoffizier warten. Das anschließende Verhör dauerte Stunden. Der Verdächtige wurde in der Regel am Schlafen gehindert und gelegentlich mit kaltem Wasser übergossen.

Manchem Shin-Bet-Agenten paßte diese Arbeit überhaupt

nicht, aber sie betrachteten sie als notwendig im Kampf um die nationale Existenz. Sie glaubten, Israel gegen einen grausamen Terrorismus zu verteidigen. »Was erwarten Terroristen, die Frauen und Kinder umbringen? Daß wir an ihre Tür klopfen und sie zu einer Tasse Kaffee einladen?« meinte ein Shin-Bet-Veteran, der jahrelang die Vernehmungsabteilung der Agentur geleitet hatte. Er benutzte nie seinen richtigen Namen und nannte sich nur Pashosh, »Sänger«, entsprechend seinem Ziel, jeden Verdächtigen zum »Singen« zu bringen.[168]

Ein höchst ungewöhnliches Projekt, bei dem Shin Bet mit Aman und dem Mossad zusammenarbeitete, galt der Abwehr des »demographischen Problems«. Aufgrund ihrer sehr viel höheren Geburtenrate würden die Araber den Juden in Israel und den besetzten Gebieten bis zum Ende des 20. Jahrhunderts zahlenmäßig weit überlegen sein. Der Nachrichtendienst bekam daher den Auftrag, die Palästinenser zur Auswanderung zu ermuntern. Zu diesem Zweck gründete eine israelische Spezialeinheit in Europa Scheinfirmen, die Land für auswanderungsbereite Araber aus dem Gazastreifen und dem Westjordanland aufkauften. Die Ländereien lagen in Brasilien und Paraguay, aber auch in Libyen – für jene, die lieber in einem arabischen Land leben wollten.

Die Geschäfte mit Libyen waren für den Mossad eine gute Gelegenheit, die dortige politische Entwicklung zu beobachten. So kam es für den Agenturchef Zvi Zamir nicht überraschend, als der prowestlich orientierte König Idris von Libyen im September 1969 von einer Gruppe junger Offiziere gestürzt wurde, die sich Oberst Nasser und seinen Staatsstreich im Jahr 1952 zum Vorbild genommen hatten. Neuer libyscher Führer wurde Oberst Mu'ammar al-Khadafi. Daß er einer der erbittertsten Gegner Israels werden sollte, wußte Zamir allerdings nicht.

Für den Mossad-Chef war die Abreise des Königs eine schlechte Nachricht. Mit ihm hatte der Westen eine strategische Bastion in Afrika verloren. »Wir haben es kommen sehen und haben sie gewarnt«, erzählte Zamir seinen Kollegen in Tel Aviv. Der israelische Geheimdienst hatte Idris sowie seine Freunde in der amerikanischen, englischen und italienischen Regierung rechtzeitig auf die Gefahr aufmerksam gemacht.

Der Wegfall Libyens als neue Heimat für die Palästinenser beendete keineswegs das geheime Evakuierungsprogramm. Den

Schlußpunkt setzte ein Mord in Asunción, der Hauptstadt Paraguays, im Jahr 1970. Am 4. Mai, etwa um die Mittagszeit, stürmten zwei junge Araber in die dortige israelische Botschaft und verlangten ärgerlich nach dem Botschafter. Als dessen Sekretärin sie zu beruhigen versuchte, zog der seine Pistole und erschoß sie. Die Täter flüchteten über die brasilianische Grenze, wurden aber gefaßt.

Israels Regierungssprecher erklärte sofort, der Mord sei Teil einer neuen Welle palästinensischer Terrorakte. In Wahrheit war er etwas ganz anderes: ein Racheakt von Palästinensern, die im Zuge des geheimen Umsiedlungsprogramms nach Südamerika gebracht worden waren und sich gegen die vermeintlich unfaire Behandlung durch die Israelis wütend wehrten.

Die Polizei in Asunción identifizierte einen der Täter als Talal Ibn-Dimassi, geboren im Gazastreifen. Er und sein Gefährte hatten seit der israelischen Besatzung 1967 im Jabaliya-Flüchtlingslager in Gaza gelebt. Beide hatten das Leben dort sehr bald satt. Sie nahmen daher eine Einladung in das Büro des israelischen Militärgouverneurs in Gaza an, das nicht weit entfernt war von Dimassis Geschäft in der al-Mukhtar Street. So begann ihre Reise ins freiwillige Exil.

Da man keinen Wert auf Publicity legte, wies das Kabinett den Nachrichtendienst an, das gesamte Umsiedlungsprogramm schnellstens fallenzulassen. Die Regierung war sich zwar die ganze Zeit bewußt gewesen, daß die Umsiedlung von einer Million oder mehr Arabern nach Übersee gar nicht zu finanzieren war, hatte dem Projekt aber wenigstens eine Chance geben wollen, bis der Mord in Paraguay die Gefahr heraufbeschwor, das Ganze könne offenkundig werden. Alles in allem waren in den ersten drei Jahren nach dem Sechstagekrieg rund 20 000 Bewohner aus dem Westjordanland und dem Gazastreifen emigriert – etwa 1000 von ihnen mit Hilfe des geheimen Umsiedlungsprogramms.[169]

Die große Mehrheit der Palästinenser jedoch blieb in ihrer Heimat und lernte, mit der israelischen Besatzung zu leben. Nachdem es nicht geglückt war, einen Aufstand in den besetzten Gebieten anzuzetteln, verlegten die Palästinenser ihr Schlachtfeld an andere Orte. 1968 erhielt der israelische Geheimdienst bruchstückhafte Berichte von befreundeten europäischen Geheimdiensten, wonach palästinensische Gruppen versuchten, in radikalen, linksgerichteten Kreisen in Europa Freiwillige anzuwerben. Die meisten Rekrutierungen gingen auf das Konto von Georges Habash, dem Führer des marxistisch-leninistischen Flügels der PLO, der Popular Front for the Liberation of Palestine (PFLP).

Abgesandte Arafats, Habashs und anderer reisten pausenlos in Italien, den Niederlanden, Frankreich und Westdeutschland umher und versuchten, mit Hilfe ideologischer Kameraderie und finanzieller Leistungen junge Europäer zu überreden, in den Mittleren Osten zu kommen und gegen die »zionistische Okkupation« und »deren imperialistische Verbündete« zu kämpfen. Dutzende von hochmotivierten Freiwilligen folgten dem Aufruf der PLO, wurden nach Jordanien und in den Libanon gebracht, in Guerillalagern ausgebildet und kämpften zum Teil als Terroristen gegen Israel.[170]

Als der israelische Nachrichtendienst herauszubekommen versuchte, was die Palästinenser außerhalb des Mittleren Ostens planten, überraschten Habashs Radikalisten sie damit, daß sie Israels nationale Fluglinie ins Visier nahmen. Im ersten, denkwürdigen Bericht dieser Art informierte Shin-Bet-Chef Harmelin Premierminister Eshkol: »Eine El-Al-Boeing 707 wurde auf dem Flug von Rom nach Tel Aviv entführt und ist in Algerien gelandet.« Die Entführer waren drei Araber. Es war der 23. Juli 1968. An diesem Tag startete die PFLP eine größere Terrorkampagne.

Shin Bet wie die übrigen Geheimdienste konnten wegen der Kürze der Zeit nicht mehr tun, als die weitere Entwicklung abzuwarten.

Passagiere und Besatzung der israelischen Maschine wurden drei Wochen lang in Algerien gefangengehalten. Erst als die Israelis sich bereit erklärten, ein Dutzend verwundete Guerillas aus dem Gefängnis zu entlassen, endete die erste palästinensische Flugzeugentführung mit der Freilassung der Geiseln.

Es war die erste und zugleich letzte erfolgreiche Entführung einer israelischen Maschine. Israels Führung zog umgehend ihre Konsequenzen aus dem Vorfall. Sie schwor, sich nie wieder von Terroristen erpressen zu lassen. Aber die Israelis wußten auch, daß Absichtserklärungen nicht ausreichen. Statt schöner Worte galt es, eine neue Taktik zu entwickeln: Gegenterrorismus.

Zunächst aber setzten die palästinensischen Freischärler und

Bombenbastler ihre Angriffe fort. Am 26. Dezember 1968 griffen zwei PFLP-Männer mit Handgranaten und Gewehrfeuer ein El-Al-Flugzeug auf dem Athener Flughafen an. Sie töteten einen israelischen Passagier und verwundeten zwei Stewardessen. Im folgenden Februar geschah nahezu das gleiche auf dem Züricher Flughafen, wo vier PFLP-Mitglieder einen El-Al-Piloten töteten und fünf Passagiere verwundeten.

Weitere Maschinen wurden auf ihrem Flug nach Israel das Ziel von Entführungen und Bombenanschlägen. Der ganze Globus schien sich in ein terroristisches Dorf zu verwandeln. Kein Ziel war ausgenommen, besonders wenn es in Beziehung zu Israel oder den Juden stand.

Als die PLO und ihre gewalttätigen Extremisten ins Ausland gingen, folgte ihnen Shin Bet. Trotz der Rivalität zwischen den Geheimdiensten und seiner fast monopolartigen Stellung in bezug auf Auslandsoperationen akzeptierte der Mossad – wenn auch zögernd –, daß Shin Bet die rechtliche und professionelle Kompetenz besaß, die Verfolgung der Terroristen auf das Ausland auszudehnen. Die Shin-Bet-Offiziere und -Agenten wurden daher entweder an die Mossad-Stationen in den Botschaften ausgeliehen oder eigenständig von Shin Bet nach Europa geschickt. In dem nun einsetzenden hemmungslosen, mit modernsten Mitteln und viel Phantasie geführten Untergrundkrieg spielten die israelischen Agenten mit den Palästinensern ein tödliches Katz-und-Maus-Spiel.

Shin Bet konzentrierte sich darauf, eine antiterroristische Verteidigungsstrategie zu entwickeln. Harmelin erinnert sich: »Wir waren nahezu völlig verzweifelt. Der Kampf gegen den Terrorismus, besonders soweit er sich gegen den Luftverkehr richtete, schien uns eine fast unlösbare Aufgabe.«[171]

Seine Agenten mußten aus dem Nichts ein effektives und ausgeklügeltes System zum Schutz der israelischen Institutionen im Ausland aufbauen: der Botschaften, Banken, Reisebüros und der nationalen Fluglinie. Nicht nur die Luftflotte, sondern auch die Bodenanlagen waren zu Zielen der Terroristen geworden. Schalter und Büros auf allen Flughäfen im Ausland wurden stärker gesichert und erhielten bewaffnete Wachen.

Israel führte eine völlig neue Art der Flugsicherung ein, indem es bewaffnete Flugzeugpolizisten in den Maschinen mitfliegen ließ. Sie trugen Zivil und saßen als Touristen getarnt irgendwo zwischen den Passagieren. Es handelte sich um junge Männer, die in Eliteeinheiten gedient und gelernt hatten, schnell zu ziehen. Offiziell waren sie bei der Fluglinie angestellt, wurden aber von Shin Bet ausgebildet und eingesetzt. Mit einem Aufwand von Hunderten von Millionen Dollar wurde El Al die sicherste Fluglinie der Erde.

Die Welt erfuhr von der ganzen Angelegenheit erst, als der Flugpolizist Mordecai Rachanim bei einem PFLP-Anschlag auf dem Züricher Flughafen Kloten im Frühjahr 1969 einen der Palästinenser erschoß. Rachanim und drei weitere verwundete Terroristen wurden von den Schweizer Behörden verhaftet. Der junge Israeli verbrachte einige Monate im Gefängnis, bevor er als Nationalheld nach Israel zurückkehrte. Da sein Foto in der internationalen Presse und im Fernsehen erschienen war, zog ihn Shin Bet von seinem Posten ab. Er wurde persönlicher Leibwächter von Premierministerin Golda Meir*) – eine Arbeit, die keine Anonymität verlangte.

Der Mossad hatte 1968 einen neuen Direktor bekommen. Wie üblich erfolgte seine Ernennung unter strengster Geheimhaltung. Aber Zvi Zamir hatte ohnehin nie für Schlagzeilen gesorgt. Das Überraschendste an diesem Wechsel war, daß Meir Amit seinen Posten nicht – wie allgemein angenommen – über die erste, fünfjährige Amtszeit hinaus behielt. Amit hatte Levi Eshkol zwar um eine Verlängerung gebeten, aber der Premierminister hatte abgelehnt. Er war noch immer über die Ben-Barka-Affäre und über Amits übermäßiges Autonomiestreben verärgert.

Alle – auch Eshkol – mußten zugeben, daß Amit ausgezeichnete Arbeit geleistet hatte. Vielleicht wurde er sogar hinausgedrängt, weil er zu erfolgreich war. Eshkol, Golda Meir und weitere ehemalige Führer der Arbeiterpartei begannen, Amits zunehmende Macht zu fürchten. Ähnlich wie Isser Harels Machtfülle Ben-Gurion schließlich unheimlich geworden war, wollten auch die neuen Parteiführer keinen allzu mächtigen Geheimdienstchef.

Eshkols Abneigung gegen Amit ging indes auch auf ein kleines Komplott zwischen diesem und seinem langjährigen Freund, Verteidigungsminister Moshe Dayan, zurück. Im März 1968

---

*) Golda Meir war seit Eshkols Tod im März 1969 Premierministerin.

plante Dayan eine geheime Reise in den Iran, um den Schah zu treffen. Da der Mossad für die Beziehungen zum Iran zuständig war, wandte er sich an Amit und bat ihn, den Besuch zu arrangieren. Als Eshkol davon erfuhr, wurde er im höchsten Grade verärgert und verlangte von Amit eine Erklärung.

»Was geht hier vor?« fragte Eshkol den Chef des Mossad. »Wie können Sie so etwas wagen? Der Mossad und Sie sind mir unterstellt, nicht dem Verteidigungsministerium, nicht Moshe Dayan.«[172]

Amit hatte darauf keine überzeugende Antwort, und der scheinbar geringfügige Zusammenstoß über eine bürokratische Prestigefrage besiegelte letztlich sein Schicksal. Als Amit wenig später um eine Verlängerung seiner Amtszeit um weitere fünf Jahre bat, erklärte Eshkol, er habe sich entschlossen, seinen Posten mit Generalmajor Zvi (Zvicka) Zamir neu zu besetzen. Da Zamir bisher nichts mit dem Nachrichtendienst zu tun gehabt hatte, war seine Wahl eine echte Überraschung – auch für ihn selbst.

Warum wurde er für einen der wichtigsten und sensibelsten Posten in Israel ausgewählt? Die simple Antwort: Für die Führer der Arbeiterbewegung war er einer der Ihren. Wie viele andere Anhänger der Arbeiterpartei war er (1925) in Polen geboren und kam im Alter von sieben Monaten mit seiner Familie nach Palästina. Damals hieß er Zarzevsky. Mit 18 Jahren schloß er sich der Palmach an, kämpfte im Krieg von 1948 und machte anschließend in der israelischen Armee Karriere. Er brachte es bis zum Generalmajor, leitete das Kommando Süd der IDF und wurde 1966 – als krönender Abschluß seiner Karriere – zum Militärattaché in London ernannt.

Neben Zamirs Zugehörigkeit zur Arbeiterbewegung gab es noch einen weiteren Grund für Eshkols Entscheidung: Nach zwei Jahrzehnten, in denen allzu selbstsichere Meisterspione amtiert hatten, wollte der Premierminister den Posten diesmal mit einem völlig anderen Typ besetzen. Zvi Zamir entsprach seinen Vorstellungen. Wegen seines Londoner Postens hatte er nicht am Sechstagekrieg teilgenommen und somit – im Gegensatz zu anderen israelischen Generälen – nicht im Scheinwerferlicht des Ruhms gestanden. Zamir besaß keine Ausstrahlung. Er war eher eine der farblosen, langweiligen, ausdruckslosen Erscheinungen des israelischen Militärs.[173]

Die Zusammenarbeit Zamirs mit Shin-Bet-Chef Harmelin war sehr gut. Ihre vereinten Anstrengungen führten den ursprünglich für die innere Sicherheit zuständigen Dienst mehr als je zuvor auf ausländische Kampfplätze.

Als die PLO begann, israelische Botschaften und Diplomaten in Europa und Asien anzugreifen, war Shin Bet zur Antwort bereit. Die Botschafts- und Konsulatsbüros wurden in Festungen umgewandelt: Doppelte Stahltüren schützten die Eingänge, Fernsehkameras überprüften alle Besucher, im Umkreis der Gebäude wurden elektronische Sensoren installiert, und die Shin-Bet-Posten waren angewiesen, ein wachsames Auge auf Gebäude und Mitarbeiter zu werfen. Die erweiterte »protective security«-Abteilung von Shin Bet tat ihr möglichstes, israelische Einrichtungen im Ausland zu verteidigen. Gleichzeitig erkannten die Sicherheitschefs jedoch, daß sie zur Abschreckung des Terrorismus noch schärfere Maßnahmen ergreifen mußten.

Über eine passive Verteidigung hinaus ging der israelische Nachrichtendienst »volle Kraft voraus« zur offensiven Verteidigung über. Der erste Vergeltungsschlag wurde 1968 nach dem Überfall auf dem Athener Flughafen am 26. Dezember geführt. Die israelische Öffentlichkeit verlangte lautstark nach Maßnahmen, die den Zustand der Ohnmacht gegenüber derartigen Anschlägen beendeten.

In dieser allgemein düsteren Stimmung lud Premierminister Eshkol die Chefs der Armee und der Sicherheitsdienste zu einer Sondersitzung in sein Büro. Eshkol selbst gab den Ton an: »Wir können dies nicht einfach ignorieren«, wetterte er. Man beschloß, die Armee zu einer Vergeltungsaktion nach Beirut zu entsenden, von wo aus der Anschlag auf dem Athener Flughafen seinen Lauf genommen hatte.

Israelische Spezialeinheiten landeten am 28. Dezember um 21.15 Uhr mit Hubschraubern auf dem internationalen Flughafen im Süden der libanesischen Hauptstadt. Unbeeindruckt von einem Schußwechsel mit libanesischen Soldaten sprengten die Israelis 13 leere Zivilflugzeuge der Lebanon's Middle East Airlines und anderer arabischer Fluglinien in die Luft. Die Regierungen und die Öffentlichkeit in aller Welt waren von der Unverfrorenheit der Aktion schockiert und beschuldigten Israel des Staatsterrorismus. Es kam heraus, daß man den Premierminister wie in den Tagen der Lavon-Affäre und des Ben-Barka-Mords auch diesmal nicht voll eingeweiht hatte. Verteidigungsminister Moshe Dayan hatte Eshkol versprochen, daß bei der Operation nicht mehr als vier Flugzeuge in die Luft gejagt werden sollten.[174]

Trotz der einhelligen Verurteilung bewunderten vor allem zahlreiche Militärs Israels Verwegenheit. Der Überfall in Beirut zeigte ganz klar, daß die Israelis die arabische Welt mit erstaunlicher Genauigkeit ins Herz treffen konnten. Die Ehre für den Erfolg der Aktion, die von Brigadegeneral Raphael (Raful) Eitan von den Fallschirmjägern geleitet wurde, gebührte den israelischen Spezialeinheiten, den *Sayerets*. Das Wort leitet sich von dem hebräischen Wort für »Aufklärung« ab, aber die Soldaten einer *Sayeret* sind weit mehr als Aufklärungsexperten. Sie erhalten eine harte Ausbildung, die die Guerilla-Kriegsführung, Nachtgefechte, Fallschirmabsprünge und den Gebrauch der verschiedensten Feuerwaffen mit einschließt.

Fast jeder Bereich der Israel Defense Forces (IDF) hat seine eigene *Sayeret*: Fallschirmjäger, Infanterie, Marine und Panzerbrigaden. Über ihnen allen steht eine weitere *sayeret* – die Elite der Elite –, die *Sayeret Matkal*.[175] Matkal ist das hebräische Akronym für »Generalstab« der Armee. Diese Sonder-*Sayeret* untersteht direkt dem Stabschef, Israels höchstem Offizier.

In der Praxis führt die *Sayeret Matkal* ihre gefährlichen und komplexen Missionen auf Befehl des Stabschefs wie des Kommandanten von Aman aus. Die oberste Kommandoeinheit wurde 1960 gegründet, um dem militärischen Abschirmdienst ein Agieren hinter den Linien des Feindes zu ermöglichen – im Frieden also inmitten der arabischen Länder.

Die Existenz der *Sayeret Matkal* ist offiziell ein Geheimnis, und der Militärzensor verbietet jede Berichterstattung über ihre Aktivitäten. In den 60er Jahren wußten nur wenige hochrangige Offiziere über das Spezialteam Bescheid, das in der Armee unter der Bezeichnung »Unit 269« geführt wird.

Gegründet wurde es von Aman-General Avraham Arnan, der die tapfersten und fähigsten Soldaten aus den gesamten IDF aussuchte. Arnan brachte sie zur Perfektion in der Kunst des Einzelkampfes, d. h. des Einsatzes eines einzelnen, nur auf sich gestellten Soldaten an einem entfernten Einsatzort. Auf oft meilenweiten Nachtmärschen mußten sich die *Sayeret*-Kommandos zum Bestimmungsort durchschlagen, bevor sie einen ihrer militärischen Angriffe ausführten.

Ein Team besteht auch heute in der Regel aus einer kleinen Gruppe von drei oder vier Männern. Sie überschreiten in aller Stille die Grenze und errichten einen Beobachtungsposten, um z. B. das Telefonnetz eines arabischen Landes anzuzapfen, um eine bestimmte Person oder Sache zu eliminieren oder jemanden zu entführen.

Während des Zermürbungskrieges 1969/70, in dem Hunderte von israelischen Soldaten und Tausende von Ägyptern fielen, gelang den israelischen Kommandoeinheiten ein verblüffender Schlag gegen eine von den Sowjets gebaute Radarstation auf der ägyptischen Seite des Golfs von Suez. Schon den hochmodernen, neuen Radarkomplex in die Luft zu sprengen, wäre schwierig genug gewesen.

Doch die Israelis waren zu noch mehr in der Lage: In der Nacht des 26. Dezember 1969 hoben sie die gesamte Radarstation, die mit ihren rotierenden Antennen und Schalttafeln immerhin sieben Tonnen wog, mit Hilfe von zwei Helikoptern hoch in die Luft und flogen sie auf die israelische Seite.[176]

Von der Sinai-Halbinsel wurde die sowjetisch-ägyptische Radarstation eilig zu einer israelischen Militärbasis gebracht, wo sich Amans Auswerter eingehend mit ihrem »Fang« beschäftigten, dem stattlichsten seit der irakischen MIG 21. Sie teilten sich ihre Beute mit der CIA sowie Geheimdienstoffizieren der US-Luftwaffe. Dies war der Beginn einer nützlichen militärischen Zusammenarbeit zwischen den beiden Staaten, die nach dem Oktoberkrieg 1973 ihren Höhepunkt erreichte.

Die *Sayeret Matkal* war die erste Kommandoeinheit der Welt, die routinemäßig bei grenzüberschreitenden Missionen Hubschrauber einsetzte. Aber trotz einer hochmodernen Ausrüstung mit Nachtgläsern und leichten Zweiwegefunkgeräten blieben die wichtigsten Hilfsmittel einer Kommandoeinheit ihre Karte und ihre Beine. Seltsamerweise kam die israelische Armee nie auf die Idee, ihre *Sayeret*-Einheiten für spektakuläre Aktionen während eines Krieges einzusetzen. Sie kämpften zwar erfolgreich im Sechstagekrieg und später im Oktoberkrieg mit, aber ihre ganz großen Augenblicke hatten sie jeweils zwischen den kriegerischen Auseinandersetzungen im Mittleren Osten.

Obgleich ihre Existenz in Israel streng geheimgehalten wurde, erfuhren ausländische Journalisten natürlich von einigen ihrer

Husarenstücke und berichteten über »die Eliteeinheit«. Trotzdem blieb es bis heute ein Geheimnis, daß die *Sayeret Matkal* mit dem gesamten israelischen Nachrichtendienst und nicht nur mit der militärischen Abwehr Aman verbunden ist. Die Einheit agiert bisweilen auch als »Zulieferer« bei Aktionen von Mossad und Shin Bet. Sie ist das Paradebeispiel für die fast immer funktionierende Zusammenarbeit zwischen der Armee und den Nachrichtendiensten.

Der fortgesetzte Kampf gegen den Terrorismus nahm 1972 immer schmutzigere Züge an, nachdem vier Palästinenser am 8. Mai des gleichen Jahres ein belgisches Flugzeug entführt hatten. Der Sabena-Flug 571 ging von Brüssel nach Tel Aviv. Die Entführer ließen die Maschine wie vorgesehen auf dem Flughafen Lod landen. Annähernd 100 Passagiere und die Crew befanden sich in ihrer Gewalt. Sie verlangten die Freilassung von 317 in Israel inhaftierten Guerillas. Aman-Chef General Aharon Yariv verhandelte mit den zwei Männern und zwei Frauen, die die Maschine gekidnappt hatten. Dabei gelang es ihm, die Entführer hinzuhalten, während sich Spezialeinheiten auf die wahre Antwort vorbereiteten.

Auf eine Kabinettsorder hin trat am 9. Mai um 16.22 Uhr eine speziell für die Erstürmung von Flugzeugen und die Rettung von Passagieren ausgebildete *Sayeret* in Aktion. Die durch weiße Overalls als Bodenpersonal getarnte Truppe stürmte durch sämtliche Eingänge gleichzeitig in die Boeing, erschoß die beiden männlichen Terroristen, verwundete die beiden Frauen und befreite 97 Fahrgäste. Ein israelischer Passagier wurde im Kugelhagel getötet.

Als Israel seine neuen Ideen im Kampf gegen den Terrorismus in die Tat umzusetzen begann, begann die übrige Welt, aus seinen Erfahrungen zu lernen. Westdeutschland, England und andere Staaten schickten Sicherheitsagenten und militärische Einheiten nach Israel, wo sie von IDF-Experten trainiert wurden. Viele Nationen gründeten damals eigene Kommandoeinheiten nach israelischem Vorbild. Die englischen »Passagier-Rettungs«-Spezialisten waren Einheiten der Special Air Services (SAS). Deutschland schuf in dieser Zeit seine GSG-9.

Am 30. Mai 1972 erschossen drei Mitglieder der Japanese Red Army 27 Passagiere. Die meisten von ihnen waren christliche Pilger aus Puerto Rico, die gerade auf dem Flughafen Lod angekommen waren. Nach anfänglicher Verwirrung schossen die Sicherheitsbeamten zurück. Zwei Terroristen wurden getötet, und Kozo Okamoto wurde gefangengenommen. Während des Gerichtsverfahrens sagte er aus, daß er und seine Kollegen die Tat für die PFLP begangen hätten, um ihre Solidarität zu demonstrieren. Das Massaker war die Rache für den Fehlschlag der Sabena-Entführung einen knappen Monat zuvor.

Fünf Wochen später schlug Israel zurück. Eine Briefbombe tötete in Beirut Ghassan Kanafani, Dichter, Schriftsteller und Sprecher der PFLP, den die Israelis beschuldigten, das Massaker auf dem Flughafen Lod geplant zu haben. Zwei Tage später explodierte ein weiterer Brief in den Händen des PFLP-Funktionärs Bassam Abu Sherif. Er verlor ein Auge sowie mehrere Finger.

Der Teufelskreis von Gewalt und Rache erreichte am 5. September 1972 bei den Olympischen Spielen in München seinen Höhepunkt. Unter dem Decknamen »Schwarzer September« – zur Erinnerung an den September 1970, als der jordanische König Hussein die Palästinenser auf brutale Weise aus seinem Land vertrieb – brachten sieben arabische Terroristen im Olympischen Dorf elf israelische Athleten in ihre Gewalt. Der »Schwarze September« war eine geheime Organisation der PLO, obgleich er behauptete, völlig eigenständig zu operieren. Sein ursprüngliches Ziel war die Rache an König Hussein. Aber sehr schnell richtete der »Schwarze September« seine Waffen auch gegen Israel. Wie in ähnlichen Fällen verlangten die Terroristen die Freilassung von 250 in Israel inhaftierten Kameraden. Die israelische Regierung lehnte es getreu ihrem harten Kurs ab, nachzugeben, und weigerte sich, auch nur einen einzigen Guerilla freizulassen.

Während Rundfunk und Fernsehen in aller Welt live über den Vorfall berichteten, die Forderungen der Palästinenser nannten und zugleich Sympathie für die in Deutschland leidenden jüdischen Opfer weckten, übertrug Premierministerin Golda Meir die Verantwortung für die Münchner Ereignisse voller Vertrauen dem Mossad-Chef Zvi Zamir. Dieser flog sofort nach München und besprach sich in aller Eile mit den westdeutschen Sicherheitsbeamten.

Auf Weisung von Premierministerin Golda Meir und mit den Erfahrungen aus der Rettung der gekidnappten Sabena-Passagiere vier Monate zuvor beschwor er die Westdeutschen, es einer speziell ausgebildeten israelischen *Sayeret* zu überlassen, die Sache zu erledigen. Kanzler Willy Brandt hätte wahrscheinlich zugestimmt, aber nach der föderativen Verfassung waren für Entscheidungen dieser Art die Länderregierungen zuständig – und Bayern lehnte ab.

So mußte Zamir hilflos vom Kontrollturm des Münchener Militärflughafens aus zusehen, wie unerfahrene und schlecht ausgerüstete deutsche Fallschirmjäger das Feuer eröffneten, es aber nicht schafften, im ersten Ansturm alle Terroristen zu töten. Drei überlebten und schlachteten die mit Handschellen gefesselten, in Helikoptern auf dem Rollfeld wartenden Sportler regelrecht ab.

Die Welt war schockiert. Man sah in dem Massaker nicht nur eine menschliche Tragödie, sondern auch eine Warnung, daß der Terrorismus außer Kontrolle zu geraten drohte. Ein israelischer Untersuchungsausschuß kam zu dem Ergebnis, daß der für den Schutz der olympischen Athleten zuständige Leiter der »Protective security«-Abteilung bei Shin Bet zu entlassen sei. Harmelin wehrte sich entschieden dagegen, daß seinem Abteilungsleiter die Schuld in die Schuhe geschoben werden sollte, und drohte das einzige Mal in seiner Karriere mit dem Rücktritt. Premierministerin Meir überzeugte ihn jedoch, daß die Entlassung seines Mitarbeiters in diesem Fall kein zu hoher Preis sei. Harmelin gehorchte – wenn auch widerwillig.

Während die Untersuchung weiterging, erhielt Zadok Ofir fünf Tage nach dem Massaker in München einen dringenden Telefonanruf in seinem Büro in der Brüsseler Botschaft der Israelis. Er eilte sofort ins Café Prince, wo ihn ein Mitglied des »Schwarzen September« aus nächster Entfernung niederschoß. Ofir war Shin-Bet-Offizier und arbeitete als »Erster Sekretär« an der Botschaft. Er wurde bei dem Attentat in den Unterleib getroffen, überlebte aber. Es stellte sich heraus, daß die Israelis den Attentäter kannten. Der Araber arbeitete als Doppelagent, und Ofir war sein Führungsoffizier. Die Botschaft in Brüssel war das Zentrum der israelischen Spionageaktivitäten in Europa. Die Rolle war ihr zugefallen, nachdem de Gaulle den Mossad im Anschluß an den Ben-Barka-Mord aus Paris vertrieben hatte.

Die Schüsse von Brüssel hätten im Mossad- und Shin-Bet-Hauptquartier alle Alarmlampen aufleuchten lassen müssen:

Zum erstenmal war auf einen israelischen Geheimdienstoffizier während seines Einsatzes im Ausland geschossen worden. Das Massaker in München überschattete jedoch alle anderen Ereignisse und Überlegungen. Selbst Zamir verkannte nach seiner Rückkehr aus München die Bedeutung des Attentats auf Ofir.

Aus Deutschland zurück, eilte Zamir vom Flughafen Lod nach Jerusalem, wo er der Premierministerin von dem Desaster berichtete. Golda Meir war eine realistische Politikerin, aber zugleich eine einfühlsame Frau, eine typische »jüdische Mutter«. Sie fühlte sich hin und her gerissen zwischen kühler Logik und dem wütenden Wunsch, den Tod der ermordeten »Jungs« zu rächen. Kalt und sachlich entschied sie schließlich, jene zu töten, die getötet hatten.

Golda Meir richtete einen neuen Posten ein: den eines »Beraters des Premierministers in Angelegenheiten des Gegenterrorismus«. Sie betraute damit General Aharon Yariv, der gerade nach achtjähriger Amtszeit als Aman-Chef zurückgetreten war.

Der arabische Terrorismus wurde für Golda Meir, Yariv und Zamir zur fixen Idee. Auf ihr Drängen setzte das israelische Kabinett ein geheimes Komitee unter dem Vorsitz Golda Meirs und Moshe Dayans ein, das über die Antwort auf den Münchner Anschlag entscheiden sollte. Der Ausschuß war dem Namen nach als »Komitee X« bekannt, aber weder die übrigen Kabinettsmitglieder noch die Verwaltung kannten seinen Zweck. »Komitee X« traf die historische Entscheidung, jeden Terroristen zu ermorden, der direkt oder indirekt an der Planung, Unterstützung oder Ausführung der Tat bei den Olympischen Spielen beteiligt gewesen war.[177]

Es ging nicht darum, irgend jemanden gefangenzunehmen. Es war reine Rache – Terror gegen Terror. Golda Meir übertrug die Ausführung dem Mossad. Zamir ließ Mike Harari, einen seiner ranghöchsten Mitarbeiter in der Operationsabteilung, kommen und übertrug ihm die Leitung der Mordtruppe. Harari stellte ein Team aus seinen tüchtigsten Leuten – Frauen wie Männer – zusammen und richtete in Paris eine europäische Kommandozentrale ein. Er agierte unter mehreren verschiedenen Identitäten, darunter als französischer Geschäftsmann Edouard Stanislas Laskier. Harari und der als »Erster Sekretär« der israelischen Botschaft in Paris getarnte Mossad-Agent Avraham Gehmer leiteten die Planung.[178]

Zuerst stellten sie eine Liste aller an der Münchener Aktion beteiligten Araber zusammen; dann nahmen sie ihre Fährte auf. Die meisten waren in Europa geblieben, wo sie offen einem Beruf nachgingen und insgeheim als Terroristen aktiv waren. Als Harari und sein Team zum Angriff bereit waren, benachrichtigten sie Zamir in Tel Aviv, und dieser bat das »Komitee X« um grünes Licht: Premierministerin Golda Meir und ihre Geheimkommission mußten in jedem einzelnen Fall der Tötung zustimmen.

Der erste auf der Liste, der im Oktober 1972 starb, war Adel Wael Zwaiter, ein palästinensischer Intellektueller in Rom, der für den »Schwarzen September« arbeitete. Innerhalb von zehn Monaten ermordeten Hararis Männer und Frauen zwölf Palästinenser, die in Terroranschläge auf Zivilpersonen verwickelt waren. Sie wurden in Paris, Rom und Nikosia erschossen oder durch ferngesteuerte Bomben getötet, die mit Hilfe bestimmter Tonfrequenzen über Telefon oder Radio gezündet wurden.

Die Mitglieder des »Schwarzen September« sahen, wie ihre Spitzenleute getötet wurden, und sannen auf Rache. Am 13. November 1972 wurde der syrische Journalist Khader Kano in Paris erschossen. Er war ein Informant der Israelis gewesen. Am 26. Januar 1973 ereilte das gleiche Schicksal den israelischen Geschäftsmann Hanan Yischai, als er in einem Torbogen in der Gran Via stand, der Hauptstraße von Madrid. Nach seinem Tod stellte sich heraus, daß sein wirklicher Name Baruch Cohen lautete und er im Auftrag des israelischen Nachrichtendienstes von Brüssel nach Madrid gekommen war.

Cohen war das schwarze Schaf einer bekannten Familie in Haifa. Die meisten Familienmitglieder identifizierten sich mit den rechtsgerichteten politischen Parteien. Einer seiner Brüder, Meir Cohen, war als Abgeordneter von Menachim Begins Likud-Partei stellvertretender Vorsitzender des israelischen Parlaments.

Nur Baruch tanzte aus der Reihe. Er lebte in einem Kibbuz, war Sozialist und schloß sich Shin Bet an. Bis zum Krieg 1967 arbeitete er in Avraham Ahituvs Abteilung für arabische Angelegenheiten als Außenagent im oberen Galiläa. Da er arabisch sprach, wurde er nach dem Krieg im Westjordanland eingesetzt. Obgleich er es nur zum Feldwebel der Reserve gebracht hatte, wurde er zum Captain befördert, um als Militärgouverneur in

Nablus zu dienen, der größten Stadt der besetzten Gebiete. Seine Aufgabe bestand vornehmlich in der Unterdrückung des Terrorismus. Im Juli 1967, kurz nach seinem Amtsantritt, hätte er beinahe Jasir Arafat gefaßt, der ihm und seinen Leuten nur als Frau verkleidet entkam.

1972 war Cohen an der Sprengung eines jüdisch-arabischen Spionagerings beteiligt, der für den syrischen Geheimdienst arbeitete. Später wurde er nach Europa geschickt, um ein Netz junger palästinensischer Informanten zu führen. Einer seiner Leute arbeitete als Doppelagent. Letztlich jedoch überwog dessen Treue zum »Schwarzen September«, den er erschoß seinen Führungsoffizier Cohen.

Die Familie von Baruch Cohen behauptete später, daß sein Tod hätte verhindert werden können. Entgegen allen Vorsichtsmaßnahmen war Cohens Foto veröffentlicht worden – ausgerechnet in einem offiziellen Bildband der Armee zur Feier des Sieges 1967. Der Schnappschuß zeigte Cohen in Militäruniform zusammen mit seinem besten Freund Zadok Ofir. Selbst wenn Cohen seine wahre Identität gegenüber seinem palästinensischen Spionagenetz hätte verbergen können, das Foto wäre ihm immer wieder gefährlich geworden.

Cohens Tod wiederum hätte Israel eine weitere Warnung sein müssen. Der Mossad hätte zu dem Schluß kommen müssen, daß sein palästinensischer Gegner einen hohen Grad an Professionalismus bei der Durchdringung seines Operationszentrums im Ausland entwickelte. Statt dessen benahm sich der Nachrichtendienst wie von einer fixen Idee besessen. Die Rache war zu seinem Glaubensbekenntnis geworden.

Sieben Monate nach dem Massaker in München verlagerten die israelischen Mörder ihre rachsüchtige Tätigkeit in die arabische Welt. Ihre Ziele waren zwei Kommandanten des »Schwarzen September«, Muhammad Najjar und Kamal Adwan, sowie der PLO-Sprecher Kamal Nasser. In der Nacht des 10. April 1973 wurden alle drei in ihren Appartements im Geschäftsviertel von Beirut erschossen. Die Mörder waren israelische Scharfschützen, die von Mossad-Leuten zu ihren Zielorten gebracht worden waren. Dem Anschlag war die nächtliche Landung einer Spezialeinheit auf dem libanesischen Strand vorausgegangen.

Die Vorbereitung des Überfalls durch den israelischen Nachrichtendienst war bemerkenswert. Die Kommandoeinheiten hatten die Adressen aller drei Führer; die Angreifer landeten an Plätzen, von denen aus alle drei Wohnungen gut zu erreichen waren, und am Strand warteten gemietete Fahrzeuge auf die Geheimagenten. Es war das Ergebnis einer eindrucksvollen Zusammenarbeit zwischen Aman und Mossad, und das in einer arabischen Hauptstadt, in der es keine israelische Botschaft gab, die den Spionen als diplomatische Tarnung hätte dienen können.

Die Operation war der zweite Angriff auf Beirut in viereinhalb Jahren. Sie trug den Codenamen *Aviv Ne'urim* – »Spring of Youth«. Die Teilnehmer waren junge Offiziere wie Ehud Barak und Amnon Lipkin-Shahak, die später Spitzenfunktionen bei Aman bekleideten.

Die Genugtuung über die gute Leistung dauerte knapp drei Monate und wurde an einem kleinen Ort namens Lillehammer jäh gestoppt. Anfang Juli 1973 hatten sich die meisten Mitarbeiter von Mike Hararis Team mit Genehmigung der Premierministerin und des »Komitee X« in jener kleinen Stadt im Norden Norwegens versammelt. Sie waren von verschiedenen Plätzen Europas angereist, um eine Rechnung mit dem »Red Prince« zu begleichen – ein Codename, den der Mossad Ali Hassan Salameh gegeben hatte.

Salameh war Führungsoffizier des »Schwarzen September« im westlichen Europa und hatte sowohl die Attacke gegen die israelischen Athleten in München als auch die Ermordung Baruch Cohens geplant. Seine Bedeutung ging weit über den schattenhaften »Schwarzen September« hinaus. Salameh, der Sohn eines hohen palästinensischen Militärkommandanten, der 1948 im Krieg gegen Israel gefallen war, war der Leiter der »Force 17«. Diese PLO-Einheit war für den Schutz Jasir Arafats verantwortlich. »17« war die Nummer ihres telefonischen Nebenanschlusses im PLO-Hauptquartier in Beirut – daher der Name. Vor allem wegen Salamehs Beteiligung am Massaker in München wollte der Mossad seiner Karriere ein gewaltsames Ende bereiten.

Salameh war ein selbstbewußter Playboy und Weiberheld, aber schwer zu fangen. Nach monatelanger Suche eilte Mike Hararis Stoßtrupp daher voller Enthusiasmus nach Norwegen, als seine Kundschafter meldeten, Salameh sei endlich gefunden. Hararis Team lokalisierte sein Wild in Lillehammer, beschattete es, um ganz sicher zu sein, daß es der »rote Prinz« war, und erschoß ihn am Abend des 21. Juli. Die Mörder verließen fluchtartig das Land, während ihre Hilfstruppen sich in »sichere Häuser« nach Oslo zurückzogen.

Bereits am nächsten Tag entdeckten die israelischen Agenten, daß sie einen schrecklichen Fehler gemacht hatten. Sie hatten den falschen Mann umgebracht; einen marokkanischen Kellner namens Ahmad Bouchiki, der mit einer Norwegerin verheiratet war – einer schwangeren Frau, die Zeugin der Schießerei wurde.

Vielleicht wären die Mörder ungestraft davongekommen und ihr Irrtum ein Geheimnis geblieben, wenn sich nicht ihre Helfer unglaublich dumm benommen hätten; jene Männer und Frauen, die die Beschattung und einen Teil der Planung für die Mörder erledigt hatten. Sie machten jeden erdenklichen Fehler, als hätten sie es geradezu darauf angelegt, von der norwegischen Polizei gefaßt zu werden.

Die Polizei brauchte sich nicht einmal besonders anzustrengen. Die Mossad-Agenten – obgleich sorgfältig darin geschult, jederzeit unterzutauchen – hatten eine breite Spur hinterlassen. Die Autos, mit denen sie in Lillehammer herumfuhren, hatten sie selbst gemietet, statt einen unbeteiligten Dritten einzuschalten, der von der ganzen Angelegenheit nichts erfahren hätte. Bei der Beschattung Bouchikis hatten sie sich wie Elefanten in einem Porzellanladen aufgeführt. Darüber hinaus hielten sie sich nicht an die Regeln der strengen Arbeitsaufteilung. Statt dessen kannte jeder jeden.

Die Nachbarn des unglücklichen Kellners hatten der Polizei eine Autonummer gegeben. Zwei der israelischen Spione wurden daraufhin verhaftet, als sie das gemietete Auto am Osloer Flughafen zurückgeben wollten. Die beiden, die unter den Namen Dan Ert und Marianne Gladnikoff reisten, gaben sofort zu, für Israel zu arbeiten, und verrieten die Adresse eines vom Mossad gemieteten Appartements. Dort fand die Polizei zwei weitere Mitglieder der Kommandoeinheit.

Die norwegischen Untersuchungsbehörden konnten sich nur wundern, wie dilettantisch ein Geheimdienst arbeitete, der als der beste der Welt galt. Die Israelis fielen der Polizei wie überreife Früchte in die Hände.

Harari selbst konnte fliehen, aber Avraham Gehmer und fünf weitere Mossad-Agenten wurden verhaftet. Bei den Vernehmungen in Norwegen kamen auch die anderen nacholympischen

Morde ans Licht. Einer der Mossad-Agenten hatte den Schlüssel für ein Appartement in Paris in der Tasche. Die französische Polizei fand dort die Schlüssel zu weiteren »sicheren Häusern«, die von israelischen Agenten benutzt wurden. Außerdem wurden Beweise gefunden, die die Israelis mit ungelösten Morden an mehreren Palästinensern in anderen Ländern in Verbindung brachten. Westliche Geheimdienste bekamen einen Einblick, wie die Israelis ihre Stoßtrupps in Europa hatten ausschwärmen lassen, und fanden dabei heraus, daß der Mossad Teilzeithilfskräfte angeworben hatte, um Überwachungen durchführen und die Logistik planen zu lassen.

Der Mossad hatte Glück, daß die Norweger ihn durch ihre Untersuchungen nicht zu sehr in Bedrängnis brachten, sondern ganz offensichtlich bemüht waren, den peinlichen Vorfall nicht an die große Glocke zu hängen. Auch der französische und der italienische Geheimdienst verhielten sich trotz der beim Gerichtsverfahren bekanntgewordenen, belastenden Informationen dem Mossad gegenüber ausgesprochen solidarisch. Sie ignorierten die Forderungen der PLO, in ihren Ländern die Untersuchung der Morde an Palästinensern wieder aufzunehmen.

Der Mossad aber gab sich nicht zufrieden, bis er Salameh fünfeinhalb Jahre später doch noch erwischte. Ein kleines israelisches Agententeam, zu dem wiederum eine Frau gehörte, flog, mit britischen und kanadischen Pässen ausgestattet, in den Libanon. Am 22. Januar 1979 parkten sie ein mit Sprengstoff präpariertes Auto an einer Straße in Beirut und zündeten die Bombe aus dem Hinterhalt, als der »rote Prinz« vorbeifuhr. Von ihm und seinem Wagen blieb nichts übrig.

Die CIA war über diese Aktion nicht sehr glücklich, da Salameh, wie sich nach seinem Tod herausstellte, für die Amerikaner gearbeitet hatte, und zwar als geheimer Verbindungsmann zwischen der PLO und dem amerikanischen Geheimdienst.[179]

Die Erinnerung an die öffentliche Blamage in Norwegen verfolgt den Mossad noch heute. Viele Mitarbeiter des israelischen Geheimdienstes erinnern sich an Lillehammer als *Leyl-ha-Mar,* »die Nacht der Bitterkeit«.

Der blinde Wunsch nach Rache trübte Israels klares Urteilsvermögen. Hochrangige Offiziere der Nachrichtendienste erklärten schließlich verärgert, es sei nicht ihre Aufgabe, eine Mörder-AG zu unterstützen. Sie beklagten, daß ein erheblicher

Teil an menschlicher Arbeitskraft und technischen Hilfsmitteln von Mossad und Shin Bet für eine Menschenjagd statt für das weit wichtigere, traditionelle Sammeln von Informationen über das militärische Potential der arabischen Staaten eingesetzt würde.

Diese Dissidenten erklärten, Israel übertreibe die Bedeutung des palästinensischen Terrors; letztendlich gefährde nicht er die Existenz des Landes. Schlimmstenfalls sei er mit einer lästigen Fliege zu vergleichen, die Israel zwar ärgere, aber nicht ernstlich bedrohe. Andere waren der Meinung, daß es wenig sinnvoll sei, die Führer der palästinensischen Guerillagruppen umzubringen, denn es gäbe keine Garantie dafür, daß ihre Nachfolger vernünftiger oder unfähiger seien. Auch wehrten sie sich heftig dagegen, daß das Lillehammer-Debakel einfach unter den Teppich gekehrt wurde, ohne daß irgend jemand die Konsequenzen trug. Selbst Mike Harari kehrte auf seinen Posten in Tel Aviv zurück.

Indes: sie waren Rufer in der Wüste. Mossad-Chef Zvi Zamir war auf dem Münchener Flughafen dabeigewesen. Er hatte zugesehen, wie die gefesselten Israelis abgeschlachtet wurden. Er war wütend und unterstützte Golda Meirs Wunsch nach Rache voll und ganz.

Der »Schwarze September« war durch die Mordkampagne zerschlagen worden. Nun wollte der israelische Nachrichtendienst auch mit seinem alten Gegenspieler und Anführer der PFLP, George Habash, abrechnen. Am 10. August 1973 entführten israelische Kampfflugzeuge eine libanesische Linienmaschine und zwangen sie, auf einem Militärflughafen in Israel zu landen. Die Passagiere wurden einer nach dem anderen herausgelassen und einzeln befragt, aber ein Terroristenführer war nicht darunter, und so ließ man alle wieder frei – mit einigem Unbehagen auf seiten des Mossad.

Der Tip, daß Habash in der Maschine sein würde, war von einem der bestplazierten israelischen Agenten innerhalb der Guerillahierarchie gekommen, einer Frau namens Aminah al-Mufti. Sie war 1935 als Tochter einer tscherkessischen Moslemfamilie in Jordanien geboren. 1972 wurde sie in Wien vom Mossad rekrutiert – nachdem sie sich dort in einen israelischen Piloten verliebt hatte. Wahrscheinlich hatte der Pilot den Auftrag, einen potentiellen arabischen Agenten zu finden, und Mufti war eine attraktive Frau.

Da sie die PLO haßte und deren Extremismus für den Dauer-konflikt im Mittleren Osten verantwortlich machte, nahm sie im Frühjahr 1973 den Auftrag an, nach Beirut zu gehen und sich mit so vielen Palästinensern anzufreunden wie möglich. Frau Mufti war Ärztin, und die Israelis halfen ihr beim Aufbau einer Klinik. Sie bekam viel Arbeit, als 1975 der libanesische Bürgerkrieg aus-brach. Sie behandelte Palästinenser, die bei Straßenkämpfen und der Verteidigung von Flüchtlingslagern verwundet wurden. Im Grunde finanzierte der Mossad damit heimlich einen Teil der medizinischen Versorgung der PLO im Libanon.

Frau Mufti freundete sich mit den höchsten Offizieren der PLO an und schrieb des Nachts lange Berichte über alles, was sie sah und hörte. Sie traf niemals mit einem im Libanon stationier-ten Agenten des Mossad zusammen, sondern deponierte ihre Berichte und Fotos in Beirut in »toten« Briefkästen – z. B. in einem Hotelflur oder der Damentoilette eines Restaurants, wo ein schmaler Umschlag leicht versteckt und später von einem Kurier abgeholt werden konnte. Für dringende Informationen bediente sie sich eines winzigen Senders.

1975 brach der Informationsfluß ab, weil die Palästinenser Frau Mufti gefaßt hatten. Sie wurde von der PLO gefoltert und vom KGB sowie vom ostdeutschen Geheimdienst verhört, die sie fünf Jahre lang in einer Höhle nahe dem libanesischen Hafen Sidon gefangenhielten.

Mit Hilfe des Internationalen Komitees des Roten Kreuzes ar-rangierte Israel einen Gefangenenaustausch und ließ zwei zum Tode verurteilte PLO-Terroristen im Austausch gegen Frau Mufti frei. Nachdem das Rote Kreuz sie auf Zypern einem Mos-sad-Team übergeben hatte, verschaffte man ihr eine neue Iden-tität und eine Stellung als Ärztin im Norden Israels.[180]

Während der fünfeinhalbjährigen Amtszeit Zamirs als Mos-sad-Chef lag der Schwerpunkt seiner Arbeit auf der Bekämp-fung des Terrorismus. Insoweit war man sich mit Shin Bet und Aman einig. Alle drei jedoch hatten das falsche Ziel vor Augen. Besessen von der fixen Idee, die sie mit Golda Meir und ihrem Kabinett teilten, sahen sie in den Palästinensern eine Bande von Mördern und meinten, ihnen allein durch Gegenterror begeg-nen zu können.

Besser wäre es gewesen, wenn Israel sich mehr um eine we-sentlich größere Bedrohung gekümmert hätte: den Aufbau der

arabischen Armeen. Israels Führer waren gegenüber der Kriegs-
gefahr nachlässig, weil sie nicht glaubten, daß die Araber in der
Lage wären, Paroli zu bieten. Außerdem waren die israelischen
Wissenschaftler insgeheim längst dabei, ein höchst wirksames
Abschreckungsmittel aufzubauen: das israelische Atomwaf-
fenarsenal.

9. DIE GEHEIMWAFFE

John Hadden, Mitte der 60er Jahre CIA-Stationschef in Tel Aviv, hatte alle Hände voll zu tun: Einerseits sollte er die Beziehungen zum israelischen Nachrichtendienst pflegen und andererseits alle geheimen Pläne der Regierung im Auge behalten. Hadden wußte, daß die Israelis in der Atomfrage nicht die Wahrheit sagten – nicht einmal ihm, ihrem offiziellen »Freund«. Das jedoch hatte er ohnehin nicht erwartet. Nachrichtendienste wie Agenten kennen keine Freunde, nur nackte, harte Interessen.

Die beiden Worte »Wahrheit« und »atomar« gingen sich in Israel stets aus dem Weg. Premierminister Ben-Gurion hatte 1961 Präsident Kennedy im Weißen Haus erzählt, der jüdische Staat arbeite zwar an der Gewinnung von Atomenergie für friedliche Zwecke, nicht aber an einer Bombe. Washington kaufte ihm diese Geschichte nicht ab. Im April 1963 bat Kennedy Shimon Peres ins Oval Office und bedrängte ihn mit Fragen: »Sie wissen, daß wir die Entwicklung des nuklearen Potentials in der Region mit großem Interesse verfolgen. Es könnte dort eine sehr gefährliche Situation entstehen. Aus diesem Grund haben wir Ihre Anstrengungen in dieser Richtung sehr genau beobachtet. Was können Sie mir darüber sagen?«

Peres antwortete mit einem Satz, der von Israels politischen Stimmungsmachern jahrzehntelang als Refrain wiederholt wurde: »Wir werden keine Atomwaffen in der Region aufstellen«, sagte er dem Präsidenten. »Wir werden nicht damit anfangen.«[181]

Der Stationschef hörte mit Sicherheit eine neue Melodie, als Premierminister Levi Eshkol – ehemals Finanzminister – offen dagegen opponierte, Geld für die Entwicklung atomarer Waffen auszugeben. Eshkol hatte bei seinen Besuchen in Washington ein stillschweigendes Abkommen mit der Johnson-Administration erreicht, wonach Israel stufenweise mehr konventionelle Waffen erhalten, dafür sein Nuklearprojekt aber verlangsamen sollte. Zum erstenmal erhielten die Israelis moderne Phantom- und Skyhawk-Jets, und die Amerikaner verdrängten die Franzosen als Waffenlieferanten vom jüdischen Markt.

Gleichzeitig entdeckte Hadden einige Täuschungsmanöver

der Israelis. Seine höchst álarmierenden Berichte an das Hauptquartier in Langley, Virginia, betrafen vor allem Moshe Dayans Haltung zu Israels sogenannter »Bombe im Keller«. Dayan hatte in den Augen des US-Geheimdienstes eine allzu lässige Einstellung zur Atombombe, die für ihn »nur eine andere Waffe« war. Rotes Licht leuchtete auf, als ein israelischer Stratege davon sprach, dies könne einmal die Waffe sein, die alle Kriege im Mittleren Osten beenden werde.

Wenn Hadden oder seine Mitarbeiter in die Negev-Wüste reisten, um ein Auge auf Dimona zu werfen, wurden sie von Shin Bet beschattet. Einmal befand sich der Amerikaner – offiziell Diplomat der Botschaft – auf einer Straße in der Nähe des Atomreaktors, als ein Militärhubschrauber neben seinem Wagen landete. Das Sicherheitspersonal verlangte seinen Ausweis zu sehen. Nachdem er seinen Diplomatenpaß vorgezeigt hatte, durfte er zwar unbehelligt weiterfahren, war aber von nun an erst recht überzeugt, daß sich in Dimona sehr viel mehr tat, als Israel zugab.

Darüber hinaus entdeckte die CIA Anzeichen für eine israelische Atomstrategie, die die Entwicklung von Waffen aller Typen und Größen vorsah, um für den Eventualfall eine höchstmögliche Flexibilität zu besitzen – von Atombomben, die aus Flugzeugen abgeworfen werden konnten, bis zu Wasserstoffbomben, die in Raketensprengköpfen untergebracht sein würden. Man war überzeugt, daß die israelischen Wissenschaftler fast jede Möglichkeit prüften und daß Israel jede denkbare Art von Abschußsystemen anstrebte, insbesondere solche, die man gut schützen konnte.

Unterdessen wurde der Dimona-Reaktor intensiv bewacht. Raketenbestückte Flugabwehrbatterien, die ringsum in der Wüste verborgen waren, schossen irrtümlich sogar eine Maschine der israelischen Luftwaffe ab, die während des Krieges im Juni 1967 versehentlich in ihre Nähe kam.

Dennoch hielt man das geheime Atomwaffenarsenal längst nicht für so gesichert, wie es hätte sein sollen, unabhängig davon, ob es in Dimona oder bei der israelischen Luftwaffe stationiert war. Israel verfolgte das gleiche Konzept wie die Supermächte: in erster Linie einen Krieg durch Abschreckung zu verhindern, gleichzeitig aber so stark zu sein, daß man mit Erfolg einen zweiten Schlag führen konnte, falls der Gegner als erster angriff. Die CIA fand heraus, daß Israel die Möglichkeit prüfte, wenigstens einen Teil seines Arsenals vor der Küste zu lagern.

Aufgrund von in Israel und andernorts gesammelten Informationen kamen die Auswerter der CIA zu dem Ergebnis, daß Israel am Aufbau einer U-bootgestützten atomaren Schlagkraft arbeitete. Unterseeboote, die vom arabischen Feind extrem schwer lokalisiert werden konnten, würden eine relativ sichere Lagermöglichkeit für das geheime Arsenal abgeben. Während Dimona oder eine Luftwaffenbasis bombardiert, gesprengt, von Raketen getroffen oder sogar von den Arabern überrannt werden konnte, lagen die Unterseeboote zum Vergeltungsschlag draußen im Meer bereit.

Die CIA war überzeugt, daß es Israel schließlich gelingen würde, kompakte und mächtige Atomwaffen an Bord seiner drei in England gebauten Unterseeboote zu stationieren. Diese patrouillierten in der Regel im Mittelmeer und boten Israel damit sogar technisch die Möglichkeit, sein offiziell gegebenes Versprechen zu halten, niemals als erster Atomwaffen in den Nahen Osten zu bringen.

Als de Gaulles Frankreich Israel in den 60er Jahren nicht länger unterstützte, hatte der Chef des Science Liaison Bureau, Lakam, ein Problem. Binyamin Blumberg ließ sich jedoch nicht aus der Ruhe bringen. Vorsichtshalber hatte er sich bereits nach anderen Lieferanten umgesehen. Einen ersten Erfolg hatte er in Norwegen. Die Osloer Regierung stimmte dem geheimen Verkauf von 21 Tonnen schweren Wassers an Israel zu. Sobald diese Lieferung garantiert war, sah sich Lakam nach Uran um. Dabei stieß man auf Zalmon Shapiro.

Shapiro war 1921 in Canton, Ohio, geboren – ein Amerikaner mit starkem jüdischem Hintergrund. Sein aus Litauen stammender Vater war orthodoxer Rabbi, viele seiner Familienangehörigen waren im Holocaust umgekommen, und selbst in Amerika hatte Zalmon unter antisemitischen Beschimpfungen zu leiden gehabt. 1948 erwarb er den Doktorgrad in Chemie. Im selben Jahr erklärte der Staat Israel seine Unabhängigkeit. Shapiro war begeistert. Er schloß sich der Zionist Federation und den Friends of Technion, Israels führender technischer Universität an.

Shapiro arbeitete im Auftrag der Westinghouse Corporation an der Konstruktion des ersten Atomunterseeboots der US-Marine, der Nautilus, mit. Mitte der 50er Jahre gründete er ein eigenes Unternehmen: die Nuclear Materials and Equipment Corporation (Numec) in Apollo, Pennsylvania.

Shapiros Firma lieferte Uran für Atomreaktoren in den USA, hatte aber zugleich eine – wie es schien – übertrieben hohe Zahl ausländischer Besucher. Sie kamen hauptsächlich aus Frankreich und Israel. Diese Besuche bei Numec wurden von der amerikanischen Atomenergiekommission (AEC) genau registriert, die sich 1962 veranlaßt sah, die Firma für die laxe Handhabung der Sicherheitsvorschriften und ihre schlampige Buchführung zu kritisieren. 1965 machte die AEC bei einer Routineinspektion eine erstaunliche Entdeckung: Der Vergleich mit dem Warenbestandsverzeichnis der Numec ergab, daß 110 Pfund angereichertes Uran spurlos verschwunden waren. Angereichertes Uran aber wird zur Herstellung von Atomwaffen benötigt.

Die AEC-Kontrolleure konnten nicht eindeutig klären, ob Numec das Material irgendwohin geliefert hatte oder ob eine Straftat vorlag. Bei anschließenden offiziellen Untersuchungen, die 15 Jahre lang dauerten, fand die AEC heraus, daß insgesamt 587 Pfund Uran verschwunden waren – theoretisch genug, um bis zu 18 Atombomben zu bauen.

Auch das FBI schaltete sich ein und nahm insbesondere Shapiros Verbindungen zu Israel unter die Lupe, konnte die Angelegenheit jedoch ebensowenig aufklären. Schließlich befaßten sich auch für die Inlandsspionage zuständigen Bundesbehörden mit dem Fall, hielten es aber wegen Shapiros begrenzter Beziehungen zu Israel nicht für erforderlich, ihn als ausländischen Agenten zu registrieren. Trotz dieses Mangels an konkreten Beweisen hatte sich 1968 der Verdacht, daß das vermißte Uran an Israel verkauft oder irgendwie verschifft worden war, fast zur Gewißheit verdichtet.

In der festen Annahme, Israel habe eine große Menge angereichertes Uran erhalten, traten nun die amerikanischen Nachrichtendienste in Aktion. CIA und FBI begannen die Sache gründlicher zu untersuchen, ließen Shapiro überwachen und zapften sein Telefon an. Er wurde verhört, wobei er ihnen ein paar interessante Geschichten über einige Begegnungen mit Avraham Hermoni, dem Wissenschaftsberater an der israelischen Botschaft in Washington, also dem Lakam-Stationschef, erzählte.[182]

Israel war über die neue Haltung der Amerikaner in der Atomfrage beunruhigt. In früheren Jahren hatten die US-Behörden Israel unter dem Einfluß von James Angleton von der CIA tun lassen, was es wollte. Angleton hatte sogar Israels atomare Geheimnisse geschützt.[183] 1968 verringerte sich sein Einfluß jedoch erheblich, und der neue CIA-Chef Richard Helms war Israel gegenüber sehr viel mißtrauischer.

Um die Situation in Washington zu klären, besuchten vier Israelis am 10. September des gleichen Jahres Shapiros Firma Numec – darunter Hermoni, Rafi Eitan vom Mossad und Avraham Bendor (später Shalom) von Shin Bet. In ihrem Antrag für das Einreisevisum hatten sich Eitan und Bendor als »Chemiker« des israelischen Verteidigungsministeriums bezeichnet.[184]

Alle vier reisten in speziellem Auftrag von Lakam. Blumberg war es inzwischen gelungen, die guten Beziehungen zu den anderen israelischen Nachrichtendiensten wiederherzustellen.

Als sie von ihrer Mission nach Hause zurückkehrten, berichteten Eitan und Bendor, daß Zweifel in der Numec-Angelegenheit noch immer zugunsten Israels ausgelegt würden. Es gab demnach keinen Grund, solche außerhalb der Legalität liegenden Aktivitäten einzustellen. Die Konsequenz: Im November 1968 ließen Blumbergs Agenten in Zusammenarbeit mit dem Mossad 200 Tonnen Uranoxyd – verpackt in 560 als »Plumbat« deklarierte Fässer – vom Deck eines Frachters verschwinden. 1973 kam bei der Vernehmung von Dan Ert in Norwegen heraus, daß eine deutsche Chemiefirma mit Namen Asmara das Uran durch Zwischenhändler von einer belgischen Gesellschaft gekauft hatte, der Société Générale de Minaro. Das Uran war in Antwerpen auf die *Scheersberg A* verladen worden, die unter liberischer Flagge fuhr. Der Kapitän hatte erklärt, sein Bestimmungshafen sei Genua.

Das Schiff kam nie in Italien an. Statt dessen »verschwand« die *Scheersberg A* spurlos aus dem Register. Als sie das Mittelmeer erreicht hatte, war sie nach Osten statt nach Norden gefahren, wo ihr Bestimmungshafen hätte liegen sollen. Irgendwo zwischen Zypern und der Türkei hatte sie sich mit einem israelischen Handelsschiff getroffen. Anfang Dezember, ein paar Tage nach ihrem vorübergehenden Verschwinden, ankerte sie im Hafen von Iskenderun, Türkei. Das Uranoxyd war verschwunden.

In Wahrheit gehörte das Schiff dem Mossad, und Israel hatte das Verwirrspiel von Ländern und Firmen inszeniert, um sich Brennmaterial für den Reaktor in Dimona zu beschaffen. Die Atomenergiebehörde der Europäischen Wirtschaftsgemeinschaft war durch diesen Vorfall so beschämt, daß sie sich entschloß, Stillschweigen zu bewahren.[185]

Durch einen weiteren Coup verschaffte sich Israel die Möglichkeit, in seinem Atomreaktor Uran aus den eigenen riesigen Phosphatreserven zu gewinnen. Die Beschaffung dieses gesamten Materials sowie die Tatsache, daß Israel zusätzlich direkt von Südafrika kaufte[186], bewies eindeutig, daß in Dimona unter höchster Geheimhaltung ein ganzes Arsenal an Atomwaffen gebaut wurde. Das Land am Kap wurde dabei zum Partner Israels in der Atom- und Raketenforschung.

Ab diesem Zeitpunkt konnte kein Zweifel mehr bestehen, daß Israel neben den USA, der UdSSR, Frankreich, England und China das sechste Mitgliedsland im Atomclub geworden war. Israel schwieg sich aus, aber die USA wußten Bescheid.

Seit Ende der 60er Jahre hatte der amerikanische Nachrichtendienst über fast jeden israelischen Wissenschaftler Buch geführt, der die USA besuchte.

Professor Yuval Ne'eman, der eine Reihe technischer Neuerungen für Aman entwickelt hatte und für ein ganz normales physikalisches Forschungssemester an die University of California nach Pasadena gekommen war, fand sich plötzlich in der Rolle eines Verdächtigen wieder. »Professor, ich bin vom Department«, meldete sich eine ihm unbekannte Stimme am Telefon. »Können wir uns treffen?«

Ne'eman vermutete, daß die Person am anderen Ende der Leitung Mitglied einer akademischen Abteilung der University of California sei. Zu seiner Überraschung stellte sich ihm sein Gesprächspartner jedoch bei ihrem Treffen als Untersuchungsbeamter des US-Justizministeriums vor. »Sind Sie Colonel Ne'eman?« erkundigte er sich. »Der bin ich«, erwiderte Ne'eman, leicht überrascht, mit seinem militärischen Rang angesprochen zu werden. Ihm war sofort klar, daß sein Gegenüber in Wirklichkeit vom FBI kam. Der Professor erklärte ihm, daß er bis Anfang der 60er Jahre in der Tat Colonel beim israelischen Abwehrdienst gewesen, dann aber ausgeschieden war und nun an der Universität von Tel Aviv arbeitete.

»Uns ist bekannt, daß Sie immer noch im Spionagegeschäft tätig sind«, entgegnete der Amerikaner unbeeindruckt. »Ich gebe Ihnen den guten Rat, sofort damit aufzuhören.« Ne'eman bestritt diese Behauptung vehement. Die Unterhaltung war damit beendet. Offensichtlich hatte man ihn einschüchtern wollen – möglicherweise als Reaktion auf einen Besuch Ne'emans bei den Bundeslaboratorien in Livermore nahe San Francisco. In Anbetracht dessen, was die Amerikaner inzwischen über die israelische Anlage in Dimona wußten, hatte sein Rundgang durch die Livermore-Laboratorien wegen der dort durchgeführten atomaren Forschungen ihren Verdacht geweckt.

Ein paar Wochen später ging Ne'eman an die University of Texas in Austin, wo ihm ein weiterer Beamter des Justizministeriums einen Besuch abstattete – diesmal mit der Forderung, er solle sich als »Auslandsvertreter« der israelischen Regierung ins Melderegister eintragen.

Dies hätte sich jedoch nicht nur nachteilig auf seinen Ruf als Physiker ausgewirkt, sondern auch auf die Möglichkeit, sich mit seinen Kollegen zu treffen. Denn als offiziellem Vertreter einer ausländischen Regierung konnten die US-Behörden seine Bewegungsfreiheit einschränken. Ne'eman mobilisierte alle seine amerikanischen Freunde, um die Registrierung zu vermeiden. Dazu gehörten unter anderem Professor Edward Teller, der Vater der amerikanischen Wasserstoffbombe, und John Tower, der einflußreiche Senator aus Texas. Am Ende halfen ihm die guten Beziehungen zwischen dem amerikanischen und dem israelischen Nachrichtendienst. Der Washingtoner Verbindungsoffizier des Mossad wandte sich mit einem geheimen Appell direkt an die CIA, die die Angelegenheit beilegte.

Andere Israelis dagegen haben teils als Agenten, teils als Amateure bei ihren Besuchen in den USA Informationen für ihr Land gesammelt. Soweit es dabei um wissenschaftliche Fragen ging, war in der Regel Lakam der Auftraggeber. Das Erstaunlichste an der Geschichte Lakams ist, daß man im Ausland trotz all seiner Spionageaktionen nichts von seiner Existenz wußte. Ein Geheimbericht der CIA aus dem Jahre 1976, der einen genauen Überblick über den gesamten israelischen Nachrichtendienst geben sollte, berichtete zwar von einem hohen Interesse der Geheimdienste an Wissenschaft und Technologie, erwähnte aber weder Lakam noch das Science Liaison Bureau.[187]

Blumberg hatte vorgeschlagen, daß seine Agentur nicht nur das Atomwaffenprojekt betreuen, sondern die gesamte Verteidigungsindustrie mit geheimem Material versorgen sollte. Sein Angebot wurde angenommen, und Lakams Budget schnellte durch die Zahlungen seiner neuen Kunden wie der Israel Aircraft Industries, der Rüstungsfirmen Rafael und Israel Military Industries gewaltig in die Höhe. Alle diese Firmen gehörten der israelischen Regierung oder wurden von ihr kontrolliert. Dennoch wußten ihre Geschäftsführer nicht unbedingt, woher sie ihre Blaupausen und Produktionspläne bekamen. Mit Sicherheit war auch ihnen »Lakam« unbekannt.[188]

Für den Ausbau seines atomaren Potentials war der Erwerb von Technologie und Material zur Herstellung von Boden-Boden-Raketen für Israel besonders wichtig. Es war wenig sinnvoll, Atomwaffen zu entwickeln, solange es keine brauchbaren Träger gab, die sie ins Ziel brachten. Ezer Weizman stellte als Verteidigungsminister auf einer Geheimkonferenz fest: »Alle Raketen können mit Atomsprengköpfen ausgerüstet werden. Sie können aber auch konventionelle Köpfe tragen. Sie können alle möglichen Köpfe tragen.«[189] Mit anderen Worten: Israels Arsenal konnte sowohl für einen atomaren wie für einen konventionellen Schlag eingesetzt werden.

Blumbergs Leuten gelang es, raketenbezogenes Know-how aus mehreren Quellen zu beschaffen. Sie hielten sich stets auf dem neuesten technologischen Stand und wußten, was zu kaufen sich lohnte. Man kam einen großen Schritt weiter, als Frankreich sich bereit erklärte, Israel Boden-Boden-Raketen zu verkaufen. Israels Spezialität war es, die Erfindungen anderer zu übernehmen – nicht nur, um sie zu kopieren, sondern um sie eigenständig weiterzuentwickeln. So wurde die französische MD-660-Rakete zur Grundlage für eine ganze Familie israelischer Raketen: zunächst der »Luz«, dann der »Jericho«. Hinter vorgehaltener Hand sprach Weizman auch vom geplanten »Flower-Projekt«, der Entwicklung einer See-zu-See-Fernrakete.[190]

Der Sechstagekrieg bedeutete auch für Lakam einen Wendepunkt. Dank der Erfolge des Dienstes bei der Beschaffung des erforderlichen atomaren Materials wurden Lakams Aufgaben auf weitere Bereiche von Wissenschaft und Technologie ausgedehnt. Präsident de Gaulles Entscheidung, nach dem Krieg 1967 ein Waffenembargo zu verhängen und sich zu weigern, bereits im voraus bezahlte Munition, Schiffe und Flugzeuge an Israel zu liefern, bedeutete eine neue Herausforderung.

Die kleine israelische Kriegsflotte fühlte sich betrogen, da fünf vor dem Embargo gekaufte Raketenboote mit dem strikten Verbot auszulaufen im Hafen von Cherbourg an der Kette lagen. Diplomatische Verhandlungen führten nicht weiter. Das Problem wurde erst gelöst, als der israelische Nachrichtendienst die Sache in die Hand nahm.

Nach einem vom Mossad in enger Verbindung mit den Militärs ausgeheckten Plan flogen Ende 1969 ein paar Dutzend Seeleute als normale »Touristen« – mit ihren Uniformen im Koffer – nach Frankreich. Geheimagenten, die zuvor sämtliche Schwachstellen im Sicherheitssystem des Cherbourger Hafens ausspioniert hatten, führten die Seeleute zu den Raketenbooten. Die Operation war zeitlich perfekt abgestimmt: Die Israelis holten sich ihr Eigentum am Weihnachtsabend, als nur ein paar wenig aufmerksame französische Wachen Dienst hatten.

Seeleute und Mossad-Agenten fuhren mit den Schiffen, die sie für ihr rechtmäßiges Eigentum hielten, ungehindert aufs Mittelmeer hinaus. Die geschäftliche Seite der Operation – die Beschaffung falscher Verträge und sonstiger Dokumente – wurde von mossadkontrollierten Firmen in Panama erledigt. Das lateinamerikanische Land mit seinem strategisch wichtigen Kanal war inzwischen zum Zentrum für Schiffs- und Finanztransaktionen des israelischen Nachrichtendienstes geworden.

Israel sah keinen Grund zu verheimlichen, daß es sich die von ihm bezahlten Kriegsschiffe geholt hatte. Als die israelischen Seeleute nach einer Fahrt von 3000 Meilen in Haifa anlegten, wurden sie von einer jubelnden Menge am Kai empfangen. Der Mossad konnte einen neuen Erfolg verbuchen, und der Mut sowie die raffinierte Ausführung der Aktion wurden von den sonst so geheimnisvollen und zurückhaltenden Nachrichtendiensten diesesmal offen bejubelt.

Zunehmend verbreitete sich die Ansicht, Israel müsse sich eben nehmen, was es brauche und nicht kaufen könne. Die Folge: Lakams Geschäfte blühten auf. Diebstahl, Bestechung und andere am Rande der Legalität angesiedelte Maßnahmen wurden dazu benutzt, sich die wertvollen Schätze zu sichern, die niemand freiwillig verkaufen wollte.

Ein einmaliger Coup gelang in der Schweiz, wo die Israelis in eine Fabrik »eindrangen«, die Motoren für die französischen Mirage-Bomber herstellte. In einer gemeinsamen Aktion von Lakam, der israelischen Armee und der Luftwaffe verfuhr man nach der klassischen Methode aller Geheimdienste. Man fand die persönlichen Schwachstellen des Schweizer Ingenieurs Alfred Frauenknecht heraus und nutzte sie aus: seinen Groll gegenüber seiner Firma; seinen Wunsch nach Geld, um sich eine Geliebte leisten zu können; sowie seine Sympathie für Israel nach dem Sechstagekrieg.

Colonel Dov Sion, der israelische Militärattaché in Paris und Schwiegersohn Moshe Dayans, unternahm den ersten Schritt. Er traf sich mehrere Male mit Frauenknecht, lud ihn zum Essen ein und leimte ihn. Es dauerte nicht lange, bis die Lakam-Agenten den Schweizer Ingenieur überredet hatten, ihnen einen kompletten Satz der Blaupausen für die Mirage zu liefern. Er nahm zwar das gebotene Geld, beteuerte aber, daß vor allem ideologische Gründe für ihn maßgebend seien. Frauenknecht war im übrigen kein Jude, so daß man nicht gegen die aus den Fiaskos im Irak und in Ägypten gelernte Lektion verstieß, nie einen ausländischen Juden zur Spionage in seinem Land anzuwerben.

Innerhalb eines halben Jahres besaß Israel ein neues Kampfflugzeug, den Nesher, der von der Technologie der Mirage entschieden profitiert hatte. Am 29. April 1975 enthüllte Israel stolz seinen neuesten Düsenjäger, den Kfir. Auch er hatte eine erhebliche Ähnlichkeit mit der Mirage. Der Mann, der dies alles ermöglicht hatte – Frauenknecht –, kam zum erstenmal nach Israel, um beim Jungfernflug dabeizusein.

Die Chefs der Nachrichtendienste waren jedoch in ihrer Einstellung ihm gegenüber zwiespältig. Niemand wurde gern an die negative Seite einer Aktion erinnert – an den Mann, der gefaßt wurde und eine Strafe verbüßt hatte. Die israelische Regierung bezahlte ihm nicht einmal sein Flugticket und weigerte sich, ihn offiziell zu empfangen. Überall bekam er zu spüren, daß er von »seinen« Agenten längst vergessen worden war.[191]

Zur gleichen Zeit wuchs Blumbergs Ruf innerhalb der Nachrichtendienste ins Sagenhafte. Nur wenige wußten genau, was er tat, aber die hochrangigen Mitarbeiter und Offiziere im Verteidigungsstab wußten, daß er es gut machte. Nur die höchsten Ränge brachten Blumberg mit dem streng geheimen Atomprojekt in Verbindung[192], doch fast jeder kluge Auswerter wußte, daß der Dimona-Reaktor eine militärische Funktion hatte. Und in weiten Kreisen der Bevölkerung glaubte man, daß Israel sein Ziel erreicht hatte, zur elitären Gruppe der Atommächte zu gehören.

Lag man mit dieser Vermutung noch richtig, so sollte sich etwas anderes in diesem Zusammenhang als absoluter Irrtum erweisen: der Glaube nämlich, daß ein solcher – geheimer – Sonderstatus Sicherheit garantierte.

10. Überrascht von Krieg und Frieden

Die Explosion der Handgranaten klang, als klopften die syrischen Soldaten höflich an die dicken Stahltüren, um Einlaß zu erbitten. Aber die Türen waren so stark, daß sie einer solchen Attacke leicht widerstanden. Für ein paar Stunden waren die israelischen Soldaten im Innern des Mount-Hermon-Bunkers vor ihren schnell vorrückenden Feinden in Sicherheit.

Sie gehörten nicht zur kämpfenden Truppe, sondern waren Abwehrspezialisten von Aman, die als Horchposten gegen Syrien auf dem schneebedeckten Berg in den Golan-Höhen stationiert waren.

Die Aman-Agenten arbeiteten selbst am Yom Kippur, dem höchsten Feiertag des jüdischen Kalenders, an dem normalerweise in Israel jede Arbeit ruht. Es war Sonnabend, der 6. Oktober 1973, zwei Uhr nachmittags.

Der Kommandant des Hermon-Postens, Leutnant Amos Levinberg, hatte seinem Vorgesetzten gerade über Funktelefon vom näher kommenden Artilleriefeuer berichtet. Levinberg erinnert sich: »Ich sagte ihm, ich sei keineswegs beunruhigt. Alles sei unter Kontrolle, und sobald die Schießerei aufhöre, würden wir die beschädigten Außenanlagen wieder reparieren.« Wenige Stunden später jedoch befanden sich Levinberg und die übrigen Überlebenden seiner Einheit in der Gefangenschaft der Syrer. Die Angreifer, Elitetruppen der Syrer, waren mit Helikoptern auf dem Berg gelandet. Sie brauchten etwa bis Mitternacht, um in den Bunker einzudringen. Sie töteten 18 Israelis, verwundeten zahlreiche andere und nahmen insgesamt 31 Agenten gefangen. Ihnen fielen zahlreiche wertvolle, im Westen wie in Israel hergestellte elektronische Geräte in die Hände – eine Fundgrube für die syrischen und sowjetischen Experten.

Der Verlust des Berges Hermon war, unabhängig von weiteren Niederlagen an den übrigen Fronten, ein schwerer Schlag für die israelische Verteidigung. Es war die höchste Bergspitze der Golan-Höhen. Die Israelis hatten sie mit weitreichenden Antennen, Satellitenschüsseln, ultramodernen Ferngläsern und Nachtsichtgeräten ausgestattet. Der Berg Hermon war das streng geheime Auge und Ohr des jüdischen Staates im Norden.

Der Posten war einer von vielen Aman-Abhöreinheiten, die den gesamten Funkverkehr der Region überwachten. Außerdem konnte man von dort oben bei klarer Sicht sämtliche Bewegungen der syrischen Streitkräfte bis zu dem 25 Meilen entfernten Damaskus beobachten.[193]

Die Station war das Modernste an *sigint* – »signals intelligence« (Funkaufklärung) – und *comint* – »communications intelligence« (Nachrichtenüberwachung). Beide Fachbegriffe stehen für hochtechnologische Geräte zum Aufspüren und Mithören jeder Tonquelle, vom Funkverkehr bis zu Telefongesprächen. Normalerweise hätte diesem Abhörposten nichts entgehen dürfen, was der Feind tat. Aber das System hatte versagt. Schlimmer noch, die Erstürmung des Berges Hermon bescherte den Syrern eine Goldgrube an Nachrichtenmaterial. Dort wurden sämtliche militärischen Codes aufbewahrt, was dem Feind die Möglichkeit bot, den ganzen Funkverkehr der Luftwaffe mitzuhören. Aman mußte zugeben, daß dies ein gewaltiger Fehler gewesen war. Die Geschichte des Kriegsgefangenen Amos Levinberg – von Überheblichkeit, dem Übersehen der Gefahr und dem Schock ihrer Gefangennahme – illustriert die Demütigung, die die gesamte Nation an diesem Tag mit ihm teilte.

Die Armeen der Ägypter und Syrer hatten mit einem sorgfältig geplanten Angriff die israelischen Verteidigungslinien in den sechs Jahre zuvor verlorenen Gebieten vollständig überrumpelt. Zum erstenmal hatte der israelische Geheimdienst bei seiner wichtigsten Aufgabe versagt: der rechtzeitigen Warnung vor einem Angriff. Dies war in erster Linie die Schuld Amans, aber die Schande – und der Vorwurf, die Nation im Stich gelassen zu haben – traf alle israelischen Nachrichtendienste.

Diese wollten einfach nicht glauben, was einige ihrer Mitarbeiter und Auswerter kommen sahen. Gleichsam als wären ihre Hirne von »*ha-Konseptzia*«, dem Konzept, verkleistert gewesen. Diese informelle, aber mächtige Doktrin hatte sich während der Euphorie entwickelt, die auf den sensationellen Sechstagesieg 1967 gefolgt war. Sie besagte nicht weniger, als daß die Araber niemals einen totalen Krieg beginnen würden, nachdem klar erschien, daß sie ihn nicht gewinnen konnten. Die Israelis waren völlig davon überzeugt, daß sie im Fall eines – unwahrscheinlichen – Angriffs die feindlichen Linien ohne weiteres durchbrechen und auf Kairo und Damaskus losmarschieren könnten.

Die Geheimdienste hatten wie immer detaillierte Informationen über Truppenbewegungen in Ägypten und Syrien geliefert. Aber aufgrund des »Konzepts« war man allgemein davon überzeugt, daß es sich dabei nur um eine Übung oder eine »Finte« handeln könnte, um Israel zu einer teuren und unnötigen Mobilisierung seiner Armeereserven zu veranlassen. Das »Konzept« war bequem und beruhigte, und es erfaßte sehr schnell sämtliche militärischen, geheimdienstlichen und politischen Ränge.

Aman gehört zum Generalstab und berichtet sowohl dem Stabschef als auch dem Verteidigungsminister. Obwohl Aman stets im Schatten des für Schlagzeilen sorgenden Mossad und von Shin Bet stand, ist es auf dem Gebiet der Landesverteidigung der größte und wichtigste Geheimdienst. Insoweit ähnelt Aman der amerikanischen National Security Agency. Von James Bamford, dem Autor des gleichnamigen Buches, als »Puzzle Palace« bezeichnet, arbeitet auch die riesige NSA im Schatten der CIA, während sie die Grundlagen für die geheimdienstlichen Erfolge Amerikas schafft.[194]

Als militärische Einheit ist Aman gut organisiert. Es umfaßt sechs Abteilungen, von denen die beiden wichtigsten »Collection« und »Production« sind. Das Collection Department ist zuständig für *humint* und *sigint,* also für den Einsatz der Agenten und Informanten bis knapp hinter die Grenze sowie für den Funkabhördienst und das Anzapfen des Telefonnetzes der arabischen Staaten. Der Sechstagesieg 1967 wurde nicht zuletzt durch das Abhören der arabischen Planungsstäbe ermöglicht – besonders durch ein aufgefangenes Gespräch zwischen Präsident Nasser und König Hussein von Jordanien sowie durch die zügige Übermittlung aller Einzelheiten an die zuständigen israelischen Generäle.

In der elektronischen Kriegsführung arbeitet Aman eng mit der Luftwaffe zusammen; von den Auswertern des Geheimdienstes als *elint* bezeichnet. Dabei werden Radar und noch weit raffiniertere Signale eingesetzt, um die feindlichen Streitkräfte zu verunsichern und zu täuschen.

Die größte Abteilung ist das Production Department. Hier sind fast 3000 der insgesamt 7000 Mitarbeiter von Aman beschäftigt. Hier laufen sämtliche Informationen zur Auswertung zusammen. Das Department ist ähnlich wie beim Mossad nach geographischen und funktionellen Gesichtspunkten in Unterabteilungen gegliedert: Der westliche Bereich umfaßt Ägypten, den Sudan und Libyen, der östliche den Irak, Syrien und den Libanon; eine dritte Abteilung ist für Jordanien und die arabische Halbinsel zuständig, eine »palästinensische« Abteilung für das Aufspüren der Guerillatrupps; eine weitere Abteilung befaßt sich mit der Auswertung von interarabischen Verbindungen und eine letzte mit der Wirtschaft im Mittleren Osten. Das Production Department liefert schließlich Analysen und Empfehlungen für die politischen Entscheidungsgremien.

Aman selbst ist ferner zuständig für die Entsendung der Militärattachés an die israelischen Botschaften im Ausland, für die militärische Pressezensur und für die »Sicherheit an der Front«. Damit soll verhindert werden, daß von den Militäreinheiten irgendwelche Geheimnisse durchsickern.[195]

Aman erstellt für den Premierminister und sein Kabinett das jährliche National Intelligence Estimate, das einen Rückblick sowie eine Prognose über die voraussichtliche Entwicklung sämtlicher militärischer, wirtschaftlicher und politischer Faktoren liefert, die für Krieg und Frieden relevant sind. In den Jahren zwischen den beiden Kriegen von 1967 und 1973 wurden diese Voraussagen stark vom Vorurteil des »Konzepts« beeinflußt.

Wie scher man sich mit der Wahrheit tat, zeigte sich im November 1969, als Aman Informationen aus Ägypten erhielt, die dem »Konzept« zu widersprechen schienen. Sie besagten, daß die Ägypter ihre Streitkräfte nach der verheerenden Niederlage 1967 weit schneller und erfolgreicher wieder aufbauten, als Israel geglaubt hatte. Die Aman-Auswerter schenkten diesen Berichten jedoch keinen Glauben und legten sie beiseite.

Entsprechend groß war die Überraschung, als im Februar 1970 Einzelheiten über ein massives militärisches Engagement der Sowjetunion in Ägypten ans Licht kamen. Zum erstenmal wurde bekannt, daß ägyptische Kampfeinheiten von russischen Beratern ausgebildet wurden, was Israels Verteidigungskonzept für die Westgrenze der eroberten Sinai-Halbinsel entschieden veränderte.

Aman hatte offensichtlich versagt und nicht rechtzeitig vor der ernstesten Einmischung einer Supermacht in dieser Region seit mehr als 13 Jahren gewarnt. Für die israelischen Politiker war es selbstverständlich, daß sich eine unabhängige Untersuchungskommission mit den Ursachen dieses Versagens beschäftigen müßte. Statt dessen aber berief Aman einen internen Prüfungs-ausschuß unter Vorsitz von Brigadegeneral Yoel Ben-Porat, dem Kommandanten der Aman-Abhöreinheiten. Das Ergebnis dieser lax durchgeführten Untersuchung entsprach den entspre-chend geringen Erwartungen.

Schließlich merkte auch der Chef des militärischen Abwehr-dienstes, General Aharon Yariv, daß mit seinem Auswertungs-stab irgend etwas nicht mehr stimmte. Seinen Mitarbeitern ge-genüber reagierte er ausgesprochen gereizt, sobald die Rede auf die Auswertung kam. Einen Aman-Auswerter brüllte er, einen Geheimbericht von der Front schwenkend, an: »Himmel noch mal! Die Berichte stimmen nicht mit euren Einschätzungen überein!«

Yarivs ärgerliches und enttäuschtes Geschrei kam zu spät, um noch etwas auszurichten. Nach acht Jahren Amtszeit als Aman-Direktor quittierte der General im November 1972 den Dienst und wurde Premierministerin Golda Meirs Berater in Terroris-musfragen. Yariv verließ eine Agentur, die selbstzufrieden und arrogant geworden war.

Niemand war von dem »Konzept« der israelischen Unbesieg-barkeit mehr überzeugt als der neue Chef des Aman, General-major Eli Zaira. Aus bürokratischer Sicht stand er an der Spitze der Welt. Schließlich hatte der militärische Abschirmdienst den Triumph im Sechstagekrieg möglich gemacht. Damals war Yariv das einmütige Lob aller Politiker und Militärs zuteil geworden, und etwas von diesem Glanz war auch auf seinen Stellvertreter Zaira gefallen.

Amans Fähigkeiten wurden dermaßen überschätzt, daß man es in Jerusalem als der Weisheit letzten Schluß akzeptierte, als Zaira 1973 verkündete, Ägypten sei viel zu eingeschüchtert und desorganisiert, um Israel anzugreifen. Immerhin stellte Zaira seine Behauptung im Mai jenes Jahres auf, als die ägyptische Armee in Alarmbereitschaft versetzt wurde und ihre Einheiten entlang des Suezkanals auf eine mögliche Offensive vorberei-tete. Als dann tatsächlich nichts geschah und die Ägypter ruhig blieben, sah man Zaira und das »Konzept« wieder einmal bestä-tigt. Es waren einige Reservetruppen mobilisiert worden, aber das hielt man jetzt für eine Geldverschwendung.

Ende September 1973 kamen abermals Berichte über Kriegs-vorbereitungen aus Ägypten und Syrien, aber entsprechend dem allgewaltigen »Konzept« hielt man sie weiterhin für harmlos. Selbst die CIA berichtete am 5. Oktober – wie der damalige Präsident Nixon erzählt –, daß »›ein Krieg im Mittleren Osten unwahrscheinlich sei‹, wobei die massiven und ungewöhnlichen Truppenbewegungen der Araber als jährliche Manöver abgetan wurden«.[196]

Unglücklicherweise erhielt die CIA viele ihrer Daten über die Ereignisse im Mittleren Osten vom israelischen Geheimdienst – über die seit langem bestehende direkte Verbindung zwischen seinem Hauptquartier in Virginia und dem Mossad-Gebäude in Tel Aviv. Mit anderen Worten, die Amerikaner waren auf das »Konzept« abonniert und ließen sich ebenfalls von ihm blenden.

Während die Israelis insgeheim Informationen sammelten, sprach Ägyptens Präsident Anwar el-Sadat in zahlreichen kriegerischen Reden ganz offen über seine Absichten. Am 28. September, dem dritten Todestag seines Vorgängers Nasser, erklärte Sadat der Nation: »Wir werden keine Anstrengung und kein Opfer scheuen, um unser Ziel zu erreichen. Ich will hier nicht auf Einzelheiten eingehen, aber die Befreiung unseres Landes ist unsere erste und wichtigste Aufgabe.«[197]

Zaira und seine Aman-Auswerter hatten jedoch seit langem beschlossen, die Flut »anmaßender« arabischer Äußerungen von Politikern wie Sadat am besten zu ignorieren – und sahen auch keinen Grund, ihr Verhalten zu ändern, als anderweitige Informationen die ägyptischen Angriffspläne zu bestätigen schienen. Der aufsehenerregende Bericht eines Geheimdienstoffiziers des Truppenkommandos Süd der Armee, das die gesamte Sinai-Halbinsel bis zur Bar-Lev-Linie, also der israelischen Verteidigungslinie auf der von den Israelis besetzten Seite des Suezkanals, überwachte, wurde zwar von den Aman-Offizieren diskutiert, aber nicht ernst genommen: Leutnant Binyamin Siman-Tov berichtete am 1. Oktober in allen Einzelheiten, daß Ägypten sich für die nächsten Tage auf einen Angriff über den Suezkanal hinweg vorbereite. Zaira blieb unbeeindruckt.

Der Mossad dagegen war wachsamer. Zwei Tage vor dem ägyptisch-syrischen Angriff meldete ein Mossad-Agent aus Kairo, daß sich der Krieg am Horizont abzeichne. Mossad-Chef Zvi Zamir nahm die Warnung zwar ernst, vertrat seinen Standpunkt aber nicht entschieden genug.

Was die Bürokratie der israelischen Geheimdienste auf die

Kriegswarnungen hin unternommen beziehungsweise nicht unternommen hat, bleibt ein Geheimnis, zumal die inzwischen pensionierten Offiziere nach wie vor vehement ihre Ehre verteidigen. Nach der damaligen Struktur war Zamir vom Mossad der oberste Geheimdienstoffizier der Premierministerin. Seine Aufgabe war es, derartige Informationen Golda Meir persönlich vorzutragen und auch Aman schriftlich davon zu unterrichten.

Aman und andere ehemalige Nachrichtendienstler beschuldigen Zamir, daß er, obgleich von einer unmittelbaren Kriegsgefahr überzeugt, im vorliegenden Fall Zaira nur telefonisch verständigt und einen Assistenten damit beauftragt habe, das Büro der Premierministerin zu informieren. Sein Assistent wiederum hielt es für ausreichend, die Warnung telefonisch an das Büro Golda Meirs weiterzugeben, erreichte den zuständigen Beamten aber nicht.

So blieb der eigentliche Empfänger unbenachrichtigt. Zamir aber war nicht greifbar; er hatte das Land verlassen. Wahrscheinlich wollte er sich mit dem Informanten des Mossad treffen – der kurzfristig aus Ägypten herausgebracht worden war –, um sich persönlich ein Bild zu machen. So konnte Premierministerin Meir Zamir am Freitag, dem 5. Oktober, nicht erreichen. Erst am Sonnabendmorgen kamen die israelischen Geheimdienste zu dem Schluß, daß der Krieg noch am selben Tag beginnen würde. In diesem Augenblick jedoch war es bereits zu spät.

Es stimmt, daß Israel seine Luftwaffe auch zu diesem Zeitpunkt noch für einen Präventivschlag nach dem Muster des Sechstagekrieges hätte einsetzen können, aber Golda Meir und Verteidigungsminister Dayan entschieden dagegen. Sie wußten, daß die USA ein solches Vorgehen mißbilligen würden, und kamen widerstrebend zu dem Schluß, daß Israel den ersten Schlag hinnehmen müßte, wollte es nicht die Unterstützung der Amerikaner verlieren.[198] Dies war das einschneidendste und kostspieligste Beispiel für die wachsende Abhängigkeit von der amerikanischen Regierung, die inzwischen zu einem ständigen Faktor der israelischen Außen- und Verteidigungspolitik geworden war. Für den Blitzangriff 1967 war ausschlaggebend gewesen, daß Mossad-Chef Meir Amit aus Washington mit der Überzeugung zurückgekommen war, Präsident Johnson gäbe Israel »grünes Licht« für einen Präventivschlag. 1973 aber hinderte die Rücksichtnahme auf Amerika Golda Meir und Dayan daran, als erste zuzuschlagen: Die amerikanische Unterstützung galt als »heilige Kuh«.

Der Überfall am Yom Kippur ähnelte dem der Japaner auf Pearl Harbor im Jahr 1941. Man wußte rechtzeitig Bescheid, aber die Geheimdienstchefs ignorierten entweder die Warnung oder legten die Informationen falsch aus. Die israelischen Soldaten auf der Sinai-Halbinsel und den Golan-Höhen mußten mit ihrem Leben für die Selbstgefälligkeit ihrer Vorgesetzten und die Fehler der Geheimdienste büßen. In erbitterten Kämpfen eroberten die Syrer einen Teil der Golan-Höhen zurück, und die Ägypter überschritten den Suezkanal und faßten auf der Sinai-Halbinsel Fuß. Dayan – der Held des Krieges von 1967 – geriet in Panik.

Er war so pessimistisch, daß er am dritten Kriegstag von der Möglichkeit der Zerstörung des »dritten Tempels« Israels sprach.[199] Die jüdische Geschichte erzählt von einem ersten heiligen Tempel in Jerusalem, der 586 v. Chr. von den Babyloniern, und einem zweiten, der 70 n. Chr. von den Römern zerstört wurde. Der »dritte Tempel« war der Staat Israel, und Dayan schätzte seine Überlebenschancen sehr gering ein.

In diesen Tagen sprachen die israelischen Generäle sogar vom Einsatz »unkonventioneller« Waffen.[200] Zum erstenmal dachte man ernsthaft über die Notwendigkeit nach, als letzten, fast selbstmörderischen Verteidigungsschlag Israels Atombombe einzusetzen. Das geheime Arsenal, um dessen Aufbau sich das unsichtbare Lakam so unaufhörlich bemüht hatte, war noch nicht erprobt und noch »schmutzig«. Dennoch wurden auf Dayans Befehl Jericho-Raketen sowie spezielle Bombenaufhängevorrichtungen für Phantomjäger für einen möglichen Einsatz von Atomwaffen vorbereitet.[201]

Die Verzweiflung des Verteidigungsministers lastete schwer auf Golda Meir. Auch sie schien an Selbstmord zu denken, wie sich ihre Vertraute Lou Kaddar erinnert: »Ich hatte sie niemals so verzweifelt gesehen, ihr Gesicht drückte tiefe Traurigkeit aus. Sie sagte zu mir, ›Dayan will, daß wir die Übergabebedingungen prüfen‹. Ich wußte, daß eine Frau wie sie unter solchen Umständen niemals weiterleben wollte. So bereitete ich mich auf unser beider Selbstmord vor. Ich ging zu einem befreundeten Arzt, der mir die entsprechenden Tabletten geben würde, so daß wir beide – sie und ich zusammen – sterben konnten.«[202]

Golda Meir riß sich jedoch zusammen, und gemeinsam mit ihrem Generalstabschef, Generalleutnant David (Davo) Elazar, der sich als Fels in der Brandung erwies, leitete sie den Gegenangriff ein, der Israel den Sieg brachte.

Die kurzfristigen Verluste waren für Israel extrem hoch: 2700 Gefallene – was auf die Bevölkerungszahl umgerechnet 170 000 toten Amerikanern entsprechen würde. Für eine Nation von knapp mehr als drei Millionen Menschen war dieses Opfer traumatisch.

Langfristig bestand der Schaden darin, daß ganz Israel das Vertrauen in seine einst legendären Nachrichtendienste verlor. Dies war nicht nur ein Gefühl; man bekam es schriftlich. Premierministerin Golda Meir ordnete eine offizielle Untersuchung des Yom-Kippur-Krieges sowie des *Mechdal,* des »Versäumnisses«, an – ein beschönigender Ausdruck für den Pfusch der Geheimdienste, der den Überraschungsangriff der Araber ermöglicht hatte. Zum Leiter des Untersuchungsausschusses wurde der vorsitzende Richter am Obersten Gerichtshof Israels, Shimon Agranat, ernannt.

Wie gewöhnlich entzogen sich die Politiker der vollen Wucht der Ermittlung, für die sie selbst die Richtlinien festgelegt hatten. Die Schuld wurde den Militärs und den Nachrichtendiensten zugeschoben. Der Ausschuß entlastete Golda Meir und Dayan von der »direkten Verantwortung« für das *Mechdal.* Statt dessen machte er den Generalstabschef Elazar und den Befehlshaber des Truppenkommandos Süd, General Shmuel Gorodish-Gonen, zu Sündenböcken. Außerdem zerstörte der offizielle Bericht der Agranat-Kommission mit seiner harten Kritik die Karriere des Aman-Chefs Zaira und dreier seiner Mitarbeiter. Sie wurden durch andere Offiziere ersetzt. Neuer Aman-Chef wurde Generalmajor Shlomo Gazit.

Die Agranat-Kommission empfahl eine strukturelle Neuorganisation des gesamten Nachrichtendienstes sowie die Bildung einer neuen Einheit. Das Ergebnis war die Aktivierung des Research and Political Planning Center des Außenministeriums – das auf dem Papier bereits seit 1951 bestanden hatte. Seine Aufgabe ist nicht das Sammeln von Informationen. Es soll eine weitere, von den Geheimdiensten unabhängige Auswertung der vorhandenen Daten verhindern. Das Zentrum besitzt ein eigenes Bürogebäude auf einem besonders abgezäunten Gelände innerhalb des Außenministeriums in Jerusalem. Dies geschieht nicht, weil dort Geheimagenten arbeiten, sondern zum Schutz des Nachrichtenrohmaterials, das ihm von Mossad und Aman geliefert wird.[203]

Auch das kleine Research Department des Mossad wurde nun vergrößert, um nicht länger von den Auswertern bei Aman abhängig zu sein. Wie von der Agranat-Kommission vorgeschlagen, wurden die Analytiker des Mossad ferner bei der jährlichen Zusammenstellung des National Intelligence Estimate hinzugezogen. Auf politischer Ebene sahen sich Golda Meir und Dayan noch Monate nach der knapp vermiedenen Niederlage im Oktober 1973 beißender Kritik ausgesetzt, bis der Druck im folgenden April unerträglich wurde und beide von ihrem Posten zurücktraten.

Israels neuer Premier wurde Yitzhak Rabin. Für Rabin, der während des Junikrieges 1967 Generalstabschef war und später als Botschafter in Washington fungierte, waren nachrichtendienstliche Berichte nichts Ungewöhnliches. Als Premierminister wollte er daher möglichst viel vom Informationsrohmaterial der Geheimdienste sehen, statt nur die bereinigten Zusammenfassungen, die viele andere Politiker bevorzugten. Der Grund dafür lag nicht nur in Rabins militärischer Vergangenheit. In einem Geheimbericht konstatiert die CIA ihm »Selbstprüfung« und »die Neigung zur Besorgtheit«.[204] Er hatte die ausgeprägte Angewohnheit, sich nicht auf andere zu verlassen, und nach dem totalen Versagen der Geheimdienste bei ihren Voraussagen 1973 vertraute er ihrem Urteil schon gar nicht. Sein Verhalten entsprach damit nur der neuen Stimmung in der Bevölkerung.

Amans Moral war auf ihrem Tiefpunkt angelangt. Dagegen ging der Mossad fast unversehrt aus dem Yom-Kippur-Debakel und der nachfolgenden Untersuchung hervor. Dies lag daran, daß Zvi Zamir den Oktoberkrieg vorausgesehen hatte und man ihm vergab, nicht nachdrücklich und laut genug davor gewarnt zu haben. Rabin betraute den Mossad sogar mit einer neuen Aufgabe: Der Dienst sollte Zamirs geheimen Treffen mit und seine offiziellen Kontakte zu König Hussein von Jordanien koordinieren – mit Sicherheit die sensitivste und geheimste Seite der israelischen Außenpolitik.

Der Herrscher, dessen Land im Osten an Israel grenzt, hatte sich trotz seiner öffentlichen Forderung auf Rückgabe des besetzten Jordanlandes aus dem Yom-Kippur-Krieg herausgehalten. Hinter der Szene hatte zwischen ihm und der israelischen Führung bereits seit 1963 eine Reihe persönlicher Treffen stattgefunden. Zunächst war es dabei um die Bedingungen für einen Friedensvertrag gegangen, später hatte man sich mit einem soliden, aber nicht erklärten De-facto-Frieden begnügt.

Im Innenverhältnis zwischen Mossad und der CIA, die gemeinsam die Details ausarbeiteten, erhielten die geheimen Treffen den Codenamen »Operation Lift«.[205] Möglicherweise wußten die Israelis nicht, daß Hussein als »Aktivposten« im Mittleren Osten auf der Gehaltsliste der CIA stand.[206] Der Mossad folgte in dieser Angelegenheit den Spuren seines Gründers Reuven Shiloa, der bis 1951 insgeheim mit Husseins Großvater König Abdullah verhandelt hatte.

Rabin und Hussein intensivierten die Verbindung. Der jordanische Herrscher besuchte den israelischen Premierminister sogar in Tel Aviv – ein Geheimnis, das niemals aufgedeckt wurde, nicht einmal in den Memoiren der wenigen Mitarbeiter, die davon wußten. Der König sah sich in einer Führungsrolle, nachdem seine arabische Legion Jasir Arafats PLO im Bürgerkrieg 1970 geschlagen hatte. Die Israelis hatten Hussein dabei indirekt geholfen, indem sie – in Absprache mit den USA – ihre Truppen so verlegten, daß sie die Syrer an einem Eingreifen zugunsten der PLO hinderten.

Das Ergebnis war ein höchst geheimer, aber äußerst nützlicher Nachrichtenaustausch zwischen dem Mossad und der jordanischen Geheimpolizei Mukhabarat. Ihr gemeinsamer Feind waren die palästinensischen Terrororganisationen, und die Israelis konnten Hussein und seine Kabinettsminister vor PLO-Anschlägen warnen. Es waren nicht wenige.

Umgekehrt gewährte Jordaniens Mukhabarat dem Mossad einen Einblick in die Politik und die Absichten der gefährlichen radikalen Führer der arabischen Welt. Sie erzählten einander nicht alles, wobei vor allem die Israelis sehr darauf bedacht waren, ihre eigenen Agenten und Informanten nicht in Gefahr zu bringen. Aber hochrangige Offiziere der beiden Agenturen trafen häufig zusammen – auf beiden Ufern des Jordans und auf neutralem Boden in Europa. Im Mai 1975 trafen sich Hussein und Rabin an der Grenze auf der staubigen Arava-Ebene. Als der König im März 1977 mit einem Hubschrauber zu einem vom

Mossad geführten Gästehaus nördlich von Tel Aviv geflogen wurde, überwachte die Agentur die Gespräche mit versteckten Kameras und Mikrophonen. Die offiziellen Bänder und Akten liegen unter Verschluß im Archiv der israelischen Regierung. Sie werden selbstverständlich nie herausgegeben werden.

Der Mossad hatte auch das Privileg, einen weiteren geheimen Besuch Rabins in einem anderen Land zu arrangieren: Marokko. Rabin hoffte, die Pattsituation im Mittleren Osten aufbrechen zu können, nachdem feststand, daß Jordanien zumindest keinen offenen Friedensvertrag unterschreiben würde, andererseits aber die ägyptische Front etwas Dauerhafteres benötigte als ein bloßes Stillhalteabkommen der Streitkräfte.

1976 flog der Premierminister, der zur Tarnung eine Perücke trug, über Paris nach Rabat. Rabin bat König Hussein II., Präsident Sadat von Ägypten zu überreden, an den Verhandlungstisch zu kommen. Seine Initiative in Richtung Kairo brachte kein unmittelbares Ergebnis, aber die heimliche Zusammenarbeit zwischen Israel und Marokko wurde erneut gefestigt. Sowohl der Mossad als auch die CIA durften sich frei in Marokko bewegen, Kontakte mit anderen, möglicherweise nützlichen Arabern aufnehmen und Horchposten unterhalten, um Nordafrika elektronisch »im Auge zu behalten«. Ferner berieten sie den König und seine ranghöchsten Offiziere in Fragen der inneren Sicherheit.[207]

Auch vor der Öffentlichkeit waren Israels Diplomaten sehr fleißig: Sie arbeiteten mit Henry Kissinger und anderen amerikanischen Mittelsmännern daran, mit Ägypten und Syrien ein Truppenentflechtungsabkommen auszuarbeiten. Die konzertierte Aktion zwischen den USA und Israel beschränkte sich aber nicht nur auf die Diplomatie. Hinter der Szene ging es um sehr viel mehr. Israel, das Kissinger und der Nixon-Administration durch seine Zurückhaltung am Vorabend des Yom-Kippur-Krieges entgegengekommen war, wurde nun mit den modernsten Panzern, Flugzeugen und Raketen belohnt.

Das goldene Zeitalter der militärischen Zusammenarbeit hatte begonnen. Ermutigt durch Nixons Mitarbeiter – und später durch die Ford-Administration –, folgten amerikanische Firmen dem Vorbild ihrer Regierung, investierten in die israelische Industrie und gründeten gemeinsame Unternehmen zur Produktion von militärischen wie zivilen Gütern und Know-how.

Die Kontakte zwischen den Streitkräften der beiden Nationen vertieften sich, militärisches Personal nahm in beiderseitigem Interesse an Austauschprogrammen teil. Israel versorgte die USA durch die von ihm in den Kriegen gegen die Araber eroberten Waffen mit hervorragenden Informationen über den Stand der sowjetischen Technologie. Die Amerikaner untersuchten das gesamte Arsenal, entwickelten entsprechende Gegenwaffen und schickten diese dann zu Testzwecken nach Israel. Dazu gehörten Raketen, die Panzerplatten durchschlugen; Störvorrichtungen, um Radar- und Leitsysteme außer Funktion zu setzen, und verbesserte Bordcomputer für Kampfflugzeuge. Die militärischen Erfindungen der USA konnten so von israelischen Kampfeinheiten in echten Feuergefechten getestet werden.

Selbst als die USA unzweifelhaft zum Hauptverbündeten und Schutzpatron wurden, glitt Israel jedoch nach 1973 in eine Übergangsperiode, in der völlig unklar war, in welche Richtung sich die Beziehungen zu seinen arabischen Nachbarn entwickeln könnten. Das vergebliche Bemühen um einen Friedensvertrag, andererseits aber das Erreichen wenn auch bescheidener Truppenbeschränkungsabkommen spiegeln den latenten Zustand zwischen Krieg und Frieden während Rabins Amtszeit als Premierminister wider. Auch als er einen neuen Mossad-Chef ernannte, war dies für ihn keine Entscheidung über Leben oder Tod. Das Auswechseln der Wache bewirkte keinen großen Unterschied. Der eine Armeegeneral verließ seinen Posten, und ein neuer trat an seine Stelle.

Nach fünfjähriger Amtszeit verließ Zvi Zamir – wie sein Vorgänger Meir Amit – den Mossad ebenso farblos und unspektakulär, wie er seinen Posten angetreten hatte. Seine Zeit endete 1974. Sie war von zwei Mißerfolgen begleitet: dem Lillehammer-Desaster und dem Yom-Kippur-Krieg, wenngleich der letztere ihn nicht persönlich diskreditiert hatte.

Rabin bestimmte einen alten Bekannten zum Nachfolger: Generalmajor Yitzhak (Haka) Hofi. Seine Berufung weckte wieder die Erinnerung an das Versagen der Nachrichtendienste 1973. Hofi gehörte zu den wenigen, die auf ihr damaliges Verhalten stolz sein konnten. Er war als Kommandant des Truppenkommandos Nord wahrscheinlich der einzige General, der seine Vorgesetzten gedrängt hatte, auf die bedrohlichen syrischen Truppenbewegungen in der Woche vor dem Yom-Kippur-Krieg zu reagieren. Er hatte verlangt, daß seine Panzer- und Artillerieeinheiten verstärkt würden, aber seine Forderungen waren ignoriert worden. Während des Krieges kämpften Hofi und seine Soldaten mit viel Erfolg. Sie eroberten den Mount Hermon und die Golan-Höhen zurück und drangen sogar weiter nach Syrien ein.

1927 geboren, war Hofi der erste Sabra, der Mossad-Chef wurde. (Sabra, hebräisch für »Kaktusfrucht«, ist die Bezeichnung für die in Israel geborenen Bürger. Man behauptet, daß auch sie nach außen stachelig, innen aber süß seien.) Wie viele seiner Generation schloß sich Hofi den Spezialeinheiten der Palmach an, kämpfte im Unabhängigkeitskrieg 1948 und blieb später – wie Amit und Zamir – in der Armee. Als Fallschirmjäger-Kommandant war er vor dem Suezkrieg an mehreren waghalsigen Unternehmen der Israelis auf der Sinai-Halbinsel und im Gazastreifen beteiligt. Zehn Jahre später beteiligte er sich als Planungsoffizier an den Vorbereitungen zum Sechstagekrieg. Im Juli 1974 verließ der stämmige, rundgesichtige Hofi die Armee und verschwand ganz einfach. Die israelischen Behörden verweigerten jede Auskunft über seinen Verbleib. Der ehemalige Fallschirmjäger war im Hauptquartier des Mossad in Tel Aviv gelandet.[208]

Hofi war kein Geheimdienst-Genie, wurde aber von seinen Leuten stets respektiert. Er arbeitete hart und gewissenhaft. Seine guten Beziehungen zum Premierminister beruhten zu einem nicht geringen Teil darauf, daß er in jungen Jahren demselben Flügel der Arbeiterbewegung angehört hatte wie Yitzhak Rabin.

Während der Mossad weiterhin die traditionelle israelische Politik verfolgte, die feindlichen arabischen Staaten durch »periphere« Freunde einzukreisen, wurde es während Hofis Amtszeit immer deutlicher, daß es für Israel noch wichtiger war, sich mit den arabischen Nationen selbst zu verständigen. Zu Jordanien, Marokko und – mit Anfangskontakten – Ägypten sollte nun der Libanon kommen.

Dahinter stand immer noch der alte Gedanke einer peripheren Verbindung mit der maronitisch-christlichen Minderheit im Libanon. Aber die Aufnahme von Beziehungen in Beirut eröffnete dem Mossad zugleich eine zusätzliche Möglichkeit der Kommunikation mit der moslemischen Welt.

Zur gleichen Zeit verzahnte sich im Herzen Afrikas die Geheimdiplomatie des Mossad mit dem Krieg gegen den Terrorismus, der hier seinen Höhepunkt erreichte. Die heimlichen Verbindungen, die David Kimche und andere »Diplomaten« auf dem Kontinent geknüpft hatten, wurden eingesetzt, als am 27. Juni 1976 ein französisches Flugzeug auf der Route Tel Aviv – Paris nach Entebbe in Uganda entführt wurde. Die Israelis schienen sich zunächst in einer völlig hilflosen Situation zu befinden. Air-France-Flug 139 war kurz nach dem Start in Tel Aviv von zwei Mitgliedern der PFLP und zwei westdeutschen »Stadtguerillas« – Erben der bekannten Baader-Meinhoff-Bande – in ihre Gewalt gebracht worden.

Der französische Airbus hatte mehr als 250 Passagiere und die Besatzung an Bord, darunter mindestens 83 Israelis. Die schwerbewaffneten Entführer beschlossen, nur die Israelis und Juden gefangenzuhalten. Alle anderen Passagiere wurden freigelassen. Die Aussonderung, von der die Nachrichtendienst-Instrukteure in Frankreich durch die Freigelassenen erfuhren, brachte die normalerweise besonnenen Auswerter von Mossad und Aman in Rage. Es erinnerte sie an die Selektionen, die die Nazis unter den in Viehwagen in die Konzentrationslager transportierten jüdischen Opfern vorgenommen hatten.

Darüber hinaus waren die Mossad-Agenten verärgert, daß einer der schwarzafrikanischen Führer, den sie gefördert hatten, plötzlich die israelische Hand biß, die ihn fütterte. Zahlreiche afrikanische Nationen hatten Israel nach dem Yom-Kippur-Krieg die Freundschaft gekündigt. Dazu gehörte auch Präsident Idi Amin von Uganda, der erst drei Jahre zuvor mit Unterstützung israelischer Militärberater an die Macht gekommen war. Inzwischen hatte sich der verrückte Mörder – ein ehemaliger britischer Armee-Feldwebel und Boxer, der seine politischen Feinde den Krokodilen vorwerfen ließ – jedoch mit seiner doppelzüngigen Politik wieder der arabischen Welt zugewandt.

Da für Israel eine totale Kapitulation in Form der Freilassung von 40 verurteilten Terroristen, wie sie die Entführer forderten, nicht in Frage kam, gab es nur eine militärische Lösung – so schwierig diese auch sein würde. Am Abend des 3. Juli 1976 flog die Luftwaffe mehrere *Sayeret*-Kommandoeinheiten mehr als 2000 Meilen weit, um die Entführung zu beenden. Sie täuschten den Flughafen-Tower in Entebbe und landeten Herkules-Helikopter mit Soldaten, Waffen und einem Feldhospital, ohne irgendwelchen Lärm zu verursachen.

Ein paar Soldaten fuhren sogar in einem Duplikat von Amins schwarzem Mercedes vor, als das Überfallkommando die alte Flughafenhalle stürmte und innerhalb von Minuten sieben Terroristen erschoß. Drei weitere Mitglieder der mit Präsident Amins Einverständnis in Entebbe wiedererstarkten PFLP wurden vermutlich insgeheim von den Israelis gefangengenommen.[209] Mehr als 100 Passagiere wurden befreit, zwei jedoch starben im Kugelhagel der *Sayerets*. Oberstleutnant Yonatan Netanyahu, der Kommandant einer der Eliteeinheiten, war der einzige Tote auf seiten der Israelis. Er wurde von einem ugandischen Scharfschützen im Kontrollturm erschossen. Auch 45 ugandische Soldaten starben bei der Aktion.

Israels berühmter und spektakulärer Erfolg – ähnlich dem vier Jahre zuvor gegen die Entführer der Sabena-Maschine in Tel Aviv – wird noch heute mit einem Gedenktag gefeiert. Selbst in den USA überschatteten die Vorgänge in Entebbe an jenem 4. Juli beinahe die 200-Jahr-Feier.

Nicht in der Öffentlichkeit gefeiert, ja, bei den Freudenfeiern in Israel nicht einmal erwähnt wurde die exzellente Vorbereitung durch anonyme Mossad-Agenten. Als die Entführung des französischen Airbus bekannt wurde, hatte das israelische Kabinett seine Geheimdienste sofort angewiesen, irgendeine Antwort zu finden.

Der Mossad setzte sich umgehend mit Bruce Mackenzie in Verbindung. Dieser lebte als britischer Geschäftsmann und Farmer in Kenia, war ein guter Freund des Präsidenten Jomo Kenyatta und der einzige Weiße im kenianischen Kabinett. Mackenzie half seiner Wahlheimat bei der Organisation ihrer Verteidigung und Sicherheit und unterrichtete zugleich Englands MI 6 über die Ereignisse in Afrika. Auch den Israelis war er gut bekannt.

Als Ende Juni die Israelis in Entebbe von ihren Entführern festgehalten wurden, wandte sich der Mossad um Hilfe an Mackenzie. Dieser erreichte Präsident Kenyattas Zustimmung, daß der israelische Geheimdienst Kenia als Operationsbasis benutzen durfte. Innerhalb von Stunden flogen zehn Mossad- und Aman-Agenten nach Nairobi, richteten dort ein Planungszentrum ein und bereiteten damit den Boden für Dutzende von nachfolgenden Agenten des Geheimdienstes und der Armee vor. Die Israelis überschritten die Grenze in der Nähe von Entebbe teils als Geschäftsleute getarnt, teils ruderten sie in kleinen Booten über den Lake Victoria, um zunächst den Flughafen zu beobachten und Ein- und Ausgangsrouten aufzuzeichnen.

Kenia erlaubte ferner dem israelischen Lazarett-Flugzeug nach der erfolgreich durchgeführten Geiselbefreiung in Entebbe die Landung in Nairobi. Die heimliche, vom Mossad geknüpfte Beziehung zahlte sich für Israel mit dem Erfolg bei seiner Blitzaktion in Entebbe aus, mit dem es der Welt seine Fähigkeiten in der Bekämpfung des Terrorismus demonstrierte.

Der Erfolg in Entebbe bedeutete für die Geheimdienste drei Jahre nach ihrer Erniedrigung am Yom Kippur eine moralische Rückenstärkung. Ein einzelner spektakulärer Fall genügte jedoch nicht, um Yitzhak Rabin an der Macht zu halten. Im Mai 1977 entschieden sich die israelischen Wähler unerwartet gegen Rabin und seine Arbeiterpartei. Alle Fehlschläge und Skandale – von der Lavon-Affäre bis zum *Mechdal* von 1973, gewürzt mit finanzieller Korruption – holten die Arbeiterpartei nun nach einer ununterbrochenen Regierungszeit von 29 Jahren ein. Der rechtsgerichtete Likud-Block gewann die Wahl. Neuer Premierminister wurde Menachim Begin.

Wie viele andere Israelis waren auch die ranghohen Offiziere der Nachrichtendienste über den Sieg Begins schockiert. Die Geheimdienste hatten sich daran gewöhnt, mit den Spitzenpolitikern der Arbeiterpartei zusammenzuarbeiten. Die meisten ihrer Beamten kamen ohnehin aus dieser Partei. Und obgleich man von den Agenten ein überparteiliches Verhalten erwartete, hatten die Chefs über die Jahre hinweg persönliche, ja fast vertrauliche Beziehungen zu ihren politischen Vorgesetzten entwickelt.

Jetzt machten sich Unsicherheit und Angst breit, daß die Machtgier des Likud, die man ihm nach mehr als drei Jahrzehnten im politischen Abseits als selbstverständlich unterstellte, zu Entlassungen in der Beamtenschaft führen könnte. Die Befürchtungen waren nicht unbegründet, denn es gab durchaus Likud-Führer, die Begin zu einer Säuberung drängten.

Mossad-Chef »Haka« Hofi und Shin-Bet-Chef Avraham Ahituv richteten fast gleichlautende Schreiben an den neuen Premierminister: Falls er es wünsche, würden sie zurücktreten. Obgleich beide Beamte und damit nicht ohne weiteres absetzbar waren, erkannten sie doch das Recht des neuen Präsidenten an, ihre sensitiven Posten mit seinen eigenen Leuten zu besetzen. Begin forderte sie jedoch auf, zu bleiben. Er wollte keine unnötige Unruhe oder Unzufriedenheit in den Regierungsagenturen verursachen. Im Gegenteil bemühte er sich sehr schnell um enge Beziehungen zu Hofi und Ahituv. Die beiden Männer, besonders der Mossad-Chef, wurden häufig im Privatbüro des Premierministers gesehen.

Begin war von den geheimen Operationen des Mossad fasziniert, die ihn offensichtlich an seine eigene Vergangenheit als Führer der Irgun in den 40er Jahren erinnerten. Mit fast jungenhafter Begeisterung forderte er Hofi immer wieder auf, ihm »alles« zu erzählen und keine Einzelheit auszulassen. Hofi bewies dabei große Geduld, obgleich ihn gelegentlich Begins Unkenntnis in geheimdienstlichen und militärischen Dingen erstaunte. Aber als absoluter Outsider seit 1948 hatte der Likud-Führer ganz einfach nicht die Hintergrundinformationen erhalten wie die Insider der Arbeiterpartei. Nach Hofis Worten zwang Begins Nichtwissen ihn und den Aman-Chef, bei ihren Ausführungen sehr ins Detail zu gehen, um ihm ein vollständiges Bild zu liefern.[210]

Begin fand großen Spaß daran, neuer Chef der Geheimdienste zu sein. Sein Interesse hatte aber noch andere Gründe. Er hatte den Ehrgeiz, die Geschichte zu verändern, und dabei sollten ihm die Nachrichtendienste helfen. Für seine ersten Amtsjahre hatte er sich ganz bestimmte Ziele gesetzt. Seine politischen Gegner in der Arbeiterpartei hatten aus ihm einen Dämon gemacht, einen »araberfressenden« Satan und Kriegshetzer, der Israel binnen kurzem in einen schlimmen Konflikt mit seinen Nachbarn stürzen würde.

Begin war sich dieses Image-Problems bewußt und versuchte mit aller Macht das Gegenteil zu beweisen: Er wollte ein großer Friedensstifter sein. Ein Schritt in diese Richtung war, daß er Moshe Dayan – einen treuen Anhänger der Arbeiterpartei – zu seinem Außenminister ernannte. Darüber hinaus entsandte er Hofi nach Marokko.

Bereits wenige Wochen nach Begins Amtsantritt kamen der Mossad-Chef und sein Assistent David Kimche in König Hassans abgelegenem Ifran-Palast an. Der neue Premierminister hoffte zu erreichen, was Rabin ein Jahr zuvor bei seinem Besuch in Marokko nicht geglückt war: Frieden zu schließen mit Israels erbittertstem Feind, Ägypten. Hofi hatte Hassans Zusage erhalten, den Gastgeber für eine einzigartige Begegnung zu spielen: Der in der gesamten arabischen Welt gehaßte und gefürchtete Mossad-Chef wollte sich in Marokko mit hochrangigen Ägyptern treffen, um den Weg für zukünftige Verhandlungen zu ebnen.

Am selben Tag kamen zwei hohe ägyptische Beamte in Marokko an: General Kamal Hassan Ali, der Chef des ägyptischen Geheimdienstes, und Hassan Tohami, der religiöse stellvertretende Ministerpräsident, den man gelegentlich wegen seiner spirituellen Visionen belächelte, aber im stillen respektierte, weil er in den 50er Jahren der Vertraute Nassers und dessen Verbindungsoffizier zur CIA gewesen war. Jahre später erinnerte sich General Ali, wie ihm Präsident Sadat telefonisch mitgeteilt hatte, daß er mit Tohami ins Ausland fliegen sollte, ohne ihm zu sagen, worum es ging. Auch Tohami habe sich während des ganzen Fluges ausgeschwiegen. Ali wußte nur, daß es nach Marokko ging.

Die Ägypter betraten den Ifran-Palast und begrüßten zwei fremde Männer, aber wiederum erfuhr Ali nicht, wer sie waren. Er war einigermaßen erstaunt, als Tohami ihn anschließend aus dem Zimmer schickte. Ali, der offiziell für den ägyptischen Auslandsgeheimdienst zuständig war, hatte keine Ahnung, was seine eigene Regierung vor seinen Augen tat – während der König von Marokko Bescheid wußte.

Nach Beendigung des Treffens wandte sich Ali verärgert an Tohami und sagte ihm, er wäre nicht mitgekommen, wenn er gewußt hätte, daß man ihn von den Gesprächen ausschließen würde. Tohami erwiderte, die beiden Fremden seien Franzosen gewesen, und es sei um Waffengeschäfte gegangen.

Dies verletzte Ali noch mehr: »Ich bin Offizier. Es besteht absolut kein Grund, daß ich an solchen Gesprächen nicht teilnehmen sollte.« Bei ihrer Rückkehr nach Ägypten beschwerte sich Ali auch bei Sadat über Tohamis Geheimniskrämerei. »Der Präsident lachte, wie ich es noch nie erlebt hatte«, erinnerte sich Ali, »und dann enthüllte er mir den wahren Grund der Reise.«[211]

Hofis Aufgabe bestand darin, die Ägypter davon zu überzeugen, daß Begin ernsthaft Frieden wollte und stark genug war, ihn durchzusetzen. Hofi und Tohami waren sich einig, daß weitere geheime Treffen stattfinden sollten. Am 16. September 1977 flog Tohami abermals nach Marokko, um diesmal mit Moshe Dayan zu reden – dem neuen israelischen Außenminister und gefürchteten General, der in der arabischen Welt als lebendes Symbol für Israels militärische Überlegenheit galt.[212]

Dayan – unterstützt von Kimche – vermittelte Tohami den Eindruck, daß Israel als Gegenleistung für einen Friedensvertrag bereit sei, sich völlig von der Sinai-Halbinsel zurückzuziehen und Ägypten sogar die wertvollen Ölfelder, Flugplätze und Siedlungen dort zu überlassen. Damit hatte niemand gerechnet, da Begin im Ruf eines unnachgiebigen Ultranationalisten stand. Jenes Treffen in Marokko ebnete den Weg für den historischen Besuch Präsident Sadats in Jerusalem nur zwei Monate später.

Obgleich die israelischen Geheimdienstchefs von Anfang an an den Friedensverhandlungen mit Ägypten beteiligt wurden, waren sie hinsichtlich des Erfolgs skeptisch. Hofi hatte auch nach seiner Rückkehr aus Rabat erhebliche Zweifel an den wahren Absichten des unberechenbaren ägyptischen Präsidenten.

Auch Amans jährlicher National Intelligence Estimate prophezeite, daß Sadat weiterhin auf Krieg setzen werde – nicht auf Frieden. Amans Auswerter verteidigten sich später damit, daß sie die persönliche Entscheidung eines einzelnen Mannes nicht hätten voraussehen können. In einem solchen Fall habe der Geheimdienst zuwenig in der Hand. Sadat »traf eine Entscheidung, über die niemals vorher auf irgendeinem Forum der Spitzenfunktionäre in Kairo gesprochen oder ein Beschluß gefaßt worden war«, meinte Aman-Chef General Gazit als Entschuldigung dafür, daß sich seine Agentur wieder einmal hatte überraschen lassen – vom Frieden.[213]

Noch als sich Ägyptens Präsident schon auf seine kurze, aber bedeutsame Reise zum Ben-Gurion-Flughafen vorbereitete, warnte Aman den Generalstabschef, Generalleutnant Mordecai Gur, daß Sadats Maschine nur ein Ablenkungsmanöver für einen militärischen Angriff sein könne. So wurde die israelische Armee am Abend des 19. November 1977, einem Sonnabend, mit dem Ende des Sabbat in Alarmbereitschaft versetzt.[214]

General Gur verunsicherte sogar Begin, indem er öffentlich seine Zweifel an Sadat äußerte und betonte, daß Israel zum Kampf bereit sei. Sadat ließ sich dadurch nicht aus der Ruhe bringen. Kaum war er auf dem Ben-Gurion-Flughafen die Stufen seines Flugzeugs hinabgestiegen, als er Gur die Hand schüttelte und mit einem Lächeln feststellte: »Ich will Frieden, nicht Krieg.«

Aman war eingedenk seines Versagens 1973 bis zur letzten Sekunde übervorsichtig. Gelähmt durch ihre Kriegsneurose und die Angst vor einem abermaligen Versäumnis, waren die Abwehroffiziere nahezu paranoid. Jetzt sahen sie den Krieg hinter jeder Tür. Glücklicherweise wurde hieraus kein neues »Konzept«.

Im Gegenteil, das Konzept bestand nun darin, kein »Konzept« zu haben. Statt eines übertriebenen Vertrauens auf den Sieg führte die neue Psychologie zu einer »Schlimmstenfalls«-Analyse in allen Dingen. Die nackten Tatsachen wurden jedoch klarer gesehen als 1973. Man begeisterte sich neuerdings für militärische Fernbeobachtungen, wobei man sich modernster Techniken bediente wie unbemannter Flugkörper, die Fernseh-Liveaufnahmen von der anderen Seite der feindlichen Linien lieferten.

Drei Jahre später, nachdem der Friedensvertrag in Camp David unterzeichnet worden war, spielte sich am Rande eines weiteren Sadat-Besuches in Israel eine seltsame Szene ab. 1980 war die ägyptische Führung zu Gast in Haifa, und Tohami wartete mit den übrigen Gästen vor dem Festsaal. Knapp zwei Meter von ihm entfernt standen Hofi und seine Frau. Tohami und Hofi taten so, als kennten sie sich nicht – kein Händedruck, nicht einmal ein Kopfnicken.

11. Zum Nutzen der Juden

»Yehiel, bitte sagen Sie Harry Hurwitz, er möchte mal rüberkommen«, bat der Premierminister im Juli 1977 seinen pflichtbewußten politischen Sekretär Yehiel Kadishai. Menachim Begin hatte sich als Führer Israels entschlossen, Fürsprecher des jüdischen Volkes in aller Welt zu werden.

Kadishai, ein gewandter Gesellschafter und leicht an seinem weißen Haar und den dunkel gerahmten dicken Brillengläsern zu erkennen, war bereits seit ihrer gemeinsamen Zeit in der Irgun Begins Privatsekretär. Gemeinsam hatten sie die lange Zeit der Ohnmacht im Kampf der Opposition gegen eine ununterbrochene Kette von der Arbeiterpartei geführter Regierungen durchgestanden. Nachdem sie endlich die allgemeinen Wahlen gewonnen hatten, waren Begin und seine Anhänger mehr als darauf erpicht, aktiv zu werden.

Kadishai nahm den Hörer des internen Telefons ab, wählte den Nebenanschluß 211 und bat Hurwitz, sofort ins Büro des Premierministers zu kommen. In der kurzen Zeit, in der der in Südafrika geborene, dunkelhaarige, bebrillte, stämmige Hurwitz für Begin als Berater in jüdischen Angelegenheiten arbeitete, hatte er gelernt, seinen Chef zu durchschauen. Begin bat ihn nur selten in sein Büro – eigentlich nur, wenn er Hurwitz' Unterstützung bei der Abfassung von Briefen und sensitiven Dokumenten in Englisch benötigte.

Obgleich Begin in Polen geboren und aufgewachsen war, hatte er wenig Schwierigkeiten mit der englischen Sprache. Er hörte täglich den BBC World Service – der private Tribut eines Mannes, den die Briten während ihres Mandats über Palästina als Terroristen gesucht hatten. Begin bewunderte England und wollte, daß Israel dessen Demokratie übernahm. Dennoch, wenn es ihm auf besondere Eloquenz ankam, wandte sich Begin an Hurwitz.

Der Berater eilte an mehreren Shin-Bet-Leibwächtern vorbei in den rund um die Uhr bewachten Sicherheitstrakt. »Harry«, begrüßte ihn der Premierminister bei seinem Eintritt, »ich möchte Sie bitten, einen Brief zu schreiben, der nicht nur wichtig ist, sondern mir auch sehr am Herzen liegt.« Der Brief war an den neuen marxistischen Präsidenten von Äthiopien gerichtet,

Oberst Mengistu Haile Mariam. Mit ausgesprochen höflichen Worten bat Begin Mengistu, den in Äthiopien lebenden Juden die Ausreise nach Israel zu erlauben. Begin kleidete seine Anfrage in die Form einer humanitären Bitte an den Führer des »Provisional Military Administrative Council« in Addis Abeba. 1974 hatte die Armee Israels alten Verbündeten, Kaiser Haile Selassie, gestürzt.[215]

Begin glaubte, daß sich eine Möglichkeit eröffnete, sein spezielles Interesse an der Befreiung der Juden in aller Welt zu verfolgen. Oberst Mengistu hatte Jerusalem gerade gebeten, die israelischen Waffenverkäufe an Äthiopien wieder aufzunehmen. Der marxistische Führer hatte über geheime Kanäle ferner seiner Hoffnung Ausdruck gegeben, Israel könne die USA überzeugen, ihn in seinen Kämpfen gegen das Nachbarland Somalia sowie gegen die Rebellen der Eritrean Liberation Front zu unterstützen.

Bei seinem ersten Besuch als Premierminister in Washington im Juli 1977 hatten Begin und Präsident Jimmy Carter vor allem über Äthiopien gesprochen. Es war jedoch nicht um Waffen oder Kriege in Afrika gegangen. Begin bemühte sich vielmehr, Carters Sympathie zu wecken für die Sehnsucht der äthiopischen Juden, ihren alten Traum von der Rückkehr in das Land ihrer Vorväter zu verwirklichen.[216]

In Afrika, aber auch in anderen Teilen der Welt bewirkte die Regierung Begin einen ganz wesentlichen Wandel in Israels Haltung zur jüdischen Diaspora – zu der Mehrheit der in alle Welt verstreuten Juden, die außerhalb der biblischen Heimat ihres Volkes lebten.

Der Premierminister ließ den Mossad-Chef Yitzhak Hofi und Nehemiah Levanon kommen, den neuen Leiter des Liaison Bureau, bei dem alle Bemühungen Israels zusammenliefen, den sowjetischen Juden das Ausreiserecht zu erkämpfen. Begin machte ihnen klar, daß er die Immigration nach Israel für ebenso wichtig halte wie den Frieden mit Ägypten, die Bekämpfung des Terrorismus oder das Erstellen militärischer Beurteilungen – Aufgaben, die normalerweise die höchste Priorität innerhalb des Nachrichtendienstes hatten.

Levanon hatte im März 1970 Shaul Avigur als Direktor des Liaison Bureau abgelöst und war damit in die großen Fußstapfen eines der Gründungsväter des israelischen Nachrichtendienstes getreten. Avigur war 1934 Mitbegründer von Shai gewesen, dem vorstaatlichen Geheimdienst, und hatte sich nun mit über 70 Jahren aus Gesundheitsgründen zurückgezogen, nachdem er lange einen heimlichen Kampf für die sowjetischen Juden geführt hatte. Der neue Leiter des Bureau hatte dort – wie zuvor schon bei Aliyah B – für Avigur gearbeitet. In den 50er Jahren war er als Diplomat in Moskau stationiert gewesen, aber von den Sowjets wegen heimlicher Kontakte zu den dortigen Juden ausgewiesen worden. Unter anderem hatte er der in Rußland lebenden Schwester eines israelischen Kabinettsmitgliedes einen Brief überbracht. Die unglückliche Frau wurde deswegen zu drei Jahren Gefängnis verurteilt. Zwei weitere israelische Diplomaten wurden in ähnlichen Fällen zur Persona non grata erklärt.[217]

Levanon kehrte nach Israel zurück und arbeitete im Hauptquartier des Liaison Bureau in Tel Aviv. Später wurde er an die israelische Botschaft in Washington versetzt, wo er sich um die jüdischen Angelegenheiten kümmerte – hauptsächlich, um sich bei amerikanischen Politikern und Beamten für eine jüdische Auswanderung aus der UdSSR einzusetzen. Die Kontakte mit den russischen Juden wurden erheblich erschwert, als die Sowjets 1967 ihre Beziehungen zu Israel abbrachen. Die Israelis hatten von da an in Moskau keine Botschaft mehr, die als Tarnung hätte dienen können.

Levanon und sein Liaison Bureau verrichteten ihre Arbeit möglichst in aller Stille. In Israel und in der Diaspora lehnten jedoch zahlreiche militante Organisationen ein solches verdecktes Vorgehen ab und verlangten statt dessen nach lautstarken Aktionen »zur Befreiung der sowjetischen Juden«. Diese Gruppen zwangen die israelische Regierung schließlich, ihre Politik zu ändern und sich der öffentlichen Kampagne anzuschließen.

Zur gleichen Zeit begannen die USA und die UdSSR erstmals eine Phase der Entspannung. Der sowjetische Parteichef Leonid Breschnew erlaubte – unter dem Druck der USA – ungefähr 250 000 Juden, das Land zu verlassen; zwei Drittel davon gingen nach Israel.

Die zunehmende Immigration zwang das Liaison Bureau zu expandieren. An mehreren Botschaften in Europa wurden zusätzlich Konsulate eingerichtet. Ferner entsandte man Verbindungspersonal, um die Beziehungen zu den jüdischen Organisationen in aller Welt zu pflegen. Ausländischen Juden, die die Sowjetunion besuchten, bot man eine kurze Einführung durch spezielle israelische Diplomaten an, die ihnen detailliert erklärten, was sie tun beziehungsweise nicht tun sollten. Man sagte ihnen, mit welchen Juden sie sich treffen, wem sie aus dem Weg gehen und wie sie sich verhalten sollten, falls sie von den Behörden festgehalten würden.[218]

Levanon und Mossad-Chef Hofi, die bei dem großen Immigrationsprojekt eng zusammenarbeiteten, waren sich bewußt, daß Israels Geheimagenten stets an der jüdischen Frage beteiligt gewesen waren. Aber sie wußten auch, daß Premierminister Begin mehr wollte.

Israel betrachtet sich selbst als die nationale und natürliche Heimat des gesamten jüdischen Volkes sowie als Zuflucht für jeden einzelnen Juden, wo immer er oder sie auch sein mag. Diese klare und eindeutige Ideologie ist die Basis der zionistischen Bewegung seit ihrer Gründung.

Hinter dieser Doktrin steckt ein nationales Selbstinteresse. Wegen seiner problematischen demographischen Struktur, umgeben von einer weit zahlreicheren arabischen Bevölkerung, braucht Israel ständig neue Einwanderer. Sie dienen nicht nur als menschliches Reservoir, sondern gleichermaßen als Rechtfertigung für die Existenz des Staates.

Israel fühlt daher eine Verpflichtung, allen notleidenden Juden oder jüdischen Gemeinden zu helfen. Dieses Verantwortungsgefühl ist in besonderem Maß bei den Geheimdiensten verbreitet. Wenn Israel glaubt, daß es irgendwo jüdische Probleme gibt, wird aus seinem Geheimdienst ein »jüdischer Geheimdienst«.

Israels Politik bekennt sich offen – wenngleich nicht uneingeschränkt – dazu, daß alles unternommen werden muß, die jüdischen Gemeinden im Ausland zu schützen oder sie als Einwanderer in den jüdischen Staat zu holen. Das sollte vorzugsweise, wenn auch nicht notwendig, offen und mit legalen Mitteln geschehen. Wo dies nicht möglich war, haben zionistische Organisationen und Israel selbst bislang selten gezögert, auch zu illegalen Mitteln zu greifen. Auf entsprechenden Überlegungen beruhte die Tätigkeit von Aliyah B und die massive jüdische Einwanderungswelle aus dem Jemen, dem Irak und den Ländern des Sowjetblocks in den ersten Jahren Israels.

Begin stand voll hinter der Arbeit des Liaison Bureau, hätte aber eine sehr viel offenere und sichtbarere Kampagne dem unauffälligen Taktieren Levanons vorgezogen. Der Premierminister hielt massive Kundgebungen und Petitionen für notwendig, die lautstark Freiheit für die sowjetischen Juden forderten, zumal Ende der 70er Jahre die Zahl der Juden, die aus Rußland ausreisen durften, wegen der Verschlechterung der Beziehungen zwischen den USA und dem Kreml drastisch zurückging.

Nach einem Jahrzehnt als Leiter des Liaison Bureau wurde Levanon von Yehuda Lapidot abgelöst. Begin hatte schließlich doch den Forderungen seiner Spitzenberater nachgegeben und ein Mitglied des Likud mit der kniffligen Aufgabe der heimlichen Immigration betreut. Lapidot verfügte nicht über die Erfahrungen des »jüdischen Geheimdienstes« wie Levanon oder Avigur vor ihm, aber der neue Bureau-Chef war Mitglied der kompromißlosen Irgun-Miliz gewesen, die Begin vor der Unabhängigkeit Israels geführt hatte. Im April 1948 hatte Lapidot als zweiter Mann an der Ermordung von mehr als 200 arabischen Zivilisten in der Ortschaft Deir Yassin nahe Jerusalem teilgenommen, das die Welt als Massaker verurteilte, Begin aber als notwendige militärische Aktion gerechtfertigt hatte. Doch statt sich beschämt zurückzuziehen, machte Lapidot als talentierter Biochemiker an der Hebrew University Karriere.

Viele Diplomaten und Geheimdienst-Mitarbeiter verstanden nicht, warum der unerfahrene Lapidot Chef des Liaison Bureau wurde. Er und Begin verstanden sich jedoch hervorragend. Die Arbeit des Bureau verlief sehr viel glatter, zumal Lapidot gern Begins Wünschen entgegenkam und seine Kampagne für die sowjetischen Juden in aller Öffentlichkeit führte.

Das Bureau verlieh den Titel »Gefangener von Zion« jedem sowjetischen Juden, der aktiv die zionistische Bewegung, die jüdische Kultur oder beides unterstützte und deswegen ins Gefängnis kam. Die Israelis unterschieden sehr genau zwischen Juden, die lediglich als Dissidenten für sowjetische Menschenrechte eintraten, und aktiven Zionisten, die für ihre Liebe zu Israel litten.

Wenn offizielle »Gefangene von Zion« Verwandte außerhalb Rußlands hatten, kam es vor, daß man sie auf weite Reisen ins Ausland schickte, wo sie mit ausländischen Würdenträgern und der internationalen Presse sprachen – und für eine freie Ausreise der Juden aus der Sowjetunion eintraten. Die israelische Regierung übernahm sämtliche Kosten, entweder über das Liaison Bureau oder den Public Council for Soviet Jewry.

Anatoli (Natan) Schatscharansky, der berühmteste »Gefangene von Zion«, hatte diesen Titel zunächst gar nicht verdient. Er wurde Ende der 70er Jahre in der UdSSR wegen Spionage für die CIA inhaftiert und galt als aktiver Streiter für die Menschenrechte im allgemeinen. Erst später wurde er zum Zionisten und zum lebenden Symbol für den gemeinsamen israelisch-jüdischen Kampf um das Auswanderungsrecht der sowjetischen Juden. 1986 kam Schatscharansky im Rahmen eines Austausches von Spionen aus dem Gefängnis frei und konnte nach Israel ausreisen.

Erst mit der Wahl Michail Gorbatschows zum Generalsekretär der Kommunistischen Partei und seiner Politik der *Glasnost* verringerte sich ab 1985 ganz allmählich die Notwendigkeit für den Kampf um die Möglichkeit der Ausreise. Inzwischen schätzt man, daß etwa eine halbe Million sowjetischer Juden in den frühen 90er Jahren nach Israel auswandern werden.

Der Druck der arabischen Staaten und die Bedrohung durch islamische Terroristen zwangen den israelischen Militärzensor, die exakten Zahlen der Einwanderer und die Wege, auf denen sie kamen, zu verschleiern. Das Liaison Bureau, das mit den israelischen Diplomaten der wiedereröffneten Botschaft in Moskau zusammenarbeitete, war an der Planung beteiligt. Shin Bet sorgte für die Sicherheit an den europäischen Transitpunkten.

Mit dieser neuen Einwanderungswelle tauchte auch das alte Problem wieder auf, mit dem Shin Bet bereits in den frühen 50er Jahren fertig werden mußte: die Angst, daß die UdSSR die Gelegenheit ergriff, Geheimagenten nach Israel einzuschleusen, und die Flut der Juden als Sprungbrett benutzte, um kommunistische Spione in den Westen abzusetzen.

Daß dies geschah, wurde von Ilya Grigorovich bestätigt, einem ranghohen KGB-Offizier, der in den Westen überlief. Er erzählte 1981 den britischen Vernehmungsoffizieren, daß die sowjetische Geheimpolizei die Liste aller auswanderungswilligen Juden nach möglichen Spionen für Mütterchen Rußland überprüfte. Wer angeworben wurde, bekam Befehl, sofort Informationen nach Moskau zurückzusenden. Andere wurden als »Schläfer« stationiert, die ein paar Jahre nichts taten und dann von den sowjetischen Führungsoffizieren »geweckt« wurden.

Der KGB richtete sogar eine Spezialabteilung ein zur Anwerbung, Ausbildung und Führung jüdischer Spione.[219] Aber der KGB machte die Erfahrung, daß viele seiner neuen Agenten den Dienst verweigerten, sobald sie in Israel waren.

Eine zusätzliche Bestätigung über das Ausmaß der sowjetischen Bemühungen, Israel zu unterwandern, lieferte 1982 der Spionageprozeß gegen Hugh George Hambleton, einen kanadischen Professor für Wirtschaftswissenschaften und Agenten des KGB. Sein Fall ging durch die englischen Zeitungen als die Geschichte eines Mannes, der als Spion des Kreml im NATO-Verbindungsbüro gearbeitet hatte. Mit Israel schien das Ganze zunächst nichts zu tun zu haben. Daß dennoch eine Verbindung bestand, kam nur durch einen Zufall heraus.

Wenige Minuten bevor man Hambleton in den Court Number One in Londons historischem Old Bailey brachte, ging dort der Prozeß gegen Rhona Ritchie zu Ende, an dem zahlreiche israelische Journalisten als Zuhörer teilgenommen hatten. Sie war eine große, attraktive englische Diplomatin, deren Karriere während ihrer Stationierung in Tel Aviv ein unehrenhaftes Ende gefunden hatte.

Rhona Ritchie trat im August 1979 ins britische Außenministerium ein und fand dort den für eine mehrsprachige Schottin idealen Posten. In London lernte sie die Kunst der Diplomatie und bekam im Juli 1981 ihren ersten Auslandsposten als Presseattaché an der englischen Botschaft in Tel Aviv. Drei Wochen später wurde sie zu einer diplomatischen Cocktailparty in die dortige ägyptische Botschaft eingeladen, die nach dem Friedensvertrag von 1979 wieder eröffnet worden war.

Die Begegnung mit einem dunklen, gutaussehenden jungen Mann wurde Rhona Ritchie zum Verhängnis. Auf den ersten Blick verliebte sie sich in Rifaat al-Ansari, den Zweiten Sekretär des ägyptischen Konsulats. Der israelische Nachrichtendienst brauchte sich nicht groß anzustrengen, um die Verbindung zwischen ihnen zu entdecken. Die beiden Liebenden versuchten gar nicht, ihre Beziehung zu verbergen. Man sah sie zusammen auf Dutzenden von diplomatischen Empfängen oder auch bei intimen Abendessen in einem kleinen Restaurant in der Yirmiyahu Street im Norden von Tel Aviv.

Das Ergebnis: Die junge Schottin gab nicht nur dem Drängen ihres ägyptischen Liebhabers nach, sondern erfüllte auch seine

Bitte nach geheimen Telex-Informationen, die sie von der Botschaft in London erhielt.

Ende November übergab sie Ansari ein höchst geheimes Dokument, das Einzelheiten über den bevorstehenden Besuch des Sekretärs des englischen Außenministeriums, Lord Peter Carrington, im Mittleren Osten enthielt. Falls diese Information in die falschen Hände gelangte – zum Beispiel die einer Terroristengruppe –, konnte Carringtons Leben in Gefahr geraten.

Shin Bet hatte sie überwacht und beschlossen, die gefährliche Romanze zu beenden, bevor es zu spät war. Die Israelis schickten den Engländern einen detaillierten Bericht. Rhona Ritchie wurde in geschäftlichen Angelegenheiten nach London beordert und verhaftet.

Sie gab ihre Schuld zu, zeigte sich reuevoll und arbeitete mit ihren Vernehmungsoffizieren zusammen. Ihr Prozeß in Old Bailey endete am 29. November 1982 mit einer Bewährungsstrafe. Der Ankläger, Sir Michael Havers, erklärte: »Ich räume ein, daß das Verhalten der Angeklagten eher dumm als verbrecherisch war. Sie ließ sich derart von ihren Gefühlen hinreißen, daß sie ihm Einblick in geheime Telegramme gewährte.«

Für Rhona Ritchie brach eine Welt zusammen, als sie entdeckte, daß ihr Liebhaber in Kairo Frau und Kinder hatte. In Wahrheit war Ansari, wie die Israelis den Engländern mitteilten, ein Offizier des Geheimdienstes, der sein gutes Aussehen als Mittel zum Zweck benutzte. Englands Sensationspresse hatte ihren großen Tag und brachte Schlagzeilen wie JUNGFRÄULICHE DIPLOMATIN VON KAIROER ROMEO BETROGEN oder DER DON JUAN VOM NIL.[220]

Auch israelische Reporter in London waren von dieser würzigen Mischung aus Sex und Spionage fasziniert, nahmen lebhaft am Prozeß teil und berichteten darüber in ihren Zeitungen. Als Rhona Ritchie nach ihrer Verurteilung den Gerichtssaal verließ, sahen sie zufällig, wie ein weiterer Verräter auf der Anklagebank Platz nahm. Die Reporter hörten noch ein wenig zu und waren sehr bald froh, daß sie geblieben waren. Es kam außerordentlich selten vor, daß vor Englands höchstem Kriminalgericht nacheinander zwei Fälle behandelt wurden, die eine Verbindung zu Israel hatten. Es stellte sich nämlich heraus, daß auch Hugh Hambleton im jüdischen Staat spioniert hatte.

Der KGB hatte den Professor, der sowohl die kanadische als

auch die englische Staatsbürgerschaft besaß, Ende der 40er Jahre rekrutiert. Für die Sowjets wurde er besonders wertvoll, als er eine Stelle als Wirtschaftsberater bei der NATO in Paris erhielt. Die englische Staatsanwaltschaft stellte fest, daß der Professor die Interessen des Westens »außerordentlich schwer geschädigt« hatte.

Zum Beweis dafür, wieviel Hambleton den Russen wert war, mag genügen, daß Juri Andropow, der Chef des KGB und spätere Präsident der UdSSR, ihn persönlich nach Moskau einlud. Auf einem Festbankett diskutierten sie Verteidigungs- und Spezialaufgaben, die der Professor übernommen hatte – bemerkenswerterweise in Israel.

Bei seiner Vernehmung in Old Bailey brach Hambleton zusammen, erklärte sich für schuldig und wurde zu zehn Jahren Gefängnis verurteilt. Er gab zu, Israel 1970, 1975 und 1978 besucht zu haben, und zwar auf Kosten der Sowjets. Er führte einige legale wirtschaftliche Untersuchungen durch, hatte aber vom KGB außerdem eine Menge Extrahausarbeiten mitbekommen. Während seines ersten Besuches bekam Hambleton von seinem sowjetischen Führungsoffizier in Österreich, einem gewissen »Paul«, den Auftrag, herauszufinden, ob Israel Atombomben besaß und wie intensiv seine Beziehungen zu Südafrika waren.

Ferner verlangte man von Hambleton Berichte über sein eigenes Fachgebiet: die Wirtschaft. »Paul« wollte von ihm Einzelheiten über die Kosten wissen, die einen jüdischen Immigranten in Israel erwarteten: Kosten für die Erziehung, die Gründung eines neuen Unternehmens, für den Erwerb einer Wohnung und ähnliches mehr. Wie der gefangene Spion den Vernehmungsoffizieren der MI 5 erzählte, war ihm klar, daß er damit den Weg für das Einschleusen sowjetischer Agenten nach Israel ebnen sollte.[221]

Es läßt sich unschwer feststellen, inwieweit Hambletons Bericht über die Möglichkeit der Plazierung von Spionen den KGB beeinflußt hat. Aber am 10. Januar 1988 stellte sich heraus, daß zumindest einer seiner Agenten als russischer Immigrant ins Land gekommen war und im jüdischen Staat spioniert hatte.

Der Mann war Shabtai Kalmanovitch. An eben jenem Januartag wurde er vor dem Tel Aviver Landesgericht wegen Spionage für Rußland angeklagt. Drei Wochen zuvor war er bei der Rückkehr von einer Reise nach Osteuropa von Shin Bet verhaftet worden.

Als Kalmanovitch 1971 zum erstenmal von der UdSSR nach Israel fuhr, war er 23 Jahre alt und bereits vom KGB rekrutiert worden. Sein Führungsoffizier hatte ihm befohlen, sich Zugang zur höchsten Gesellschaftsschicht zu verschaffen, sich eine starke wirtschaftliche Basis aufzubauen und sich mit politischen und militärischen Funktionären anzufreunden. Mit sowjetischem Geld erwarb er sich den Ruf eines internationalen Geschäftsmannes. Seine finanziellen Interessen reichten von Monte Carlo bis Afrika.

Die verführerische Macht des Reichtums ermöglichte ihm viele einflußreiche Freunde in der israelischen Armee und Regierung. Einer davon war General Dov Tamari, ehemaliger Kommandant einer Elite-*Sayeret*. Er lud Tamari ein, auf seine Kosten als Berater in Sicherheitsfragen nach Sierra Leone zu reisen.

Kalmanovitch stellte indes weitere Beziehungen zu hochrangigen Politikern her. Zuerst wurde er Berater des exzentrischen Parlamentariers Samuel Flatto-Sharon, der vor einem Kriminalprozeß aus Frankreich geflohen war. Der Posten sicherte ihm einen wertvollen Knesset-Paß. Dann half er Flatto-Sharon und dem New Yorker Kongreßabgeordneten Benjamin Gilman, gemeinsam mit dem Ost-Berliner Rechtsanwalt Wolfgang Vogel einen bizarren internationalen Gefangenenaustausch zu arrangieren, bei dem es um einen Amerikaner in Ostdeutschland, einen Israeli in Moçambique und einen Russen in Pennsylvania ging.

Auf seiner Jagd nach noch »größeren Fischen« lud Kalmanovitch Kabinettsminister zu verschwenderischen Partys und geschäftlichen Empfängen in seine prunkvolle Villa nach Tel Aviv ein. Viele seiner Nachbarn bekleideten hochrangige Posten im Nachrichtendienst. Er brüstete sich sogar damit, daß auch Golda Meirs Tür für ihn offenstand.

Kurze Zeit arbeitete Kalmanovitch auch für die Osteuropa-Abteilung der israelischen Arbeiterpartei. Seine Aufgabe bestand darin, die neuen Immigranten aus der UdSSR davon zu überzeugen, daß sie ihrer Dankbarkeit gegenüber der neuen Heimat am besten durch die Unterstützung der Arbeiterpartei Ausdruck verleihen könnten.

Grundsätzlich befaßten sich die nachrichtendienstlichen Abteilungen nicht mit Politik, aber Mitte der 70er Jahre gab es ein paar bedeutsame Ausnahmen. Eine war das Liaison Bureau. Die jüdische Einwanderungsorganisation galt als wichtige politische Festung, da sie neue Bürger und damit neue Wähler ins Land brachte, die allen Parteien willkommen waren. Bevor Begin Yehuda Lapidot mit der Leitung des Liaison Bureau betraute, hatte Nehemiah Levanon fast selbstverständlich das Lager der Arbeiterpartei gestärkt.

Vor allem bis 1977, solange die Arbeiterpartei regierte, saß Kalmanovitch stets an den richtigen Stellen. Aber auch während Begins sechsjähriger Amtszeit und selbst danach bewegte sich der reiche und einflußreiche Jude weiterhin am Rande der israelischen Machtzentren, bis Shin Bet ihn Ende 1987 faßte, als er einem bekannten kommunistischen Agenten geheime Informationen übergab. Am 15. Dezember 1988 wurde Kalmanovitch in einem nichtöffentlichen Verfahren in Tel Aviv zu neun Jahren Gefängnis verurteilt.

Kalmanovitchs hochkarätige Verbindungen und seine Geschicklichkeit, sich mit einflußreichen Persönlichkeiten anzufreunden, warfen die Frage auf, wieso Shin Bet versagt und ihn nicht früher gefaßt hatte. Indessen war der von ihm angerichtete Schaden nicht groß. So war es ihm nicht gelungen, Zugang zu geheimen Verteidigungsanlagen, wissenschaftlichen Instituten oder Armeestützpunkten zu bekommen.[222] Er konnte den Russen zwar berichten, was führende Mitglieder der israelischen Gesellschaft dachten, aber nur sehr wenige Details über das, was Israel zu seinem Schutz unternahm.

Dagegen war ein anderer sowjetischer Spion weit erfolgreicher, der ebenfalls als Immigrant getarnt ins Land kam. Marcus Klingberg war bereits sehr viel früher nach Israel gekommen, und ihm gelang es, tief in die Infrastruktur der israelischen Verteidigung einzudringen.

Klingberg kam 1948 als 20jähriger in den neugeborenen Staat. Er studierte Naturwissenschaften und wurde Ende der 60er Jahre stellvertretender Direktor des regierungseigenen, streng abgesicherten Biological Institute in Nes Ziona etwa zehn Meilen südlich von Tel Aviv. Seine Gesundheit schien nicht die beste, denn er fuhr häufig »zur Behandlung« in die Schweiz.

1983 verschwand Klingberg plötzlich. Geheimnisvolle Männer kamen ins Institut und nahmen alle seine Akten mit. Shin Bet hatte entdeckt, daß er sich in der Schweiz mit seinem russischen Führungsoffizier traf. Unter Ausschluß der Öffentlichkeit wurde er wegen Spionage vor Gericht gestellt und in einem geheimen Verfahren zu lebenslangem Gefängnis verurteilt.

Klingberg richtete großen Schaden an. Er war einer der führenden Männer, die in Nes Ziona an einem höchst geheimen Projekt arbeiteten. Bereits 1973 hatten ausländische Forscher das dortige Institut mit »Forschungen auf dem Gebiet der chemischen und biologischen Kriegsführung« in Verbindung gebracht. Die Analytiker des amerikanischen Geheimdienstes waren überzeugt, daß Israel dort – zumindest – Gegenmittel gegen Giftgas entwickelte, von dem man annahm, daß es in verschiedenen arabischen Staaten schon auf Vorrat produziert wurde. Aber es gab auch weit schlimmere Berichte, wonach der Irak in den 80er Jahren an der Entwicklung von Waffen zur Übertragung von Bakterien arbeitete. Israel brauchte Impfstoffe und Geräte, um Luft und Wasser hinsichtlich möglicher chemischer oder biologischer Angriffe zu überwachen.[223]

Die Infiltration sowjetischer Spione richtete zwar Schaden an, aber Premierminister Begin war bereit, noch andere Gefahren auf sich zu nehmen, wenn er damit dem Wohl des Weltjudentums diente. So scheute er sich nicht, Beziehungen auch zu sehr umstrittenen Regimen in aller Welt aufzunehmen. In Südamerika zum Beispiel verkaufte Israel Waffen und militärisches Know-how an Chile und Argentinien, obgleich die Militärjuntas ihren Antisemitismus kaum verhüllten. Im Gegenzug erhielten die Israelis die Zusagen der Diktatoren in Santiago und Buenos Aires, daß sie die Juden in ihren Ländern fortan beschützen und ihnen die Ausreise erlauben würden – unter Mitnahme ihrer Vermögen.

Eine ähnliche Politik wurde gegenüber Rumänien verfolgt, das als einziges Land des Ostblocks seine diplomatischen Beziehungen zu Israel nach dem Junikrieg 1967 nicht abgebrochen hatte. Schlüsselfigur in dieser geheimen Verbindung zu Rumäniens Präsident Nicolae Ceaucescu war ein weißhaariger, älterer Israeli namens Yeshayahu (Shaike) Trachtenberg-Dan.

Im Zweiten Weltkrieg hatte Shaike Dan als Freiwilliger in der britischen Armee gekämpft. Als Angehöriger einer von Reuven Shiloa organisierten Fallschirmtruppe war er mit anderen jungen palästinensischen Juden hinter den Linien der Nazis auf dem Balkan abgesprungen. Nach dem Krieg kehrte er nach Israel zurück und arbeitete unter Avigur und Levanon für das Liaison Bureau.[224]

Dans heimliche Aktivitäten machten ihn zur Zielscheibe für mehrere osteuropäische Geheimdienste, aber die Rechnung zahlte der Amerikaner Charles Jordan. Jordan war ein hochrangiger Offizier des American Joint Distribution Committee, einer jüdischen Wohlfahrtsorganisation, bekannt als »Joint«. Am 14. August 1967 kam er in der tschechoslowakischen Hauptstadt Prag an. Zwei Tage später verließ er sein Hotel und blieb verschwunden. Seine Frau benachrichtigte die Polizei. Vier Tage später wurde sein Leichnam aus der Moldau gefischt. Die kommunistischen Behörden erklärten, Jordan müsse irgendwie ins Wasser gefallen sein. Möglicherweise habe er Selbstmord begehen wollen.

Die Geheimdienste des Ostblocks hielten alle Vertreter des »Joint« für Spione der CIA. Außerdem wußten sie um die Beziehungen zwischen dem »Joint« und der israelischen Regierung. Jordan hatte die Aufmerksamkeit der kommunistischen Agenten vor allem deshalb auf sich gelenkt, weil er von Jerusalem aus nach Prag gereist war. Heute kann mit an Sicherheit grenzender Wahrscheinlichkeit festgestellt werden, daß Charles Jordan von kommunistischen Spionen ermordet wurde – und zwar aufgrund einer Verwechslung. Sie hielten ihr Opfer für Shaike Dan.[225]

Unbeeindruckt setzte Dan seine Arbeit in Osteuropa fort und erreichte ein Abkommen mit Präsident Ceaucescu, in dem dieser den rumänischen Juden die Ausreise gestattete. Im Gegenzug warteten israelische Fachleute rumänische Panzer und andere militärische Ausrüstungsgegenstände. Ferner importierte der jüdische Staat weit mehr rumänische Waren, als er brauchte. Darüber hinaus zahlte Israel mit Hilfe westlicher jüdischer Wohlfahrtsorganisationen für jeden Juden, der ausreisen durfte, 3000 Dollar. Von offizieller Seite hieß es hierzu, man erstatte Rumänien lediglich die Kosten für ihre Ausbildung, aber allen war klar, daß es sich um ein Lösegeld handelte. Dan pflegte mit einem Koffer voll Bargeld nach Bukarest zu reisen, um die Zahlungen vorzunehmen.

Die einzige Bedingung, die Ceaucescu stellte und Israel akzeptierte, war, daß diese Vereinbarung nicht veröffentlicht werden durfte. Nicht etwa aus Rücksicht auf die übrigen kommunistischen Balkanländer oder die arabischen Staaten, sondern weil Rumäniens Präsident befürchtete, daß dann auch andere Minoritäten wie die deutsche Gruppe das Recht zur Ausreise verlangen könnten. Ceaucescu und seine Familie erhielten bis zu seinem Sturz und seiner Hinrichtung 1989 ungefähr die Hälfte der von Israel bar gezahlten 60 Millionen Dollar.

Das finanzielle Geschäft blieb geheim. Im Gegensatz zu der lautstarken Politik, die Israel hinsichtlich der Ausreise der sowjetischen Juden verfolgte, hielt Jerusalem sich in bezug auf die rumänischen Juden bedeckt und bewahrte Stillschweigen. Unterschiedliche Umstände verlangten unterschiedliche Methoden. Offiziell wurde in Bukarest die Ausreise der Juden als »Familienzusammenführung« deklariert und nicht als Emigration.

Shaike Dan wurde für die rumänische Führung ein wichtiger Verbindungsmann zum Westen. Er beriet die US-Regierung, und als Geheimdienstexperte in Angelegenheiten der osteuropäischen jüdischen »Familie« berichtete er den israelischen Führungen von Golda Meir bis Menachim Begin.[226]

Für Begin gab es in bezug auf die jüdische Familie keine Landesgrenzen. Sie mußte zusammengeführt werden, wann und wo sich dazu die Gelegenheit bot. Unter seiner Regierung wurden selbst die Nachrichtendienste »familienbewußt«.

Die äthiopischen Juden, die wegen ihrer dunklen Hautfarbe als etwas Besonderes galten, hatten denselben brennenden Wunsch wie ihre jüdischen Brüder in Marokko, Rumänien, der übrigen arabischen Welt und Osteuropa. Auch sie träumten vom »verheißenen Land« der Bibel. Sie nannten sich *Beta Israel,* »das Haus Israels«, auch wenn ihre nichtjüdischen Nachbarn sie mit dem wenig schmeichelhaften Namen *Falaskas* belegten – was soviel wie heimatloser »Bastard« bedeutet.

In ferner Vergangenheit waren sie ein mächtiger Kriegerstamm gewesen, dessen Königreich in den nördlichen Bergen Athiopiens lag. Im Laufe der Zeit hatte *Beta Israel* jedoch nach einer Reihe von Niederlagen gegen andere Stämme seine Macht eingebüßt. Um die Mitte des 20. Jahrhunderts waren es noch 20000 Juden, die vor allem im Bezirk Gondar lebten. Die christlichen Äthiopier, die die umliegenden Gebiete kontrollierten, verboten den »Falaskas«, Land zu kaufen, was dazu führte, daß die Juden sich ihren Unterhalt als Handwerker und Kleinpächter verdienen mußten, und das in einem Land, wo Grundbesitz die einzige Chance bietet, genug zu essen zu haben. In den frühen 50er Jahren gelang es einer Handvoll äthiopischer Juden, nach Israel zu kommen. Sie drängten die israelische Regierung, auch ihre Brüder herauszuholen. Kaiser Haile Selassie verweigerte ihnen jedoch trotz der hervorragenden geheimen Verbindungen zu Israel die Ausreise. Für ihn war es eine Sache des Nationalstolzes: Ein respektierter Herrscher konnte nicht erlauben, daß ihm seine Untertanen davonliefen.

Die von der Arbeiterpartei geführte Regierung Israels sah andererseits keine Möglichkeit, den äthiopischen Juden zu helfen. Reuven Merhav, der an der Mossad-Station in Addis Abeba arbeitete, erinnert sich: »Die Juden klopften an die Türen unserer Botschaft. Ihre Führer baten uns, sie alle außer Landes zu bringen. Aber wir schickten sie tief enttäuscht weg.«[227]

Die Israelis befürchteten, daß die bloße Erwähnung dieses Themas die strategischen Verbindungen zu Äthiopien zerstören könnte – einem der Schlüsselländer im Rahmen ihrer Strategie der »peripheren Diplomatie«, die arabischen Länder auszumanövrieren.

Dazu trug auch bei, daß die orthodoxen Religionsführer in Israel eine Anerkennung der »schwarzen Juden« ablehnten. Die äthiopischen Juden warteten geduldig weiter auf ein Zeichen von Zion, aber es kam nicht. Erst als Menachim Begin und der Likud 1977 die Wahlen gewannen, trat hinsichtlich dieser Frage in Israel eine dramatische Wende ein. Ein paar Monate lang sah es so aus, als würde sich der Traum der äthiopischen Juden erfüllen.

Nach einem bewegenden Vortrag im Weißen Haus in Washington im Juli 1977 über die Leiden des kaum bekannten *Beta Israel* kam Begin auf ein besonderes Anliegen des äthiopischen Präsidenten, Oberst Mengistu, zu sprechen. Präsident Carter lehnte es jedoch ab, die amerikanischen Beziehungen zum Horn von Afrika zu ändern und Äthiopien anstelle des feindlichen Nachbarn Somalia mit Waffen zu beliefern. Aus der Sicht der US-Administration war Oberst Mengistu ein tyrannischer Marxist und der amerikanischen Hilfe nicht würdig.

Begins Brief von Jerusalem nach Addis Abeba – abgefaßt von seinem Berater Hurwitz – informierte den Oberst, daß Israel ihm nun selbst Waffenhilfe leisten wolle. Das Ergebnis waren zwei erstaunliche Koalitionen in Nordostafrika, die sich nur mit dem Aphorismus »Die Politik schafft seltsame Bettgenossen« beschreiben lassen. Man könnte hinzufügen, daß die internationale Politik noch seltsamere hervorbringt. Das marxistische Äthiopien wurde 1977 von der Sowjetunion, Ostdeutschland und Israel unterstützt, Somalia dagegen von den USA, Saudi-Arabien und Ägypten.

Im Gegenzug stimmte die äthiopische Regierung der Ausreise einer kleinen Anzahl von Juden zu. Bis Februar 1978 wurden zwei Gruppen von insgesamt 220 jüdischen Aussiedlern in israelischen Frachtmaschinen, die heimlich Waffen nach Äthiopien gebracht hatten, von Addis Abeba nach Israel geflogen.

Dann setzte Außenminister Dayan durch eine völlig überflüssige Bemerkung dieser fruchtbaren Zusammenarbeit ein Ende. Auf einer Pressekonferenz räumte er ein, daß Israel die äthiopische Armee ausrüste – natürlich nur mit Uniformen, wie er korrigierend hinzufügte. Aber jeder wußte, daß er Waffen meinte. Diese Enthüllung genügte, damit Mengistu die geheimen Beziehungen zu Israel abbrach. Weitere Juden durften nicht ausreisen.

Begin war auf seinen Außenminister entsprechend wütend, ließ sich aber zumindest etwas durch den Enthusiasmus des Mossad-Chefs Hofi trösten, man werde andere Wege finden. Während Hofi seine Pläne entwickelte, deckte ihn Begin durch sein Stillschweigen. Er schluckte kommentarlos die heftigen Vorwürfe der internationalen jüdischen Organisationen. Sie warfen Israel vor, daß es trotz dramatischer Presseberichte, wonach die äthiopischen Juden von ihrer Regierung, von Rebellengruppen und Räuberbanden verfolgt würden, nichts unternähme, und äußerten die Vermutung, Israel sei so zurückhaltend, weil es sich um schwarzhäutige »Falaskas« handele.

»Mister Begin, Sie müssen darauf antworten«, beschwor Yehiel Kadishai den Premierminister, der die ungerechten Angriffe auf seinen verehrten Führer nicht ertragen konnte. Begin jedoch lehnte ab. Er hatte nicht die Absicht, verlauten zu lassen, daß längst etwas geschah.[228]

1979 war die Rettungsaktion voll in Schwung gekommen. Junge Äthiopier, die bereits früher nach Israel eingereist waren, wurden rekrutiert, für den jüdischen Staat zu arbeiten. Genauso wie marokkanische Juden 20 Jahre zuvor mit bestimmten Aufträgen zurückgeschickt worden waren, so wurden auch die äthiopischen Juden kurz ausgebildet und – als israelische Agenten – wieder in ihre Heimat gesandt.

Die noch unerfahrenen israelischen Emissäre besuchten die einzelnen jüdischen Gemeinden und forderten jeden auf, der dazu in der Lage war, sich auf den langen und gefährlichen Marsch in den benachbarten Sudan zu machen. Sie gaben den Bürgermeistern der jüdischen Siedlungen genaue Anweisungen und begleiteten sie gelegentlich selbst auf ihrer gefahrvollen Reise. Ganze Dörfer zogen auf unmarkierten Wegen durchs Land. Oft wurden die Flüchtlinge abgefangen, gefoltert und in ihre Siedlungen zurückgescheucht.

Tausende starben auf diesen Trecks. Jene, die den südlichen Sudan erreichten, wurden 20 Meilen von der Grenze entfernt in einem Camp untergebracht. Die Zustände dort waren fürchterlich. Das Lager war überfüllt, es gab nicht genug zu essen und kein sauberes Trinkwasser. Verwaltet wurde es – so gut es ging – von Mitarbeitern der United Nations High Commission for Refugees (Hochkommissariat für Flüchtlingswesen bei den Vereinten Nationen).

Der einzige Trost für die äthiopischen Juden war, daß es ihnen immer noch besser ging als den anderen Flüchtlingen im Camp. Wenigstens sorgten die äthiopisch-israelischen Agenten dafür, daß die Juden die bestmögliche Behandlung erfuhren, indem sie sich – selbst von schwarzer Hautfarbe – unter die Flüchtlinge mischten. Aber es gab auch weiße Israelis, die unter verdeckter Identität auftraten – zum Beispiel als europäische Sozialarbeiter.

Die nächste schwierige Aufgabe bestand darin, den Sudan für eine geheime Kooperation zu gewinnen. Die US-Regierung unterstützte die Bemühungen um Präsident Numeiri, Mitglied der Arabischen Liga und offiziell ein Feind Israels, indem sie ihm eine finanzielle Unterstützung anbot – eine Bestechungssumme, die auf sein persönliches Bankkonto floß. Auch Ägypten unterstützte die Aktion. Anwar el-Sadat war mit Numeiri persönlich befreundet und drängte den Sudan auf Begins Bitte, die äthiopischen Juden ziehen zu lassen. Dies war für Begin eine wertvolle Zugabe zum Friedensvertrag mit Ägypten.

General Numeiri versprach, beide Augen zuzudrücken, solange die Sache geheim blieb. Um die Einzelheiten der Umsiedlung auszuarbeiten, schickte der Mossad Anfang 1980 einen hochrangigen Offizier nach Khartoum, der die Aktion mit Abu Tayeb abstimmte, dem Chef der sudanesischen Sicherheitsdienste. Der direkteste Weg, die jüdischen Flüchtlinge nach Israel zu bringen, wäre der Seetransport zum Hafen Eilat gewesen. Aber Numeiri wollte nicht, daß die Schiffe von seiner Küste abgingen. Jedenfalls verlangte er, daß die Juden über ein Drittland und nicht direkt vom Sudan nach Israel gebracht würden.

Der Mossad einigte sich schließlich mit dem Sudan, daß die äthiopischen Juden mit amerikanischer Unterstützung zunächst über die Grenze nach Kenia gebracht werden sollten. Kenia war ein alter Verbündeter Israels und hatte der geheimen Verabredung zugestimmt. Aber dieser Fluchtweg wurde unerwartet abgeschnitten, nachdem ein kleines Privatflugzeug einer amerikanischen Wohlfahrtsorganisation nach Überquerung der sudanesischen Grenze in Kenia hatte notlanden müssen. Die Insassen, unter ihnen fünf eingeschmuggelte äthiopische Juden, wurden verhaftet. Die Zeitungen in Nairobi veröffentlichten die Einzelheiten der geheimen Operation, darunter auch Hinweise auf die Mossad-Station in Kenia. Die Regierung in Nairobi sah sich daraufhin gezwungen, die Flut der »Falaskas« zu stoppen, um sich nicht die Feindschaft der arabischen und anderer afrikanischer Länder zuzuziehen.

Ohne eine sofortige Alternative mußte der Mossad wieder einmal improvisieren. Hierzu bedurfte es jedoch ausländischer Hilfe, und so wandte man sich an die USA. Der Chef der Mossad-Station in Washington bat die CIA, Israel bei der Befreiung der äthiopischen Juden zu helfen. Die Amerikaner erklärten sich mit erstaunlichem Eifer dazu bereit.

Der Mossad und die CIA gründeten eine Scheinfirma, die Navco, die an der sudanesischen Küste des Roten Meeres mit der Absicht ein Areal pachtete, dort eine Ferienanlage für Freunde des Tauchsports zu bauen. Bald kamen auch die ersten Taucher, aber nicht, um sich am Anblick der Korallenriffe zu erfreuen. Vielmehr waren es Mitglieder der israelischen Marine.

Die Froschmänner nahmen die äthiopischen Juden in Empfang, die von den Mossad-Leuten in das Navco-Dorf gebracht wurden, und transportierten die Flüchtlinge im Schutz der Dunkelheit mit kleinen Booten zu den vor der Küste ankernden israelischen Schiffen. Diese brachten sie über das Rote Meer nach

Sharm esh-Sheikh, der südlichen Spitze der Sinai-Halbinsel, die damals noch von den Israelis besetzt war. Von dort wurden die zukünftigen Israelis mit Frachtmaschinen der Luftwaffe zu Militärflughäfen in Israel geflogen.

Der Mossad ließ den guten Ausgang dieses Exodus von Fotografen im Bild festhalten. Filme und Videokassetten waren ausschließlich für die Archive des Geheimdienstes bestimmt. Sie wurden jedoch auf einer geschlossenen Kabinettssitzung gezeigt, und mehrere Minister – darunter Begin – konnten während der Vorführung vor Rührung kaum die Tränen zurückhalten. Man sah den Flüchtlingen ihre Leiden und Kämpfe ebenso an wie ihre Freude, endlich israelischen Boden erreicht zu haben.

Einige Minister erinnerte die gewagte Aktion an die Umstände, unter denen die Juden aus Nazi-Deutschland nach Palästina gekommen waren. Jetzt, da die Juden ihren eigenen Staat hatten, erschien es manchem absurd, daß man wieder zu illegalen Mitteln hatte greifen müssen. Aber wenn sich niemand offen anbot, den Juden bei der Flucht vor den Schrecken Äthiopiens zu helfen, mußte Israel eben zu heimlichen Operationen Zuflucht nehmen. Über die »Ferienanlage« an der sudanesischen Küste und die anschließende Fahrt über das Rote Meer kamen 2000 äthiopische Juden nach Israel.

Sorgen bereitete den Akteuren lediglich, daß sich die Ausreise nicht schneller abwickeln ließ. Immer noch warteten Tausende weiterer Flüchtlinge, die die äthiopische Wüste unter nahezu biblischen Schwierigkeiten durchkreuzt hatten, auf ihre Chance. Präsident Numeiri wußte inzwischen, daß Mossad und CIA sein Land als Durchgangsstation benutzten, und wurde zunehmend nervöser, das Ganze könnte herauskommen. Numeiri hätte seiner antizionistischen, militanten moslemischen Mehrheit im Sudan nie erklären können, warum er Israel half. Auch befürchtete er, daß die radikalen arabischen Nationen, besonders sein Feind und Nachbar Libyen, seine Beteiligung entdekken und ihn als Verräter brandmarken könnten.

Aus diesem Grund steckte der sudanesische Präsident zurück und sorgte dafür, daß der Flüchtlingsstrom von Äthiopien nach Israel zu einem kleinen Rinnsal wurde. Unglücklicherweise setzte dieser Sinneswandel gerade in dem Moment ein, als die Zahl der Juden immer größer wurde, die ihre Dörfer verließen und auf dem Marsch in den Sudan ihr Leben riskierten. Premierminister Begin und Mossad-Chef Hofi erkannten, daß ihnen die Zeit davonlief. Sie entschlossen sich daher zu einer grandiosen neuen Operation, mit der sie in kürzester Zeit 20000 jüdische Flüchtlinge nach Israel zu bringen hofften, der Operation »Moses«.

Zuerst setzte man eine alte Rollbahn nahe der sudanesischen Stadt Shubak wieder instand. Dann landeten dort in einer Märznacht 1984 zwei »Herkules«-Transportmaschinen, nahmen in aller Eile 200 Juden an Bord, die man mit Lastwagen herbeigeschafft hatte, und verschwanden wieder am dunklen Nachthimmel. Diese Aktion, bei der die Israelis nichtgekennzeichnete Flugzeuge der eigenen Luftwaffe benutzten, wurde im selben Monat noch einige Male wiederholt. Der Mossad achtete sorgfältig darauf, daß nichts am Boden zurückblieb, was einen Hinweis auf Israel hätte geben können, nicht einmal eine leere Zigaretten- oder Streichholzschachtel.

Ein paar äthiopische Juden wurden mit Verkehrsflugzeugen von Khartoum nach Europa gebracht, wo sie Anschlußmaschinen nach Israel bestiegen. Der Mossad hätte den sudanesischen Flughafen gern häufiger benutzt, da er weit sicherer war als die Landebahn in der Wüste. Aber dazu brauchte man Numeiris Einverständnis. Israelische Truppen würden den Flughafen bewachen und Neugierige fernhalten müssen, wann immer spezielle, nicht angezeigte Flugzeuge an den Start gingen.

Auf Israels Bitte versprachen die USA dem Sudan eine weitere Wirtschaftshilfe in Höhe von 200 Millionen Dollar, falls Numeiri den Juden erlaubte, von Khartoum abzufliegen. Der Hauptunterhändler war George Weber von der US-Botschaft in Khartoum, der dort als »Flüchtlingskoordinator« arbeitete.

Um die Sache zu beschleunigen und für Numeiri interessanter zu machen, hinterlegte der Mossad für ihn und einige seiner Helfer, wie Abu Tayeb, 60 Millionen Dollar bei europäischen Banken, vornehmlich in der Schweiz und in London. Ein großer Teil dieses Geldes wurde weltweit von jüdischen Fonds gesammelt, die nur wußten, daß das Geld »den Falaskas zugute kommen« sollte.

Anschließend überredete der Mossad Georges Gutelman, einen belgischen Millionär und gläubigen Juden, bei dem geheimen Projekt mitzuhelfen. Gutelman war der ideale Partner, da er eine Fluglinie besaß – die wenig bekannte Trans Europe Airlines. Wichtig war darüber hinaus indes noch etwas anderes: Die TEA-Piloten und -Mannschaften kannten den Flughafen Khartoum, da sie während der jährlichen Hadschi-Pilgerzüge regelmäßig gläubige Moslems vom Sudan nach Mekka flogen. Gutelman erklärte sich bereit, den Israelis seine Flugzeuge zur Verfügung zu stellen und über das Ganze Stillschweigen zu bewahren. Vorsichtshalber konsultierte er den belgischen Premierminister Wilfried Martens sowie den Justizminister Jean Gol, dem der belgische Geheimdienst unterstand und der ebenfalls Jude war. Beide gaben Gutelman »grünes Licht«.

Vom 21. November 1984 bis Anfang 1985 verließen 35 Maschinen den internationalen Flughafen Khartoum und brachten 7000 Immigranten nach Brüssel. Hier wurden die Flugzeuge auf der TEA-eigenen Basis aufgetankt und starteten zwei Stunden später in Richtung Israel. Die Operation lief mit der Präzision eines Schweizer Uhrwerks ab. Nur am Sonnabend legte man wegen des Sabbats eine Ruhepause ein.

Obgleich Hunderte in Israel und im Ausland von dem Unternehmen wußten, drang nichts davon an die Öffentlichkeit. Die Herausgeber der israelischen Zeitungen einigten sich darauf, über die Vorgänge nicht zu berichten, und auch die ausländischen Korrespondenten in Israel, die von der Angelegenheit erfuhren, schwiegen, um die Operation nicht zu gefährden.

Dennoch wäre die Operation »Moses« um ein Haar durch die Indiskretion von Yehuda Dominitz, einem hochrangigen Beamten der Jewish Agency, vorzeitig gescheitert. Sein Büro war aktiv an der Versorgung der ankommenden äthiopischen Juden und der weltweiten Geldbeschaffung beteiligt. Anfang Januar 1985 wurde Dominitz von der obskuren, in hebräisch erscheinenden Zeitung *Nekudah* oder »Punkt« interviewt, die von jüdischen Siedlern im Westjordanland herausgegeben wurde. Sie machten sich große Hoffnungen, daß die Äthiopier zu ihnen kommen würden, um ihre Siedlungspolitik zu unterstützen. Dominitz erzählte ihnen unnötigerweise Einzelheiten über die Rettungsaktion. 400 ausländische Journalisten in Israel sahen darin ein Signal und berichteten unter Bezugnahme auf diese Zeitung nun auch ihrerseits in voller Länge über die gesamte Operation.

Die Katze war aus dem Sack, und die israelischen Führer konnten nichts tun, als den bisherigen Erfolg ihres bis dato geheimen Projekts in Afrika zu feiern. Der neue Premierminister Shimon Peres war erst seit drei Monaten im Amt. Er berief eilig eine Pressekonferenz ein und antwortete ausführlich auf jede Frage, wie Israel es fertiggebracht hatte, mehr als 10 000 äthiopische Juden in ihre historische Heimat zu holen. Es sah so aus, als wollte Peres als Führer der Arbeiterpartei aus der Operation Kapital schlagen, die von Begin und dem Likud-Block initiiert und durchgeführt worden war.

Die Geschichte war für die gesamte Welt eine wichtige Neuigkeit. Wie Präsident Numeiri befürchtet hatte, verdammten ihn die arabischen Staaten und Jasir Arafats PLO als »Verräter«, weil er den »Zionisten« geholfen hatte, ihre Armee zu verstärken. Am 5. Januar, zwei Tage nach Peres' Pressekonferenz, teilte die sudanesische Regierung Washington mit, daß der Exodus der Äthiopier über Khartoum sofort zu stoppen sei. Äthiopien zog gleich, indem es seine Grenzen zum Sudan abriegelte und Numeiri wie auch Israel der »Entführung« äthiopischer Bürger beschuldigte.

Im Sudan selbst warteten noch über 1000 Falaskas, vorwiegend junge Leute, da Israel zuerst die Alten und Kranken sowie die Frauen ausgeflogen hatte. Auf Druck der USA und dank der persönlichen Intervention von Vizepräsident George Bush erklärte sich Numeiri einverstanden, daß sechs Hercules-Maschinen der US-Luftwaffe am 28. März 1985 auf einem verlassenen Flughafen in der Nähe des Flüchtlingslagers landen durften. Dort holten die Amerikaner die Juden ab und brachten sie direkt nach Israel.

Numeiris Tage waren gezählt. Kurze Zeit später wurde er durch einen Militärputsch gestürzt. Der neue Premierminister war Sidki el-Mahdi, der 1954 in London erste geheime Kontakte zu Israel geknüpft hatte. Numeiri und weitere Regierungsmitglieder, darunter der Geheimdienstchef Abu Tayeb, wurden in Abwesenheit von einem Gericht abgeurteilt. Die Anklage lautete auf Korruption, Bestechlichkeit und Kollaboration mit dem Feind. Numeiri fand Asyl in Kairo bei seinem Freund Hosni Mubarak, der inzwischen die Nachfolge des ermordeten Präsidenten Sadat angetreten hatte. Das Schlimmste aber war, daß immer noch etwa 10 000 Juden in Äthiopien waren. Sie litten weiter, wie fast alle Menschen in diesem unfruchtbaren Land.[229]

Eine Zwischenbilanz dieser wahrscheinlich bemerkenswertesten Aktion in der Geschichte des israelischen »jüdischen Geheimdienstes« läßt sich in einem einzigen Satz zusammenfassen: Begin gab den Anstoß, Sadat vermittelte, Dayan pfuschte, Hofi berichtigte, Reagan zahlte, Peres redete und Numeiri wurde ruiniert.[230]

Das tragische und plötzliche Ende der Operation »Moses« enthüllte zum erstenmal geheime Verbindungen, die glücklicherweise seit Jahren im Dunkeln geblieben waren. Die Israelis waren über die Aufdeckung wenig erfreut und außerdem enttäuscht, daß noch Tausende von Juden in Afrika festsaßen. Daneben aber gab es auch Positives. Begin hatte seine Ziele erreicht und sich seinen Platz in den Geschichtsbüchern als Friedensstifter verdient. Außerdem hatte er dafür gesorgt, daß Israel für das Wohl aller Juden der Welt eintrat. Mit ihm begann jedoch auch eine dritte Ära in der Geschichte der israelischen Nachrichtendienste: die Ära des Abenteurertums und der großen Fehlschläge.

12. DAS ZEITALTER DER ABENTEURER

Am 2. Juni 1980, noch vor acht Uhr, störten drei Explosionen die Morgenstille im Westjordanland und zerrissen die Körper dreier palästinensischer Bürgermeister. Der hitzige und beliebte Bassam Shaka aus Nablus, der elegante Karim Khalaf aus Ramallah und der ruhige Mohammed Tawil überlebten nur knapp die Detonation dreier Autobomben, die an den vor ihren Häusern geparkten Autos angebracht worden waren.

In der ganzen Welt kam es zu wütenden Reaktionen und Sympathiebekundungen für die verstümmelten Politiker, die ihrerseits die israelischen Behörden für den Anschlag verantwortlich machten. Unterdessen hatte die Armee eine Überprüfung angeordnet, und Premierminister Begin leugnete jegliche offizielle Beteiligung an dem Vorfall. Viele Israelis vermuteten, daß die Bürgermeister von ihren eigenen Leuten attackiert worden waren. Es gab zahlreiche Beispiele dafür, daß radikale Splittergruppen Araber, die als zu gemäßigt oder zu israelfreundlich galten, getötet hatten.

Shin-Bet-Chef Avraham Ahituv neigte jedoch eher zu der Annahme, daß die Attentäter höchstwahrscheinlich Juden waren. Falls man die Fährte zurückverfolgte, würde sie vermutlich bei den umstrittenen jüdischen Siedlungen im Westjordanland enden. Ultranationalistische Siedler hatten die Mittel und ein Motiv, arabische Bürgermeister zu terrorisieren. Die raffiniert konstruierten Autobomben und das Fehlen von Fingerabdrükken und anderer physikalischer Anhaltspunkte führten zu dem Schluß, daß die verantwortliche Terrororganisation auf jeden Fall sehr ernst zu nehmen war – eine Herausforderung für die Rechtsverfolgung, ohne Rücksicht auf politische Überlegungen.

Ahituv traf sich mit Begin und bat ihn um die Erlaubnis, Shin-Bet-Agenten als Spione unter den jüdischen Siedlern zu plazieren. In den vergangenen 30 Jahren war ein Netz von Abhörspezialisten und Informanten mit großem Erfolg gegen extrem linksgerichtete Juden in Israel eingesetzt worden. Ranghohe Shin-Bet-Offiziere hatten stets die Ansicht vertreten, daß die Linke für eine Unterwanderung von außen besonders anfällig wäre, sei es durch den sowjetischen Geheimdienst oder von arabischer Seite.

In den Jahren nach dem Krieg 1967 hatte indessen die extreme Rechte zunehmend Anlaß zur Sorge gegeben. Diese jüdische Randgruppe entwickelte einen messianischen Komplex, religiösen Fanatismus, extremen Nationalismus und einen unerbittlichen Haß auf die Palästinenser.

Shin Bet bekam freie Hand in der Überwachung zumindest einer der rechtsgerichteten Organisationen: Rabbi Meir Kahanes Kach-Partei. Sie war die israelische Nachfolgerin der von Kahane in den USA gegründeten Jewish Defense League. Ihre Anhänger traten für die Vertreibung aller Araber aus Israel und den besetzten Gebieten ein.

Shin-Bet-Agenten infiltrierten Kahanes Partei und berichteten über alle Interna, so daß man rechtzeitig gewarnt war, falls eins ihrer wahnsinnigen Mitglieder zu einem Amoklauf ansetzte. Von Zeit zu Zeit wurden Kach-Aktivisten aufgrund eines Insider-Tips verhaftet.[231]

Über die Jahre hinweg wurden auch andere Israelis, Mitglieder kleiner, naiver, geistig labiler oder kurzlebiger Gruppen, festgenommen, weil sie geplant hatten, arabische Zivilisten anzugreifen oder die heilige Moschee auf dem Tempelberg in Jerusalem in die Luft zu sprengen. Viele gläubige Juden waren der Ansicht, die moslemischen Gebetsstätten müßten dem Erdboden gleichgemacht werden, bevor der Messias kommen und die Welt erretten konnte. Er würde für die Juden einen dritten heiligen Tempel anstelle der Gold- und Silberdome der Omar- und der El-Aqsa-Moschee errichten und dann darangehen, die Welt zu retten.

Shin Bet bereiteten solche Verrücktheiten keine Mühe. Schwieriger wurde es, wenn es um die Siedler im Westjordanland ging. Die meisten galten als hart arbeitende Patrioten, und sie verfügten über exzellente und offenkundige Beziehungen zu Begin und zum Likud-Establishment.

Wie Ahituv befürchtet hatte, wies der Premierminister sein Ansinnen zurück, Spione unter den Siedlern zu plazieren. Begin schob den Professionalismus, der für die Sicherheit und den Nachrichtendienst erforderlich war, zugunsten emotionaler und politischer Überlegungen beiseite, die ihm diktierten, nichts zu tun. Dies war ein anderer Begin als bei seinem Amtsantritt 1977. Nachdem er seine Rolle als Friedensstifter mit dem Abschluß des Friedensvertrages mit Ägypten erfüllt hatte, kam langsam wieder der »wahre« Menachim Begin zum Vorschein – der äußerst nationalistische Demagoge, als der er von seinen Gegnern stets geschildert worden war. Darüber hinaus geriet er ab 1980 zunehmend in den Bann von General Ariel Sharon.

Freunde wie Feinde kannten ihn nur als »Arik«. Er wurde 1928 als Ariel Scheinerman auf einer Farm nördlich von Tel Aviv geboren und nach sozialistischen Grundsätzen erzogen. Später wählte er den hebräischen Namen Sharon und blieb dem vom Zionismus dominierten Flügel der Arbeiterpartei verbunden.

Während seiner obligatorischen Militärzeit bewies er großen Mut und Geschicklichkeit. Er entschloß sich, die Offizierslaufbahn einzuschlagen. Im Unabhängigkeitskrieg von 1948 wurde er verwundet. 1953 beteiligte er sich am Aufbau der israelischen Spezialeinheiten und befehligte die berühmte und gefürchtete »Unit 101« – eine Vorläuferin der später eingeführten elitären *Sayeret*-Einheiten. Sie sollte die Antwort auf palästinensische Terrorangriffe sein und bestand nur aus 45 Mann. Sie existierte nur kurze Zeit. Mit Sharons Worten »waren dies fünf Monate, die eine fundamentale Bedeutung für die Bemühungen des Landes haben sollten, sich selbst vom Terrorismus zu befreien«.[232]

»Wir besaßen eine Gruppe, die bereit war, zurückzuschlagen«, fügte Sharon hinzu, der mit seinen Leuten auf seinen Vergeltungszügen bis in die arabischen Nachbarländer vordrang. Die Mitglieder der »Unit 101« waren hart, zäh und von Sharon geblendet. Ihr bekanntester Angriff richtete sich in der Nacht des 14. Oktober 1953 gegen das jordanische Dorf Kibbiya. Der Überfall war die Antwort auf die Ermordung einer israelischen Frau und ihrer beiden Kinder. »Unit 101« und ein paar Hilfstruppen drangen mit einer gewaltigen Menge Sprengstoff in Kibbiya ein. Die meisten der 1500 Einwohner konnten fliehen, bevor die Israelis etwa 50 Häuser dem Erdboden gleichmachten. Dennoch starben bei den Explosionen 69 Männer, Frauen und Kinder, die sich in den Häusern versteckt hatten. Der Fall erregte internationales Aufsehen. Jahre später räumte Sharon ein, es sei eine unbeabsichtigte »Tragödie« gewesen, daß dabei Zivilisten umgekommen waren.[233]

Proteste der Vereinten Nationen und anderer Staaten zwangen Israel, die »Unit 101« aufzulösen. Die Soldaten wurden einer Fallschirmjägereinheit angegliedert. Sharons Ruf jedoch wuchs gewaltig, als er zum Kommandanten der Fallschirmjäger ernannt wurde. Er galt als erklärter Kandidat für den Posten des Generalstabschefs.

Seine Fallschirmjäger taten weit mehr, als nur aus Flugzeugen abzuspringen. Sharon bezeichnete sie als »Anti-Terror-Guerillas, unkonventionelle Kämpfer«, die es sich 1971 zur Aufgabe machten, den besetzten Gazastreifen von Terroristen zu säubern. Die Israelis tarnten sich als Araber und traten sogar als Guerillas auf, um die feindlichen Zellen zu infiltrieren. Nach Angaben des Generals töteten seine Leute in sieben Monaten 104 Palästinenser und verhafteten 742.[234]

Sharon wurde nicht Generalstabschef. Während er mit Sicherheit den Respekt und die Treue unzähliger lebenslanger Freunde erwarb, ging seine Art vielen anderen gegen den Strich. Enttäuscht quittierte er den Dienst – durch puren Zufall knapp drei Monate vor dem Yom-Kippur-Krieg 1973.

Sofort meldete er sich zurück und drang mit seinen Truppen westlich des Suezkanals weit nach Ägypten vor, um eine Waffenruhe zu erreichen. Danach brachte er seinen Ehrgeiz und sein taktisches Genie in die Politik ein. Da die Arbeiterpartei bereits über eine ganze Reihe Generäle an ihrer Spitze verfügte, wählte er für sich eine andere Partei, in der er die erste Geige spielen konnte. Er schloß sich den Liberalen an, die trotz ihres Namens eine rechtsgerichtete Gruppe waren.

Mit grenzenloser Energie gelang es Sharon, die Splitterparteien der brüchigen rechtsgerichteten Opposition unter einem gemeinsamen Dach, dem Likud – hebräisch für »Vereinigung« oder »Einheit« –, zusammenzufassen. In weniger als vier Jahren gewann seine Schöpfung die Parlamentswahlen.

Nach dem Wahlsieg 1977 wandten sich Sharons taktische Überlegungen der Regierungsbürokratie zu. Seine militärische Vergangenheit hatte ihn gelehrt, welche Bedeutung der Kontrolle und Leitung der Nachrichtendienste zukam. Geheimdienst bedeutete Information, und Information bedeutete Macht. Der pensionierte General verstand den israelischen Nachrichtendienst als Staat im Staat – der seine eigene Außenpolitik verfolgt sowie Verteidigungs- und Innenpolitik beeinflußt. Sharon bekundete großes Interesse an dieser Autonomie.

Da Sharon wußte, daß Begin General Ezer Weizman – den ehemaligen Kommandeur der Luftwaffe, der die Wahlkampagne des Likud geleitet hatte – zum Außenminister machen wollte, nominierte er sich selbst als Chef eines neuen Ministeriums für das Nachrichtendienstwesen. Überlegungen hatte es bereits 1966 gegeben, als General Yigal Allon für den gleichen Posten im Gespräch gewesen war, der dann jedoch nicht geschaffen wurde. Nach Sharons Vorstellungen sollte das Ministerium die Leitung sämtlicher Geheimdienste übernehmen und selbst Aman vom Verteidigungsministerium »übernehmen«.

Begin wies Sharons Vorschlag zurück und gab ihm statt dessen das Landwirtschaftsministerium. Der Kriegsheld benutzte den Posten für eine eigene Offensive: die Bereitstellung von Mitteln für den Aufbau jüdischer Siedlungen in den besetzten Gebieten, um, wie er es nannte, »Fakten« zu schaffen und auf diese Weise allen zu trotzen, die versuchten, die Juden wieder aus dem eroberten Land zu vertreiben. Während er auf eine größere Chance wartete, beobachtete er einstweilen den Streit zwischen dem Premierminister und Shin-Bet-Chef Ahituv wegen der Affäre um die Autobomben im Jahr 1980.

Ahituv dachte an Rücktritt. Begin mauerte gegenüber seiner Forderung nach einem härteren Durchgreifen gegen den sich offensichtlich anbahnenden jüdischen Terrorismus. Der Shin-Bet-Chef wußte jedoch, daß sein plötzlicher Rücktritt den inländischen Geheimdienst empfindlich treffen und einen politischen Sturm heraufbeschwören würde, mit dem niemandem geholfen war. Er schluckte daher seinen beruflichen Stolz hinunter und plagte sich ein weiteres Jahr ab.

Als Ahituv schließlich 1981 Shin Bet verließ, meinten Insider des Geheimdienstes, er habe einen Fehler gemacht, als er Begin um die Genehmigung bat, die jüdischen Siedler zu überwachen. Wenn der Shin-Bet-Chef geglaubt hatte, daß von ihnen Subversion und Gewalt ausgehe, dann hätte er aufgrund seiner eigenen Autorität eben ein Informantennetz unter den Juden im Westjordanland aufbauen müssen.

Ohne ausreichende Informationen über die Bombenleger konnten Shin Bet und die Armee den »jüdischen Untergrund« nicht daran hindern, mit seinen gewaltsamen Aktionen fortzufahren. Im Juli 1983 drangen mehrere Siedler aus dem Westjordanland als Araber verkleidet in den Hof der Islamic University in Hebron ein, eröffneten das Feuer auf die Studenten und töteten drei Palästinenser. Auch dieses Verbrechen blieb bis Mai 1984 unaufgeklärt.

In jenem Mai kam die Wende, als die israelische Polizei im Ostteil von Jerusalem Bomben entdeckte an zwölf arabischen Bussen, die Zivilpersonen – darunter auch Kinder – beförderten. Ein Blutbad wurde gerade noch verhindert, und diesmal konnte Shin Bet zuschlagen. Die Sprengkörper entsprachen denen, die von der israelischen Armee verwendet wurden, was darauf hindeutete, daß Soldaten oder Reservisten sie aus den militärischen Arsenalen gestohlen hatten.

Shin Bet wußte genau, wen er verhaften mußte, denn seit 1984 hatte er seine Spione im »jüdischen Untergrund« postiert. Begin war ein Jahr zuvor zurückgetreten, und der neue Shin-Bet-Chef Avraham Shalom – der ehemalige Stellvertreter Ahituvs – ging der Sache ohne irgendwelche Rücksichtnahme auf den Grund. Es stellte sich heraus, daß die Terroristenzelle etwa 20 jüdische Siedler umfaßte, die sich verschworen hatten, Palästinenser einzuschüchtern und zu ermorden. Die Juden wurden von Shin Bet nicht genauso intensiv verhört wie die arabischen Terroristen. Dennoch legten alle Verdächtigen ein Geständnis ab, wurden verurteilt und kamen ins Gefängnis.

Man konnte Premierminister Begin zwar vorwerfen, er habe zu lange gezögert, als Recht und Ordnung von jüdischen Fanatikern verletzt wurden. Aber gegenüber ausländischer Bedrohung kannte er weder Geduld noch Gnade. Der Friedensschluß mit Ägypten bedeutete nicht, daß er seine Grundeinstellung geändert hatte.

Dies stellte er auch 1981 mit einer kühnen Entscheidung unter Beweis. Am 4. Juni zerstörten 14 F-15- und F-16-Kampfbomber der israelischen Luftwaffe den irakischen Atomreaktor in Bagdad. Militärisch war es eine einmalig erfolgreiche Aktion, die mit großer Genauigkeit aufgrund hervorragender Geheimdienstarbeit über eine beispiellose Entfernung hinweg durchgeführt wurde.

Der Hintergrund dieses Angriffs macht deutlich, welche Schlüsselrolle die Geheimdienste in Begins mutiger Außenpolitik spielten. Von dem Moment an, als bekannt wurde, daß der Irak von Frankreich einen Atomreaktor erwerben wollte, hatten Mossad und Aman das Ganze beobachtet und abgewartet. Der Gedanke, daß irgendein arabischer Staat – vor allem der radikale Irak – Atomwaffen bekommen könnte, bereitete der israelischen Regierung schlaflose Nächte.

Formell hatte Frankreich bereits 1975 zugestimmt, dem Irak zwei Atomreaktoren zu liefern, einen kleinen für Forschungszwecke und einen größeren mit einer Kapazität von 70 Megawatt. Die Iraker benannten das Projekt nach dem kanaanitischen Gott »Tammuz« und erinnerten damit zugleich an den arabischen Monat, in dem die Ba'ath-Partei 1968 an die Macht gekommen war.[235]

Bevor Begin 1977 Premierminister wurde, hatte die israelische Regierung Frankreich und andere Länder – wie Italien und Brasilien – auf dem Wege der Geheimdiplomatie davon abzubringen versucht, dem Irak die entsprechenden Anlagen, Uran und technisches Know-how zu liefern, die sie für das Projekt »Tammuz« versprochen hatten. Israel hatte auch die USA um eine Intervention gebeten, in der Hoffnung, daß Präsident Carters Kampagne gegen die Verbreitung von Atomwaffen Frankreich beeinflussen würde. Diese leisen Versuche blieben jedoch erfolglos. Der Bau des Atomreaktors an einem geheimen Ort in der Nähe von Bagdad schritt schnell voran.

Begin entschloß sich zu einer völlig neuen Politik. Er ließ seine Geheimdienstchefs zu sich kommen und erklärte ihnen, daß ab sofort die Zerstörung des größeren, zur Waffenherstellung geeigneten irakischen Reaktors zu den obersten nationalen Zielen Israels gehöre. Begin befahl ihnen, alle Anstrengungen zu unternehmen, um Informationen über »Tammuz eins« zu erhalten: wie schnell er gebaut werde und über das Ausmaß der Zusammenarbeit zwischen dem Irak und anderen Nationen.

Mehr als jeden anderen israelischen Führer verfolgte Begin die Erinnerung an den Holocaust der Nazis. Für ihn war die Ausrottung der sechs Millionen europäischen Juden nicht nur ein schreckliches Geschichtsereignis, sondern eine klare Warnung vor einer ständig lauernden Gefahr. Daher stand eines für Begin fest: Israel würde es keinem arabischen Staat erlauben, nukleare Offensivwaffen zu entwickeln.

Begins geheime Bataillone traten schnell in Aktion. In der ersten Aprilwoche 1979 reiste ein Agententeam auf verschiedenen Wegen nach Toulon in Frankreich. Ihr Ziel war ein großes Lagerhaus im Seeort La Seyne-sur-Mer, wo zwei Reaktorkerne für die Tammuz-Anlagen auf ihre Verschiffung in den Irak warteten. Die französischen Behörden sprachen später von extrem professioneller Arbeit: das Anbringen der Sprengkörper an den

Reaktorkernen, das Einstellen der Zündung auf drei Uhr, die Explosion und das spurlose Verschwinden der Angreifer.

Eine französische Umweltgruppe übernahm die Verantwortung für den Vorfall, aber das nahm niemand ernst. Der französische Geheimdienst SDECE kam sehr schnell zu dem Schluß, daß Israel hinter der Zerstörung der Reaktorteile steckte und die Tat höchstwahrscheinlich vom Mossad durchgeführt worden war.[236]

Begin und die israelischen Geheimdienste hofften, daß Frankreich die Explosion zum Anlaß nehmen würde, seine Hilfe für den Irak einzustellen. Diese Hoffnung aber wurde schnell zunichte. Die französische Regierung erklärte, sie würde ihre Vereinbarung mit dem Irak einhalten und neue Reaktorkerne liefern.

Begin entschied sich daraufhin für die letzte ihm verbliebene Möglichkeit: eine militärische Aktion gegen den Irak selbst. In Zusammenarbeit mit Generalstabschef Raful Eitan befahl er Mossad und Aman, die Möglichkeit zu prüfen, den Reaktor direkt vom Boden aus anzugreifen – sei es durch *Sayeret*-Kommandos oder andere irreguläre Einheiten. Von den Soldaten an den richtigen Stellen angebrachte Sprengkörper würden wahrscheinlich mehr Wirkung zeigen als ein Luftangriff. Vorsichtshalber befahl General Eitan der Luftwaffe jedoch, anhand von Spionageinformationen ein naturgetreues Modell des Reaktors zu bauen und die Bombardierung zu üben.[237]

Als die Vorbereitungen für den Angriff begannen, herrschten unter den Entscheidungsträgern erhebliche Differenzen. Ein Angriff auf Bagdad wäre der längste gewesen, den die Luftwaffe je geflogen war. Außerdem mußte man auf die bevorstehenden allgemeinen Wahlen Rücksicht nehmen. Wenige Wochen vor dem Wahltermin am 7. Juni 1981 erfuhren der Oppositionsführer Shimon Peres und einige ehemalige Generäle von der Arbeiterpartei durch Freunde und Exkollegen bei Militär und Nachrichtendienst von Begins Plänen. Peres ging daraufhin zu ihm und drängte ihn, den Irak nicht anzugreifen. Die Führer der Opposition befürchteten nicht zuletzt, daß ein Anschlag auf den Reaktor Begins Popularität und die seiner Likud-Partei noch steigern würde.

Einige der einflußreichsten Männer in den Nachrichtendiensten opponierten ebenfalls gegen eine offene Militäraktion.

Mossad-Chef Yitzhak Hofi und Aman-Direktor Shlomo Gazit, der im Februar 1979 von Yehushua Saguy abgelöst wurde, meinten, es würde noch sehr lange dauern, bis der irakische Reaktor »heiß« sei. Erst dann würde er wirklich gefährlich sein. Die beiden Nachrichtendienstler, die vielleicht sogar die Mehrheit vertraten, schlugen verstärkte diplomatische Initiativen vor. Sie warnten davor, daß eine Bombardierung Bagdads den Irak und den Iran veranlassen könnte, ihren Golfkrieg zu beenden und sich gegen Israel zu vereinen – gerade als sich der 1980 ausgebrochene Krieg zugunsten Israels auszuwirken begann. Außerdem würde der Überfall mit Sicherheit eine Flutwelle internationaler Entrüstung auslösen.[238]

Auf der anderen Seite sammelte sich um General Eitan eine starke Koalition aus Kabinettsmitgliedern des Likud, die für einen Angriff eintrat, angeführt von Ariel Sharon. Premierminister Begin war von der Richtigkeit seines Vorgehens fest überzeugt, und Aman-Chef Saguy plante die Operation mit ebensoviel Einsatz wie Effizienz. Der Anschlag wurde drei Tage vor der Wahl mit absoluter Perfektion ausgeführt. Der Likud-Block triumphierte bei der Wahl, und Begin blieb Premierminister.

Es stellte sich heraus, daß Begin, Sharon und Eitan in ihrer Einschätzung der internationalen Auswirkungen ebenfalls richtig gelegen hatten. Die Warnungen von Peres, Hofi, Gazit und anderen Mitarbeitern der Nachrichtendienste stellten sich als unbegründet heraus. Der diplomatische Schaden war gering, vor allem weil die USA und die UdSSR im stillen erleichtert waren, daß der irakische atomare »Turm von Babel« zerstört war. Die Supermächte sagten nicht viel. Wichtiger war, daß der neue sozialistische Präsident Frankreichs, François Mitterrand, den Angriff zum Anlaß nahm, die atomare Zusammenarbeit mit dem Irak zu beenden. Frankreich beschloß, den zerstörten Reaktor nicht zu ersetzen.

Der Angriff auf Bagdad wurde für die Begin-Regierung nach der Wiederwahl 1981 zum Ausgangspunkt für eine neue Außenpolitik. Der Premierminister war aggressiv und waghalsig, wenn ihm dies für die Verteidigung Israels notwendig erschien. Selbst einige seiner Kabinettskollegen waren von seiner außerordentlichen Risikobereitschaft überrascht.

Der neue Ton in der Politik der zweiten Amtszeit kam besonders in der Ernennung Sharons zum Verteidigungsminister zum

Ausdruck. Mehr als ein Jahr hatte Begin Sharon unerbittlich auf das Landwirtschaftsministerium beschränkt. Statt ihm den Posten zu geben, den er so leidenschaftlich anstrebte, hatte Begin sogar selbst das Verteidigungsministerium übernommen, als Ezer Weizman aus Protest gegen die neue militante Richtung zurücktrat. Während er sich noch gegen seine Ernennung sträubte, bemerkte er einmal halb im Scherz: »Sobald Sharon Verteidigungsminister wird, umstellt er das Büro des Premierministers mit Panzern.«[239]

Der Posten des Verteidigungsministers war für Sharon die Erfüllung seines ehrgeizigsten Traums. Aber er genügte ihm noch nicht. Im Grunde wünschte er sich auch die Kontrolle über die Nachrichtendienste.

Sharon hatte Begin bereits überredet, seinen alten Freund Rafi Eitan als Berater in Fragen der Terrorismusabwehr einzustellen. (Nicht zu verwechseln mit dem Generalstabschef Raful Eitan.) Rafi Eitan hatte als erfahrener Geheimdienstagent bereits 1960 bei der Gefangennahme Eichmanns mitgewirkt.

Beim Geheimdienst war Eitan als Rafi ha-Masriach, »Rafi der Stinker«, bekannt – nicht wegen irgendwelcher widerwärtiger Dinge, die er getan hatte, sondern weil er vor 1948 bei einer antibritischen Sabotageaktion für die Palmach in Palästina durch einen Abwasserkanal hatte waten müssen. Er war 1926 im Kibbuz Ein Harod im israelischen Jezreel-Tal geboren und übernahm bereits mit zwölf Jahren geheime Aufträge für die Haganah.

Am 15. Mai 1948, dem Gründungstag Israels, wurde er verwundet. Danach diente er in einer nachrichtendienstlichen Abteilung der Armee. Nach dem Unabhängigkeitskrieg rekrutierte ihn Isser Harel für das gemeinsame Operation Department von Shin Bet und Mossad. Von 1950 bis 1953 gehörte er offiziell Shin Bet an. Danach wurde er Operationschef beim Mossad. Er nahm praktisch an allen spektakulären Aktionen der Nachrichtendienste teil und war Zeuge bei der Hinrichtung Eichmanns. Dessen letzte Worte: »Ich hoffe, Sie werden mir bald folgen«, waren an Eitan gerichtet.[240]

1972 quittierte er den Dienst, als er erkannte, daß er keine Chance hatte, auf den Posten des ausscheidenden Mossad-Chefs Zvi Zamir nachzurücken. Mit Zamir hatte es scharfe Auseinandersetzungen über operationelle und personelle Fragen gegeben. Auch mit dessen Nachfolger Hofi, dem Eitan als Berater beigegeben wurde, verstand er sich nicht viel besser. Eitan begann sich der Meinung seines Freundes anzuschließen, daß der Mossad reformiert, gezähmt und sogar geschwächt werden müsse.

Nach seinem Ausscheiden aus dem Dienst versuchte sich Eitan im Alter von 46 Jahren in verschiedenen Geschäften: von der Aufzucht tropischer Fische bis zum Grundstückshandel im Westjordanland. Aber wie viele Agenten, die ins Zivilleben überwechseln, gelang es auch Eitan nicht, Fuß zu fassen. Sharon rettete schließlich seinen Freund und holte ihn 1978 als Experten für Terrorismusbekämpfung in den Staatsdienst zurück: ein Verbindungsposten mit geringen Machtbefugnissen im Umfeld der Geheimdienste.

Sharon entdeckte innerhalb des Verteidigungsministeriums auch den Geheimdienstschatz Lakam, das Science Liaison Bureau. Als systematischer und gründlicher Arbeiter studierte Sharon Lakams Geschichte anhand der Geheimakten des Ministeriums: die Entwicklung der Agentur vom Beschützer des Dimona-Reaktors zu ihrer führenden Rolle bei der Beschaffung des für Israels Verteidigung benötigten atomaren Materials.

Viele Mitarbeiter des Verteidigungs- und Nachrichtenapparates hielten Lakam-Direktor Binyamin Blumberg für ein Genie, obgleich man kaum Genaueres über seine Aufgaben und Aktivitäten wußte. Sharon jedoch gefiel nicht, daß Lakam ein privates »Lehensgut« geworden war, das so ziemlich tat, was es wollte, ohne sich irgendwem verantwortlich zu fühlen.

Die Führungsspitzen der Geheimdienste hatten zwar regelmäßig von Lakam einen Bericht über seine Tätigkeiten angefordert, aber Blumberg hatte diese Aufforderungen ebenso regelmäßig ignoriert. Verteidigungsminister Dayan dagegen hatte voll hinter dem höchst geheimen Science Liaison Bureau gestanden, ohne jederzeit genau wissen zu wollen, was sich dort tat. Er hatte die Verantwortung für Lakam an seinen Assistenten General Zvi Zur delegiert, und der General, der in den 60er Jahren Generalstabschef gewesen war, ließ Blumberg freie Hand. Diese liberale Haltung verstärkte sich noch, als Shimon Peres nach einer Unterbrechung von elf Jahren 1974 wieder ins Verteidigungsministerium zurückkehrte – als Nachfolger Dayans im Anschluß an die Schlappe im Yom-Kippur-Krieg.

Unter den wenigen Israelis, die über Lakam Bescheid wußten, waren einige, die Blumberg vorwarfen, er lasse seinen Freunden zu viele Informationen und Aufträge zukommen, die sich finanziell für sie auszahlten. Es entstand sogar das häßliche Gerücht, der Lakam-Chef profitiere selbst von diesen Geschäften, obgleich nur wenige seine asketische Rechtschaffenheit und seinen bescheidenen Lebensstil in Frage stellten. Dennoch sah sich die Führung des Verteidigungsministeriums schließlich gezwungen, den Klagen über ein fragwürdiges Management bei Lakam nachzugehen.

Nachdem Menachim Begin und sein rechtsgerichteter Likud-Block im Mai 1977 die Regierung übernommen hatten, verstärkten sich die Bemühungen, Blumberg loszuwerden. Der neuen Administration war er zu sehr mit der alten Arbeiterpartei verbunden.

Likuds stellvertretender Verteidigungsminister, Brigadegeneral Mordecai Zippori, vermutete sogar, daß einige Lakam-Aktivitäten zugleich als Geldwäsche für die Oppositionspartei dienten. 1979 versuchte er seinen Chef Ezer Weizman zu überreden, Blumberg zu entlassen, weil man ihn nicht kontrollieren könne. Weizman traf sich daraufhin mit Blumberg und ließ sich die Zusage geben, ihm zukünftig ausführlicher und öfter Bericht zu erstatten.

Sharon las Lakams Geschichte, hörte noch mehr darüber von verschiedenen Beratern und nahm danach die Vorwürfe gegen Blumberg wesentlich ernster als sein Vorgänger Weizman. Dies waren keine Querelen, hier wurden von Mitarbeitern des Lakam Verfehlungen angeprangert und Beweise dafür angeboten, daß die Agentur schwarzes Geld reingewaschen hatte.

Soweit Sharon selbst entscheiden konnte, brauchte er keinen besonderen Anlaß, um Blumberg zu entlassen. Der neue Verteidigungsminister hatte ohnehin geplant, einen eigenen Mitarbeiter auf den Posten zu setzen. Nun besaß er sogar einen passenden Vorwand. Nach drei Jahrzehnten im Geheimdienst, davon mehr als 20 Jahre als Lakam-Direktor, gab es um die Verabschiedung von Blumberg 1981 einen gewaltigen Sturm – allerdings nur innerhalb der Nachrichtendienste. Die israelische Presse nahm davon keine Notiz.

Sharon betraute umgehend seinen Freund Rafi Eitan mit der Leitung von Lakam. Zum erstenmal seit den Tagen Reuven Shiloas und den neun Monaten, als Meir Amit Direktor von Aman und Mossad war, bekleidete nun wieder ein ranghoher Offizier des Geheimdienstes zwei Posten. Außerdem hatte er auch zwei Vorgesetzte. Als Berater in Fragen der Terrorismusabwehr unterstand er Premierminister Begin, als Chef von Lakam aber Sharon.

Die Umbesetzung bei Lakam war für Sharon ein wichtiger Schritt bei seinen Anstrengungen, die dominierende Figur im israelischen Verteidigungs- und Nachrichtenwesen zu werden. Zwei unabhängige Organisationen standen ihm jedoch noch im Weg: Shin Bet und der Mossad. Sharon wußte, daß kein Premierminister auf seine unmittelbare Aufsicht über diese beiden Organisationen verzichten würde, aber er hoffte, Begin wenigstens überreden zu können, ihre beiden Chefs auszuwechseln. Vor allem wollte er Yitzhak Hofi loswerden.

Die Feindschaft zwischen Sharon und Hofi beruhte nicht nur auf grundsätzlichen Differenzen in Fragen von Politik und Verteidigung sowie der Rolle der Geheimdienste. Sie reichte viel weiter zurück. Im Anschluß an die Suez-Kampagne 1956 hatten vier Bataillonskommandanten der Fallschirmjäger gegen ihren Brigadekommandanten, Oberst Ariel Sharon, »rebelliert«. Der Führer der »Rebellen« war sein damaliger Stellvertreter, Oberstleutnant Yitzhak Hofi. Sie warfen Sharon Feigheit vor und behaupteten, er habe seine Leute nicht selbst in den Kampf geführt, was er immer als höchste Pflicht eines Kommandanten gepredigt hatte. Statt dessen habe er sich im Hintergrund gehalten.

Sharon und die »Rebellen« wandten sich an zwei neutrale Offiziere, die den Streit entscheiden sollten, aber die Schiedsrichter kamen zu gegenteiligen Schlüssen und konnten sich nicht auf ein gemeinsames Urteil einigen. Diese seltsame Episode blieb jahrelang ein Geheimnis. Aber Sharon hatte ein gutes Gedächtnis und vergaß Hofi die Meuterei nicht.[241]

Sharon beschloß, die einmalige Chance zu nutzen und endlich seine Rechnung mit Hofi zu begleichen. Die Möglichkeit hierzu lieferte ihm die Zerstörung des irakischen Reaktors im Juni 1981. Hofi hatte Begins Unwillen erregt, weil er von dem Angriff auf Bagdad abgeraten hatte.

Doch der Mossad-Chef ließ sich in keiner Weise von Sharon einschüchtern. Hofi hatte noch ein Jahr bis zur Vollendung einer achtjährigen Amtszeit, die längste Zeit, die irgend jemand seit Isser Harel am Ruder geblieben war. Für ihn war es an der Zeit, sich zurückzuziehen. Und so ging Hofi, statt sich auf eine bürokratische Verteidigungslinie zurückzuziehen, zu einem vehementen und nicht voraussehbaren Angriff über.

Am 18. Juni 1981 gab Hofi, ohne zuvor Begins Erlaubnis einzuholen, der israelischen Zeitung *Ha'aretz* ein Interview – als der anonyme »Chef des Mossad«. Darin riet er den Politikern, nicht so viel über ihre Verdienste um den Anschlag auf den irakischen Reaktor zu reden. Obgleich nach israelischem Recht sein Name nicht genannt werden durfte, war es das erste Mal, daß der Chef des Mossad an die Öffentlichkeit getreten war. Er beklagte, daß durch die zahlreichen Indiskretionen gegenüber den Medien über die Bombardierung Bagdads »ein gewaltiger Schaden verursacht worden sei und sich das Ganze wahrscheinlich nachteilig auf die Informationsquellen und die Verbindungen zu Partnern außerhalb Israels auswirken würde«.[242]

Natürlich lud dieses Interview zu Interpretationen und Vermutungen darüber ein, wen der Mossad-Chef mit seiner Kritik gemeint haben könnte. Einige Journalisten, die mit Hofi eng befreundet waren, gaben bereitwillig Auskunft: Seine Äußerung habe sich gegen Sharon und dessen umstrittenen Freund, den Zeitungskolumnisten Uri Dan, gerichtet.

Wie zu erwarten war, zahlte es ihm Sharon in gleicher Münze heim. Uri Dan publizierte höchstpersönlich eine ätzende Attacke auf den »ungenannten Mossad-Chef« in der Nachmittagszeitung *Ma'ariv* und giftete, das Interview habe der Opposition Munition geliefert. Genau das habe der Geheimdienstchef im Sinn gehabt: der Arbeiterpartei gefällig zu sein, die ihn in sein Amt eingesetzt hatte.

Dan behauptete ferner, Hofi stehe in ständigem Kontakt mit den Führern der Opposition, habe ihnen Geheimnisse verraten und den Premierminister in die Irre geführt, indem er ihm genaue Daten über den irakischen Reaktor vorenthalten habe. Der *Ma'ariv*-Kolumnist forderte Begin ausdrücklich auf, den Mossad-Chef zu entlassen.[243]

Der Premierminister lehnte es ab, Dans Aufforderung nachzukommen, obgleich bekannt war, daß Sharon dahinterstand und Begin durch Hofis nicht autorisiertes Interview verärgert war.[244] Dans Kolumne wurde als zu bösartig, zu voreingenommen und zu polemisch betrachtet. Die Herausgeber von *Ma'ariv* waren ziemlich ungehalten, und Dan quittierte seinen Job. Er wurde Medienberater bei Sharon und Sprecher des Verteidigungsministeriums.

Hofi jedoch war immer noch Chef des Mossad. Als erfahrener Taktiker erkannte Sharon, daß er seine Ziele nicht durch einen Frontalangriff erreichen konnte. Deshalb ging er zu einer indirekten Strategie über. Er gründete mehrere »Foren«, zumeist inoffizielle Beratungsgremien aus Regierungsbeamten und Bürgern. Politische Opponenten nannten diese Treffen im Büro des Verteidigungsministers in Tel Aviv »the war room« oder »Ariks Hof«.

Zu den Teilnehmern an diesen schnell zu einem einflußreichen Instrument werdenden Ausschüssen gehörte auch Rafi Eitan. Darüber hinaus zählten weitere ehemalige Mossad-Agenten zu dem »erlauchten Kreis«: Rehaviah Vardi, den Sharon zum Regierungs-»Koordinator« in den besetzten Gebieten ernannt hatte; Generalmajor Avraham Tamir, der Assistent des Ministers für Planung und Strategie; der Waffenhändler und ehemalige Aman-Agent Yaakov Nimrodi sowie von Zeit zu Zeit auch David Kimche, der ehemalige Agent in Afrika und zweiter Mann beim Mossad, der später aus dem Dienst ausschied und Generaldirektor des Außenministeriums wurde.

25 Jahre lang, seit seinem Eintritt in den Mossad im Jahr 1953, hatte der in England geborene Akademiker Kimche davon geträumt, Chef der Agentur zu werden. Ende der 70er Jahre hatte er sich eine gute Chance ausgerechnet, da Begin in ihm offensichtlich den natürlichen Nachfolger Hofis sah. Hofi machte ihm jedoch einen Strich durch die Rechnung, da er wegen seiner Extratouren nicht gut auf ihn zu sprechen war. Kimche verschwand häufig in geheimnisvollen Missionen, über die niemand Genaueres wußte – nicht einmal sein Chef. Im Mossad war der globetrottende Kimche als »der Mann mit dem Koffer« bekannt. Hofi beschuldigte seinen Stellvertreter ferner der Geldverschwendung. Kimche wies alle diese Vorwürfe zurück, wollte aber nicht länger bleiben, wo er offensichtlich nicht erwünscht war, und schied 1980 aus dem Mossad aus.

Er akzeptierte ein Angebot seines ehemaligen Mossad-Kollegen, Außenminister Yitzhak Shamir, und wurde Generaldirektor im Außenministerium. Seinen Traum, eines Tages doch noch

Mossad-Chef zu werden, gab er indessen nicht auf. Er blieb in Kontakt mit seinen alten Kollegen und hielt sich über alles auf dem laufenden, was in der Agentur geschah.

Rafi Eitan, Mossad-Veteran mit ähnlichen Ambitionen, ging daran, Lakams Aktivitäten auszudehnen. Das Science Liaison Bureau kümmerte sich um weit mehr als die wissenschaftliche Koordination. Eitan erreichte eine zehnfache Steigerung dessen, was Geheimdienstexperten als »Produktivität« bezeichnen. Wenn die Lakam-Leute zu Zeiten Binyamin Blumbergs 200 Dokumente im Jahr beschafften, so wurden es unter Eitan im gleichen Zeitraum 2000.

Lakam begann im Ausland in »Grauzonen« vorzustoßen, in ein operatives Niemandsland, das die alleinige Domäne des Mossad hätte sein sollen. Auch in seiner zweiten Funktion als Berater des Premierministers in Sachen der Terrorismusabwehr befand sich Eitan in einer dauernden Konfrontation und Diskussion mit dem Mossad. Hofi nahm Eitan seine eigenmächtigen Operationen ausgesprochen übel und beschwerte sich sowohl bei Begin als auch bei seinen Kollegen im Varash-Komitee darüber.

Für Sharon war es eine weitere gute Nachricht, als Avraham Ahituv als Shin-Bet-Chef durch Avraham Shalom abgelöst wurde. Dieser war ein alter Freund Rafi Eitans und hatte mit ihm unter anderem 1960 bei der Entführung Eichmanns zusammengearbeitet. Sharon und Shalom hatten in vieler Hinsicht die gleiche Wellenlänge.

Zufrieden zeigte sich Shalom auch über die Aussicht, daß ein weiterer seiner Verbündeten voraussichtlich die Leitung des Mossad übernehmen sollte. Begins erklärter Favorit als Nachfolger von Yitzhak Hofi war Generalmajor Yekutiel (Kuti) Adam, ein Offizier, der mit dem Mossad bereits bei gemeinsamen Projekten zusammengearbeitet hatte. Adam und Sharon hatten beide in den 50er Jahren bei den Fallschirmjägern gedient.

Sharons Selbstbewußtsein wuchs, und er scheute keine Anstrengungen, Israels Außen- und Verteidigungspolitik neu zu formulieren. Im Dezember 1981 hielt der neue Verteidigungsminister eine weitgespannte Rede, in der er erklärte, daß sich Israels Sicherheitsinteressen über das Gebiet der unmittelbar angrenzenden arabischen Staaten hinaus auch auf Pakistan, die nordafrikanischen Staaten und sogar auf noch weiter entfernte Länder Afrikas erstreckten.[245]

Sharon beschränkte sich nicht auf Worte, sondern versuchte, seine Vorstellung in einer Vielzahl von politischen, strategischen und nachrichtendienstlichen Projekten durchzusetzen.

Der Mossad sah sich bald mit eigenständigen Aktivitäten von Sharons Freunden konfrontiert: dem früheren Mossad-Agenten Nimrodi sowie Nimrodis Geschäftspartner Al Schwimmer, dem ehemaligen Vorstandsvorsitzenden der Israel Aircraft Industries. Ihre vielseitigen Geschäfte brachten sie häufig in Kontakt mit arabischen Kaufleuten und Politikern. Sharon war ihr politischer Berater und Mittelsmann zum israelischen Machtzentrum.

Nimrodi, der Millionen Dollar verloren hatte, als Ayatollah Khomeinis islamische Legionen den Schah des Iran stürzten, vertrat weiterhin die westlichen Interessen im Iran. Als anerkannter Experte hoffte er, den potentiellen Markt von 45 Millionen Iranern wieder für den Westen zu öffnen. Zum Teil erspähte er darin eine Chance, seine verlorenen Investitionen zurückzugewinnen. Sich selbst sah er als einen in der Wolle gefärbten Patrioten an, aber die Grenze, die Nimrodis eigene Interessen von denen des Staates Israel trennte, verwischte sich häufig.

Nimrodi und Schwimmer trafen sich mit dem saudischen Milliardär Khashoggi, arbeiteten einige Male geschäftlich mit ihm zusammen und fanden Gefallen am Austausch von Ideen, die nach ihrer Meinung den Mittleren Osten befrieden konnten. Die drei Männer glaubten an eine Koexistenz durch kapitalistische Kooperation. Khashoggi verschaffte Nimrodi ein geheimes Dokument, das vom Kronprinzen und wahrscheinlichen Erben des saudischen Thrones, Prinz Fahd, verfaßt war. Für Nimrodi war dies ein unerhörter Erfolg, was wiederum den Mossad wurmte, der ihm vorwarf, »überall herumzuwieseln« und die geheimdienstliche Arbeit zu stören.[246]

Der »Fahd-Plan« sprach zum erstenmal von einer saudischen Anerkennung des israelischen Staates. Nimrodi brachte ihn nach Israel, noch bevor er in Riad veröffentlicht wurde. Er selbst war von dem Plan hell begeistert; ihm gefiel vor allem, daß die Saudis als Gegenleistung für eine friedvolle Zusammenarbeit und die gegenseitige Anerkennung zwischen Israelis und Arabern nicht mehr verlangten als das Recht, die saudische Fahne über den heiligen Stätten der Muslime in Ostjerusalem wehen zu lassen – als Symbol ihrer Schutzherrschaft, wie in Mekka und Medina.

Premierminister Begin jedoch war auf Nimrodi wütend wegen des Versuchs, das Dokument als gemäßigt hinzustellen. Er dachte nicht daran, die israelische Souveränität über ganz Jerusalem auch nur in Frage stellen zu lassen. Die näheren Einzelheiten des Vorschlags interessierten ihn nicht. Seiner Meinung nach hatte Fahd nur die Forderungen des alten arabischen Extremismus umformuliert und versuchte erneut, Israel zur Aufgabe dessen zu bewegen, was für Begin die jüdische Heimaterde war.

Die Saudi-Affäre war jedoch nichts im Vergleich zu den aberwitzigen Plänen, die Ende 1981 und 1982 während einer Reihe geheimer Reisen entstanden. Dieses Netz von Kontakten könnte man als iranisch-sudanesische Affäre bezeichnen. Es verband Israel mit Saudi-Arabien und wurde in Nordafrika geknüpft.

Nimrodi und Schwimmer flogen als Khashoggis Gäste in dessen luxuriöser DC-8 von Europa nach Marokko, um sich mit ranghohen iranischen Offizieren zu treffen, die seit dem Sturz des Schahs dort im Exil lebten. Außerdem trafen sie sich mit dem Sohn des verstorbenen Schahs, Prinz Reza Pahlavi – unter Insidern als »Baby Schah« bekannt. Er war keine starke Persönlichkeit, aber die westlichen Geheimdienste interessierten sich für ihn, weil sie ihn für beeinflußbar hielten. Die CIA war ihm bei heimlichen Radio- und Fernsehbotschaften in den Iran behilflich, wo seine Worte jedoch wenig Nachhall fanden.

»Baby Schah« residierte mit Dienern und Soldaten in Marokko und plante seine nahezu unmögliche Rückkehr nach Teheran. Er erklärte Nimrodi, Schwimmer und Khashoggi, alles, was man brauche, sei Geld, um Waffen zu kaufen und Söldnertruppen zu bezahlen, die die Ayatollahs besiegen sollten.

Die beiden Israelis glaubten ernsthaft an den Erfolg eines solchen Planes und eilten nach Hause, um Sharon von ihren Gesprächen zu berichten. »Baby Schahs« Träume schienen gut in Sharons weiterreichende geostrategische Bestrebungen zu passen. Die Freunde des Verteidigungsministers waren begeistert. Nach einer Reihe sich überstürzender Telefonate und Treffen versammelte sich in Afrika eine größere Verschwörergruppe.

Es war eine ziemlich bunte Gesellschaft, die am 13. Mai 1982 auf dem gepflegten Rasen des Mount-Kenya-Safari-Clubs zusammenkam. In der Abgeschiedenheit des exklusiven, zu Khashoggis Besitz gehörenden Safari-Clubs schüttelten sich sechs Israelis, zwei Sudanesen und ein Saudi die Hände.

Das Treffen sollte für alle Zeiten geheim bleiben, aber die Atmosphäre war so zwanglos, daß einer der Teilnehmer sogar ein paar Schnappschüsse machte, während sie plaudernd zusammenstanden, unter ihnen auch Arik Sharon und seine Frau Lily, die er zu fast allen Geheimtreffen mitbrachte. Außerdem begleiteten ihn Nimrodi, Schwimmer, Kimche und Tamir.

Die Angelegenheit, die sie besprachen, war indessen ausgesprochen ernst. Die anwesenden Sudanesen waren Präsident Gaafar Numeiri und sein Geheimdienstchef Abu Tayeb. Sharon erinnert sich: »Ich war überrascht, wie angenehm und außerordentlich höflich der sudanesische Präsident war.«[247]

Aber Numeiri war auch »klug und scharfsichtig« – und sich mit Sharon darin einig, daß ihr gemeinsamer Feind Libyen sei. Der sudanesische Präsident war bereit, sich auf erheblich mehr einzulassen als die Zusammenarbeit mit dem israelischen Geheimdienst bei der Rettung der äthiopischen Juden. Jetzt planten Sharon und sein »Hofstaat« größeres mit Numeiri und seinem Land.

Das Ziel des Verteidigungsministers sah vor, den Sudan in ein gewaltiges Waffenlager für »spezielle Projekte« zu verwandeln. Saudi-Arabien würde das Ganze finanzieren: Khashoggi erklärte seinen Gästen, er besitze das Einverständnis von König Fahd, Schecks bis zu einer Höhe von 800 Millionen Dollar auszustellen – »falls notwendig, sogar über eine Milliarde«. Israel würde die Waffen besorgen, entweder aus eigener Produktion oder aus erbeuteten Beständen. Das Arsenal sollte neben Gewehren, Granatwerfern und Munition auch Panzer, Flugzeuge und Raketen umfassen.

Der Köder für Numeiri war das Geld, das in die Staatskasse beziehungsweise seine eigenen Taschen fließen würde. Den Kauf und Verkauf der Waffen sollten Nimrodi, Schwimmer und Khashoggi als Mittelsmänner übernehmen und dafür die übliche Provision erhalten.

Für Sharon eröffnete sich die Möglichkeit zu einem umfangreichen Exportgeschäft, in das er die über die Jahre von den PLO-Guerillas und den Arabern eroberten Waffen gut einbringen konnte. Der Plan, im Sudan ein Waffenarsenal anzulegen, bot Israel die Gelegenheit, die Saudis ein zweites Mal für Waffen und Munition bezahlen zu lassen, die die PLO und die arabischen Staaten bereits einmal von ihrem Geld gekauft hatten.

Aber gegen wen war das Ganze gerichtet? Ganz oben auf der Liste stand der Iran. »Baby Schah« und seine Generäle würden die Waffen bekommen, mit denen sie ihren Schlag gegen Ayatollah Khomeini führen wollten. Statt eine unbedeutende Oppositionsrolle zu spielen, könnten Reza und seine Anhänger plötzlich zu einer echten Gefahr für die islamische Republik werden und den Iran wieder ins westliche Lager zurückführen.

Auch Guerillagruppen in Nordostafrika sollten mit Waffen versorgt werden, sofern sie Regierungen bekämpften, die sich Israel, dem Sudan oder dem Westen gegenüber feindselig verhielten. Bürgerkriege dieser Art konnten in Afrika, Asien und auch in der arabischen Welt unterstützt werden. Grenzen gab es dafür nicht. Numeiri und die Israelis vereinbarten für Juli 1982 ein weiteres Treffen in Alexandria, um nähere Einzelheiten zu besprechen.

Der Mossad war von dem Mount-Kenya-Treffen ausgeschlossen gewesen, bestand aber auf einem umfassenden Bericht. Kimche informierte ihn nach seiner Rückkehr ins Außenministerium darüber, daß Präsident Numeiri einer ständigen Mossad-Station in Khartoum zugestimmt habe. Ferner habe er seine weitere Zusammenarbeit bei der Auswanderung der äthiopischen Juden zugesagt.

Yitzhak Hofi war natürlich erfreut, eine neue Mossad-Station in einer arabischen Hauptstadt zu bekommen, aber es ärgerte ihn, daß man ihn von dem Treffen mit Numeiri ausgeschlossen hatte. Die Israelis, die die Beziehung zu Adnan Khashoggi hergestellt hatten, ließen sich ohne den Mossad auf eine große Geheimaktion ein. Die Agentur hatte den saudischen Magnaten nie gemocht und ihm nie getraut. Nun drohte »Ariks Hof«, in Hofis Zuständigkeitsbereich einzubrechen.

Unabhängig von den verschiedenen Aspekten der internationalen Politik und den bürokratischen Zuständigkeiten bereitete das iranisch-sudanesische Projekt den Analytikern des Mossad zusätzliche Sorgen. Was den Iran betraf, war der Mossad der Meinung, daß die Zeit Rezas und seiner machtlosen Generäle vorbei sei. Eine begrenzte Invasion in den Iran, der damals die gewaltige Armee des Irak in Schach hielt, konnte kaum erfolgreich sein. Sehr viel wahrscheinlicher war, daß die Aktion eine äußerst peinliche Lage heraufbeschwören und möglicherweise die Drahtzieher bloßstellen würde.

Bezüglich der weiteren geostrategischen Ziele, die Sharon mit dem nordafrikanischen Waffenlager verfolgte, glaubten Hofi und der Mossad, daß der Verteidigungsminister die Möglichkeiten und Interessen des Staates Israel überstrapazierte. Vor allem aber stand für den Mossad – in diesem wie in anderen Fällen – fest, daß es keine gute Idee war, den Arabern zu vertrauen. Mit Sicherheit nicht in einem solchen Maß, um Leben, Gesundheit, Geld und Prestige der Israelis im Vertrauen auf die Kooperation und das Wohlwollen von Staaten wie Saudi-Arabien und den Sudan zu riskieren.

Außenminister Shamir hatte ebenfalls wenig Zutrauen zu den Arabern. In der Einschätzung des Sudan-Projekts stand er auf seiten des Mossad und ließ sich insoweit auch nicht von seinem Generaldirektor Kimche umstimmen. Premierminister Begin wollte sich nicht festlegen und verlangte von Sharon und seinen Freunden zunächst einmal überzeugendere Beweise dafür, daß der Umsturzversuch im Iran erfolgreich sein könnte.

Der Mossad hatte nicht die Absicht, die Angelegenheit auch nur einen Schritt weiter gedeihen zu lassen. Hofi hielt das Ganze für eine schlechte Idee für Israel und besonders für den Mossad. Er sandte einen seiner Spitzenleute über Europa nach Marokko, um mit »Baby Schah« zu reden. Der ranghohe israelische Agent gab sich Reza zu erkennen – wenn er auch nicht seinen wahren Namen nannte – und erklärte dem jungen Prinzen unumwunden: »Ich bin von den höchsten Kreisen in Israel beauftragt, Ihnen zu sagen, daß die Israelis, mit denen Sie zusammengetroffen sind, keine Vertretungsbefugnis besitzen. Sie würden Sie nur in Schwierigkeiten hineinziehen. Bitte arbeiten Sie zukünftig direkt mit uns zusammen. Das Sudan-Projekt interessiert uns allerdings nicht.«[248]

Der Mossad-Abgesandte flog nach Tel Aviv zurück, zur Tarnung wiederum über Europa. Seine Mission war erfüllt. Das kolossale, von Sharon, Nimrodi, Kimche und den Arabern entwickelte Projekt war gestorben. Es war eine ungewöhnliche Art, Regierungsgeschäfte zu führen, gleichsam als hätte das Pentagon hinter dem Rücken des State Departement eine politische Initiative gestartet und die CIA hätte den Plan sabotiert.

Dieser iranisch-sudanesische Plan war der Anfang vom Ende der Strategie, die Sharon während seiner Amtszeit als Verteidigungsminister entwickelte. Neben vielen anderen komplexen Ideen hatte er sich vor allem auf ein näher gelegenes strategisches Ziel konzentriert: einen neuen Libanon zu schaffen.

Er war entschlossen, die militärische Infrastruktur der PLO im südlichen Libanon zu zerschlagen – nach den Worten der israelischen Politiker »ein terroristischer Staat im Staat«. Nach einer Reihe schmerzhafter Guerilla-Überfälle und Raketenangriffe auf israelische Städte und Kibbuzim im nördlichen Galiläa, auf die Israel mit Luftangriffen und Artilleriefeuer antwortete, hatte Begin im Juli 1981 widerstrebend einem von Amerika unterstützten Waffenstillstand mit der PLO zugestimmt. Es war jedoch klar, daß dies nur eine vorübergehende und schwache Übereinkunft war. Palästinensische Splittergruppen griffen weiterhin israelische Soldaten an, und Armee wie Luftwaffe brannten nur darauf, zurückzuschlagen.

Begin und Sharon empfanden beide einen abgrundtiefen Haß auf die PLO. Für sie war die PLO eine Gruppe von Mördern, die Israel auslöschen wollte. Der Premierminister verglich Jasir Arafat öffentlich mit Adolf Hitler. Es war nur eine Frage der Zeit, daß Israel die palästinensischen Festungen im Libanon angriff. Die einzige Frage war, wann die Israelis zuschlagen würden und wie umfangreich und ehrgeizig ihr Unternehmen sein würde.

Um die einzelnen Möglichkeiten zu klären, trafen sich Sharon und General Tamir im Januar 1982 in Genf insgeheim mit dem syrischen General Rifa'at Assad, dem Bruder des Präsidenten. Dieses Treffen bewies wieder einmal, daß in der geheimen Diplomatie des Mittleren Ostens alles möglich ist. Immerhin unterhielt sich hier einer der militantesten israelischen Minister auf freundliche Weise mit einem führenden Vertreter des bedrohlichsten, kriegslüsternsten Gegners Israels. Rifa'at Assad war ein schillernder, grausamer und umstrittener Offizier, ein Genußmensch und Frauenheld. Im übrigen war er Realist, für den Israel nach außen hin nicht existieren mochte, der aber gleichwohl dessen Macht respektierte. Er wußte, daß Israel und Syrien trotz ihrer Feindschaft zumindest zwei gemeinsame Interessen hatten: die Schwächung der PLO und die Stabilisierung des Libanon durch eine Teilung.

Daß man sich in Genf an einen Tisch setzte, war allein schon ein Fortschritt. Das Ergebnis war indessen gleich null. Es ist nicht klar, ob der Syrer seinen israelischen Feind mit Einwilligung seines Bruders, Präsident Hafez el-Assad, traf, aber es spricht viel dafür.

Israels Bemühungen, seine Interessen im Libanon zu fördern, erforderten eine ständige Geheimdiplomatie. Der Mossad und Aman unterhielten seit acht Jahren enge Beziehungen zu den dortigen christlichen Milizen, den Phalangisten. Erste Kontakte waren 1974 geknüpft worden, als die christlichen Führer ihre dominierende Stellung zu verlieren fürchteten. Ihre moslemischen Rivalen hatten sich mit den zahlreichen Palästina-Flüchtlingen im Libanon zu einer Koalition zusammengeschlossen, gewannen damit an Macht und Einfluß und verlangten ein entsprechend größeres Stück vom politischen Kuchen. Die christlichen Politiker lehnten jedoch hartnäckig jede Reform des bestehenden Systems ab.

Schließlich überredete Jordaniens König Hussein, der selbst geheime Beziehungen zu Israel unterhielt, die Chefs der christlichen Milizen, Camille Chamoun und Pierre Gemayel, ebenfalls Beziehungen zum jüdischen Staat aufzunehmen. Chamoun, ein ehemaliger libanesischer Präsident, und Minister Gemayel führten vor allem Mitte der 70er Jahre lange Gespräche mit Premierminister Rabin. Man kam überein, daß Israel der phalangistischen Miliz helfen würde – die ironischerweise als bewundernde Nachahmerin der Nazis und anderer europäischer Faschisten der 30er Jahre begonnen hatte.

Auf israelischer Seite war der Mossad für die Beziehungen zu den Phalangisten zuständig. Er war besonders an Pierre Gemayels Sohn Bashir interessiert. Der junge Gemayel war Rechtsanwalt, aber in diesem Land der Gesetzlosigkeit war er als rücksichtslos, schlau und mörderisch bekannt. Er zögerte nicht, seine christlichen »Verbündeten« zu ermorden – Mitglieder der Familien Chamoun und Franjieh –, um alleiniger Führer der Miliz zu werden.

Im Rahmen seiner Ausbildung hatte Bashir Gemayel in den 70er Jahren für eine Anwaltsfirma in Washington D. C. gearbeitet. Damals war die CIA an ihn herangetreten, und der Sohn des christlichen Milizführers hatte sich als bezahlter Informant anwerben lassen. Die Amerikaner zahlten Gemayel Tausende von

Dollar. Das Geld war gut angelegt, denn Bashir – obgleich das jüngste von Pierres sechs Kindern – wurde 1976 unter Umgehung seiner Brüder zum Leiter der größten christlichen Miliz seines Landes bestimmt.[249]

Nachdem der Mossad den christlichen Phalangisten geholfen hatte, den libanesischen Bürgerkrieg der Jahre 1975/76 zu überstehen, erhielt er die Erlaubnis, eine neue »Station« mit einem starken Sender im Hafen von Jounieh zu errichten. Die Christen waren zwar im übrigen Libanon von feindlichen Muslimen und Palästinensern umstellt, aber über diesen nördlich von Beirut gelegenen Hafen besaßen Gemayel und sein Clan die absolute Kontrolle. Außer den Agenten des Mossad kamen auch Offiziere der Armee nach Jounieh und gründeten mit Gemayels Phalangisten ein offizielles Verbindungsbüro, was weit mehr war als alles, was Israel sonst in arabischen Ländern hatte erreichen können.

Gleichzeitig formierten die Israelis eine eigene libanesische Miliz im Südlibanon, um die zunehmende Präsenz der PLO zu bekämpfen und Israels nördliche Grenze zu schützen. Sie bekam den Namen South Libanese Army und wurde von örtlichen Christen in und um die Stadt Marjayoun dominiert. Die SLA-Soldaten trugen israelische Uniformen, von denen nur die israelischen Abzeichen entfernt worden waren, und fuhren in Panzern und Jeeps umher, bei denen dies nicht immer der Fall war.

Für Ausbildung, Ausstattung, Finanzierung und Bekleidung der SLA war Aman zuständig. Auch Phalangisten aus dem Nordlibanon wurden von der israelischen Armee trainiert. Soweit es um geheimdienstliche Aufgaben und Verhörtechniken ging, übernahmen Mossad- und Shin-Bet-Experten die Einweisung. Chef des kleinen, mit israelischer Hilfe gegründeten Sicherheits- und Nachrichtendienstes der Phalangisten war Eli Hobeika.

Aman und Mossad unterstützten die Kontakte zu den Phalangisten uneingeschränkt, da sie sich wichtige Vorteile für Israel davon versprachen. Sie ermöglichten es Israel, weitgespannte Informationsnetze aufzubauen, die die neuesten Daten über die palästinensischen Guerillagruppen, die syrische Armee und die politische Entwicklung in diesem Teil der arabischen Welt lieferten. Die geheimen Verbindungen zum Libanon paßten im übrigen auch in das traditionelle, »periphere« Konzept der israelischen Politik. Die Christen des Libanon konnten die Freunde der Juden sein, weil sie die Feinde der Muslime waren.

Bis 1981 tat Israel nicht mehr, als den Phalangisten zu helfen, sich selbst zu helfen. David Kimche, der damalige Verantwortliche für die Mossad-Aktivitäten im Libanon, sagte später, die israelischen Verbindungsoffiziere in Jounieh hätten die Christen nie darüber im Zweifel gelassen, daß Israel nicht für sie die Kastanien aus dem Feuer holen werde. Erst nach seiner Wiederwahl wies Begin Hofi an, die Kontakte zu den Phalangisten auszudehnen und zu vertiefen. Sharon ging noch weiter.

Die christlichen Führer, die Begins moralische Verwundbarkeit kannten, begannen ihn unter Druck zu setzen, Israels Hilfe zu verstärken. Sie jammerten, daß sie in Gefahr seien, von Syrien geschluckt zu werden, inszenierten Provokationen und verbreiteten Horrormeldungen, um ihre Behauptung zu untermauern. Begin mit seiner Sympathie für unterdrückte Minderheiten – besonders, wenn die Unterdrücker muslimische Araber waren – verspürte Mitleid.

Sharon indes hatte keine Besorgnis, daß die Christen im Libanon ausgelöscht werden könnten. Aber Bashir Gemayel war ein Mann nach seinem Herzen, der bereit und vielleicht auch dazu in der Lage war, Sharons Strategie durchzusetzen und dem Mittleren Osten eine neue Ordnung zu geben.

In der Nacht zum 12. Januar 1982 traf sich eine kleine, aber mächtige Gruppe Israelis auf einem Militärflughafen in der Nähe von Tel Aviv. Unter ihnen Ariel Sharon und General Tamir als Vertreter des Mossad, Aman-Chef General Yehoshua Saguy und weitere hohe Armeeoffiziere. Sie erhielten eine kurze Anweisung, wie sie sich zu verhalten hätten, falls irgend etwas schiefging, und auf welchem Weg sie – falls nötig – fliehen könnten. Dann flogen sie in einem Armeehubschrauber davon.

Es war ein seltsamer Flug ins Unbekannte für diese Männer, die für die Sicherheit Israels verantwortlich waren. Sie blickten auf die Schwärze des Mittelmeeres hinab und dann auf die blinkenden Lichter an der libanesischen Küste. Sie versuchten, die überflogenen Orte zu identifizieren, bis schließlich die hellen Lichter von Beirut vor ihnen auftauchten. Der Helikopter flog nordwärts zu einem Landeplatz in Jounieh, wo sich Sharon und seine Kollegen mit dem Chef der örtlichen Mossad-Station trafen.

Bashir Gemayel hatte man nur davon unterrichtet, daß ein »ranghoher israelischer Beamter« zu kommen beabsichtige, aber er hatte bereits erraten, wer es war. Lächelnd begrüßte der junge Phalangistenführer den stämmigen Sharon: »Ich wußte, daß Sie kommen würden. Ich habe auf Sie gewartet.«

Bei einer Reihe aufwendiger Gastmahle, unterbrochen von verschiedenen Ausflügen nach Beirut, arbeiteten beide Seiten intensiv daran, zu einer umfassenden und grundlegenden Übereinkunft zu kommen. Als Sharon nach Israel zurückkehrte, triumphierte er vor seinen Freunden: »Ich habe das Abkommen mit den Christen zum Abschluß gebracht. Jetzt können wir an die Arbeit gehen. Ich habe ihnen die Füße gefesselt.«[250]

Genau fünf Wochen später wurde der Vertrag über die Zusammenarbeit bestätigt, als Gemayel nach Israel kam, um sich mit Präsident Begin zu treffen. Sharon wollte, daß Begin sich persönlich überzeugte.[251]

Die Forderung des Verteidigungsministers nach einer überzeugenden und umfassenden Allianz mit den Phalangisten löste eine heftige Debatte innerhalb der israelischen Nachrichtendienste aus. Aman bestand nachdrücklich darauf, Israel könne den Christen nicht so weit trauen, daß es zu ihrer Unterstützung irgendwelche Truppenbewegungen vornähme. Dem militärischen Abschirmdienst lagen Berichte vor, wonach Gemayel gleichzeitig Verbindungen zur syrischen Führung und in gewissem Umfang auch zur PLO aufgenommen hatte.

Aman widersetzte sich ferner einem militärischen Unternehmen, das die israelische Armee in Konfrontation mit den syrischen Streitkräften im Libanon bringen würde. Sharon blieb jedoch dabei, die Zeit sei gekommen, den Lauf der Geschichte nach seinen Plänen zu ändern. Zur Überraschung aller fand er im Mossad, einer Organisation, der er im allgemeinen mit äußerster Zurückhaltung begegnete, einen Verbündeten.

Hofi meinte tatsächlich, Sharons Plan könne klappen. Der Mossad benahm sich, als habe er die heiligste Regel des Geheimdienstes vergessen: niemals mit seinen Partnern zu intim zu werden. All die aufwendigen Essen der Mossad-Leute in Beirut und all die fruchtbaren, geheimen Gegenbesuche der Phalangisten in Israel hatten eine Allianz besiegelt, die wenig Raum für Fragen und Zweifel ließ. Gemayel und seine Männer legten großen Wert darauf, sich mit allem einverstanden zu erklären, was die

Israelis sagten, und versäumten nie, ihren Haß auf die PLO zu betonen.[252]

Als für ihn feststand, daß er den internen bürokratischen Streit verloren hatte, entschloß sich Aman-Chef Saguy, die Amerikaner zu informieren. Bei einem Besuch in Washington Ende Januar 1982 warnte der Direktor der militärischen Spionageabwehr den Außenminister der USA, Alexander Haig, daß die Israelis keine andere Möglichkeit sähen, als im Libanon einzumarschieren. Ein paar Monate später flog auch Sharon nach Washington, um die Warnung zu wiederholen.[253]

Vom 2. bis 4. Juni befand sich der Verteidigungsminister auf einer geheimen, vom Mossad arrangierten Mission in Rumänien. Als Familienbesuch getarnt, bot Sharon der einzigen kommunistischen Regierung, die diplomatische Beziehungen zu Israel unterhielt, die »technologische Zusammenarbeit« an. In seiner Begleitung befanden sich Experten von Israel Military Industries und Israel Aircraft Industries.[254]

Am 3. Juni wurde der israelische Botschafter in London, Shlomo Argov, von Palästinensern zum Krüppel geschossen, die ihm nach einer diplomatischen Party aufgelauert hatten. Die Täter gehörten zur renegaten Gruppe um Abu Nidal und damit nicht zur eigentlichen PLO. Aber für Sharon war der Mordversuch »nur das Streichholz, das die Lunte entzündete«.[255]

Israel war nun entschlossen, im Libanon einzumarschieren, um mit Hilfe der libanesischen Christen die PLO zu vernichten.

Am 6. Juni schickte Sharon seine Truppen über die Grenze. Es war der zweite Krieg, den Israel begann – der erste war der Suez-Krieg im Jahr 1956. Er wurde Sharons Waterloo. Genau wie Aman vorausgesagt hatte, hielten die christlichen Streitkräfte nicht Wort. Sie unterstützten die Israelis nicht im Kampf gegen die PLO, und Gemayel weigerte sich später, einen endgültigen Friedensvertrag mit Israel zu unterzeichnen. Sharon versank im libanesischen Sumpf.

Erklärtes Ziel des Angriffs war die Vernichtung der palästinensischen Artillerie- und Raketenstützpunkte, die die Zivilbevölkerung im Norden Israels bedrohten. Die Invasion trug den Namen »Frieden für Galiläa«.

Die israelische Führung hoffte, daß eine spektakuläre Niederlage der PLO zugleich die Loyalität untergraben würde, die die palästinensischen Organisationen im Westjordanland und im

Gazastreifen der PLO gegenüber empfanden. Begin wollte Israels Macht in den besetzten Gebieten verstärken, bot den arabischen Einwohnern aber zugleich eine Art »Autonomie«, wie er dies im Friedensvertrag mit Ägypten versprochen hatte. Die PLO war strikt gegen eine solche Autonomie. Sie verlangte die volle Souveränität. Begin dagegen wollte die andersdenkenden palästinensischen Führer ermutigen, die zu einer Zusammenarbeit mit den Israelis bereit waren.

Sharons Vorstellungen waren ehrgeiziger. Er befahl seinen Panzern, weiterzurollen, zu kämpfen und bis an den Rand Beiruts vorzudringen. Dort sollten sie sich mit den christlich-libanesischen Streitkräften verbinden und ihnen helfen, dem Land ihr Recht und Gesetz aufzuerlegen. Der Plan sah ferner die Wahl Bashir Gemayels zum Präsidenten des Libanon vor. Er sollte die Syrer aus dem Land vertreiben und einen offiziellen Friedensvertrag mit Israel abschließen. Gemayel würde darüber hinaus alle Palästinenser zwingen, das Land zu verlassen, entweder per Schiff in den Mittleren Osten oder auf dem Landweg nach Syrien.

Am fünften Tag des Krieges traf Sharon ein harter Schlag, der seine Pläne bezüglich der israelischen Nachrichtendienste durchkreuzte. Sein enger Freund »Kuti« Adam wurde am 10. Juni bei einem Gefecht getötet. Damit war der Spitzenkandidat für den Posten des Mossad-Chefs tot.

Dennoch war es nach acht Jahren an der Zeit, Yitzhak Hofi abzulösen. Begin wandte sich an Hofi selbst und bat ihn um seinen Rat. Am 27. Juni empfahl der Premierminister dem Kabinett Hofis Stellvertreter, Nahum Admoni, als neuen Chef des Auslandsgeheimdienstes.

Zum erstenmal wurde damit ein Mann zum Leiter der Agentur gewählt, der als Offizier im Mossad selbst Karriere gemacht hatte. Traditionsgemäß wurde Amonis Name aus Sicherheitsgründen nicht veröffentlicht. Insider beschrieben ihn jedoch als einen »schwer einzuordnenden« und »durchschnittlichen« Mann, einen eher farblosen Bürokraten, der jedoch als standfest und besonnen galt. Er war 53 Jahre alt, hatte in Amerika studiert und 28 Jahre lang als Geheimdienstagent auf verschiedenen Posten im Ausland gearbeitet. Admoni hatte sich die Stufenleiter hinaufgedient.

Seine Familie war Mitte der 20er Jahre aus Polen nach Palästina eingewandert und hatte ihren Namen von Rotbaum in Admoni geändert. Sein Vater hatte als Architekt die Jerusalemer Parks angelegt. Die Admonis wohnten im exklusiven Rehavia-Viertel – nicht weit vom luxuriösen King David Hotel. Vor der Unabhängigkeit Israels 1948 wie auch später kam ein hoher Prozentsatz der israelischen Prominenz aus Rehavia: Regierungsbeamte, Kabinettsmitglieder, Universitätsprofessoren, Armeeoffiziere und Geheimdienstagenten.

Als Heranwachsender diente Nahum Admoni in der Haganah und ihrer geheimdienstlichen Abteilung Shai. Kurz nach dem Unabhängigkeitskrieg ging er nach Amerika und studierte an der University of California in Berkeley internationales Recht. Admoni arbeitete in einer jüdischen Sonntagsschule, als Aufseher in einer Synagoge und in einer Fabrik, die Uniformen für die US-Armee herstellte. Er traf und heiratete seine Frau in Kalifornien, und es ging ihnen nie besser als in den fünf Jahren an der amerikanischen Westküste. Es war die einzige Zeit in seinem Erwachsenenleben, in der er sich dem Druck des Untergrundkampfes gegen Israels Feinde entziehen konnte.

Admoni wollte eigentlich Diplomat werden, nahm aber im Anschluß an seine Rückkehr nach Israel einen Posten als Ausbilder an der Sonderakademie der Geheimdienste in Jerusalem an. Auch David Kimche war dort Lehrer, der später sein Rivale um die Leitung des Mossad werden sollte. Es lag nahe, daß der Mossad Admoni aus der Schar der Ausbilder heraus für den aktiven Dienst rekrutierte. Von Washington bis Äthiopien verbrachte Admoni drei Jahrzehnte in der politischen und Liaison-Abteilung des Geheimdienstes. Jahrelang war er an allen Kooperationsprojekten mit der CIA beteiligt und entwickelte sich zu einem Experten für »alternative« Diplomatie zugunsten Israels. Dagegen besaß Admoni relativ wenig Erfahrung in Feldoperationen. Er war kein Abenteurer, und er war kein Killer; er war solide und wurde wegen seiner sorgfältigen Arbeit geschätzt.

Als der libanesische Krieg immer blutiger und zunehmend unerfreulicher wurde, holte die Realität eines besetzten Territoriums, das sich von Israels nördlicher Grenze bis Beirut hinzog, den anfänglichen Glauben Sharons an einen Blitzsieg ein.

Avraham Shaloms Shin Bet erhielt den unerfreulichen Auftrag, im Libanon einzugreifen, Verbündete zu suchen und Feinde zu bekämpfen. Schiitische Moslem-Dörfer, die die vorrückenden israelischen Truppen zuerst begeistert begrüßt hatten, weil sie die verhaßte PLO hinausjagten, wurden jetzt zu Zentren antiisraelischen Terrors – inspiriert vom Bild Ayatollah Khomeinis sowie von einigen aktiven Agenten. Selbstmörderische Bombenattentäter, deren Kameraden 1983 in Beirut mehr als 250 US-Matrosen und französische Soldaten getötet hatten, griffen israelische Einheiten im Süden an. Fanatische Schiiten führten sprengstoffbeladene Fahrzeuge an ihr Ziel und jagten sich selbst in die Luft. Sie verdienten sich den Himmel, indem sie die Juden an die Grenze zurückdrängten.

Auf diese Art der Auseinandersetzung war Shin Bet in keiner Weise vorbereitet. Shalom und seine Mitarbeiter hatten im Westjordanland und im Gazastreifen zwar seit 1967 Erfahrungen mit Palästinensern gesammelt, die kaum sehr glücklich waren, unter israelischer Herrschaft zu leben. Aber diese hatten sich nie selbst in die Luft gejagt, um gegen ihren Gegner einen Punkt zu gewinnen.

Im Sommer 1982 hatten die israelischen Armee-Einheiten Beirut umstellt. Israels Luftwaffe beherrschte den Himmel, um einem eventuellen syrischen Flugzeug- oder Raketenangriff zuvorzukommen. Shin Bet begann, im südlichen Libanon für Recht und Ordnung zu sorgen. Inzwischen baute sich eine bürokratische Front auf, als Shin-Bet-Agenten bei ihrer Arbeit auf ihren Rivalen Rafi Eitan stießen, der in seiner Eigenschaft als Berater des Premierministers in Terrorismusfragen im Land herumfuhr. Nicht zuletzt war Eitan dort, weil Sharon von seinem Freund erwartete, daß er ein Auge auf die Arbeit von Shin Bet warf.

Sein weniger zuverlässiger Freund Bashir Gemayel wurde planmäßig am 23. August zum neuen Präsidenten des Libanon gewählt. Er kam ein paar Tage später heimlich nach Nahariya, um sich mit Premierminister Begin zu treffen. Am 12. September stattete Sharon Gemayel in dessen Haus in der Nähe Beiruts einen Gegenbesuch ab. Sie vereinbarten, daß Sharon am 15. September noch einmal mit Außenminister Yitzhak Shamir kommen sollte.[256]

Statt dessen lösten sich Sharons Libanon-Pläne am 14. September in Rauch auf. Über Sprechfunk erreichte ihn im Auto die dringende Aufforderung, sich sofort mit dem Chef des Mossad in Verbindung zu setzen. Sharon, der unterwegs zu seiner im südlichen Israel gelegenen Farm war, rief umgehend von einer nahegelegenen Armeebasis aus in Tel Aviv an.

Yitzhak Hofi, der wegen der Amtsübergabe an Admoni noch in seinem Büro war, informierte Sharon mit dürren Worten, daß Gemayel von einer in seinem Hauptquartier in Beirut gezündeten Bombe in Stücke gerissen worden war. Erste Anzeichen deuteten darauf hin, daß die Syrer dafür verantwortlich waren. Für Hofi, der sich nun in einem Moment der Unsicherheit statt des Sieges aus dem Nachrichtendienst verabschiedete, war das Ganze höchst unbefriedigend und enttäuschend. Aber für Sharon war es schlicht eine Katastrophe. Die Entwicklung, mit der der Verteidigungsminister gerechnet hatte – die Schaffung normaler Beziehungen zwischen Israel und dem Libanon –, hätte den unseligen Krieg beenden können. Nun war die ganze Sache in die Luft geflogen. Gemayel war nur wenige Tage vor seiner Vereidigung als Präsident ermordet worden.

Am nächsten Morgen, dem 15. September, flog Sharon mit einem Hubschrauber in den Libanon. Auf seinem Kondolenzbesuch bei der Familie Gemayel wurde er von der gesamten Hierarchie der Geheimdienste begleitet: Aman-Kommandant General Yehoshua Saguy, Shin-Bet-Chef Avraham Shalom und dem stellvertretenden Mossad-Chef Menahem (Nahik) Navot. Sie kamen gerade noch einmal mit dem Leben davon. Der Mann, der fast sämtliche Geheimdienstchefs in Gefahr brachte, war der Aman-Oberst, der sie am Flugplatz abholte und sie zum Familienbesitz der Gemayels bringen sollte. Der Oberst, der als Verbindungsoffizier zu den Phalangisten in Beirut stationiert war, verfuhr sich. Er brachte Sharon, Saguy, Shalom und Navot in unmittelbare Nähe der PLO-Stellungen im moslembeherrschten Westbeirut. Zu ihrem Glück hielt sie ein christlicher Polizist an und bedeutete ihnen, eilends aus der Gegend zu verschwinden. »Ich weiß nicht, wer der Polizist war«, erinnert sich Sharon, »aber ich habe keinen Zweifel, daß er uns das Leben gerettet hat, einschließlich des Obersten, der die Idee hatte, diese Abkürzung zu nehmen.«[257]

Irgendwie erreichten sie das Haus der Gemayels, und Sharon drückte Bashirs Vater, Pierre Gemayel, sein Beileid aus. Bei dem anschließenden Gespräch, das einen überraschend formellen Charakter annahm, fungierte Navot als Protokollführer. Kurz gesagt, das Treffen war wichtig – für die weitere Entwicklung sogar lebenswichtig. Navots handschriftliche Notizen liegen in den Geheimarchiven des Mossad. Sie wurden in einem späteren Verleumdungsprozeß in New York zum ausschlaggebenden Beweismittel, als Sharon das *Time*-Magazin wegen der Falschmeldung verklagte, er habe den Gemayels geraten, sich an den in Beirut lebenden Palästinensern zu rächen. Sharon gewann den Prozeß.

Auf jeden Fall waren die Leiter der Phalangisten am nächsten Tag, dem 16. September, sehr aktiv. Sie bestimmten Bashirs Bruder Amin Gemayel zu ihrem Präsidentschaftskandidaten und sandten ihre Soldaten zu einem Rachefeldzug in die palästinensischen Flüchtlingslager Sabra und Chatila in den südlichen Vororten von Beirut. Die Überfallkommandos wurden von Eli Hobeika befehligt, der den Israelis nicht fremd war. Die schwerbewaffneten Phalangisten marschierten einfach an den israelischen Einheiten vorbei, die die Camps bewachten. Hobeikas Ziel war die »Ausrottung« der palästinensischen Guerillas.

Was dann passierte, war ein 24stündiges unvorstellbares Blutbad, bei dem hauptsächlich Kinder, Mütter und ältere Leute niedergemetzelt wurden. Die PLO-Kämpfer hatten die Lager längst verlassen. Mit mörderischer Hysterie nahmen die Phalangisten Rache für den Mord an ihrem geliebten Präsidenten. Sie ermordeten mehr als 700 unbewaffnete Zivilisten, und zwar vor den Augen der israelischen Soldaten und Offiziere, die von ihren Beobachtungsposten aus zusahen, als ginge sie das Ganze nichts an. Das Fernsehen brachte die Bilder der Leichenberge weltweit in alle Wohnungen. Die Kleinigkeit, daß die Phalangisten und nicht die Israelis die Mörder waren, ging bei den meisten ausländischen Zuschauern unter. Für die Weltöffentlichkeit waren die Massaker von Sabra und Chatila der Höhepunkt der israelischen Invasion im Libanon.

Begin bemühte sich um eine Erklärung und sagte, das Massaker sei eine Angelegenheit unter Arabern gewesen. Das Ausland nahm ihm diese Version jedoch nicht ab, genausowenig wie Tausende von Israelis, die gegen die Aktionen ihrer Regierung im Libanon lautstark protestierten. Begin berief daraufhin einen Untersuchungsausschuß unter Vorsitz des ehemaligen Richters am Obersten Gerichtshof, Yitzhak Kahan, um klären zu lassen, ob Israelis an der Schandtat in Sabra und Chatila beteiligt waren.

Während man auf das Urteil der Kahan-Kommission wartete,

trieb Sharon seine strategischen Projekte an anderer Stelle weiter voran. In Afrika sah er endlich eine Gelegenheit, dem libyschen Präsidenten Oberst Khadafi eine Lektion zu erteilen. Die Libyer waren aktiv in den Bürgerkrieg im benachbarten Tschad involviert, wo Khadafi die Rebellen gegen die Regierung unterstützte. Ihr östlicher Nachbar, Sudans Präsident Numeiri, bemühte sich dagegen aus Angst vor Libyen, dem westlich orientierten Präsidenten des Tschad, Hassan Habre, zu helfen. Die Franzosen als ehemalige Kolonialherren im Tschad und die USA standen ebenfalls auf Habres Seite.

Die Israelis waren über Khadafi verärgert, weil er in den frühen 80er Jahren ihre energischen Anstrengungen blockiert hatte, den israelischen Einfluß in Afrika wiederherzustellen. Der libysche Revolutionär bedrohte, erpreßte und bestach andere afrikanische Führer, damit sie die diplomatischen Beziehungen zum jüdischen Staat nicht wieder aufnahmen. Außerdem unterstützte er die fanatischsten und gewalttätigsten Terroristengruppen in Europa und der arabischen Welt.

Sharon bat General Tamir, die Möglichkeiten einer antilibyschen Aktion zu prüfen. Im November 1982 verschwand Tamir aus Israel, was bei seinen geheimen Missionen häufig vorkam. Er flog nach Paris, um sich dort mit einem hochrangigen Minister des Tschad zu treffen. Sie sprachen über den Konflikt in Nordafrika und die Gefahr einer direkten Intervention der libyschen Armee. Der Minister war zuversichtlich, daß Habres Streitkräfte die Rebellen besiegen würden, aber er hatte Angst vor einem offenen Krieg gegen Libyen. Der Tschad drängte Frankreich, sich zu verpflichten, Truppen zu schicken, falls die Libyer vom Norden her einfallen sollten.

Nach allem, was er in Erfahrung gebracht hatte, kam Tamir zu dem Ergebnis, daß Israel ein kleines Truppenkontingent im Tschad stationieren sollte. Er wollte zwei Fliegen mit einer Klappe schlagen: Frankreich sollte die Hauptlast übernehmen, Habre an der Macht zu halten, während Israel wenigstens teilweise den Ruhm für sich in Anspruch nehmen konnte, Khadafi einen Rückschlag versetzt zu haben. Tamir und der Minister kamen in Paris überein, daß der Israeli nach N'Djamena, der Hauptstadt des Tschad, kommen sollte, um dort die Einzelheiten für eine geheime Zusammenarbeit zwischen den beiden Ländern festzulegen.

Zwei Wochen später kam aus dem Tschad das erwartete Signal, und Tamir reiste als normaler Zivilist nach Paris. Von dort flog er weiter nach N'Djamena, einer Stadt mit einer halben Million Einwohnern, die unter den Zerstörungen des rücksichtslos geführten Krieges litten. Viele Häuser der Hauptstadt waren zerbombt, die Straßen waren aufgerissen, und überall lagen Trümmer und Schutt.

Das Wort »n'djamena« bedeutet »die Stadt, wo man ausruht«, aber der israelische General kam nicht zur Ruhe. Sofort nach seiner Ankunft wurde er zum Präsidentenpalast gebracht, wo er sich mit Habre traf. Ihr Gespräch dauerte die ganze Nacht. Am nächsten Morgen fuhr man mit dem General zur Besichtigung der Front in die nördliche Wüste. Man einigte sich darauf, daß Israel Militärexperten in den Tschad entsenden werde, um ihn in seinem Kampf gegen die Rebellen und gegen Libyen zu unterstützen. Tamir kehrte über Paris nach Israel zurück und informierte Sharon.

Als nächstes ging Sharon auf Reisen. Ende Januar und am 4. Februar 1983 besuchte er eine Anzahl afrikanischer Staaten, um ihnen im Austausch gegen militärische Unterstützung die Wiederaufnahme diplomatischer Beziehungen vorzuschlagen. 1973 hatten Dutzende afrikanischer Länder nach einer Entscheidung der Organisation für Afrikanische Einheit (OAU) ihre Beziehungen zu Israel abgebrochen – als Reaktion auf den Yom-Kippur-Krieg und das folgende Ölembargo, das den arabischen Petro-Dollar wertvoller machte als je zuvor. Bei seinem Besuch in Zaire traf sich Sharon nicht nur mit dem dortigen Präsidenten Mobutu Sese Seko, sondern auch mit Präsident Habre. Gemeinsam besprach man die Notwendigkeit, der libyschen Unterwanderung zu begegnen. Als unmittelbare Geste an den Tschad überließ Sharon Habre eine Ladung leichter Waffen, die extra von Israel eingeflogen wurden. Kurz darauf sandte die israelische Armee ferner eine Delegation von 15 Beratern aus ihrem bereits heimlich in Zaire stationierten Kontingent nach N'Djamena.

Als der Mossad hinter Tamirs geheime Mission und Sharons persönliche Diplomatie kam, war Nahum Admoni natürlich wütend. Afrika war traditionsgemäß des Terrain des Mossad und nicht des Verteidigungsministeriums. Aber nachdem sich die ganze Aktion hinter dem Rücken des Mossad abgespielt hatte, zeigte Sharon keine Neigung, diesen jetzt zu informieren. Admoni beschwerte sich bei Premierminister Begin und warnte davor, daß es äußerst gefährlich sei, israelische Armee-Offiziere in einem Land mit einer instabilen Regierung zu stationieren, in dem noch dazu die Rebellen jederzeit die Oberhand gewinnen könnten. Im schlimmsten Fall bestehe sogar die Gefahr, daß die israelischen Berater im Tschad von den libyschen Fronttruppen gefangengenommen würden.

Sharon und Tamir verteidigten ihren diplomatischen »Raubzug« und betonten Begin gegenüber die Vorteile, die sich aus der Unterstützung gemäßigter Afrikaner und Araber wie Sudans Präsident Numeiri im Kampf gegen Oberst Khadafi ergäben. Der Premierminister stellte sich jedoch auf den Standpunkt, daß Admoni sich völlig zu Recht beschwert habe. Den 15 israelischen Offizieren im Tschad wurde befohlen, nach Hause zurückzukehren.[258]

Der Augenblick der Wahrheit nahte, als die Kahan-Kommission ihren Bericht über die Massaker in Sabra und Chatila veröffentlichte. Am 8. Februar 1983 verkündete Richter Kahan ihre Entscheidung, wonach Israel die »indirekte Verantwortung« für den Massenmord trage. Sein Bericht empfahl darüber hinaus, Ariel Sharon vom Posten des Verteidigungsministers zu »entfernen«. Widerstrebend trat Sharon am 14. Februar zurück.[259]

Die Invasion in den Libanon, die im Juni zuvor begonnen hatte und immer noch israelische Streitkräfte im Sumpf des feindlichen Territoriums festhielt, war in den Augen der Israelis im besten Fall ein bedauerlicher Irrtum, für manch andere aber ein grausamer Fehler. Der Krieg, der von den Israelis in das bereits von Gewalttaten erschütterte Land hineingetragen worden war, hatte Tausende von Libanesen und Palästinensern das Leben gekostet, Zivilisten wie Frontkämpfern. Auch die Israelis selbst hatten weit mehr Verluste zu beklagen, als die Armee geschätzt hatte: Mehr als 600 Soldaten waren getötet und Tausende verwundet worden.

Das Ziel der Operation »Frieden für Galiläa« war nicht erreicht worden. Man hatte die Syrer nicht aus dem Libanon vertrieben. Der Libanon unterzeichnete keinen Friedensvertrag mit Israel. Die PLO war noch immer sehr lebendig, obwohl sie aus Beirut und dem südlichen Libanon hinausgetrieben worden war. Entgegen Premierminister Begins Hoffnung hielten die Palästinenser im Westjordanland und im Gazastreifen an ihrer Allianz mit Jasir Arafat fest. Und Israel versuchte immer noch vergeblich, in den eroberten Gebieten eine alternative arabische Führung zu fördern.

Im israelischen Verteidigungsestablishment war man der Ansicht, daß die Geheimdienste ausgesprochen schlechte Arbeit geleistet hatten. Der Mossad hatte bei seiner Analyse und der Einschätzung über die zukünftige Entwicklung völlig versagt, indem er auf eine Verbindung mit den Phalangisten gesetzt hatte, die jetzt weltweit als eine Bande blutrünstiger Mörder galten.

Jetzt kam auch heraus, daß Mossad und Aman trotz wiederholter Anfragen von Begin und Sharon nicht in der Lage gewesen waren, genaue Details über Arafats Pläne zu beschaffen. Mehrere Versuche der israelischen Streitkräfte, den PLO-Führer während des Krieges umzubringen, kosteten statt dessen viele andere das Leben. Die Autobomben und gezielten Luftangriffe gegen Arafat – den Mann, den Begin als »Bestie auf zwei Beinen« bezeichnet hatte – gingen schlicht ins Leere.

Als ein israelischer Scharfschütze endlich die Chance gehabt hätte, den Palästinenserführer bei der zeremoniellen Evakuierung seiner Guerillas aus Beirut zu erschießen, hielt man dies für politisch unklug, zumal Arafat ohnehin durch seine offensichtliche Niederlage gedemütigt war. Auf jeden Fall wäre seine Ermordung vor den Augen amerikanischer und anderer Diplomaten sowie vor den Kamerateams der ganzen Welt äußerst unklug gewesen.

Im Oktober 1983, acht Monate nach Sharons Rücktritt, erklärte Premierminister Begin seinem Kabinett überraschend: »Ich habe keine Kraft mehr.« Er dankte ab. Der Tod seiner Frau Aliza hatte ihn sichtlich deprimiert. Eine nächtliche Mahnwache israelischer Kriegsgegner gegenüber seinem Amtssitz mag Begin darüber hinaus noch tiefer in die innere Emigration getrieben haben.

Neuer Premierminister wurde Außenminister Shamir, während sich Begin in die nahezu totale Abgeschlossenheit seines bescheidenen Hauses in der Zemach Street in Jerusalem zurückzog. Obgleich er eine der großen historischen Figuren Israels war, wies es Begin zurück, seine Motive für Krieg oder Frieden zu rechtfertigen. Seine wenigen Vertrauten sagten, daß ihn das

Gefühl quäle, von Sharon und Generalstabschef Raful Eitan in die Irre geführt worden zu sein. Statt wie versprochen als strahlender Sieger dazustehen, habe er den Tod Hunderter junger Israelis auf sein Gewissen geladen.

Neun Monate nach Begins dramatischem Abgang von der politischen Bühne entstand aus dem Patt bei den Parlamentswahlen, die das Land tief spalteten, eine neue israelische Regierung. Nach Monaten des Hin und Her zwischen Likud und Labour entschlossen sich Shamir und Peres im Sommer 1984, die Regierungsgewalt zu teilen. Das Kabinett wurde aus beiden großen politischen Blöcken gebildet. Peres sollte die ersten 25 Monate das Amt des Premierministers bekleiden und dieses dann im Wege der »Rotation« für die zweite Hälfte der Wahlperiode an Shamir zurückgeben.

Es bestand große Hoffnung, daß sich in Israel manches ändern würde. Die zögernde Koalition einigte sich auf einen Wirtschaftsplan, der die galoppierende, dreistellige Inflation stoppte. Die israelischen Streitkräfte zogen sich fast ganz aus dem Libanon zurück und überwachten nur noch gemeinsam mit ihren Kollegen in der South Lebanese Army eine »Sicherheitszone« nahe der Grenze.

Sharon war in der Koalitionsregierung zwar nur Minister für Handel und Industrie, warf aber immer noch einen einflußreichen Schatten auf die strategische Zielsetzung der Nation. Unterdessen sollten seine Freunde in und um den Nachrichtendienst – Shalom, Eitan und Nimrodi – in den nächsten Jahren für einigen Wirbel sorgen.

13. Morde und Vertuschungen

»Herr Premierminister«, flüsterte einer seiner Leibwächter Yitzhak Shamir zu, »eine eilige Meldung. Sie möchten bitte den Shin-Bet-Direktor anrufen.«

Alles, bloß das nicht, war Shamirs erster Gedanke, als er – die Leibwächter auf den Fersen – auf einen Nebenraum im internationalen Tagungszentrum im Norden von Tel Aviv zueilte. Er warf einen Blick auf seine Uhr.

Es war 19.30 Uhr am 13. April 1984. In wenigen Stunden würde das Ergebnis der parteiinternen Wahlen des Likud-Blocks vorliegen. Seit Wochen hatten Shamir die Machtkämpfe innerhalb des Likud um die Spitzenpositionen auf der Kandidatenliste für die Knesset beschäftigt. Ein gutes halbes Jahr nachdem er nach Begins dramatischem Rücktritt dessen Erbe angetreten hatte, machten ihm seine Rivalen in der Partei, David Levy und Arik Sharon, die Führung des Likud-Blocks streitig. Das Wahlergebnis würde die Entscheidung bringen.

Der Premierminister ahnte den Grund für Avraham Shaloms Anruf. Shin Bet stand kurz vor der Aufklärung eines der gravierendsten israelischen Geheimnisse der letzten Jahre: der Entlarvung der jüdischen Terroristengruppe, die die palästinensischen Studenten getötet und versucht hatte, auch die drei Bürgermeister im Westjordanland zu ermorden.

Im Gegensatz zu seinem Vorgänger hatte es Shamir Shin Bet gestattet, Informanten unter die jüdischen Siedler in den besetzten Gebieten einzuschleusen. Bei ihrer letzten Besprechung hatte Shalom dem Premierminister mitgeteilt, daß man in nächster Zeit mehr als 20 Verdächtige festnehmen werde, alles Siedler.

Shamir hatte der Untersuchung freien Lauf gelassen, aber privat fürchtete er das unausweichliche Ergebnis. Er hoffte, der Anklagebeschluß würde erst nach der internen Likud-Wahl gefaßt – noch besser erst nach den allgemeinen Wahlen einen Monat später. Die Verhaftung der jüdischen Siedler würde Shamir und seine Partei einem gewaltigen Druck rechtsgerichteter und nationalistischer Parteien aussetzen. Sie würden dem Likud unpatriotisches Verhalten vorwerfen und ihm einige traditionelle Wähler abspenstig machen.

»Herr Premierminister, ich habe bereits mit dem Shin-Bet-Direktor gesprochen«, empfing ihn sein Adjutant, Oberst Azriel Nevo, als Shamir den Raum betrat. »Er hat mir berichtet, daß arabische Terroristen einen Bus der Linie 300 entführt haben, nachdem dieser den zentralen Busbahnhof in Tel Aviv in Richtung Ashkalon verlassen hatte. Militär und Polizei sind in Alarmbereitschaft. Man will versuchen, den Bus zu stoppen. Es steht zu befürchten, daß die Terroristen versuchen werden, den Bus über die Grenze nach Ägypten zu bringen und die Passagiere als Geiseln mitzunehmen. Mehr wissen wir nicht, auch nicht, ob es Opfer gegeben hat.«

Trotz der Schwere des Vorfalls und seiner Sorgen um die Passagiere fühlte sich Shamir in gewisser Weise erleichtert. Er war zuversichtlich, daß die Armee und Shin Bet die Terroristen überwältigen würden, was sich politisch günstig für den Likud-Block auswirken könnte. Die Entführung würde Shamirs Ansicht untermauern, daß man den arabischen Nachbarn Israels und vor allem der PLO keinerlei Zugeständnisse machen durfte, weil dies die Terroristen nur ermutigen würde. Die meisten Meinungsumfragen sahen die von Shimon Peres geführte Arbeiterpartei vorn, aber Shamir konnte Peres zumindest eine nachlässige Haltung den Arabern gegenüber vorwerfen.

Zwar verbot der Militärzensor jegliche Veröffentlichung über das Geiseldrama, aber die Tatsache, daß ein Bus gekidnappt worden war, konnte nicht lange geheimgehalten werden. Unter den Tausenden von Delegierten auf der Likud-Konferenz schwirrten die Gerüchte, und von ihnen erfuhren es die anwesenden Reporter und Fotografen. Die meisten stürzten sofort zu ihren Autos und rasten in südlicher Richtung davon, auf der Suche nach einer noch »heißeren« Story als dem Machtkampf zwischen Sharon und Levy um die Parteiführung.

Inzwischen hatten Soldaten an einer Straßensperre die Reifen des Busses zerschossen und ihn weniger als sechs Meilen vor der ägyptischen Grenze im Gazastreifen zum Halten gezwungen. Der Bus war von Polizei, Soldaten und Shin-Bet-Leuten umstellt. Avraham Shalom war selbst gekommen.

Shalom war nach kurzen Abstechern als Kibbuznik und Soldat zu Shin Bet gekommen. Es war immer sein Wunsch gewesen, zu den Besten im Staat zu gehören, den Elitekämpfern, deren Leben in so hohem Maß mit Macht und Politik verflochten war, daß sie sich völlig mit dem Staat Israel und seinen Schwierigkeiten identifizierten. Ein Leben ohne ihr Heimatland war für sie unvorstellbar, und es schien so, als sei auch Israel ohne sie nicht lebensfähig.

Shalom wurde 1929 als Avraham Bendor in Berlin geboren. Nach Hitlers Machtergreifung wanderte die Familie nach Palästina aus. Seine Eltern versuchten ihm eine bürgerliche Erziehung zu geben, wie sie einem erfolgreichen deutsch-jüdischen Geschäftsmann entsprach, aber Avraham Shalom entschied sich für den Sozialismus. Er trat in einen Kibbuz ein.

Am israelischen Unabhängigkeitskrieg 1948 nahm er als Soldat teil. In der Armee fiel er Isser Harel auf, der ihn für Shin Bet rekrutierte. Shalom war ein engagierter Soldat und dafür bekannt, daß er sich mit ganzer Seele allen seinen Aufgaben widmete – selbst dem Ausbildungsdrill. Er sprach Englisch und Deutsch. Im übrigen war er wortkarg, genügsam und kalt. Stets wirkte er erregt oder verärgert, ließ aber nie erkennen, warum.

In den 35 Jahren seiner Zugehörigkeit zu Shin Bet nahm Shalom an den meisten großen Operationen teil, einschließlich der Gemeinschaftsaktion mit dem Mossad bei der Festnahme Eichmanns in Argentinien. Shalom kämpfte als Agent stets an der vordersten Front. Er arbeitete eng mit Yehuda Arbel zusammen. Gemeinsam führten sie viele geheime Aktionen gegen die palästinensischen Terroristen durch. Dies blieb auch sein Hauptanliegen, als er 1981 Avraham Ahituv als Shin-Bet-Chef ablöste.[260]

Shalom beobachtete den regungslosen Bus 300 auf der Straße nahe Gaza. Er wußte, daß Armee und Polizei über Sondereinheiten verfügten, die speziell darauf trainiert waren, entführte Fahrzeuge jeden Typs zu stürmen und die Geiseln zu befreien. Danach war es Shin Bets Aufgabe, die arabischen Angreifer zu verhören und ihre Komplizen, Waffenlieferanten und Geldgeber in Erfahrung zu bringen.

Der Sandstreifen neben der Straße nach Gaza glich einem Wespennest antiterroristischer Aktivität. Riesige Scheinwerfer machten die Nacht zum Tage, während sich bewaffnete Soldaten unter die uniformierten Polizisten und die zivil gekleideten Shin-Bet-Mitarbeiter mischten. Walkie-talkies schnarrten Fragen und Antworten, und Dutzende von Reportern sorgten mit ihren Blitzlichtern für noch mehr Helligkeit. Ein kurzes Stück weiter stand der von vier bewaffneten Palästinensern bewachte israelische Bus.

Shalom sowie hochrangige Militäroffiziere und Verteidigungsminister Moshe Arens, die in den spannungsgeladenen Stunden vor Ort waren, wurden das Gefühl nicht los, daß ein heilloses Durcheinander herrschte. Was sich hier abspielte, war geradezu typisch: Wie bei allen solchen Ereignissen wieselten viel zu viele Leute durcheinander, und während man allseits großes Vertrauen und sogar Imponiergehabe zeigte, hatte man am Ende den Eindruck, den Erfolg eher der Improvisation als einem wohlüberlegten Plan zu verdanken. Zwischen den plaudernden Gruppen von Beamten und Agenten, die teils aus Neugier, teils, um zu helfen, gekommen waren, versuchten die Experten der Terrorismusbekämpfung, möglichst viele genaue Informationen über die Entführer, ihre Waffen und das Versteck der Sprengkörper im Bus in Erfahrung zu bringen.

Nicht ein einziger Gedanke wurde darauf verschwendet, sich den Forderungen der Terroristen zu beugen. Die Entführer verlangten die Freilassung ihrer palästinensischen Guerilla-Gefährten aus israelischen Gefängnissen, aber sie würden damit nicht durchkommen. Mit Nachtgläsern und Abhörgeräten hatten die israelischen Soldaten bald heraus, daß die Entführer nur über leichte Pistolen verfügten – nicht einmal über ein Maschinengewehr. Es waren Amateure.

Sobald die Kommandoeinheit bereit war, wurde Befehl zum Angriff gegeben. Die Soldaten der Elite-*Sayeret* zertrümmerten die Fenster und waren innerhalb von Sekunden im Innern des Busses. Sie eröffneten sofort das Feuer, erschossen zwei Terroristen und verwundeten zwei weitere. Die Geiseln waren frei. Eine 20jährige Frau war auf ihrem Sitz getötet und ein weiterer Passagier verletzt worden.

Nachdem sie die beiden verwundeten Terroristen einer anderen Truppeneinheit und den Verhöroffizieren von Shin Bet übergeben hatten, kehrten die Männer der *Sayeret* sofort in ihre Quartiere zurück, um ihre Anonymität zu wahren, die Teil ihres Selbstverständnisses ist. Israels Soldaten hatten wieder einmal eine ihrer schnellen und verblüffenden Rettungsaktionen erfolgreich abgeschlossen und anscheinend mühelos eine Aufgabe bewältigt, die für andere Nationen oft ein unlösbares Problem darstellte.

»Aber das stimmt doch nicht«, wunderte sich Alex Libak, ein Fotograf des neuen Sensationsblattes *Hadashot,* als er ein paar Stunden später die Armeenachrichten im Radio hörte. Der offizielle Sprecher hatte zunächst erklärt, daß zwei Terroristen getötet und zwei verwundet worden seien. Eine Stunde später wurde die Meldung korrigiert. Jetzt hieß es, alle vier Busentführer seien bei der Befreiungsaktion umgekommen.

Libak war Zeuge der Schießerei gewesen und erinnerte sich deutlich an die beiden verkohlten Leichen der erschossenen Entführer – der Bus hatte während des Gefechts Feuer gefangen. Er hatte aber auch gesehen, wie Soldaten und Zivilisten zwei verwundete Terroristen mit Fäusten und Gewehrkolben bearbeitet hatten. Er sah noch die vor Entsetzen aufgerissenen Augen der Palästinenser vor sich, als er ins Fotolabor der *Hadashot* eilte, um seine Filme zu entwickeln. Libak brauchte nicht lange, um das entsprechende Foto zu finden. Es zeigte zwei Sicherheitsbeamte, die einen der Entführer zum Verhör brachten.[261]

»Bist du sicher?« fragte Yossi Klein, der junge Herausgeber der Zeitung, als Libak ihm das Foto zeigte und ihm erzählte, was er gesehen hatte. »Tausendprozentig«, bestätigte der Fotograf.

Das Eigenartige an der Sache war, daß sich das Verteidigungsministerium selbst nicht sicher zu sein schien, was genau in der Nacht vom 13. auf den 14. April passiert war. Arens berief eine interne Untersuchungskommission unter Vorsitz des Generals der Reserve, Meir Zorea, eines ehrenhaften Mannes mit tadellosem Leumund.

Arens' Sprecher, Nahman Shai, rief das Büro des Militärzensors an und gab Order, jede Veröffentlichung in der Busangelegenheit zu verhindern. Die Zensoren und Shai selbst setzten sich darüber hinaus sofort mit sämtlichen Zeitungen und zahlreichen ausländischen Reportern in Israel in Verbindung und teilten ihnen mit, daß jeder Bericht über den Bus 300 der Zensur unterliege. Die Bedeutung war klar: Jeder Zeitungsartikel und jede Radio- oder Fernsehmeldung waren verboten. Als Begründung wurde angegeben, daß bereits jeder kleine Hinweis darauf, daß zwei der Terroristen lebend gefaßt und während ihrer Haft umgekommen seien, den Tod israelischer Gefangener, die sich in den Händen von Guerillagruppen befanden, zur Folge haben könnte.

Klein vermutete, daß mehr hinter der Sache steckte und man

der israelischen Öffentlichkeit die Wahrheit vorenthalten wollte. Er setzte sich daher über das Verbot des Militärzensors hinweg und brachte Libaks Foto auf der Titelseite der *Hadashot* zusammen mit einer kurzen Notiz, daß das Verteidigungsministerium bereits eine Untersuchungskommission zur Prüfung der Angelegenheit eingesetzt habe.

Dem Vorbild der *Hadashot* folgend, für die zusätzlich der Gedanke eine Rolle gespielt hatte, durch eine sensationelle Erstmeldung ihre Auflage zu erhöhen, veröffentlichten bald auch die anderen Zeitungen Einzelheiten über den Fall. Verteidigungsminister Arens reagierte sehr energisch und verbot im Rahmen seiner gesetzlichen Vollmachten das Erscheinen der *Hadashot* für vier Tage. Abgesehen von ähnlichen Verwaltungsakten gegen arabische Zeitungen in Ostjerusalem und im besetzten Westjordanland war dies das erste Mal seit dem Verbot der kommunistischen Parteizeitung *Kol Ha'am* im Jahr 1952, daß eine hebräische Zeitung verboten wurde. Die scharfe Reaktion gegen *Hadashot* erhärtete den Verdacht, daß ihre Darstellung richtig gewesen war.

Einen Monat später, am 24. Mai 1984, übergab die Zorea-Kommission dem Verteidigungsminister ihren Bericht, in dem zweifelsfrei festgestellt wurde, daß zwei Terroristen lebend aus dem Bus herausgebracht worden waren. Jetzt mußte untersucht werden, wer sie umgebracht hatte. Der Zorea-Report wurde klassifiziert und nicht für die Presse freigegeben. Derweil wurde er zur weiteren Veranlassung an die Polizei, an Generalstaatsanwalt Yitzhak Zamir und die Staatsanwaltschaft sowie die Militärpolizei geschickt.

Die politischen Kämpfe gingen unverändert weiter, wobei Shamir die Zügel des Likud-Blockes in der Hand behielt. Die allgemeinen Wahlen im Juni 1984 brachten keine Entscheidung, sondern ein »totes« Rennen zwischen Likud und Labour, wobei keine von beiden genügend kleine Parteien für Mehrheitskoalitionen gewinnen konnte. Die beiden politischen Riesen waren gezwungen, eine eigenartige neue Kreatur zu schaffen, die Regierung der nationalen Einheit mit einer ungewöhnlichen »Rotation« der Premierminister.

Shimon Peres hatte die Vorhand bei der Führung der sperrigen Koalition. Sie verstrickte sich sofort in Streitereien über die beiden wichtigsten Ziele des neuen Regierungschefs: seine Bemühungen, die galoppierende Inflationsrate, die die 600-Prozent-Hürde übersprungen hatte, zu stoppen, und seine Absicht, die israelischen Truppen nach ihrem verheerenden Abenteuer im Libanon nach Hause zu holen. Über die Busentführung im April fiel kein Wort.

Der Tod zweier Palästinenser kümmerte nur eine kleine Minderheit unter den Israelis. Aber während der Bus 300 aus dem Gedächtnis der Öffentlichkeit schwand, wurde hinter den Kulissen ein erbitterter Kampf geführt.

Shin-Bet-Mitarbeiter hatten vor der Zorea-Kommission als Zeugen ausgesagt, daß die beiden Terroristen von der Armee so grausam zusammengeschlagen worden waren, daß sie sie anschließend nicht einmal mehr hätten verhören können. Die beiden Entführer seien kurz nach der Übergabe ihren Verletzungen erlegen – womit man den Schwarzen Peter der Armee zugeschoben hatte.

Das Untersuchungsteam, das für Staatsanwalt Yona Blatman arbeitete, neigte dazu, der Shin-Bet-Story zu folgen. Im Juli 1985 erhob Blatman Anklage gegen Brigadegeneral Yitzhak Mordecai, der bei der Rettungsaktion der verantwortliche Kommandant gewesen war.

General Mordecai wurde vor ein Kriegsgericht gestellt. Er leugnete nicht, daß er die Terroristen mit dem Griff seines Revolvers geschlagen hatte, erklärte jedoch, er habe dies »aus der Notwendigkeit des Augenblicks« heraus getan – um so schnell wie möglich zu erfahren, ob im Bus noch Sprengkörper versteckt waren. Außerdem fügte er zu seiner Verteidigung hinzu: »Als ich sie in Empfang nahm, waren sie bereits in einem sehr schlechten Zustand.«[262] Das Militärgericht akzeptierte seine Behauptung, daß die Entführer kaum noch gelebt hatten, als sie gewaltsam aus dem Bus herausgeholt wurden. Der General wurde in allen Anklagepunkten freigesprochen.

Aufgrund aller verfügbaren Zeugenaussagen empfahlen Blatman und Generalstaatsanwalt Zamir nun zwei Shin-Bet-Agenten wegen Körperverletzung vor Gericht zu stellen. Auch sie wurden freigesprochen – allerdings von einem internen Shin-Bet-Gericht. Die Agentur hat ihr eigenes, ständiges Disziplinargericht, das sich aus drei Mitgliedern zusammensetzt: einem Mitarbeiter von Shin Bet, einem vom Mossad und einem Richter vom District Court, der den Vorsitz führt. Dieses Gericht tritt immer dann zusammen, wenn ein Shin-Bet-Agent beschuldigt wird, gegen Befehle oder den Verhaltenskodex der Agentur verstoßen zu haben.[263]

Das Disziplinargericht ist für seine Strenge bekannt, mit der es selbst geringfügige Übertretungen ahndet. Shin-Bet-Mitarbeiter, die aus ihrer Position persönliche Vorteile ziehen, werden entlassen. So wurden Agenten, die eine offizielle Mission im Ausland dazu benutzten, um Fernseher oder Videorekorder nach Israel zu schmuggeln, vom Gericht verurteilt und aus dem Dienst entfernt, wobei sie zugleich alle Ansprüche auf eine Abfindung oder Pension verloren. Auch wer gelogen oder seinen Vorgesetzten nicht vollständig Bericht erstattet hatte, wurde gefeuert. Nur sehr selten erhielt der Betreffende in solchen Fällen eine zweite Chance.

Auf diese Weise wollte man ein Arbeitsklima schaffen, das auf gegenseitigem Vertrauen und exakten Berichten beruhte – und damit war man erfolgreich. Die Berichte waren nicht immer erfreulich. Jeder bei Shin Bet wußte, daß die Agentur gelegentlich fragwürdige Mittel und schmutzige Tricks anwenden mußte. Aber wie sonst hätte der Staat vor den Herausforderungen und Gefahren des Mittleren Ostens geschützt werden können? Dennoch erklärten die Shin-Bet-Chefs ihren Mitarbeitern immer wieder, daß sie dem Hauptquartier vollständig und sachlich Bericht zu erstatten hätten, ganz gleich, wie ernst oder beunruhigend die Umstände seien.

Die Bus-Affäre bewies, daß diese Erwartung zu hoch geschraubt war. Früher oder später wird jeder, von dem man in gewissen Fällen stillschweigend erwartet, daß er die Unwahrheit sagt, sich die Freiheit nehmen, dies auch bei anderen Gelegenheiten zu tun. In diesem Fall waren es drei hochrangige Shin-Bet-Offiziere: Reuven Hazak, Shaloms Vertreter; Peleg Radai, Leiter der Sicherheitsabteilung, und Rafi Malka.[264] Obgleich alle bereits über 40 waren, sprach man von den dreien nur als den »Arbel-Jungs«, die die waghalsigen Operationen Yehuda Arbels gegen den Terrorismus in dessen Geist fortsetzten. Nach so vielen Gewalttaten arabischer Angreifer und so vielen Erfolgen in der Bekämpfung der Terroristen zerbrach ihre Gemeinschaft an einer einzelnen Busentführung.

Hazak, Radai und Malka tauschten ihre Notizen aus und stellten fest, daß sie alle von Shalom den Befehl erhalten hatten, vor dem Disziplinargericht der Agentur falsche Aussagen zu machen. Sie waren zwar bereit, für Shin Bet alles zu tun, und dazu gehörte auch, zu lügen, Dokumente zu fälschen und Beweismittel zu unterdrücken, aber diese wohlüberlegte Täuschung des eigenen Disziplinargerichts war am Ende doch zuviel für sie. Sie hatten es zuvor getan, aber nun wollten sie reinen Tisch machen.

Die drei Männer gingen zu Shalom und verlangten von ihm eine rückhaltlose Erklärung, warum er ihnen befohlen habe, so zu handeln, wie sie es getan hatten. Da sie seine Antwort als höchst unbefriedigend empfanden, drängten sie ihn, zurückzutreten.

Shalom weigerte sich, erlaubte aber Reuven Hazak, mit Premierminister Peres zu sprechen. Ihre Begegnung war kurz und frostig. Peres hatte nicht die Absicht, Hazak zu glauben, was er ihm erzählte. Der Premierminister hatte zuvor von Shalom gehört, daß Hazak einen Machtkampf um den Posten des Shin-Bet-Chefs veranstalten wolle.

Außerdem fürchtete Peres die politischen Konsequenzen. Die Angelegenheit fiel in die Zeit, als Yitzhak Shamir Premierminister und Moshe Arens Verteidigungsminister gewesen waren. Jetzt, da alle in der nationalen Einheitsregierung vereint waren, konnte eine Parteinahme für Hazak die Koalition gefährden. Immerhin bestand die Möglichkeit, daß Shalom mit Shamirs Wissen gehandelt hatte. Politische Machtkämpfe nach Geheimdienstskandalen – wie der Lavon-Affäre in Ägypten 30 Jahre zuvor – hatten noch keinem der beteiligten Politiker genutzt. Solche Dinge hielt man besser unter der Decke.

Gestützt durch den Premierminister, fühlte sich Shalom nun stark genug, seine drei Widersacher zu entlassen: Er warf seine ehemaligen Protegés hinaus. Wenn Shalom geglaubt hatte, er hätte damit die Büchse der Pandora wieder geschlossen, so war dies ein schwerer Irrtum. Die drei Shin-Bet-Offiziere kämpften weiter. Obgleich der Shin-Bet-Chef es ihnen ausdrücklich verboten hatte, gingen sie Ende 1985 zu Generalstaatsanwalt Zamir und erzählten ihm weitere haarsträubende Einzelheiten über angebliche Meineide und Vertuschungen.

Shin Bet spaltete sich sofort in zwei Lager: Die einen unterstützten Shalom, die anderen stärkten den drei Rebellen den Rücken. Es war unmöglich, sich aus diesem Streit herauszuhalten.

Rafi Malka reichte beim israelischen Supreme Court eine Klage ein mit der Begründung, Shalom habe ihn zu Unrecht entlassen. Darüber hinaus forderte er wieder eingestellt zu werden.

Damit wurde eine alles umfassende Debatte über die Arbeit und die »operativen Gepflogenheiten« des Dienstes ausgelöst: Aller Ärger, alle Mißgunst, die sich über die Jahre hin aufgestaut hatten, wurden nun ausgesprochen, selbst gegenüber Journalisten, die jedoch wegen der Pressezensur nicht darüber berichten konnten.

Es wurde nicht mehr allein darüber debattiert, wie gefangene Entführer zu behandeln seien. Man stritt inzwischen über Führerschaft, Moral und Vertrauen. Nie zuvor war Shin Bet von so erbitterten internen Kämpfen zerrissen worden.

Yitzhak Zamir, der Dekan der juristischen Fakultät an der Jerusalemer Hebrew University gewesen war, bevor er 1981 zum Generalstaatsanwalt und »Rechtsberater« der Regierung ernannt wurde, war von der Schwere der erhobenen Vorwürfe tief erschüttert. Er ging zu Premierminister Peres und berichtete ihm alles, was er gehört hatte. Zamir erklärte, er beabsichtige, alle Beweismittel – mündliche wie schriftliche – für eine offizielle Untersuchung der Polizei zu übergeben.

Peres war schockiert – nicht über das, was er gehört hatte, sondern darüber, daß der Generalstaatsanwalt die Angelegenheit wie jeden anderen Meineid oder Vertuschungsversuch verfolgen wollte. Der Premierminister versuchte Zamir zu überzeugen, daß polizeiliche Untersuchungen bei Shin Bet die nationale Sicherheit gefährden würden.

Als Kompromiß schlug Zamir vor, Shalom solle sofort zurücktreten. Shalom und Peres wiesen dieses Ansinnen kurzerhand zurück. Dann beraumte Peres ein eiliges Treffen mit seinem Stellvertreter Shamir und Verteidigungsminister Yitzhak Rabin an. Diese drei Männer, bekannt als »Club der Premierminister« – alle drei hatten bereits auf diesem Posten Erfahrungen gesammelt –, beschlossen, alles in ihrer Macht Stehende zu tun, um Zamir zu stoppen.

Weder Arbeiterpartei noch Likud waren daran interessiert, daß Shin Bet noch weiteren Schaden nahm. Im Konflikt zwischen Demokratie und Staatssicherheit entschieden sich die Staatschefs, ihre nationale Sicherheitsagentur auf Kosten demokratischer Werte zu schützen.

Die drei »Club«-Mitglieder wußten, daß der Generalstaatsanwalt bereits Monate zuvor um eine Entbindung von seinen Pflichten gebeten hatte. Ohne jeden Zusammenhang mit der Bus-Affäre und dem Schlamassel bei Shin Bet hatte Zamir gehofft, sich aus der Verwaltung zurückziehen zu können. Peres, Shamir und Rabin kamen überein, seinem Ersuchen sofort und ohne großes Aufhebens nachzukommen. Danach würde man sich einen gefügigeren Generalstaatsanwalt und Rechtsberater suchen.

Der »Club«, der gleichsam als Regierung innerhalb der Regierung zu handeln pflegte, sollte jedoch diesmal nicht so leichtes Spiel haben. Es war ganz schlicht zu spät, den Skandal noch abzuwenden.

Zamir verschob seinen beabsichtigten Rücktritt, so daß er den Shin-Bet-Fall noch verfolgen konnte. Für ihn gab es zwischen demokratischer Gesetzlichkeit und der nationalen Sicherheit keinen Widerspruch.

Im Gegenteil: Aus seiner Sicht konnte der Versuch, die Dinge zu vertuschen, Israel nur schaden.

Am 18. Mai 1986 erstattete Zamir bei der Polizei offiziell Anzeige und zwang sie dadurch, die Vorwürfe und Gegenvorwürfe innerhalb Shin Bets zu untersuchen. Inzwischen war in privaten Gesprächen und in vorsichtigen, da zensierten Andeutungen in den Medien nicht mehr die Rede vom »Fall Bus 300«, sondern von der »Shin-Bet-Affäre«.

Ein paar Tage nach der Aufnahme der Ermittlungen durch die Polizei brachte das staatliche israelische Fernsehen eine kurze Nachricht über die Untersuchung im Zusammenhang mit Shin Bet. Wegen der von Aman ausgeübten Zensur durften die Betroffenen nicht mit Namen genannt werden. Statt dessen war von einem »ranghohen Beamten« und »dem Fall« die Rede, was Erinnerungen an die Lavon-Affäre in den 50er Jahren wachrief. Wieder einmal verstanden nur die ohnehin Eingeweihten, worüber die Nachrichten berichteten. Die Öffentlichkeit war auf Vermutungen angewiesen.

Schließlich platzte die Bombe, da sich die Zensur am Ende als unwirksam erwies. Eine amerikanische Fernsehgesellschaft entlarvte den »ranghohen Offizier« als Avraham Shalom. ABC News berichtete, er stehe im Verdacht, die Ermordung der beiden Busentführer befohlen zu haben, und die Regierung versuche, den Vorfall im Widerspruch zum Generalstaatsanwalt zu verschleiern. Da die Amerikaner damit weit besser über den Fall informiert waren, mußte der Zensor nun auch den israelischen Zeitungen erlauben, wenigstens das zu wiederholen, was in den USA ausgestrahlt worden war. Zumindest Shaloms Name war damit genannt und ein Shin-Bet-Chef öffentlich demaskiert worden.

Inzwischen gestalteten sich die Ermittlungen zunehmend verwirrender. Die Polizei vernahm widerwillig die beteiligten Shin-Bet-Mitarbeiter, darunter auch Shalom, sowie die damaligen Minister Shamir und Arens.

Shalom, der entschlossen war, sich zu verteidigen, wies darauf hin, daß er »mit Billigung« Premierminister Shamirs gehandelt habe. Als sich jedoch die Beweise gegen ihn verdichteten und die Gefahr bestand, daß man ihn wegen Mordes oder Totschlags anklagen würde, bewirkte er am 23. Juni ein heimliches, nächtliches Treffen des gesamten Kabinetts. Auf Vorschlag des »Clubs der Premierminister« faßte die Regierung eine beispiellose Entscheidung: Der Shin-Bet-Chef und alle drei Rebellen wurden entlassen. Darüber hinaus erhielten insgesamt elf Shin-Bet-Mitglieder Generalpardon – so daß sie nicht mehr vor ein ordentliches Gericht gestellt werden konnten. Das Kabinett ernannte eine Untersuchungskommission aus drei Regierungsanwälten unter dem Vorsitz von Yehudit Karp, die den Shin-Bet-Fall im Detail überprüfen sollte.

Shalom und die anderen waren damit vor einer gerichtlichen Verfolgung sicher, was sich angesichts der von der Karp-Kommission aufgedeckten Straftaten als Glück erwies. Die Kommission veröffentlichte ihren Bericht Ende Dezember 1986. In diesem lobte sie Hazak, Radai und Malka für ihre Aussage und stellte unzweideutig fest, daß sie die Wahrheit gesagt hatten. Die Kommission kam ferner zu dem Ergebnis, der Shin-Bet-Chef habe gelogen, er habe auch seinen Mitarbeitern befohlen zu lügen, und er habe drei frühere Ausschüsse hinters Licht geführt: die von Zorea und Blatman geleiteten Kommissionen sowie das Shin-Bet-Disziplinargericht.

Frau Karp und ihre Kollegen erklärten des weiteren, Hazak, Radai und Malka hätten gewußt, daß Shalom von Anfang an entschlossen gewesen sei, vor den Zorea- und Blatman-Kommissionen die Unwahrheit zu sagen. Es sei dem Shin-Bet-Chef sogar gelungen, einen seiner eigenen Leute im Zorea-Ausschuß unterzubringen.

Der Karp-Report enthüllte, daß der Shin-Bet-Repräsentant Yossi Ginossar Shaloms »trojanisches Pferd« in der Zorea-Kommission gewesen war. Er hatte seinen Chef darüber informiert, in welche Richtung die Untersuchungen liefen, und den Ausschuß zugunsten des Shin-Bet-Chefs beeinflußt.

Ginossar erfüllte die ihm zugedachte Aufgabe mit absoluter Loyalität gegenüber Shalom. Er fälschte Beweise, unterdrückte Erklärungen und Dokumente und tat alles nur mögliche, um die Angelegenheit zu vertuschen. Vor jeder Sitzung der Kommission traf er sich mit den als Zeugen geladenen Shin-Bet-Mitarbeitern und gab ihnen genaue Anweisungen, um sicherzustellen, daß ihre Aussagen sich mit denen der anderen deckten. Er hoffte, Shalom würde ihm eines Tages helfen, sein Nachfolger zu werden.

Sanft, aber unnachgiebig von Ginossar gelenkt, schob die Zorea-Kommission General Mordecai die Schuld an der Ermordung der beiden arabischen Terroristen zu. Shaloms Name wurde weißgewaschen, indem man den Namen eines verdienten Armeeoffiziers in den Schmutz zog. Der Shin-Bet-Chef unternahm nichts, um die Verurteilung Mordecais zu verhindern, obwohl Shalom selbst den Befehl zur Ermordung der Terroristen gegeben hatte.

Die Wahrheit, die durch den Karp-Report ans Licht kam, war, daß die beiden verwundeten Busentführer zur Vernehmung an Shin Bet übergeben und von dessen Leuten getötet worden waren. Die Juristen der Sicherheitsagentur, die in den Vertuschungsversuch verwickelt waren, entschuldigten ihr Verhalten damit, sie hätten nur versucht »eins der größten Geheimnisse Shin Bets« – wie sie es nannten – zu schützen. Die Karp-Kommission verurteilte sie.

Zu seiner Verteidigung behauptete Shalom auch weiterhin, er habe lediglich aufgrund einer ihm vom Premierminister erteilten Vollmacht gehandelt. Nach seiner Darstellung hatte er sich im November 1983 – fünf Monate vor der Busentführung – mit Yitzhak Shamir getroffen, wobei sie auch ganz generell die Frage erörtert hätten, wie gefangene Terroristen zu behandeln seien, ohne dabei an ein bestimmtes Ereignis zu denken. Darüber hinaus, so behauptete Shalom, habe Verteidigungminister Arens die Tötung der beiden Terroristen ausdrücklich gebilligt. Arens bestritt dies ganz entschieden, und Shamir räumte ein, ein ähnliches Gespräch mit Shalom geführt zu haben, wies aber nachdrücklich zurück, den Shin-Bet-Chef angewiesen zu haben, »keine Gefangenen zu machen«. Die Karp-Kommission glaubte den beiden Ministern – und nicht dem Shin-Bet-Chef. Außerdem stellte sie klar, daß Shalom in der Nacht der Busentführung zumindest keinerlei Anweisung von Shamir erhalten hatte, wie mit den Terroristen zu verfahren sei.[265]

Der Bericht hatte zur Folge, daß man wie zu Zeiten Golda Meirs und Yitzhak Rabins wieder dazu überging, jedes Gespräch zwischen dem Premierminister und den Leitern der Geheimdienste von einem Protokollführer festhalten zu lassen. Shamir und Shalom hatten ihr Gespräch 1983 unter vier Augen geführt, so daß es darüber keinerlei Notizen gab.

Der Karp-Bericht erschütterte die Öffentlichkeit und vor allem ihr Vertrauen in die Nachrichtendienste. Nachdem man all die Jahre nichts von Shin Bet gehört und ein korrektes Verhalten seiner Mitarbeiter als selbstverständlich unterstellt hatte, meinten jetzt viele Israelis, der Sicherheitschef ihres demokratischen Landes habe sich verhalten, wie man es nur in den schlimmsten Diktaturen erwarte. Presseberichten zufolge hatte er sich benommen, als stünde er über schlimmsten Diktaturen erwarte. Presseberichten zufolge hatte er sich benommen, als stünde er über dem Gesetz. Viele Israelis hätten Shalom noch verziehen, wenn er »nur« zwei arabische Terroristen umgebracht hätte. Aber sein Vertuschungsversuch überschritt die Grenze des Akzeptablen.

Wie in Israels Lavon-Affäre und Amerikas Watergate-Skandal sorgte nicht die Tat selbst für Sprengstoff, sondern erst das nachfolgende Betrugsmanöver. In den Augen der Allgemeinheit hatten die Spitzenfunktionäre von Shin Bet – dem sensitivsten Zweig der Geheimdienste, weil seine Aktionen jeden israelischen Bürger berühren können – sich gegen ihre politischen Vorgesetzten und die Öffentlichkeit verschworen, statt ihnen zu dienen.

Wäre auch nur einer der Hauptbelasteten in diesem Fall zu irgendeiner Zeit aufgestanden und hätte zugegeben: »Ich habe den Befehl gegeben«, hätte eine Chance bestanden, das Feuer unter Kontrolle zu bringen. Statt dessen versuchte jeder, der in den Shin-Bet-Fall verwickelt war, die Schuld einem anderen zuzuschieben.

Avraham Shalom mußte als Privatmann neu anfangen. Premierminister Peres vermittelte ihm einen Posten bei Shaul Eisenberg, einem in Israel ansässigen, internationalen Handelsunternehmer für Flugzeuge, Waffen, Güter und Dienste aller Art. Shalom wurde nach New York geschickt. Um unnötiges Aufsehen zu vermeiden, nahm er seinen alten Namen Avraham Bendor wieder an.

In den USA nutzte Bendor mit Erfolg seine beruflichen Erfahrungen, um für Eisenberg Rüstungsaufträge zu beschaffen. Er hatte immer den Eindruck eines unglücklichen Mannes gemacht, aber nun schien er es wirklich zu sein. In New York fühlte er sich im Exil, und seine Arbeit war alles andere als aufregend. Nun mußte er sich selbst um geschäftliche Einzelheiten kümmern, die er bei Shin Bet jahrelang seinen Untergebenen überlassen hatte.

Er hatte nicht viele Alternativen. Die Shin-Bet-Morde und der Vertuschungsversuch waren noch zu frisch, zu peinlich und zu schmerzlich, als daß ihm jemand in Israel einen Posten gegeben hätte. Seine Heimat wies ihn ab.

Doch auch in Übersee bekam er Schwierigkeiten. Die Flughafenverwaltung von New York und New Jersey annullierte einen 75.000-Dollar-Vertrag mit der israelischen Firma Atwell Security, als sie erfuhr, wer ihr Präsident Bendor wirklich war. Sie erklärte, sie »sei mit dem Vertrag nicht mehr zufrieden«, den sie mit der Eisenberg gehörenden Consultingfirma abgeschlossen hatte, die sie in Fragen der Sicherheit auf den New Yorker Flughäfen hatte beraten sollen.[266]

Da Shalom selbst keine Erklärung für die Ermordung der beiden Busentführer durch die Shin-Bet-Vernehmungsoffiziere abgegeben hatte, legten sich seine Freunde in und um die Agentur ihre eigene Rechtfertigung zurecht. Einer behauptete, es habe sich um eine kaltblütige und »professionelle« Maßnahme gehandelt – wie sie in der terroristischen Kriegsführung völlig in Ordnung sei. Die Entführer seien Amateure gewesen, die aus eigenem Antrieb gehandelt hatten und keinerlei Informationen über feindliche Organisationen hätten liefern können. Für Shin Bet seien sie deshalb wertlos gewesen. Nach dieser Ansicht hatten sie gar kein Gerichtsverfahren verdient.

Andere sahen die Entscheidung im Zusammenhang mit dem zunehmenden Engagement Shin Bets im Libanon zwischen 1982 und 1985, bis die nationale Einheitsregierung die israelischen Truppen zurückzog.

Der Libanon war der »Wilde Westen« Shin Bets. Zeitungsberichten zufolge reiste Yossi Ginossar wie ein Sheriff im Land herum. Es wurde geschmuggelt, Dienstvorschriften der Armee und des Nachrichtendienstes wurden verletzt, und die Berichte an das Shin-Bet-Hauptquartier waren bestenfalls unvollständig. Den Mitarbeitern der Agentur war bekannt, daß zwar im Westjordanland und im Gazastreifen noch gewisse Normen und Verhaltensregeln eingehalten wurden, daß aber im Libanon nackte, unkontrollierte Anarchie herrschte.

Diese Zustände griffen mit der Zeit auch auf die besetzten Territorien über.[267]

Alles, was über Shin Bet und seine Probleme 1987 veröffentlicht wurde, wurde geradezu verschlungen, besonders von Izat Nafsu, der heimwehkrank und voller Sehnsucht nach seiner Familie in einem Militärgefängnis in Zentralisrael saß. Als ihm eines Nachmittags – wie jeden Tag seit sieben Jahren – die Zeitungen in die Zelle gebracht wurden, traf es ihn plötzlich wie ein Schlag. Aus einer der Zeitungen sprang ihm das Foto Ginossars entgegen. Die Zeitung berichtete, daß Ginossar einen Posten in Ariel Sharons Ministerium für Handel und Industrie erhalten hatte.

»Das ist der Kerl, der mich verhört und mich verschaukelt hat«, fluchte Nafsu. Eilig schrieb er einen Brief an seinen Anwalt. »Ich habe mir geschworen, und wenn 100 Jahre darüber vergehen, Ginossars Lächeln nie zu vergessen, ein spöttisches Lächeln, und auch nicht, wie er mir befohlen hat, mich auszuziehen, und mich angespuckt und getreten und an den Haaren gezerrt hat, als ich am Boden lag.«[268]

Es war der Beginn eines weiteren »Falles«, nicht weniger ernst als die Busentführung, der den einstmals guten Ruf Shin Bets beschmutzte. Die Geschichte ereignete sich im Libanon.

Wohl niemand hätte erwartet, daß sich in einer sauberen und wohlhabenden Stadt wie Kafr Kama in den ländlichen Hügeln nahe dem See von Galiläa ein Geheimdienstskandal ereignen könnte. In Kafr Kama leben die meisten Mitglieder der kleinsten Minorität Israels: ein paar tausend Tscherkessen, nichtarabische

Muslime, die ursprünglich aus den kaukasischen Bergen in der UdSSR stammten.

Wie fast alle jungen Männer seiner Gemeinde meldete sich Nafsu freiwillig zur israelischen Armee und war stolz darauf, es bis zum Leutnant gebracht zu haben. 1976, lange vor den israelischen Invasionen 1978 und 1982, wurde er in den Süden des Libanon versetzt – nur etwa 30 Meilen von seiner Heimatstadt Kafr Kama entfernt, aber jenseits der israelischen Grenze.

»Ich hatte keine spezielle Aufgabe«, schrieb Nafsu in sein Tagebuch. »Israel begann sich eben in dieser Region zu engagieren. Ich war mit allen Arten nachrichtendienstlicher Tätigkeit befaßt, ohne daß ich genauere Anweisungen erhielt. Ich wurde auch nicht besonders ausgebildet oder darauf hingewiesen, daß ich bestimmte Vorsichtsmaßnahmen treffen mußte. Meine Aufgabe bestand darin, unter den Libanesen zu leben, von denen viele israelische Informanten waren.«

Nafsu benutzte in seinem Tagebuch das Wort »shtinker«, eine vom englischen »stinker« abgeleitete hebräische Bezeichnung für einen relativ unwichtigen Kollaborateur oder Informanten, wie sie der israelische Nachrichtendienst unter den Arabern in Israel wie jenseits der Grenzen anwarb. Der junge Leutnant schrieb, es habe ferner zu seinen Aufgaben gehört, Waffen, Munition und Medikamente an Christen und schiitische Libanesen weiterzuleiten, die gegen die Palästinenser kämpften.

Nafsu hatte offensichtlich ein Gespür für die komplexen geschichtlichen und religiösen Feindschaften im Libanon. Er nannte es »ein Land, das die Seelen zerstört«. Er schrieb: »Für mich wäre es dort leichter gewesen, einen Menschen zu liquidieren, als für die Mafia in New York. Überall herrschte das Gesetz des Dschungels. Wo wir auch hinsahen, passierten Dinge, die nach unserer Vorstellung äußerst abstoßend waren – Mord, Rache. Ein Menschenleben war nichts wert.«

In seinem Tagebuch berichtete er von zahlreichen Fällen, in denen israelische Soldaten und Agenten durch den Schmuggel von Zigaretten, Uhren, Fernsehgeräten und sogar Drogen nach Israel reich wurden. »Für mich«, fügte Nafsu hinzu, »war Abu Kassem das Symbol für alle diese Dinge. Er war ein *shtinker,* der für alle Seiten arbeitete, der Sorbas des südlichen Libanon. Er war listig wie eine Schlange, der »Herr des Überlebens«, und er hat mein Schicksal entschieden.«[269]

Nach seinem Tagebuch weckte ihn in der regnerischen Nacht des 4. Januar 1980 ein Klopfen an der Tür seines Hauses in Kafr Kama.

Nafsu war noch völlig verschlafen, als er aufs Geratewohl auf tscherkessisch fragte: »Wer ist da?« Es kam keine Antwort. Erst als er seine Frage auf hebräisch wiederholte, wurde geantwortet, worauf er die Tür öffnete. Draußen stand sein Freund Danny Snir – ein Offizier seiner Armee-Einheit. Snir erklärte, Nafsu solle ihn sofort auf einer geheimen Mission in den Libanon begleiten. Sie würden in ein oder zwei Tagen zurück sein.

Nafsu willigte sofort ein. Er stieg in den zweiten Stock, nahm ein bereits gepacktes Kleiderbündel, verabschiedete sich von seiner Frau Siahm, mit der er erst drei Wochen verheiratet war, und zog mit Snir los. Es dauerte siebeneinhalb Jahre, bis Nafsu wieder nach Hause kam.

Statt Nafsu zu seiner Militäreinheit zu bringen, fuhr man ihn zu einem Hotel in Haifa, wo er in einer Hotelsuite die Bekanntschaft eines Mannes machte, von dem er damals noch nicht wußte, daß es Yossi Ginossar war. Da man ihn sehr zuvorkommend behandelte, glaubte Nafsu zunächst, Shin Bet wolle ihn rekrutieren.

Im Laufe des Gesprächs wurde ihm jedoch klar, daß es sich um ein Verhör handelte. Der anonyme Fragesteller erkundigte sich immer wieder nach einem PLO-Mann, der – wie Shin Bet glaubte – mit Nafsu in Verbindung stand. Langsam bekam es der tscherkessische Offizier mit der Angst zu tun.

Der Shin-Bet-Agent sagte: »Gib zu, daß du ein Doppelagent der PLO bist. Du kannst uns nichts vormachen; wir wissen alles. Wir haben dich seit Monaten beschattet.« Nafsu bestritt diese Vorwürfe ganz entschieden und blieb auch im Kishon-Gefängnis in Haifa, wo Shin Bet einen eigenen Zellenblock hat, bei seiner Aussage.

»Ich wurde Tag und Nacht verhört, bedroht und eingeschüchtert«, schrieb Nafsu und fügte hinzu, der anonyme Fragesteller habe einen Vorgesetzten gehabt, der sich selbst nur »Pashosh« genannt habe.

»Einmal kam ›Pashosh‹ ins Zimmer und behauptete, er sei der Stellvertreter des Shin-Bet-Chefs und Leiter der Untersuchungsabteilung. Er drohte mir, mich an einen Ort zu bringen, wo man Terroristen verhöre. Man werde mir dort ein Mittel spritzen, das mich impotent mache. Die Drohung mit einer solchen Injektion wurde während des gesamten Verhörs ständig wiederholt. Manchmal zog jemand eine Schublade auf, als wolle er die Spritze herausholen.«

Aus Nafsus Tagebuch geht ferner hervor, die Shin-Bet-Offiziere hätten ihm gedroht, seine Frau festzunehmen und nackt auszuziehen. »Manchmal brachten sie zu den Verhören ›Playboy‹-Magazine mit Bildern von nackten Frauen mit, damit ich die Botschaft verstand. Sie drohten, meine Frau herzubringen und ihr zu erzählen, ich hätte ein homosexuelles Verhältnis mit Abu Kassem, und in unserer Stadt das Gerücht zu verbreiten, ich sei ein ›Homo‹.«[270]

Nafsu begriff, daß die Vorwürfe gegen ihn auf der Aussage Abu Kassems beruhten und daß das angebliche Motiv für seine Tätigkeit für die PLO sexuelle Erpressung war. Ginossar behauptete, es gäbe Zeugen – darunter Abu Kassem –, die gesehen hätten, daß Nafsu mit einem PLO-Mann und mit einem libanesischen Christen ins Bett gegangen sei. Als die Shin-Bet-Agenten mit ihren Drohungen nicht weiterkamen, versuchten sie es auf die freundliche Tour. Für den Fall der Zusammenarbeit und falls er ihnen vorbehaltlos alles erzähle, was er wisse, versprachen sie ihm Urlaub, damit er seine Frau besuchen könne.

Es ist die Spezialität eines jeden Geheimdienstes – und Shin Bet ist hierin besonders tüchtig –, die Schwächen eines Menschen herauszufinden und auszunutzen. Bei Nafsu waren es seine Frau und seine Männlichkeit. Als Mitglied einer tscherkessischen Gemeinschaft, in der dem Mann eine klar definierte Rolle zukommt, fürchtete er, das Gesicht zu verlieren, falls die Behauptungen der Fragesteller zu Hause die Runde machen würden.

Nach 40tägigen, ununterbrochenen Verhören brach er zusammen. Er gestand alles, was man von ihm hören wollte, auch den Verrat und die Spionage zum Schaden Israels durch seine Kontakte zur PLO.

Vor dem Militärgericht widerrief Nafsu jedoch sein Geständnis und behauptete, er sei durch Erpressung und Drohungen dazu gezwungen worden. Natürlich wurde dies von den Verhöroffizieren bestritten, und der Richter glaubte ihnen – wie meistens.

Das Verfahren fand unter Ausschluß der Öffentlichkeit statt.

Nicht einmal seinen Angehörigen wurde der Zugang zum Gerichtssaal gewährt. Nach zahllosen Verhandlungen und Beratungen, die sich über zwei Jahre hinzogen, wurde Nafsu schuldig gesprochen. Ende 1982 wurde er zu 18 Jahren Gefängnis und Degradierung zum einfachen Soldaten verurteilt.

Nur Nafsu, seine Familie und sein Anwalt – der zuvor Israels oberster Militärankläger gewesen war – glaubten an seine Unschuld. Als seine Berufung zurückgewiesen wurde, lehnte Nafsu den von Shin Bet und anderen an ihn herangetragenen Vorschlag ab, ein Gnadengesuch zu stellen. »Ich wollte einen Freispruch, keine Gnade«, erklärte er.

Nafsu erreichte sein Ziel am 24. Mai 1987 nach einer langen Leidenszeit, als der Oberste Gerichtshof Israels ihn vom Vorwurf der Spionage und des Verrates freisprach und die 18jährige Gefängnisstrafe aufhob. Nafsu kam frei, wurde zum Feldwebel befördert und bekam rückwirkend für die gesamte Haftzeit den Sold ausbezahlt. Das Urteil blieb jedoch insoweit bestehen, als die Richter ihn zu einer – inzwischen verbüßten – Gefängnisstrafe von zwei Jahren verurteilten, weil er seine Kontakte zu PLO-Mitgliedern im Libanon verschwiegen hatte. Das Schwergewicht in der Urteilsbegründung lag jedoch auf einer harten Kritik an Shin Bet, seinen Verhöroffizieren und deren Vernehmungsmethoden zur Erzwingung von Geständnissen.

Die Aktionen des Geheimdienstes waren nur Teil einer umfassenden und bedrückenden Situation. Shin Bet war eine Art »schwarzer Mann«, mit dem gelegentlich Eltern ihre ungezogenen Kinder ängstigten.

Die israelische Öffentlichkeit mußte sich an eine neue, negative Realität gewöhnen. Vor knapp zehn Jahren noch war es praktisch verboten gewesen, den Namen Shin Bet auszusprechen und den Geheimdienst zu kritisieren.

Nun war in weniger als einem Jahr zweimal der Schleier des Geheimnisses gelüftet worden, und beide Male war ein handfester Skandal zum Vorschein gekommen: der Mord an den Busentführern und das verbrecherische Vorgehen gegen Nafsu. Das Unvermögen der Agentur, die Ehrlichkeit ihrer Ziele und ihre Vorgehensweise waren bei vielen in Verruf geraten. Zum erstenmal sah das israelische Volk seinen Inlandsgeheimdienst, und was dabei herauskam, gefiel ihm ganz und gar nicht.

Präsident Herzog, der dem Kabinettsentscheid zugestimmt

hatte, durch den die ranghohen Shin-Bet-Offiziere Generalpardon erhalten hatten, erklärte jetzt, daß er sich wegen des Nafsu-Falles »schäme«. Der neue Generalstaatsanwalt Yosef Harish setzte sich über die Wünsche des »Clubs der Premierminister« sowie Shin Bets hinweg und ordnete eine Untersuchung gegen die Verhöroffiziere im Fall Nafsu an. Von offizieller Seite neigte man dazu, Anklage zu erheben, obgleich feststand, daß Ginossar wegen des ihm erteilten »Persilscheins« nicht belangt werden konnte. Schließlich gab die Regierung dem Druck der öffentlichen Meinung nach, wie sie sich in den israelischen Medien artikulierte, und setzte am 31. Mai 1987 eine Untersuchungskommission ein – nur eine Woche, nachdem Nafsu freigekommen war. Der Ausschuß wurde von Moshe Landau geleitet, einem pensionierten Richter des Obersten Gerichtshofs. Seine beiden Beisitzer waren der ehemalige Mossad-Chef Yitzhak Hofi und der »state comptroller« Yaakov Malte. Ein halbes Jahr lang verhörte die Landau-Kommission Zeugen: den Premierminister, Spitzenfunktionäre von Shin Bet, dessen Agenten und Rechtsberater, Betroffene, Vertreter der israelischen Association for Civil Rights und sogar ausländische Anwälte von Amnesty International.

Inzwischen war jedoch bereits ein weiterer beunruhigender Fall ans Licht gekommen. Am 19. Juli 1987 war Awad Hamdan, ein 23 Jahre alter Einwohner eines Dorfes in der Nähe der Stadt Tulkarem im Westjordanland, von Shin-Bet-Mitgliedern verhaftet worden. Man verdächtigte ihn der Mitgliedschaft in einer palästinensischen Terrororganisation. Am 21. Juli starb er in seiner Zelle. Seine Verhöroffiziere erklärten dazu, er sei einem Herzanfall erlegen, aber seine Familie behauptete, sein Körper habe Spuren physischer Gewaltanwendung aufgewiesen.[271]

Der Verdacht wurde laut, er sei gefoltert worden. Die Sache brachte schließlich sogar das Pathologische Institut der Regierung in ein schiefes Licht, dessen forensische Experten die Aufgabe hatten, die Todesursache eines jeden in Israel unter verdächtigen Umständen gestorbenen Menschen zu klären.

Bis zur Veröffentlichung des Landau-Berichtes Ende November 1987 stand das Institut in dem Ruf, zuverlässig, professionell und vertrauenswürdig zu sein. Dann wurde offenbar, daß einige der dort arbeitenden Ärzte »im Interesse der Sicherheit« Tatsachen verdreht hatten. Sie hatten zugunsten Shin Bets ein Gefälligkeitsgutachten über die Todesursache der beiden ermordeten Busentführer erstellt – soweit dies eben möglich war – und ebenso bereitwillig bestätigt, daß Hamdan an den Folgen einer Herzattacke verstorben war.[272]

Das Ergebnis des Landau-Berichts war vernichtend: eine gedruckte Dokumentation darüber, wie tief die Fäulnis bereits ins Innere Shin Bets eingedrungen war. Sie besagte, daß Yosef Harmelin, der damalige Chef der Agentur, bereits 1971 einverstanden gewesen war, daß seine Mitarbeiter vor Gericht logen. Er habe ihnen zwar nicht befohlen, die Unwahrheit zu sagen, ihre Lügerei aber als normal akzeptiert.

Landau, Hofi und Malte stellten übereinstimmend fest, daß Shin-Bet-Agenten ganz selbstverständlich und gewohnheitsgemäß die Gerichte anlogen, obgleich auf Meineid sieben Jahre Gefängnis steht. Sie stellten sich über das Gesetz. Ihr Verhalten hing mit der drastischen Zunahme terroristischer Anschläge zusammen, die auf die Eroberung des Westjordanlandes und des Gazastreifens folgte. Als sich der Terrorismus ausbreitete, meinten die Shin-Bet-Verhöroffiziere, psychologischen Druck und gewisse Foltermethoden anwenden zu müssen – »physischen Druck« nach den Worten der Kommission –, um Geständnisse aus den Schuldigen herauszuholen.

Shin Bet übernahm die Aufgabe, vorbeugend Informationen zu sammeln, um möglichst rechtzeitig vor palästinensischen Angriffen warnen zu können. Die angewandten Methoden jedoch sprengten den Rahmen der Legalität. Hunderte von Prozessen gegen Terroristen waren kaum mehr als summarische Kriegsgerichtsverfahren, in denen der Militärstaatsanwalt lediglich das von Shin Bet beschaffte Geständnis verlas. Wenn die Angeklagten behaupteten, sie seien durch Folterungen oder Drohungen zu einer falschen Aussage gezwungen worden, wurde dies natürlich von den Shin-Bet-Agenten bestritten, und die Militärrichter – eine Jury gab es in diesen Verfahren nicht – sahen in der Regel keinen Grund, ihnen nicht zu glauben.

Diese Praxis hielt sich 16 Jahre und umfaßte die Amtszeiten von Avraham Ahituv und Avraham Shalom als Shin-Bet-Chefs. Der Landau-Bericht stellte fest, daß Shalom »den Meineid bereits als Norm betrachtete, ... die ›sich von Generation zu Generation vererbte‹«.

»›Wenn ich an den Krieg gegen die Terroristen denke‹, so erklärte er uns, ›so sehe ich ihn nicht im Zusammenhang mit der is-raelischen Gerichtsbarkeit.‹ Er verstand nicht einmal, daß mit dieser Norm etwas nicht stimmte. Die Kommission sieht in ihm einen der Verantwortlichen für diese illegalen Methoden.«

Der Bericht rügte das Versagen der gesamten Shin-Bet-Füh-rung, »die nicht erkannte, daß die Wahrung der Sicherheit, so bedeutsam oder lebenswichtig sie sein mag, die Betroffenen nicht über das Gesetz stellt. Die Leitung begriff nicht, daß ihr eine wichtige Aufgabe anvertraut worden war, die möglicher-weise die Anwendung gewisser Mittel rechtfertigen mochte, aber nicht alle und sicher nicht das der Falschaussage.«

Landaus Abschlußbericht war sehr viel klarer in seiner Dik-tion als die meisten Regierungsdokumente, wenn er ausführte, daß es innerhalb Shin Bets verbindlich gewesen sei, die Wahr-heit zu sagen. »Wer immer dabei ertappt wurde, daß er inner-halb des Dienstes nicht wahrheitsgemäß berichtet hatte, wurde äußerst streng bestraft. Es kam sogar vor, daß der Betreffende entlassen wurde. Diese Haltung erzeugte eine doppelte Moral: das Bestehen auf Wahrhaftigkeit innerhalb des Dienstes und an-dererseits das Lügen vor Gericht. Diese doppelte Botschaft hat offenbar 16 Jahre lang niemanden gestört.«

Im übrigen verkannte die Kommission nicht die Schwierigkei-ten Shin Bets im Kampf gegen den Terrorismus und stellte aus-drücklich fest, daß die Verhöroffiziere der Agentur das Recht hätten, einen gewissen »Druck« auf die befragten Personen – sprich Araber – auszuüben, ohne jedoch die Grenzen festzule-gen. Sie warnte allerdings davor, daß dies nicht dazu führen dürfe, daß jeder Shin-Bet-Agent »seine eigenen Regeln auf-stellt, inwieweit er bei den Verhören Gewalt anwenden wolle«.

Der Report fuhr fort: »Unter solchen Umständen könnte Isra-els Ruf als gesetzestreuer Staat, der die bürgerlichen Rechte schützt, irreparabel zerstört werden, und es könnte eines Tages jenen Staaten gleichen, die ihren Geheimdiensten uneinge-schränkte Macht einräumen. Um dieser Gefahr vorzubeugen, darf man auf den Verhörten keinen übermäßigen Druck aus-üben. Dieser darf niemals das Stadium körperlicher Schmerzen erreichen oder in Brutalität gegen den zu Vernehmenden ausar-ten oder in menschenverachtender Weise seine Ehre verletzen.«

Als eine Art Richtlinie schlug Landau vor: »Der Umfang, in dem diese Mittel eingesetzt werden, muß sorgfältig gegenüber der erwarteten Gefahr abgewogen werden. Die Druckmittel müssen vorher festgelegt und begrenzt werden. Auf jede Überschreitung des Zulässigen muß der Kommandant entschieden und sofort reagieren.«[273]

Die Kommission schlug damit einen mittleren Weg vor. Aber obwohl sich Richter Landau und seine Kollegen Sorgen machten, Shin Bet könne völlig aus dem Ruder laufen, versuchten sie nicht, über Nacht das Rad zurückzudrehen.

Noch bevor die Tinte auf dem Dokument trocken war, kam heraus, daß drei Shin-Bet-Verhöroffiziere die Landau-Kommission belogen hatten. Sobald der neue Shin-Bet-Chef davon erfuhr, wurden alle drei entlassen. Neuer Shin-Bet-Chef aber war ausgerechnet Yosef Harmelin – den man zwölf Jahre nach seinem Ausscheiden bei Shin Bet für eine zweite Amtszeit gewonnen hatte.

Harmelin hatte es als erster Shin-Bet-Chef (1964–1974) zwar durchgehen lassen, daß seine Leute die Gerichte belogen. Genauso wichtig aber war, daß er die Agentur kannte und ein respektierter und erfahrener Beamter war. So wurde er 1986 gern als Interimschef willkommen geheißen, um die Ordnung sowie das Vertrauen in die Agentur wiederherzustellen, die beide durch die verschiedenen Skandale und Untersuchungsverfahren verlorengegangen waren.

Man befürchtete, daß auch die Leistungsfähigkeit Shin Bets ernsthaft beeinträchtigt war. Die Kampfmoral hatte mit Sicherheit einen Tiefpunkt erreicht. Nach dem Karp- und dem Landau-Bericht fühlten sich viele Shin-Bet-Mitarbeiter von den Politikern im Stich gelassen, die andererseits von den Geheimdiensten erwarteten, daß sie die schmutzige Arbeit im Krieg gegen den Terror übernahmen.

Innerhalb Shin Bets wuchs die Unzufriedenheit. Die Agenten machten aus ihrer Verachtung gegenüber Untersuchungsbeamten und Journalisten, die eine hehre, extrem »saubere« Kriegführung gegen den Terrorismus zu erwarten schienen, keinen Hehl. Die Shin-Bet-Agenten warfen den Politikern vor, weder langfristige Entscheidungen über den Status des Westjordanlandes und des Gazastreifens noch über das anzuwendende Recht getroffen zu haben. Viele Shin-Bet-Mitarbeiter fühlten sich als Sündenböcke der Okkupation. Mehr als 35 Jahre nach der »Revolte der Spione« gegen die Heucheleien des Mossad sah es so aus, als könne es erneut zum Aufstand innerhalb des israelischen Nachrichtendienstes kommen.

Mit seiner ruhigen Art gelang es Harmelin, die Shin-Bet-Ränge zu stabilisieren und die Wogen zu glätten. Dagegen konnte er für den angeschlagenen Ruf Shin Bets und des gesamten Nachrichtendienstes nur wenig tun. Zum erstenmal in der Geschichte Israels hatten die Geheimdienste ihren Nimbus als »heilige Kühe« verloren, die sich keine Fragen über ihre Arbeitsmethoden stellen zu lassen brauchten.

Mit jenen Fragen, die die CIA in den 70er Jahren erschüttert hatten, wurden in den 80er Jahren die israelischen Geheimdienste konfrontiert. Sie sorgten für nicht gewohnte Zweifel und schmerzliche Wahrheiten, und nachdem die Dienste im eigenen Land weitgehend das Vertrauen der Öffentlichkeit verspielt hatten, gerieten nun auch noch die Beziehungen zu ihren besten Freunden im Ausland in eine Krise.

14. Ein Spion in Amerika

Als Jonathan Jay Pollard am 21. November 1985 auf das Grundstück der israelischen Botschaft in Washington D. C. raste, bedeutete dies das Ende einer geheimen Operation, die die lebenslange Vertrauensbasis zwischen dem jüdischen Staat und den USA, seinem wichtigsten Verbündeten und einem der Grundpfeiler seiner Macht, bedrohte.

An jenem Donnerstag morgen saß Jay Pollard schwitzend am Steuer seines fünf Jahre alten Ford Mustang, seine Frau, Anne Henderson-Pollard, rechts neben ihm. In ihrem Gepäck hatten sie ihre Geburts- und Heiratsurkunden, ihre Familienfotos sowie ihre Katze und deren Impfpaß. Die Pollards waren auf der Flucht. Ihr Wagen stand mit laufendem Motor vor den Toren der israelischen Botschaft nahe Connecticut Avenue und Van Ness Street im Nordwesten Washingtons.

In dem Moment, als sich die schweren Stahlflügel öffneten, um ein anderes Fahrzeug einzulassen, gab Pollard Gas, schwang seitlich um den anderen Wagen herum und brachte seinen Mustang auf dem Parkplatz vor dem Botschaftsgebäude zum Stehen. Bevor der israelische Wachposten seine Pistole aus dem Schulterhalfter ziehen konnte, platzte der untersetzte, 31 Jahre alte Fahrer damit heraus, er sei Jude und bitte um Asyl. »Das FBI ist hinter mir her, ich brauche Hilfe«, rief er dem verdutzten Israeli zu.

Sekunden später tauchten FBI-Agenten, die die Pollards verfolgt hatten, am Tor auf und erklärten dem israelischen Sicherheitsteam über die Gegensprechanlage, daß sie den Mann, der eben mit seinem Mustang auf das Gelände gefahren sei, für eine Vernehmung brauchten. Da die Botschaftsmitglieder diplomatische Immunität genossen, lag die Entscheidung allein bei ihnen – obschon die Weigerung, einen Flüchtling herauszugeben, mit Sicherheit Ärger machen würde. Die Wache am Tor rief über das interne Telefonnetz im Sicherheitstrakt der Botschaft an, wo die Vertreter der israelischen Geheimdienste saßen.

Pollard hatte bereits einen Tag zuvor beim leitenden Sicherheitsoffizier der Botschaft angerufen, hatte sich auf Rafi Eitan und andere Agenten bezogen und um Hilfe gebeten. In einem zweiten Telefongespräch hatte der Sicherheitsoffizier dem Amerikaner gesagt, er solle in die Botschaft kommen, falls es ihm gelinge, das FBI abzuschütteln. Aber das FBI war den Pollards auf den Fersen geblieben, die noch immer, von den Geheimdienstagenten umgeben, draußen auf dem Parkplatz warteten.

»Tut uns leid«, erklärte man den asylsuchenden beiden Amerikanern, als die israelischen Sicherheitsbeamten sie zum Tor zurück eskortierten. Die FBI-Agenten verhafteten Pollard. Seine Frau brachten sie in ihre Wohnung zurück. Jonathan Jay Pollard aber fuhr einer lebenslangen Gefängnisstrafe entgegen.

Pollard hatte als Zivilist sechs Jahre lang für die amerikanische Marine gearbeitet, die meiste Zeit in verschiedenen Büros der Aufklärungs- und Spionageabwehreinheiten. Immerhin gehörte zu seinem Arbeitsplatz ein Computer, über den er Zugang zu fast allen von den amerikanischen Nachrichtendiensten gespeicherten Geheiminformationen hatte. Er selbst hielt sich für einen loyalen Amerikaner, war aber zugleich ein begeisterter Anhänger Israels.

Pollard wurde am 7. August 1954 als Sohn jüdischer Eltern in Galveston, Texas, geboren. Seine Jugend verbrachte er überwiegend in South Bend, Indiana. Beide Städte waren nicht gerade die markantesten Zentren jüdischer Kultur oder proisraelischer Aktivitäten, aber Pollard war ohnehin ein Einzelgänger. Zum Zionisten wurde er aus eigenem Antrieb.

Pollard studierte internationales Recht an einer der angesehensten Universitäten des Landes, der Stanford University, wo ihm seine Professoren bereits eine blühende Phantasie attestierten. Er behauptete, Oberst der israelischen Armee zu sein, dann wiederum war er angeblich Hauptmann. Seinen Bekannten erzählte er, der Mossad wolle ihn als Spion innerhalb der amerikanischen Regierung anwerben.[274]

Pollard selbst stellte das Ganze als einen Dummejungenstreich hin. Er tat Presseberichte als Unsinn ab, wonach er seinen Mitstudenten einen Revolver gezeigt habe, diese ihn für »sehr bedrückt und undurchsichtig« hielten und er behauptet habe, während einer Kibbuzwache einen Araber getötet zu haben. Einige Studenten hatten angeblich geäußert, sie hätten den Eindruck, sein Studium werde vom Mossad finanziert.

Pollard seinerseits erklärte, die Bundesbehörden hätten dies alles erfunden, um »mir den Stempel der Labilität aufzudrücken, mich zu diskreditieren und zu isolieren«.[275] Die Staatsanwaltschaft hielt dagegen, daß es eine lange Liste unglaublicher, von ihm erfundener Geschichten gäbe.

1976 schloß Pollard das Studium in Stanford mit dem Bakkalaureat ab und ging anschließend an die Fletcher School of Law and Diplomacy an der Tufts University bei Boston. Das dortige Studium schloß er jedoch nicht ab, da er im Herbst 1979 von der amerikanischen Marine als ziviler Nachrichtenauswerter angenommen wurde. Er arbeitete im Raum Washington in Büros wie dem Naval Operational Surveillance and Intelligence Center, dem Naval Intelligence Support Center und dem Naval Investigative Service (NIS).

Im Juni 1984 gehörte er zu den wenigen, die in das neu geschaffene Anti-Terrorism Alert Center im NIS-Hauptquartier in Suitland, Maryland, übernommen wurden, als die amerikanischen Streitkräfte ihre Bemühungen um eine Früherkennung geplanter Terroraktionen erheblich verstärkten. Der Anlaß war ein Sprengstoffattentat in Beirut im Oktober 1983, bei dem ein Selbstmordkommando mit einer Lastwagenbombe 241 amerikanische Soldaten in die Luft gesprengt hatte. Der ernsthafte Versuch, alle verfügbaren Tatsachen, Hinweise und Gerüchte in diesem zwielichtigen Feld unter einen Hut zu bringen, setzt notwendigerweise den Zugang zu möglichst vielen Quellen und Berichten voraus: über wahrscheinliche Ziele, mögliche Angreifer, die Identität von Sympathisanten und darüber, was andere Länder auf diesem Gebiet unternehmen.

In diesem Zeitalter des Terrorismus konnte keine Spezialabteilung in der Regierung oder Verteidigung diese vielschichtigen Aufgaben allein bewältigen. Mit anderen Worten, Pollard hatte Zugang zu so ziemlich allem. Er besaß nicht nur einen Computer, mit dem er Zugang zu den Dateien sämtlicher Bundesnachrichtendienste hatte; er besaß nicht nur die Erlaubnis, Papiere der höchsten Geheimhaltungsstufe einzusehen; er hatte sogar Zugang zu einer noch höheren Ebene, bekannt als SCI – Sensitive Compartmented Information. Und er besaß Washingtons wertvollsten Büchereiausweis – eine »Kurierkarte«, die es ihm erlaubte, die hochgesicherten Archive zu besuchen und Dokumente zur Auswertung mit in sein Büro zu nehmen.

Der Alptraum, wie es möglich war, daß seine Vorgesetzten seine offenkundige Unberechenbarkeit in der Schule, seine übertriebenen Prahlereien und eindeutigen Lügereien schlicht übersahen, sollte die Sicherheitsoffiziere in Washington noch jahrelang verfolgen. Pollard hatte sich 1977 bei der CIA beworben, war aber abgewiesen worden. Als er sich zwei Jahre später um einen nachrichtendienstlichen Posten bei der Marine bewarb und der Defense Investigative Service (DIS) des Pentagons routinemäßig seinen Hintergrund überprüfte, wurden auch sein Vater und ein paar Kommilitonen von Fletcher befragt. Die CIA aber teilte dem DIS angeblich ihre negative Einschätzung Pollards nicht mit. 1981 suspendierte ihn die Marine für kurze Zeit von seinem Posten, hob diese Maßnahme jedoch auf seine Beschwerde hin wieder auf.

Pollard erzählte, er habe 1982 an einzelnen Abschnitten des Interagency Contingency Options Plan mitgewirkt, der auf Anordnung von Verteidigungsminister Caspar Weinberger erstellt worden war, um die Reaktion der USA auf die israelische Invasion im Libanon vorzubereiten. Der Plan sah vor, Israel durch massiven Druck zum Rückzug zu bewegen, und zog sogar eine begrenzte Truppenverlagerung der Amerikaner in Betracht. Als Pollard schließlich den gesamten Text sah, »warf es ihn einfach um«. In diesem Moment beschloß er, Israel zu helfen. »Ich war buchstäblich über Weinbergers Absicht zu Tode erschrocken«, sagte Pollard in seiner Gefängniszelle. »Mir wurde klar, daß er ein nicht erklärtes Nachrichtenembargo veranlaßt hatte.«[276]

Jay Pollard, der amerikanische Nachrichtenauswerter, der davon träumte, für Israel zu spionieren, begann seine Phantasien mit Leben zu erfüllen. Im Mai 1984 tat er den ersten Schritt, als er von dem New Yorker Geschäftsmann Steven Stern dem israelischen Luftwaffenoberst Aviem Sella vorgestellt wurde.

Die beiden verstanden sich auf Anhieb. Pollard erzählte dem Oberst, er habe Beweise, daß die USA Israel vertragswidrig nicht alle geheimdienstlichen Daten mitteilten, und das mache ihn wütend. Sella, einer der besten israelischen Piloten, der 1981 am Angriff auf den irakischen Atomreaktor teilgenommen hatte, hörte ihm interessiert zu.

Sella informierte pflichtgemäß seine Vorgesetzten bis hinauf zum Hauptquartier der Luftwaffe in Tel Aviv über dieses Gespräch. Von dort ging sein Bericht über einen frustrierten amerikanischen Nachrichtendienstler, der Israel seine Hilfe anbot, an Rafi Eitan, den ebenfalls frustrierten israelischen Geheimdienstler, der jetzt als Leiter der Technologie-Spionageagentur

Lakam dem Verteidigungsministerium unterstellt war. Israel bekam bereits aus wenigstens einer Quelle in den USA wertvolle Technologie der sensitivsten Art. Zu den Vermittlern gehörte ein israelischer Unternehmer in Hollywood, der die Beamten des israelischen Verteidigungministeriums bei der Firma Milco of California eingeführt hatte, die dem amerikanischen Juden Richard Smyth gehörte. Im Mai 1985 erhob ein Bundes-Geschworenengericht gegen ihn Anklage wegen Schmuggels von 810 Cryotrons nach Israel. Cryotrons sind elektronische Geräte, die als Zünder für Atombomben benutzt werden können. Für den Export ist eine spezielle Lizenz erforderlich, aber Smyth hätte diese Ausfuhrerlaubnis nicht bekommen, da Israel das internationale Abkommen gegen die Weitergabe von Atomwaffen nicht unterschrieben hatte.

Die FBI-Prüfer entdeckten, daß die Firma Milco bereits seit 1973 80 Prozent ihrer Geschäfte mit Israel getätigt hatte. Nachdem Smyth gegen eine Kaution von 100.000 Dollar vorläufig auf freien Fuß gesetzt worden war, ergriff er die Flucht und erschien drei Monate später nicht vor Gericht. Er war verschwunden. Angeblich hatte man ihn in England und in Israel gesehen.

Als der Fall Schlagzeilen machte, entschuldigte sich Israel bei den USA und versicherte, daß die Cryotrons nur zum Einbau in medizinische Geräte bestimmt gewesen und nicht für sein Atomprogramm verwendet worden seien. Auf Verlangen der Amerikaner wurden alle »nicht benutzten« Cryotrons zurückgegeben.[277]

1985 kamen weitere Fälle ans Licht, in denen staatliche israelische Gesellschaften wie die Israel Military Industries in dunkle Geschäfte mit amerikanischen Firmen verwickelt waren. Einige der Amerikaner wurden vor Gericht gestellt. Regierungsbeamte, besonders beim amerikanischen Zoll und beim FBI, machten aus ihrem Ärger über Israel keinen Hehl.

Dennoch, aus Washington kam klar und deutlich die Botschaft – besonders nachdem Ronald Reagan 1981 Präsident geworden war – daß Israel nicht lange würde büßen müssen für das, was es getan hatte. Die goldene Ära der unerklärten, aber kraftvollen amerikanisch-israelischen Allianz kam endlich voll zum Tragen.

Es gab kein formelles Abkommen wie im Fall der NATO oder anderer Militärpakte, daß der Angriff gegen eine der beiden Nationen zugleich als Angriff auf die andere angesehen würde. Aber Israel hatte gute Gründe, sich den USA genauso eng verbunden und sich von ihnen noch besser beschützt zu fühlen als von seinen offiziellen Verbündeten wie beispielsweise England.

Reagan bemühte sich mehr als jeder andere amerikanische Präsident, Israel das Gefühl der Sicherheit zu geben. Die USA protestierten 1982 nicht einmal ernsthaft gegen die Invasion im Libanon. Das State Department opponierte zwar gegen die israelische Besiedelung der eroberten Territorien, ergriff aber keinerlei Maßnahmen dagegen. Das Weiße Haus unterstützte vor allem mit großem Nachdruck ein Memorandum über die strategische Zusammenarbeit mit Israel, das im Anschluß an die Zerstörung des Atomreaktors in Bagdad 1981 nach zweiwöchiger Gültigkeit vorübergehend suspendiert, 1983 aber endgültig unterzeichnet wurde.

Der größte Teil des Textes blieb zwar geheim, aber das sichtbare Ergebnis waren vermehrte Besuche der 6. US-Flotte im Hafen von Haifa. Militärische Ausrüstung und medizinische Versorgungsgüter wurden von den amerikanischen Streitkräften für einen Eventualfall in Israel gelagert, und gemeinsame Manöver wurden weit selbstverständlicher durchgeführt als bisher. Der unsichtbare Effekt betraf die erweiterte Zusammenarbeit der beiderseitigen Nachrichtendienste einschließlich der Bekämpfung des Terrorismus – ein Gebiet, auf dem die USA fast völlig von den israelischen Informationen über die arabischen Terrorgruppen abhängig waren.

CIA-Veteranen, die lange im Mittleren Osten gedient hatten, kamen zu dem Schluß, Israel könne sich nahezu alles erlauben und wisse das auch. Ein amerikanischer Agent sagte einmal augenzwinkernd zu seinem Mossad-Kollegen, Israel könne sich glücklich schätzen, nicht der 51. Staat der USA geworden zu sein. »Wieso das?« wunderte sich der Israeli. »Weil ihr dann«, so fügte der Amerikaner hinzu, »nur zwei Senatoren hättet, und so habt ihr mindestens 60.«

Die Reagan-Administration zahlte dem jüdischen Staat mit der Zustimmung des proisraelischen Kongresses jährlich etwa drei Milliarden Dollar Unterstützung, davon zwei Drittel in Form von Militärhilfe. Das Faß der Großzügigkeit schien bodenlos, und die Vergebung für gelegentliche Missetaten ließ nie lange auf sich warten.

Aber die Nachrichtendienste beider Länder kannten sich gut genug, um einander mit Vorsicht zu begegnen. Das FBI beobachtete argwöhnisch die umfangreichen Aktivitäten der Israelis in Amerika und war überzeugt, daß heftig spioniert wurde. Besonders wachsam observierte es den aggressiven Technologieerwerb der Israelis.

Einige strafrechtliche Verfolgungen und zahlreiche Hinweise von ärgerlichen amerikanischen Beamten waren für Eitan und die israelische Waffenindustrie eine Warnung, daß ihre geheimen Operationen jederzeit ruchbar werden konnten. Für ihn als erfahrenen Profi, der jahrzehntelang für den Mossad und Shin Bet schwierige Aktionen geleitet und Agenten geführt hatte, war dies nichts Neues. Als er Oberst Sellas Bericht aus New York las, war Eitan gleichermaßen interessiert wie mißtrauisch gegenüber dem freiwilligen Angebot Pollards. Es konnte sich durchaus um ein »Kuckucksei« oder eine Falle der amerikanischen Behörden handeln. Ein erfahrener Spion wie Eitan hatte gelernt, gegenüber jedem übereifrigen Bewerber vorsichtig zu sein.

Er wußte jedoch auch, daß der junge Amerikaner für ihn sehr wertvoll sein konnte. Trotz des offiziellen Austauschabkommens vermuteten die israelischen Geheimdienste seit langem, daß die USA nicht jede Information mit ihnen teilten. Nur über einen »Maulwurf« konnten sie herausbekommen, was ihnen vorenthalten wurde. Außerdem bot Pollard Eitan die einmalige Chance, bei seinen Bemühungen, Lakams Aktionsradius zu erweitern, den Mossad zu überspielen – und zu beweisen, daß nur er mehr aus Washington erfuhr, als die CIA und das Pentagon mitzuteilen bereit waren.

Mossad-Chef Admoni weigerte sich im Hinblick auf das 1951 geschlossene Kooperationsabkommen mit der CIA sowie dessen späterer Ergänzungen, einen offiziellen Spion im Herzen der amerikanischen Geheimdienste einzusetzen. Man stand in täglichem Kontakt. Zweimal im Jahr fanden offizielle Treffen statt, bei denen man weitere Möglichkeiten einer Zusammenarbeit erörterte und die Welt im Hinblick auf gemeinsame Aufgaben Revue passieren ließ. Es würde die Kontakte des Mossad erschweren oder gar zerstören, wenn er einen Agenten mitten unter seine Freunde setzte und dabei erwischt werden würde.

Wenngleich das geheime, unanständige und direkte Spionieren innerhalb der gegenseitigen Nachrichtendienste offiziell als verboten galt, wußten gerissene Spione auf beiden Seiten, daß es bei Beachtung äußerster Vorsicht und professioneller Geschicklichkeit dennoch möglich war. Nach Aussagen der Amerikaner und der Israelis, die dies tatsächlich getan haben, kam es vor allem darauf an, zu verschleiern, wer der wirkliche Auftraggeber war. Theoretisch sah das so aus: Wenn die CIA innerhalb der israelischen Geheimdienste einen Agenten fand, den sie rekrutieren konnte, dann sorgte man nach Möglichkeit dafür, daß er nicht merkte, daß er für die USA angeworben werden sollte. Man hißte »die falsche Flagge« und erzählte ihm, Auftraggeber seien die Schweiz oder Westdeutschland oder irgend jemand sonst, der ihm Geld für Informationen biete.

Demgegenüber gilt ganz allgemein: Wenn der Agent weiß, für wen er arbeitet, und ausdrücklich nur für die USA arbeiten will, dann sollte er zumindest nicht vom örtlichen CIA-Büro in Tel Aviv geführt werden. Es darf keinerlei Verbindung zu Amerika geben, und Treffen sollten immer in Drittländern stattfinden.

Am besten bedient man sich anderer Agenturen. Die CIA sollte offiziell überhaupt nichts mit dem Einsatz von Spionen in Israel zu tun haben, sondern die Verantwortung hierfür einem anderen Bereich der amerikanischen Nachrichtendienste überlassen. Umgekehrt, wenn sich dem Mossad in den USA eine Spionagemöglichkeit bietet, würde auch er den Job einer anderen Agentur überlassen wie zum Beispiel Lakam.

Amerikanische Spionagesatelliten und Abhörstationen überwachten natürlich auch die israelischen Verteidigungseinrichtungen. Ferner entsandten die USA Spione nach Israel, die auf spezielle militärische, wirtschaftliche und wissenschaftliche Projekte angesetzt wurden – einschließlich das Atomprogramms. Unmittelbar nach Pollards Verhaftung erklärte Verteidigungsminister Rabin, daß Israel in den späten 70er und frühen 80er Jahren fünf amerikanische Spione in sensitiven Atom- und Industrieunternehmen gefaßt habe. Einer hatte Informationen in der staatseigenen Waffenentwicklungsfirma Rafael in Haifa gesammelt. Ein anderer arbeitete als amerikanischer Wissenschaftler im Rahmen eines Austauschprogramms im Nahal-Sorek-Atomversuchsreaktor, den Israel von der Eisenhower-Administration bekommen hatte. Die amerikanischen Spione wurden zwar verhört, aber das weniger starre israelische Rechtssystem gab der

Regierung die Möglichkeit, sie ohne großes Aufsehen auszuweisen und so Schwierigkeiten mit den USA zu vermeiden.

Bei diesen Operationen, die als höchst sensitiv galten und von Washington nie zugegeben wurden, wandte man das oben geschilderte Rezept bedenkenlos an. Die amerikanischen Agenten wurden von Stationen in Drittländern geführt. Der CIA-Stationschef in Tel Aviv hatte von ihrer Existenz keine Ahnung, so daß seine Funktion als Verbindung zum Mossad in keiner Weise kompromittiert wurde. Auch wenn ein israelischer Agent für seine Information oder »Nachforschung« Geld erhielt, wußte er besser nicht, daß die empfangenen amerikanischen Dollar in jeder Hinsicht US-Dollar waren. Als der Fall Pollard ans Licht kam, ließ David Durenberger, Mitglied des Senate Intelligence Committee, die Bemerkung fallen, daß 1982 wenigstens ein israelischer Soldat als bezahlter Agent des amerikanischen Geheimdienstes an der Invasion im Libanon teilgenommen hatte. Die CIA-Stabsoffiziere im Hauptquartier in Langley lockte es stets, sich unter den Hunderttausenden von amerikanischen Auswanderern nach Israel nach möglichen Agenten umzusehen. Da es jedoch fast ausnahmslos Juden waren, die wegen ihrer Religion auswanderten oder weil sie Zionisten waren, meinte die CIA, daß ihre Loyalität letztlich eher Israel als den USA gehöre. Während der israelische Geheimdienst stets davon überzeugt war, daß die Spionagedienste des Ostblocks laufend ihre Spione unter die in ihre biblische Heimat ziehenden jüdischen Immigranten mischten, hatte man nie ernsthaft den Verdacht, die CIA könne das gleiche tun. Die Shin-Bet-Führung hielt zwar so ungefähr alles für möglich, nicht aber, daß unter den Massen neuer amerikanischer Israelis irgendwelche langfristigen »Maulwürfe« waren.

Auf der anderen Seite hielt es der amerikanische Nachrichtendienst für selbstverständlich, daß unter den Israelis, die in die USA immigrierten oder dorthin kamen, um zu arbeiten oder zu studieren, sehr wohl Spione waren. Eine Nation, die sich in einem permanenten Kriegszustand glaubte, würde ihre Spione überallhin entsenden, wo diese an nützliche Informationen und wichtiges Material herankommen konnten.

Die geheimen Aktionen der Israelis in den USA waren in der Tat weit gestreut, aber nicht annähernd so durchstrukturiert oder bedrohlich, wie FBI-Beamte und mancher überängstliche

Amerikaner glauben mochten. Israelis, die ins Ausland fuhren, wurden gelegentlich gebeten, die Augen offenzuhalten – besonders wenn es sich um Wissenschaftler handelte, die an Projekten mitarbeiteten, die für die israelische Verteidigung von Interesse waren. Aber sie wurden weder offiziell angeworben noch von Mossad oder Aman bezahlt. Wenn sie für Israel nützliche Informationen nach Hause schickten, so taten sie dies aus Patriotismus. Natürlich hatten die meisten Israelis in Amerika mit diesen Dingen überhaupt nichts zu tun. Sie bekamen ohnehin nichts zu sehen, was für den Geheimdienst interessant gewesen wäre. Aber die wenigen, die halfen, waren für die israelischen Geheimdienste durchaus von Nutzen.

Bei allen geheimen Aktivitäten in den USA vermied es der Mossad sorgfältig, seine Station in Washington einzuschalten. Wenn ein israelischer Spion in einer Sondermission nach Amerika geschickt wurde, erfuhren die Mossad-Leute in Washington nichts davon. Waren Zahlungen zu leisten, so arbeitete man möglichst unter »falscher Flagge« oder – noch besser – tarnte das Ganze als kleine harmlose Industriespionage durch eine amerikanische Firma.

Jonathan Pollard war ein Sonderfall. Er kam von sich aus, er arbeitete beim Nachrichtendienst der Marine und hatte Zugang zu Geheimdokumenten, und nicht zuletzt war er Jude und wollte etwas für sein geliebtes Israel tun. Eitan wußte um die Gefahr, ortsansässige Juden als Agenten in ihren eigenen Ländern zu benutzen. Aber der Chance, die Pollard ihm bot, konnte er nicht widerstehen.

Im Einvernehmen mit dem Generalstabschef und dem Kommandanten der Luftwaffe erhielt Eitan die Erlaubnis, Oberst Sella in dieser Sache als Führungsoffizier einzusetzen. Dagegen sollten die beiden Spitzengeneräle, Moshe Levi und Amos Lapidot, keine näheren Einzelheiten darüber erfahren, welche Aufgabe Sella – der ehemalige Flieger und jetzige Student für Informatik an der New York University – übernehmen sollte.

Eitan beauftragte Sella, Pollard zu sagen, daß man es mit ihm versuchen wolle. Der Oberst führte mehrere vorsichtige Telefongespräche mit dem amerikanischen Geheimdienstauswerter, wobei er öffentliche Fernsprecher in New York und Washington benutzte, um die Gefahr zu verringern, daß das FBI mithörte.

Im Sommer 1984 pendelte Sella mehrmals mit dem Flugzeug

zwischen New York und Washington hin und her, um sich mit Pollard zu treffen und Dokumente von ihm zu übernehmen. Sella wurde in beiden Städten von Eitans Lakam-Attachés unterstützt, aber im Gegensatz zu ihnen genoß er keine diplomatische Immunität. Sollte er verhaftet und wegen der Entgegennahme von Geheimpapieren vor Gericht gestellt werden, kämen Sella selbst, die Luftwaffe und der Staat Israel in eine sehr unangenehme Lage. Obgleich der junge Oberst zwar als Kampfflieger, nicht aber als Spion Erfahrungen gesammelt hatte, war er bereit, das Risiko einzugehen.

Die ersten Dokumente, die Sella erhielt, betrafen arabische Militärprojekte, von denen Pollard annahm, sie könnten Israel bedrohlich werden. Sie wurden als Diplomatenpost nach Tel Aviv geschickt. Ihr Inhalt war verblüffend und überstieg bei weitem Eitans Erwartungen.

Pollard arbeitete erst kurze Zeit beim Anti-Terrorism Alert Center in Suitland, Maryland, aber er gab Sella sofort Informationen über Dinge, die weit über das hinausgingen, womit er selbst beim ATAC zu tun hatte. Darunter waren erschreckende Einzelheiten über die Entwicklung von Chemiewaffen in Syrien und die Anstrengungen des Irak, sein Atomprogramm wiederzubeleben – nicht die ganze Geschichte, aber genug, um die Lücken in Israels eigenem Wissen zu schließen.

Ferner enthielten die Dokumente Angaben über die neuesten Waffensysteme, die Israels arabische Nachbarn erworben hatten, darunter sogar Listen und Beschreibungen von Waffen, die Ägypten, Jordanien und Saudi-Arabien erst kürzlich gekauft hatten. Da diese drei Staaten als proamerikanisch und gemäßigt galten, hatten es die USA stets abgelehnt, diese Länder betreffende geheime Informationen mit Israel zu teilen. An dieser Stelle öffnete sich nun für Eitan ein Fenster.

Pollards Begeisterung war überwältigend, besonders nachdem er im Oktober 1984 innerhalb des ATAC befördert worden war. Sein Zugangsradius sei erweitert worden, erzählte er den Israelis, und er könne jetzt an fast jedes Dokument innerhalb der amerikanischen Geheimdienste herankommen.

Er könne sich sogar von amerikanischen Spionagesatelliten aufgenommene Fotos ausleihen. Aber da sein eigener Computer-Terminal sie nicht reproduzieren könne, müsse er die Fotos ein oder zwei Tage behalten.

Sella war fasziniert. Er wußte, wie wertvoll die »Himmels-spione« sein konnten. Bevor er drei Jahre zuvor seine Schwa-dron Kampfbomber zum Angriff auf den irakischen Reaktor starten ließ, hatte Sella amerikanische Satellitenfotos studiert, die das Ziel genau erkennen ließen. Diese Fotos waren jedoch kaum zugänglich.

Nur ausnahmsweise teilte CIA-Direktor William Casey im Rahmen des strategischen Kooperationsabkommens solche Schätze mit Israel. Inzwischen beendete Sella seine Computer-kurse in New York und kehrte nach Israel zurück. Pollard war-tete auf einen neuen Führungsoffizier.

Eitan war mit den bisherigen Ergebnissen so zufrieden, daß er sich entschloß, eine neue Phase einzuleiten. Er lud Pollard und seine Verlobte, Anne Henderson, im November 1984 auf La-kams Kosten nach Paris ein. Dort wartete eine kleine Überra-schung auf sie. Avi Sella erschien wieder auf der Bühne und führte sie durch das Pariser Nachtleben. Pollard wunderte sich ein wenig, warum sie zu diesem fröhlichen Wiedersehen eigens nach Frankreich geholt worden waren. Das Geheimnis wurde gelüftet, als Sella ihn mit seinem neuen Führungsoffizier, Yossi Yagur, bekannt machte.

Yagur war Lakams Wissenschaftskonsul am israelischen Kon-sulat in New York. Seine offizielle Biographie gibt nur vage Hin-weise auf frühere, nicht näher spezifizierte Posten im Verteidi-gungsministerium. Auf jeden Fall besaß Yagur diplomatische Immunität. Seit 1980 war er Konsul und beschäftigte sich damit, an akademischen Konferenzen teilzunehmen, Freundschaften mit amerikanischen Wissenschaftlern in der Rüstungs- und son-stigen Industrie zu knüpfen und Berge von Ausschnitten aus Zei-tungen und Fachzeitschriften an die Auswerter von Lakam in Tel Aviv zu schicken.

Eine weitere Überraschung war Pollards Zusammentreffen mit dem legendären Rafi Eitan, von dessen Heldentaten – wie der Entführung Eichmanns – man dem jungen Amerikaner er-zählt hatte, um ihn entsprechend zu beeindrucken. Eitan wurde ihm als Leiter des gesamten Unternehmens vorgestellt. Er und Yagur diskutierten mit Pollard über die nächsten Schritte, vor allem über bestimmte Dokumente, die die israelische Verteidi-gung benötigte.[278] In ihrer Freizeit zeigte Sella Jay und Anne die Schaufenster einiger der elegantesten Pariser Juweliergeschäfte.

Schließlich dirigierte er sie in einen bestimmten Laden, wo der Verkäufer ihnen einen wertvollen Saphirring mit Brillanten zeigte. Sella erklärte »spontan«, er wolle ihnen das Schmuckstück als Verlobungsring schenken. Der Ring kostete über 7000 Dollar und war das sichtbare Zeichen für die »Verlobung« der Pollards mit Israel. Sella gab ihnen sogar ein handgeschriebenes Briefchen, wonach das Schmuckstück ein Geschenk von »Onkel Joe« war – für den Fall, daß sie in Washington jemand nach der Herkunft des Ringes fragen sollte.

Als Erstattung für notwendige Ausgaben und als Zeichen ihrer Wertschätzung boten die Israelis Pollard 1500 Dollar im Monat. Außer dem Ring für Anne erhielt er noch 10.000 Dollar in bar, und Eitan sagte ihm, daß man in der Schweiz ein Bankkonto für ihn eröffnet habe. Seine Honorare würden direkt dorthin überwiesen, und die gesamte Summe stehe ihm in zehn Jahren zur Verfügung. Dann, erwiderte der Amerikaner, hoffe er in Israel zu leben. Yagur zeigte ihm daraufhin einen bereits vorbereiteten Paß mit Pollards Foto, ausgestellt auf den falschen Namen »Danny Cohen«. Das Lakam-Team hatte nicht irgendeinen alten jüdischen Namen gewählt. Ihr amerikanischer Agent hatte seine große Bewunderung für Israels Meisterspion, Eli Cohen, betont, der in Damaskus gehängt worden war. Um Pollard zu schmeicheln, ließen Eitan und Yagur den gleichen Familiennamen in den Paß schreiben. Pollard würde als unbekannter und unsichtbarer Held jederzeit in Israel willkommen sein.

Was Eitan Pollard nicht sagte, war, daß der Ring und die Zahlung des Geldbetrages zu den klassischen Methoden gehörten, einen Agenten in die Falle zu locken und darin festzuhalten. Ein Spion, der seine Mitarbeit unentgeltlich anbietet – aus rein ideologischer Begeisterung für das von ihm unterstützte Land oder aus wütendem Haß auf die von ihm verratene Nation –, kann leicht »kalte Füße« bekommen.

Ein bezahlter Agent fühlt sich zur Lieferung von Informationen verpflichtet, wobei im Hintergrund stets die Angst vor Erpressung lauert. Die Anwerber können den Agenten jederzeit durch schriftliche Zahlungsbelege in Schwierigkeiten bringen. Durch den Abschluß einer solchen unausgesprochenen Vereinbarung sichert sich der Auftraggeber die Loyalität seines Agenten. Pollards Motivation war eine Mischung aus Zionismus und Nervenkitzel. Das aufregende Gefühl, ein Spion zu sein, wurde durch seine ausgefallenen Reisen und die heimliche Bezahlung noch verstärkt. Als Glaubenseiferer jedoch fand er seine größte Befriedigung darin, bei der Verteidigung Israels mitzuhelfen.

Sobald Pollard aus Europa zurückgekehrt war, ging er ernsthaft an die Arbeit. Er brachte einen ganzen Koffer voll Dokumente – darunter die sagenhaften Satellitenfotos vom Mittleren Osten – zu einem Haus in Maryland, wo er sich mit Yagur traf. Bei dieser Gelegenheit vereinbarte man auch ein paar Codeworte für den Fall, daß aus zwingenden Gründen ein Treffen vereinbart oder abgesagt werden mußte. Yagur erklärte Pollard, er solle zukünftig jeden zweiten Freitag in die Wohnung von Irit Erb in Washington kommen, wo man ein Fotolabor eingerichtet hatte. Sie arbeitete als Sekretärin für einen Lakam-Mann in der israelischen Botschaft.

Das mit Kopiergeräten ausgestattete Appartement gehörte Harold Katz, einem in Israel arbeitenden jüdischen Anwalt, der offensichtlich keine Ahnung hatte, wozu das Verteidigungsministerium seine Wohnung in Washington gemietet hatte. Es gab dort so viele schnellaufende und hochqualifizierte Kopiergeräte, daß man ein spezielles elektronisches Sicherheitssystem installiert hatte, um irgendwelche elektromagnetische Interferenzen auf den Fernsehern der Nachbarn auszuschließen.[279]

Die Israelis wußten, wie sie Pollard bei der Stange halten konnten: Sie streichelten sein Ego. Yagur erzählte ihm bei jeder Gelegenheit, wie äußerst wertvoll seine Arbeit sei und daß alle möglichen Abteilungen des israelischen Geheimdienstes und der Verteidigung mit seinem Material arbeiteten. Da Pollard selbst Auswerter war, gab er sich jedoch mit diesen allgemein gehaltenen Lobeshymnen nicht zufrieden, sondern wollte von Yagur ganz genau wissen – Sparte für Sparte und Agentur für Agentur –, von wem und wie die geheimen Dokumente aus Washington verwertet wurden.

Die Chefs der Agenturen in Tel Aviv wußten natürlich, daß Eitans Beute aus Washington kam. Nur ein amerikanischer Informant konnte an die Satellitenfotos herankommen. Niemand erkundigte sich jedoch danach, wer Eitans Informant war. Ein Militär? Ein Jude? Ein Israeli, den man in den amerikanischen Streitkräften oder Geheimdiensten plaziert hatte? Mossad-Chef Admoni und der neue Aman-Chef Elkud Barak müssen sich ihren Teil gedacht haben. Die Qualität des »Produkts« war so hervorragend, daß die Natur und das Risiko dieser Spionageaktion nicht hätte übersehen werden dürfen.

Es gehörte jedoch zum System, daß man sich niemals nach den Aktionen einer anderen Agentur erkundigte, da dies den Grundsatz der Aufgabentrennung verletzen würde. Doch auch interne Rivalitäten hätten sie davon abgehalten, ihren Gegenpart zur Preisgabe seiner Quellen aufzufordern.

Pollard brachte bei seinen 14tägigen Besuchen ganze Aktenberge zu Irit Erb. Zuerst wählte er die Dokumente selbst aus. Später machte es sich Yagur zur Gewohnheit, eine bestimmte Vorwahl zu treffen – gleichsam wie von einer Speisekarte. Inzwischen handelte es sich offensichtlich um einen Katalog von Dokumenten, der von der Defence Intelligence Agency (DIA) des Pentagon zusammengestellt wurde. Wie aber konnte ein solcher Katalog, der als solcher ein Geheimdokument war, Yagur in die Hände fallen? Die amerikanischen Behörden werteten diese Tatsache später als Beweis dafür, daß es noch einen zweiten, wahrscheinlich noch wichtigeren israelischen Spion als Pollard geben müsse. Theoretisch hätte Israel den Katalog über einen Agenten oder Informanten in einem der NATO-Länder bekommen können, wo man ihn von den USA erhalten hatte. Andererseits hatte die israelische Botschaft in Washington viele Freunde im Pentagon, auch wenn der damalige Verteidigungsminister Caspar Weinberger Israel keineswegs freundlich gesinnt war.

Aufgrund seiner »Kurierkarte« konnte sich Pollard Geheimdokumente aus verschiedenen, sonst unzugänglichen Archiven, wie der DIA, seinem eigenen NIS und sogar der National Security Agency mit ihrem dichten Kontrollnetz, ausleihen. Er war der Ansicht, Israel müsse alles erfahren, was den Mittleren Osten betraf, und sei es auch nur am Rande wichtig. Seiner Meinung nach verletzten Verteidigungsminister Caspar Weinberger und die amerikanischen Geheimdienste die Austauschvereinbarung, indem sie den jüdischen Staat nicht über alle möglichen Bedrohungen unterrichteten.

Dank ihres exzentrischen, aber erfolgreichen Spions erhielten die Israelis CIA-Analysen, Kopien von Mitteilungen zwischen den amerikanischen Einrichtungen im Mittleren Osten, Einzelheiten über sowjetische Waffenlieferungen an Syrien und andere Verbündete, die von amerikanischen Agenten oder Spionagesatelliten entdeckt worden waren.

Während zahlreiche Daten und Analysen regelmäßig zwischen Washington und Tel Aviv ausgetauscht wurden, waren Satellitenfotos ein Kapitel für sich. Aus Angst, daß Informationen über die Methoden und Möglichkeiten der amerikanischen »technischen« Aufklärung nach außen dringen könnten, lehnten die Amerikaner israelische Bitten um bestimmte Fotos in der Regel ab – oder dachten so lange darüber nach, bis sie nicht mehr relevant waren. Auf einen weit ehrgeizigeren Wunsch Israels hatten sie die Antwort auf den »St.-Nimmerleins-Tag« verschoben: ihm eine eigene Bodenstation und eine Satellitenempfangsanlage zuzugestehen, um die Fotos aus dem All direkt empfangen und auswerten zu können.

Mit Hilfe der von Pollard gelieferten Fotos und Analysen konnten die Israelis ein Jahr lang – bis zu seiner Festnahme – alle internationalen Schiffsbewegungen im Mittelmeer in allen Einzelheiten verfolgen. Sie bekamen ferner die CIA-Akten über die pakistanischen Bemühungen, eine Atombombe zu bauen, die »islamische Bombe«, die für Israel die größte Bedrohung seit der Zerstörung des irakischen Reaktors im Jahr 1981 darstellte. Sie erfuhren Einzelheiten über chemische Waffen, die vom Irak und Syrien, zwei unversöhnlichen Feinden Israels, auf Vorrat produziert wurden.

Pollards Überlegungen im Gefängnis, die er dem Journalisten Wolf Blitzer mitteilte, machen deutlich, warum er für Eitan so wertvoll war. Pollard sagte, er habe bald erkannt, daß der israelische Geheimdienst »ganz und gar nicht der allwissende, breitbeinig über dem Mittleren Osten stehende Riese gewesen sei«. Israel habe »seine besten Agenten und technischen Einrichtungen gegen Syrien eingesetzt, das sein Überleben am meisten bedrohte«.

Pollard erklärte, er habe sich auf »den äußeren Ring seiner Feinde konzentriert: vor allem auf Libyen, Algerien, den Irak und Pakistan«.[280]

Die wertvollsten Stücke waren die Luftaufnahmen vom PLO-Hauptquartier in Tunis, da sie es Israel ermöglichten, eine spezielle Aktion durchzuführen. Dazu bekamen die Israelis die Berichte über das Luftabwehrsystem im gesamten Nordafrika bis hinauf nach Tunesien. Die israelische Luftwaffe bombardierte den PLO-Komplex am 1. Oktober 1985. Es war der weiteste Angriff, den die israelischen Bomber je geflogen hatten. Ein großer

Teil von Jasir Arafats Hauptquartier wurde zerstört, und Pollard war stolz, dies ermöglicht zu haben. Pollard begann, die Dinge zu übertreiben. Sein Übereifer erschöpfte ihn, und im Anti-Terrorism Alert Center der Marine fiel auf, daß er bei seiner Arbeit merklich nachließ. Neben seiner Vollzeitbeschäftigung, für die Marine Daten zu analysieren und Informationen zu speichern, ging er einer zweiten Vollzeitbeschäftigung nach.

Pollard begann, Tausende von Seiten über terroristische Bedrohungen, sowjetische Waffenlieferungen, elektronisch abgehörte Meldungen und Waffensysteme in den arabischen Ländern zu liefern. Eitan und seine wenigen Auswerter bei Lakam konnten mit ihrer Arbeit kaum nachkommen. Einer von Pollards Professoren in Stanford hatte ihm bereits attestiert, »daß er zu Übertreibungen neige. Wenn er ein Schriftstück anfertigen sollte, war das Ergebnis erstklassig, aber viel umfangreicher« als verlangt.[281] Jetzt war es ähnlich.

Der amerikanische Geheimdienst hätte aufgrund seiner Vorgeschichte und seines verrückten Benehmens wissen müssen, daß er unzuverlässig war. Sein Chef beim ATAC, Kommandant Jerry Agee, wurde mißtrauisch, nachdem er ihm zweimal in nebensächlichen Dingen beim Lügen erwischt hatte. Agee behielt ihn im Auge und registrierte »riesige Berge« höchst geheimen Materials auf Pollards Schreibtisch, das mit seinen eigentlichen Aufgaben nichts zu tun hatte. Am 25. Oktober 1985, einem Freitag nachmittag, berichtete ein Kollege, Pollard habe sein Büro mit einem umfangreichen, in Papier des Computerzentrums eingeschlagenen Paket verlassen. Seine Vorgesetzten entdeckten, daß er sich gerade in den Nachrichtenaustausch im Mittleren Osten eingeschaltet hatte.

Agee kontrollierte ihn auch an den beiden folgenden Freitagen, dem 1. und dem 8. November, und stellte fest, daß Pollard weitere höchst geheime Daten sammelte. Da er nicht schlafen konnte, ging Agee eines Morgens bereits um 4.30 Uhr ins Büro und fand noch mehr Material über den Mittleren Osten in Pollards Arbeitsraum. Für ihn stand fest: »Ich habe es mit einem verdammten Spion zu tun!«[282]

Agee konnte das FBI nicht dazu bewegen, Pollard beschatten zu lassen, da die Agentur bereits alle Hände voll mit einer ganzen Reihe ausländischer Spionageringe zu tun hatte. Aber die Marine-Spionageabwehr installierte verborgene Fernsehkameras in Pollards Arbeitsraum. Man beobachtete ihn und war sich sicher, daß er sich eine eigene Nachrichtenbücherei aufbaute. Am 18. November wurde er zum Verhör geholt.

Drei Tage lang wurde Pollard immer wieder von Mitarbeitern des Marine-Geheimdienstes befragt, aber nicht in Haft genommen. Um sie von Israel abzulenken, erzählte er den Agenten, er wolle ihnen helfen, ein von ihm entdecktes multinationales Spionagekomplott aufzudecken.

Die Vernehmungsoffiziere waren so lax, daß sie ihm während der ersten Sitzung sogar erlaubten, seine Frau anzurufen. Während er ihr sagte, er würde am Abend später kommen, ließ er einfließen, »Anne möge doch den Kaktus zu ihren Freunden bringen«. Dies war das zuvor vereinbarte Stichwort, daß er sich in Schwierigkeiten befand und jedes Geheimdokument sofort aus ihrer Wohnung verschwinden mußte.

Ausgerechnet an diesem Abend, dem 18. November, waren die Pollards mit Aviem Sella zum Essen verabredet, der zu Besuch in den USA war. Sella hatte ihnen erzählt, er sei zum Brigadegeneral der Luftwaffe befördert worden, und das müsse gefeiert werden. Aber statt in Hochstimmung war Anne in Panik, als sie das Haus verließ, um zu der Dinnerparty zu gehen.

Zuvor hatte sie noch versucht, einen Koffer loszuwerden, der für die Pollards so gefährlich war wie Dynamit. Er enthielt einen fast 40 Zentimeter dicken Stoß geheimer amerikanischer Dokumente und war der von Jay erwähnte »Kaktus«. In ihrer Angst wandte sich Anne an ihre befreundeten Nachbarn, die Esfandiaris. Sie bat Christine Esfandiari, den Koffer, der angeblich Jays Arbeitsunterlagen enthielt, zu ihr ins Washingtoner Hotel Four Seasons zu bringen. Sie wirkte entsetzlich nervös und gab ihr auch das Album mit den Hochzeitsfotos zur Aufbewahrung. Die Pollards waren den Esfandiaris gegenüber immer großzügig gewesen. Gelegentlich hatten sie ihnen sogar ihren Ford Mustang geliehen. Aber die Bitte, einen Koffer aus dem Appartementhaus hinauszuschmuggeln, erschien Christine als Tochter eines amerikanischen Marineoffiziers ein wenig seltsam. Am nächsten Morgen rief sie den NIS an und sagte: »Ich habe einige geheime Informationen, die für Sie von Interesse sein könnten.«

Später erinnerte sich Frau Esfandiari: »Es fiel mir schwer, weil wir sie sehr gern mochten, aber wir konnten die Dinge nicht guten Gewissens einfach laufen lassen. Ich konnte nicht glauben, daß dies unsere Freunde Jay und Anne waren. Ich war außer mir. Ich war verletzt. Ich fühlte mich hintergangen und betrogen.«[283]

Einen Nachbarn um Hilfe zu bitten, um ein belastendes Beweisstück verschwinden zu lassen, war nicht gerade professionell. Noch dazu stand Pollards Name auf dem Koffer. Selbst wenn er also auf dem Müll gelandet wäre, hätte er ihn noch in Schwierigkeiten bringen können.

Annes Abendessen mit Sella verlief nervös und unglücklich. »Jay hat Schwierigkeiten«, begrüßte sie ihn. Sella fühlte, daß ernste Gefahr drohte, und schärfte ihr ein, sie dürfe nie zugeben, daß sie sich jemals getroffen hätten – sie sahen sich nie wieder.[284]

Anne kehrte in ihre Wohnung zurück, wo Jay nach seiner ersten Vernehmung schon auf sie wartete. Beide waren äußerst erregt, und er entschloß sich, seinen Führungsoffizier anzurufen. Pollard wurde zu Yagur durchgestellt und bat ihn, ihnen Asyl zu gewähren und sie nach Israel zu bringen.

Yagur, der Pollard warnen und zugleich beruhigen wollte, erwiderte: »Sie werden wahrscheinlich beschattet. Wenn Sie Ihre Bewacher abschütteln können, kommen Sie zur Botschaft, und wir werden versuchen, Ihnen zu helfen.« Die Wahrheit jedoch war, daß Lakam keinen Fluchtplan für ihn vorbereitet hatte.

Jetzt mußten Israel und die Pollards für den Mangel an Professionalität in dieser höchst delikaten und gefährlichen Aktion bezahlen. Unter den Israelis begann ein unwürdiges Gerenne, wer am schnellsten fliehen konnte. Innerhalb von drei Tagen flogen Yagur und Sella von New York nach Hause. Irit Erb und ihr Chef Ilan Ravid, der stellvertretende Lakam-Attaché an der Botschaft in Washington, flogen von dort aus nach Israel. Die Nachricht, ein Amerikaner sei wegen Spionage verhaftet worden, war bekanntgeworden – und löste eine ziemliche Verwirrung aus.

Als Pollards Bezugspersonen in Israel ankamen, waren sich die dortigen Geheimdienste und Politiker bereits darüber im klaren, daß die Berichte der Medien über seine Festnahme am Tor der Botschaft und seine anschließende Überstellung ins Hauptquartier des FBI zwangsläufig die Beziehungen zwischen Israel und den USA belasten würden – genauer noch: die Verbindungen zur CIA und zum Verteidigungsministerium.

Als Israel – drei Tage nach Pollards Verhaftung – zum erstenmal die Möglichkeit einer Verbindung andeutete, war man allgemein schockiert, daß dem israelischen Geheimdienst nichts Besseres eingefallen war, als einen Agenten vor der Haustür der israelischen Botschaft verhaften zu lassen. Daß der Mossad im Ausland spionierte, hatte man unterstellt. Überrascht war man lediglich, daß er sich dabei so amateurhaft und dumm verhielt.

Innerhalb weniger Tage kam heraus, daß Lakam – dessen Existenz niemals zuvor erwähnt worden war – die Verantwortung trug. Das machte die Israelis jedoch nicht fröhlicher.

Auch auf amerikanischer Seite herrschte Verwirrung. Ronald Reagan erfuhr von Pollards Verhaftung auf seinem Rückflug nach Washington im Anschluß an sein erstes Gespräch mit dem neuen sowjetischen Generalsekretär Michail Gorbatschow in Genf. Über die Israelis, die er finanziell wie militärisch großzügig unterstützt und zu einem wichtigen Bundesgenossen der USA gemacht hatte, meinte Reagan: »Ich verstehe nicht, warum sie so etwas tun.«[285]

Amerika hätte es besser wissen müssen. Zum einen hatte die CIA stets vermutet, daß israelische Spione in den USA aktiv waren. Eine Geheimstudie der Agentur besagte, daß neben dem Sammeln von Informationen über seine arabischen Nachbarn »das Wichtigste für den israelischen Geheimdienst das Zusammentragen von Informationen über die geheime amerikanische Politik und eventuell Israel betreffende Entscheidungen« sowie »das Sammeln wissenschaftlichen Forschungsmaterials in den USA und anderen auf diesem Gebiet führenden Ländern« sei.[286]

Ebenso hätten sie über Pollard mehr wissen müssen. Angesichts dessen, was die Staatsanwaltschaft später über seine angebliche Unzuverlässigkeit durchsickern ließ, ist es erstaunlich, daß der Nachrichtendienst ihn überhaupt eingestellt hat.

Anne Henderson-Pollard wurde ebenfalls verhaftet, weil sie von der Spionagetätigkeit ihres Mannes gewußt und ihm, so gut sie konnte, geholfen hatte. Ferner war sie der Versuchung erlegen, einige der von ihm beschafften Dokumente für ihre Public-Relations-Arbeit zu verwenden.

Die Bundesanwälte bestanden auf einer Anklage gegen Frau Henderson-Pollard, aber besonders sorgfältig waren sie in der Vorbereitung eines auffallend erbarmungslosen Prozesses gegen ihren Mann. Der Staatsanwalt sagte dem amerikanischen Richter am District Court, Aubrey Robinson, daß »der Angeklagte zugegeben habe, einen ganzen Stoß geheimer Dokumente an Israel verkauft zu haben, die zusammen einen Stapel von 2,5 m × 1,5 m × 1,5 m« ergeben würden. Pollard leugnet, so etwas je gesagt zu haben.

Verteidigungsminister Weinberger schrieb persönlich an Richter Robinson: »Ich kann mir keinen größeren Schaden für die nationale Sicherheit vorstellen als den, den der Angeklagte verursacht hat.« Privat äußerte er, Pollard verdiene es, gehängt oder erschossen zu werden, wobei er hinzufügte, daß es die USA eine Milliarde Dollar kosten würde, den von ihm angerichteten Schaden wieder zu reparieren.

Am 4. März 1987, neun Monate, nachdem er sich gegen die Zusicherung einer zeitlich nur begrenzten Freiheitsstrafe schuldig bekannt hatte, wurde Pollard zu einer lebenslangen Gefängnisstrafe verurteilt. Weinbergers Brief hatte den Richter überzeugt.

Pollard war 32 Jahre alt. Seine 26 Jahre alte Frau hatte sich des weniger schweren Verbrechens der Benutzung geheimer Dokumente schuldig erklärt und wurde zu fünf Jahren Haft verurteilt. Anne begann im Gerichtssaal vor Kummer und Wut zu toben. Als sie sich etwas beruhigt hatte, sagte sie: »Ich bete jeden Tag zu Gott, daß ich eines Tages wieder mit meinem Mann vereint sein werde. Nur dafür lebe ich.« Infolge einer Magen-Darm-Erkrankung litt Anne fast während ihrer gesamten dreijährigen Haftzeit unter starken Schmerzen und verlor beängstigend an Gewicht.

Pollard hatte den Fehler gemacht, sich damit zu brüsten, er sei »buchstäblich Israels Auge und Ohr über ein gewaltiges, sich vom Atlantik bis zum Indischen Ozean erstreckendes Gebiet gewesen«. In einer Notiz an den Richter erklärte er ferner, daß die von ihm an Israel weitergeleiteten Informationen »so sensationell waren«, daß die politische Führung des Landes »von der Existenz eines im amerikanischen Nachrichtendienst arbeitenden Agenten gewußt haben mußte«. Die Art, wie die israelischen Führungsoffiziere ihm die Aufgaben »zugeteilt« hätten, so sagte er, »lasse auf eine weitgehend gemeinsame Anstrengung der Geheimdienste von Marine, Armee und Luftwaffe schließen«.[287]

So wahr diese Feststellung gewesen sein mag, so konnte das Herausstreichen der Bedeutung seiner Spionagetätigkeit Richter Robinson kaum günstig beeinflussen. Doch der Spion fühlte sich von seinen Auftraggebern im Stich gelassen, sein »Auspakken« war verständlich.

Amerikanische Untersuchungsoffiziere eilten nach Tel Aviv, um die Erklärung der israelischen Regierung zu überprüfen, der Fall Pollard sei »eine Gaunerei« gewesen – die jüdische Staatsführung habe keine Ahnung gehabt, daß sie einen Spion im amerikanischen Geheimdienst beschäftigt hätte.

Um ihren guten Willen zu dokumentieren, gründeten die Israelis ein Verbindungsteam, das den amerikanischen Untersuchungsoffizieren in jeder Hinsicht behilflich sein sollte. Shin-Bet-Chef Avraham Shalom wurde zum Leiter des Teams bestellt. Dies vor allem deshalb, weil die Amerikaner ihn für einen integren Mann hielten. Die israelische Öffentlichkeit sollte bald erfahren, daß er ein Meister der Verstellung war, als Shalom öffentlich beschuldigt wurde, seine eigene Regierung im Zusammenhang mit der Ermordung der beiden Busentführer im Jahr 1981 belogen zu haben.

Shalom arbeitete scheinbar bereitwillig mit den Amerikanern zusammen, so daß Staatsanwalt Joseph Di Genova und der Rechtsberater des State Department, Abraham Sofaer, glaubten, sie hätten nun alle in den Fall Pollard verwickelten Israelis vernommen. Man hatte ihnen jedoch nichts von Aviem Sella erzählt. Israel wollte nicht damit herausrücken, wer Lakams Spion in Washington rekrutiert hatte.

Mit der zusätzlichen Versicherung, man werde ihnen jedes von Pollard beschaffte Dokument zurückgeben, flogen sie nach Washington zurück. Dort stellten sie fest, daß sie von den mehr als 1000 erwarteten Seiten nur 163 bekommen hatten. Dieser Taschenspielertrick ärgerte die amerikanischen Untersuchungsoffiziere, obgleich die Sache an sich nur symbolische Bedeutung hatte: Die Israelis konnten natürlich Kopien ihrer Kopien zurückbehalten. Originale hatte Pollard ihnen nie gegeben.[288]

FBI-Direktor William Webster übte offen Kritik an den Israelis und beschuldigte sie einer nur »selektiven Zusammenarbeit«. Websters feindselige und frustrierte Einstellung sollte die israelischen Nachrichtendienste noch über eine lange Zeit verfolgen, denn knapp ein Jahr später wurde er zum CIA-Direktor ernannt.

Nach dem Vorbild der Amerikaner gingen nun auch die Israelis widerstrebend daran, zwei Untersuchungskommissionen ins Leben zu rufen. Ein Ausschuß sollte vom Komitee der Knesset für Auswärtige Angelegenheiten und Verteidigung gebildet und von Abba Eban geleitet werden. Der andere sollte aus einer vom Kabinett benannten Zweierkommission bestehen. Dieser Plan geriet jedoch ins Stocken, als der ehemalige Oberrichter am Supreme Court, Moshe Landau, seine Mitwirkung versagte. Landau war 74 Jahre alt und wollte sich nach einer ehrenhaften Richterkarriere nicht für eine Vertuschungsaktion hergeben. Er hatte seine Mitwirkung davon abhängig gemacht, daß ihm die Befugnis eingeräumt werde, Zeugen zur Aussage zu zwingen, und daß die Entscheidungen der Kommission bindend seien. Erst eineinhalb Jahre später konnte man Landau überreden, den Shin-Bet-Skandal zu untersuchen.

Die Regierung fand zwei Männer mit soliden Verbindungen zum Establishment, die bereit waren, die Untersuchung gegen Lakam durchzuführen: Anwalt Yehoshua Rotenstreich, einen Rechtsberater des Nachrichtendienstes, und den ehemaligen Armeestabschef Zvi Zur, der 20 Jahre zuvor eine äußerst nachlässige Aufsicht über Lakam geführt hatte, als die Agentur von Binyamin Blumberg geleitet wurde.

Israels nationale Einheitsregierung war einverstanden, daß die beiden parallelen Untersuchungen sehr gründlich durchgeführt wurden und auch die Rolle der führenden Politiker in der Pollard-Affäre durchleuchteten. Die dreiköpfige Kabinettsführung war sich absolut einig: Shimon Peres als Premierminister, sein Außenminister Yitzhak Shamir und Verteidigungsminister Yitzhak Rabin versprachen, mit Ebans Knesset-Komitee zusammenzuarbeiten.

Solange sich die Kommissionen mit der Durchführung der Angelegenheit befaßten, bewegten sie sich auf sicherem Boden. Beide Ausschüsse waren sich einig, daß Pollard für Rafi Eitans Lakam gearbeitet und Aviem Sella mit Zustimmung seiner militärischen Vorgesetzten die Rolle des Führungsoffiziers übernommen hatte. Sellas Name tauchte in der Öffentlichkeit nur auf, weil Pollard ihn den amerikanischen Vernehmungsbehörden als Werber nannte.

In der Frage der politischen Verantwortung gingen die Auffassungen dagegen auseinander. Die vom Kabinett benannte Kommission stellte keine Verbindung zu israelischen Politikern fest – oder erwähnte sie zumindest nicht. Sie sah die Pollard-Affäre ausschließlich als eine geheimdienstliche Angelegenheit an. Die Knesset-Kommission beschränkte sich auf einige wenige Hinweise, wonach auch die politische Führung nicht ganz ohne Schuld sei, bevor sie sich aufgrund von Unstimmigkeiten zwischen Mitgliedern von Likud und Arbeiterpartei auflöste.

Pollard war rekrutiert worden, als Moshe Arens der für die Lakam-Aufsicht verantwortliche Verteidigungsminister und Shamir Premierminister war. Doch auch nachdem Arens von Rabin und Shamir von Peres abgelöst worden war, lieferte der amerikanische Spion weiterhin Informationen. Die vier betroffenen Politiker gaben zu, daß sie einige der von Pollard beschafften Informationen erhalten, sich aber entsprechend den allgemeinen Gepflogenheiten nie nach der Quelle erkundigt hätten. Wäre sie ihnen bekannt gewesen, so behaupteten sie, hätten sie die Aktion sofort gestoppt.

Demgegenüber erklärte Rafi Eitan vor den Ausschüssen, er habe ein völlig reines Gewissen. »Alle meine Operationen, Pollard eingeschlossen, waren mit den Verantwortlichen abgesprochen. Ich habe nicht die Absicht, den Sündenbock abzugeben und das Wissen und die Verantwortung anderer zu verschleiern.«[289]

Der ehemalige Meisterspion schien damit anzudeuten, daß die politische Führung mehr gewußt hatte, als sie zugab. Es wäre nicht überraschend gewesen, wenn sie den Namen Jonathan Jay Pollard oder dessen speziellen Aufgabenbereich nicht gekannt hätte. Aber eine gewisse Vermutung, woher die geheimdienstlichen »Produkte« stammten, darf man den verantwortlichen Politikern wohl unterstellen. Auch sie verfügten wohlweislich über eine lange Erfahrung in militärischen und geheimen Operationen: Rabin als ehemaliger Stabschef, Shamir als hochrangiger Mossad-Mitarbeiter, Peres als stellvertretender Verteidigungsminister und Gründer Lakams sowie Arens mit seinen Erfahrungen im militärischen Flugzeugbau.

Wenn die US-Administration und das amerikanische Volk sich über den Mangel an Verantwortlichkeit im demokratischen Israel wunderten, so verblüffte es sie noch mehr, daß die schuldigen Israelis nicht nur nicht bestraft, sondern auch noch befördert wurden.

Kurz nach seiner Rückkehr aus den USA wurde Brigadegeneral Sella Kommandant der größten israelischen Luftwaffenbasis, Tel Nof, südlich von Tel Aviv. Amerikanische Luftwaffenattachés waren dort häufig zu Gast, um im Rahmen der bilateralen Verteidigungs- und geheimdienstlichen Zusammenarbeit israelische Piloten über ihre Einsätze in den in den USA gebauten Bombern zu befragen.[290]

Zum Knall kam es, als Sella neben den Pollards wegen seiner Teilnahme an der Verschwörung in den USA angeklagt wurde. Es war das erste Mal, daß gegen einen hochrangigen militärischen beziehungsweise zivilen Beamten einer mit den USA verbündeten Nation offiziell Anklage wegen Spionage erhoben wurde.[291]

Als die amerikanischen Behörden erfuhren, daß der Kommandant der Luftwaffenbasis als Führungsoffizier den amerikanischen Spion rekrutiert hatte, gab Washington bekannt, kein amerikanischer Offizier werde mehr Tel Nof betreten, solange Sella dort die Leitung innehabe. Als Vizepräsident George Bush 1986 nach Israel kam, weigerte er sich, Sellas Basis zu besuchen. Israels politische Führung beugte sich schließlich dem Druck, und das Verteidigungsministerium opferte den jungen General auf dem Altar der israelisch-amerikanischen Beziehungen. Sella quittierte den Dienst.

Eitan loszuwerden war schwieriger. Als Minister für Handel und Industrie kam Ariel Sharon seinem alten Schützling noch einmal zu Hilfe. So wie andere ehemalige Agenten in Sharons »Lehen« Schutz gefunden hatten, machte er Eitan zum Verwaltungsratsvorsitzenden der Israel Chemicals, der größten staatlichen Gesellschaft. Im übrigen indes liefen die Dinge für Israel wie gewohnt. Die komplexen militärisch-industriellen Bedürfnisse der Nation änderten sich nicht, nur weil Pollard gefaßt worden war. Der Staat brauchte immer noch Spione auf den von Lakam bearbeiteten Feldern Wissenschaft, Technik und Industrie. Immerhin war dies stets eine Spezialität des israelischen Geheimdienstes gewesen.

Die israelische Regierung hielt zwar ihr kurz nach der Verhaftung Pollards gegebenes öffentliches Versprechen, die »Gaunerbande«, die ihn eingesetzt hatte, aufzulösen. Dennoch erhielten die Nachrichtendienste auch weiterhin auf verschiedenen Wegen alles, was für die nationale Verteidigung lebenswichtig war. Sie organisierten ihre Arbeitsaufteilung neu und versuchten, ohne Lakam auszukommen. Die amerikanischen Behörden berührte dies wenig, da es ihnen ganz natürlich erschien, daß Israel auch weiterhin seine Verteidigungsbedürfnisse durch Spionage befriedigte. Aber die USA bestanden darauf, daß Israel sich verpflichtete, nie wieder einen Agenten innerhalb ihrer Geheimdienste zu beschäftigen.

Was Pollard anging, so fühlte er sich von den Israelis im Stich gelassen und einer lebenslangen Gefängnisstrafe ausgeliefert. Er war zwar verbittert, trat aber weiterhin leidenschaftlich für den jüdischen Staat und dessen Verteidigung ein. Israels Regierung tat zu seiner Verteidigung nichts. Die Zusammenarbeit mit der amerikanischen Untersuchungskommission war alles andere als konstruktiv gewesen. Der Widerstand hatte dem Schutz Avi Sellas sowie jener Israelis gegolten, die Pollard geführt hatten – und nicht jenem Amerikaner, den sie führten.

Insgeheim allerdings unterstützte der Nachrichtendienst eine private Gruppe israelischer Anwälte und PR-Leute, die Geld sammelten, um den Pollards bei der Bezahlung der Prozeßkosten zu helfen. Von Anwälten und Verwandten wurden sogar Versuche unternommen, die Möglichkeit eines Austauschs von Spionen zu sondieren, letztlich jedoch ohne Erfolg.

Der dauerhafteste Schaden, der durch die Pollard-Affäre entstand, war ein beunruhigender Riß zwischen Israel und dem amerikanischen Judentum. Jahrelang hatten die israelischen Nachrichtendienste sorgfältig darauf geachtet, die Juden in anderen Ländern nicht in den Zwiespalt einer doppelten Loyalität zu bringen. Die Rekrutierung Pollards und die Ausnutzung seines eigenen gespaltenen Verhältnisses hatte diese Regel verletzt. Das amerikanische Judentum war tief beunruhigt, die christlichen Nachbarn könnten denken, die amerikanischen Juden liebten Israel mehr als die USA.

Der Schatten des Mißtrauens, der die Pollard-Affäre zwischen dem amerikanischen und dem israelischen Geheimdienst hinterlassen hatte, konnte nie wieder ganz beseitigt werden. Doch verletzte Gefühle weichen fast immer den strategischen Realitäten und nationalen Interessen. Als sich die beiden Nationen Mitte der 80er Jahre gegenseitig brauchten, um die Schwierigkeiten im Iran sowie die Geiselfrage zu lösen, fand man neue, unorthodoxe Wege der Zusammenarbeit.

15. DAS CHAOS VON IRANGATE

Vom anderen Ende der Schweizer Hotelsuite konnte man die Stimme des iranischen Premierministers hören. Mir Hossein Musavi brüllte seinen Geheimdienstchef Mohsen Kangarlu über das Telefon an. Kangarlu seinerseits starrte auf den Israeli, der mit ihm im Raum war. Der Mossad, so glaubte der Iraner, hatte gerade versucht, einen seiner schmutzigen Tricks zu landen. Kangarlu, ein wichtiger, aber im Westen kaum bekannter Drahtzieher im Iran, hatte sich mit dem iranischen »Gelegenheits«-Agenten und Waffenhändler Manucher Ghorbanifar sowie einem Israeli im Noga Hilton Hotel in Genf getroffen. Der Israeli war Yaakov Nimrodi, der Waffen verkaufte, um auf diesem Weg amerikanische Geiseln zu befreien, die von proiranischen schiitischen Muslimen im Libanon festgehalten wurden. Die Iraner hielten ihn für einen Mossad-Agenten. In Wahrheit war Nimrodi nur ein ehemaliger israelischer Geheimdienstmitarbeiter. Beunruhigenderweise – aus der Sicht des Geheimdienstes – hatte der Mossad daher keine Ahnung, was hier vorging.

Man schrieb den 25. November 1985 – vier Tage, nachdem Jonathan Jay Pollards Verhaftung in Washington zu einem gefährlichen Vertrauensverlust zwischen den USA und Israel geführt hatte. Dennoch war Nimrodi – autorisiert von Premierminister Peres – hier, um gemeinsam mit zwei anderen Israelis die Bemühungen amerikanischer Beamter zu unterstützen, einen geheimen Handel »Waffen gegen Geiseln« abzuschließen.

Ein Bekanntwerden der Aktion würde den Handel platzen lassen und die westlichen Geiseln im Libanon zu weiteren Jahren grausamer Gefangenschaft verurteilen. Für Israel wie für die USA war es von äußerster Wichtigkeit, daß die Verbindungen zum Iran geheim blieben. Die beteiligten Israelis und Amerikaner führten aus diesem Grund sogar den Mossad und die CIA hinters Licht.

Offensichtlich fühlte sich auch der iranische Premierminister an diesem Tag hintergangen. Er befand sich zusammen mit ranghohen Offizieren auf dem Teheraner Flughafen und inspizierte die Boden-Luft-Raketen, die mit einem geheimen Transportflugzeug aus Israel gekommen waren. Musavi wählte die Nummer von Kangarlus Suite und brüllte: »Wer versucht uns hier auf den Arm zu nehmen? Ich stehe hier mit unserem Armee-Experten für Hawk-Raketen, und er sagt mir, daß die Dinger alt sind – völlig überholt, für uns absolut unbrauchbar!«

Der iranische Offizier hatte eine Liste der militärischen Spezifikationsnummern – »U.S. Milspecs« –, aus der hervorging, daß die Flugzeugabwehrraketen gebaut worden waren, bevor die USA Geschwindigkeit und Treffsicherheit der Hawks verbessert hatten.

Nimrodi, der Jahrzehnte im Iran für Aliyah B, für Aman und schließlich selbständig tätig gewesen war, fühlte, daß etwas schieflief. Er hatte nicht versucht, die Iraner hereinzulegen. Sie hatten ihm bereits fast 24 Millionen Dollar für 80 Hawk-Raketen gezahlt. Die Amerikaner hatten geholfen, die Lieferung aus Israel zu arrangieren, und versprochen, das dortige Arsenal aus amerikanischen Beständen wieder aufzufüllen. Für den israelischen Militärexport war es ein gutes Geschäft. Der Handel würde sich günstig auf die Herstellung von Kontakten zu den gemäßigten Kräften in der radikalen Hierarchie des Iran auswirken. Und vielleicht würden – als eine erfreuliche Dividende – bald fünf weitere Amerikaner ihre Freiheit zurückerhalten, zuzüglich zu jener amerikanischen Geisel, die bereits im Austausch gegen Waffen freigekommen war.

Aufgrund langer Erfahrungen wußte Nimrodi, daß die Iraner im Erfinden von Schwierigkeiten unübertroffen waren. In diesem Fall jedoch spürte er, daß der Disput über die »Milspecs« ein echtes Problem darstellte, dessen Ursprung in Israel liegen konnte.

Nimrodi schlich auf Zehenspitzen durch die Halle in sein Hotelzimmer und rief seinen engen Freund und Geschäftspartner Adolph (Al) Schwimmer an. Dieser war völlig erschöpft in seinem Haus in Tel Aviv. Nur unter höchster Anstrengung war es ihm gelungen, die Hawk-Raketen aus Israel hinauszubekommen. Nun rief Nimrodi aus Genf an, aber nicht, um ihm zu sagen, die Iraner seien begeistert und eine der amerikanischen Geiseln sei auf dem Weg in die Freiheit. Statt dessen erzählte ihm sein Freund, die Iraner seien fuchsteufelswild, und die Crew der gecharterten Maschine werde in Teheran festgehalten.

Schwimmer hatte in der vergangenen Nacht die Aufgabe bewältigt, eine Handvoll Bargeld für den westdeutschen Kapitän der Boeing 707 aufzutreiben, der mit den Hawk-Raketen an

Bord den israelischen Flughafen Ben-Gurion verlassen wollte. Den ganzen Tag fluchte Schwimmer noch auf »diese amerikanischen Gauner«, weil Oberstleutnant Oliver North vom U.S. National Security Council zwar ein Flugzeug, aber kein Geld für das Flugbenzin geschickt hatte. Schwimmer hatte nur etwa 500 Dollar in der Tasche gehabt und mußte in aller Eile die Wohnungen seiner wohlhabenden Freunde abklappern, um sich die restlichen 8500 Dollar zu leihen, die der Pilot für das Kerosin brauchte.

North war der Hauptverantwortliche des Weißen Hauses bei dem Versuch, das halbe Dutzend amerikanischer Geiseln im Libanon zu befreien. Der Veteran des Vietnam-Krieges begeisterte sich für komplizierte Geheimaktionen. Jetzt war er Präsident Reagans Agent im geheimsten Projekt der US-Administration: Man wollte Waffen gegen Geiseln tauschen, obwohl Reagan offiziell den Standpunkt vertrat, keine Geschäfte mit Terroristen zu machen.

In diesem Zusammenhang drängen sich mindestens zwei Fragen auf: Warum mußte Oliver North bei dieser geheimen Mission mit zwei privaten israelischen Geschäftsleuten zusammenarbeiten und auf diese Weise ein drittes Land mit seinen delikaten nationalen Interessen mit hineinziehen? Und warum wurde die Aktion nicht von Mossad und CIA durchgeführt, was eigentlich üblich gewesen wäre?

Wie Präsident Reagan, so war auch Premierminister Peres der Meinung, daß sich diese Operation reibungsloser über neue Kanäle erledigen ließ als auf die traditionelle Art. Peres hoffte, die Einschaltung von israelischen Geschäftsleuten werde nicht nur zur Befreiung der Geiseln führen, sondern darüber hinaus dem jüdischen Staat Gewinne aus Waffenverkäufen auf seinem traditionellen Markt Iran bringen. Außerdem konnte der komplexe Handel den durch die Pollard-Affäre entstandenen Schaden in den amerikanisch-israelischen Beziehungen wieder ausbügeln. Aber wer waren die Geschäftsleute, diese drei »Musketiere«?

Der erste war Al Schwimmer. Er wurde 1917 in den USA geboren und interessierte sich seit seiner Jugend für alles, was mit Luftfahrt zu tun hatte. Seine verschiedenen beruflichen Tätigkeiten spiegelten das wider – vom Piloten für kleine Maschinen bis zum Verkauf von Flugzeugteilen an unterschiedliche Nationen. Er arbeitete als Ingenieur für Lockheed und Trans World

Airways, diente in der amerikanischen Luftwaffe und entdeckte nach dem Zweiten Weltkrieg seine jüdischen Wurzeln, als er in Europa die Überlebenden des Holocaust sah. Schwimmers Aktivitäten näherten sich denen eines Geheimagenten, als er in der Tschechoslowakei Waffen verkaufte, die von westlichen ebenso wie von Ostblockländern angeboten wurden. Mit eigenen Flugzeugen brachte er Gewehre und Munition sowohl vor als auch nach der Unabhängigkeit im Jahr 1948 nach Israel.

Als unbekannter Held, der den neugeborenen Staat in seinem Unabhängigkeitskampf unterstützte, wurde Schwimmer zum Offizier der israelischen Luftwaffe befördert. 1949 ging er in die USA zurück, in der Hoffnung, seine neue jüdische Heimat aus der Ferne unterstützen zu können. Zunächst einmal wurde er von den amerikanischen Behörden jedoch wegen des illegalen Exports von Flugzeugen und Flugzeugersatzteilen nach Israel, in die Tschechoslowakei, nach Italien und Panama vor Gericht gestellt. Schwimmer und seine Firma, die Service Airways, wurden 1950 vom Bundesgericht in Los Angeles zu 10.000 Dollar Strafe verurteilt. Das FBI war überzeugt, daß Schwimmer als Gegenleistung für die Benutzung des tschechischen Flughafens Zatek der dortigen kommunistischen Regierung ein Übungsflugzeug und eine Miniatur-Radaranlage geliefert hatte.[292]

Sein nächstes Projekt war Intercontinental Airways, die keine Passagiere beförderte, sondern als Inspektions- und Reparaturzentrum für Flugzeuge der israelischen Luftwaffe sowie der El-Al-Maschinen in den USA diente. Premierminister Ben-Gurion und sein junger Assistent in Verteidigungsfragen, Peres, überredeten Schwimmer 1951, nach Israel zurückzukehren, um dort eine moderne Fabrik aufzubauen: die Firma Bedek und spätere Israel Aircraft Industries.[293] Für Schwimmer war es ein stolzer Augenblick, als er 1975 der Luftwaffe den Kfir-Jagdbomber übergeben konnte, der auf den von Lakam über Frauenknecht in der Schweiz beschafften Plänen beruhte.

Nach seinem Ausscheiden aus der staatseigenen Flugzeugfabrik wurde Schwimmer Sonderberater von Peres und Geschäftspartner von Nimrodi. Von 1984 bis 1987 erhielt er vom Büro des Premierministers ein symbolisches Gehalt in Höhe von einem Schekel im Jahr – weniger als ein Dollar.

Der zweite Geschäftsmann war Yaakov Nimrodi. Er wurde 1926 im Irak geboren, wuchs aber in Jerusalem als eins von zehn

Kindern einer armen Familie auf. Seine Karriere beim Geheimdienst begann 1948, kurz vor der Entstehung Israels, mit seinem Eintritt in die Palmach. Nach dem Unabhängigkeitskrieg wurde er Mitarbeiter im Außendienst bei Aman.

1956 wurde er vom israelischen Nachrichtendienst nach Teheran geschickt, wo er sowohl für den Mossad als auch für Aman die ersten Schritte in der »peripheren« Strategie einleitete. In der offiziellen Rolle eines Militärattachés tat Oberst Nimrodi in den 60er Jahren sein möglichstes, um den Iran von Israel abhängig zu machen.

Er war maßgeblich und erfolgreich daran beteiligt, dem Iran israelische Rüstungsgüter im Wert von 250 Millionen Dollar pro Jahr zu verkaufen. Er arrangierte die Vorführung neuer israelischer Waffen und sorgte dafür, daß stets farsisprechende Israelis als militärische Ausbilder eingesetzt wurden. Noch Jahre später dienten Hunderte von Offizieren in der iranischen Armee, die heimlich in Israel ausgebildet worden waren. Nimrodi kann ferner für sich in Anspruch nehmen, den militärischen Geheimdienst des Iran zu einer respektablen Institution gemacht zu haben.

1969 kehrte Nimrodi nach Hause zurück und bemühte sich um den Posten des Militärgouverneurs im Westjordanland, das zwei Jahre zuvor erobert worden war. Man lehnte sein Gesuch jedoch ab, und er verließ die Armee.

Nach kurzer Zeit nahm er seine alte Tätigkeit wieder auf: Warenverkäufe an den Iran. Er lieferte Waffen und andere israelische Produkte und arrangierte als »Mr. Fix-it« Exporte für den umfangreichen iranischen Markt. Nimrodi kehrte zusammen mit seiner Frau Rivka und seinen kleinen Kindern nach Teheran zurück. All diese Geschäfte mit israelischen Waren, die er zuvor als niedrigbezahlter Aman-Mitarbeiter getätigt hatte, schloß er nun als privater Export-Import-Kaufmann ab. Sein Gewinn war gewaltig – in manchen Jahren mehrere Millionen Dollar.

So wie sich außergewöhnliche und reiche Männer gegenseitig anziehen, machte Nimrodi die Bekanntschaft des saudiarabischen Tycoons Adnan Khashoggi. Gemeinsam entwickelten sie geschäftliche, aber eben auch geheime Pläne.

Nimrodi, Schwimmer und Khashoggi investierten zu Zeiten des Schahs Millionen im Iran. Dies alles ging mit der islamischen Revolution 1979 verloren. Nimrodi hatte jedoch in weiser Voraussicht genug Geld in Europa deponiert, um sich nun mit alten iranischen Freunden im Exil in London niederzulassen.

Der dritte Israeli war David Kimche, der Generaldirektor des israelischen Außenministeriums. Als ehemaliger Geheimdiplomat in Afrika, dem Libanon und anderswo war er bei diesem heimlichen Geschäft der offizielle Repräsentant der Regierung. In begeisterter Erinnerung an seine Zeit beim Mossad empfand Kimche die angewandten Methoden – einschließlich der verwikkelten Lufttransportarrangements – keineswegs als ungewöhnlich.

In der langen Nacht des 24. November 1985 mühten sich Nimrodi, Schwimmer und Kimche um einen triumphalen Erfolg im Tausch »Waffen gegen Geiseln«, indem sie die Boeing 707 von Tel Aviv über Zypern nach Teheran brachten. Eine israelische Armeecrew hatte die ersten 18 von insgesamt 80 Hawk-Raketen mit Mühe an Bord verstauen können. Sechs Stunden nach dem Abflug der Maschine um 21 Uhr wurde Schwimmer von einem Telefonanruf geweckt. Der Mann sagte ihm, er sei der Eigentümer der Boeing und rufe aus Brasilien an. Noch nicht ganz wach, fragte Schwimmer: »Was, noch mehr Geld?« »Nein«, kam die Antwort, »unser Pilot ist auf Zypern wegen falscher Ladepapiere verhaftet worden.«

Es war reines Glück, daß die zypriotischen Behörden die Verpackungskisten noch nicht geöffnet und überprüft hatten. Aber das konnten sie jeden Moment nachholen. Auf jeden Fall aber würde die ausländische Presse – die ihre Korrespondenten für den Mittleren Osten auf Zypern stationiert hatte – sehr schnell von einem geheimnisvollen Flugzeug Wind bekommen, das in einer Ecke des Larnaca-Flughafens stand, weil der Pilot arrestiert worden war.

Schwimmer rief sofort Oberst North in Washington an. North wandte sich nun doch an die bis dahin ahnungslose CIA und bat um Unterstützung. Auf seine Bitte hin ließ der CIA-Agent auf Zypern seine Beziehungen zu den örtlichen Behörden spielen und erreichte die unauffällige Freilassung des Piloten. Die aufgetankte Boeing konnte am Montag morgen um sechs Uhr weiterfliegen.

North, der offensichtlich nicht schlafen konnte, rief ein paar Stunden später bei Schwimmer an, um ihm zu sagen, daß die Boeing in Teheran gelandet sei. In der Überzeugung, daß nun

eine oder sogar mehrere amerikanische Geiseln von den libanesischen Freunden der Iraner freigelassen würden, bedankte sich
Oberst North bei dem Israeli mit einem »God bless you«.

Als Schwimmer bald darauf von Nimrodi hörte, der iranische
Premierminister sei persönlich zum Teheraner Flughafen gekommen und wütend, daß man ihm die falschen Raketen geschickt hatte, setzte er sich mit Chaim Carmon in Tel Aviv in
Verbindung, dem stellvertretenden Generaldirektor im Verteidigungsministerium, der für die Verladung der Raketen zuständig war. Dieser beruhigte ihn: »Regen Sie sich nicht auf. Sagen
Sie ihnen, die Hawks seien in Israel umgebaut worden und besser als die Originale.«

Diese beruhigende Auskunft wurde umgehend von Tel Aviv
über Genf nach Teheran weitergeleitet. Kurz darauf klingelte
das Telefon in Genf erneut. Diesmal war der iranische Oberst
am Apparat, der mit Premierminister Musavi die Hawks inspizierte. Er wollte wissen, welche Veränderungen an ihnen vorgenommen worden seien.

Inzwischen starrte Ghorbanifar Nimrodi mit einem Ausdruck
an, als habe der Israeli, der immer so seriös und verläßlich
schien, ihn gerade jetzt auf dem Höhepunkt ihrer siebenmonati-
gen Beziehung verraten. Kangarlu war aufgeregt und verlangte,
Nimrodi solle die Antwort auf die Frage aus Teheran »sofort!«
einholen.

Also rief Nimrodi wieder bei Schwimmer an, und dieser gab
die Frage an seinen Kontaktmann im Verteidigungsministerium
weiter. Carmon erwiderte, er werde sich erkundigen und zu-
rückrufen. Innerhalb weniger Minuten kam seine Antwort.
Ruhig und gelassen gestand er Schwimmer die Wahrheit:
»Hören Sie. Die Raketen sind nicht verändert worden.«
Schwimmer erkannte, daß eine vermeintlich gutorganisierte
Operation geplatzt war. Er gab die schlechte Nachricht an Nimrodi weiter: »Sie haben recht. Es sind alte Hawks.«

Nimrodi sagte es Kangarlu gerade in dem Moment, als Premierminister Musavi abermals aus Teheran anrief. Kangarlu geriet ins Stottern, als er Musavi erzählte, der Iran habe in der Tat
ein überholtes Raketenmodell erhalten.

Musavi brüllte los, Kangarlu wurde weiß wie die Wand und
kippte um. Er war vor Aufregung ohnmächtig geworden. Seine
Leibwächter befürchteten einen Herzanfall und begannen, sei-

nen Brustkorb zu bearbeiten. Nimrodi, der sah, wie sich das gesamte Projekt vor seinen Augen in Rauch auflöste, griff sich den Telefonhörer und sprach nun seinerseits auf Farsi mit Musavi.

Nimrodi erklärte ihm – wobei er darauf achtete, sich dem iranischen Führer nicht als Israeli zu erkennen zu geben –, daß Kangarlu soeben zusammengebrochen sei und man einen vernünftigen Weg finden müsse, das »Mißverständnis« aus der Welt zu schaffen. Musavi ließ sich jedoch nicht beruhigen und drohte, das Transportflugzeug zu behalten und die angeworbene Crew vor Gericht zu stellen, bis Nimrodi sich schließlich verpflichtete, den größten Teil der Anzahlung zurückzuzahlen. Die näheren Einzelheiten wurden von Ghorbanifar geregelt, während ein Krankenwagen Kangarlu in ein Schweizer Hospital brachte. Am nächsten Morgen eskortierten ein paar stämmige iranische Leibwächter Nimrodi zu einer Zweigstelle der Crédit Suisse, wo er 18 Millionen Dollar auf ein Konto des Iran zurücküberwies.

Der Hawk-Zwischenfall war für das von Nimrodi und seinem kleinen israelischen Team eingefädelte »Waffen gegen Geiseln«-Projekt eine Katastrophe. Immerhin dauerte es noch ungefähr ein Jahr, bis die ganze Angelegenheit publik wurde. Die amerikanischen Behörden erklärten daraufhin, sie hätten sich auf das Geschäft nur eingelassen, weil sie »den Israelis« und ihrer überlegenen Kenntnis des Iran vertraut hätten.

Das letztendliche Scheitern und die Blamage, die der Irangate-Skandal dem Weißen Haus brachte, gingen jedoch auf die erstaunliche Verknüpfung des Iran-Geschäfts mit Mittelamerika zurück. Oberst North verband die Operation im Iran mit einem geheimen Hilfsprogramm der Reagan-Administration für die antikommunistischen Contra-Rebellen in Nicaragua – ein Geschäft, das er dem Kongreß und der Öffentlichkeit sorgfältig verheimlichte, während er den Profit aus den Geschäften mit den Ayatollahs benutzte, um davon Kugeln für Amerikas Hinterhof in Mittelamerika zu finanzieren.

David Kimche hatte wenig Interesse an Amerikas Hinterhof, aber um so mehr an Israels Vorhof: dem Iran. Er war einer der überzeugtesten Verfechter der »peripheren« Strategie, sowohl als Mossad-Mitarbeiter als auch später auf seinem Posten im Außenministerium. Die Idee einer Zusammenarbeit zwischen Israelis und Iranern gab er niemals auf. Selbst nach der Machtübernahme durch die Ayatollahs im Jahr 1979 glaubte er, es müsse einen Kern von Gemäßigten geben – entweder in der Armee oder in der Gesellschaft –, die zu einer Zusammenarbeit mit Israel und dem Westen bereit waren.

Zwei Jahre nach Beginn seiner zweiten Beamtenkarriere fing er an, seine Ideen zu verwirklichen. Er wußte nur zu gut, daß Israel dem Iran Waffen verkaufte, um seinen Export auszuweiten, den Juden im Iran zu helfen und die Verbindung zu Teheran aufrechtzuerhalten. 1982 beteiligte er sich zusammen mit Nimrodi, Schwimmer und Khashoggi in Marokko, Kenia und dem Sudan an den komplexen Planungen eines Putsches gegen die Ayatollahs.

Kimche war sich seiner Sache so sicher, daß er im Februar 1982 als »britischer« Gentleman öffentlich im englischen Fernsehen forderte, Israel und der Westen sollten einen Umsturz im Iran unterstützen. Es war kein Zufall, daß auch Nimrodi im selben BBC-Programm auftrat und in seinem sehr akzentuierten Englisch erklärte, daß ein Putsch nicht schwierig sein könne und auf jeden Fall erfolgreich sein werde.[294]

In mancher Hinsicht war dieses erste Komplott eine Art Vorspiel für Irangate. Nur: 1982 konnte der Mossad die Verschwörung durch Entsendung eines Sonderbeauftragten zu »Baby Schah« beenden. Es hätte daher nicht überrascht, wenn die ehemaligen Geheimdienstagenten Nimrodi und Kimche sich 1985 entschlossen hätten, den Mossad dieses Mal nicht einzuweihen, als Khashoggi eine neue Initiative dem Iran gegenüber vorschlug. Sie mußten jedoch wenigstens ein Minimum an nachrichtendienstlicher Etikette wahren. So wurde dem Mossad die Möglichkeit zur Stellungnahme gegeben. Khashoggi nahm Anfang April 1985 den Kontakt mit Nimrodi und Schwimmer auf und lud sie ein, umgehend nach London zu kommen, um sich mit ihm und einigen »interessanten« Iranern zu treffen. Er unterstrich die Bedeutung der Zusammenkunft, indem er andeutete, daß der Plan, den er ihnen unterbreiten wolle, von König Fahd von Saudi-Arabien persönlich stamme.

Schwimmer, offiziell Mitarbeiter von Peres, erzählte seinem alten Freund von der Einladung und erhielt vom Premierminister die Erlaubnis, sich die Sache in London einmal anzuhören. Dies war der Anfang des Irangate-Skandals.

In einer 600-Dollar-Suite in Londons Hyde Park Hotel stellte Khashoggi Nimrodi und Schwimmer dem Iraner Cyrus Hashemi vor. Der Saudi bemerkte dazu, Hashemi sei ein einflußreicher Mann und der Vetter von Ali Akbar Hashemi Rafsanjani, dem iranischen Parlamentspräsidenten und zweiten Mann im Staat nach Ayatollah Khomeini.

In einer erstaunlichen Kehrtwendung empfahl Khashoggi nicht, das Khomeini-Regime – wie drei Jahre zuvor in Kenia geplant – zu stürzen. Statt dessen sollten sich die Israelis an einem freundlichen Annäherungsversuch gegenüber bestimmten Gruppen des Regimes beteiligen. Hashemi erklärte, er sei von ranghohen Regierungsbeamten beauftragt worden, die Möglichkeiten einer Erneuerung der Kontakte mit dem Westen zu prüfen. Sein Ziel sei es, die Verbindungen zwischen Washington und Teheran wiederherzustellen, die sechs Jahre zuvor abgebrochen worden waren, als radikale Iraner die amerikanische Botschaft gestürmt hatten. Khashoggi indes habe ihm geraten, sich zunächst an die Israelis zu wenden. Was wollte der Iran? Ganz einfach: eine Wiederaufnahme der Waffenverkäufe, die Israel – auf Amerikas Forderung hin – seinerzeit gestoppt hatte. Der Iran brauchte die Waffen zur Fortsetzung des sich hinziehenden Golfkrieges gegen den Irak.

Bald darauf machte Khashoggi bei einer ähnlichen Begegnung Nimrodi und Schwimmer mit Manucher Ghorbanifar bekannt, den er ihnen als einen in Hamburg ansässigen Geschäftsmann vorstellte. Er sei vom iranischen Premierminister autorisiert, bessere Beziehungen mit dem Westen aufzubauen – wiederum auf dem Weg über Israel.

Schwimmers Interesse war geweckt. Er überredete Peres, Hashemi und Ghorbanifar einen kurzen Besuch in Israel zu erlauben, um sie »zu testen«. Im Laufe des April flogen die beiden Iraner auf getrennten Wegen und mit falschen Pässen über Europa nach Tel Aviv.

»Ghorba«, wie ihn die Israelis sofort nannten, reiste als griechischer Bürger unter dem Namen »Nicholas Kralis«. Um die Grenzpolizei auf dem Ben-Gurion-Flughafen zu umgehen, die ein gutes Auge für gefälschte Dokumente hat, wurden die beiden »nichtiranischen« Herren von israelischen Agenten unbehelligt durch die Paßkontrolle eskortiert.

Auch Peres war von der Idee angetan, die Beziehungen zum Iran wieder aufzunehmen. Statt gegen israelische Waffenverkäufe an den Iran zu protestieren, mochten die Amerikaner sie diesmal unterstützen. Der Premierminister wies den Mossad an, Hashemi und Ghorbanifar sorgfältig zu befragen und schnell und umfassend zu berichten. Die Einschaltung des Mossad war ganz natürlich, und Kimche und seine Mitarbeiter gaben der Agentur eine Chance, sich an dem Unternehmen zu beteiligen.

Hashemi erwies sich als ein Schwätzer, der offensichtlich beabsichtigte, einige Geschäfte abzuschließen, um den Iran zu bewaffnen und gleichzeitig seine eigenen Taschen zu füllen, aber ohne jegliches politisches Gespür, mit dem er seine israelischen Gastgeber hätte beeindrucken können. Bei Durchsicht seiner gespeicherten Daten stellte der Mossad schnell fest, daß Hashemi in dem Ruf stand, sich selbst und sein Wissen an den jeweils Höchstbietenden zu verkaufen, ohne dabei eine besondere Strategie zu verfolgen. Alle europäischen Geheimdienste – im Osten wie im Westen – hatten Cyrus Hashemi benutzt. Der Mossad hielt absolut nichts von ihm.

Auch von »Ghorba« war der Mossad nicht gerade begeistert, aber wer ihm begegnete, mußte zugeben, daß er ein interessanter Mann war. Er wurde vom Mossad ebenso wie von Aman sowie darüber hinaus noch vom Außen- und Verteidigungsministerium befragt. Ghorbanifar erzählte eine eindrucksvolle Geschichte über seine Reise nach Riad, wo er – bei einer von Khashoggi arrangierten Audienz – König Fahd vor iranischen Komplotten gewarnt habe, den heiligen Schrein in Mekka anzugreifen.

Während die Jury noch beriet und der Mossad mit seiner Beurteilung Ghorbanifars eher zurückhaltend war, akzeptierte der Verteidigungsminister begeistert einen relativ einfachen von diesem vorgeschlagenen Handel. Er würde ein weiterer Test für die Glaubwürdigkeit der Iraner sein und Israel leicht 40 Millionen Dollar Gewinn bescheren. Ghorbanifar telefonierte von Israel aus mit Teheran und stellte eine Einkaufsliste aus Munition, Artilleriegeschützen und Granatwerfern zusammen, die für die Experten des israelischen Ministeriums bereits zum »alten Eisen« gehörten.

Noch im April charterten die Israelis einen Frachter und machten ihn für die Fahrt von Eilat nach Bandar Abbas im Iran klar. Die bestellten Waffen wurden an Bord gebracht, und Ghorbanifar schien die in ihn gesetzten Erwartungen zu erfüllen, als ein Oberstleutnant der iranischen Armee nach Tel Aviv kam – in Zivil und mit falschem Paß –, um das Schiff in den Iran zu begleiten.

Inzwischen jedoch war aufgrund eines weiteren Telefongesprächs zwischen Ghorbanifar und dem Büro von Premierminister Musavi eine völlig andere Einkaufsliste aufgestellt worden. Die Iraner annullierten das 40-Millionen-Geschäft und verlangten statt dessen TOW-Raketen, die ihre Truppen bei einer bevorstehenden Offensive gegen die irakischen Panzer einsetzen wollten. Die TOWs waren alles, was der Iran von den Israelis wollte. Der Frachter mit den übrigen Waffen fuhr nie ab, und der Oberstleutnant kehrte per Flugzeug in den Iran zurück.

Kurz zusammengefaßt war das Problem mit Ghorbanifar und seinen Hintermännern im Iran: Es bestand stets die Möglichkeit, daß Vereinbarungen nicht eingehalten wurden und Israel immer tiefer in die Sache hineingezogen wurde, bis es den Iranern lieferte, was immer sie verlangten, während es als Gegenleistung nichts oder im besten Fall Geld bekam. Dem Mossad gefiel das Ganze immer weniger, aber vorläufig war die Agentur noch nicht im Geschäft.

Ghorbanifars neue Forderung lautete auf 100 TOW-Raketen. Der Preis von rund 10.000 Dollar pro Stück war für die israelischen Verkäufer zwar attraktiv, aber die Tatsache, daß sie ausschließlich »Made in the USA« waren und von dort wiederbeschafft werden mußten, warf einige Probleme auf.

Bei einem zweiten Besuch in Israel mußte Ghorbanifar erkennen, daß man seine neue, einfache, aber lukrative Einkaufsliste zögernd und mit Zweifeln betrachtete. Er verstärkte den Druck – und den möglichen Nutzen für den israelischen Nachrichtendienst –, indem er sich in dem großen Gästehaus des Mossad nahe Tel Aviv hinsetzte und einen langen Bericht über die politische Szene im Iran abfaßte.

Er datiert vom 2. Mai 1985, und Ghorbanifar kennzeichnete ihn als »Streng vertraulich – nur für Ihre Augen bestimmt«. Aus der Sicht eines Geheimdienstlers war er äußerst professionell gemacht und bewies scharfen analytischen Verstand. Er beeindruckte die Musketiere, die Ghorbanifar so berechnend und verwirrend gefunden hatten, daß jedes Gespräch mit ihm eine »echte Herausforderung« war.[295]

Ghorbanifar schrieb seinen Report offiziell für den Mossad, aber er war von ihm mit Sicherheit auch zur Weitergabe an die

Amerikaner bestimmt. Die USA waren zu diesem Zeitpunkt noch völlig außen vor. Er hatte mehrmals versucht, Verbindungen zur CIA anzuknüpfen, hatte Informationen und mehrere Geschäfte angeboten, aber die Amerikaner hatten ihn nach einigen Lügendetektortests für unzuverlässig befunden.

Ghorbanifars detaillierte Iran-Studie begann mit dem Nächstliegenden. Nachrichtendienst-Mitarbeiter lernen, niemals Dinge auszulassen, die »jeder kennt«, weil sie sonst in einer abschließenden Analyse häufig vergessen werden. Deshalb schrieb der iranische Besucher in Tel Aviv: »Imam Khomeini ist Alleinherrscher des Iran«, und er fügte hinzu, daß die mächtigsten Politiker und schiitischen Mullahs diejenigen seien, die Ayatollah Khomeinis Unterstützung hätten.

Ghorbanifars Geheimbericht benannte erstmals drei »Linien« von Politikern und Religionsführern, die bereits in den Startlöchern standen, die auf der Ebene unter der des allerhöchsten Ayatollahs um die Macht kämpften und auf seinen Tod warteten. Dies waren Einzelheiten, die den USA und Israel unbekannt waren, da sie über keine guten Quellen innerhalb des Iran verfügten.

»Linie eins«, so schrieb Ghorbanifar, waren die »Rechten«, die von der Armee, der Polizei, dem Parlament (dem Majlis), den meisten Kaufleuten und sogar einigen Revolutionären Garden unterstützt wurden. Sie träten für einen freien Handel ein und wären scharf antisowjetisch eingestellt. Außerdem seien sie gegen eine gewaltsame Verbreitung des schiitischen Glaubens und strebten freundschaftliche Beziehungen zum Westen und zu anderen moslemischen Ländern an.

»Linie zwei« waren die »Linken«. Zu ihnen gehörten sowohl Premierminister Musavi als auch Präsident Ali Khamenei. Ghorbanifar beschrieb diese Gruppe als »Hardliner«. Sie unterstützten den Terrorismus und den Export einer bewaffneten schiitischen Revolution. Er machte »Linie zwei« für die Gefangenschaft der 52 amerikanischen Geiseln in der Teheraner Botschaft von Ende 1979 bis Anfang 1981 verantwortlich.

»Linie drei« wurde von Ghorbanifar als eine »mittlere, um Ausgleich bemühte Gruppe« beschrieben, die große Unterstützung im Majlis, beim Obersten Gerichtshof und bei einzelnen Revolutionären Garden finde.

Er nannte Namen – Dutzende von Iranern, einige bereits prominent, andere 1985 noch kaum bekannt – und ordnete sie genau in die drei Linien ein. Er zitierte Khomeini, der gesagt hatte: »Hört auf mit dem Linien-Spiel.« Aber Ghorbanifar sagte auch voraus, daß nach dem Tod des Ayatollahs eine der politischen Gruppen die Oberhand gewinnen und »die beiden anderen eliminieren« würde.

Sein Rat an die Israelis – und wie er hoffte, auch die Amerikaner – war: »Wir müssen ›Linie eins‹ unterstützen, ›Linie zwei‹ ausschalten und ›Linie drei‹ absorbieren.«[296]

Es war eine Politik der kleinen Schritte, und Kimche meinte, daß er nun mit den Amerikanern reden sollte. Die drei Musketiere hatten immer die Absicht gehabt, die USA mit in ihr Projekt einzubeziehen, und nun glaubten sie, den richtigen Köder an der Angel zu haben, um den großen Fisch zu fangen. Ihr bester Köder waren die Geiseln im Libanon. Die Israelis wußten, wieviel Reagan und dem Weißen Haus daran gelegen war, ihre Landsleute zu befreien. Kimches Team wollte die Geiseln gern herausholen und informierte Washington, es gäbe einen interessanten Kontakt, der es wert sei, geprüft zu werden.

Noch bevor Robert (Bud) McFarlane, der Sicherheitsberater des Präsidenten, Ghorbanifars »Drei Linien«-Analyse in den Händen hatte, reagierte er auf den Bericht seines alten Freundes Kimche. McFarlane entsandte Michael Ledeen, einen Experten für Fragen des Terrorismus und den Mittleren Osten, nach Israel, um die Möglichkeit gemeinsamer, geheimer Kontaktaufnahmen zum Iran zu besprechen. Ledeen traf sich mit Premierminister Peres, den er von den Treffen der Führung der Arbeiterpartei in der Sozialistischen Internationale kannte.

Als Peres diskret die Möglichkeit andeutete, den gemäßigten Gruppen im Iran Waffen zu verkaufen, nahm Ledeen dies ganz selbstverständlich als ein Eingeständnis, daß bereits israelische Waffenlieferungen erfolgt waren. Dies, so wußte er, geschah hauptsächlich, um den besorgten Juden im Iran die ungehinderte Ausreise zu ermöglichen. Mossad-Agenten hatten jüdische Iraner über die Grenze nach Pakistan und in die Türkei geschmuggelt, und die iranischen Behörden hatten beide Augen zugedrückt.

Aufgrund des Ghorbanifar-Berichts entstand die komplexere und attraktivere Möglichkeit, einer politischen Linie zu helfen, den unvermeidlichen Machtkampf im Iran zu gewinnen.

Peres entschloß sich zu einem Bündnis mit den drei Musketieren. Er ignorierte dabei den Mossad, der – ausgerechnet in dem Moment, als die Amerikaner mit einbezogen wurden – beschloß, sich nicht an dem Projekt zu beteiligen. Der Mossad glaubte nicht an die Durchführbarkeit der Pläne und sah keine wirklichen Chancen im radikalen Iran.

Die Situation war in der Tat unnormal. Zu anderen Zeiten wäre ein Vorschlag zurückgewiesen worden, wenn der Mossad nein sagte. Jetzt, nachdem er 30 Jahre lang sämtliche geheimen Operationen an Israels ausländischen Horizonten durchgeführt hatte, war der Mossad vollständig ausgeschlossen.

Noch überraschender ist, daß der Mossad von Peres ausgeschaltet wurde – einem Premierminister, der nicht gerade dafür bekannt war, sich leicht von bewährten Arbeitstraditionen zu trennen. Peres war kein abenteuerlustiger Begin oder reformfreudiger Sharon.

Nahum Admoni war jedoch nicht in der Lage, das Primat seiner Agentur zu verteidigen. Als Mossad-Chef war er nicht annähernd so stark wie Yitzhak Hofi, der 1982 das Sharon-Nimrodi-Projekt verhindert hatte. Admoni meldete 1985 zwar seine Bedenken an, zog sich aber angesichts der Wünsche des Premierministers zurück.

Peres gefiel das Iran-Projekt außerordentlich. Als der Mossad ihm riet, die Angelegenheit fallenzulassen, zog er es vor, lieber mit zwei Ex-Mossad-Agenten und zwei Geschäftsleuten weiterzumachen, als eine Aktion abzublasen, die politischen Gewinn versprach, möglicherweise sogar Präsident Reagans dauerhafte Dankbarkeit.

Der Premierminister unternahm nur minimale Anstrengungen, einen Geheimdienstprofi mit der Leitung der Dreiergruppe zu beauftragen. Er bat zwar den ehemaligen Aman-Chef Shlomo Gazit, die Musketiere im Auge zu behalten, aber Gazit zog sich bald zurück, »weil der Mossad nicht eingeweiht war« und er es ablehnte, Weisungen von Waffenhändlern entgegenzunehmen, deren politische Aktionen finanzielle Gründe haben mochten.[297]

Der Premierminister schickte Kimche nach Washington, um das abzurunden, was McFarlane bereits von Ledeen gehört hatte. In Amerika wie in Israel wurde das Wort »Iran« inzwischen automatisch mit »Geiseln« verbunden. Ghorbanifar hatte die Möglichkeit in Aussicht gestellt, William Buckley freizubekommen, jenen CIA-Stationschef in Beirut, der von proiranischen libanesischen Schiiten entführt worden war und schlimme Folterungen auszustehen hatte. Der Gedanke, Waffen gegen Geiseln zu tauschen, erschien als beste Lösung schlechthin.

Die drei Musketiere teilten ihre Arbeitsgebiete nach professionellen Gesichtspunkten auf. Kimche war der Verbindungsoffizier zu den Amerikanern, Nimrodi übernahm in Genf und London die Rolle des Finanziers, und Schwimmer kümmerte sich um die Transportprobleme.

Auf amerikanischer Seite wurde der Kreis der Eingeweihten erweitert. Verteidigungsminister Weinberger hielt nichts von der Operation, wurde aber ins Bild gesetzt, als das Pentagon das israelische Arsenal Rakete für Rakete nach jeder israelischen Lieferung an den Iran wieder auffüllen mußte. Das war der von Verteidigungsminister Rabin geforderte Preis für seine Mitarbeit. Ein von Schwimmer gechartertes Flugzeug brachte bei zwei Flügen im August und September 1985 insgesamt 508 TOW-Raketen in den Iran, der dafür fünf Millionen Dollar bezahlte. Im Gegenzug wurde eine Geisel, Reverend Benjamin Weir, nach 16 Monaten Gefangenschaft entlassen.

Der Handel Waffen gegen Menschen war in vollem Gang, und die Beteiligten hegten die schönsten Erwartungen: Kimche würde auf der Suche nach »peripheren« Verbündeten wieder an den Brennpunkt geheimer Operationen zurückkehren. Nimrodi würde seinen alten Tummelplatz, den Iran, wieder an die Spitze der israelischen Exportländer bringen – und finanziell dabei auch noch profitieren. Schwimmer würde auf seine Weise dem Zionismus dienen und seine Fähigkeiten beim Einsatz von Flugzeugen beweisen. Peres würde die Schlüsselfigur sein. Und ihnen allen war der Dank Präsident Reagans für die publicityträchtige Rückführung seiner Mitbürger gewiß.

Diese Hoffnungen wurden mit der unseligen Lieferung der Hawks im November zunichte gemacht. Die Iraner waren wütend. Als wesentlich schlimmer erwies sich noch, daß die Amerikaner jegliches Vertrauen in die drei Musketiere verloren. Das Projekt selbst war jedoch zu verlockend, um es aufzugeben. Die Amerikaner – und mit ihnen Peres – wollten weitermachen. Dieses Mal bestand Rabin darauf, daß die Leitung auf israelischer Seite jemand anderem anvertraut wurde. Der Mossad war jedoch über die ganze Angelegenheit so erbittert, daß er sich weigerte, auch nur einen Finger zu rühren.

Es mußte ein neuer Tunnel gefunden werden, der aus der Dunkelheit herausführte. Als gestandener Politiker zögerte Peres nicht, die drei Musketiere fallenzulassen. Das Licht am Ende des Tunnels war jetzt Amiram Nir.

Der 35jährige Nir mag für ein solches weltweites Unterfangen ein wenig zu jung erschienen sein, aber sein Ehrgeiz kannte keine Grenzen. Als Berater des Premierministers in Fragen der Terrorismusabwehr repräsentierte er eine neue Generation von israelischen Agenten. Er war 1950 – also nach der Entstehung des Staates Israel – als Amiram Nisker geboren. Damit fehlte ihm der traditionelle Hintergrund des Untergrundkämpfers.

Entsprechend verfügte Nir über keinerlei Kampferfahrung. Er diente seinem Land als Reporter der Radiostation der Israel Defence Forces und hatte das Pech, bei einem Autounfall ein Auge zu verlieren. Bevor er ein Glasauge bekam, trug er vorübergehend eine Augenklappe wie Moshe Dayan.

Nir zeichnete sich als Reporter aus und wurde ein gutinformierter Kriegskorrespondent des israelischen Fernsehens. Der »Goldjunge« heiratete eine der Töchter der Familie Moses, des führenden israelischen Zeitungsverlegers.

Da ihm sein Mangel an militärischer Erfahrung inmitten einer Nation von Kriegern keine Ruhe ließ, meldete er sich für ein Freiwilligenjahr zur Armee und wurde Oberstleutnant eines Reserve-Panzerbataillons. Zufrieden gab er seiner Karriere eine neue Richtung und wurde Assistent des damaligen Oppositionsführers Shimon Peres.

Nachdem Peres 1983 die Führung der neugebildeten »Regierung der Nationalen Einheit« übernommen hatte, wurde Nir – als Experte für Terrorismusfragen – in das Büro des Premierministers berufen.

Die Nachrichtendienste hielten nicht viel von Nir. Er war ein Außenseiter, und ihm fehlte der richtige Hintergrund. Außerdem hatten Geheimdienstleute Journalisten noch nie gemocht. Und schließlich nahmen sie es Peres übel, daß er den erfahrenen Spion Rafi Eitan zugunsten Nirs hinauswarf.

Der neue Berater für die Terrorismusabwehr tat sein Bestes, die Geheimdienstchefs zu überzeugen, daß man ihm vertrauen konnte. Als ersten Schritt hoffte er, auch Eitans anderen Posten

– den des Lakam-Chefs – zu übernehmen, nicht wissend, daß dieser der Verbindungsmann zu Jonathan Jay Pollard in den USA war. Nir interessierte sich außerdem für den Chefposten bei Shin Bet, sobald Yosef Harmelin als Interimsdirektor abgelöst wurde. Seine langfristigen Überlegungen reichten bis zum Mossad. Aber zunächst einmal ließ er sich – um ernst genommen zu werden – in den dunklen Schatten des Postens nieder, auf dem er soeben gelandet war.

Als Berater hatte er die Aufgabe, dem Premierminister das Rüstzeug an die Hand zu geben, um im Kampf gegen den Terrorismus zu wirksameren Entscheidungen zu kommen. Aufgrund seines analytischen Verstandes fiel es Nir leicht, die Aktivitäten der Geheim- und Sicherheitsdienste zu koordinieren.

Um die Notwendigkeit zu beweisen, verwies er auf einen Angriffsversuch palästinensischer Terroristen im Jahr 1985: Ein arabisches Schiff hatte mit Palästinensern an Bord den Jemen verlassen. Ein solches Schiff in der Nähe eines arabischen Landes zu entdecken und zu verfolgen, war Sache von Aman. Sobald das Schiff die israelischen Hoheitsgewässer erreichte, fiel es unter die Jurisdiktion der israelischen Marine. Die Terroristen wollten am Strand von Tel Aviv landen. Damit nun wäre die Polizei zuständig gewesen. Die Angreifer hofften, anschließend in das Kirya-Gelände eindringen zu können, in dem sich das Hauptquartier des Generalstabes befand. In diesem Fall wäre es Aufgabe der Armee, dies zu verhindern. In unmittelbarer Nähe des Hauptquartiers befand sich das Verteidigungsministerium. Die Büros Yitzhak Shamirs lagen im zweiten Stock. Die Palästinenser wollten ihn als Geisel gefangennehmen. Einen Minister zu beschützen wäre schließlich die Aufgabe von Shin Bet.

Irgend jemand in der Verwaltung mußte verhindern, daß ein solcher Anschlag durch die Maschen des bürokratischen Zuständigkeitsnetzes fiel. In diesem Fall hatte die Marine die Terroristen gestoppt, bevor sie den Strand erreicht hatten. Sie hatte das arabische Schiff torpediert und mehrere Palästinenser gefangengenommen. Und Nir hatte dem Nachrichtendienst bewiesen, daß seine Rolle als Koordinator lebenswichtig war.

Als Nir die Chance bekam, seine Koordinationsgabe in der Iran-Affäre unter Beweis zu stellen, sah er darin die nie wiederkehrende Möglichkeit, sein Ein-Mann-Gegenterrorismus-Büro zu einer neuen, geheimen nachrichtendienstlichen Abteilung auszubauen. In Oliver North fand er eine verwandte Seele. North und Nir waren beide Oberstleutnants und begeisterte Anhänger geheimer Aktionen sowie einer guten Organisation. Sie lernten sich – über verschlüsselte Telefonverbindungen – kennen, als die Israelis die USA im Oktober 1985 bei der Verfolgung des entführten Vergnügungsdampfers *Achille Lauro* unterstützten. Damals hatte Nir die Amerikaner als Gegenterrorismus-Koordinator davon unterrichtet, daß Israel jedes über Funk geführte Gespräch zwischen den Terroristen und ihrem PLO-Leiter an der ägyptischen Küste, Abul Abbas, mithörte und aufzeichnete. Aman-Chef Ehud Barak, dessen Agentur die Unterhaltungen abhörte, trat im amerikanischen Fernsehen auf, um einige Tonbänder auf einem kleinen Rekorder abzuspielen, den er in der Hand hielt. Damit unterrichtete er die amerikanische Öffentlichkeit, bevor das israelische Fernsehen informiert worden war.

Im Vertrauen auf die Unterstützung durch den »Club der Premierminister« meinte Nir, er könne nun beginnen, zusammen mit Oliver North Pläne für einen weltweiten Kreuzzug gegen den internationalen Terrorismus zu schmieden. Seine erste Aufgabe bestand im Dezember 1985 darin, das Iran-Geschäft wiederzubeleben.

Nir hatte kaum Schwierigkeiten, das Vertrauen des Weißen Hauses zu gewinnen – zumal North sein größter Förderer in Washington war. Mehr Fingerspitzengefühl und auch ein paar Kniffe waren dagegen nötig, um den Weg in die Herzen der Iraner zu finden. Dazu gehörte das Treffen in einem Londoner Casino, das zweierlei bezweckte: zu beweisen, daß die drei Musketiere aus dem Geschäft heraus waren, und die Iraner davon zu überzeugen, daß nun Nir Peres' Mann war.

Ursprünglich hatte Nir vorgehabt, Peres' Besuch bei Englands Premierministerin Margaret Thatcher im Januar 1986 zum Anlaß zu nehmen, ihn mit North und Ghorbanifar persönlich bekannt zu machen. Der Iraner jedoch verriet diesen Plan seinem alten Kumpel Nimrodi. Dieser informierte Schwimmer, der sofort von Tel Aviv nach London flog, um Peres zu stellen und ihn zu fragen, warum sie durch Nir abgelöst worden seien. Der Premierminister leugnete, daß ein Treffen mit Ghorbanifar geplant sei, und sagte anschließend die Begegnung ab.

Um seine enge Verbindung zum israelischen Premier zu demonstrieren, brachte Nir Peres' Berater Oberst Azriel Nevo dazu, ihn ins Casino zu begleiten. Dort lenkte er Ghorbanifars Aufmerksamkeit auf ein Foto in der Tageszeitung, das Nevo neben Peres zeigte. Wenn sich aber Peres von Nevo begleiten ließ und dieser nun Nir begleitete, dann war klar, daß Nir der persönliche Abgesandte des Premierministers war.

North war ebenfalls in London und bestätigte damit, daß Ledeen – in einer amerikanischen Parallele zu den israelischen Vorgängen – ebenfalls nicht mehr dazugehörte. North arbeitete nun direkt mit Nir zusammen. So wie Nimrodi und Kollegen darauf angewiesen gewesen waren, den Mossad auszutricksen, so hatte Nir gerade Nimrodi ausgetrickst.

Ferner gelang es Nir, das Weiße Haus zu überreden, die Waffenlieferungen an Teheran wieder aufzunehmen. Er begleitete sogar McFarlane, North und eine Gruppe amerikanischer Geheimagenten – alle mit falschen irischen Pässen – im Mai 1986 zu einem geheimen Besuch in Teheran. Die Gespräche waren jedoch nicht nur fruchtlos, das Ganze war ausgesprochen albern. Bei ihrem Versuch, amerikanische Geiseln zu befreien, hätten sie alle zusammen von den Revolutionären Garden als Geiseln festgehalten werden können. Nir und die Amerikaner hatten in der Höhle des Löwen ihr Schicksal herausgefordert.

Zwei weitere Geiseln, Pater Lawrence Jenco und David Jacobsen, wurden von iranischen Verbündeten im Libanon befreit. Gerade als sie in Amerika und im Weißen Haus mit dem von Reagan bevorzugten Pomp empfangen wurden, trugen die Samen des Teheraner Fehlschlags Früchte. Die Geschichte der McFarlane-Nir-Reise geriet über innenpolitische Gegner jener Iraner, die mit dem »Großen Satan« gesprochen hatten, an die Weltpresse – und würgte den Handel »Waffen gegen Geiseln« im November 1986 endgültig ab.

Als Skandal lebte er jedoch weiter. Die geheimen und illegalen Aktionen von McFarlane, North und ihrem National Security Council kamen ans Licht. Die Spur führte ins Oval Office. Die amerikanische Presse und die Öffentlichkeit verlangten Auskunft über Präsident Reagans Beteiligung. Hatte er den Handel »Waffen gegen Geiseln« autorisiert? Hatte er North erlaubt, das Verbot des Kongresses zu verletzen und die Contras zu unterstützen, indem er sich israelischer Waffenhändler und ihrer Schweizer Bankkonten bediente, um die bei den Iranern erzielten Gewinne abzuzweigen? Die Medien und die offiziellen Untersuchungsbeamten konnten lediglich feststellen, daß Reagan die Verantwortung einer Anzahl von Mitarbeitern übertragen hatte. Sie wurden gezwungen zurückzutreten.

Ein Mann, der alle Befragungen im Verlauf der Untersuchungen durch die nach dem Senator John Tower benannte Kommission im US-Kongreß überstand, war Vizepräsident George Bush. Er weigerte sich zu enthüllen, was er während der Iran-Affäre gewußt, gedacht, gefühlt oder getan hatte. Im November 1988 wurde Bush so unbeschadet zum Präsidenten der Vereinigten Staaten von Amerika gewählt.

Der einzige Mensch, der möglicherweise in der Lage gewesen wäre, Bush politisch zu schaden, starb drei Wochen nach der Wahl bei einem Flugzeugunglück. Amiram Nir verunglückte kurz vor seinem 38. Geburtstag mit einer Cessna T-210 auf dem Flug von einem kleinen Flughafen in Uruapan nach Mexico City. Die Maschine stürzte bei schlechtem Wetter 110 Meilen westlich der Hauptstadt ab.

Zweieinhalb Jahre zuvor hatte sich Nir in dem vornehmen und traditionsreichen King David Hotel in Jerusalem mit Bush getroffen und ihn kurz über den Stand der laufenden Verhandlungen mit dem Iran informiert. Der Präsident hat über diese Begegnung niemals gesprochen. Das Irangate-Chaos beendete Nirs vielversprechende Karriere. Er blieb noch etwa 18 Monate im Büro des Premierministers, doch mehr aus Verlegenheit und ohne Aufgaben. Nach seinem Ausscheiden im Frühjahr 1988 ging er in aller Stille nach London. Niemand wußte, was genau er dort tat. Es gab lediglich ein paar Hinweise, daß er sich möglicherweise eine Legende für eine neue Spionagemission aufbaute. Die mexikanische Polizei erklärte, der tote Israeli habe die Cessna unter dem Namen »Pat Weber« gechartert. Es war Nir, aber die einzige Erklärung, die zu seiner Anwesenheit in Mexiko abgegeben wurde, benannte ein plötzliches Interesse Nirs, Avocados für den Export zu kaufen.[298]

Amiram Nir nahm die ungeklärten Geheimnisse um Irangate mit in sein Grab.[299]

16. GESCHÄFTE UM JEDEN PREIS

»Als wir unser Galil-Gewehr auf den Philippinen vorführten«, sagte ein israelischer Waffenhändler Ende Sommer 1982, »brachten wir auch den Konstrukteur mit. Als erstes warf er es in einen Wassertank, dann wühlte er damit im Schmutz, dann erst schoß er. Die Filipinos waren sehr beeindruckt.«[300]

Trotzdem kauften sie keins der Gewehre. Sie konnten sich nicht überwinden, Geschäfte mit Israel abzuschließen, das von den arabischen Nationen als »Paria-Staat« gebrandmarkt wurde. Die Galil ist nur eine der vielen vorzüglichen israelischen Waffen, deren Export immer wieder an politischen Mauern scheiterte.

Israel sieht sich daher gezwungen, laufend nach neuen Märkten zu suchen und seine Waffen auch an Regime mit zweifelhaftem Ruf – wie an Südafrika, den Iran und Diktaturen in Lateinamerika – zu verkaufen.

Der Waffenexport ist für Israel von hohem nationalem Interesse. Er verschafft dem Land nicht nur Devisen und den Zugang zu überseeischen Ländern. Dahinter stehen zugleich ganz nüchterne wirtschaftliche Überlegungen. Um sich eine eigene Rüstungsindustrie leisten zu können – die Israel seines Erachtens unbedingt braucht, um unabhängig zu sein –, benötigt es ein gewisses Produktionsvolumen. Die israelische Rüstungsindustrie muß daher weit mehr Gewehre, Kugeln, Granaten, Uniformen, Panzer, Raketenboote und modernste technische Ausrüstung herstellen, als das Land selbst benötigt. Verkäufe ins Ausland helfen, die Kosten für Forschung und Entwicklung zu amortisieren, und die laufenden Kosten der Rüstungsindustrie können mindestens teilweise aus Exporterlösen gedeckt werden.

Es ist daher nicht verwunderlich, daß sich auch die Nachrichtendienste an der Verkaufsförderung beteiligen. Mossad-Agenten, die als inoffizielle Botschafter im Ausland arbeiten, sowie Shin-Bet-Mitarbeiter, die insgeheim als Berater in Fragen der Terrorismusbekämpfung tätig sind, machen für die hervorragende Qualität der israelischen Produkte Reklame. So werden Gewehre und sonstiges Rüstungsmaterial zum Bestandteil von Kopplungsgeschäften: Die Beratungstätigkeit der Israelis erfolgt Hand in Hand mit der Lieferung kampferprobter Waffen.

Das Ganze ist relativ neu und begann nach dem Krieg von 1973. Zunächst wurden die Waffenexporte direkt von Sibat vorgenommen (das hebräische Akronym aus *Siyua Bitchoni,* »Sicherheitsunterstützung«), einer kleinen Abteilung des Verteidigungsministeriums in Tel Aviv. Die Verhandlungen wurden sehr diskret geführt, und wenn an Länder verkauft wurde, die auf unbedingte Geheimhaltung ihrer geschäftlichen Beziehungen zu Israel bedacht sein mußten, so gewährleistete Sibat, daß die Quelle nicht publik wurde.

Sibat wurde gegründet, nachdem es Mitte der 60er Jahre einen Aufschrei der Empörung gegeben hatte, als die internationalen Medien über die ersten geheimen Waffenverkäufe an Südafrika berichteten. Es war für die Israelis eine neue und unangenehme Erkenntnis, daß ihr weltweit als Zufluchtsort für die Überlebenden des Holocaust gefeierter Staat mit dem geschmähten, rassistischen Regime in Pretoria Geschäfte machte. Das Verteidigungsministerium schuf die neue Auslands-Verkaufsabteilung indessen nicht, um derartige Geschäfte zukünftig zu unterbinden, sondern um sie zu verschleiern.

Unter Sibats Schirmherrschaft florierten die geheimen Verteidigungsbeziehungen. Israelische Berater unterwiesen die South African Defense Forces – schon der Name erinnert an die israelische Armee – in der Bekämpfung der Guerillas des African National Congress und der Swapo nach den gleichen Methoden, wie sie im Kampf gegen die palästinensischen Terroristen angewandt wurden. Israel verkaufte Südafrika Gewehre und schwerere Waffen; vor allem aber erteilte es ihm Lizenzen für eine eigene Produktion.

Armscor und andere südafrikanische Betriebe produzierten auf diese Weise diverse Waffensysteme: ein mit dem israelischen Reshef identisches Raketenboot, das seinerseits eine Weiterentwicklung der von den Israelis aus dem Hafen von Cherbourg entführten französischen Schiffe ist; den Cheetah, der dem israelischen Kfir-Jagdbomber ähnelt, der nach den von Lakam gestohlenen Mirage-Plänen gebaut wurde, sowie die mit Israels Gabriel identische See-See-Rakete Scorpio.

Die Zusammenarbeit der beiden Flotten flog im Frühjahr 1982 auf, als Ruth und Dieter Gerhardt verhaftet wurden. Gerhardt war Kapitän der südafrikanischen Marine und Kommandant der strategisch höchst wichtigen Flottenbasis Simonstown bei Kapstadt. Die südafrikanische Spionageabwehr, die von einem westlichen Geheimdienst einen Tip erhalten hatte, fand heraus, daß die Gerhardts bereits seit vielen Jahren für die UdSSR spioniert hatten.

Der Prozeß gegen die Eheleute verlief geheim, aber ein Teil der Anklageschrift wurde dennoch bekannt. Er enthüllte, daß zu den vielen Aufträgen des KGB an das südafrikanische Ehepaar auch das Ausspionieren der geheimen militärischen Beziehungen ihres Landes zu Israel gehört hatte. Wie John Hadden und andere CIA-Agenten bereits 15 Jahre zuvor, hatten auch die Sowjets Anzeichen dafür entdeckt, daß die Israelis an der Entwicklung atomarer Sprengköpfe für U-Boot-Raketen arbeiteten. Die Gerhardts sollten unter anderem herausfinden, ob die Scorpion-Gabriel-Raketen mit solchen Sprengköpfen ausgerüstet werden könnten oder dies bereits waren, was Israel in Verbindung mit seinen Bodenraketen und Jagdbombern die Möglichkeit eines atomaren Erstschlages eröffnet hätte.

Im September 1979 verließ eine Gruppe südafrikanischer Schiffe die Basis in Simonstown in südwestlicher Richtung zu einer höchst geheimen Operation. Wenige Tage später verzeichnete ein Vela-Satellit der amerikanischen National Security Agency einen grellen Blitz über dem Südatlantik – ähnlich einer atomaren Explosion. Die Carter-Administration vermutete, daß dies die wahrscheinlich mit israelischer Unterstützung durchgeführte Testexplosion einer südafrikanischen Atombombe war. Die Wissenschaftler erklärten, es sei eine kompakte Bombe gewesen – erstaunlich »sauber«, fast ohne radioaktiven Niederschlag und daher schwer nachzuweisen.[301]

Zehn Jahre später erschien abermals ein Bericht über die Zusammenarbeit zwischen Israel und Südafrika in der Atomforschung sowie bei der Entwicklung der Boden-Boden-Rakete Jericho. Südafrika gab im Juli 1989 den Test einer Startrakete für ballistische Waffen bekannt, und die Beamten der Bush-Administration erklärten dazu, die vom amerikanischen Geheimdienst in Augenschein genommene Abschußrampe habe genauso ausgesehen wie das israelische Gegenstück.[302] Der Eindruck verstärkte sich, daß dies Fortsetzung einer Zusammenarbeit war, die mit den ursprünglich von Sibat eingefädelten Waffenverkäufen begonnen hatte.

Sibat leistete keine eigentliche Geheimdienstarbeit, und sein

Direktor war auch nicht im Varash-Komitee der Sicherheitschefs. In der Regel war er jedoch ein ehemaliger hoher Armeeoffizier, dessen Empfehlungen großen Einfluß auf die »alternative« Diplomatie der israelischen Nachrichtendienste hatten. Israelische Waffenverkäufe wurden niemals unautorisiert oder zufällig abgewickelt. Sie verlangten jedoch Fingerspitzengefühl – so zum Beispiel der von Amerika genehmigte Verkauf ausgedienter Skyhawks an Indonesien, einen moslemischen Staat mit überwiegend israelfeindlicher Bevölkerung, dessen Regierung nicht zuletzt aus diesem Grund auf absoluter Geheimhaltung bestand.[303]

Bis zum Yom-Kippur-Krieg belief sich der israelische Waffenexport auf etwa 50 Millionen Dollar jährlich. Danach verstärkte die Rüstungsindustrie ihre Produktion, und die Waffenverkäufe erreichten ein zweites Stadium. Israelische Mittelsmänner übernahmen jetzt die Initiative, akquirierten auf eigene Faust und öffneten Israel und der wachsenden Rüstungsindustrie die Türen. Es liegen zwar keine offiziellen Angaben vor, aber man schätzt, daß sich Israels Waffenexport innerhalb der nächsten 15 Jahre auf jährlich über eine Milliarde Dollar erhöhte.[304]

Dies waren goldene Jahre für Yaakov Nimrodi während seiner Zeit als Israels Verkaufsagent im Iran. Als der iranische Markt mit der Machtübernahme Ayatollah Khomeinis im Jahr 1979 geschlossen wurde, entdeckte Israel auf der Suche nach einem neuen Käufer für seine Produkte China. Der »Entdecker« war Shaul Eisenberg. Israels reichster Geschäftsmann wurde in Europa geboren und fand während des Zweiten Weltkriegs Zuflucht im Fernen Osten. Er ließ sich in Japan nieder, heiratete eine Japanerin und verdiente sein Geld mit dem Verkauf von überschüssigen Rüstungsgütern und Altmetallen.

Eisenberg wurde bald in der gesamten Region zum führenden Vermittler. Seine emotionalen Bindungen veranlaßten ihn, auch in Israel Unternehmen zu gründen und schließlich mit seiner Familie dorthin überzusiedeln. Gleichzeitig verfolgte er weiterhin seine geschäftlichen Interessen im Fernen Osten. Ende der 70er Jahre gelang es ihm, Israel den Weg nach Peking zu ebnen.

Als äußerst wertvoll erwies sich dabei sein Privatjet, mit dem er ungeachtet der offiziellen Feindschaft die israelischen Spitzenfunktionäre direkt nach China fliegen konnte. Eisenberg unternahm Dutzende solcher Flüge mit Sibat-Mitarbeitern, Ar meeberatern, Finanziers und Rüstungskaufleuten zu den – nach israelischen Beschreibungen – »härtesten Verhandlungen, die man sich vorstellen kann«.

Nachdem die ersten verbindlichen Vereinbarungen getroffen waren, überließ Eisenberg die weitere Geschäftsabwicklung dem Mossad, der dabei in seiner traditionellen Rolle als Israels geheimes »alternatives« Außenministerium auftrat. Von Sibat und den israelischen Waffenlieferanten erhielt er für seine Mitwirkung eine ansehnliche Provision. Die israelischen Waffenexporte nach China wurden für die 80er Jahre auf nahezu drei Milliarden Dollar geschätzt.[305]

Mit dem rasant steigenden Exportgeschäft erreichte die israelische Rüstungsindustrie ihr drittes Stadium. Inzwischen beschränkten sich die israelischen Mittelsmänner nicht mehr nur darauf, an fremde Türen anzuklopfen, sondern zogen und schoben ihre Regierung auch durch die angeblich von ihnen geöffneten Pforten hindurch. Damit wurden die Verhältnisse plötzlich auf den Kopf gestellt: Die Agenten versuchten, Israels Außenpolitik zu bestimmen, wobei ihre eigenen finanziellen Überlegungen im Vordergrund standen. Nimrodis Aktivitäten in der Irangate-Episode waren kein Einzelfall.

In Israel entstand eine vollkommen neue Schicht von Mossad-, Shin-Bet- und hochrangigen Armeeveteranen, die sich damit beschäftigten, ihr eigenes Land zum Verkauf und das Ausland zum Kauf zu überreden. Diese früheren Agenten und Offiziere bildeten eine soziale Gruppe von »Ehemaligen«, die ebenso egozentrisch und auf die Protektion ihrer Mitglieder bedacht war wie alle Aristokratien der Welt. Ihr familiärer Hintergrund, ihre Erziehung und ihr Lebensstil mochten variieren, aber alle hatten sie ein gemeinsames Ziel: Geschäfte um jeden Preis.

In vieler Hinsicht waren die Verhältnisse reif für diese Männer, ihren Profit über alles andere zu stellen. Die israelische Gesellschaft hatte sich in den 70er und 80er Jahren gewandelt. Durch die ständigen Kriege trat eine gewisse Ermüdung ein. Der Idealismus und der Pioniergeist der ersten 25 Jahre hatten mit Egoismus und Materialismus zu kämpfen.

In den Anfangsjahren hatte man sich geschämt, überhaupt über Geld zu sprechen, und es galt geradezu als »anstößig«, sich auf dessen Erwerb zu konzentrieren. Gewinne aus Handelsgeschäften betrachtete man mit Stirnrunzeln, besonders wenn sie nationale Interessen berührten. Heute dagegen hat sich auch Israel dem »Tanz um das Goldene Kalb« angeschlossen – einschließlich der dortigen Geheimdienst- und Militärkreise.

Die »Ehemaligen« stellten fest, daß ihre berufliche Laufbahn früh geendet hatte und ihre Ruhegehälter nicht höher waren als die lumpige Durchschnitts-Beamtenpension von 12.000 Dollar im Jahr. Sie merkten plötzlich, daß ihnen nur wenige marktfähige Talente zur Verfügung standen, nachdem sie härter gearbeitet hatten als ihre internationalen Gegenspieler. Besonders beneideten sie die CIA-Mitarbeiter um ihre fetten Gehälter und großzügigen Pensionen.

Frühere hohe Offiziere der Luftwaffe, darunter deren Kommandant aus dem Junikrieg 1967, Generalmajor Mordecai Hod, hatten Vertriebsfirmen gegründet, die große israelische Lieferanten und noch größere amerikanische Fabrikanten vertraten. Die Offiziere, die während ihrer beruflichen Laufbahn mit diesen Firmen zu tun gehabt hatten, hielten diese Verbindungen aufrecht, als sie sich ins Zivilleben zurückzogen. Besonders beeindruckte den 1978 aus dem Dienst geschiedenen Brigadegeneral Avraham Bar-Am der Reichtum, den Männer wie Nimrodi im Iran zusammengetragen hatten. Er beschloß, es ihnen gleichzutun.

Ebenso wie tausend andere entlassene hohe Offiziere erbat und erhielt Bar-Am ein offensichtlich routinemäßig ausgestelltes Dokument des Verteidigungsministeriums, das den Inhaber autorisierte, sich weiterhin nach Möglichkeiten für den Verkauf israelischer Waffen umzusehen. Diese Erlaubnis schloß jedoch ausdrücklich jede Beteiligung an den eigentlichen Verhandlungen aus.

Ende April 1986 wurden General Bar-Am, zwei andere israelische Geschäftsleute und 14 weitere Männer von amerikanischen Zolloffizieren verhaftet. Sie waren die Opfer viermonatiger getürkter Verhandlungen, die der iranische Waffenhändler Cyrus Hashemi – der Israel im Jahr zuvor zu Beginn des Iran-gate-Dramas besucht hatte – als Informant der amerikanischen Regierung führte. Alle 17 Angeklagten wurden in New York wegen der Beteiligung an einem geheimen Geschäft angeklagt, im Zuge dessen dem Iran illegal Phantom-Düsenjäger, Panzer, Raketen und ein ganzes Aufgebot anderer hochspezialisierter Waffen verkauft werden sollten.

Die Verkaufsliste war absoluter Größenwahn. Es erschien unvorstellbar, daß Bar-Am und seine Kollegen so viel hätten zusammenbringen können, um es dem Iran zu verkaufen. Aber Hashemi war mit Nimrodi in Israel gewesen, hatte sich sogar auf eigene Faust 1985 mit CIA-Direktor William Casey getroffen, um ihm einen umfangreichen Handel von »Waffen gegen Geiseln« vorzuschlagen, und konnte Bar-Am so überzeugen, daß das gesamte Unternehmen im Sinn aller betroffenen Regierungen sei.

Hashemis wahre Motive wurden verschleiert, als die Zollbehörde ihn benutzte, um Bar-Am und den anderen etwas anzuhängen. Selbst das Weiße Haus wurde im unklaren gelassen. Bei einem Treffen mit Präsident Reagan im November 1986 diskutierten dessen engste Berater, ob Israel im Bar-Am-Waffenhändlerring eine offizielle Rolle gespielt hatte.

Vizepräsident Bush stellte damals die Frage: »Handelt es sich hier um einen privaten oder einen offiziellen Versuch, für Israel Waffen zu verkaufen?« Einer seiner Assistenten, dessen Name im offiziellen Protokoll des Weißen Hauses nicht erwähnt wird, erwiderte: »Wahrscheinlich privat mit Wissen der Regierung.« Bush hatte das Gefühl, daß die Verhaftungen Probleme aufwerfen könnten. »Israel könnte versuchen, Druck auf uns auszuüben«, vermutete er.[306]

Die israelische Regierung leugnete mit Nachdruck, daß sie an dem angeblichen Handel beteiligt gewesen sei. Bar-Am jedoch hatte nach seiner Verhaftung den israelischen Militärattaché in Washington angerufen und nachdrücklich betont, daß Freunde beim Mossad die Beteiligten an dem Waffenhandel überprüft hätten.[307]

1988 ließen die amerikanischen Behörden mitten im Chaos um Irangate und die Aufdeckung der amerikanischen Waffenverkäufe an die Ayatollahs die Anklage gegen Bar-Am fallen. Er gehörte zu jenen Verteidigungs- und Geheimdienstveteranen, die sich im Dienst stets absolut patriotisch verhalten hatten, aber Israels Interessen ignorierten, sobald ihr Einkommen von den Gegebenheiten des freien Marktes bestimmt wurde. Wenn sich eine Chance bot, ein paar Jeeps, Gewehre, Munition, Granatwerfer, Ersatzteile oder anderen »Kleinkram« zu verkaufen, kannten diese Privatiers wenig Hemmungen. Sie erkundigten sich nicht einmal, ob Israel etwas dagegen haben könnte.

1989 verstärkte Sibat die Aufsicht und verlangte, daß jeder, der israelische militärische Ausrüstungsgüter verkaufen wolle, für jede einzelne Schraube, Mutter oder Kugel eine Genehmigung beantragen müsse. Viele der Privatiers zeigten sich davon jedoch unbeeindruckt. Während ihrer geheimdienstlichen Tätigkeit war ihnen zwar immer wieder eingebleut worden, daß sich viele Missionen wegen des Schadens, der durch deren Entdeckung entstehen könnte, nicht lohnten. Aber nachdem sie private Geschäftsleute geworden waren, kümmerten sie derartige Spitzfindigkeiten wenig. Machten sie aber Fehler, so wurden diese unverändert dem jüdischen Staat angelastet.

Schlimmer war, daß einige der Geheimdienstveteranen glaubten, daß alles, was sie taten, automatisch zum nationalen Interesse Israels wurde. Diese Selbstherrlichkeit war bisweilen verblüffend, und die Grauzonen blendeten sie. Setzten sie sich für bestimmte politische Schritte ein, weil sie dem Wohl Israels dienten? Oder war es nur ein Vorwand, und ihr einziges Anliegen war das Wohl ihres Bankguthabens?

Gelegentlich sah sich Israel am Ende mit einigen der anrüchigsten Regime der Welt verkuppelt. Ein »Ehemaliger« hatte vielleicht die Gelegenheit zu einem Geschäft entdeckt – etwa mit einer afrikanischen Diktatur wie Idi Amins Uganda oder Mobutus Zaire –, und bald darauf trainierten frühere Geheimdienstler und Offiziere deren Sicherheitsdienste.

Das Verteidigungsministerium in Tel Aviv war in der Regel – wenn auch nur im geheimen – mit gewinnbringenden, von »Ehemaligen« initiierten Exportgeschäften sehr einverstanden. Gesprächiger waren dann schon Diplomaten und Journalisten. Die unvermeidliche Folge: Israels Ruf als »Paria«-Staat wurde noch verstärkt.

Mike Harari gehörte zu jenen »Ehemaligen«, die einflußreiche Freunde besaßen. Harari wurde 1927 in Tel Aviv als Sohn eines Zollbeamten geboren. Seine Geheimdienstkarriere verlief ähnlich wie bei vielen seiner Generation. Er diente in der Palmach und bei Shai und trat nach der Staatsgründung dem israelischen Geheimdienst bei.

In den 50er Jahren war er als Shin-Bet-Mitarbeiter Sicherheitsoffizier im Außenministerium. Danach verbrachte er 20 Jahre in der Anonymität des Mossad. Die ganze Zeit über war er mit speziellen Aufgaben im Außendienst betraut und erwarb sich den Ruf extremer Gründlichkeit. 1972 und 1973 leitete er die »Mörder-Schwadron«, die die palästinensischen Terroristen in Westeuropa bis zum Fiasko von Lillehammer jagte.

Trotz seiner Beteiligung an der bis dahin schlimmsten Pfuscharbeit in der Geschichte der israelischen Nachrichtendienste gelang es ihm, nicht entlassen zu werden. Im Israel der 70er Jahre wagte es selbst nach Lillehammer niemand, öffentlich Kritik an den Nachrichtendiensten zu üben oder gar eine öffentliche Untersuchung zu fordern.

Der altgediente Agent bekam – weit entfernt von den Hauptbüros des Mossad – eine neue Aufgabe: Harari wurde Leiter der großen Mossad-Station in Mexico City. Die Station hatte die Aufgabe, die Spuren der palästinensischen Aktivitäten in ganz Amerika zu verfolgen und israelische Waffen zu verkaufen. Harari gewann viele reiche und einflußreiche Freunde, während er in Lateinamerika herumflog und Israels Interessen vertrat. Zu ihnen gehörten der Diktator von Panama, General Omar Torrijos, und sein Geheimdienstchef, Oberst Manuel Noriega. Harari hatte Torrijos 1968 bei einer Mission im Rahmen eines vom Mossad geschlossenen Finanz- und Schiffahrtsabkommens kennengelernt. Sie wurden einander von einem Mitglied der großen und wohlhabenden jüdischen Gemeinde in Panama vorgestellt, und Harari wurde sogar gebeten, in der etwas schwierigen Beziehung zwischen dem Diktator und seinem jüdischen Schwiegervater zu vermitteln.

Nach mehr als 35 Jahren Staatsdienst ging Harari 1980 in Pension. Er startete eine kurze Karriere als Versicherungsmakler. Später begann er, seine Zeit zwischen Israel und Mittelamerika aufzuteilen. Der Mossad war damals innerhalb der israelischen Bürokratie noch mächtig genug, um die Welt in »Lehen« für seine »Ehemaligen« aufzuteilen. Selbst dort, wo das Außenministerium eine offizielle Botschaft hatte, wurden die Geschäfte weitgehend von Exagenten betrieben. Mike Harari »bekam« Panama. Vom Geheimdienst nimmt man nie wirklich Abschied. Man steht ihm stets zur Verfügung.

Panamas Führer – mit ihrer Neigung, gleichzeitig auf zwei Hochzeiten zu tanzen – waren eng mit den USA verbunden, unterhielten aber auch freundschaftliche Beziehungen zu Fidel Castro auf Kuba. Das revolutionäre Kuba war ein Verfechter der palästinensischen Sache, was Castro für die Israelis zu einem wichtigen Spionageziel machte. Mit Hilfe Hararis und seiner panamesischen Freunde sammelte Israel Nachrichten über Kubas Beziehungen zu den Palästinensern. Als Torrijos 1981 bei einem mysteriösen Flugzeugabsturz ums Leben kam, erbte Noriega sowohl das Land als auch Hararis Freundschaft. Der neue starke Mann in Panama hatte seit langem mit der CIA zusammengearbeitet, zog sich aber zunehmend den Zorn der Amerikaner zu, da er sich immer stärker am Drogenschmuggel von Südamerika in die USA beteiligte.

Inzwischen war Harari die unentbehrliche rechte Hand von Noriega geworden. Der Israeli überredete den General, den Industriemagnaten Shaul Eisenberg als panamesischen Honorarkonsul in Tel Aviv zu entlassen. Harari übernahm den Ehrenposten selbst.

Er warb israelische Leibwächter an, bildete aber auch Panamesen zum Schutz General Noriegas aus, dessen Villa in Panama City von einem kompletten israelischen Sicherheitssystem aus Stacheldraht und elektronischen Alarmanlagen geschützt wurde. Harari half Noriega beim Aufbau der Panama Defence Force – so benannt nach der israelischen Armee. Und über Harari verkaufte Israel auch leichte Waffen an die panamesische Nationalgarde. Es dauerte nicht lange, und alle Geschäfte – nicht nur Waffenverkäufe – zwischen Israel und Panama liefen über Harari, der dafür eine Provision bekam.

Harari hielt sich möglichst im Hintergrund und war geradezu allergisch dagegen, seinen Namen in der Presse zu lesen. Nur zweimal erschien in den israelischen Zeitungen ein Foto von ihm, als er 1985 General Noriega auf einem offiziellen Besuch nach Israel begleitete. Ein dritter Versuch, ihn im Juni 1988 auf einer großen Gartenparty zu fotografieren, ging daneben.

Während Harari sich auf der Feier amüsierte, richtete die junge Reporterin einer israelischen Tageszeitung ihre Kamera auf ihn. Harari prallte zurück. Dann ging er auf die Fotografin zu und bat sie, ihm den belichteten Film auszuhändigen. Er versprach ihr, ihn entwickeln zu lassen und ihr sämtliche Bilder in ein bis zwei Tagen zuzuschicken – mit Ausnahme seines eigenen Fotos.

Als sie sich weigerte, riß ihr der ihr unbekannte Mann die Kamera aus der Hand, nahm den Film heraus und verbrannte ihn vor den Augen der versammelten Gäste. »Niemand fotografiert

Mike Harari«, erklärte er und mischte sich wieder unter die Gesellschaft, als sei nichts geschehen.

Angesichts der Tatsache, daß gewaltige Geldmengen nur darauf warteten, »mitgenommen« zu werden, begann sich die Grenze zwischen nationalem Interesse und persönlicher Habgier zu verwischen. Als Noriega 1988 wegen angeblichen Drogenschmuggels angeklagt wurde, munkelten die amerikanischen Beamten auch von einem geheimnisvollen Israeli, der den General zu schützen half. Und als die USA im Dezember 1989 Panama überfielen und Noriega stürzten, machten sich die Medien darüber Gedanken, was mit dem israelischen Günstling des Generals geschehen war.

Wie bei einem Geheimdienstler nicht anders zu erwarten, tauchte sofort eine Reihe sich widersprechender Falschmeldungen auf. Ein amerikanischer Diplomat in Panama City erzählte den Reportern, der ehemalige Mossad-Mitarbeiter sei auf der Flucht verhaftet worden. Die Geschichte wurde jedoch widerrufen, da man offensichtlich den Falschen erwischt hatte. In einem anderen Bericht war zu lesen, er sei Gast der Familie Noriega gewesen – während der Diktator selbst die Nacht bei seiner Freundin verbracht hatte –, als zwei geheimnisvolle Israelis erschienen seien, um ihn vor der Invasion der Amerikaner zu warnen. Sie seien mit ihm davongefahren und hätten ihn nur sechs Stunden vor der Landung der Fallschirmjäger in Sicherheit gebracht.

Demgegenüber wiesen die amerikanischen Behörden darauf hin, daß sie zwar einen Haftbefehl gegen Noriega, nicht aber gegen Harari gehabt hätten. Die Anklage gegen den panamesischen Diktator vor dem Bundesgericht in Miami wegen Drogenmißbrauchs hätte sich nicht auf Harari erstreckt.

Der verschwundene Harari tauchte in Israel wieder auf und stellte sich den ersten Interviews seines Lebens, wobei er jedoch über seinen zehnjährigen Aufenthalt in Panama nichts Neues berichtete. Mit überraschend hoher und dünner Stimme beschwerte sich der ehemalige Mossad-Agent, daß der ganze Presserummel nur die palästinensischen Killer auf ihn aufmerksam machen würde.

»Die Zeitungen behaupten, ich hätte Menschen umgebracht«, beschwerte sich Harari. »Wissen sie nicht, daß sie damit mein Todesurteil sprechen? Was habe ich der Presse getan?«

Während seiner Jahre als Privatmann führte Harari Israel bei allen »richtigen« Leuten ein. Und es war sicher kein Zufall, daß sich Oberst Oliver North, der eifrige Diener Präsident Reagans, sowohl an Israel als auch an Noriega wandte, als er ausländische Verbündete suchte, um mit ihrer Hilfe bei seinen Waffenlieferungen an die antikommunistischen Contras in Nicaragua den Kongreß zu umgehen.

Nachdem Reagan abgelöst, North wegen der Irangate-Affäre verurteilt und Noriega als Drogenschmuggler angeklagt worden war, wurde Harari für Israel in Panama zu einer Belastung.

Logischer erscheint jedoch, daß Harari Noriega fallenließ, nachdem sich Amerika gegen den Diktator gewandt und dessen Stern zu sinken begonnen hatte. Als die USA entschlossen gegen Noriega vorgingen, dürfte auch der Mossad kaum länger an ihm interessiert gewesen sein. Zwar war er Israel freundlich gesinnt und gut zu den panamesischen Juden gewesen, aber so wertvoll war er denn doch nicht. In einem Geschäft, in dem Gefühle keine Rolle spielen, hatte die CIA die Unterstützung des Mossad, der sich dabei natürlich seines treuen Veteranen Harari bediente.

Während daher General Noriega im Gefängnis von Miami auf seinen Prozeß wartete, erlaubten die Amerikaner Harari, aus Panama zu verschwinden und mit Hilfe des israelischen Geheimdienstes in aller Stille nach Hause zurückzukehren – ohne einen Beleg darüber, daß »Herr Harari« irgendeine Grenzkontrolle in dem einen oder anderen Land passiert hatte.[308]

Neben einer wichtigen Mossad-Station in Mexico City bestehen weitere größere Stationen in Rio de Janeiro und Buenos Aires. Der Mossad überwacht die Sicherheit der jüdischen Gemeinden in Brasilien und Argentinien und beobachtet außerdem die gemeinsamen Projekte dieser beiden Nationen mit der arabischen Welt. Israelische Informanten beschuldigten Brasilien 1981, den Irak bei seinem Atomprogramm zu unterstützen, und taten 1988 alles, um Argentinien zu veranlassen, seine Teilnahme an dem irakisch-ägyptischen Projekt zur Entwicklung einer Boden-Boden-Rakete, der Condor, zu beenden.

Nirgendwo sonst zeigte sich der israelische Geheimdienst so aufgeschlossen, den »Ehemaligen« die Arbeit für Regierungen oder private Gruppen zu gestatten wie in Lateinamerika. Die meisten Regime dieser Region fühlten sich sowohl von ihren Nachbarn als auch von militanten Rebellen im eigenen Land bedroht. Kurz, in der Regel waren sie bestrebt, sich bis an die Zähne zu bewaffnen. Für Israels Waffenhändler erwiesen sich die Gewinnchancen als außerordentlich gut.

Einige dieser Regierungen beschäftigten Israelis als »Sicherheits«-Berater im Kampf gegen ihre politischen Gegner, die deswegen von Menschenrechtsgruppen und anderen ausländischen Kritikern heftig angegriffen wurden. Während Israel offiziell zu den internen Konflikten in Mittel- und Südamerika keine Stellung bezog, war es richtig, daß die Privatiers den Eliteeinheiten der Armee ein Training zur Bekämpfung der Rebellen angeboten hatten.

Nachdem die USA unter Hinweis auf die Menschenrechtsverletzungen ihre Militärhilfe drastisch gekürzt hatten, stürzten sich Guatemala, El Salvador und das vorsandinistische Nicaragua begeistert auf die israelischen »Verteidigungs«-Produkte. In der amerikanischen und israelischen Presse tauchten in diesem Zusammenhang immer wieder Vermutungen auf, daß die USA einige dieser israelischen Rüstungslieferungen heimlich mitfinanzierten, um die antikommunistischen Lateinamerikaner über das vom Kongreß gesetzte Limit hinaus zu unterstützen. Mehrere Anführer der antisandinistischen Contras in Nicaragua bestätigten, daß sie von Israel Waffen erhielten – darunter auch erbeutete PLO-Waffen.[309]

Ein sehr einträgliches Geschäft war ferner der Export von Computern an die Geheimpolizei mehrerer »Unterdrückungs«-Länder. Privatiers, die von Sibat eine Exporterlaubnis erhalten hatten, verkauften Ablagesysteme, Guerilla-Identifizierungs-Software und elektronische Abhörgeräte, die auf dem von Shin Bet entwickelten Antiterrorismussystem beruhten.

Israelische »Ehemalige« trainierten Militäreinheiten und Polizeikräfte in Guatemala, Honduras und El Salvador. In Kolumbien jedoch löste eine ähnliche Aktion einen handfesten Skandal aus. Oberstleutnant Yair Klein, ein Reserveoffizier und ehemaliger Kommandant einer israelischen, antiterroristischen Fallschirmjägereinheit, hatte nach seinem Ausscheiden eine private Sicherheitsfirma mit Namen *Hod he-Hanit* oder »Speerspitze« gegründet. Im August 1989 zeigte die weltweite Ausstrahlung eines Videobandes Klein und andere Israelis beim Training bewaffneter Kolumbianer, die als Mördergang der Medellin-Barone identifiziert wurden.

Der 44jährige Klein floh aus Kolumbien, bevor ein Haftbefehl gegen ihn erging. Aber nun drohte ihm wegen derselben Sache ein Verfahren in Israel, während er behauptete, nichts getan zu haben, was ihm nicht gestattet worden war. »Speerspitze« besaß eine Exportlizenz von Sibat. Die israelischen Behörden erklärten, diese Erlaubnis habe zwar Verträge mit Regierungen gedeckt, nicht aber mit kriminellen Milizen. Klein verteidigte sich, er »habe nur eine Gruppe Farmer ausgebildet, die sich gegen terroristische Organisationen zur Wehr setze, vor allem gegen die Gruppe ›M-19‹, die Kolumbien in ein Kuba oder Nicaragua verwandeln wolle«.[310]

Israel geriet durch die offenkundige Verbindung zu Drogenschmugglern in ein immer schieferes Licht. Sibat erhielt Order, erneut die Voraussetzungen zu verschärfen, unter denen Exportlizenzen an Israelis vergeben wurden, die Waffen oder militärisches Wissen verkauften.

Vermutlich hätte das Land den Verrat seines Sicherheitssystems im Fall Ulrich Wegener jedoch gar nicht verhindern können. Wegener war ein westdeutscher Polizeioffizier, der die Abwehr-Spezialeinheit GSG-9 beim westdeutschen Bundesnachrichtendienst (BND) aufbaute. Er und seine Leute wurden schlagartig berühmt, als sie am 17. Oktober 1979 mit Handgranaten und Maschinengewehren eine entführte Lufthansa-Maschine auf dem Flughafen von Mogadischu, Somalia, angriffen, 90 Passagiere und die Besatzung befreiten, drei Entführer der gemischt deutsch-arabischen Terroristengruppe töteten und einen von ihnen verwundeten. Die Deutschen bedienten sich dabei der gleichen Taktik, wie sie zuerst von den israelischen *Sayeret*-Kommandoeinheiten bei der Sabena-Entführung 1972 angewandt worden war.

Die Aktion war kein Wunder, denn Wegener hatte sein Handwerk von denselben Lehrern gelernt. Er wurde in Israel in der Geiselbefreiungstechnik ausgebildet. Im Juni 1988 jedoch verkaufte er seine Berufsgeheimnisse an Saudi-Arabien, als er die Ausbildung der dortigen Spezialeinheiten übernahm.[311]

17. DER ATOMVERRÄTER

Der drahtige, vorzeitig kahl gewordene Mann bummelte am Londoner Leicester Square entlang und betrachtete die Neonlichter und Kinoreklamen. Es war Mittwoch, der 24. September 1986, und obgleich er Angst davor hatte, hoffte er, in der nächsten Woche die Welt zu erschüttern.

Mordecai Vanunu hatte fast zehn Jahre lang als Techniker in der höchst geheimen Dimona-Reaktoranlage in der Negev-Wüste gearbeitet. Er wußte, daß es eine Bombenfabrik war und Israel bereits ein ansehnliches Arsenal an Atomwaffen besaß. Vanunu hatte dies alles einer britischen Zeitung erzählt, und nun würde es bald jeder wissen. Während er die Menschenmenge auf dem Platz beobachtete, fragte er sich, ob ihr Leben noch dasselbe sein würde, wenn sie erst wüßten, daß der nächste Krieg im Mittleren Osten das Ende der Welt bedeuten konnte.

An der Ecke des Platzes, vor einer der Diskotheken, bemerkte er eine große, etwas füllige Blondine mit vollen Lippen. Mordecai sah zu ihr hinüber, und sie gab den Blick zurück. Da er in letzter Zeit auf weibliche Gesellschaft hatte verzichten müssen, war er sofort interessiert und ging auf sie zu.

Vanunu, der 32 Jahre und unverheiratet war, stellte sich ihr als »Mordy« vor. So hätten ihn seine Freunde in Australien genannt, aber in Israel, so erzählte er, nenne man ihn Mordecai. Sie erwiderte, sie heiße Cindy und sei Amerikanerin. Als emanzipierte Frau reise sie allein. Mit ihr herumzuschlendern und zu plaudern war für ihn der Höhepunkt dieses Abends. Als sie sich trennten, gab Vanunu ihr die Telefonnummer seines Hotels, und sie verabredeten, sich bald wiederzusehen.

Vanunu wurde 1954 in Marokko als zweites von sieben Kindern einer jüdischen Familie geboren, die zu Beginn der 60er Jahre im Zuge der vom Mossad organisierten heimlichen Emigration von Marrakesch nach Israel übersiedelte. Die Familie ließ sich in einem Elendsviertel in Beersheba nieder, einem Ort, dessen Geschichte bis in die Zeit Abrahams zurückreicht, sich heute indes als staubige Stadt mitten in der Wüste präsentiert. Vanunus Vater Salomon verkaufte religiöse und sakrale Geräte auf dem Markt von Beersheba, wo sich Juden und arabische Beduinen zu Geschäften und Gesprächen trafen.

Vanunu diente in der israelischen Armee, wo er es als mittelmäßiger Soldat in einer technischen Abteilung bis zum Corporal brachte. Bei einem späteren Physikkurs an der Tel Aviv University fiel er im ersten Jahr durch die Prüfung. Mit 21 Jahren sah er in einer Zeitung eine Stellenanzeige für »technische Lehrlinge« und bewarb sich bei Kamag – die Abkürzung für *Kirya le-Mechkar Gar'ini* –, dem Nuclear Research Center in Dimona.

Als erstes wurde er von den Sicherheitsbeamten des Zentrums interviewt, die bei der Überprüfung der Bewerber eng mit Shin Bet zusammenarbeiteten. Sie befragten ihn nach Drogen- und Alkoholmißbrauch, eventuellen Vorstrafen und seiner politischen Einstellung. Im November 1976 wurde er eingestellt, und das Dimona-Zentrum schickte ihn auf Schnellkurse in Physik, Chemie, Mathematik und Englisch.

Zwei Monate später bestand er zusammen mit weiteren 39 von 45 Kandidaten das Examen, und Anfang Februar 1977 fuhr er zum erstenmal mit dem werkseigenen Volvo-Bus, der täglich die Angestellten an ihren geheimen Arbeitsplatz brachte, von Beersheba nach Dimona. In einem Schulgebäude hinter den Hochsicherheitstoren mußte er eine Verpflichtung unterschreiben, die ihm bei Androhung einer Gefängnisstrafe von 15 Jahren strengste Geheimhaltung über seine Arbeit in Dimona auferlegte – selbst gegenüber seinen Arbeitskollegen.

Er absolvierte noch einen weiteren Schnellkurs in Atomphysik und Chemie einschließlich verschiedener Vorlesungen über Plutonium und Uran, womit die Neulinge zu tun haben würden. Vanunu und die anderen Neuankömmlinge wurden gründlich untersucht und erhielten Sicherheitsausweise. Danach gab man ihnen zehn Wochen Zeit, sich mit der Anlage und der täglichen Routine vertraut zu machen, bevor sie ihre Arbeit aufnahmen.

Vanunu begriff schnell, daß er jetzt einen Sonderstatus in der Gesellschaft einnahm, auch wenn er nichts darüber verlauten lassen durfte: Wie andere Israelis wurde Vanunu zunächst zu einer einmonatigen Reserveübung eingezogen. Als die Einheit erfuhr, daß er an einem nicht näher spezifizierten, aber geheimen Verteidigungsprojekt arbeite, stellte man ihn wieder frei.

Vor einem dreiköpfigen Ausschuß mußte er eine weitere mündliche Prüfung ablegen. Am 7. August 1977 meldete er sich schließlich zum erstenmal an seinem Arbeitsplatz als *menahel mishmeret* oder »Schichtführer« für die Zeit von 23.30 Uhr bis acht Uhr morgens.[312]

Vanunu hätte in der Anonymität bleiben und sich wie alle anderen fleißig tief im Bauch des Dimona-Komplexes abquälen können. Plötzliche persönliche Veränderungen brachten ihn jedoch auf eine andere Bahn.

Als erstes wandte er sich vom Judentum ab: Vanunu, der orthodox erzogen war, wurde zum Freidenker und brach alle Verbindungen zu seiner Familie ab. Die zweite und einschneidendste Veränderung ging in ihm 1982 nach der blutigen israelischen Invasion im Libanon vor. Wie die meisten marokkanischen Einwanderer hatte er als nationalistischer Zionist an Menachim Begin und seine Likud-Partei geglaubt und war überzeugt gewesen, daß man die Araber hart anfassen müsse. Jetzt vollzog er eine radikale politische Kehrtwendung.

Er wurde begeistertes Mitglied linksgerichteter Gruppen an der Beersheba University, wo er sich an der philosophischen Fakultät einschrieb und sich mit arabischen Studenten anfreundete. Vanunu bewarb sich sogar um eine Mitgliedschaft in der israelischen Kommunistischen Partei, wobei er die Frage nach seinem Arbeitgeber nicht beantwortete.

Er schloß sich der Kampagne zur Freilassung eines seiner Lehrer an, der wegen Wehrdienstverweigerung in den besetzten arabischen Gebieten im Gefängnis saß. »Aber selbst unter uns Linken auf dem Campus bildete er eine Ausnahme«, erinnerte sich Dr. Ze'ev Tzahor, Aktivist und Geschichtslehrer an der Beersheba University. »Er machte einen irgendwie verlorenen Eindruck.«[313]

Außerdem erwies er sich als ein notorischer Exzentriker. Studienkameraden fotografierten ihn, wie er auf einer Campusparty einen musikalischen Striptease aufführte. Den Kunststudenten stellte er sich als Aktmodell zur Verfügung. Ernster zu nehmen war, daß er bei verschiedenen Demonstrationen zusammen mit palästinensischen Studenten Spruchbänder trug. Die Universitätszeitung berichtete, er habe gesagt: »Hört auf, die Araber zu unterdrücken.«[314]

Alle diese außerstudentischen Aktivitäten hätten den Shin-Bet-Agenten auffallen müssen, die die angeblich subversiven Gruppen ständig beobachteten. Wenn die rechte Hand des Geheimdienstes gewußt hätte, was die linke tat, hätte ihnen Vanunu als denkbar schlechtester Kandidat für eine geheime, verteidigungsbezogene Arbeit auffallen müssen. Monatelang passierte jedoch gar nichts. Vanunu fuhr weiterhin mit dem Volvo nach Dimona und setzte seine Arbeit ganz normal fort.

Ende 1985 erfuhren die Sicherheitsbeamten in Dimona, daß einer ihrer Arbeitnehmer – entgegen dem Gebot, sich still oder zumindest unaufdringlich zu verhalten – öffentlich gegen das Establishment rebellierte. Vanunu wurde gewarnt, damit aufzuhören. Als er sich nicht daran hielt, beschloß die Atombehörde, ihn hinauszuwerfen. Um öffentliches Aufsehen oder gar einen Skandal zu vermeiden, stuften sie ihn bei der Entlassung offiziell nicht als Sicherheitsrisiko ein. Vanunu erhielt eine Abfindung und schied im November 1985 zusammen mit 180 anderen Arbeitern im Rahmen einer Einsparungsmaßnahme aus.

Binnen eines Monats verkaufte Vanunu sein altes Auto und sein kleines Appartement und ging, wie viele andere junge Israelis, auf eine lange Reise in den Fernen Osten. Im Gegensatz zu den anderen aber, die nach ein paar abenteuerlichen Monaten im exotischen Orient zurückkehrten, befand sich Vanunu auf einer »Selbstfindungs«-Reise, die sein Leben ein drittes Mal veränderte.

Im Mai 1986 kam er in Sydney an. An einem Freitagabend – ausgerechnet dem jüdischen Sabbat – zogen ihn die Lichter der anglikanischen St.-John's-Kirche an. Reverend John McKnight erinnert sich: »Mordy kam herein, sah sich um, sprach mit mir, und wir wurden Freunde.«[315]

Zwei Monate später zog Vanunu einen endgültigen Schlußstrich und konvertierte zum Christentum. Es war seine totale Trennung vom jüdischen Staat.

Doch wie jemand, der nach der Scheidung seinen Ehering weiter aufbewahrt, behielt Vanunu ein kleines Andenken an seine Vergangenheit in der Tasche. Bisher hatte er niemandem davon erzählt. Erst als er sich mit dem etwas merkwürdigen Kolumbianer Oscar Guerrero angefreundet hatte, enthüllte Vanunu sein Geheimnis. Guerrero war ein freier Journalist, der wegen Arbeitslosigkeit vorübergehend Stift und Notizblock gegen einen Malerquast eingetauscht hatte. Als Vanunu ihn kennenlernte, strich Guerrero gerade den Kirchenzaun.

Vanunu erzählte Guerrero, er trage seit seiner Abreise aus Israel zwei Farbfilme in der Tasche und wisse nicht recht, was er damit tun solle. Guerrero konnte es kaum glauben, als Vanunu ihm erklärte, es handele sich um Aufnahmen, die er heimlich während seiner Nachtschichten innerhalb des Dimona-Reaktorzentrums gemacht habe.

Der Kolumbianer, der instinktiv ein sensationelles Geschäft witterte, fragte Vanunu nicht einmal, wie er eine Kamera nach Dimona hatte hinein- oder seine Filme aus Israel hinausschmuggeln können, sondern bestaunte ihn wie ein Huhn, das goldene Eier legt.

Guerrero überzeugte den Israeli, daß man seine Geschichte verkaufen könne – für so viel Geld, daß es bis an sein Lebensende reichen würde. Die Idee gefiel Vanunu, der sein Gewissen damit beruhigte, daß Israels geheimes Atomprojekt unmoralisch sei und aufgedeckt werden müsse.

Guerrero ernannte sich zu Vanunus »literarischem Agenten«, und gemeinsam nahmen sie Kontakt zu mehreren internationalen Zeitungen auf, um ihnen eine Sensation anzubieten. Doch wo immer sie ihre Geschichte erzählten, niemand glaubte ihnen. Auch *Newsweek* oder die örtlichen australischen Zeitungen lehnten seine Story ab, bis ihm schließlich die englische *Sunday Times* eine Chance gab.

Die großzügige Zeitung, die dem in Australien geborenen Zeitungsmagnaten Rupert Murdock gehört, sandte ihren Reporter Peter Hounam nach Sydney, um den Israeli zu treffen und seine phantastische Geschichte zu überprüfen. Vanunu und Guerrero fanden sich plötzlich im elegantesten Restaurant der Stadt wieder, wurden verschwenderisch bewirtet und beantworteten endlose Fragen, bis Hounam sich ein Urteil gebildet hatte.

Hounam, der in Physik promoviert hatte, beeindruckten vor allem die Fotos, die sie inzwischen in einem ganz gewöhnlichen Sechs-Minuten-Labor hatten entwickeln lassen. Der englische Journalist hielt es zumindest für sinnvoll, Vanunu zur weiteren Befragung nach England zu bringen. Hounam bot ihm rund 50.000 Dollar für die Exklusivrechte an seiner Geschichte und den Fotos einschließlich des Rechts, das Ganze gegebenenfalls als Buch zu veröffentlichen.

Die *Sunday Times* wollte jedoch – wie jeder geschäftstüchtige Verleger – den Vermittler ausschalten. Hounam paßten Guerreros Stil und seine zweifelhafte Glaubwürdigkeit nicht, und so wurde er fallengelassen.

Am 11. September 1986 brachten seine australischen Freunde Mordy zum Flughafen von Sydney. Er versprach ihnen, in drei

Wochen zurück zu sein. Am nächsten Tag landeten Hounam und Vanunu in London, ohne zu ahnen, daß Guerrero – in nahezu unbändiger journalistischer Sensationsgier – ihnen mit dem nächsten Flugzeug gefolgt war. Und niemand wußte, daß ihnen auch zwei Agenten des Mossad auf den Fersen waren.

Ein paar Wochen zuvor hatte der Mossad eine kurze Nachricht von der Australian Security Intelligence Organization (ASIO) über einen Israeli erhalten, der ein seltsames Anliegen verfolge: Er versuche, den Zeitungen eine »geheime« Story zu verkaufen. ASIO meinte, dies könne den Mossad vielleicht interessieren. Als ASIO erfuhr, daß Vanunu nach London unterwegs war, benachrichtigte sie zudem Englands MI 5.

Der israelische Geheimdienst wußte nun, daß er ein Problem hatte und schnell etwas unternehmen mußte. Zwei Shin-Bet-Agenten besuchten Vanunus Bruder in seiner Tischlerwerkstatt und fragten ihn, ob er etwas von Mordecai gehört habe. Ohne ihm den Grund mitzuteilen, baten sie ihn: »Wenn Sie einen Brief von Ihrem Bruder erhalten, bringen Sie ihn uns bitte.«

Die Redakteure der *Sunday Times* mögen sich nicht bewußt gewesen sein, daß sie überwacht wurden, aber ihnen mußte klar sein, daß sie eine scharfe Bombe in den Händen hielten: einen israelischen Verräter mit einer noch nie erzählten Geschichte.

Vanunu übergab ihnen mehr als 60 Fotos, die er innerhalb des Dimona-Geländes aufgenommen hatte – vor allem im Inneren eines Gebäudes, das er als »*Machon 2*« bezeichnete. *Machon* bedeutet »Institut« oder »Anlage« und bezeichnet entweder einen Studienplatz oder ein Produktionszentrum.

Vanunu behauptete, er sei einer von nur 150 der insgesamt 2700 Dimona-Angestellten gewesen, die Zugang zu *Machon 2* gehabt hätten. Dort befinde sich – schlicht und einfach – eine unterirdische Atombombenfabrik. Unter der Wüstenoberfläche, so verriet er, extrahierten israelische Wissenschaftler und Techniker das Plutonium aus den Uranbrennstäben, die zuvor in dem darüberliegenden silbrig glänzenden Atomreaktor benutzt worden seien. Das Plutonium, erzählte Vanunu weiter, werde zur Herstellung von Bomben verwendet.

Die Welt hatte seit langem vermutet, daß der Reaktor, der gelegentlich von ausländischen Militärattachés und Journalisten unter Umgehung der Pressezensur fotografiert worden war, insgeheim zur Herstellung einiger einfacher Atombomben genutzt wurde. Vanunus Fotos, die er innerhalb des Hochsicherheits-komplexes aufgenommen hatte, lieferten Nahaufnahmen der berühmten Kuppel und die ersten Beweise, daß Israel modern-ste, thermonukleare Waffen herstellte, inklusive Neutronen- und Wasserstoffbomben, die klein sind, aber eine unglaubliche Sprengkraft besitzen.

Vanunu zeichnete eine detaillierte Skizze der sechs bis dahin unbekannten unterirdischen Stockwerke von »Machon 2«. Über der Erde erweckte das Gebäude den Eindruck eines zweige-schossigen, wenig benutzten, unwichtigen Lagerhauses. In Wahrheit war es, wie er sagte, das Zentrum, in dem Israels Atomwaffen entwickelt wurden.

Die Kamera des umherwandernden Fotografen hatte eine Flucht von Korridoren, Laboratorien, Lagerräumen und Kon-trolleinrichtungen festgehalten. Über einer Anzahl von Skalen, Bildschirmen und Meßinstrumenten sah man ein sauberes he-bräisches Zeichen, das das Ganze als *Yehida 95* oder »Einheit 95« identifizierte. Vanunu erklärte den englischen Reportern die Aufgaben der einzelnen Einheiten bei der Plutoniumgewin-nung. Auf den Fotos sah man hebräische Zeichen für »Radioak-tivität« sowie Räume, in denen große, in Glaswände eingelas-sene Gummihandschuhe benutzt wurden, um das Arbeitsmate-rial anzufassen. Manche zeigten auch Metallkugeln; nach Vanu-nus Angaben handelte es sich dabei um Bombenmodelle.

Vanunu erklärte, die einzigen Besucher von draußen seien hochrangige Offiziere, Beamte des Verteidigungsministeriums und der israelische Premierminister. Ein Besichtigungspunkt in-nerhalb Dimonas werde »Goldas Balkon« genannt, nachdem Is-raels Premierministerin dort gestanden und sich die darunter lie-gende »Produktionshalle« angeschaut hatte.

Alles, was Vanunu bei seinen Gesprächen mit älteren Kolle-gen, die seit Jahren in der Atomanlage arbeiteten, erfahren hatte, stimmte mit Berichten überein, wonach Dimona von Frankreich gebaut worden war. Die Franzosen hatten die Grube ausgehoben, in der der größte Teil von »Machon 2« steckte, und die Anlage zur Bombenherstellung eingebaut.

Fakten und Zahlen, die er Vanunu nannte, bewiesen ferner, daß der von den Franzosen Ende der 50er Jahre gelieferte 26-Megawatt-Reaktor von den Israelis beträchtlich ausgebaut wor-den war – offenbar auf 150 Megawatt. Vanunus Informationen bestätigten den Verdacht ausländischer Regierungen und ihrer Geheimdienste, daß Israel über weit mehr Atomwaffen verfügte, als es zugab. Die Anlage war mit dem zusätzlichen Uran gefüttert worden, das man über Zalman Shapiros Numec in Amerika erworben und mit dem »Plumbat«-Trick 1968 auf dem Seeweg nach Israel gebracht hatte.

Die von der *Sunday Times* engagierten Experten und Physiker studierten die Bilder, sprachen mit Vanunu und überprüften die »Fluktuationsraten, Maße, Temperaturen und andere wissenschaftliche Daten«, an die er sich erinnerte. Sie kamen zu dem Schluß, Israel habe während der Zeit seiner Beschäftigung in »*Machon 2*« leicht 100 Bomben produzieren können.[316]

Die Zeitungsleute waren überzeugt: Vanunu war echt und sein Bericht eine Sensation. Sie hatten jedoch nicht mit Guerrero gerechnet. Wütend auf Vanunu und die *Sunday Times,* die ihn hatten sitzenlassen, ging der Kolumbianer zur Konkurrenz, dem *Sunday Mirror,* und erzählte ihnen seine eigene, leicht »frisierte« Version der Geschichte. Der *Sunday Mirror* glaubte Guerrero kein Wort, benutzte ihn aber, um sich auf zwei Seiten über die *Sunday Times* lustig zu machen, die auf Vanunu und seinen vermeintlichen Blödsinn hereingefallen war.[317]

Israels Atombombenpotential wurde zur Waffe im Auflagenkampf der englischen Pressebarone, dem *Times*-Verleger Murdoch und seinem Erzrivalen, *Mirror*-Eigentümer Robert Maxwell.

Vanunu war wütend und bekam es mit der Angst, als er sein Foto auf der Titelseite des *Sunday Mirror* sah. Noch wütender aber war er auf die *Sunday Times,* daß sie so lange gezögert hatte, die wahre Geschichte zu bringen. Jetzt war er sicher, von israelischen Agenten verfolgt zu werden.

Um Spannungen abzubauen und ihn zu schützen, hatte die Zeitung Vanunu alle paar Tage vom Hotel in ein Landhaus, aus den Vorstädten in den Wald und wieder ins Stadtzentrum gebracht. An dem Tag, an dem der *Mirror* sein Bild brachte, wohnte er unter falschem Namen im Hotel Mountbatten im Londoner Theaterviertel. Nur zwei Mitarbeiter der Zeitung kannten seinen Aufenthaltsort. Die Journalisten versuchten, ihn zu beruhigen. Gleichzeitig aber sagten sie ihm, daß sie nach den Regeln korrekter Berichterstattung auch eine offizielle Stellungnahme der Israelis brauchten, bevor sie die Story in der nächsten Woche veröffentlichen könnten. Das würde, so erklärten sie ihm, seine Geschichte glaubhafter machen.

Am 23. September teilte die *Sunday Times* der israelischen Botschaft in London in großen Zügen Vanunus Geschichte mit und bat um eine Stellungnahme. Die Botschaft leugnete die ganze Angelegenheit und wies gleichzeitig darauf hin, daß Vanunu nur ein unbedeutender Techniker gewesen sei, der in keinem Fall irgend etwas darüber wissen könne.

Botschafter Yehuda Avner war jedoch äußerst beunruhigt, und das gleiche galt für seine Vorgesetzten in Jerusalem. Sie waren einer Panik nahe, als ihnen der Umfang und die Reichweite dessen bewußt wurden, was der Atomverräter enthüllt hatte.

Premierminister Peres, dem der Schock in den Gliedern saß, der aber nicht viel tun konnte, nachdem die Information über Israels Grenzen hinausgelangt war, berief ein Komitee inländischer Zeitungsverleger zu einer Sondersitzung ein. Er bat sie, die Geschichte herunterzuspielen, sobald die englischen Zeitungen ihre Version veröffentlicht hätten. Aus Patriotismus verzichteten die Verleger auf eine saubere Berichterstattung – was sie häufig tun – und sagten ihre Zusammenarbeit zu.

Dieses Treffen sollte vertraulich sein, aber London erfuhr dennoch davon. Ausgerechnet Peres' Bitte, die Geschichte herunterzuspielen, gab damit den letzten Anstoß, sie in England ganz groß herauszubringen. Die Redakteure der *Sunday Times* nahmen seine Aufforderung als Bestätigung dafür, daß die von ihnen vorbereitete Story wirklich wichtig sein mußte. Wenn der Premierminister besorgt war, mußte Vanunu echte Geheimnisse enthüllt haben – ungeachtet der Dementis der israelischen Botschaft.

Zur gleichen Zeit beriet sich Peres im »Club der Premierminister« mit Rabin und Shamir. Sie beschlossen, den Mossad anzuweisen, Vanunu – wo immer er sich aufhielt – zu verhaften, um ihn in Israel vor Gericht zu stellen. Der Prozeß würde eine Lektion für die gesamte Bevölkerung sein, daß Verräter nicht ungestraft davonkommen.

Da Peres sehr genau Premierministerin Margaret Thatchers Empfindlichkeit in Fragen der englischen Souveränität kannte, wurde der Mossad jedoch ausdrücklich angewiesen, auf keinen Fall englisches Recht zu verletzen. Er wußte, wie schädlich sich der Zorn der »Eisernen Lady« auf die israelisch-englische Zusammenarbeit auswirken konnte – immerhin eines von Peres' diplomatischen Lieblingsprojekten.

Diese Rahmenbedingungen machten die Aktion komplizierter, als sie es normalerweise gewesen wäre. Jemanden aus einem fremden Land zu entführen, ist schon schwierig genug, wenn sich der Betreffende der Gefahr bewußt ist und beschützt und von Versteck zu Versteck gebracht wird. Das Gebot des Premierministers, keine illegalen Mittel anzuwenden, machte die Durchführung des Auftrags nahezu unmöglich, da es den Kidnappern Handschellen anlegte.

Der Mossad wußte jedoch, daß er sich auf zwei Dinge verlassen konnte: die Duldung, vielleicht sogar Unterstützung des englischen Geheimdienstes bei der Lokalisierung Vanunus und die Gewißheit, bei jedem Menschen eine schwache Stelle zu finden, die man ausnutzen konnte.

Ein Team aus Mossad-Agentinnen und -Agenten wurde nach London geschickt, um den Atomverräter zu suchen. Der Mossad stationierte zwei Männer mit einer Videokamera vor dem hochgesicherten Eingangstor von Times Newspapers in Wapping nahe den Docks von East London, die nach Vanunu Ausschau halten sollten. Sie hatten Glück, daß die wütende englische Druckergewerkschaft dort ebenfalls einen ständigen Streikposten aufgestellt hatte. So war die Werkspolizei bereits an den Anblick von Fernsehteams gewöhnt, die die protestierenden Arbeiter für die eine oder andere TV-Nachrichtensendung filmten. Dabei wurde die israelische Video-Crew selbst gefilmt: Die *Sunday Times* schrieb, ihre Sicherheitskameras hätten einen 1,80 Meter großen Burschen aufgenommen, der behauptet habe, für eine Studentengewerkschaft über die Streiksituation zu berichten. Sein unrasierter Partner habe sich ausgeschwiegen.[318]

Die beiden Israelis sahen, wie ihr Opfer Wapping in einem Taxi verließ. Andere Mossad-Teams nahmen die Fährte mit Autos und Motorrädern auf und verfolgten Vanunu mühelos bis zu seinem Hotel. Danach war es für die israelischen Agenten eine Kleinigkeit, Vanunu zu beschatten, wohin auch immer er in den nächsten Tagen ging. Als er am 24. September am Leicester Square herumbummelte, war der richtige Augenblick gekommen, »Cindy« ins Rennen zu schicken.

Für Vanunu war sie ein Geschenk des Himmels. Seine *Sunday*

Times-Begleiter hatten ihn als ausgesprochen nervös empfunden, was sich nicht zuletzt in einem Verlangen nach Sex ausdrückte. Der Israeli hatte den weiblichen Mitgliedern des Reporterteams wiederholt und schamlos unsittliche Anträge gemacht.[319]

In der Hoffnung, hier seine Wünsche befriedigen zu können, war er ganz versessen darauf, die amerikanische Blondine wiederzusehen. Sie rief ihn schon am nächsten Tag an. Doch auch seine Zeitung meldete sich, um eine weitere Gesprächsrunde zu vereinbaren. Als Vanunu einwandte, er habe eine Verabredung, fuhr ihn ein Reporter der *Sunday Times* zu dem vereinbarten Treffpunkt, der Tate Gallery auf dem nördlichen Themseufer, damit er seine Freundin kurz sehen und das Rendezvous absagen konnte. Dem Reporter fiel auf, daß die rundliche, gebleichte Blondine in hochhackigen Schuhen nur zögernd an seinen Wagen kam.

Dies war das einzige Mal, daß jemand außer Vanunu »Cindy« von Angesicht zu Angesicht sah. Der Israeli, der nur ungern über sie sprechen wollte, erzählte dem Journalisten, sie sei eine amerikanische Maskenbildnerin, die sich Europa ansehen wolle. Kleinlaut beklagte er sich, daß sie sich weigere, mit ihm ins Bett zu gehen.[320]

In den folgenden Tagen trafen sie sich ein paarmal, wobei Cindy sein sexuelles Verlangen, seine Empörung über das Zögern der *Sunday Times* und seinen Schreck über das Erscheinen der *Sunday Mirror*-Story geschickt ausnutzte und Vanunu schließlich überredete, ein paar Tage auszuspannen. Er schlug den wiederholten Rat seiner Zeitungsfreunde in den Wind, das Land auf keinen Fall zu verlassen, nicht zu fliegen und in keinem Hotel abzusteigen, wo er sich mit seinem Paß ausweisen müsse.

Cindy nahm alles Weitere in die Hand. Sie bezahlte zwei Flugtickets der Business-Class nach Rom in bar. Vanunu vergaß seine Angst vor dem Mossad und begleitete sie am 30. September zum Londoner Flughafen Heathrow und weiter auf dem Flug 504 der British Airways. Bevor er abreiste, rief er die *Sunday Times* an, sagte Bescheid, »daß er die Stadt verlasse«, und versprach, in drei Tagen zurück zu sein. Die Zeitung hörte nie wieder etwas von ihm.[321]

Wie im Fall des irakischen Piloten Munir Redfa 20 Jahre früher hatte die israelische Agentin Vanunu versprochen, wenn sie erst in einem »sicheren Haus« seien, würde alles in Ordnung kommen. Er durfte erwarten, daß er bekam, was er wollte. Es war ein »sicheres Haus«, aber nur im professionellen, geheimdienstlichen Sinn – eine abgesicherte und anonyme Zuflucht für den Mossad.

Vanunu verschwand für 40 Tage und Nächte von der Bildfläche. Erst am 9. November gab Israels Kabinettssekretär Elyakim Rubinstein bekannt: »Mordecai Vanunu steht in Israel legal unter Arrest, nachdem aufgrund einer gerichtlichen Vernehmung im Beisein eines frei von ihm gewählten Verteidigers ein Haftbefehl erlassen wurde.«[322]

Warum entschloß sich der »Club der Premierminister« nach Wochen des Stillschweigens zu bestätigen, daß Vanunu gefaßt war? Erstens hatte seine Familie gedroht, sich an das israelische Oberste Gericht zu wenden, um die Regierung zum Eingeständnis der Wahrheit zu zwingen. Zweitens war Israel besorgt, daß die zunehmenden Spekulationen in den Medien – Vanunu sei auf englischem Boden gekidnappt worden – die Beziehungen zu London trüben könnten. Englische Parlamentsmitglieder beschwerten sich, Scotland Yard untersuchte den Fall, und die *Sunday Times* selbst berichtete, Vanunu sei gewaltsam entführt und in einer Kiste verpackt als Diplomatengepäck nach Israel geflogen worden.

Die israelische Regierung beschloß, den Stier bei den Hörnern zu packen und zu erklären, Vanunu befinde sich aufgrund eines Haftbefehls im Gefängnis. Um die Spuren der geheimen Operation in Europa zu verdecken, ließen offizielle Quellen in Jerusalem gleichzeitig unterschiedliche Versionen über seine Gefangennahme durchsickern. Alle diese sich widersprechenden Äußerungen enthielten jedoch eine gemeinsame Aussage, die dem Schutz der Beziehungen zwischen Israel und England diente: Er war nicht aus England entführt worden, sondern hatte das Land legal und freiwillig verlassen.

Die Israelis ließen verbreiten, Vanunu sei zusammen mit einer Mossad-Agentin in Südfrankreich an Bord einer Yacht gegangen und erst in internationalen Gewässern verhaftet worden. Nach einer anderen Version war er fröhlich nach Paris geflogen, dort betäubt und mit einer El-Al-Maschine von Frankreich nach Israel gebracht worden.

Die Wahrheit blieb im dunkeln, obgleich der Angeklagte

selbst für etwas mehr Licht sorgte. Vanunu bewies, daß er auch unter Arrest und dem Druck der Vernehmungen noch genug Verstand und Nerven besaß, um Shin Bet ein Schnippchen zu schlagen: Als der Polizeiwagen, der ihn unter scharfer Bewachung zu einer Vorverhandlung brachte, beim Jerusalemer Bezirksgericht vorfuhr, preßte er seine Handfläche gegen das Autofenster.

Dort, vor den Augen und Kameras der Weltpresse, kam die mit Tinte auf seine Haut gekritzelte Wahrheit ans Licht. Auf der Innenfläche seiner Hand stand:

ICH WURDE ENTFÜHRT
IN ROM ITL.
30.9.86 UM 21.00 KAM
NACH ROM MIT B.A.-FLUG 504

Vanunu, der in seiner Hand nur wenig Platz hatte, konnte keine Einzelheiten über seine Odyssee erzählen. Zu weiteren Verhandlungen erschien er mit auf dem Rücken gefesselten Händen, die Fenster des Polizeiwagens waren geschwärzt, und man hatte ihm einen Sturzhelm aufgesetzt, damit die Journalisten ihn nicht hören konnten, falls er versuchen sollte, ihnen etwas zuzurufen.[323] Selbst als ihm Shin Bet Federhalter und Bleistifte wegnahm, fand Vanunu – auf mysteriöse Weise – andere Wege, seiner Familie mitzuteilen, wie man ihn gefangen hatte.

Sein Bruder Meir besuchte ihn in der Zelle und fuhr anschließend ins Ausland, um die Unklarheiten über Vanunus Verhaftung zu beseitigen: Sobald der Flug 504 der British Airways auf dem römischen Flughafen Fiumicino gelandet war, hatte Cindy ein Taxi herangewinkt, das das Paar direkt zu einer von ihr genannten Adresse gebracht hatte – dem von ihr vorgeschlagenen Liebesnest.

Sobald sie das Appartement betraten, hatten sich zwei Israelis auf Vanunu gestürzt und ihn am Boden festgehalten, während Cindy ihm ein starkes Betäubungsmittel injizierte. Meir Vanunu fügte hinzu, sein Bruder sei dann gefesselt, zu einem italienischen Hafen gebracht und von dort auf dem Seeweg nach Israel befördert worden. Nach einer Woche auf dem Mittelmeer sei er am 7. Oktober angekommen, auf eine Bahre gefesselt, in der Dämmerung an Land gebracht und in eine Zelle – ohne Licht und nur mit einer Matratze bestückt – gesteckt worden.

Vanunu erfuhr erst bei seiner Vernehmung durch Shin Bet, daß die *Sunday Times* endlich seine Story veröffentlicht hatte. Er war gefesselt auf See gewesen, als die Zeitung eine riesige Schlagzeile auf ihrer Titelseite brachte: GEHEIMNIS DES ISRAELISCHEN ATOMWAFFENARSENALS GELÜFTET. Dann folgte Vanunus Insider-Bericht über die in Dimona durchgeführten Arbeiten und eine detaillierte Zeichnung der Atomfabrik, die einer der Kartographen der Zeitung nach Vanunus Angaben über »*Machon 2*« angefertigt hatte.

Was der Angeklagte nicht wissen konnte, war, daß die *Sunday Times* versuchte, ihre Schuld gegenüber Vanunu abzutragen, indem sie die Geschichte weiterverfolgte. Die Mitarbeiter fühlten sich wegen ihres amateurhaften Versagens verpflichtet, ihren wertvollen Informanten zu schützen.

Es wäre so leicht gewesen, Vanunu zu schützen und glücklich zu machen. Alles, was er gebraucht hätte, war das intime Zusammensein mit einer Frau. Eine reiche und mächtige Zeitung konnte sich sicher Prostituierte leisten, und die Mitarbeiter der *Sunday Times* hatten die Frage sogar diskutiert. Aber man befürchtete, die Konkurrenz könne eines Tages dahinterkommen, daß der Informant der sensationellen Story mit sexuellen Gefälligkeiten bezahlt worden sei, und das wäre der *Sunday Times* peinlich gewesen.

Die Reporter der Zeitung entdeckten, daß die israelische Botschaft in Rom Anfang Oktober einen Lieferwagen gemietet hatte und die bei dessen Rückgabe abgerechneten Kilometer genau der Entfernung bis zum Hafen La Spezia und zurück entsprachen. Zur gleichen Zeit hatte dort ein israelisches Handelsschiff, die *Tappuz* beziehungsweise »Orange«, gelegen, das von seiner ursprünglichen Route umgeleitet worden war. Die Journalisten folgerten daraus, daß das Schiff den gefesselten Gefangenen in seine Heimat gebracht hatte.[324]

Auf ihrer Jagd nach der unbekannten Entführerin, die Vanunu in die Falle gelockt hatte, fand die englische Zeitung ein paar handfestere Beweise. Die Journalisten entdeckten, daß auf dem Flug nach Rom eine »C. Chanin« neben »M. Vanunu« in der ersten Reihe der englischen Maschine gesessen hatte. Ferner konnten sie in Erfahrung bringen, daß eine gewisse Cheryl Chanin Ben-Tov, eine ehemalige Amerikanerin, in Israel lebte und mit einem Captain des militärischen Abschirmdienstes Aman verheiratet war. Frau Ben-Tov entsprach der generellen Beschreibung von »Cindy«, wie ein Vergleich mit ihrem Hochzeitsfoto zeigte, das sich die *Sunday Times* hatte besorgen können. Ganz zufällig hatte sie eine Schwägerin in Florida, eine Kosmetikerin namens Cynthia (Cindy) Chanin.[325]

Fast könnte durch die Anmietung des Lieferwagens, die Umleitung des Schiffes und die geborgte Identität einer Verwandten der Eindruck entstehen, daß der Mossad eine schlampige, ja unprofessionelle Spur hinterlassen hatte. Doch die israelischen Geheimdienstchefs kümmerte das wenig. Vanunu war in Haft, und nur das zählte.

Der Mossad hatte den Flüchtling binnen kurzem gefaßt und sich dabei strikt an seine Anweisung gehalten, die englischen Gesetze in keiner Weise zu verletzen. Premierminister Peres konnte Premierministerin Margaret Thatcher anrufen und ihr versichern, daß alles rechtmäßig zugegangen war. Sie tauschten Höflichkeiten aus und schienen erleichtert über den unspektakulären Ausgang der Vanunu-Affäre. Keiner der beiden ahnte jedoch, daß sich unter der Oberfläche ein erbitterter Streit zwischen ihren beiden Geheimdiensten zusammenbraute.

Der ungewöhnliche Zusammenstoß begann 1986 mit der Entdeckung von acht gefälschten englischen Pässen in einer westdeutschen Telefonzelle. Sie waren dort von einem sorglosen Kurier des israelischen Geheimdienstes vergessen worden. In seiner Schultertasche fand man ferner falsche Dokumente, einen echten israelischen Paß und andere Papiere, die auf eine Verbindung zwischen der Tasche und der israelischen Botschaft in Bonn schließen ließen. Die englische Regierung protestierte heftig, und Israel entschuldigte sich – ein stillschweigendes Eingeständnis, daß sich die Fälscher des Mossad auch der Nationalität des Vereinigten Königreiches bedienten, wenn sie israelische Spione mit falschen Pässen ausstatteten.

Ein Jahr später wurden die Beziehungen zwischen dem Mossad und dem englischen Geheimdienst durch einen Mord erschüttert, der sich am hellichten Tage nahe dem Londoner Sloane Square vor den Augen der Punks und Touristen ereignete, die sich an den Modeboutiquen der King's Road vorbeischoben. Dies ist die bevorzugte Einkaufsgegend sowohl der Yuppies – oder »Sloane Rangers« – als auch der Besucher und Exilanten aus der gesamten arabischen Welt. Darüber hinaus war es jedoch auch das Jagdrevier für ein paar Männer, die hinter einem palästinensischen Kameraden her waren: Ali al-Adhami.

Er war erst zwei Jahre zuvor mit seiner Frau und fünf Kindern aus der Gesetzlosigkeit des Libanon in das anscheinend sichere London übergesiedelt. Adhami arbeitete als Cartoonist für die in London erscheinende kuwaitische Zeitung *al-Qabas* und war bekannt für seine bösartigen Karikaturen von Jasir Arafat als eines politischen Intriganten, der eine ägyptische Geliebte hatte und ein aufwendiges Leben führte, während seine Leute in Flüchtlingslagern verhungerten. Am 22. Juli 1987 wurde der 42jährige Adhami vor den Büros der Zeitung erschossen.

Scotland Yard konnte die Killer nicht finden, obgleich die englische wie die arabische Presse von Anfang an vermutete, daß Arafat den Mord befohlen hatte. Ein klareres Bild ergab sich zehn Monate später während eines Gerichtsverfahrens, das auf den ersten Blick nichts mit dem Fall zu tun hatte.

Ismail Sowan, ein 28jähriger Palästinenser, war wegen illegalen Besitzes von Waffen und Sprengstoff angeklagt, die man in seiner Wohnung in Hull im Norden Englands gefunden hatte. Er lebte seit vier Jahren im Land und arbeitete als Forschungsassistent an einem College. Als die englische Polizei in seiner Wohnung aufgrund eines anonymen Hinweises eine Razzia durchführte, fand sie ein ganzes Waffenlager, darunter etwa 30 Kilogramm des verheerenden Plastiksprengstoffs Semtex, der in der Tschechoslowakei hergestellt und von Terroristen bevorzugt wurde, weil er von keinem der Überwachungsgeräte auf den Flughäfen der Welt entdeckt werden konnte.

Sowan erzählte der Polizei, er habe keine Ahnung, was in den in seinem Badezimmer versteckten Koffern sei, die ihm sein Freund Abdel Rahim Mustapha zur Aufbewahrung gegeben hatte. Sie hätten sich seit vielen Jahren durch gemeinsame Aufenthalte in Beirut, Paris und zuletzt England gekannt.

Der 37jährige Mustapha betrieb eine Tankstelle in Leigh-on-Sea, am östlichen Rand der Londoner Nahverkehrszone. Der Geschäftsbetrieb diente jedoch nur zur Tarnung. In Wahrheit war Mustapha Major der »Abteilung 17« der PLO, einer zu Arafats persönlichem Schutz von Ali Hassan Salameh gegründeten Eliteeinheit.

Nachdem Salameh 1979 in Beirut nach einer langen Verfolgungsjagd durch den Mossad von einer Autobombe zerrissen worden war, erweiterte die »Abteilung 17« ihren Tätigkeitsbereich. Sie war nicht länger nur defensiv tätig, sondern wandelte sich zu einer Spezialtruppe, die häufig von See aus Angriffe auf Israel durchführte – und damit zu einer PLO-Version der israelischen *Sayerets*.

Mustapha wurde zum Leibwächter Arafats ausgebildet und später vom Chef seiner Guerillagruppe nach England geschickt, um dort eine Untergrundzelle aufzubauen. Er verfügte bereits über einige Kampferfahrung. So hatte er am 10. Februar 1970 an einem Angriff auf El-Al-Passagiere auf dem Münchener Flughafen teilgenommen, bei dem ein Israeli getötet und mehrere verletzt wurden. Er und seine Kollegen wurden sieben Monate später von den westdeutschen Behörden im Austausch gegen ein entführtes griechisches Flugzeug freigelassen – was nur zeigt, wie wertvoll Mustapha für Arafat war.[326]

Er bezeugte seinem geliebten Führer seine Dankbarkeit, indem er die Liquidierung des kritischen Cartoonisten überwachte. Dabei war er ausgesprochen hartnäckig: Nachdem ihn die englische Regierung im April 1987 als unerwünschten Ausländer ausgewiesen hatte, kehrte er pflichtbewußt und kühn im Juli unter falschem Namen zur Hinrichtung Adhamis zurück. Bei seiner Abreise im April hatte er die Koffer mit seinem Waffenarsenal seinem zuverlässigen Freund Sowan übergeben.

Als Sowan im August verhaftet und von der Polizei, die in ihm einen Mittäter bei dem Mord von Adhami vermutete, unter Druck gesetzt wurde, erzählte er zunächst von Mustapha und verblüffte sie dann durch sein Geständnis, er habe schon immer für Israel gearbeitet.

Sowan sagte aus, er erhalte seit vielen Jahren ein monatliches Gehalt von etwa 1000 Dollar vom israelischen Geheimdienst. In Ost-Jerusalem geboren, das damals zu Jordanien gehörte, geriet er 1967 mit den übrigen Bewohnern der Stadt unter israelische Verwaltung. Wie andere Palästinenser, denen das besetzte Westjordanland keine Zukunftsaussichten bot, ging Sowan zum Studium in den Libanon. In Beirut wurde er von der PLO rekrutiert.

Während eines Besuches bei seiner Familie in Nablus im Westjordanland wurde er von Shin Bet aufgegriffen. Statt wegen seiner Kontakte zu einer feindlichen Guerilla-Organisation angeklagt zu werden, wurde er 1978 »umgedreht« und arbeitete seither für Israel. Dies war ein typisches Verfahren, palästinensische Agenten zu rekrutieren: Ihre Familien erfreuten sich in den besetzten Gebieten einiger Vorteile, während dem Agenten erlaubt wurde, zu reisen und im Ausland zu studieren, wobei er durch Geldzahlungen fest an den israelischen Geheimdienst gebunden werden konnte.

Als Sowan nach England übersiedelte, zahlten die Israelis sogar seine Miete. Dafür wurde er von seinem Führungsoffizier in den Libanon geschickt, wo er sich mit Mustapha anfreundete. Irgendwann gab ihm der israelische Geheimdienst ein kleines elektronisches Gerät, das er in seiner Tasche trug. Jedesmal, wenn er einen Kontaktmann der PLO traf, drückte er auf einen Knopf und gab damit dem israelischen Beschattungsteam ein Signal. Er war einer der vielen arabischen Informanten im Mittleren Osten und in Europa, die gemeinsam vom Mossad und Shin Bet bei ihren Blitzaktionen gegen einzelne palästinensische Terroristen eingesetzt wurden.

Sowan erzählte der englischen Polizei, er habe versucht, seine Verbindungen zum israelischen Geheimdienst abzubrechen, aber aus diesem Job komme man nicht heraus. Das war bei einem so wichtigen Informanten, dem es gelungen war, in den unmittelbaren Kreis um Arafat einzudringen, kein Wunder. Sowan hatte ein Kunststück vollbracht, das dem israelischen Nachrichtendienst ausgesprochen am Herzen lag.

Als der Cartoonist Adhami in London erschossen wurde, war Sowan gerade in Israel auf Urlaub, wo er sowohl seine Familie als auch seinen israelischen Führungsoffizier besuchte. Er hatte so wertvolle Dienste geleistet, daß die Israelis nicht widerstehen konnten, ihn nach England zurückzuschicken, obgleich er selbst warnte, daß es durch den Mord für ihn dort zu gefährlich geworden sei. Er erzählte seinen Vorgesetzten sogar von den Koffern, die Mustapha in seiner Wohnung in Hull gelassen hatte, aber die Israelis meinten nur, er solle ruhig abwarten, es werde jemand kommen und ihn davon befreien.

Sowans Führungsoffiziere ließen es an der gebotenen Vorsicht fehlen, als sie beschlossen, eine Aktion fortzusetzen, die höchstwahrscheinlich »gelaufen« war. Der Mord an Adhami hatte die Situation grundlegend verändert, aber die Israelis agierten, als könne Sowan einfach so weitermachen wie bisher. Noch schlimmer war, daß sie ihn auf dem Waffenarsenal sitzenließen, was ihn in große Schwierigkeiten brachte. Der israelische Geheimdienst hatte aus seinen jüngsten Fehlern offensichtlich nichts gelernt.

Einmal in den Händen der englischen Polizei, »sang« Sowan, um seine Haut zu retten. Er verriet alle seine israelischen Führungsoffiziere, die getarnt in der israelischen Botschaft in London arbeiteten. Sowan nahm an, seine Enthüllungen würden sich günstig auf seinen Prozeß auswirken, aber das war ein Irrtum. Er wurde zu elf Jahren Gefängnis verurteilt.[327]

Seine Verurteilung war der Auslöser für einige entschlossene englische Aktionen gegen den israelischen Geheimdienst. Am 17. Juni 1988 räumte die Regierung Ihrer Majestät in einer bis dahin beispiellosen Weise mit den Spionen einer befreundeten Nation auf: Sie wies den israelischen Botschaftsattaché Aryeh Regev aus und erklärte, daß ein weiterer Diplomat, Yaakov Barad, nach seinem Heimaturlaub nicht wieder nach England zurückkehren dürfe. Das englische Außenministerium, das für gewöhnlich in geheimdienstlichen Angelegenheiten sehr zurückhaltend ist, bezeichnete Regev und Barad wörtlich als »Mossad-Mitarbeiter«. Barad war Führungsoffizier eines weiteren palästinensischen Agenten: Bashir Samara, der ebenfalls in die Londoner Zelle der PLO-»Abteilung 17« eingedrungen war.

Kurz darauf zog Israel drei weitere Agenten aus seiner Londoner Botschaft ab – sei es aus eigener Initiative, um die Wogen zu glätten, sei es auf einen nachdrücklichen Wink von MI 5, daß die gesamte Mossad-Station zu verschwinden habe.

Die britischen Behörden waren »sauer«. Vielleicht hatten sie gehofft, Israel würde ihnen eine Warnung zukommen lassen, daß der palästinensische Cartoonist ermordet werden sollte. Selbst wenn dies unrealistisch war, weil die Israelis in diesem Fall einen eigenen Agenten innerhalb der PLO-»Abteilung 17« hätten verraten müssen, erwarteten die Engländer, daß die Mossad-Station in London ihnen wenigstens nach der Ermordung Adhamis einen vollständigen Bericht geliefert hätte. Und wenn die Israelis auch das nicht für nötig hielten, hätten sie ihnen zumindest von dem Waffenarsenal in Sowans Wohnung erzählen können.

Mossad und Shin Bet hatten statt dessen gehofft, ihren Kuchen gleichzeitig behalten und aufessen zu können. Um den Tod des Cartoonisten machten sie sich wenig Sorgen, aber sie hofften gegen besseres Wissen, daß Mustapha – ein weiterer großer PLO-Fisch – eines Tages seiner wertvollen Koffer wegen zurückkommen werde. Die Israelis wollten alles und bekamen nichts.

Die israelischen Geheimdienstchefs bequemten sich nur sehr zögernd, das Sowan-Desaster zu untersuchen und die notwendigen Schlußfolgerungen zu ziehen. Sie »fanden« nicht einen einzigen Schuldigen und entließen niemanden. Dies war typisch für Admonis lässige und lockere Führung des Mossad, die sich zeitweilig vor allem darauf konzentrierte, interne Streitigkeiten herunterzuspielen. Wie bei seinem Versagen in der Vanunu-Affäre benahm sich der israelische Geheimdienst, als sei ihm der Anblick seiner eigenen Mängel allzu schmerzlich.

Israel verlor in Sowan einen wertvollen Agenten aus dem Kreis der Führungsspitze in der PLO. Es verlor seine gesamte Infrastruktur in London, als die ärgerliche englische Öffentlichkeit Alarm schlug. Und die Israelis zerstörten beinahe alle freundschaftlichen Bande zum englischen Geheimdienst, die bereits durch die mysteriösen Umstände bei der Dikko-Entführung und bei der Gefangennahme Vanunus brüchig geworden waren. Vor allem aber zerstörte die schlecht durchgeführte Operation den letzten Rest von Ansehen, an dessen Wiederherstellung der Mossad nach den Fehlern der 80er Jahre so hart gearbeitet hatte.

Vanunu wurde am 24. März 1988 wegen Verrats, Spionage und der Enthüllung von Staatsgeheimnissen verurteilt. Die drei Richter wiesen seine Entschuldigung zurück, er habe aus rein ideologischen Beweggründen gehandelt. Aber sie hatten zugehört, als er sagte: »Ich bin kein Verräter, und ich wollte dem Staat Israel nicht schaden.« Sie verurteilten ihn zu einer relativ milden Strafe von 18 Jahren Gefängnis.

Der Schleier des Geheimnisses wurde jedoch nicht restlos gelüftet. Vanunu selbst winkte ab, als man ihm ein Foto von Cheryl Chanin Ben-Tov zeigte: »Das ist nicht die Cindy, die ich kannte.«[328]

Ebenso verwirrend waren die Schlußfolgerungen von Italiens berühmtem »Gegenterroristen«, Richter Domenico Sica. Nach Abschluß der Untersuchungen, ob die Israelis sich in Rom des Verbrechens der Entführung schuldig gemacht hätten, veröffentlichte er im September 1988 das überraschende Ergebnis, daß Vanunu überhaupt nicht entführt worden sei.

Der Untersuchungsrichter führte aus, daß die englisch geschriebenen Worte auf der Innenhand des Israeli zu schön gewesen seien, als daß man ihnen glauben könne. Ferner erklärte er, daß die Fotos von Dimonas Bombenfabrik, die sich Sica von der *Sunday Times* ausgeliehen hatte, nur in Zusammenarbeit mit offiziellen Stellen aufgenommen worden sein könnten. Die »touristische Führung« durch die menschenleeren Flure und Laboratorien erschien Sica höchst eigenartig. Derartige Schaltanlagen und Instrumente mußten rund um die Uhr beobachtet worden sein.

Die Schlußfolgerungen des Italieners überzeugten einige Zeitungen und Magazine davon, daß Vanunu seine Spionagetätigkeit nur vorgegeben und Israel die ganze Scharade allein inszeniert hatte – nach Sicas Worten »eine gutorganisierte Desinformation«.[329] Sein Urteil war jedoch genauso anfechtbar wie bequem. Die italienische Richterschaft, die kaum von politischen Erwägungen frei war, wollte die gesamte Angelegenheit fallenlassen. »Keine Entführung« bedeutete: kein Anlaß für eine Untersuchung.

Die Geheimdienste von Israel und Italien können auf eine lange und enge Zusammenarbeit zurückblicken, die bis in die 50er Jahre zurückreicht. War es nur ein Zufall, daß sich der Mossad Vanunu ausgerechnet in Rom schnappte? Während Premierminister Peres strikt darauf bestand, daß kein englisches Gesetz verletzt werden dürfe, vermuteten die israelischen Spione, daß sie in Italien straflos davonkommen würden.

Sicas Mutmaßungen wurden jedoch von einer internationalen Presse ernst genommen, die den israelischen Geheimdienst für so raffiniert – und nicht etwa für so unverzeihlich dumm – hielt, Vanunus Verrat zuzulassen. Die Medien konnten sich nicht vorstellen, daß der allmächtige israelische Geheimdienst derart überrumpelt worden war. Ausländische Veröffentlichungen vermuteten statt dessen, daß Israels Spione Vanunu zu einem raffinierten Komplott benutzt hatten, um die Araber mit der Enthüllung zu erschrecken, daß Israel über ein Atomwaffenarsenal verfüge.

Nur ein hochkonspirativer Geist konnte sich jedoch vorstellen, daß irgendein Geheimdienst der Welt eine derart langfristige und komplizierte Operation durchgeführt haben könnte. Immerhin gehörten dazu: die Zustimmung der drei Spitzenpolitiker im »Club der Premierminister« sowie die Koordination der Aktionen aller Geheimdienst- und Armeechefs. Außerdem mußten die Israelis – angenommen, die These entsprach der Wahrheit – einen armen Marokkaner ohne jede physikalische Ausbildung rekrutieren und seinen extremen politischen Gesinnungswandel bewirken, ihn mit Fotos ausstatten, ihn in das weitest entfernte Ausland schicken und seinen Übertritt zum Christentum arrangieren, seine Story der Presse verkaufen, ein Treffen des israelischen Premierministers mit Zeitungsverlegern herbeiführen, Vanunus Verschwinden arrangieren, ein Gerichtsverfahren so inszenieren, daß sich die Richter zu Narren machten, sowie seine Familie leiden und ihn voraussichtlich im Gefängnis dahinsiechen lassen.

Und wozu? Damit Israel die Welt an seine unanfechtbare militärische Überlegenheit im Mittleren Osten erinnern konnte, ohne offiziell die Existenz seines Atomwaffenarsenals zugeben zu müssen? Die Araber und der Rest der Welt hatten ohnehin seit langem als selbstverständlich angenommen, daß Israel »die Bombe« habe. Sie daran zu erinnern, wäre gefährlich, weil es nur den unkonventionellen Rüstungswettlauf beflügeln und Syrer, Iraker und Libyer anspornen würde, möglichst rasch chemische und sogar atomare Waffen zu entwickeln.

Das absurde Ergebnis der Vanunu-Affäre war, daß Israels geheimstes Geheimnis plötzlich rund um die Welt in allen Einzelheiten auf den Titelseiten stand – freigegeben zur öffentlichen Diskussion, ohne daß die israelische Regierung den Zeitpunkt hatte vorher bestimmen können.

Die israelische Öffentlichkeit hatte nicht viel Neigung, sich mit den Konsequenzen der Affäre zu befassen. Die Aufmerksamkeit wandte sich schnell Fragen zu, die enger mit der Existenz des jüdischen Staates verknüpft waren – Dinge, von denen Vanunu behauptete, sie hätten ihn motiviert: die fortdauernde Besetzung der eroberten arabischen Gebiete und die Herausforderung, die der palästinensische Nationalismus darstellte.

18. DER TOD DER INFORMANTEN

Es war Muhammad al-Ayads letzter Auftritt, und er machte eine verzweifelte Show daraus. Er rannte von Fenster zu Fenster seines alten Steinhauses und feuerte aus einer Uzi-Maschinenpistole auf seine palästinensischen Landsleute vor der Tür, wobei es ihn nicht kümmerte, wen er traf. Er wollte nur raus.

»Ayad! Ayad!« Verzweifelt bemühte sich seine Frau am Telefon, einem der arabischsprechenden Israelis, die sie beschützen sollten, ihren Familiennamen klarzumachen. Die Ayads hatten mit den Israelis zusammengearbeitet, seit diese vor fast 20 Jahren das Westjordanland erobert hatten.

Es war der 24. Februar 1988, der 78. Tag des Volksaufstands, der die Welt ein arabisches Wort lehrte. Die *Intifada* war bereits die längste und verlustreichste Herausforderung, der sich die israelischen Besatzer je gegenübergesehen hatten. Inspiriert vom Sechstagesieg 1967, hatten die Israelis schnell ihre Tentakel von Recht und Ordnung über das Westjordanland, den Gazastreifen, die Golan-Höhen und die Sinai-Halbinsel gelegt. Der Oktopus mit seinem Gehirn im Zentrum einer nördlichen Vorstadt von Tel Aviv war Shin Bet.

Als Israels FBI bekämpft Shin Bet die Staatsfeinde – Ausländer wie Einheimische – innerhalb der israelischen Grenzen und gelegentlich auch im Ausland. Seit dem Sechstagekrieg gehörten zum Zuständigkeitsbereich des Inlandsgeheimdienstes auch die besetzten Gebiete. Muhammad al-Ayad arbeitete für Shin Bet.

Seine Nachbarn in Qabatiya, einer der nördlichsten Städte in jenem Teil des Westjordanlandes, den geschichtsbewußte Israelis Samaria nennen, erzählten, Ayad sei gezwungen worden, als Informant für Shin Bet zu arbeiten, nachdem er während der ersten Monate der Okkupation inhaftiert worden sei. Ayad war damals erst 20 Jahre alt und wurde beschuldigt, »irgendwelche« Schwierigkeiten verursacht zu haben. Niemand erinnerte sich mehr, was es gewesen war. Auf jeden Fall habe er sich bereit erklärt, Shin Bet Informationen zu liefern, um freizukommen.

»Das ist keine große Sache«, pflegt in solchen Fällen der Shin-Bet-Agent den potentiellen Kollaborateur zu beruhigen. »Es widerspricht nicht einmal den Interessen deines Volkes. Ihr wollt doch auch alle in Frieden leben, oder? Also, falls du irgendwelche Störenfriede kennst, gib uns einen Wink, und wir erledigen den Rest. Niemand braucht davon etwas zu erfahren.«

In den Dörfern indes, wo Geheimnisse nur schwer zu wahren sind, waren die Shin-Bet-Informanten oft bekannt. Es gab Tausende von ihnen unter den mehr als einer Million Palästinensern im Westjordanland und im Gazastreifen. Ayads Schicksal jedoch sollte zukünftige Rekrutierungen so gut wie unmöglich machen.

In jener Februarwoche waren die Intifada-Kämpfer erneut aktiv geworden. Die neuesten, heimlich verteilten Flugblätter des »United Nation Leadership of the Uprising« hatten zu einem Generalstreik und zu Protestmärschen aufgerufen, die zeitlich mit dem Beginn einer diplomatischen Initiative Amerikas zusammenfallen sollten. Die Palästinenser meinten, man habe sie zu lange ignoriert. Die Rebellion hatte bereits Außenminister George Shultz veranlaßt, mit einem amerikanischen Plan für Friedensverhandlungen im Mittleren Osten nach Israel zu kommen. Nun wollten die Palästinenser sichergehen, daß Amerika ihnen zuhörte.

Überall im Westjordanland und im Gazastreifen stießen die Aufständischen mit israelischen Truppen zusammen. Aber in Qabatiya hatten Recht und Ordnung vor Gesetzlosigkeit und Unordnung kapituliert. Die ganze Stadt schien auf den schlechtgepflasterten Straßen zu sein, um Tag für Tag Schule, Arbeit und einen geregelten Tagesablauf zu ignorieren und in hastig arrangierten Aufmärschen Parolen brüllend an Ayads Haus vorbeizumarschieren.[330] Er hätte an ihre Lieder gewöhnt sein müssen, wie: »Mit unseren Leibern und unserem Blut werden wir die Verräter vernichten und unser Land befreien.« Am Mittwoch, dem 24., geriet er jedoch in Panik.

Er war 40 Jahre alt. Unter Druck gesetzt, hatte er nur zweimal die Nerven verloren: das erste Mal, als er nachgab und sich bereit erklärte, mit den Israelis zusammenzuarbeiten, und dann, als er eher aus Angst als aus Überheblichkeit mit seiner Uzi auf ein paar junge Araber feuerte, die versuchten, sein Auto zu demolieren. Letzteres geschah ein paar Monate vor Beginn der Intifada und damit zu einer Zeit, als Ayad wußte, daß er auf seine palästinensischen Landsleute schießen konnte, ohne sich in Lebensgefahr zu bringen. Die Israelis würden ihn beschützen.

Schließlich hatten sie ihm die Uzi gegeben – ein Zeichen künftiger Strafbefreiung, das wirksamer war als jedes offizielle Abzeichen.

Als sein Haus umstellt und vom Mob gesteinigt wurde, ergriff Ayad seine Maschinenpistole, fuchtelte zunächst drohend damit herum und schoß dann vom Dach und aus den Fenstern Feuerstöße in die Menge. Alle Spannungen, die sich seit dem palästinensischen Aufstand aufgebaut hatten, lösten sich in dieser unerwarteten, fatalen Konfrontation. Wahrscheinlich merkte er nicht einmal, daß sich unter den 13 Qabatiyanern, die er traf, ein vierjähriger Junge befand, der auf der Stelle starb.

Damit war alles klar: Das Blut erschien als Beweis für Ayads Verrat, den man schon immer vermutet hatte. Wo kühlere Köpfe sich angesichts des Gewehrfeuers und des toten Kindes zurückgezogen hätten, warf die Menge weiterhin in einem schonungslosen Angriff mit Steinen und Flaschen auf das Haus des Verräters. Dieser allerdings verteidigte seinen Grund und Boden. Nach allen Seiten feuernd, als sei das Westjordanland der Wilde Westen, rief Ayad seiner Frau zu, sie solle die israelischen Behörden in Jenin, einer vier Meilen entfernten arabischen Stadt, anrufen, um einen Rettungstrupp anzufordern.

Die Armee jedoch war an diesem Tag sehr beschäftigt, da sie auch anderswo Unruheherde ersticken mußte, und erreichte Qabatiya nicht mehr rechtzeitig. Außerdem: Wer war dieser Palästinenser schon, der da um Hilfe schrie?

Ayad war einer von vielen Informanten, die Shin Bet Augen und Ohren liehen innerhalb einer Minigesellschaft, die die Israelis zwar unterdrücken, in die sie aber nicht ohne die Kollaboration eben jener Araber eindringen konnten.

Die Zeit war schwierig für den inländischen Geheimdienst. Shin Bet mühte sich ab, die Organisatoren der Rebellion zu identifizieren. Aber auch nachdem Hunderte und später Tausende von Palästinensern festgenommen worden waren, wurden weiterhin Untergrund-Flugblätter verteilt, und die protestierenden Demonstranten warfen weiterhin Steine.

Shin-Bet-Chef Harmelin schickte sich an, seinen Posten Ende März 1988 zu verlassen. Er hatte ihn nur eineinhalb Jahre innegehabt, hatte den Dienst aber schon früher geleitet und war 1984 nach dem Skandal um die beiden Busentführer als Interimschef zurückgeholt worden. Damals hatte sich Shin Bet mit dem Versuch, die Schuld den Militärs in die Schuhe zu schieben, das Wohlwollen der Armee verscherzt, und als die Intifada ausbrach, begannen hochrangige Offiziere, den Geheimdienst zwar privat, aber in scharfer Form zu kritisieren.

Innere israelische Streitigkeiten halfen Ayad ganz gewiß nicht, und bevor irgendein Israeli zu seiner Rettung kommen konnte, ging ihm die Munition aus. Der Mob drang in sein Haus ein, er wurde zu Boden gerissen, und mehrere der aufgebrachten jungen Männer strangulierten ihn mit einem Kabel. Ayads Frau ließ man entkommen, kurz bevor die rasende Menge sein Haus in Brand setzte.

Als schließlich die Armee zusammen mit einigen Shin-Bet-Agenten eintraf, fanden sie Ayad bereits öffentlich zur Schau gestellt: Sein brutal zusammengeschlagener Leichnam hing an einem Elektrizitätsmast in der Nähe der Busstation von Qabatiya. An der Leitung über ihm – seinen Körper verdeckend – war die grün-schwarz-rot-weiße Fahne Palästinas befestigt, eines Landes, das nur in der nationalistischen Sehnsucht eines Volkes existierte, das alle Kriege im Mittleren Osten verloren hatte.

Ayads Leichnam war ein blutiges Symbol der Rebellion und eine Botschaft an Shin Bet, daß seine 20jährige Kontrolle über die Gebiete zusammengebrochen war. Ayad war das 65. Opfer der Intifada. Der Junge, den er erschossen hatte, war das 64. gewesen.

In den ersten drei Jahren des Aufstandes wurden mehr als 700 Araber und 60 Israelis getötet. Von den Palästinensern waren etwa 300 der Kollaboration beschuldigt worden. Es gab Wochen, in denen mehr Palästinenser von Arabern umgebracht wurden als von den Israelis. Die Abrechnung mit vermeintlichen Kollaborateuren wurde ein Bestandteil der Intifada, aber das Ganze geriet außer Kontrolle, als auch viele persönliche Rechnungen mit Dolch und Kugel beglichen wurden. Rauschgifthändler, Kriminelle und Prostituierte wurden von Gangs getötet, die sich geschworen hatten, »Palästina zu reinigen«. Das »United National Leadership« versuchte verzweifelt, mit seinen Flugblättern die allgemeine Aufmerksamkeit wieder auf den Unabhängigkeitskampf gegen Israel zu lenken – und beschwor die Westjordanier und die Bewohner des Gazastreifens, keinen ihrer Nachbarn zu töten, bevor nicht ein »Gericht der Intifada« das Todesurteil über ihn gesprochen hatte.

Der Aufstand sorgte für soziale Veränderungen, die man am besten als eine allgemeine Umwälzung beschreiben kann. Er war mehr als nur ein Protest gegen die fortdauernde israelische Okkupation, er war zugleich eine lange, hartnäckige Kampagne, um die israelische Militärherrschaft abzuschütteln. Dies genau besagt das Wort »intifada« auf arabisch: »abschütteln«. Die Protestierenden wollten ein alternatives Verwaltungssystem schaffen, das von den ansässigen Arabern geleitet werden und die Infrastruktur für einen palästinensischen Staat bilden sollte.

Der Aufstand war genau das, was Shin Bet hätte verhindern sollen. Sein Informantennetz sollte die Israelis vor jedem ernst zu nehmenden Versuch warnen, den Widerstand zu organisieren. Mehrere tausend Kollaborateure quer durch die palästinensische Gesellschaft – vom Fabrikarbeiter bis zum Intellektuellen – waren dafür rekrutiert worden. Als Gegenleistung für die von Shin Bet gezahlten Beträge zwischen 50 und 200 Dollar im Monat erwartete der Dienst, daß sie die Israelis über alle Aktivitäten informierten, die soziale und berufliche Organisationen in politische Machtzentren umwandeln wollten.

Shin Bet konzentrierte sich vor allem auf die Bekämpfung des arabischen Terrorismus. Seine Informanten erhielten einen besonderen Bonus für Hinweise auf gewalttätige Gruppen. Terroristische Einzelverbrechen, wie die Ermordung eines israelischen Siedlers im Westjordanland, wurden von Shin Bet mit eindrucksvoller Schnelligkeit aufgeklärt – dank der Hinweise seiner Spione innerhalb der Guerillazellen, gekaufter Informationen »von der Straße« oder erzwungener Aussagen Dutzender von »Verdächtigen«, die bei einer Razzia um den Tatort herum festgenommen wurden.

Eine echte terroristische Bedrohung ging jedoch von den besetzten Gebieten nicht aus. Dafür hatte der Geheimdienst bereits in den ersten Monaten nach dem Sechstagekrieg gesorgt. Im Anschluß daran wurde er jedoch bequem und nachlässig.

In den besetzten Gebieten, das wußten die Geheimdienstler, wurden sie gehaßt. Ebenso war ihnen bekannt, daß sie einem politischen Aktivisten in einer Stadt des Westjordanlandes nichts Schlimmeres antun konnten, als vorzugeben, Freunde zu sein. Die Verhaftung eines jungen Heißsporns konnte diesen zum Lokalhelden machen, brachte man ihn jedoch in den Verdacht der Kollaboration, war er mit Sicherheit ruiniert.

Aktive Kollaborateure bekamen von Shin Bet Sonderausweise, die es ihnen ermöglichten, die israelischen Armeekontrollpunkte zu passieren, ohne verhört und durchsucht zu werden. In seinem Hauptquartier in einer nördlichen Vorstadt von Tel Aviv konzentrierte sich Shin Bet mehr auf das Sammeln von Informationen als auf sorgfältige Analysen. Nachrichten über sich hier und dort zusammenbrauende Schwierigkeiten führten zu Festnahmen, Verhören und noch mehr Aktennotizen mit Namen, Orten und Flüchtlingscamps, die zu überprüfen waren. Der große Überblick aber fehlte.

Niemand im Geheimdienst oder sonst in Israel wollte glauben, daß sich die Palästinenser in einer Massenrebellion erheben würden. Diese Befürchtung hatte man in den ersten Monaten nach der Besetzung 1967 gehabt, aber seither waren die besetzten Gebiete zwei Jahrzehnte lang friedlich verwaltet worden. Die meisten Bewohner hatten sich während dieser Zeit kooperativ gezeigt und ihr normales Leben mit einem Minimum an Beschränkungen fortsetzen können.

Noch wenige Monate vor Beginn der Intifada hatten die für die Überwachung des Westjordanlandes und des Gazastreifens zuständigen israelischen Behörden die Möglichkeit einer Erhebung weit von sich gewiesen. Der »Koordinator« für Regierungsaktivitäten in den besetzten Gebieten, Shmuel Goren, war gefragt worden: »Nun, wann wird die Rebellion in den Territorien beginnen?« Es war eine aggressive Gesprächseröffnung, aber Israelis sind nicht gerade für ihre Zurückhaltung bekannt. Außerdem war es ein Militär, der die Frage stellte. Dennoch schien Goren überrascht und schnappte zurück: »Es gibt keine Rebellion! Niemals!« Der Offizier bohrte weiter: »Wissen Sie genau, was Sie da sagen?« Goren beendete den Schlagabtausch: »Wollen wir wetten?«

Goren war seit 1984 als ranghoher Agent beim Mossad, so daß man davon ausgehen konnte, daß er mit Sicherheit über alles unterrichtet war, was die Nachrichtendienste wußten. Die hitzige Debatte fand ausgerechnet auf einer Party statt, an der überwiegend israelische Geheimdienstoffiziere teilnahmen. Es war der Hochzeitsempfang für Smadar Nimrodi, die Tochter des Aman-Veteranen Yaakov Nimrodi. Dabei handelte es sich um *das* gesellschaftliche Ereignis in Israel, aber nicht um *das* Hauptereignis des Jahres 1987 im Mittleren Osten. Dies sollte die Intifada werden, von der Goren behauptet hatte, sie würde nie stattfinden.

Die Intifada begann als eine lockere Folge von Ereignissen, die später vom »United National Leadership« mit Hilfe seiner Flugblätter, Untergrund-Radiosendungen aus Syrien und Mund-zu-Mund-Instruktionen koordiniert wurden. Stichtag war der 9. Dezember, genau eine Woche, nachdem die arabischen Führer auf ihrer Gipfelkonferenz in Jordanien die Probleme der Palästinenser ignoriert und sich ausschließlich auf die Gefahren des iranisch-irakischen Krieges konzentriert hatten. Zur gleichen Zeit waren auch Präsident Ronald Reagan und der Generalsekretär der KPdSU, Michail Gorbatschow, in Washington zusammengetroffen, die palästinensische Frage aber hatten sie ebenfalls nicht erörtert.

Der unmittelbare Funke sprang am Donnerstag, dem 8. Dezember 1987, in Gaza über, als ein israelischer Lastwagenfahrer auf der dortigen Hauptstraße die Kontrolle über sein Fahrzeug verlor, in eine Gruppe Palästinenser fuhr, vier von ihnen tötete und sieben weitere verletzte. Die Polizei sprach später von einem Unfall. Für die Bewohner von Gaza jedoch war es Mord und damit das Signal für einen sich in mehr als 20 Jahren aufgestauten Wutausbruch. Am nächsten Morgen gingen sie auf die Straße, die Protestbewegung griff auf das Westjordanland über und von dort weiter und weiter um sich.

Die Mitarbeiter des Geheimdienstes, besonders die Shin-Bet-Chefs, haben fast immer eine beschwichtigende Rolle in der Formulierung der israelischen Verteidigungspolitik gespielt. Sie sind bei der Anwendung von Gewalt weit zurückhaltender gewesen als viele schießwütige Politiker ihres Landes. Außerdem haben sie sich gegen die Todesstrafe ausgesprochen, weil sie der Ansicht waren, daß der sichere Tod die palästinensischen Guerillas anfeuern würde, nur um so verbissener zu kämpfen, sobald sie mit dem Rücken zur Wand standen – was auch Israel mehr Opfer kosten würde.

Da gefangene Terroristen nicht mit dem Tod bestraft wurden, waren Israels Gefängnisse voll von ihnen. Von Zeit zu Zeit wurden bei Austauschaktionen manche von ihnen wieder freigelassen – trotz der offiziell unbeugsamen Haltung, mit Terroristen nicht zu verhandeln. Das Ergebnis eines Gefangenenaustausches mit der »Popular Front for the Liberation of Palestine –

General Command« von Ahmed Jibril im Jahr 1985 war die plötzliche beunruhigende Präsenz von 600 kampferprobten palästinensischen Guerillas und politischen Aktivisten im Westjordanland. Palästinenser, die wegen Mordes und anderer Verbrechen verurteilt worden waren, die keine Reue fühlten und weiterhin für einen bewaffneten Kampf gegen Israel eintraten, spazierten nun nach jahrelanger Indoktrination in den Gefängnissen wieder durch die Straßen. Sie hatten Unterrichtsklassen organisiert, die vom Marxismus bis zu »Gegenverhörtechniken« reichten, in denen sie lernten, Shin Bet hinters Licht zu führen.

Solche Erklärungen sind zwangsläufig sehr theoretisch und können das große historische Puzzle nicht zusammenfügen. Der exakte Beginn bedeutender Ereignisse wie der Französischen Revolution oder der Veränderungen in Osteuropa ist kaum zu erklären. Und so gibt es auch keine überzeugende Erklärung dafür, warum die Intifada im Dezember 1987 begann und nicht früher. Eins steht jedoch fest: Der Aufruhr begann, weil die Palästinenser die israelische Besatzung nicht länger ertragen wollten und konnten.

Shin Bet und die Militärgouverneure der besetzten Gebiete hatten den Fehler begangen, die Palästinenser nicht als ein politisches Volk zu sehen. Ihr ursprüngliches Ziel war, die Territorien mit einer Kombination aus Belohnung und Drohung zu kontrollieren, entsprechend der traditionellen Kolonialpolitik von »Zuckerbrot und Peitsche«. Die Sicherheitskräfte waren so fest davon überzeugt, die Dinge im Griff zu haben, daß die Israelis nichts über die Machtstrukturen innerhalb des Gazastreifens und des Westjordanlandes erfuhren.

Zu den am schwierigsten zu unterwandernden Gruppen gehörten die religiösen Fanatiker. Sie waren eher Sunniten als fanatische Schiiten, die im Iran regierten, aber trotzdem bezogen die Gläubigen in Gaza manche Inspiration von Ayatollah Ruhollah Khomeini und seinen Revolutionären im weitentfernten Teheran. Ausgerechnet Shin Bet hatte zeitweilig die Fundamentalisten in der Annahme unterstützt, sie scien eine nützliche Alternative zu der von der breiten Masse getragenen PLO. Auch dies entsprach einer klassischen Methode des Kolonialismus, die sich als nutzlos erwies. Eben jene Gläubigen in den Moscheen wandten sich schließlich gegen Shin Bet und riefen die Kollaborateure auf, in sich zu gehen und zu »bereuen«. Zugleich entstand eine radikale religiöse Gruppe namens Hamas, die später von den Israelis verboten wurde.

Bei Zusammenstößen zwischen der israelischen Armee und palästinensischen Demonstranten, die vor allem mit Steinen und Flaschen bewaffnet waren, fanden 1988 – dem ersten Jahr der Intifada – in kurzer Zeit mehr als 300 Araber den Tod. Eine neue Seite im Buch der Geschichte des arabisch-israelischen Konflikts wurde aufgeschlagen, als die rebellische Bewegung nicht mehr zu zerschlagen war. In den ersten Jahren des Aufstandes nahmen die Israelis über 20 000 Araber fest und hielten ständig etwa 6000 in Haft. Trotzdem gab es noch immer sehr viele, die an den täglichen, manchmal stündlichen Protestmärschen teilnahmen.

Als der Aufstand im Dezember 1987 begann, maßen die leitenden Beamten in der Verteidigung und im Nachrichtendienst den Ereignissen keine besondere Bedeutung bei. Verteidigungsminister Yitzhak Rabin brach deshalb seinen Besuch in Washington nicht ab. Premierminister Shamir und der Generalstabchef der Armee, General Dan Shomron, bezeichneten die Schwierigkeiten in den besetzten Gebieten in der wöchentlichen Kabinettssitzung als unwichtig und versicherten den 25 Ministern wiederholt, daß die Rebellion leicht unterdrückt werden könne.

Die israelischen Geheimdienstchefs brauchten – obgleich das Varash-Komitee jede Woche tagte – zwei Wochen, bis sie zu dem Schluß kamen, daß Shin Bet und die Armee es versäumt hatten, die Erhebung zu stoppen.

Shin-Bet-Chef Harmelin mußte einräumen, daß das Informantennetz der Agentur abbröckelte. Trotzdem wurde keine Erklärung abgegeben, warum man es versäumt hatte, die Intifada vorauszusagen – mit Ausnahme der privat geäußerten Ansicht einiger Shin-Bet-Mitarbeiter, daß Prophezeiungen nicht zu ihren vielen offiziellen Aufgaben gehörten. Ihr Dienst, so erklärten sie, habe nicht die Möglichkeit, eine großangelegte Rebellion vorauszuahnen. Harmelin wehrte sich dagegen, daß seine Mitarbeiter zu Sündenböcken für das Versagen der israelischen Politiker, die für die Region keine langfristige Lösung gefunden hatten, gemacht werden sollten. Er schuf jedoch innerhalb Shin Bets eine neue Abteilung, die die politischen Strömungen unter den Palästinensern überwachen und analysieren sollte.

Die Mitglieder des Varash-Komitees wußten, daß – kurzfristig gesehen – ihr schlimmstes Versagen darin lag, nicht erkannt zu haben, daß die Palästinenser ihre Taktik ändern würden. Sie waren von terroristischen Einzelattacken, an denen nur wenige beteiligt waren, zu weniger spektakulären, aber weitgefächerten Aktionen übergegangen, mit denen sie die massive israelische Militärmacht ausmanövrieren konnten.

Das bewaffnete Ungetüm war trotz seiner raffinierten Waffensysteme zu schwerfällig, um angemessen zu reagieren. Israels Führer wußten, daß eine demokratische Gesellschaft nicht die Freiheit hat, Panzer und Artillerie einzusetzen, um Demonstranten zu unterdrücken, die Steine werfen und Autoreifen verbrennen – anders als die Diktaturen im Mittleren Osten, in China und anderswo.

Der Shin-Bet-Chef konnte berichten, daß seine Agenten ihre Bemühungen verstärkten, die Unruheherde voneinander zu trennen und von äußeren Einflüssen abzuschneiden. Der israelische Nachrichtendienst wußte, daß die Intifada vor Ort von den Bewohnern der besetzten Gebiete ausging, aber es gab Anzeichen dafür, daß sich PLO-Führer außerhalb der Territorien beeilten, auf den »Wagen mit der Musik« aufzuspringen. Mossad-Chef Nahum Admoni entdeckte, daß einer der ersten Solidaritätsakte – als Ansporn und zu Propagandazwecken gedacht – eine Seereise sein sollte.

Im Februar 1988 kaufte die PLO für rund 750.000 Dollar die alte griechische Autofähre »*Sol Phryne*«. Sie wurde in »*al-Awda*« – »Die Wiederkehr« – umgetauft und sollte 131 im Exil lebende Palästinenser vor die Küste Israels bringen, um ihre Forderung nach einer Heimat zu dramatisieren. Die Araber wollten damit an die Fahrt der »Exodus« erinnern, die 4000 jüdische Überlebende der Nazi-Konzentrationslager 1947 zwar in das britisch verwaltete Palästina gebracht hatte, dort jedoch an der Landung gehindert und gezwungen worden war, nach Europa zurückzukehren.

Zufällig war die »*Sol Phryne*« selbst 1947 gebaut worden, war zwischen den griechischen Inseln hin und her gefahren und hatte später vor allem christliche Pilger von Griechenland nach Israel gebracht. 1982 hatte sie zu den vielen Schiffen gehört, die die palästinensischen Guerillas nach der israelischen Invasion des Libanon aus Beirut herausbrachten.[331]

Nun wollte die PLO das Schiff einsetzen, um Israel in Verlegenheit zu bringen. Das britische Mandat über Palästina war bereits ein Jahr, nachdem die leidenden Juden auf der »Exodus« zurückgeschickt worden waren, zu Ende gegangen. 41 Jahre später konnte die PLO – obgleich dies unrealistisch war – nur hoffen, daß Israels Herrschaft über das Westjordanland und den Gazastreifen das gleiche Schicksal ereilen würde. Die bevorstehende Konfrontation auf See konnte Israels Ruf nur schaden, der durch die harten Maßnahmen der Armee zur Unterdrückung der Intifada ohnehin ziemlich angeschlagen war.

Der drohende Propagandacoup der PLO war eins der Hauptthemen auf dem Treffen des Varash-Komitees Mitte Februar in Tel Aviv. Mossad-Chef Admoni hatte wie üblich den Vorsitz. Er berichtete, daß seine Agenten die PLO in Griechenland bei der Organisation ihrer auf Publizität angelegten »Rückreise« beobachteten. Die Passagiere sollten sich in Athen treffen, und es war offen die Rede davon, daß im nahegelegenen Hafen Piräus ein Schiff für die Reise gechartert werden sollte.

Die israelischen Agenten unterrichteten die örtlichen Schiffahrtskreise, daß jeder, der der PLO ein Schiff überlasse, mit dessen Verlust rechnen müsse. Bei ihren weiteren Erkundigungen erfuhren sie, daß die »Sol Phryne« gerade an die Palästinenser verkauft worden war. Sie lag nicht in Piräus, sondern ankerte im Hafen Limassol auf Zypern.

Die Männer und Frauen des Mossad stellten Listen der Palästinenser zusammen, die mit dem Schiff nach Israel fahren wollten – darunter PLO-Mitglieder mit einer blutigen Vergangenheit. An Bord des Schiffes würden jedoch auch Dutzende von Journalisten, Fernsehleuten und sogar ein linker Abgeordneter der Knesset sein. Sie waren die »Versicherungspolice« der PLO, die Garantie dafür, daß die israelische Marine – von der man erwartete, daß sie die »al-Awda« auf irgendeine Weise an der Landung hindern werde – das Schiff nicht versenkte.

Admoni unterbreitete dem Varash-Komitee eine brillante Idee: Man solle das Schiff sabotieren, bevor es die Passagiere an Bord nahm. Man müsse schnell handeln, meinte der Mossad-Chef, da der Sprecher der Palästinenser, Bassam Abu Sharif, auf Pressekonferenzen in Athen erklärt hatte, daß die Reise nun »stündlich« losgehen könne. Der Sprecher der PLO war ein von Narben schwer gezeichneter, halbblinder Mann. Sharif hatte

1972 die Explosion einer Paketbombe des Mossad in seinem Haus in Beirut überlebt, dabei aber ein Auge und mehrere Finger verloren. Aufgrund seiner ständigen Beteuerungen, er habe sich vom Radikalismus losgesagt und suche nur noch den Frieden, hatte man Sharif jahrelang nicht mit terroristischen Gewalttaten in Verbindung gebracht, so daß der Mossad 1988 keinen Grund hatte, ihn zu verfolgen. Man wollte lediglich sein Propagandaprojekt zunichte machen.

Der Mossad-Chef trug den Plan Premierminister Shamir vor. Aufgrund seiner Erfahrungen bei den europäischen Operationen des Mossad gefiel Shamir die »elegante« Lösung, die Reise zu stoppen, bevor sie begonnen hatte. Er fragte nicht nach Einzelheiten des Operationsplanes, aber er wußte, daß man Sprengstoff verwenden würde. Admoni erklärte dem Premierminister, man wolle den Verlust von Menschenleben vermeiden und würde die Mission – wenigstens zum Teil – als Fehlschlag betrachten, wenn unschuldige Passagiere getötet würden.

Gleichzeitig indes wurde Shamir ersucht, einen Mord zu genehmigen. Die Geheimdienstchefs wollten ein ranghohes PLO-Mitglied liquidieren, das die Auswerter des israelischen Geheimdienstes als »klare, mächtige und ständige Gefahr« bezeichneten. Mohammed Bassem Sultan Tamini, Oberstleutnant der halboffiziellen PLO-Armee, war von Mossad-Agenten in Jordanien, dem Libanon und Tunesien genau beobachtet worden. Sie berichteten, daß Tamini Aktivist in Arafats Fatah und eher ein Mann der Tat als der politischen Planung sei. Er war 35 Jahre alt, besser bekannt unter seinem Spitznamen Hamdi und arbeitete im »Occupied Homelands Directorate« der PLO.

Hamdi unterzeichnete sein Todesurteil durch seine Beteiligung an der Planung von Dutzenden palästinensischer Guerilla-Überfälle innerhalb der besetzten Gebiete. Gleichzeitig organisierte er einen neuen Zweig der PLO namens Jihad Islami – oder »Heiliger Krieg« –, der die religiösen Muslime anziehen sollte.

Eins seiner ganz persönlichen Werke hatte die Israelis besonders wütend gemacht: Während der Vereidigungszeremonie der Armee am 15. Oktober 1986 vor der alten Klagemauer in Jerusalem waren unter den Rekruten und ihren stolzen Familien Handgranaten explodiert. Ein Israeli wurde getötet und sieben verletzt. Wer immer die Granaten geworfen hatte, er entkam. Hamdis Jihad Islami übernahm die Verantwortung.

Die Israelis waren entschlossen, Hamdi nicht ungestraft davonkommen zu lassen. Premierminister Shamir erteilte dem Mossad-Direktor in beiden Fällen – der Ermordung Hamdis und der Sabotage der PLO-Fähre – mündlich seine Zustimmung. Es gab keinen »geheimdienstlichen Beschluß« nach amerikanischem Muster, der geschrieben, unterzeichnet und zu den Akten genommen wurde. Kein parlamentarischer Ausschuß wurde über die geheimen Aktionen informiert. Schließlich befand man sich im Krieg, und Shamir hatte den PLO-Plan, mit dem Schiff nach Israel zu fahren, öffentlich als »Kriegserklärung« gebrandmarkt.

Der Mossad muß einen Spion in unmittelbarer Nähe von Hamdi gehabt haben, und mit Sicherheit waren die gesamte PLO sowie ihr »Occupied Homelands Directorate« völlig von Informanten unterwandert. Auf diese Weise wußten die Israelis, daß der palästinensische Oberst am 13. Februar 1988 von Athen nach Zypern fliegen wollte. Dort konnte man ihn relativ leicht umbringen. Die dortige Polizei war kaum in der Lage, ein politisches Verbrechen aufzuklären. Auf der Insel kam es zu derart vielen Zwischenfällen, daß die zypriotischen Behörden genug eigene Probleme hatten. Entsprechend gering war ihr Interesse, sich auch noch die Israelis und die Araber zu Feinden zu machen.

Die einzige Schwierigkeit konnte sich daraus ergeben, daß Hamdi genau dort am verwundbarsten war, wo die »*Sol Phryne*« auf ihre Passagiere wartete. Ob die Reise nun verhindert wurde oder nicht, das grelle Licht der weltweiten Medienberichterstattung würde bald die Insel treffen. Insofern mochte es nicht gerade der ideale Ort für einen politischen Mord sein. Admoni besprach die Sache mit Shamir, um sicherzugehen, daß der Premierminister kein Problem in dem Nebeneinander der beiden Aktionen sah, mit denen man den Mossad beauftragt hatte. Der Regierungschef wiederholte sein Einverständnis.

Am Sonntag, dem 14. Februar, machten die Israelis Ernst. Sie hatten einen ganz sicheren Tip erhalten: Oberstleutnant Tamini alias Hamdi wollte an diesem Tag gemeinsam mit Marwan Kayyali, einem in Limassol stationierten PLO-Oberst, die Insel besichtigen. Kayyali hatte die Aufgabe, die im Libanon gebliebenen Palästinenser per Schiff mit Nachschub zu versorgen, wobei er seine ausgezeichneten Kontakte im Hafen von Limassol nutzte. Er war außerdem an den Reisevorbereitungen der »Sol Phryne« beteiligt.

Aus der Sicht des Mossad verbanden sich die geplanten Aktionen aufs schönste. Den israelischen Agenten bereitete es wenig Mühe, eine Bombe in Kayyalis grünem Volkswagen unterzubringen.[332] Sie konnte durch Fernsteuerung gezündet werden. Der Agent, der das Funkgerät in der Hand hielt, beobachtete, wie sich Kayyalis Auto seiner Wohnung in einem kleinen Appartementhaus in Limassol näherte. Die Gegenwart eines dritten Mannes im Wagen ließ die Israelis einen Moment zögern. Sie konnten ihn jedoch als Mohammed Hassan Buheis alias Abu Hassan identifizieren, der ebenfalls ein Mitarbeiter des »Occupied Homelands Directorate« der PLO war. Aufgrund der den Feldagenten eingeräumten Entscheidungskompetenz stuften sie auch Abu Hassan als legitimes Opfer ein. Der Israeli drückte auf den Knopf. Der Volkswagen wurde durch die Explosion auseinandergerissen. Die drei Palästinenser waren tot.

Früh am nächsten Morgen wurde der Hafen von Limassol von einer zweiten Explosion erschüttert. Sie durchlöcherte den Rumpf der »Sol Phryne« und machte diese für die »Wiederkehr« unbrauchbar. Die Palästinenser beschuldigten vollkommen zu Recht Israel der Tat. Doch alles, was Verteidigungsminister Yitzhak Rabin dazu sagte, war: »Der Staat Israel sah sich gezwungen, sie an der Erreichung ihres Zieles zu hindern, und dies haben wir in der uns angemessen erscheinenden Weise getan.«

Die Explosion am Montag verletzte niemanden. Die zypriotische Polizei erklärte, daß eine Haftmine – eine einfache, aber sehr erfolgreiche Waffe, wie sie von den Froschmännern im Zweiten Weltkrieg benutzt wurde – von Tauchern am Rumpf der »Sol Phryne« angebracht worden sei. Es war eine saubere Arbeit. Durch die Explosion wurden zugleich alle Beweise zerstört, die auf die Herkunft der Mine hätten schließen lassen. Es bestand keine Chance, die Angreifer zu identifizieren.

PLO-Sprecher Abu Sharif verkündete in Athen, man würde ein anderes Schiff finden. Die vorgesehenen Passagiere aber verließen – des ewigen Wartens müde – Griechenland. Die Weltpresse verlor das Interesse an der Aktion. Die »Sol Phryne« wurde repariert, aber niemand schlug mehr vor, sie als blassen Abklatsch der »Exodus« zu benutzen. Shamir und der Geheimdienst hatten sich durchgesetzt.

Die PLO bereitete sich auf eine gewalttätige Antwort vor. Für Khalil el-Wazi alias Abu Jihad – »Vater des Heiligen Krieges« – war es fast eine Art persönliche Rache. Wazir war Jasir Arafats rechte Hand und Militärchef und hatte bei der Entwicklung der Strategie zur Ausbreitung der Intifada eng mit dem »Occupied Homelands Directorate« zusammengearbeitet. Drei seiner Leute waren auf Zypern vom Mossad ermordet worden, deshalb wollte Abu Jihad Blut sehen.

Anfang März 1988 sandte er drei Guerillas nach Ägypten, wo sie sich aus einem geheimen PLO-Arsenal bewaffneten und dann quer durch die Wüste Sinai marschierten, die die Israelis 1982 aufgrund des vier Jahre zuvor in Camp David geschlossenen Abkommens sowie des nachfolgenden Friedensvertrages an Ägypten zurückgegeben hatten. Die Fatah-Gruppe hatte erstaunlich wenig Schwierigkeiten, am 7. März zu Fuß die Grenze vom Sinai zur Wüste Negev zu überqueren. Innerhalb weniger Stunden gelang es ihnen, das israelische Verteidigungssystem zu erschüttern.

Vielleicht wußten sie nicht einmal, was sie anrichteten. Die Guerillas entführten in der Wüste einen Autobus – und zwar ausgerechnet den Zubringerbus, der die Arbeiter von der Wüstenstadt Beersheba zum Atomreaktorgelände von Dimona brachte. Es war ein indirekter Angriff auf Israels am besten gesicherte Anlage.

Der entführte Bus wurde an einer Straßensperre angehalten. Unter dem Vorwand, mit den Entführern verhandeln zu wollen, stürmte eine antiterroristische Abteilung der israelischen Polizei das Fahrzeug. Alle drei Entführer wurden getötet. Doch auch drei der Arbeiter starben, so daß die PLO den Überfall für geglückt erklärte.

Jasir Arafat sagte, die Opfer hätten in Israels geheimer Atombombenfabrik – dem gefährlichsten militärischen Ziel im Mittleren Osten« – gearbeitet. Die PLO-Attacke war ein Solidaritätsbeitrag der außerhalb »Palästinas« lebenden Guerillakämpfer zum Aufstand ihrer unterdrückten Brüder.

Verteidigungsminister Rabin war über die mindestens teilweise »erfolgreiche« Aktion der Palästinenser außerordentlich wütend und verlangte, den Terrorismus endlich an seiner Wurzel zu treffen. Die Intifada war schon schlimm genug; Infiltrationen von außen waren nicht zu dulden. Rabin forderte Mossad-chef Admoni auf, die Möglichkeit einer Ermordung Abu Jihads zu prüfen. Am Donnerstag, dem 10. März 1988, erklärte Admoni seinen Kollegen, Shin-Bet-Chef Harmelin und Aman-Direktor General Amnon Lipkin-Shahak, daß Mossad und Armee nach einer Vorbereitungszeit von rund 30 Tagen eine gezielte Mordaktion durchführen könnten. Das Varash-Komitee war einverstanden, mit der Planung sofort zu beginnen.

Der Plan wurde von Lipkin-Shahak – ohne auf nähere Einzelheiten einzugehen – dem »inneren Kabinett« unterbreitet. Dazu gehörten die zehn ranghöchsten Minister des großen, schwerfälligen 25köpfigen Gesamtkabinetts. Der Premierminister unterstützte den Vorschlag und erklärte, man müsse der PLO klarmachen, daß man es ihrer »militärischen« Seite nicht gestatten werde, irgendwelche Vorteile aus den Unruhen in den besetzten Gebieten zu ziehen. Die Ermordung von Arafats »rechter Hand« werde den Palästinenserführer das Fürchten lehren.

Einigen Ministern war klar, daß sich hinter der offiziellen Erklärung ein weiteres Motiv verbarg. Man wollte aus dem Mord eine »Vorzeige«-Operation machen, um die Moral der israelischen Öffentlichkeit zu stärken, die darunter litt, daß man den palästinensischen Aufstand nicht unterdrücken konnte.

Da dieses Treffen so kurz nach dem Schock über die Busentführung stattfand, stimmten die meisten Minister dem Plan bereitwillig zu. Peres, der damalige stellvertretende Premierminister, erhob jedoch Einwände. Ein solcher Mord stand im Gegensatz zu der von seiner Partei vertretenen Politik, und der Führer der Arbeiterpartei war besorgt, daß ein Angriff auf die Führungsspitze der PLO – nach einer Pause von neun Jahren – die diplomatischen Bemühungen zur Lösung des palästinensischen Dramas ruinieren könnte.

Die Minister der Arbeiterpartei innerhalb der israelischen Koalitionsregierung vertraten die Auffassung, man solle sich aus einem Großteil der besetzten Gebiete im Austausch gegen Friedensverträge zurückziehen. Shamir und sein Likud-Block waren da ganz anderer Ansicht. Peres hegte längst den Verdacht, daß Shamir darauf aus war, jeden Friedensfühler im Keim zu ersticken. Auch zwei weitere Minister der Arbeiterpartei sprachen sich gegen den Mordplan aus: der ehemalige Chef der Luftwaffe, Ezer Weizman, und der ehemalige israelische Staatspräsident, Erziehungsminister Yitzhak Navon.

Vom rein militärischen Standpunkt jedoch stimmten die beiden Minister, die die meiste Fronterfahrung besaßen, mit Premierminister Shamir überein. Verteidigungsminister Rabin und Polizeiminister Chaim Bar-Lev, zwei ehemalige Generalstabschefs, meinten, daß Israels Armee und sein Geheimdienst der PLO gemeinsam eine unmißverständliche Warnung zukommen lassen sollten.

Ein Luftangriff auf ein militärisches Ziel wäre unpersönlicher und leichter durchzuführen gewesen. Zwar war auch Abu Jihad ein militärisches Ziel, das jedoch mit größerer Genauigkeit angegriffen werden mußte.

Shamir erklärte seinen ranghöchsten Ministern, daß der Mossad die Mitwirkung der Armee-Eliteeinheiten benötigte. Der PLO-Militärkommandant sollte in Tunis ermordet werden, also fast 500 Meilen von Tel Aviv entfernt. Obgleich der Angriff noch nicht im Detail geplant war, würde er in etwa nach dem gleichen Muster ablaufen wie der Anschlag auf Aviv Ne'urim in Beirut 1973. Damals hatte der Mossad *Sayeret*-Einheiten bei der Landung am Strand der libanesischen Hauptstadt und bei der Ermordung von 15 Terroristenführern in ihren Wohnungen unterstützt – darunter Jahids Vorgänger als PLO-Militärchef, Muhammad Najjar.

Das »innere Kabinett« forderte den Mossad und die Armee auf, ihre Planung fortzusetzen. Die Leitung hatten Israels Spitzengeneral, Generalstabschef Shomron, und sein Stellvertreter, General Ehud Barak. Barak besaß ausgiebige geheimdienstliche und militärische Erfahrung. Er war 15 Jahre zuvor am Überfall auf Beirut dabeigewesen. Jetzt würde es sein Ziel sein, den Erfolg von 1973 zu wiederholen, obgleich die zu überbrückende Distanz bei dieser Aktion 15mal so groß war.

General Barak erhielt starke Unterstützung vom militärischen Abschirmdienst. Aman-Chef Shahak hatte 1973 ebenfalls mit den Kommandoeinheiten am Angriff auf Aviv Ne'urim teilgenommen – damals noch unter seinem alten Namen Amnon Lipkin. Als er seinen europäisch-jüdischen Familiennamen später gegen einen hebräischen eintauschte, war »Shahak« oder »pulverisieren« eine kraftvolle Wahl. Die Herausforderung der Tunis-Mission war nach seinem Geschmack.

Die Entfernung eines hochrangigen Kommandanten aus den feindlichen Reihen würde den arabisch-israelischen Konflikt zwar nicht entscheiden, aber die Israelis brauchten nach vier Monaten Intifada verzweifelt einen »Erfolg«. Hinzu kam die Lehre aus den Erfahrungen des Mossad in den 70er Jahren, daß die Ermordung mehrerer Führungsspitzen der PLO und ihren Splittergruppen schwere Zerreißproben bescherte: Die Furcht vor den Israelis wuchs; sie zögerten mit der Planung ihrer Gewalttaten, und sie machten Fehler. Vielleicht ging es weniger um einen Triumph der Israelis, als daß sie glaubten, es sei höchste Zeit, der palästinensischen Widerstandsbewegung endlich wieder einen Rückschlag zuzufügen.

Mossad, Shin Bet und gelegentlich auch Aman hatten Abu Jihad seit Jahren intensiv beobachtet. Agenten und Informanten in den arabischen Ländern ebenso wie innerhalb der PLO hatten Tel Aviv häufig und vollständig über seine Schritte informiert. Ein israelischer Handschriftenexperte, Aryeh Naftali, war 1983 vom Mossad beauftragt worden, anhand eines arabisch geschriebenen Schriftstücks eine psychologische Analyse zu erstellen. Erst später erfuhr er, daß es sich um den bekannten Khalil el-Wazir handelte, den er als einen hochintelligenten Mann, guten Organisator mit einem präzisen analytischen Verstand und großen Kraftreserven beschrieben hatte.[333]

In den offiziellen israelischen Akten wurde Wazir als geschickter Vermittler unter den PLO-Politikern geführt. Er sorgte dafür, daß die Organisation zusammenhielt, da sowohl Arafat als auch dessen hitzige Rivalen auf Abu Jihad hörten.

Dennoch glaubte er unbeirrbar an einen Sieg durch den »bewaffneten Kampf«. Er war 19 Jahre alt, als er 1954 von der ägyptischen Armee verhaftet wurde, weil er im Gazastreifen Minen gelegt hatte. Die Wazirs lebten im ägyptischen Gaza, nachdem Khalils Vater die ursprüngliche Heimat seiner Familie nach der Gründung des Staates Israel verlassen hatte. 1955 ernannte sich Wazir junior selbst zum Guerilla, indem er ein Wasserwerk auf der israelischen Seite der Grenze angriff. Ein paar Jahre später begegnete er Arafat und anderen palästinensischen Universitätsabsolventen. 1959 gründeten sie in Kuwait die Fatah, eine kleine Organisation, der es schließlich gelang, die gesamte PLO zu übernehmen. Er blieb stets an Arafats Seite, während sie in den Anfangsjahren auf der Suche nach Unterstützung sämtliche arabischen und kommunistischen Länder bereisten. Er nahm den Namen Abu Jihad an, und wo immer die PLO zeitweilig Unterschlupf fand, leitete er den Guerillakampf, während Arafat sein Image als Diplomat aufbaute.

Im Mossad-Hauptquartier in Tel Aviv studierten Admoni und seine Mitarbeiter die Akten über den Angriff auf Beirut. Israelische Agenten nach Tunesien einzuschleusen sollte nicht schwerer sein, als es 1973 im Libanon gewesen war. Damals waren sechs Mossad-Agenten, mit gefälschten englischen und belgischen Pässen als Touristen und Geschäftsleute getarnt, nach Beirut geflogen, um sich mit den Tatorten vertraut zu machen und sechs geräumige Autos zu mieten.

In Tunesien brauchte man sich nur auf ein Ziel zu konzentrieren. Der Mossad benötigte nur drei Agenten, um drei Wagen zu mieten. Dieses Mal benutzten sie ausgerechnet libanesische Pässe und sprachen ein perfektes Arabisch mit libanesischem Akzent. Die zwei Männer und eine Frau kamen als Touristen. Sie reisten getrennt und machten einen ebenso lockeren Eindruck wie die anderen zwei Millionen Touristen, die Tunesien durchschnittlich im Jahr besuchen.

Wie beim Angriff auf Beirut brachte die israelische Marine – angeführt von »*Sayeret 13*«, der Froschmänner-Elitetruppe – die Armeekommandos in Zielnähe an den tunesischen Strand. Anders als bei der kurzen Überfahrt zur libanesischen Küste verließ das Raketenboot Israel um etwa die gleiche Zeit, da die Mossad-Agenten am Dienstag, dem 12. April, in Tunis ankamen. Am Freitag abend, dem 15. April, war das Boot in der richtigen Position, um ungefähr 30 Soldaten an der nordafrikanischen Küste abzusetzen. Die Männer waren Mitglieder der *Sayeret Mathal*, der Aufklärungseinheit des Generalstabes – handverlesene Kommandos, die dem Generalstabschef der Armee sowie dem Nachrichtendienst zur Verfügung standen.

Die Elitetruppen landeten in der Nacht mit Gummibooten am Touristenstrand nahe Tunis. Wie 1973 warteten die Mossad-Agenten bereits am Ufer auf sie. Sie hatten zwei Volkswagen-Minibusse und einen Peugeot-Kombi mitgebracht. Es war nur eine kurze Fahrt vom Strand in Rouad zur Vorstadt Sidi Boussaid, wo Abu Jihad mit seiner Frau und zwei ihrer gemeinsamen Kinder lebte: einer 14jährigen Tochter und einem zweijährigen Sohn. Zwei weitere Söhne und eine Tochter studierten in Amerika.

Die Israelis genossen diesmal den Vorteil zweier technischer

Verbesserungen, die dem Kommando mehr Sicherheit verschafften, als sie die Kollegen 1973 in Beirut gehabt hatten. Die erste war die Benutzung einer israelischen Boeing 707, die, mit militärischem Kommunikationsgerät ausgerüstet, kaum 30 Meilen nördlich von Tunis über das Mittelmeer flog. Da sie eine Zivilroute knapp südlich von Sizilien benutzte, gaben die israelischen Piloten die Maschine im Funkkontakt mit der italienischen Luftüberwachung als El-Al-Charterflug aus. Dies war ein wenig riskant, aber die Luftüberwachung hat weder die Zeit noch die Absicht, jeden angeblichen Sonderflug zwischen Israel und Europa zu überprüfen.

Die über der geheimen Mission schwebende Boeing gab den Soldaten das Gefühl, die beiden Generäle Barak und Shahak befänden sich ebenfalls an Ort und Stelle. Ohne irgendwelche Verzögerungen konnten diese die notwendigen Anordnungen treffen, da sie beide an Bord des Flugzeugs über Sprechfunk in Kontakt mit den Bodenkommandos standen.

Die zweite Verbesserung war ein Gerät, das es dem israelischen Bodenteam ermöglichte, die Telefone in Sidi Boussaid rund um die Villa Abu Jihads zu blockieren. Am 16. April etwa um ein Uhr morgens parkte man einen der Minibusse und den Kombi einen Block von Jihads Haus entfernt. Dann wurde das Gerät an einen Telefonverteiler angeschlossen, den Mossad-Agenten zuvor ausfindig gemacht hatten. Dort verursachte es sofort einen Kurzschluß. In den beiden Autos saßen Soldaten in Zivil, die ihre Uzi-Maschinenpistolen und Revolver zwischen den Knien hielten und warteten. In Beirut hatten ihre Kollegen gegen PLO-Einheiten und die libanesische Polizei kämpfen müssen, um die eigentliche Mission zu schützen. Diesmal würden sie notfalls gegen PLO-Sicherheitskräfte oder sogar die tunesische Armee antreten.

Unterdessen fuhren acht Soldaten mit dem von einer Mossad-Mitarbeiterin gesteuerten zweiten Volkswagenbus zu Wazirs Haus. In zwei Gruppen von je vier Mann stürmten sie die Villa. Sie hatten den Angriff in einer ähnlichen Villa in Israel bereits geübt. Derartige Proben am Modell – das häufig nachgebaut wird – halten die Israelis für unabdingbar, bevor sie sich auf eine umfangreiche Mission hinter den feindlichen Linien einlassen.

Das eine Team hatte für die Sicherheit vor Ort zu sorgen. Die Soldaten erschossen Wazirs Chauffeur, der noch im Wagen des

PLO-Führers saß, den er erst etwa 90 Minuten zuvor nach Hause gebracht hatte. Unter Benutzung von Schalldämpfern töteten sie anschließend die palästinensische Wache im Keller des Hauses. Es war ihre Aufgabe, jeden auszuschalten, der zwischen ihnen und ihrer Beute stand.

Das andere Team, das auf das Opfer selbst angesetzt war, brach die Haustür auf und begann mit der Suche nach Abu Jihad. Es erschoß sofort einen tunesischen Wachsoldaten und sah dann Khalil el-Wazir oben auf der Treppe stehen.

Abu Jihad hatte eine kleine Pistole in der Hand. Er hatte sie automatisch ergriffen, als er draußen und unten im Haus ungewöhnliche Geräusche gehört hatte. Er war noch wach gewesen und hatte sich die auf Videoband aufgenommenen neuesten Nachrichten der Intifada angesehen, deren Aktionen er vom Ausland her zu koordinieren versuchte. Er hatte keine Zeit mehr, auf irgend jemanden zu zielen oder zu schießen. Vier israelische Soldaten feuerten blitzartig 70 Kugeln in seinen Körper. Sie wollten ihm keine Überlebenschance geben. Seine rechte Hand, die die Pistole gehalten hatte, war fast abgerissen. Abu Jihad war 52 Jahre alt geworden.

Es bestand kein Grund, noch jemanden zu töten. Seine Frau, die sich »Umm Jihad« – »Mutter des Heiligen Krieges« – nannte, sagte später, sie habe damit gerechnet, daß man auch sie erschießen werde. Sie hatte sich zur Wand umgedreht und erwartet, von Kugeln zerfetzt zu werden. Statt dessen hatte ein Israeli ihrer Tochter auf arabisch zugerufen: »Kümmere dich um deine Mutter!«[334] Anschließend rannte das Kommando zum Minibus zurück, der mit höchster Geschwindigkeit davonbrauste. Wazirs Frau und Tochter waren sich nicht ganz sicher, meinten aber, unter den Angreifern auch eine Frau gesehen zu haben, die den Mord mit einer Videokamera gefilmt hatte.

Der israelische Geheimdienst hatte erneut seine Fähigkeiten bei der Ausführung einer delikaten und schwierigen Mission bewiesen. Und wieder einmal hatte die Mossad/*Sayeret Mathal*-Kombination das Ganze sehr einfach aussehen lassen. Die tunesischen Behörden fanden lediglich die drei gemieteten Autos und Fußspuren am Strand – zehn Meilen von Wazirs Haus entfernt.

Die PLO beschuldigte natürlich Israel, das die ganze Angelegenheit nur hätte abzustreiten brauchen. So jedoch hätte die Aktion nicht den beabsichtigten Abschreckungseffekt gehabt, deshalb ließen offizielle israelische Quellen dem amerikanischen NBC-Fernsehsender und der *Washington Post* einen nahezu vollständigen Bericht zukommen. Minister Ezer Weizman, der sich am entschiedendsten gegen den Mord ausgesprochen hatte, schüttelte nur den Kopf und erklärte den Reportern: »Dies trägt nicht zur Bekämpfung des Terrorismus bei. Es schiebt den Friedensprozeß nur weiter hinaus und sorgt für noch mehr Feindschaft. Außerdem macht es uns rund um die Welt noch verwundbarer.«

Für den Nachrichtendienst gab es nichts, dessen er sich hätte schämen müssen. Die Wochenausgabe der offiziellen Armeezeitschrift *Ba-Machanek* – »Im Lager« – brachte ein Zitat des Aman-Chefs Shahak. In einem Interview vor der Ermordung Abu Jihads hatte er unter anderem gesagt: »Jeder, der terroristische Aktionen leitet, muß damit rechnen, eliminiert zu werden.«

Shahak vertrat damit die eine Seite einer innerhalb der Geheimdienste lange und heftig diskutierten Kontroverse: War die Ermordung von Palästinenserführern berechtigt und notwendig? Wenn ja, sollte man sich auf die höchsten Führungsspitzen konzentrieren? In den 70er und frühen 80er Jahren war dies das vorherrschende Dogma, und die Israelis töteten die PLO-Chefs oder versuchten es wenigstens. Mehrere Anschläge – per Briefbomben, Bombardierungen und Autobomben – wurden mit dieser Zielsetzung auch auf Jasir Arafat in Beirut ausgeübt, als Israel im Sommer 1982 die Stadt belagerte.

Später schien sich das Gegenargument durchzusetzen: Es wurde verbreitet die Ansicht vertreten, daß es besser sei, den Teufel zu bekämpfen, den Israel kannte, als unbekannte PLO-Führer, die vielleicht einmal Arafats Nachfolger werden würden. Eine neue Generation von Guerillaführern konnte unter Umständen radikaler, blutrünstiger und unberechenbarer sein.

Ein Kompromiß zwischen diesen beiden Lagern wurde von Brigadegeneral Gideon Machanaymi, dem stellvertretenden Berater des Premierministers in Fragen der Terrorismusbekämpfung, verfochten, der 1985 die Philosophie entwickelte, daß nur die Führer kleiner Guerillagruppen bekämpft werden sollten. Ein Paradebeispiel dafür sei Sabri el-Banna alias Abu Nidal – »Vater der Kämpfe« –, der für mehr als 200 der blutigsten Überfälle auf israelische, jüdische, englische und amerikanische Zivilisten in mehr als 20 Ländern verantwortlich war. General Machanaymi vertrat die Ansicht, daß bei kleinen, von nur einem Mann geleiteten Organisationen mit der Eliminierung des Führers auch die Gruppe zu bestehen aufhöre. In diesem Fall sei der Mord sinnvoll.

Mit dem gleichen Argument versuchte Israel ein Jahr später – sozusagen in einem Aufwasch – eine libysche Regierungsmaschine voller palästinensischer Terroristenführer auf ihrem Flug nach Damaskus abzufangen. Der israelische Geheimdienst hatte erfahren, daß sich mehrere Führer extremistischer Gruppen, die weit radikaler waren als Arafat, am 4. Februar 1986 zu einem Gipfeltreffen in Tripolis versammelt hatten. Unter ihnen waren Georges Habash, Nayef Hawatmeh, Ahmed Jibril und sogar Nbu Nidal – eine wahrhaft prominente Ansammlung bekannter Mörder. Mit Unterstützung von Oberst Khadafi intrigierten sie gegen die relativ gemäßigte Politik Arafats und gelobten, »den Kampf gegen die Verschwörung des Zionismus und den amerikanischen Imperialismus zu verstärken«.

Mossad und Aman ermittelten den Aufenthaltsort der Terroristenchefs und erhielten von Informanten einen anscheinend sicheren Tip, mit welchem Flug sie nach Syrien zurückkehren würden. Als das Flugzeug die israelische Grenze passierte, zwangen vier F-16-Jäger die Gulfstream-Maschine zur Landung auf einem Militärflughafen im Norden Israels. Aber als die Passagiere mit erhobenen Händen herauskamen, stellten die israelischen Agenten fest, daß die gesuchten Männer nicht darunter waren – zu den Reisenden gehörten nur syrische Beamte und ein hoher Politiker der Ba'ath-Partei, der ein enger Vertrauter von Präsident Hafez el-Assad war.

Was hatte der Mord an Abu Jihad 1988 auf lange Sicht gebracht? Die meisten Israelis waren, von der Intifada beunruhigt und entmutigt, nicht geneigt, über derartige Fragen nachzugrübeln. Allgemein wurden der Geheimdienst und die Armee gelobt. Es wurde jedoch bald klar, daß es weiterhin der Armee und Shin Bet überlassen blieb, sich mit den täglichen Gewalttaten der Intifada herumzuschlagen. Abu Jihads Tod machte da keinen Unterschied.

Tatsächlich wurden die Protestdemonstrationen und die Gegenmaßnahmen der Armee besonders unerfreulich, als man Abu Jihad in Damaskus zu Grabe trug. Die Palästinenser gedachten seiner mit großen und wilden Protestaktionen im Westjordanland und im Gazastreifen. Fünf weitere Menschen wurden an diesem Tag von Soldaten erschossen.

Die Toten und Verwundeten wurden als Märtyrer und Helden in den Flugblättern des »United National Leadership of the Uprising« gefeiert, das zu Generalstreiks und weiteren Protesten aufrief. Zusätzlich zu den Stöcken und Steinen erregte besonders ihre Diktion die Shin-Bet-Leute, denen eine derartige Sprache im täglichen Umgang in den besetzten Gebieten bisher nicht begegnet war.

Identische Botschaften waren von einem Mittelwellensender zu hören, der aus dem »Nirgendwo« sendete. Der Sender nannte sich Radio al-Quds, was übersetzt soviel heißt wie »Die Heilige« und in der arabischen Welt der Name für Jerusalem ist. Amans Funkpeilung konnte den Israelis sehr schnell sagen, daß der Sender im südlichen Syrien stand und von einer radikalen Splittergruppe der PLO betrieben wurde – offensichtlich mit Unterstützung aus Damaskus. Dennoch blieb es ein Geheimnis, wie die Rundfunksprecher die Flugblätter so schnell erhalten hatten, daß sie aus ihnen zitieren konnten; es sei denn, sie waren über Nacht in Syrien oder Jordanien hergestellt und durchgefaxt oder über die Jordanbrücken ins Westjordanland geschmuggelt worden.

Shin Bets Gegenmaßnahmen spiegelten die Frustration, die die Menschen oft zu drastischen Schritten treibt: Der israelische Geheimdienst verfaßte eigene gefälschte Flugblätter – unterzeichnet mit »United National Leadership« –, in denen er in überzeugendem Arabisch zur Fortsetzung der Rebellion aufforderte, aber die Einzelheiten der Boykottmaßnahmen, die zur Schließung von Läden und Fabriken führen sollten, änderte. In der Hoffnung, Störung durch Störung bekämpfen zu können, versuchten die Israelis hinsichtlich Ort und Zeit der Streiks Verwirrung zu stiften und so Spannungen zwischen dem Untergrundkommando und der Bevölkerung zu erzeugen.

In den Straßen der palästinensischen Dörfer fand man häufig zwei verschiedene Flugblätter: die echten Instruktionen für die Intifada und die irreführenden, von Shin Bet verteilten Fälschungen. So rief ein Flugblatt Anfang Juli 1988 zu einem Siebentagestreik auf, was länger war als jede vorhergehende Arbeitsniederlegung. Es stellte sich als Fälschung heraus. Man hatte gehofft, daß die Araber nicht bereit sein würden, für eine ganze Woche auf ihren Arbeitslohn zu verzichten, und den Organisatoren des Aufstands die Gefolgschaft aufsagen würden.

Die Sicherheitsagenten hatten bereits versucht, die weitere Verbreitung der Flugblätter durch Überwachung aller Druckereien im Westjordanland und im Gazastreifen zu verhindern. Zwei Palästinenser, die man an einer Straßensperre bei einer Routinedurchsuchung mit Tausenden von Propagandapamphleten auf ihren Lastwagen erwischte, wurden einem strengen Verhör unterworfen.

Triumphierend sandte Shin Bet anschließend die Armee zu einer Razzia in die al-Arz Printing Company am arabischen, östlichen Stadtrand von Jerusalem. Die Soldaten nahmen die Druckerpresse und vier Palästinenser mit, von denen drei sofort in den Libanon abgeschoben wurden. Die Sicherheitschefs gaben die Geschichte frohlockend an den israelischen Nachrichtendienst weiter, der der Öffentlichkeit am Abend mitteilte, man habe der Intifada einen schweren Schlag versetzt.

Einige Israelis hielten es allerdings für absurd, daß eine der besten Armeen der Welt ihre Schlagkraft mit dem hochgepriesenen Geheimdienst vereinte, um als Ergebnis die Beschlagnahme einer überholten Druckerpresse zu feiern.

Doch nicht nur das. Die Flugblätter erschienen weiter und lenkten die verschiedenen Etappen des wachsenden Widerstands. Im November 1988 riefen sie die Palästinenser auf, sich auf den Straßen zu versammeln und die Deklaration ihres unabhängigen Staates zu feiern – nach einer Entscheidung des Palestine National Council in Algier.

Die palästinensischen Führer hofften, durch ihre Erklärung die gleichen spontanen Freudenkundgebungen hervorzurufen, wie auf seiten der Juden genau 41 Jahre früher, als die Vereinten Nationen beschlossen, den Staat Israel zu schaffen. Auch die Araber wollten in den Straßen tanzen.

Die israelischen Sicherheitschefs waren entschlossen, jede öffentliche Feier und vor allem jeden nationalistischen Ausbruch zu unterbinden. Als vorbeugende Maßnahme wurde im gesamten Westjordanland und im Gazastreifen der Strom abgeschaltet. Dies war nicht als eine kollektive Bestrafung gedacht, um der örtlichen Bevölkerung heißes Wasser, ein warmes Essen oder das Licht zum Lesen zu entziehen. Man wollte lediglich verhindern, daß die Palästinenser die Fernsehsendungen verfolgten und sich am Anblick Arafats und seiner PLO-Politiker begeisterten, wenn diese die Gründung ihres eigenen Staates im Westjordanland und im Gazastreifen bekanntgaben.

Außerdem wurde für diese Nacht eine Polizeistunde verhängt, und israelische Soldaten waren damit beschäftigt, Kinder zu jagen, die verbotene grün-schwarz-weiß-rote palästinensische Fahnen schwenkten, Feuerwerkskörper in die Luft warfen und auf der Straße tanzten und sangen.

Die Flugblätter, die alle diese Aktivitäten lenkten, wurden erstaunlich mühelos etwa einmal die Woche verteilt. Sie waren gut geschrieben und trugen den Stempel einer hinter der Rebellion stehenden straffen Organisation. Häufig wurden die Texte über Fernkopierer verbreitet, wobei das PLO-Hauptquartier in Tunis jede Möglichkeit der Fax-Entwicklung nutzte.

In mehr als zwei Jahrzehnten der Okkupation hatte Israel die Palästinenser ermutigt, eine eigene Führerschaft als Alternative zu der gehaßten PLO aufzubauen. Die Israelis bedienten sich dabei zahlreicher Taktiken, wie der Schaffung von Kollaborateurorganisationen, den sogenannten Village Leagues. Diese westjordanischen »Führer« waren der Sache jedoch nicht gewachsen, worauf Israel argumentierte, daß es in den besetzten Gebieten niemanden gäbe, mit dem man über einen Frieden verhandeln könne.

In der Intifada schufen sich die Palästinenser ihr eigenes »United National Leadership of the Uprising«. Infolge seiner Anonymität ließ sich jedoch nicht beurteilen, ob es wirklich die gesamte Bevölkerung repräsentierte. Es hielt sich mit Erfolg im Hintergrund, schien aber hierarchisch strukturiert zu sein und auf örtlichen Komitees in verschiedenen Städten und Dörfern in den besetzten Gebieten zu basieren. Zum Ziel hatte es sich gesetzt, die in den besetzten Gebieten lebenden Palästinenser bei der Entwicklung alternativer Institutionen gegenüber den ihnen von den Israelis auferlegten zu unterstützten.

Die Komitees verteilten bestimmte Aufgaben, wie das Säubern der Straßen, den Kampf gegen Prostitution und Drogenhandel, aber auch das Töten von Kollaborateuren. Shin Bet war äußerst bemüht, die Komitees und das »United National Leadership« zu unterwandern, aber es gelang den Israelis nicht, sie zu unterdrücken.

Um entstandenen Schaden zu reparieren und ein paar Fort-schritte zu erzielen, entwickelte der Geheimdienst schließlich neue Taktiken im zwar nicht ganz neuen, aber erfolgreichen Ein-satz geheimer militärischer Einheiten. Unter Codenamen wie »Shimshon und Duvdevan« – hebräisch für »Samson und Dalila« – stellte die Armee spezielle Einheiten arabischsprechender Sol-daten in Zivil zusammen und schickte sie ins Westjordanland und in den Gazastreifen, um sich unter die örtliche Bevölkerung zu mischen.[335]

Auf ähnliche Weise war die Armee bereits in den frühen 70er Jahren gegen die terroristische Gewaltherrschaft im Gazastrei-fen vorgegangen: An einem Sommertag des Jahres 1970 landete ein kleines Fischerboot mit libanesischer Flagge am Strand von Gaza. Sechs Männer rannten ans Ufer und verschwanden. Die Gazaner fanden an Bord des Schiffes libanesische Zeitungen, Zigaretten und Lebensmittel. Die israelische Armee schickte so-fort einige Kommandos und Helikopter, um die Gegend zu durchkämmen und eine anscheinend gründliche Suche nach jenen Arabern aufzunehmen, die von See her eingedrungen waren. Die Chefs der Guerillazellen in Gaza, die von der offen-kundigen Bedeutung der Neuankömmlinge aus dem Libanon sehr beeindruckt waren, verletzten die selbstverständlichen Un-tergrundregeln der Arbeitsteilung und Geheimhaltung und nah-men den Kontakt zu ihnen auf.

Die Kontakte und die vermeintliche Suche der Israelis dauer-ten drei Tage. Dann zogen die sechs »Flüchtlinge« während eines nächtlichen Geheimtreffens mit den örtlichen Guerillafüh-rern plötzlich ihre Pistolen und erschossen die Gazaner.[336] Die »Araber« waren in Wahrheit israelische Armeekommandos im Sondereinsatz.

Die Erinnerung an damals ließ 1988 die Journalisten zu der Überzeugung gelangen, daß die neuen Samson-und-Dalila-Ein-heiten ähnliche Aufgaben hatten. Aufgrund palästinensischer Behauptungen berichteten ausländische Korrespondenten in Is-rael, daß Soldaten in Zivil kaltblütig Intifada-Aktivisten erschie-ßen würden. Die israelischen Behörden dementierten diese Ge-schichten ganz entschieden.

Was immer an Wahrheit hinter der »Todesschwadron« steckte, es gibt keinen Zweifel, daß die Sondereinheiten vom is-raelischen Geheimdienst koordiniert wurden und unorthodoxe

Taktiken anwandten. ABC News beschuldigte Shin Bet, eine als ABC-Kamerateam getarnte Agentengruppe losgeschickt zu haben, um einen verdächtigen Palästinenser namens Nezar Dadouk zu verhaften. Shin Bet hatte offensichtlich Angst, daß er fliehen würde, sobald bekannt wurde, daß israelische Beamte die 20 Meilen nördlich von Jerusalem im Westjordanland gelegene Stadt Salfit betreten hatten. Dadouk wurde gesucht, weil er angeblich Brandbomben geworfen hatte.

Nach Zeugenaussagen hatten sich zwei Israelis mit der Behauptung, sie kämen von ABC, dem jungen Mann genähert und vorgegeben, sie wollten ihn interviewen. Er sei daraufhin in ihren Wagen gestiegen, der die Aufschrift ABC News auf den Fenstern gehabt habe. Später sei seine Familie unterrichtet worden, daß Dadouk sich in Haft befinde. Als Strafe für sein angebliches Verbrechen schickte die Armee Bulldozer und ließ sein Haus einreißen.

Ein Vertreter des Senders schickte ein Telex an Premierminister Shamir, in dem es hieß: »Ich habe gehört, daß Sicherheitskräfte in Israel sich als Personal von ABC News ausgegeben haben, um einen palästinensischen Araber zu verhaften. ABC News ist hierüber sehr betroffen und besteht auf einer sofortigen Untersuchung, wer eine solche Aktion autorisiert hat.«

Gelegentlich überwachen israelische Agenten bestimmte Ereignisse aus Autos mit der Aufschrift FOREIGN PRESS. Im Westjordanland und im Gazastreifen hatten ausländische Korrespondenten nahezu freien Zugang zu den arabischen Dörfern. Dies galt besonders für die Vertreter amerikanischer Medien, die sowohl von den Israelis als auch den Palästinensern umworben wurden. Beiden Seiten war an der Hilfe und Sympathie der USA gelegen.

Im August 1989 eröffneten mit Kameras und Rucksäcken als Touristen getarnte Soldaten das Feuer auf eine Gruppe Palästinenser, die in Bethlehem mit Steinen geworfen hatten. Ein Araber wurde getötet.

Im September des gleichen Jahres stürmten als arabische Aktivisten der Intifada kostümierte Soldaten – komplett mit den karierten Kopfbedeckungen, wie sie von Anhängern der PLO getragen werden – das Haus eines Verdächtigen in Tulkarem. Die sieben Soldaten waren nach Aussagen von Zeugen mit Äxten und Messern bewaffnet. Nach ihren Angaben sprang der Palästinenser, als er merkte, daß es sich um Israelis handelte, aus dem Fenster des dritten Stocks, um ihnen zu entkommen. Er erlitt mehrere Knochenbrüche und war bewußtlos, als er verhaftet wurde.[337]

Die Armee erfand zwar neue Taktiken, hatte aber Schwierigkeiten, das zerstörte Informantennetz Shin Bets wieder aufzubauen. Zu viele Kollaborateure waren von den durch sie bespitzelten Nachbarn getötet worden. Nur wenige Palästinenser waren bereit, die *Teudat Meshatef Peulah* oder »Kollaborateur ID«-Karte anzunehmen, die es ihnen erlaubte, Gewehre, schnelle Autos und Sprechfunkgeräte zu besitzen – aber auch ihr Todesurteil bedeuten konnte. Im ersten Jahr nach dem Krieg 1967 hatte Shin Bet die örtliche Bevölkerung überzeugt, daß Israels Informanten überall waren. 1990 schien es so, als seien sie nirgends.

Die Intifada erweckte erneut großes Interesse an der palästinensischen Frage, und Israel stellte fest, daß seine Sicherheitsdienste weltweit überprüft wurden. Als die Rebellion zum Dauerthema der Politik des Mittleren Ostens wurde, kamen viele verborgene Wahrheiten über den israelischen Geheimdienst ans Tageslicht. Jahre sichtbarer Erfolge und unterderhand verbreiteter Ruhmesgeschichten hatten gelegentliche Entgleisungen in Dilettantismus, Arroganz, Brutalität, Selbstzufriedenheit, verfehlte Strategie und Rivalitäten unter den Diensten verdeckt. Aber allein in den 80er Jahren hatten sie sich in so kurzer Zeit zu sehr gehäuft.

Die israelische Öffentlichkeit, die Juden in aller Welt und alle jene, die sich um die Sicherheit Israels Sorgen machten, begannen um die Effizienz des Geheimdienstes zu fürchten. Beunruhigende Dinge drangen nach außen, während es der offiziellen Zensur nicht gelang, die negative Entwicklung unter der Decke zu halten.

19. EINE WELT OHNE VERTRAUEN

Die Autoren dieses Buches waren kürzlich im Hauptquartier des Mossad in Tel Aviv. Zugegeben, nicht in dem Teil des Gebäudes, der den von aller Welt respektierten Geheimdienst beherbergt, sondern sozusagen nebenan.

Wir könnten die Adresse nennen und das wenig bemerkenswerte Haus beschreiben. Wir könnten ausplaudern, ob die Leute die Rolltreppe, den Fahrstuhl oder schlicht die Treppe benutzten, und ruhig erzählen, daß die meisten Mossad-Büros 1989 in ein Haus außerhalb der Küstenstadt verlegt wurden. Aber die Preisgabe zu vieler Details könnte uns leicht in den Bereich einer Rechtsverletzung bringen.

Niemand ist sich absolut sicher, wo genau diese Grenze verläuft. Aber in der Regel wissen die Journalisten in Israel, wie weit sie gehen dürfen. Der Trick besteht darin, an der Küste der Grauzone entlangzusegeln, ohne auf die andere Seite zu geraten. Die Vorschriften der Militärzensur sind so bizarr, daß man heute ungestraft sagen kann, das Mossad-Hauptquartier befinde sich im Hadar-Oafna-Bürogebäude auf dem König-Saul-Boulevard, nur weil der ehemalige Mossad-Mitarbeiter Victor Ostrovsky die Adresse bereits verraten hat. Er war der erste, der in seinen 1990 veröffentlichten Erinnerungen sein lebenslanges Schweigegelöbnis öffentlich gebrochen hat.[338]

Viele gutinformierte Israelis kannten bereits die geheimgehaltenen Namen der Mossad- und Shin-Bet-Chefs. Auf manchen Partys gehört es bereits dazu, das Gespräch damit zu beginnen: »Der Shin-Bet-Chef hat mir neulich gesagt ...« oder: »Ich habe den Leiter des Mossad getroffen, und er sagte ...« Wer nicht weiß, wer gemeint ist, ist nicht »in«.

Ein israelischer Journalist, der seinen Lesern imponieren und Shin Bet signalisieren wollte, er wisse Bescheid, spielte 1988 Versteck mit dem Namen des neuen Chefs – der ausgerechnet an dem Tag ernannt wurde, als man Mordecai Vanunu verurteilte. Der Insider-Witz stand als Schlagzeile über einem Artikel, in dem es angeblich um den amerikanischen TV-Detektiv Perry Mason ging: WAS KOMMT NACH PERRY? Auf hebräisch: AKHREI MA YAAKOV PERRY?

Der Journalist spielte damit auf einen Namen an, der eigentlich geheim bleiben sollte; und dennoch segelte er auf der sicheren Seite der israelischen Geheimnisgrenze. Vielleicht war es dem Shin-Bet-Chef nicht einmal unangenehm, daß die raffinierte Schlagzeile in einer kleinen Zeitung erschien. Das hinderte ihn jedoch nicht, am nächsten Tag die Chefredaktion anzurufen: »Warum haben Sie mir das angetan?« Der »anonyme« Geheimdienstchef rief die Redakteurin persönlich an, weil er wußte, er konnte ihr vertrauen. Zeitungsredakteure wissen in der Regel, wer wer ist.

Der ganze Wirbel wurde völlig absurd, als der Shin-Bet-Chef im Februar 1989 vor aller Öffentlichkeit seinen 45. Geburtstag feierte. Israelische Zeitungen ließen die Nation und die Welt wissen, der Mann sei geschieden, und seine Freundin, eine prominente Dame der Gesellschaft, habe mit stillschweigender Duldung der Minister und Shin Bets eine riesige Überraschungsparty für ihn ausgerichtet.

Das Fest fand in der Cafeteria des Israel Museum in Jerusalem statt, und unter den 150 Gästen waren Minister, Parlamentarier und auch Damen und Herren von der Presse. Später war zu lesen, die Shin-Bet-Mitarbeiter seien hingerissen gewesen, als ihr berühmter »anonymer« Chef auf einer Trompete »Summertime« und andere beliebte Jazztitel gespielt habe. Seine Party dauerte bis drei Uhr morgens.

Premierminister Shamir, der nüchterne ehemalige Mossad-Mitarbeiter, hatte nicht teilgenommen und war fuchsteufelswild, als er von der ausschweifenden Party hörte. Er wußte, daß feindliche Geheimdienste die Zeitungsberichte ausschlachten würden, um Material über den Shin-Bet-Chef zusammenzutragen. Der Premierminister holte ihn auf den Teppich zurück und ließ auch dies die Presse wissen.

Das anscheinend triviale Ereignis war ein Wendepunkte in der 40jährigen Geschichte des inländischen Geheimdienstes. Die bis dato geheimen Aktivitäten der Bruderschaft – von Folter über Meineid bis zu nächtlichen Partys – wurden nun aufgedeckt. Eine Scherzfrage machte die Runde: Wie hätten ehemalige Shin-Bet-Chefs reagiert, wenn sie von einer Festgesellschaft mit »Ertappt!« begrüßt worden wären? Isser Harel hätte den Gästen Briefbomben geschickt. Yosef Harmelin wäre zur Salzsäule erstarrt. Avraham Ahituv hätte sie alle hinausgeworfen und Avraham Shalom möglicherweise alle erschlagen lassen.

Daß auch Journalisten zu der Feier eingeladen waren, hatte seinen Grund. Jeder Reporter, der mit den geheimen Autoritäten seiner Nation auf so vertrautem Fuß steht, kann leichter irgendwann einmal um den einen oder anderen Gefallen gebeten werden. Geheimdienstmitarbeiter bitten die Journalisten gelegentlich, Dinge nicht weiterzuverfolgen, die Israels Sicherheit gefährden könnten. Dem einzelnen Reporter bleibt es zwar überlassen, wie er sich entscheidet, aber es ist klar, daß es in einem kleinen Land weit besser ist, mit militärischen und geheimdienstlichen Quellen in gutem Einvernehmen zu leben. Ist die persönliche Bitte vergebens, bleibt in jedem Fall die Möglichkeit der Zensur.

In der Regel zeigen sich Journalisten und Redakteure jedoch kooperativ und erhalten dafür Hintergrundinformationen von den Premier- und Verteidigungsministern sowie den Chefs der Nachrichtendienste. Die Behörden wollen damit erreichen, daß die Presse die Fakten kennt, auf denen die offiziellen Entscheidungen beruhen, aber sie vertrauen darauf, daß gewisse Dinge nicht veröffentlicht werden. Dieses einmalige System wurde 1949 kurz nach dem Unabhängigkeitskrieg eingeführt.

Der erste Premierminister, David Ben-Gurion, hätte weiterhin die alten Notstandsgesetze der britischen Mandatsverwaltung zur Beschränkung von Presse- und sonstigen Freiheiten anwenden können. Statt dessen zog er es vor, den Demokraten zu spielen, griff aber, wo es ihm notwendig erschien, auf sogenannte Notverordnungen zurück. Ben-Gurion fand in den Redakteuren ideale Partner, die sich bereitwillig der Zensur unterwarfen. Sie unterzeichneten 1949 eine formelle Vereinbarung, die zwar keine Gesetzeskraft, aber eine lange Lebensdauer hatte.

Aufgrund dieses Abkommens ernennen der Generalstabschef und der Verteidigungsminister noch heute einen im Nachrichtendienst erfahrenen Chefzensor im Rang eines Brigadegenerals. Zu seinem Büro, das offiziell Aman zugerechnet wird, gehört ein Stab von 70 Armeeoffizieren und zivilen Angestellten, die an zwei Standorten in Tel Aviv und Jerusalem arbeiten.

Das Übereinkommen verpflichtet die israelischen Medien sowie die im Land akkreditierten ausländischen Journalisten moralisch, ihre Artikel und Berichte dem Zensor vorzulegen. Für Brigadegeneral Yitzhak Shani, Chefzensor seit 1977, ist es jedoch mehr: »Es ist die Pflicht eines jeden Reporters, sein Material dem Zensor vorzulegen«, erklärt er. »Wer es nicht tut, ist ein Verbrecher!«[339]

Der Zensor ist sich der Einmaligkeit seiner Stellung innerhalb der demokratischen Nationen bewußt, ebenso wie Israel den einzigen Staat mit einer institutionalisierten Militärzensur darstellt. Der Zensor besitzt ähnliche Autorität wie sein englischer Vorgänger während der Mandatszeit in Palästina. Allerdings sind die Medien heute eher zu einer freiwilligen Zusammenarbeit bereit.

Soweit die Verlage oder Sender Mitglied des »Komitees der Herausgeber« sind, werden Verstöße gegen die Zensurbestimmungen in der Regel von einem Sonderausschuß aus Journalisten und Zensoren geahndet. Das Tribunal kann Geldbußen verhängen oder der Zeitung beziehungsweise einer Sendereihe für eine bestimmte Zeit das Erscheinen verbieten.

Doch auch ohne Verfahren können der Zensor und sein Stab Publikationen verbieten. Sie haben dies 1952 im Fall mehrerer hebräischer Zeitungen und 1984 im Shin-Bet-Skandal getan. Solche Verbote werden jedoch weit häufiger gegen arabische Zeitungen in Jerusalem und den besetzten Gebieten ausgesprochen – besonders seit dem Beginn der Intifada 1987.

Gegen die Entscheidung kann entweder ein Berufungsausschuß angerufen werden, der mit einem ranghohen Offizier, einem Journalisten sowie einem prominenten Anwalt oder Politiker besetzt ist, oder – als letzte Instanz – der Oberste Gerichtshof Israels.

Nie jedoch haben die Gerichte das Recht des Zensors in Frage gestellt, die Telefone der Journalisten und vor allem die Ferngespräche der ausländischen Korrespondenten abzuhören. Genauso dürfen die Zensoren Telexe mitlesen. Eine Zeitlang haben den Zensoren direkte Computerverbindungen und Fernkopierer Schwierigkeiten bereitet, aber inzwischen wurden neue Abfangmethoden entwickelt.

Die Zuständigkeit des Zensors geht über militärische Geheimnisse wie die Identifikation militärischer Spezialeinheiten, Codes, Namen von Geheimdienstoffizieren, Truppenbewegungen und so delikate Themen wie Atomwaffen hinaus. Ebenso können Berichte zensiert werden über die Einwanderung nach Israel, den Bau neuer Straßen, die Errichtung neuer jüdischer

Siedlungen in den besetzten Gebieten, die Energieversorgung und die Öllagerungskapazitäten sowie wirtschaftliche und politische Verbindungen zu Ländern, die keine diplomatischen Beziehungen zu Israel unterhalten – mit anderen Worten also alles, was im weitesten Sinne der »Festigung des Staates« dient.

Das Abkommen von 1949 ist bei drei Gelegenheiten modifiziert worden, wobei jedesmal der Kompetenzbereich des Zensors eingeschränkt wurde. Immer noch umfaßt die Liste jedoch 69 Punkte.[340]

Und was erhält die Presse als Gegenleistung? Diskussionsbereitschaft. Redakteure und Journalisten können mit dem Zensor verhandeln, um beanstandete Absätze durch eine leichte Textänderung doch noch genehmigt zu bekommen. In der Regel zeigt sich der Zensor entgegenkommend – es sei denn, er steht selbst unter erheblichem politischem Druck – und schnüffelt nur herum, wenn es um echte militärische Angelegenheiten geht. Gelegentlich muß er allerdings auch als politischer Zensor tätig werden. So hat er die Memoiren ehemaliger Politiker beschnitten – um der Regierung und dem Militär Peinlichkeiten zu ersparen.

Inzwischen wissen die Teilnehmer an diesem Spiel in der Regel, wo sie stehen. So besteht ein stillschweigendes Einvernehmen, daß beispielsweise Artikel über den Straßenbau oder Wirtschaftsthemen dem Zensor nicht mehr vorgelegt werden müssen.

Artikel, die in irgendeiner Weise den Geheimdienst berühren, unterliegen in jedem Fall der Zensur. Warum also erst über geheime Dinge schreiben? Über diese sich selbst gestellte Frage führt die drohende Zensur häufig zur Selbstzensur.

Diese »Selbstzensur« läßt Reporter und Redakteure indes manches Risiko eingehen, wenn sie meinen, sie könnten ungestraft davonkommen. So gab 1981 ein israelischer Journalist, der für eine amerikanische Zeitung arbeitete, den Namen des Shin-Bet-Chefs Avraham Ahituv preis. Der Zeitungsmann wollte der Welt mitteilen, daß der Geheimdienstchef mit Premierminister Begin über die Sicherheitspolitik im Westjordanland und die Beteiligung der jüdischen Siedler an den Bombenattentaten gegen Palästinenser einen heftigen Disput ausgetragen hatte. Der Chefzensor wollte den Journalisten vor Gericht bringen, aber der Generalstaatsanwalt lehnte eine Anklageerhebung ab.[341]

1986 konnte der Zensor noch weniger tun, als eine amerikanische Fernsehgesellschaft Avraham Shalom als Leiter von Shin Bet bloßstellte, gegen den wegen der Ermordung der beiden palästinensischen Busentführer ermittelt wurde.[342]

Gelegentlich erweist sich die israelische Zensur als völlig absurd, so etwa, wenn sie der inländischen Presse die Veröffentlichung bestimmter Fakten verbietet, die ausländische Presse die Geschichte gleichzeitig aber in vollem Umfang bringt. Die Geheimdienstskandale der 80er Jahre waren dafür klassische Beispiele. Damals war es den israelischen Zeitungen lediglich gestattet, das zu wiederholen, was im Ausland – aufgrund israelischer Quellen – bereits bekannt war. Amerikanische Zeitungen hatten schon Wochen vorher Nahum Admonis Rücktritt als Mossad-Chef im März 1989 vorausgesagt. Zumindest vorläufig blieb geheim, daß er durch seinen Stellvertreter, dessen Namen ebenfalls ungenannt blieb, ersetzt werden sollte.

Zitate und Nachdrucke ganzer Seiten aus englischen, französischen oder anderen fremdsprachigen Veröffentlichungen nahmen schließlich derart zu, daß ein Redakteur spöttisch bemerkte, er könne ruhig alle seine Reporter in Übersetzer eintauschen.

Der Zensor zweifelte offensichtlich daran, daß die israelischen Zeitungen für wirklich unabhängig gehalten würden, und fürchtete daher, daß Fehler oder falsche Zitate zu weltweiten Mißverständnissen hätten führen können. Wenn es sich daher um geheimdienstliche und militärische Dinge handelte, war es besser, wenn die israelischen Medien wenig oder gar nichts brachten.

General Shani betont heute, daß er nur eingreift, falls Geheimnisse aufgedeckt werden. »Im Lauf der Zeit hat Israel angesichts der Realität den festen Zugriff der Zensur mehr und mehr gelockert«, erklärt er. »Die Zensur ist logischer und vernünftiger geworden und befaßt sich nur noch mit Dingen, die unmittelbar die Sicherheit des Staates Israel berühren.« Außerdem fügt er hinzu: »Wenn Journalisten nicht korrekt sind, wenn sie übertreiben oder wenn sie mit dem Ergebnis einer sogenannten Analyse oder einem Kommentar völlig danebenliegen, dann gefällt mir das zwar nicht, aber es ist nicht meine Aufgabe, sie zu korrigieren.«[343]

Das ganze System ist natürlich in einem Land, welches sich

brüstet, die einzige Demokratie im Mittleren Osten zu sein, umstritten. Für seine Aufrechterhaltung werden zwei Hauptgründe angeführt. Der eine ist traditionell begründet, der andere praktischer Art: In einer von den Engländern übernommenen Gewohnheit, die niemals die wirklichen Namen ihrer als MI 5 oder MI 6 bekannten Geheimdienste oder die Identität von deren Chefs veröffentlichen, machen die Israelis auch um ihre Nachrichtendienste ein ähnliches Geheimnis. Man glaubt, daß das israelische Volk nachts ruhig schläft, weil es weiß, *daß* es beschützt wird, und nicht, weil ihm im einzelnen bekannt ist, *wer* es bewacht und *wie* dies geschieht.

In der Welt der Spionage ist es außerdem eine eingefleischte Gewohnheit, niemals etwas zu sagen, wenn es nicht unbedingt nötig ist. Mit den Worten des Geheimdienstveterans Rafi Eitan: »Das Beste, was ein Agent tun kann, ist, sich aus den Medien herauszuhalten.« Als es jedoch in der Lakam-Pollard-Affäre in seinem eigenen Interesse lag, gab Eitan nach rechts und links Interviews und Hintergrundinformationen.

Was die praktische Seite anbelangt, so weisen die Verteidigungsbeamten zu Recht darauf hin, daß gerade vielen kleinen Terroristengruppen – Palästinensern, Marxisten oder schlicht Anarchisten – mit an sich unbedeutend erscheinenden Details geholfen sein kann. Wenn sie – so ihr Argument – jederzeit die Namen und Adressen der Geheimdienstagenten und -agenturen erfahren könnten, würden diese für sie zu Angriffszielen. Die Beamten räumen ein, daß Sowjets, Syrer und wahrscheinlich auch die PLO alles wissen, was es über den Mossad-Chef und sein Hauptquartier zu wissen gibt, aber nicht jeder kleine Störenfried in der Welt müsse es ebenfalls wissen.

Das mystische Argument – Schweigen um des Schweigens willen – stößt inzwischen auf Widerstand. Die Offenheit der amerikanischen Regierung nach dem Watergate-Skandal hat auch auf andere westliche Demokratien abgefärbt und das blinde Vertrauen der Bürger in ihre Regierungen und Verteidigungseinrichtungen brüchig werden lassen. Sie meinen vermehrt, daß Politiker, Beamte, das Militär und auch die Geheimdienste der Öffentlichkeit mehr Rechenschaft schuldig sind.

Israel unterscheidet sich in seiner Regierungsform jedoch von den USA. In Israel liegt die gesamte Exekutive bei dem vom Premierminister gebildeten Kabinett. Dessen eigene Autorität wiederum beruht auf seiner Parlamentsmehrheit. Widerstände und Kompromisse spielen eine ganz andere Rolle als in Washington.

Neidisch auf die regelmäßigen Hearings der amerikanischen Kongreßausschüsse, die vom Verteidigungsbudget bis zum CIA-Mordkomplott alles behandeln, würden es aktive Demokraten in der Knesset gern sehen, wenn sie wenigstens die Macht hätten, Kandidaten für die Posten des Mossad- und des Shin-Bet-Chefs zu bestätigen oder abzulehnen.

Es genügt ihnen nicht, daß das Knesset-Komitee für auswärtige Angelegenheiten und Verteidigung zur Überwachung der Geheimdienste einen aus sechs Mitgliedern bestehenden Unterausschuß, das »Committee of the Services«, gebildet hat. Obgleich die Agenturchefs oder ihre Stellvertreter tatsächlich vor diesem kleinen Ausschuß erscheinen, verflüchtigen sich die Untersuchungsinstinkte seiner Mitglieder in der Regel, wenn sie pikante Details der geheimen Operationen erfahren. Die Aufregung, »zum Mitwisser zu werden«, hat den Ausschuß in gewisser Weise korrumpiert. Allerdings hat der Unterausschuß ohnehin keine wirkliche Macht. Einige seiner Mitglieder haben sich bereits beschwert, daß die Nachrichtendienste, die eigentlich sie informieren sollen, den Ausschuß umgehen und ihre Geschichten ausländischen Journalisten zustecken, wenn die Meisterspione meinen, dies sei dem Ruf Israels dienlicher.

Die gesetzgebende Körperschaft hat die unklare gesetzliche Grundlage der Geheimdienste niemals verbessert. Die Sicherheitsdienste können sich allenfalls im Innenverhältnis auf Artikel 29 des Grundgesetzes des Staates Israel berufen, wo es heißt: »Die Regierung wird ermächtigt, zugunsten des Staates und in Übereinstimmung mit den Gesetzen jede Tätigkeit durchzuführen, die nicht durch Gesetz einer anderen Gewalt übertragen ist.« Mit anderen Worten, die Regierung kann ihre eigenen Dienste alles tun lassen, wofür nicht nach der Verfassung jemand anderes zuständig ist und solange sie sich an das Gesetz hält. Das bedeutet: Alles, was nicht ausdrücklich verboten ist, ist erlaubt, und so dürfen die Geheimdienste arbeiten.

Die innere Sicherheit, für die Shin Bet zuständig ist, wird durch verschiedene Gesetze besonders unterstützt, die sich gegen Subversion und Spionage richten. Dazu gehören das Penal Revision Law (Staatssicherheitsgesetz) vom Juli 1957 und das Military Law vom Juni 1955, vor allem aber die Defense Regulations (Notstandsverordnungen) von 1945, die von den Briten erlassen wurden, um sowohl gegen die Araber als auch die Juden in Palästina scharf durchgreifen zu können. Sie erlaubten der britischen Armee und später den Israel Defense Forces, angebliche Umstürzler zu verhaften und zu deportieren sowie »geschlossene Gebiete« zu bestimmen, die von Journalisten oder anderen Besuchern über Stunden, Tage oder Jahre nicht betreten werden dürfen. Dieses Recht auszuüben, wurde zwar 1966 von den IDF auf die Polizei übertragen, aber in Wahrheit trifft Shin Bet die einschlägigen Entscheidungen.[344]

Was spricht dagegen, die Beamten des Geheimdienstes dem Parlament gegenüber verantwortlich zu machen? Die Befürworter der gegenwärtigen Regelung behaupten, die Mitglieder der Knesset redeten zuviel. Kein größerer Knesset-Ausschuß könne ein Geheimnis bewahren. Sie weisen ferner darauf hin, daß in einem parlamentarischen System der Premierminister die Verantwortung für seine gesamte Regierung trage. Er oder sie habe die Verantwortung auf sich zu nehmen, wenn der Mossad oder Shin Bet eine unrechtmäßige Handlung begehe, und wenn nötig, müsse der Premierminister zurücktreten.

In Israel hat sich unter den Kabinettsministern jedoch eine bemerkenswerte Gewohnheit entwickelt: keine Verantwortung zu übernehmen.

Der einzige Kontrollmechanismus, der übrigbleibt, ist ein machtloser Beamter, der »state comptroller« – in der Regel ein weiser, älterer Richter im Ruhestand, der die Aufgabe hat, die Nachrichtendienste – wie alle übrigen Behörden – zu beaufsichtigen. Diese wiederum haben alle eins gemeinsam: Sie ignorieren zumeist seine Berichte, die schwer verständlich und voller Statistiken sind und die rauhe Wirklichkeit vergeudeter Mittel, gestohlener Güter und Korruption eher verhüllen, als sie beim richtigen Namen zu nennen.

Zur Überprüfung der Aktivitäten der Nachrichtendienste hat der »state comptroller« Zugang zu den Spesenkonten und Budgets von Mossad und Shin Bet, aber ohne etwas über die geheimen Operationen zu wissen, für die das Geld ausgegeben wurde. So gibt es nichts, was er sinnvollerweise kritisieren könnte, und dem »comptroller« bleibt nichts weiter übrig, als die ihm von den Geheimdienstchefs gegebenen Erklärungen zu akzeptieren.

Wenn die Agenturen ein paar Millionen Dollar mehr benötigen, als ihnen ursprünglich zugeteilt wurde, können sie sich an den Haushaltsausschuß der Knesset wenden. Ist das Budget »für eine lebenswichtige Mission« verwendet worden, so wird der Sonderfonds sofort genehmigt.

Israel befindet sich seit seiner Geburt im Mai 1945 unentwegt im Kriegszustand. Es ist von feindlichen Nationen umgeben und einer permanenten terroristischen Bedrohung ausgesetzt, und so müssen sich seine Gesetze hinsichtlich der Verteidigung und des Geheimdienstes zwangsläufig von den in Amerika oder anderen westlichen Nationen angewandten Normen unterscheiden. Viele Geheimnisse müssen besser gewahrt bleiben als in anderen Ländern, weil schon der kleinste Irrtum in Israel Leben kosten kann.

Es scheint indes albern, daß Israel keinerlei Auskünfte über seine Geheimdienste gibt, die häufig Dinge vollbringen, auf die es stolz sein kann. Die Autoren dieses Buches haben mehrere Tage gebraucht, um vom Büro des Premierministers eine exakte Antwort auf die Frage nach dem genauen und vollständigen Namen des Mossad zu bekommen. Uns interessierte die Bezeichnung, die der Mossad bei seiner englischsprachigen Korrespondenz benutzt.

Von den offiziellen Stellen bekamen wir auf unsere Anfrage die unterschiedlichsten Antworten. Einmal riet man uns, im jährlichen Bericht des »state comptroller« nachzusehen. Dort jedoch werden keine Einzelheiten über das Budget der Geheimdienste veröffentlicht. Außerdem erscheint der Report auf hebräisch, und die Namen können unterschiedlich übersetzt werden.

Schließlich sagte uns der Sprecher des Premierministers: »Es hat mich verdammt viel Zeit gekostet, um es rauszukriegen. Schließlich habe ich den Mossad-Chef gefragt, der ausgesprochen mißtrauisch war und nicht verstand, warum ich das wissen wollte. Aber ich hab's geschafft. Hier ist der Name.«

Und in dem Triumph, uns eine exklusive Information mitteilen zu können, flüsterte er: »The Israeli Secret Intelligence Service.« ISIS ist ein schmuckloser, blasser Schatten des legendären und stolzen Namens des Mossad als Institute for Intelligence and Special Tasks.

Die Frage, wer der derzeitige Leiter des Mossad ist, läßt sich leichter beantworten, weil der Sprecher des Premierministers darauf nur zu sagen braucht: »Sie wissen, daß ich Ihnen das nicht sagen darf.«

Das dürfte übertrieben sein, wenn die ausländischen Geheimdienste den Namen kennen, wenn viele ehemalige Mossad- und Shin-Bet-Agenten die Enthüllung für unschädlich halten und wenn der Name des Aman-Chefs veröffentlicht werden darf. Die einzige interessierte Partei, die definitiv im unklaren gehalten wird, ist die große israelische Öffentlichkeit und somit die Steuerzahler, die das Ganze finanzieren. Einige Veteranen haben deshalb die Einrichtung eines Pressebüros vorgeschlagen – zumindest für Shin Bet.

Wenn Journalisten anfragen, ob der Mossad für bestimmte Abenteuer oder Heldentaten irgendwo in der Welt verantwortlich ist, können die offiziellen Antworten variieren. In der Regel laufen sie auf »Kein Kommentar« hinaus. In Jerusalem allerdings kann die Antwort lauten: »LaHaDaM« – ein gebräuchliches Akronym für *Lo Hayu ha-Dvarim Mi-olam,* was soviel bedeutet wie »Das ist nie passiert«.

Probleme ergeben sich, wenn Beamte ihre Stellung mißbrauchen und den Zensor umgehen, um eine vorteilhafte Interpretation möglicherweise für sie peinlicher Ereignisse zu lancieren. So haben israelische Führer in der Jonathan-Pollard-Spionageaffäre im November 1985 privat die gesamte Story – beziehungsweise eine Seite davon – einer großen amerikanischen Zeitung erzählt, um die wütende und verletzte amerikanische Öffentlichkeit zu besänftigen. Dem Korrespondenten ließen sie durch ihre Assistenten mitteilen, er brauche seinen Artikel nicht dem Zensor vorzulegen; die Sache sei so in Ordnung.[345]

Nachdem der Atomverräter Mordecai Vanunu aus England weggeschafft worden war, verbreitete man im Oktober 1986 verschiedene Versionen über seine Festnahme, nur um zu unterstreichen, daß er nicht der englischen Jurisdiktion entzogen worden war. Alle übrigen Details der Mossad-Operation, mit der man Vanunu nach Hause und vor Gericht gebracht hatte, hielt man geheim. Man hatte einen Zentimeter enthüllt, um einen Meter zu verdecken. Der Zensor, der die Absicht seiner politischen Herren kannte, drückte beide Augen zu.

Ausgesprochen ärgerlich wurde es, als der Zensor im April 1988 ausländische Korrespondenten bestrafte, die unterderhand einen Bericht über die Ermordung Abu Jihads in Tunis erhalten hatten. Manche, wie Premierminister Shamir, der Kollegen gegenüber behauptete, er habe erst im Radio von der Sache gehört, stellten sich unwissend. Andere Offiziere aber, die wußten, daß einer der Gründe für Jihads Ermordung die Abschreckung der Palästinenser gewesen war, nutzten ihre Verbindungen: Sie erzählten die Geschichte den Korrespondenten eines amerikanischen Fernsehsenders sowie einer führenden amerikanischen Zeitung. Diese veröffentlichten getreulich die Story und waren wie vor den Kopf geschlagen, als das Government Press Office ihnen daraufhin die Akkreditierung entzog.[346]

Gelegentlich scheint eine Regierungsstelle nicht zu wissen, was die anderen tun. Journalisten in der israelischen Demokratie müssen lernen, daß sie nie sicher sein können, wann sie etwas veröffentlichen dürfen und wieviel. Das gleiche gilt für Memoirenschreiber. Das Hasardspiel von Geheimhaltung und Zensur kennt unterschiedliche Regeln für unterschiedliche Fälle und Personen.

Geheimdienstveteranen müssen ein feines Gefühl dafür entwickeln, wann das Klima für Enthüllungen günstig ist. So mancher hat seine Zeit vergeudet und Bücher geschrieben, die der Zensor dann nicht freigegeben hat. Ex-Memuneh Isser Harel ist dagegen ein produktiver Autor. Er scheint genau zu wissen, wieviel er über die Aktionen des Geheimdienstes – wie die Entführung Eichmanns – mitteilen darf.

Einige »Ehemalige« umgehen die Zensur, indem sie für ihre Memoiren die Form äußerst wirklichkeitsnaher Romane wählen. Wenn diese auch bisweilen stark autobiographische Züge aufweisen, so publizieren die Autoren doch keine reinen Tatsachen, unterliegen damit nicht der Zensur und verletzen auch nicht ihr Schweigegelöbnis.

Andere ehemalige Mitarbeiter der Geheimdienste oder militärischer Spezialeinheiten verraten Geheimnisse, ohne auch nur ein einziges Wort zu veröffentlichen. Man findet sie in der ganzen Welt. Sie verkaufen dem Ausland ihre in Israel erworbenen Fachkenntnisse und verraten nur durch ihr Tun – oder dadurch, daß sie andere darin unterrichten – mindestens so viele Geheimnisse wie die, die darüber schreiben.

Israel versucht sich gegen die Nachrichtenflut in den Medien zu stemmen, während es vor der Flut der Enthüllungen ehemaliger Agenten die Augen verschließt. Wenn Israel so sehr daran liegt, das Durchsickern klassifizierter Informationen zu stoppen, warum beschäftigt sich der Zensor dann nicht auch mit den Aktivitäten der Söldner, privater Experten und anderer Geheimnisträger?

Der größte Schaden wird häufig von Beamten während ihres Dienstes angerichtet. Die Erklärung Außenminister Dayans im Jahr 1978, mit der er die geheime Verbindung zu Äthiopien bestätigte, hat Israel mehr geschadet als der ganze Berg Zeitungsschnipsel, die der Zensur zum Opfer gefallen sind. Und als ein jüdischer Agent 1985 den heimlichen Exodus der äthiopischen Juden verriet, ruinierte er damit mehr Leben als je ein Journalist in der Geschichte Israels.

Nachrichtenreporter sind in der Regel weniger gefährlich, werden aber in vielerlei Hinsicht stärker zur Verantwortung gezogen. Die Männer und Frauen in den Medien können mit verschiedenen Sanktionen einschließlich Gefängnis belegt werden, während Politiker und Beamte ihre verbalen Vergehen munter überleben.

Auch bei Prozessen wachen die israelischen Autoritäten eifersüchtig über ihr Recht, im Einzelfall festzulegen, ob sie auf absoluter Geheimhaltung bestehen oder eine öffentliche Verhandlung erlauben. Spionageverfahren sind fast immer geheim. Nicht einmal der Name des Angeklagten darf veröffentlicht werden.

Mordecai Kedar, Avri El Ad, Ze'ev Avni und erst kürzlich Marcus Klingberg wurden unter absoluter Geheimhaltung verurteilt und kamen sogar anonym als »X« ins Gefängnis. In den Fällen Mordecai Vanunu und Shabtai Kalmanovitch wurde zwar offiziell bekanntgegeben, daß sie wegen schwerer Verbrechen angeklagt seien, aber zu ihren Verfahren war jeder Zutritt verboten.

Es ist ein manipulierbares System, in dem die Autoritäten ihre Macht nicht nur benutzen, um Geheimnisse der nationalen Verteidigung zu schützen, sondern gelegentlich auch, um peinliche Fehler zu vertuschen. Häufig ist dies das Motiv für das »Verschwinden« von Spionen und anderen Gefangenen, wie in dem völlig geheimgehaltenen Fall Peter Puhlman.

Puhlman war deutscher Jude. Seine Eltern kamen im Holocaust um. Er selbst war Techniker und wurde von der Hauptverwaltung Aufklärung in Ostdeutschland rekrutiert. Seine kom-

munistischen Geheimdienstchefs schickten ihn nach West-
deutschland, wo er eine junge Israelin heiratete und mit ihr nach
Tel Aviv ging. Im November 1971 stellten ihn die Israel Aircraft
Industries ein, wo er in der Abteilung für Aerodynamik mit viel
Geschick und Professionalismus arbeitete, bis Shin Bet ihn nach
fünf Monaten wegen Spionage verhaftete.

Als ostdeutscher Spion war Puhlman in einen der sensitivsten
Rüstungsbetriebe eingedrungen. Unter absoluter Geheimhaltung wurde er zu 15 Jahren Gefängnis verurteilt. Nichts wurde
über seine Verhaftung, die Anklage, den Prozeß oder sein weiteres Schicksal publiziert. 1982 wurde er entlassen. Allein eine
kleine israelische Nachrichtenagentur brachte eine kurze
Notiz.[347]

Wie kann sich eine Demokratie mit Pressefreiheit und vollen
Bürgerrechten derart verschwiegen und geheimnisvoll geben?
Die Nachrichtendienste, der Militärzensor, die Regierung und
das Justizwesen balancieren auf einem schmalen Grat zwischen
dem Schutz der nationalen Sicherheit und dem Primat der Gesetze. Die möglichen Gefahren sind groß: Wenn Menschen einfach verschwinden können, wobei gelegentlich selbst ihre Familien nichts von ihnen wissen, dann besteht die Gefahr, daß sie in
allen Lebenslagen in ihren Rechten verletzt werden können.

Es gibt Anzeichen dafür, daß die Geheimdienste eine Aus-
dehnung ihrer Machtbefugnisse fordern und versuchen, die Bürgerrechte zu beschneiden. Die Knesset verabschiedete 1979 das
Secret Eavesdropping Law, das inzwischen mehrfach modifiziert wurde. Zum erstenmal wurden damit die Polizei, Shin Bet
und Aman per Gesetz bevollmächtigt, Mikrophone zu installie-
ren und Telefongespräche abzuhören.

Die Polizei macht von dieser Möglichkeit nur Gebrauch, um
Straftäter zu überführen oder Verbrechen aufzuklären – und
auch dann nur nach vorheriger richterlicher Erlaubnis. Allein
einer der Spitzenkommandanten der Polizei ist ermächtigt, solche Genehmigungen zu beantragen.

Die »Sicherheitsgewalten«, wie die beiden Nachrichtendien-
ste im Gesetz definiert werden, haben es da leichter. Von ihnen
verlangt man nur die Einwilligung des für sie verantwortlichen
Ministers. Normalerweise müßte daher der Premierminister
Shin Bet und der Verteidigungsminister Aman eine schriftliche
Vollmacht erteilen. Falls mit der Abhöraktion jedoch unverzüg-

lich begonnen werden muß, ermächtigt das Gesetz den Shin-Bet-Chef, selbst eine auf 48 Stunden befristete Genehmigung zu erteilen.

Der Mossad forderte eine ähnliche Vollmacht, was das Parlament jedoch ablehnte, weil die Agentur nicht im Inland tätig wird.

In den USA ist auch in Verteidigungs- und Spionagefällen immer eine richterliche Abhörgenehmigung erforderlich. Außerdem dürfen CIA und National Security Agency innerhalb der USA nur ausländische Bürger überwachen, die nicht von der Verfassung geschützt werden – amerikanische Bürger normalerweise nicht.

Der israelische Geheimdienst unterliegt bei derartigen Aktionen nur wenigen Einschränkungen. Abgehört werden dürfen Israelis wie Ausländer, und auch Aman darf alle Telefone anzapfen. Das Gesetz erlaubt den Geheimdiensten ausdrücklich, Abschriften der mitgehörten Gespräche aufzubewahren, selbst wenn die Bänder vernichtet werden.

Die israelische Grauzone zwischen Sicherheitsanforderungen und demokratischen Werten wurde Ende 1989 noch undurchsichtiger. Im Dezember beschuldigte Premierminister Shamir Wissenschaftsminister Ezer Weizman, heimlich mit der PLO zu verhandeln und damit nicht nur gegen die Regierungspolitik und das Gesetz zu verstoßen, sondern Israel zu »betrügen«. Weizman, ein ehemaliger Luftwaffenkommandeur und Verteidigungsminister, war wie vor den Kopf geschlagen, als Shamir seine Anklage mit klassifizierten Informationen untermauerte. Als ihr Vorgesetzter war der Premierminister von Shin Bet und Mossad – korrekterweise – informiert worden, daß einer seiner Minister Kontakte zu Führern der PLO habe. Offensichtlich hatten sie ihm Transkripte über ein abgehörtes Treffen zwischen Weizman und einem PLO-Diplomaten im Juli in Genf sowie über anschließende Telefonate zwischen dem Haus des Ministers und dem PLO-Hauptquartier in Tunis übergeben. Weizman – einst ein militärischer Falke, nun aber eine politische Taube – trat offen für Verhandlungen mit den Palästinensern ein und hatte der PLO insgeheim empfohlen, die amerikanische Vermittlung anzunehmen.

Daß der israelische Geheimdienst ankommende Telefonate aus einem arabischen Land, insbesondere aus Arafats Hauptquartier, überwachte, war weder überraschend noch technisch schwierig. Aber hier ging es um das Privattelefon eines Ministers, und so war die Sache politisch prekär.

Eindrucksvoller war die Tatsache, daß Israels Spione einen wortwörtlichen Bericht darüber beschafft hatten, was einer der PLO-Spitzenfunktionäre in Europa tat. Der israelische Geheimdienst mußte einen wertvollen Informanten an der Spitze der PLO haben. War es daher klug, daß Shamir – selbst ein ehemaliger Geheimagent und mit den Spielregeln bestens vertraut – mit dem ihm übergebenen Material an die Öffentlichkeit ging? Um seine strikte Weigerung, mit der PLO zu verhandeln, zu manifestieren und seine Angriffe gegen Weizman zu untermauern, erklärte der Premierminister, daß er die Beweise vom Geheimdienst habe.[348] Damit verletzte Shamir um eines politischen Ziels willen ein traditionelles Tabu und gefährdete die künftige Informationsbeschaffung.

Schlicht durch das Lesen der israelischen Zeitungen konnten die Sicherheitsagenten der PLO feststellen, daß ihre Organisation unterwandert worden war. Ebenso bedenklich war, daß der Premierminister Shin Bet – zum erstenmal seit den Tagen Ben-Gurions – in eine peinliche Situation brachte und ihn in eine politische Auseinandersetzung hineinzog.

Die Weizman-Affäre verstärkte den Eindruck, daß das System einer Reform bedurfte, um den Einsatz des Geheimdienstes für Parteizwecke zu verhindern. Es bedarf daher dringend einer klareren Regelung, ohne Grauzonen an den Rändern der Legalität. Wer sich auf den guten Willen verläßt, behält die Tür offen für schlechte Absichten.

Die Verantwortlichkeit der Geheimdienste gegenüber der Öffentlichkeit – repräsentiert durch das Parlament – muß verstärkt werden. Die Skandale der 80er Jahre haben gezeigt, daß zwar einzelne Missionen mit großem Erfolg durchgeführt wurden, die Agenturen aber scheiterten, wenn Fehlurteile oder Machtmißbrauch die Oberhand gewannen.

20. DER WEG IN DIE ZUKUNFT

Für Israel begann das Weltraumzeitalter am 19. September 1988, als von einer Abschußrampe nahe der Mittelmeerküste südlich von Tel Aviv, unweit des Atomforschungsreaktors Nahal Sorek, eine Rakete in den Himmel schoß.

Es war das öffentliche Debüt der Shavit – »Komet« –, die auf der »Jericho« basierte und als mögliche Trägerrakete für Israels geheime Atombombe entwickelt worden war. Die Shavit beförderte einen Satelliten namens Ofek – »Horizont« – in den Weltraum. Der Leiter der Raumfahrtbehörde, die ihren ersten erfolgreichen Abschuß feierte, war der ehemalige Aman-Technologieexperte Yuval Ne'eman. Die Reporter erfuhren, daß Ofek ein Versuchssatellit sei. Er umkreiste die Erde vier Monate lang.

Stolze Erklärungen von Ne'eman, Premierminister Shamir und anderen Israelis spiegelten die Gefühle des jüdischen Staates, der gerade einen wichtigen Durchbruch geschafft hatte, wider. Nachdem Israel zuvor klammheimlich dem exklusiven Atomclub beigetreten war, gab es sich nun offen als achte Nation der Welt zu erkennen, die Raketen besaß, mit deren Hilfe Satelliten in eine Erdumlaufbahn befördert werden konnten.

Shavit bewies ihre Treffsicherheit, indem sie Ofek auf die vorgesehene Umlaufbahn brachte – eine Ellipse von 155 bis 620 Meilen von der Erde entfernt. Israel hatte den Wettlauf im Mittleren Osten um den Bau ballistischer Raketen gewonnen. Ohne das Leben seiner Piloten zu gefährden, konnte Israel jetzt auch entfernte Feinde zielsicher treffen.

Wichtiger jedoch war von Anfang an die Möglichkeit der Spionage aus dem Weltraum. Israel hat bereits eine Reihe weiterer Satelliten mit Kameras und raffinierten Kommunikationssystemen geplant. Sie sollen im Weltall ein Netz von Augen und Ohren bilden, das alle 90 Minuten den Mittleren Osten überfliegt. Inzwischen wurde am 3. April 1990 Ofek-2 gestartet, der erfolgreich drei Monate lang Kommunikationstests durchführte.

Ein ständiges System von Himmelsspionen wird Israel mehr Informationen über seine arabischen Nachbarn liefern als jemals zuvor. Truppenbewegungen jenseits der Grenzen werden leichter und schneller auszumachen sein, als dies bisher mit Aufklärungsflugzeugen und unbemannten »Drohnen« möglich war.

Wie schon auf anderen Gebieten der Technologie möchte Israel vom Wohlwollen anderer unabhängig sein: nicht mehr die USA um Satellitenfotos bitten oder Agenten wie Jonathan Pollard ausschicken zu müssen, um sie zu stehlen. Wie es der ehemalige Mossad-Chef Meir Amit ausdrückt: »Wenn man je nach Laune nur mit den Krumen anderer gefüttert wird, dann ist das unbefriedigend und sehr schwierig. Wenn man unabhängig ist, bewegt man sich auf einer höheren Ebene.«

Es gibt eine Menge, worauf die Israelis ihre menschlichen und elektronischen Augen richten werden. Syrien verfügt über einen Vorrat an Senfgas und anderen Giften, mit denen es seine von den Sowjets gelieferten Raketen bestücken kann.

Libyen hat mit der Produktion chemischer Waffen begonnen, und Oberst Khadafis Luftwaffe hat ein deutsches Zusatzgerät gekauft, das auf Langstreckenflügen das Auftanken in der Luft ermöglicht. Die Kampfbedrohung jedoch kam Anfang 1990 aus dem Irak.

Kurz nachdem der erbitterte Krieg zwischen dem Iran und dem Irak 1988 zu Ende gegangen war, zeigte sich, daß die größte Kriegsgefahr im Mittleren Osten vom irakischen Präsidenten Saddam Hussein ausging. Nach den militärischen Statistiken war seine Macht furchteinflößend: eine Million Soldaten in der größten Armee der Region, mehr Panzer und Artillerie als irgendein Rivale, ein riesiges Arsenal an Giftgas, das nach der Genfer Konvention verboten ist, sowie biologische Waffen in Form von bakteriell verseuchtem Material, das in Sprengköpfen untergebracht oder der Wasserversorgung zugesetzt werden kann, um Epidemien auszulösen.

Aman- und Mossad-Analysen befaßten sich mit Saddams Größenwahn. Seine Vorbilder waren die arabischen Heere, die im 7. Jahrhundert das persische Reich zerschlugen. Ganz besonders angetan hatte es ihm allerdings der arabische Sultan Saladin, der im 12. Jahrhundert die Kreuzritter besiegte. Saddam meinte es tödlich ernst damit, wenn er die Juden und ihre amerikanischen Förderer als neuzeitliche Eindringlinge bezeichnete, die vertrieben werden mußten.

Um den Irak zur führenden Supermacht im Mittleren Osten zu machen, setzte Saddam seine weitreichenden Raketen und chemischen Waffen nicht nur gegen den Iran ein, sondern auch gegen die eigene kurdische Minderheit. Anschließend drohte er ganz offen, mit den gleichen Waffen »halb Israel« zu vernichten. Das vom Irak enthüllte Raketenpotential wurde immer eindrucksvoller – darunter 1989 auch die Trägerrakete für einen Satelliten.

Irakische Waffenkäufer wurden gefaßt, als sie atomare Technologie aus Kalifornien herausschmuggelten, darunter »Kryotons« – elektronische Zünder für Atombomben –, die Israel bereits besaß. Aman-Analytiker kamen im Verein mit anderen westlichen Geheimdiensten zu dem Schluß, daß der Irak, falls er nicht gestoppt wurde, wahrscheinlich in den 90er Jahren eine Atombombe entwickeln werde.

Israel konnte eigentlich nur zwei Dinge tun. Erstens verdoppelte der Geheimdienst seine Anstrengungen, soviel wie irgend möglich über das irakische atomare, chemische, biologische und sonstige Waffenprogramm in Erfahrung zu bringen. Zur Planung eines Präventivschlags war es dabei besonders wichtig, die genauen Standorte und Sicherheitsvorkehrungen in Erfahrung zu bringen.

Es stellte sich jedoch bald heraus, daß die sogenannte »Begin-Doktrin« – jede arabische Armee daran zu hindern, sich mit Atomwaffen auszurüsten – nicht mehr so einfach durchzusetzen war. Eine schlichte Wiederholung des Luftangriffs von 1981, bei dem der Reaktor in Bagdad zerstört wurde, schien unmöglich. Der Irak hatte seine Verteidigungseinrichtungen besser geschützt, zum Teil unter die Erde verlegt und sie über das ganze Land verteilt. Und im Gegensatz zu 1981 konnte Präsident Saddam Hussein durchaus zurückschlagen. Nach seinem Krieg gegen den Iran suchte er einen neuen Gegner, und seine Angriffsstärke hatte schnell zugenommen.

Zum anderen arbeitete Israel insgeheim am Aufbau von militärischen Stützpunkten für einen atomaren Zweitschlag, die per Definition jeden arabischen Angriff auf den Dimona-Reaktor, auf die israelischen Flughäfen und auf die Atomraketen-Stützpunkte überstehen konnten. Man vermutete, daß die Israelis entscheidende Fortschritte in der Entwicklung seegestützter Atomwaffen gemacht hatten, wie die CIA bereits in den 60er Jahren gemeldet hatte: tieffliegende Seeraketen, die aus Standard-Torpedorohren abgefeuert werden und die 600 Meilen bis Bagdad überwinden können.

Die drei 1977 von England gekauften U-Boote waren inzwischen veraltet. Kaum beachtet verhandelte die Marine daher 1990 mit Deutschland über den Erwerb zweier moderner U-Boote. Der Kauf wurde jedoch vom Verteidigungsministerium aufgrund genereller Einsparungsmaßnahmen aufgeschoben, obgleich ein großer Teil der sich auf eine halbe Milliarde Dollar belaufenden Kosten als Militärhilfe von den USA hätte übernommen werden können.

Der Erwerb von U-Booten galt jedoch weiterhin als äußerst dringlich. Mit den Worten eines pensionierten Kommandeurs der israelischen Marine: »Die U-Boote werden in den nächsten zehn bis 15 Jahren das israelische Abschreckungssystem mittragen. Sie sind die Garantie dafür, daß die andere Seite nicht in Versuchung gerät, einen Präventivschlag mit nichtkonventionellen Waffen zu führen – und ungestraft davonkommt. Ich spreche über eine Abschreckungswaffe. Ein U-Boot kann selbständig eine Rakete abfeuern, und das ist ein Vernichtungsmittel, das der Feind fürchtet.«[349]

In der Zwischenzeit hatten Saddams Wissenschaftler an einer ungewöhnlichen Artilleriewaffe gearbeitet. Sie warben Gerald Bull an, einen in Kanada geborenen Experten für weitreichende Kanonen, der bereits für die USA, Südafrika, Israel und andere Länder gearbeitet hatte. Bulls Space Research Corporation lieferte den Irakern die Blaupausen für eine Kanone, die so gewaltig war, daß sie ein Geschoß in den Weltraum schießen konnte. Sie würde sogar größer sein als die Prototypen des High Altitude Research Project (HARP), die Bull in den 60er Jahren für die USA und Kanada gebaut hatte.

Für den Bau von Saddams »Superkanone« brauchte der Irak absolut reibungslose Stahlrohre von einem Meter Durchmesser und insgesamt etwa 50 Metern Länge. Das Industrieministerium vergab die Aufträge an englische Stahlwerke, denen angesichts der drohenden Rezession jeder Exportauftrag gelegen kam. Man erzählte den englischen Gesellschaften, die Rohre würden für eine Ölleitung benötigt.

Die Space Research Corporation besaß eine Geschäftsstelle in Brüssel. Dort wurde Bull am 22. März 1990 ermordet. Dem 62 Jahre alten Erfinder war vor seiner Wohnungstür zweimal in den Nacken geschossen worden. Die Nachbarn hatten nichts gehört, und die mehr als 12.000 Dollar Bargeld in seiner Tasche waren nicht angetastet worden. Die belgische Polizei sprach von einem

»professionellen Mord«. Europäische Diplomaten vermuteten, der Mossad habe einen gefährlichen Wissenschaftler beseitigt. Israel schwieg, aber Geheimdienstberichte schlossen die Möglichkeit nicht aus, daß irakische Agenten Bull liquidiert hätten, nachdem man entdeckt hatte, daß er sie betrog.

Drei Wochen später führten englische Zollbeamte eine Razzia an Bord eines Schiffes durch, das in Teesport Fracht an Bord nahm und auf dem Weg in den Irak war. Nach der Beschlagnahme einer Ladung Stahlrohre gaben sie bekannt, daß die Rohre für die Herstellung der größten Kanone der Welt bestimmt gewesen seien. Deren Reichweite wurde auf über 1200 Meilen geschätzt, wenngleich ihre Treffsicherheit nicht exakt zu berechnen war. Die englischen Behörden erklärten, sie hätten Saddam auf frischer Tat mit einer »Atom-Kanone« erwischt. Auf eine Anfrage im Parlament, ob der Mossad den für die Beschlagnahme relevanten Tip gegeben habe, verweigerten die Minister die Antwort.

Die gesamte westliche Welt weigerte sich ebenfalls, irgend etwas zu sagen, als der israelische Geheimdienst alarmierende Berichte vorlegte, wonach Saddam Hussein zu einer ernsten Gefahr wurde. Am 2. August 1990 wurde die internationale Gemeinschaft mit der überraschenden Nachricht geweckt, daß die Truppen des irakischen Diktators in Kuwait einmarschiert waren. Es wurde deutlich, daß Saddam nicht nur für die unterdrückte Bevölkerung des Irak, für die arabischen Golfstaaten, denen er ihren Reichtum neidete, und für den jüdischen Staat, den er haßerfüllt als »zionistisches Gebilde« abtat, eine Gefahr darstellte. Mit dem morgendlichen Überfall auf seinen Nachbarn hatte er sich als Gefahr für die Stabilität des gesamten Planeten desavouiert.

Israel hatte die USA wiederholt vor dem Irak gewarnt, aber in Washington schien kaum jemand zuzuhören. Nur eine Woche vor der Invasion übergab Verteidigungsminister Moshe Arens den Beamten des Pentagon die neueste Lagebeurteilung des israelischen Geheimdienstes. Die darin enthaltene Voraussage eines irakischen Angriffs auf Kuwait erwies sich als prophetisch. Tatsächlich hatte Arens jedoch diesen Punkt gar nicht besonders unterstrichen. Man betrachtete die Angelegenheit nicht als sonderlich dringend, weil es für Israel seit jeher von Vorteil war, wenn sich zwei arabische Länder bekämpften.

Zu diesem Zeitpunkt meinten die USA, daß sie den israelischen Geheimdienst in der unruhigen Golfregion eigentlich nicht brauchten, obgleich Tel Avivs Analysen »mit in den großen Topf« kamen, wie ein amerikanischer Beamter erklärte. Luftaufklärungs- und Überwachungsflugzeuge, die sogenannten AWACS, überflogen mit amerikanischen und saudischen Technikern regelmäßig Saudi-Arabien und überwachten mit Radarbildschirmen die Region. Über Aufklärungssatelliten und riesige Funküberwachungsanlagen wußten die Amerikaner über die irakischen Truppenbewegungen weit mehr, als die Israelis überhaupt wissen konnten.

Allerdings: Selbst bei identischer Information können Auswerter in der Einschätzung der Fakten unterschiedlicher Meinung sein. Außerdem wird aus einer »Bewertung« leicht eine reine Vermutung, zumal dann, wenn es um die Absichten eines Diktators geht, der seine Entscheidungen für sich alleine trifft. Aman und Mossad hatten gelernt, von Saddam Hussein stets das Schlimmste anzunehmen, und waren überzeugt, daß er Kuwait angreifen würde. Die Amerikaner, die ihn jahrelang im Krieg gegen den Iran heimlich unterstützt hatten, konnten sich nicht zu der gleichen Einstellung durchringen.

Sobald Präsident Bush erfuhr, daß Saddam Kuwait »geschluckt« hatte, beschloß das Weiße Haus, ihm nicht zu erlauben, diesen Happen zu verdauen. Die USA und England brachten ihre Streitkräfte mit Unterstützung zwei Dutzend weiterer Nationen in sehr kurzer Zeit nach Saudi-Arabien – einmal um das Königreich zu schützen, zum anderen, um von dort militärischen Druck auf Saddam auszuüben, Kuwait wieder »auszuspucken.« Die Vereinten Nationen reagierten mit bemerkenswerter Einmütigkeit. Washington und Moskau schienen ihren ersten Kooperationstest nach dem kalten Krieg gut zu bestehen.

Aber ihren mächtigsten und bekanntermaßen treuesten Verbündeten im Mittleren Osten baten die Amerikaner, sich aus diesem Kampf herauszuhalten. Wenn sich die USA öffentlich mit Israel verbündeten, bestand die Gefahr, daß unterstützungswillige arabische Nationen wie Syrien sich aus der antiirakischen Koalition verabschieden könnten.

Dies alles waren interessante und delikate politische Überlegungen einer Supermacht, die sich taktvoll durch das Dickicht konkurrierender Interessen im Mittleren Osten bewegte, aber für Israel war die Golfkrise eine Frage auf Leben und Tod. Saddam Hussein konnte jederzeit den Konflikt erweitern und seine Raketen auf Israel richten. An alle Bewohner der israelischen Städte wurden Gasmasken verteilt, und das Luftabwehrsystem wurde in höchste Alarmbereitschaft versetzt.

Amans Analytiker mühten sich rund um die Uhr, Saddams nächsten Schritt abzuschätzen oder zu erraten. Da Ofek noch nicht zu einem vollständigen Überwachungssystem herangereift war, bat Israel die USA um die sofortige Übermittlung der Satellitenfotos ihrer elektronischen Himmelsspione, um vor Raketenangriffen aus dem westlichen Irak rechtzeitig gewarnt zu sein.

Washington lehnte dies ohne eine zufriedenstellende Begründung ab. Die Amerikaner gaben lediglich ausgewählte Daten ihrer Satellitenaufklärung heraus, und dies mit einer acht- bis zwölfstündigen Verzögerung. Das reichte kaum, um den Israelis das Gefühl der Sicherheit zu geben.

Dessenungeachtet fand hinter verschlossenen Türen ein intensiver Nachrichtenaustausch statt. Amerikanische und israelische Teams analysierten gemeinsam die militärischen Bewegungen und Optionen sowie die Satellitenfotos – mit dem stillschweigenden Einverständnis, daß dies den israelischen Bomberpiloten bei der Zielsuche im Irak helfen konnte. Pentagon- und Aman-Experten trafen sich regelmäßig, um Informationen in der Golfkrise auszutauschen.

Wie stets in der Mossad-CIA-Beziehung gab es nichts umsonst; je mehr die Israelis anbieten konnten, um so mehr bekamen sie – solange das Ganze geheim blieb, um die Gefühle der Saudis oder anderer arabischer Verbündeter nicht zu verletzen.

Der geheimste Dialog fand zwischen einigen Spezialisten der beiderseitigen Geheimdienste statt. Da der gemeinsame Feind eine von wenigen regierte Diktatur war, hätte die Beseitigung des Diktators ein großer Schritt zur Lösung des Problems sein können. Und da es der CIA per Gesetz verboten war, irgend jemanden zu töten, während der Mossad bereits über »praktische Erfahrung auf diesem Gebiet« verfügte, wurden zwangsläufig gemeinsame Aktionen diskutiert.

Israel hatte in vielen Ländern palästinensische Terroristen eliminiert und dabei Erfahrungen im Umgang mit Schalldämpfern, sorgfältig ausgearbeiteten Fluchtwegen und ferngesteuerten Explosivkörpern gesammelt – von Autobomben bis zu Sprengladungen in Betten. Obgleich beide Geheimdienste überzeugt waren, daß Saddams Eliminierung die beste Lösung wäre, wußten sie auch, daß dies nicht leicht sein würde.

Mossad und Aman taten sich zusammen, um ein Persönlichkeitsprofil von Saddam zu erstellen, das zum Teil darauf beruhte, daß sie jeden seiner täglichen Fernsehauftritte beobachteten. Sie beauftragten sogar einen Handschriftenexperten mit der Analyse seines Stils. Der Bericht, den man auch der CIA und dem Pentagon überließ, beschrieb ihn als gerissen und vorsichtig, als vielleicht den mißtrauischsten Menschen überhaupt: Saddam hatte eine solche Angst, vergiftet zu werden, daß er alle seine Mahlzeiten von einem Vorkoster probieren ließ und anschließend eine Stunde wartete, bevor er selbst davon aß. Er hatte mehrere bewaffnete Leibwächter, die er regelmäßig auswechselte, und trug ständig eine Pistole bei sich. Seit der Invasion von Kuwait änderte er dauernd seinen Tagesablauf und schlief niemals zwei Nächte hintereinander im selben Bett.

Selbst falls ein »sauberer« Mord möglich war, hatten einige israelische Agenten Bedenken, ihr Land mit hineinzuziehen. Mossad und Aman waren bis dahin niemals in politische Morde auf höchster Ebene verwickelt gewesen. Sie hatten palästinensische Kämpfer getötet, aber niemals Leute, die in erster Linie Politiker waren. Die israelischen Strategen befürchteten, daß eine solche Operation nach hinten losgehen könne. In den 40 Jahren geheimer Kriegsführung hatte es einen stillschweigenden Burgfrieden mit den arabischen Regierungen gegeben: Ihr laßt unsere Präsidenten und Premierminister in Ruhe, und wir verschonen die euren.

Außer Mord gab es einige Standardmethoden, um das Regime in Bagdad zu destabilisieren: Desinformation, um Verwirrung zu säen, oder psychologischer Druck und Bestechung der maßgeblichen Personen, um sie als potentielle Mitglieder einer alternativen Regierung zu motivieren.

Die Organisation eines Putsches mag altmodisch sein, bietet sich aber an, wenn es darum geht, das ebenso altmodische Überrennen eines schwachen Nachbarn durch einen imperialistischen Tyrannen rückgängig zu machen. Eine Rebellion anzuzetteln war im Irak jedoch doppelt schwierig, wo Saddam jeden liquidierte, der nur den geringsten Widerspruch erhob.

Alle Schlüsselpositionen in Regierung und Armee waren mit

Mitgliedern seiner Familie besetzt. Es gab keine aktive Opposition im Land – trotz der Konzentrationen der proiranischen Schiiten im Süden und der um ihre Autonomie kämpfenden Kurden im Norden. Die einzigen irakischen Oppositionsgruppen befanden sich im Ausland und waren schwach und unzuverlässig. Dennoch nahmen amerikanische und englische Geheimdienstagenten zu ihnen Kontakt auf, um die Möglichkeiten einer Destabilisierung des Saddam-Regimes zu erörtern.

Auch die Kurden konnten ein nützlicher Koalitionspartner gegen Saddam sein, aber sie hatten noch nicht vergessen, daß die CIA sie nach Jahren der Unterstützung Mitte der 70er Jahre hatte fallenlassen. Nach der Invasion von Kuwait bekundeten die USA erneut ein Interesse an den kurdischen Rebellen. Von Nutzen war, daß der Mossad den Kontakt zu ihnen nie hatte abreißen lassen.

Die Israelis wußten, daß man bei dem Versuch, Saddams Regime zu stürzen, »bei Null« anfangen mußte. Es gab keine Lösung der Krise, die man über Nacht herbeizaubern konnte. Ihre pessimistischen Analysen beeindruckten die Amerikaner. Als sie ihren ersten Bombenangriff gegen den Irak planten, ließen die amerikanischen Militärs durchblicken, daß die Idee, den irakischen Präsidenten und seine Familie zusammen mit den wichtigsten Atom- und Raketenanlagen zu bombardieren, von den Israelis stamme.

In der Zwischenzeit erging sich Shamir in dunklen Andeutungen über »geheime Waffen«, die Israel einsetzen würde, um sich für jeden Angriff der Iraker zu rächen.

Während Israel seinen technologischen Zenit erreichte, war ausgerechnet sein Geheimdienst an einem Tiefpunkt angekommen. In vieler Hinsicht war die Beschäftigung mit der Zukunft daher eine willkommene Ablenkung vom Rückblick auf die Vergangenheit. Die Litanei der Fehler war symptomatisch für die inneren Probleme der Geheimdienste anderer Nationen: innere Rivalitäten, mangelhafte Kontrolle durch die Politiker, der Wunsch, über vernünftige Grenzen hinaus zu expandieren, eine schlechte Koordination unter den Diensten, sich überschneidende Kompetenzen und parallele Aktionen. Israels Geheimdienste hatten dies alles bereits in den frühen 50er und 60er Jahren als Kinderkrankheiten durchgemacht und waren damit fertig geworden. In den 80er Jahren brachen sie jedoch erneut aus.

Die Gebrechen konnten durch ein besseres Management, größere Verantwortlichkeit, verbesserte Koordination und eine strengere Auswahl bei der Rekrutierung von Agenten und der Übernahme von Aufgaben kuriert werden. Es würde länger dauern, den ernsthaft geschädigten Ruf der Geheimdienste zu reparieren. Tiefe Risse hatten den Leumund der israelischen Geheimdienste als präzise, professionell und unbesiegbar ruiniert.

Wer auf den Wogen des Triumphes reitet, hat es leichter, Agenten und Informanten zu rekrutieren – in der Siegermannschaft möchte jeder mitspielen. Wer aber arbeitet gern für einen Versager oder riskiert sein Leben für einen Geheimdienst, der seine Mitarbeiter nicht beschützen kann?

Die geheimnisvolle Welt der Spionage übte eine große Faszination aus, und Israel hatte es immer wieder verstanden, die Phantasie seiner Zuschauer zu fesseln. Ausländer wie Israelis staunten über die Heldentaten der Nachrichtendienste wie die Gefangennahme Eichmanns in Argentinien und die Geiselbefreiung in Entebbe, wobei in der Regel alles Verdienst dem Mossad zugeschrieben wurde. Bei ausländischen Experten galt Israel als führend im präventiven Geheimdienst und im allgemeinen Kampf gegen den internationalen Terrorismus.

Israel war jedoch weise genug, über die meisten seiner heimlichen Aktionen absolutes Stillschweigen zu bewahren. Gelegentlich eine phantastische Geschichte zu veröffentlichen konnte nützlich sein, aber der Rest ging niemanden etwas an. Völlig abseits vom Licht der Öffentlichkeit hatte Lakam beim Aufbau der Verteidigung mitgewirkt und sich im Ausland wissenschaftliche wie industrielle Geheimnisse verschafft. Von Pollard hätte niemand etwas erfahren, wäre er nicht 1985 verhaftet worden. Der israelische Geheimdienst verfolgt noch heute ähnliche Projekte, wenn auch in anderer Form und ohne dafür amerikanische Bürger anzuwerben.

Als der Pan-American-World-Airways-Flug 103 Ende 1988 über Lockerbie in Schottland von einer Bombe zerrissen wurde, war man in Israel unsicher, wieviel die Öffentlichkeit darüber erfahren sollte, und vor allem nicht gewillt, sich in irgendeiner Weise mit einer Sache in Verbindung bringen zu lassen, die mit Sicherheit auf ein Versagen der Geheimdienste zurückging. Andererseits wollte Israel sichergehen, daß die Welt den Palästi-

477

nensern die Schuld gab am Tod von 259 Passagieren, der Crew und weiteren elf Menschen am Boden. Israelische Informanten erzählten daher einigen ausgewählten Zeitungsreportern, daß sie die »Popular Front for the Liberation of Palestine – General Command« für den wahrscheinlichsten Täter hielten.

Selbst wenn Israel dies nicht getan hätte, hätten die westdeutschen Untersuchungsbeamten – Flug 103 kam aus Westdeutschland – und ihre schottischen Kollegen aufgrund vorliegender Indizien den Massenmord mit der PFLP-GC in Verbindung gebracht. Diese Gruppe, die von Damaskus aus operiert und von dem ehemaligen syrischen Armee-Captain Ahmed Jibril gegründet wurde, war auf die Zerstörung ziviler Flugzeuge spezialisiert. In Westdeutschland hatte man bereits eine PFLP-GC-Zelle ausgehoben. In ihrem Besitz hatte man eine aus Plastiksprengstoff gefertigte Bombe mit barometrischem Zeitzünder gefunden, die in einem Toshiba-Radio-Kassettenrekorder versteckt war. Eine ähnliche Bombe hatte den Pan-Am-Jumbo zum Absturz gebracht.

Der israelische Geheimdienst, vor allem Aman, wußte eine ganze Menge über den Leiter der in Deutschland verhafteten Gruppe. Hafez Kassem Dalkamoni hatte in Ashkelon an der israelischen Mittelmeerküste zehn Jahre im Gefängnis gesessen, nachdem er 1969 versucht hatte, einen Hochspannungsmast in die Luft zu jagen. Der Versuch hatte ihn ein Bein gekostet. Nachdem er wegen Terrorismus zu lebenslangem Gefängnis verurteilt worden war, wurde er zum gläubigen Muslim und gefiel sich in der Verbreitung antizionistischer Slogans.

1979 wurde er – inzwischen 33 Jahre alt – im Rahmen eines Gefangenenaustauschs mit der PFLP-GC entlassen. Viele Geheimdienstmitarbeiter hatten sich gegen die Entlassung der als höchst gefährlich eingestuften Gefangenen ausgesprochen – genauso wie sie es 1985 taten, als ein noch umfassenderer Austausch vorgenommen wurde. Israels Politiker und Armeekommandeure taten indes alles, um die von palästinensischen Guerillas gefangengenommenen Soldaten zu befreien. Dies gehörte zur Tradition der israelischen Armee und des Nachrichtendienstes.

Yigal Carmon, Berater für Terrorismusfragen von Premierminister Yitzhak Shamir, nannte Dalkamoni »eine genaue Kopie seines Meisters Jibril«.[350] Dalkamoni wurde überwacht, als er zur PFLP-GC zurückkehrte. In einem Geheimdienstbericht wurde er als Kommandant des »Westlichen Abschnitts« bezeichnet, »der in Wahrheit eine internationale Terrorismusgruppe ist«. Er benutzte Trainingslager in Syrien und im Libanon, aber seine Operationen in Europa führte er von mehreren »sicheren Häusern« in Westdeutschland aus durch.

Die Israelis schienen einen oder mehrere Agenten in Dalkamonis deutsches Netz eingeschleust zu haben, denn der Liaisonoffizier des Mossad in Bonn konnte den westdeutschen Geheimdienst 1988 vor einem drohenden Angriff warnen. Das vermeintliche Ziel sollte eine israelische Handballmannschaft sein, die Europa besuchte.

Das westdeutsche Gegenstück zu Shin Bet, das Bundesamt für Verfassungsschutz, ließ die PFLP-GC-Zelle und ihre Telefone rund um die Uhr überwachen und abhören. In codierten Gesprächen teilte die Gruppe ihren Kameraden in Syrien und Jordanien mit, daß »die medizinische Behandlung intensiviert worden sei« und daß »die Sachen fast fertig seien«. Dies geschah am 23. Oktober 1988. Die Deutschen berieten sich mit dem Liaisonoffizier des Mossad und schlugen dann zu. Am 26. Oktober wurden 16 Verdächtige verhaftet. Außer der Radiobombe und einem Waffenarsenal fand die Polizei Dokumente, die darauf hindeuteten, daß man mit der Bombe am 29. Oktober eine spanische Maschine auf ihrem Flug von Madrid nach Tel Aviv hatte in die Luft sprengen wollen: Iberian-Airways-Flug 888. Mehr als 100 Passagiere und die Crew wurden aufgrund des israelischen Hinweises und des Eingreifens der Deutschen gerettet – ein hervorragendes Beispiel für »vorbeugenden Geheimdienst«, auf den die Israelis zu Recht stolz sind. Innerhalb von 15 Tagen jedoch setzten die deutschen Behörden 14 der Verdächtigen wieder auf freien Fuß.

Kaum sechs Wochen nach Freilassung fast der gesamten PFLP-GC-Gruppe – offensichtlich aus Mangel an Beweisen – flog Pan-Am-Flug 103 in die Luft. Nur Dalkamoni und ein angeblicher Komplize befanden sich noch in Haft, und die Medien warfen Deutschland vor, schwer versagt zu haben. Sich widersprechende Gerüchte über angebliche Doppelagenten, über Betrug und Warnungen, die zwar empfangen, aber ignoriert worden waren, machten die Runde.

Fast alle diese Gerüchte waren Desinformationen. Die Geheimdienste Israels, der USA, Westdeutschlands, Englands und anderer Nationen, die in die Angelegenheit verwickelt waren, befolgten einen ihrer obersten Grundsätze: ihre Informanten zu schützen.

Das Pan-Am-Desaster war ein Beispiel für die Schwierigkeiten, die entstehen, wenn Sicherheitsagenturen versuchen, mit einer schillernden kleinen Gruppe von Informanten zu arbeiten: ungebundenen Terroristen mit wechselnder Loyalität, die äußerst unzuverlässig sind.

Nachdem das Unglück geschehen war und 270 Menschen getötet worden waren, war es das unmittelbare Ziel der Geheimdienste, die Schuldigen zu finden, ohne jedoch das »Wie« ihres Vorgehens zu gefährden. Es war klar, daß Dalkamonis Gruppe stark vom israelischen und von anderen Sicherheitsdiensten unterwandert war. Die 14 PFLP-GC-Mitglieder waren entlassen worden, weil man die Identität der Informanten unter ihnen schützen wollte.

Es blieb jedoch die beunruhigende Tatsache, daß die israelische Armee nur zehn Tage vor dem Lockerbie-Unglück *Sayeret*-Kommandos zu einem ihrer seltenen Überfälle auf eines der PFLP-GC-»Einsatzhauptquartiere« in Niameh, südlich von Beirut, ausgesandt hatte. Normalerweise hätte die israelische Luftwaffe die Basis aus sicherer Höhe bombardiert. Am 11. Dezember jedoch hielten es die Israelis aufgrund von Geheimdienstinformationen für wert, Niameh vom Boden aus anzugreifen, weil sie hofften, dort etwas Bestimmtes zu finden.

Es mag ein Versuch gewesen sein, Ahmed Jibril zu fangen. Auf jeden Fall wurde es eine blutige Angelegenheit, als sich Jibrils Guerillas wütend zur Wehr setzten. Während des Feuergefechts schickten die Israelis Hunde mit um den Leib gebundenen Sprengkörpern in die Basis; diese einzigartigen Hundebomben wurden dort gezündet, wo sich die Menschen zusammendrängten. Bei der Aktion wurde ein israelischer Offizier getötet, und Dutzende von Soldaten mußten schnellstens mit Helikoptern ausgeflogen werden. Dennoch bezeichnete Israel den Überfall auf Niameh seltsamerweise als Erfolg, was vermuten läßt, daß man irgend etwas Wichtiges über PFLP-GC-Operationen erfahren hatte, vielleicht sogar etwas über die Pläne der Dalkamoni-Gruppe in Deutschland.

Obgleich die Israelis also über Insider-Informationen verfügten – teils durch ihren »Maulwurf« oder ihre »Maulwürfe« innerhalb der PFLP-GC und teils durch den Anschlag auf Niameh –, reichten diese dem Mossad nicht, um den Pan-Am-Flug 103 am 21. Dezember besonders wachsam zu überprüfen. Selbst der beste Geheimdienst der Welt kann bei dem Versuch, jedes einzelne terroristische Verbrechen abzuwenden, gelegentlich versagen.

In der Regel sind die israelischen »Maulwürfe« im Lager des Feindes höchst wertvoll. Aber, wie eine geheime Studie der CIA aus dem Jahr 1976 ausführte: Die Offiziere des militärischen Abschirmdienstes (Aman) haben Schwierigkeiten beim Einsatz arabischer Agenten, die zu Übertreibungen neigen und häufig keine genauen Einzelheiten berichten. Darum drängen die Offiziere des militärischen Abschirmdienstes ihre arabischen Agenten, ihnen Fotografien, Karten und andere Beweisdokumente zu beschaffen. Darüber hinaus kontrollieren sie deren Berichte häufig durch andere Agenten in derselben Region.

Trotz der israelischen Warnungen während ihrer Ausbildung neigen arabische Agenten dazu, ihren Familien von ihrer Verbindung zum militärischen Abschirmdienst zu erzählen. Gelegentlich rekrutiert ein arabischer Agent seine gesamte Familie als Subagenten und versucht seinen Führungsoffizier dazu zu bringen, sie alle zu bezahlen. Die Israelis bezeichnen diese Subagenten als »nicht zweckmäßig«. Sie gefährden manchmal ganze Operationen, indem sie mit ihren Aktivitäten herumprahlen.[351]

Die CIA-Autoren wußten wahrscheinlich nicht, wie genau ihr Bericht das Verhalten einer bestimmten Familie wiedergab: der Shaheens in Ägypten. Gegen den Widerstand des israelischen Geheimdienstes und des Zensors enthüllten die israelischen Zeitungen im November 1989, wie Aman die in Kairo lebenden Palästinenser Ibrahim und Inshira Shaheen rekrutiert hatte. Es war eine normale Rekrutierung durch den militärischen Abschirmdienst ohne größere Bedeutung. Die Shaheens hatte man nach dem Krieg 1967 in der Sinai-Stadt El Arish angeworben. Doch erst nachdem sie in die ägyptische Hauptstadt umgezogen waren, wurden ihre Informationen für Aman interessant.

Sie lieferten ein paar gute Hinweise über die Kriegsvorbereitungen im Jahr 1973, aber in der damals in Israel herrschenden allgemeinen Sorglosigkeit nahm man sie nicht ernst. Die Shaheens wurden schließlich von der schwersten Krankheit befallen, die einen Spion treffen kann: Leichtsinn – eigener wie der der Führungsoffiziere. Ibrahim Shaheen wurde 1974 von den Ägyptern verhaftet und drei Jahre später gehängt. Seine Frau und seine drei Kinder kamen ins Gefängnis.

Nachdem der ägyptische Präsident Sadat und Menachim Begin ihre Friedensverhandlungen aufgenommen hatten, wurde die Familie in aller Stille freigelassen. Es gelang ihr, nach Israel zu kommen. Der Geheimdienst verhalf ihr unter dem Namen Ben-David zu einer jüdischen Identität und zu einem neuen Start. Aber die Shaheens litten an der für Exspione typischen Depression und beklagten sich öffentlich, daß sie nicht angemessen entschädigt und schäbig behandelt worden seien.

Der Shaheen-Fall unterstreicht die Debatte innerhalb der CIA über Israels Schwierigkeiten, Agenten in arabischen Ländern einzusetzen. Manche CIA-Agenten sagen, Israel sei ernsthaft gehandicapt, weil es mit Ausnahme Ägyptens keine Botschaften in arabischen Ländern habe, die es ihm ermöglichten, seine Spione unter diplomatischer Tarnung arbeiten zu lassen. Sie behaupten ferner, der Mossad tue sich schwer, »»Maulwürfe‹ in den obersten arabischen Gesellschaftsschichten zu gewinnen«, einschließlich sogenannter »walk-ins« wie Jonathan Pollard, die sich aus ideologischen Gründen freiwillig melden.

Der wertvollste »walk-in« war indessen ein »fly-in«. Muhammad Bassam Adel wurde der erste bekannte Deserteur Syriens. Er kam am 11. Oktober 1989. Adel war Major in der syrischen Luftwaffe und besonders willkommen, weil er seine sowjetische MIG 23 mitbrachte. Er war 34 Jahre alt und nicht verheiratet. Als er mit seinem Jet einen schmalen Luftkorridor nahe Megiddo im nördlichen Israel ansteuerte, ging er das Risiko ein, sowohl von seinen syrischen Kameraden als auch von den Israelis abgeschossen zu werden.

Verteidigungsminister Rabin und die Spitzenoffiziere des militärischen Abschirmdienstes eilten sofort an den Ort des Geschehens, um Adel zu verhören. Auf einer von Aman einberufenen Pressekonferenz behauptete der Syrer später, er sei aus eigenem Antrieb gekommen, weil er »in einem demokratischen Land leben wollte, wo die Menschen frei ihre Meinung sagen können«, und er habe vor dem dramatischen Flug »zu keinem Israeli Kontakt gehabt«.

Die syrischen Behörden erklärten, Adel habe seit Jahren für

den Mossad spioniert und das Flugzeug schlicht gestohlen. Israel jedoch schien über sein Auftauchen ehrlich verblüfft und ziemlich betreten, daß die Luftabwehr offensichtlich einen einzelnen MIG-Jäger nicht am Überfliegen seiner Grenzen hindern konnte.

Die Wahrheit ist komplizierter. Es ist absurd, daß ein syrischer Pilot um der Freiheit willen riskiert, von der berühmten israelischen Flugabwehr abgeschossen zu werden. Er hätte statt dessen in die Türkei oder nach Zypern fliegen und die NATO mit dem Geschenk seines Flugzeugs erfreuen können. Wahrscheinlich wurde Adel – ähnlich wie 1966 Munir Redfa – von einem israelischen Spion in Syrien rekrutiert. Adel erhielt später eine neue Identität und entsprechende Unterstützung für einen Neuanfang.

Was die Erklärung der israelischen Luftwaffe angeht, ihr Abwehrsystem werde überprüft, weil es die einkommende MIG 23 nicht entdeckt habe, scheint es eher so gewesen zu sein, daß die Radaranzeige falsch interpretiert wurde: Der israelische Geheimdienst wußte, daß Major Adel überlaufen würde, nur nicht wann. Falls er ein vorher vereinbartes Signal abgab, so wurde es offensichtlich nicht registriert. Insoweit hat die Luftabwehr technisch versagt. Es wäre weit schlimmer gewesen, wenn die Israelis Adels Maschine versehentlich abgeschossen hätten.

Sie bekamen jedoch ihr Geschenk, und die Aman-Experten überprüften glücklich jede Einzelheit der MIG 23. Die Russen hatten schon 1973 mit der Auslieferung an Syrien begonnen, aber Adels Flugzeug hatte bereits einige interessante elektronische Zusatzgeräte an Bord, die den Israelis eine Menge über die Nahkampf- und Bombardierungsmöglichkeiten sowjetischer Flugzeuge erzählten. Aman und Mossad boten die Informationen mit Vergnügen der amerikanischen Luftwaffe und der CIA an – ebenso wie die eigenhändige Inspektion der Maschine –, um so einigen Schaden wiedergutzumachen, der durch die Pollard-Affäre entstanden war.

Hier muß betont werden, daß der Nachrichtenaustausch das geheime Rückgrat der herzlichen Freundschaft zwischen Israel und den USA ist. Diese ist und bleibt für den jüdischen Staat lebenswichtig, und so verteidigt der Mossad seit der Pollard-Affäre und dem Irangate-Skandal eifersüchtig seine Führungsrolle in den geheimen Beziehungen zu den Amerikanern.

Der Mossad, der häufig die Rolle eines alternativen diplomatischen Dienstes übernimmt, hat Türen geöffnet und selbst enge Beziehungen zu Dutzenden von Ländern unterhalten, die ihr Verhältnis zu Israel lieber geheimhalten wollten. Dies wirft eine grundsätzliche Frage auf: Was ist daran so verwunderlich, wenn der Geheimdienst etwas tut, was normalerweise Sache des Außenministers wäre? Man könnte einwenden, daß es nicht viel Wert hat, heimliche Verbindungen zu Ländern zu unterhalten, die nicht so großherzig oder freundlich sind, offene diplomatische Beziehungen zu Israel einzugehen. Der Mossad verschafft diesen Nationen schlicht einen einfachen Ausweg: militärische, medizinische und wirtschaftliche Beratung von übereifrigen Israelis zu bekommen, ohne den wirtschaftlichen oder politischen Boykott der arabischen Welt zu riskieren.

In den meisten Fällen muß Israel damit leben, daß viele ausländische Staaten auf Geheimhaltung ihrer Beziehungen bestehen. Aus Angst, die Presse könnte etwas erfahren, lehnen sie Verhandlungen mit dem israelischen Außenministerium ab. Gleichzeitig aber ziehen sie ihren Vorteil aus der zweiseitigen Beziehung und setzen ein absolutes Vertrauen in den Mossad als den großen Bewahrer von Geheimnissen. Zu den betroffenen Ländern gehören China, Indonesien und Marokko.

Der Zwang zur Verteidigungsbereitschaft hat sich für den jüdischen Staat in den letzten vier Jahrzehnten nicht verändert. Der Staat ist nach wie vor von feindlichen Nationen umgeben, die zwar zunehmend bereit sind, Israels Existenz zu akzeptieren, aber weiterhin alles tun, um es zu schwächen. Die Kuwait-Krise hat die ersten Schritte der PLO zu einer diplomatischen Lösung der Probleme wieder zunichte gemacht.

Die Einwanderung jüdischer Immigranten ist für Israel weiterhin eine nationale Notwendigkeit. Die Ankunft einer großen Anzahl sowjetischer Juden zu Beginn der 90er Jahre wird als ein Triumph des »jüdischen« Geheimdienstes angesehen. Um gegen die arabische Welt bestehen zu können, muß Israel außerdem seine technologische und industrielle Überlegenheit weiter ausbauen, sei es durch eigene Erfindungen, sei es durch jene Art der Spionage, die die Spezialität von Lakam war.

Der israelische Geheimdienst war bislang stets äußerst erfolgreich in der Beschaffung von Informationen und Plänen. Auch in der Durchführung spezieller Missionen wie der Angriffe auf weit außerhalb Israels liegende Ziele gehört er zu den besten der Welt. Dagegen läßt der israelische Geheimdienst in der Aufarbeitung, Analyse und Bewertung der erlangten Informationen häufig zu wünschen übrig. Ferner bestehen nach wie vor Koordinationsprobleme in der Verteilung der Daten an die verschiedenen »Abnehmer« in den offiziellen israelischen Kreisen. Dies führte 1973 beispielsweise dazu, daß die Kriegsgefahr übersehen wurde.

In Israel ist es modern geworden, in einer brüsken Abkehr von dem einst automatischen Lob der Geheimdienste sie nun generell für alle unerwarteten und unliebsamen Entwicklungen verantwortlich zu machen. Einst als Prinzen geehrt, werden Israels Spione heute auf beunruhigende – und in der Regel unfaire – Weise als egoistische und leicht verwirrte »Gestrige« hingestellt. Der Mittlere Osten läßt keine einfachen Prognosen zu, aber heute scheint man zu glauben, die Geheimdienste brauchten nur einen Zauberstab zu schwingen, und alle unerledigten Probleme seien gelöst. Die israelischen Bürger sollten realisieren, daß der Nachrichtendienst nichts als ein Teil ihrer nationalen Politik ist. Wenn die Politik schlecht ist, kann auch der beste Geheimdienst der Welt sie nicht heilen.

Israel sollte von seinem Geheimdienst nicht mehr erwarten, als er ist: ein ausgezeichnetes Beispiel dafür, was eine kleine Nation mit beschränkten Mitteln tun kann, wenn sie diese bestmöglich nutzt. Die Geschichte der Nachrichtendienste hat beides gezeigt: die zwangsläufigen Grenzen und die maximalen Leistungen des Geheimdienstes.

ANHANG

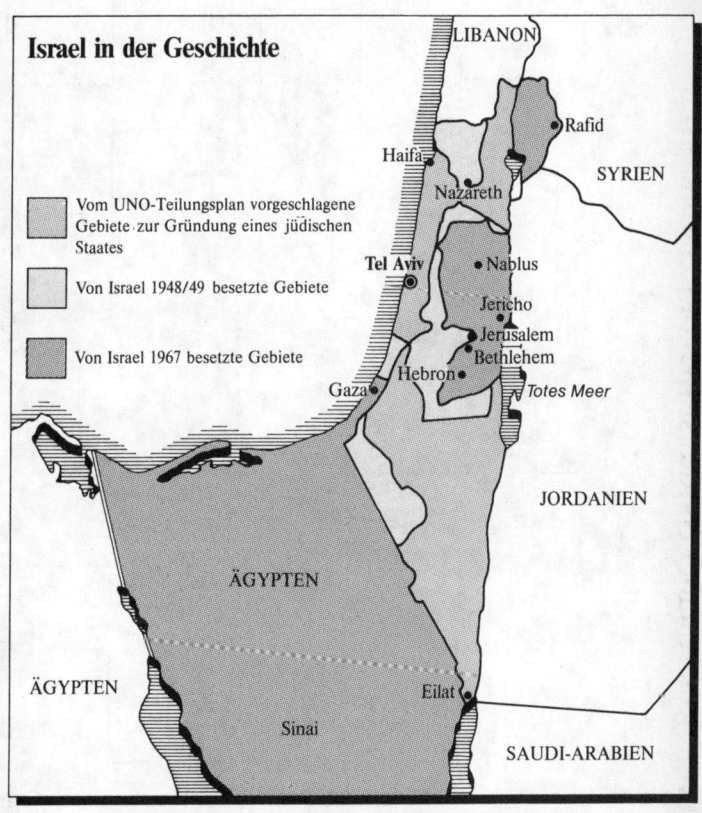

Israel in der Geschichte

LIBANON

Rafid

Haifa

SYRIEN

Nazareth

Vom UNO-Teilungsplan vorgeschlagene
Gebiete zur Gründung eines jüdischen
Staates

Von Israel 1948/49 besetzte Gebiete

Von Israel 1967 besetzte Gebiete

Tel Aviv

Nablus

Jericho

Jerusalem

Bethlehem

Hebron

Gaza

Totes Meer

JORDANIEN

ÄGYPTEN

ÄGYPTEN

Eilat

Sinai

SAUDI-ARABIEN

DIE STRUKTUR DER ISRAELISCHEN GEHEIMDIENSTE

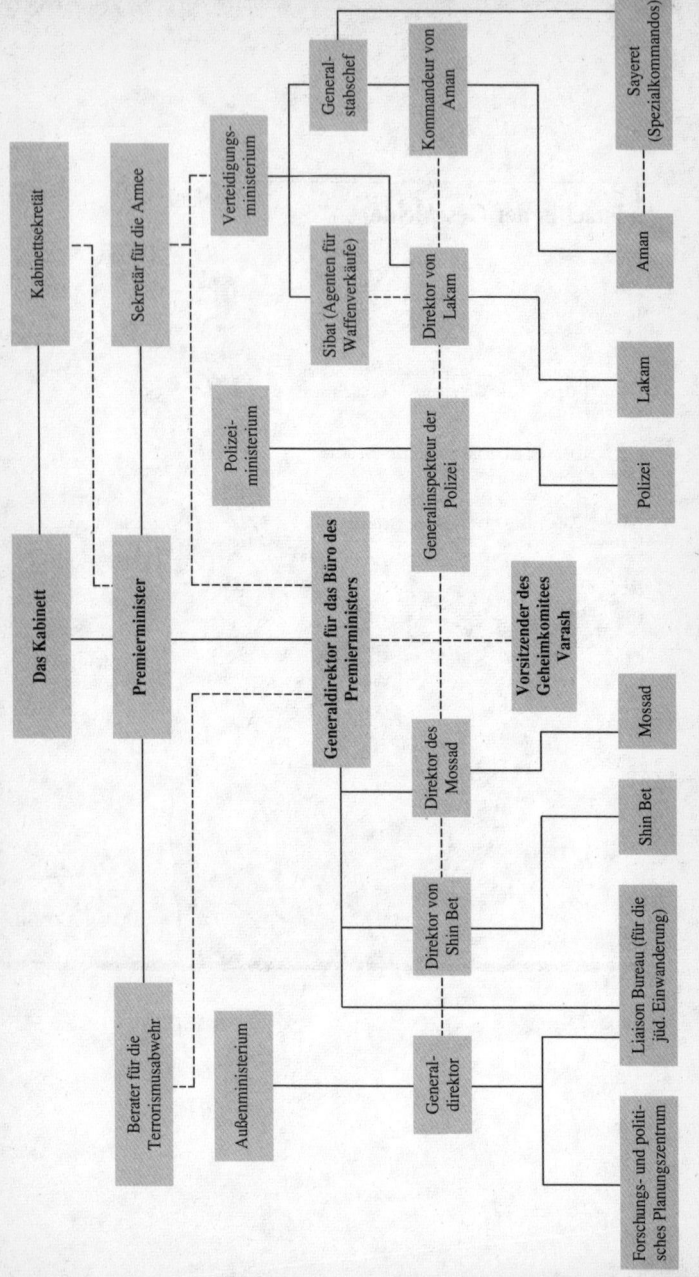

Befehlsebene ——— Koordinationsebene - - - - - - -

Die Führungspersönlichkeiten in den israelischen Geheimdiensten

Die Direktoren des Mossad

1951–1952	Reuven Shiloah
1952–1963	Isser Harel
1963–1968	Meir Amit
1968–1974	Zvi Zamir
1974–1982	Yitzhak Hofi
1982–1989	Nahum Admoni
1989–heute	Namensnennung durch israelisches Gesetz verboten

Die Kommandeure des militärischen Geheimdienstes (Aman)

1948–1949	Isser Beeri
1949–1950	Chaim Herzog
1950–1955	Binyamin Gibli
1955–1959	Yehoshafat Harkabi
1959–1962	Chaim Herzog
1962–1963	Meir Amit
1964–1972	Aharon Yariv
1972–1974	Eli Zeira
1974–1978	Shlomo Gazit
1979–1983	Yehoshua Saguy
1983–1985	Ehud Barak
1986–1991	Amnon Shahak

Die Direktoren von Shin Bet

1948–1952	Isser Harel
1952–1953	Izzy Dorot
1953–1963	Amos Manor
1964–1974	Yosef Harmelin
1974–1981	Avraham Ahituv
1981–1986	Avraham Shalom
1986–1988	Yosef Harmelin
1988–heute	Namensnennung durch israelisches Gesetz verboten

Die Direktoren von Lakam

1957–1981	Binyamin Blumberg
1981–1986*	Rafi Eitan

Die Vorsitzenden im Liaison Bureau (zuständig für die jüdische Einwanderung)

1953–1970	Shaul Avigur
1970–1981	Nehemiah Levanon
1981–1986	Yehuda Lapidot
1986–heute	David Bartov

Die Berater für Terrorismusabwehr des Premierministers

1972–1973	Aharon Yariv
1974–1977	Rehavam Ze'evi
1977–1978	Amichai Paglin
1978–1984	Rafi Eitan
1985–1988	Amiram Nir
1988–heute	Yigal Carmon

Das »Political Department« des Außenministeriums

1948–1951*	Boris Guriel

* Agentur aufgelöst

Anmerkungen

Prolog

1. Meir Amit, in: Zvi Ofer und Avi Kober (Hrsg.): *Intelligence and National Security* (Ma'arachot/Ministerium der Verteidigung, 1987), Seite 123–132.
2. Gazit, zitiert aus *Hadashot* [Tel Aviv], 28. Dezember 1986.
3. Amit, in: Ofer und Kober, *Intelligence and National Security,* Seite 123–132.
4. *Ha'ir* [israelische Wochenzeitung], 10. Oktober 1986.
5. The *Independent* [englische Tageszeitung], 26. August 1989, Seite 8.
6. *Koteret Rashit* [israelisches Magazin], 11. Juni 1986.
7. *Ma'ariv* [israelische Tageszeitung, Tel Aviv], 9. Mai 1989.
8. *Yediot Aharonot* [israelische Tageszeitung, Tel Aviv], 2., 9. und 16. Januar 1987.
9. Central Intelligence Agency: *Israel: Foreign Intelligence and Security Services* (Washington, März 1976); dieses Papier der CIA ist eine als »geheim« klassifizierte Studie, die von militanten islamischen Iranern nach der Besetzung der US-Botschaft in Teheran veröffentlicht wurde.

1. Erste Schritte

10. Hagai Eshed: *One-Man Mossad: Reuven Shiloah, Father of Israeli Intelligence* (Tel Aviv: Edanim/Yediot Aharonot, 1988), Seite 120.
11. Ebenda, Seite 31.
12. Abba Eban im Interview mit den Autoren am 27. August 1988.
13. Eshed: *One-Man,* Seite 42; siehe auch: Tom Segev: *1949: The First Israelis* (Jerusalem: Domino Press, 1984), Seite 34.
14. Eshed: *One-Man,* Seite 84–88.
15. Ebenda, Seite 14–16.
16. Herzl Ehrlich im Interview mit den Autoren am 19. September 1988; siehe auch: Stewart Steven: *The Spymasters of Israel* (New York: Ballantine Books, 1980), Seite 23; siehe ebenso: Ze'ev Schiff und Eitan Haber: *Israel, Army, and Defense: A Dictionary* (Tel Aviv: Zmora, Bitan, Modan, 1976), Seite 222–223.
17. Eshed: *One-Man,* Seite 120; siehe auch: Michael Bar-Zohar: *Isser Harel and Israel's Security Services* (Jerusalem: Weidenfeld and Nicolson, 1970), Seite 32–35.
18. Bar-Zohar: *Isser Harel,* Seite 40.
19. *Yediot Aharonot,* 7. April 1988.
20. Schiff und Haber: *Israel, Army, and Defense,* Seite 189.
21. Eshed: *One-Man,* Seite 127; siehe auch: Bar-Zohar, *Isser Harel,* Seite 62–64, sowie: Steven: *Spymasters,* Seite 33–39.
22. Eshed: *One-Man,* Seite 127–129.

23. Isser Harel: *Security and Democracy* (Jerusalem: Edanim/Yediot Aharonot, 1989), Seite 170–175.

24. Steven: *Spymasters,* Seite 39.

25. Eshed: *One-Man,* Seite 136; siehe auch: Interview der Autoren mit Asher Ben-Natan, 12. Dezember 1988.

26. Yaakov Frank im Interview mit den Autoren am 20. September 1988; siehe auch: *Ma'ariv,* 30. Januar 1984.

27. Shlomo Hillel: *East Wind: On a Secret Mission to the Arab Lands* (Edanim/Yediot Aharonot/Ministerium für Verteidigung, 1985).

28. Hillel: *Mission,* Seite 236–245; siehe auch: Howard M. Sachar: *A History of Israel* (New York: Alfred A. Knopf, 1985), Seite 398–399.

29. Sachar: *History,* Seite 403.

30. Aryeh (Lova) Eliav, ehemaliger israelischer Marineoffizier und Aliyah-B-Aktivist, im Interview mit den Autoren am 9. April 1989.

31. Segev: *1949: The First Israelis,* Seite 119–120.

32. Eshed: *One-Man,* Seite 137.

2. Kindheit

33. *Al Hamishmar* [israelische Tageszeitung] Wochenendmagazin, 5. September 1975; siehe auch: Harel: *Security and Democracy,* Seite 226–247.

34. Segev: *1949: The First Israelis,* Seite 292–294.

35. Ebenda, Seite 264.

36. Bar-Zohar: *Isser Harel,* Seite 264.

37. Ebenda, Seite 99.

38. Bar-Zohar: *Isser Harel,* Seite 106–108; siehe auch: Harel: *Security and Democracy,* Seite 199–215.

39. Harel: *Security and Democracy,* Seite 199–215.

40. Avri El-Ad: *Decline of Honor* (Chicago: Regency Books, 1976), Seite 282–284; siehe auch: Moshe Zak: *Israel and the Soviet Union: A Forty-Year Dialogue* (Tel Aviv: Ma'ariv-Buchgilde, 1988), Seite 301–302.

41. Yossi Melman: *The C.I.A. Report on the Intelligence Services of Israel* (Tel Aviv: Erez, 1982), Seite 61–63.

42. Ebenda, Seite 67; siehe auch: Stephen Green: *Taking Sides: America's Secret Relations with a Militant Israel* (New York: William Morrow, 1984), Seite 19, sowie: Bar-Zohar: *Isser Harel,* Seite 1–32 und: Harel: *Security and Democracy, Seite 41–69.*

43. *Ha'ir* [israelische Tageszeitung], 26. September 1986.

44. Interview mit Avraham Dar in *Yediot Aharonot,* 1. Januar 1988.

45. El-Ad: *Decline of Honor,* Seite 60–62; siehe auch: Aviezer Golan: *Operation Susannah* (New York: Harper and Row, 1978).

46. Miles Copeland: *The Game Player: Confessions of the CIA's Original Political Operative* (London: Aurum, 1989), Seite 61.

47. Interview mit Jean Bennett und ihrer Tochter Michele in: *Ha'aretz* [israelische Tageszeitung], 1. Januar 1988.

48. Avraham Dar in: *Yediot Aharonot,* 1. Januar 1988.

49. *Ha'aretz,* 1. Januar 1988.
50. Ibid, *Davar,* 26. November 1987.
51. Harel: *Security and Democracy,* Seite 41–69.

3. Nukleare Entwicklung und Lakam

52. Artikel von Mordecai Bar-On, einem engen Mit- und Zuarbeiter von Generalstabschef Moshe Dayan, in: *Yediot Aharonot,* 24. Oktober 1986.
53. *Ma'ariv, [israelische Tageszeitung], 24. Oktober 1986.*
54. Michael Bar-Zohar: *Bridge over the Mediterranean: Israeli-French Relations, 1947–1963* (Tel Aviv: Am Hasefer, 1965), siehe auch: Matti Golan, *The Road to Peace: A Biography of Shimon Peres* (New York: Warner Books, 1989), Seite 43. Hier werden in erster Linie die Ansichten von Peres widergespiegelt.
55. *Ma'ariv,* 5. Dezember 1986.
56. *Davar,* 29. Dezember 1986.
57. Green: *Taking Sides,* Seite 149–150.
58. Matti Golan: *Peres* (Tel Aviv: Schocken Books, 1982), Seite 54.
59. Ebenda, Seite 71–74; siehe auch: Golan: *Road to Peace,* Seite 52–55.
60. Peter Pringle und James Spiegelman: *The Nuclear Barons: The Inside Story of How They Created Our Nuclear Nightmare* (London: Michael Joseph, 1982), Seite 295–296; siehe auch: Golan: *Road to Peace,* Seite 5.
61. *Yediot Aharonot,* 29. Mai 1987.
62. Golan: *Road to Peace,* Seite 57–58.
63. Amos Perlmutter, Michael Handel und Uri Bar-Joseph: *Two Minutes over Baghdad* (London: Vallentine Mitchell and Company, 1982), Seite 26.
64. Harel: *Security and Democracy,* Seite 220–228; siehe auch: *Ma'ariv,* 4. Oktober 1989.
65. Pringle und Spiegelman: *Nuclear Barons,* Seite 296.
66. Interview der Autoren mit jenem Wissenschaftler, der zum eigenen Schutz anonym bleiben muß, im Januar 1988.

4. Strategische Allianzen

67. Eshed: *One Man,* Seite 164–165.
68. David C. Martin: *Wilderness of Mirrors* (New York: Harper and Row, 1980), Seite 10–12.
69. Martin: *Wilderness,* Seite 20.
70. Green: *Taking Sides,* Seite 19.
71. Martin: *Wilderness,* Seite 21, sowie Eshed: *One-Man,* Seite 163.
72. Harel: *Security and Democracy,* Seite 381–382.
73. Steven: *Spymasters,* Seite 32.
74. Siehe Yossi Melman und Dan Raviv: *Behind the Uprising: Israelis, Jordanians, and Palestinians* (Westport, Connecticut: Greenwood Press, 1989).
75. Avi Shlaim: *Collusion Across the Jordan* (Oxford: Oxford University

Press, 1988), Seite 423, sowie: Copeland: *Game Player,* Seite 93–101. Diese Verbindung des israelischen Geheimdienstes wurde im Verlauf eines Seminars an der Universität von Tel Aviv im April 1989 von Wissenschaftlern einschließlich Professor Itamar Rabinovich offenbart.

76. Aryeh (Lova) Eliav: *Rings of Testimony* (Tel Aviv: Am Oved, 1984), Seite 156–164.

77. Melman: *C.I.A. Report,* Seite 57; siehe auch: Eshed: *One-Man,* Seite 262–264; Bloch und Fitzgerald: *British,* Seite 113; Richard Deacon: *»C«: A Biography of Sir Maurice Oldfield, Head of MI 6* (London: Futura Books, 1985), Seite 113.

78. Samuel Segev: *The Iranian Triangle: The Secret Relations Between Israel-Iran-U.S.A.* (Tel Aviv: Ma'ariv Books, 1981), Seite 88.

79. Melman: *C.I.A. Report,* Seite 59–60.

80. Harel: *Security and Democracy,* Seite 392.

81. Siehe vor allem: Teresa Toronska: *Oni* (London: An-Eks, 1985).

82. Brief an Melman von Flora Lewis von der *New York Times,* 9. Mai 1989; sowie: Interview der Autoren mit einem langjährigen Journalisten von *Ma'ariv,* der mit Ben zusammenarbeitete, aber ungenannt bleiben wollte, April 1989.

83. Harel berichtete den Autoren am 28. Juni 1989, daß Israel das Dokument besorgte und über »übliche Kanäle« auch an die CIA weiterreichte. Siehe auch: Eshed: *One Man,* Seite 164.

84. *Guardian* [britische Tageszeitung], 13. Mai 1987.

85. William Colby und Peter Forbath: *Honorable Men: My Life in the CIA* (New York: Simon und Schuster, 1978), Seite 365; das Zitat stammt aus: John Ranelagh: *The Agency: The Rise and Decline of the CIA* (London: Weidenfeld and Nicolson, 1986), Seite 560–563.

86. Peter Wright: *Spycatcher: The Candid Autobiography of a Senior Intelligence Officer* (New York: Viking Penguin, 1987), Seite 346–347.

87. Ebenda, Seite 347.

88. Martin: *Wilderness,* Seite 57, sowie: Eshed: *One-Man,* Seite 160, und: *Washington Post,* 5. Dezember 1987.

89. *Ha'aretz,* 13. Mai 1988; siehe auch: Interview mit Harold (Kim) Philby in: *Sunday Times* (London), 22. Mai 1988; sowie: Chapman Pincher: *Their Trade Is Treachery* (London: Sidgwick and Jackson, 1981), Seite 14.

90. Pincher: *Their Trade Is Treachery,* Seite 186; siehe auch: Deacon: *»C«,* Seite 29, 69, 80, 230, 250–255.

91. Deacon: *»C«,* Seite 250.

92. Chapman Pincher: *Traitors: Labyrinths of Treason* (London: Sidgwick and Jackson, 1987), Seite 93.

93. William Colby im Interview mit den Autoren im Januar 1988.

5. Harel, der Kreuzfahrer

94. Bar-Zohar: *Isser Harel,* Seite 135–138.

95. Joshua Tadmor: *The Silent Warriors* (New York: Macmillan, 1970), Seite 93–95.

96. Bar-Zohar: *Isser Harel,* Seite 106–108 und 148.
97. *Yediot Aharonot,* 24. Oktober 1986.
98. Israel Beer: *Israel's Security: Yesterday, Today, Tomorrow* (Tel Aviv: Amikam, 1966), sowie: Isser Harel: *Soviet Espionage: Communism in Israel* (Tel Aviv: Edanim/Yediot Aharonot, 1987), Seite 93–169.
99. Harel: *Soviet Espionage,* Seite 169–175; *Ma'ariv,* 14. November 1986.
100. *Ha'ir,* 23. Oktober 1987; Harel: *Soviet,* Seite 65; *Davar,* 26. November 1984.
101. Eliav: *Rings,* Seite 165.
102. Ebenda, Seite 165.
103. Harel: *Soviet,* Seite 66; Ettinger: *Jump,* Seite 352.
104. Ettinger: *Jump,* Seite 356, sowie: Eliav: *Rings,* Seite 166–170.
105. Zak: *Dialogue,* Seite 301–302; Harel: *Soviet,* Seite 22.
106. Eliav: *Rings,* Seite 166–170.
107. *Ha'aretz,* 29. Mai 1987; *Yediot Aharonot,* 22. Januar 1988, sowie: Nachrichtenagentur Reuters, 28. Dezember 1988.
108. El-Ad: *Decline,* Seite 31.
109. Ebenda, Seite 267–268.
110. *Hadashot,* 14. November 1986; *Yediot Aharonot,* 4. Februar 1990.
111. Ebenda, Seite 3.
112. Harel: *Security and Democracy,* Seite 270–273; *Jerusalem Post* Magazin, 20. Januar 1989.
113. *Monitin* [israelisches Magazin], Mai 1987.
114. Nachrichtenagentur Reuters: »Israeli Who Captured Eichmann«, 6. April 1989.
115. Schiff und Haber: *Israel, Army, and Defense,* Seite 36–37; Dennis Eisenberg, Uri Dan und Eli Landau: *The Mossad: Inside Stories* (New York: Neue Amerikanische Bibliothek, 1978), Seite 177–198 und 212–227; Steven: *Spymasters,* Seite 130–139.
116. Peter Mann und Uri Dan: *Eichmann in My Hands* (Tel Aviv: Massada Publishers, 1987), Seite 164.
117. Nachrichtenagentur Reuters: »Israeli Who Captured Eichmann«, 6. April 1989.
118. *Monitin,* August 1986.
119. Yigal Mossensohn im Interview mit den Autoren am 6. Dezember 1988.
120. Ebenda, 6. Dezember 1988.
121. Steven: *Spymasters,* Seite 141–151; Eisenberg, Dan und Landau: *Mossad,* Seite 36–53.
122. *Matara* [israelisches Magazin], September 1989; *The Jewish Week* [New York]: »Nazi Said to Have Aided Israeli Spy Unit«, 29. September 1989.
123. Samuel Segev, einer der betroffenen Journalisten, im Interview mit den Autoren am 21. Oktober 1988; siehe auch: Bar-Zohar: *Isser Harel,* Seite 240.

6. Amit gestaltet den Mossad um

124. Eitan Haber: *War Will Break Out Today: Memoirs of Brigadier General Israel Lior, Aide-de-Camp to Prime Ministers Levi Eshkol and Golda Meir* (Tel Aviv: Edanim/Yediot Aharonot, 1988), Seite 62.
125. Ebenda, Seite 62.
126. Steven: *Spymasters,* Seite 158, 180 und 186–187; Yair Kotler: *Joe Returns to the Limelight* (Tel Aviv: Modan, 1988), Seite 40.
127. Kotler: *Joe Returns,* Seite 61; Haber: *Lior,* Seite 62, sowie: *Yediot Aharonot,* 16. Oktober 1987.
128. Kotler: *Joe Returns,* Seite 66–68; Harel in: *Yediot Aharonot,* 16. Oktober 1987.
129. Kotler: *Joe Returns,* Seite 61; Steven: *Spymasters,* Seite 186–187.
130. Ein langjähriger Mossad-Agent, der anonym bleiben möchte, im Interview mit den Autoren 1988.
131. Yitzhak Shamir im Interview mit Melman am 10. September 1987.
132. Kotler: *Joe Returns,* Seite 45.
133. Steven: *Spymasters,* Seite 188–193; Melman: *C.I.A. Report.*
134. *Hadashot,* 23. Juli 1987.
135. *Ha'ir,* 2. September 1988.
136. *Yediot Aharonot,* 3. Mai 1987.
137. *Ha'ir,* 2. September 1988.
138. Melman: *C.I.A. Report,* Seite 41–56; Walter Laqueur: *A World of Secrets: The Use and Limits of Intelligence* (New York: Basic Books, 1985), Seite 220.
139. Steven: *Spymasters,* Seite 188–193.
140. Eisenberg, Dan und Landau: *Mossad,* Seite 51–65.
141. Ebenda, Seite 60–61.
142. Ebenda, Seite 61; Steven: *Spymasters,* Seite 214–220.
143. Samuel Segev: *Alone in Damascus: The Life and Death of Eli Cohen* (Jerusalem: Keter, 1986), Seite 60.
144. Wolfgang Lotz: *The Champagne Spy* (New York: St. Martin's Press, 1972), Seite 14. Weitere Informationen und Zitate stammen von folgenden Stellen: Seite 17, 19, 21, 26, 83, 106, 111, 115–117 sowie 157.
145. Diese Forderung erscheint in: E. H. Cookridge: *Gehlen: Spy of the Century* (New York: Random House, 1971), zitiert nach: Steven: *Spymasters,* Seite 171.

7. Der Weg in den Krieg

146. Copeland: *Game Player,* Seite 180–182.
147. »Frontlinie« Dokumentation, Public Broadcasting Service (PBS), 16. Mai 1989.
148. Laqueur: *Intelligence,* Seite 22; Melman: *C.I.A. Report,* Seite 46, 56 und 58; Bloch und Fitzgerald: *British,* Seite 162–163.
149. *Yediot Aharonot,* 2., 9. und 16. Januar 1987; *Ma'ariv,* 24. Oktober 1986.

150. Melman: *C.I.A. Report; Ma'ariv,* sowie: *Observer,* 15. März 1988.

151. Steven: *Spymasters,* Seite 240–252; siehe auch: *Monitin* (die *Time* zitierend), 29. Dezember 1975.

152. *Monitin,* Juni 1987.

153. *Yediot Aharonot,* 16. und 19. Oktober 1987.

154. Ebenda, 19. Oktober 1987.

155. James Bamford: *The Puzzle Palace* (Boston: Houghton Mifflin, 1987), Seite 284–292.

8. Shin Bets erfolgreichste Zeit

156. Ehud Yaari: *Fatah* (Tel Aviv: Levin-Epstein Books, 1970), Seite 101–102.

157. Ebenda, Seite 90–91; David Ronen: *The Year of the Shabak* (Tel Aviv, 1989).

158. Haber: *Lior,* Seite 130–131.

159. *Ma'ariv,* 7. April 1988.

160. Haber: *Lior,* Seite 130–131.

161. Shlomo Gazit: *The Stick and the Carrot: The Israeli Administration in Judea and Samaria* (Tel Aviv: Zmora Bitan, 1985), Seite 107, 133, 223 und 284.

162. Melman: *C.I.A. Report,* Seite 93.

163. Ebenda, Seite 93.

164. Ebenda, Seite 93.

165. Yaari: *Fatah,* Seite 91–103.

166. David Grossman: *The Yellow Wind* (Jerusalem: Keter, 1987) [hebräische Ausgabe]; siehe auch: *Koteret Rashit* »The Swiss Scenery«, 29. April 1987.

167. *Hadashot,* 6. November 1987.

168. *Hadashot,* 19. Juni 1987.

169. Yossi Melman und Dan Raviv: »Expelling Palestinians«, in: *Washington Post,* 7. Februar 1988.

170. Haber: *Lior,* Seite 324.

171. *Ma'ariv,* 2. Februar 1989.

172. Haber: *Lior,* Seite 328–330.

173. Steven: *Spymasters,* Seite 304–305; ebenso: Haber und Schiff: *Israel, Army, and Defense,* Seite 195.

174. Haber: *Lior,* Seite 343–344; Haber und Schiff: *Israel, Army, and Defense,* Seite 74.

175. *International Herald Tribune* und *Washington Post,* 22. April 1988; siehe auch: *Hadashot,* 2. Dezember 1988.

176. Haber und Schiff: *Israel, Army, and Defense,* Seite 322–323; *Daily Express* [London]: »*Israel Stole Seven Tons of Secrets*«, 3. Januar 1970.

177. Yoel Marcus war der erste Journalist, der die Aktivitäten des Komitees »X« aufdeckte. In: *Ha'aretz,* 10. Juni 1986.

178. Details der Vorgehensweise können gefunden werden bei: David B.

Tinning und Dag Christensen: *The Hit Team* (London: Futura Books, 1977).

179. Michael Bar-Zohar und Eitan Haber: *The Ouest for the Red Prince* (London: Weidenfeld and Nicolson, 1983), Seite 215–221: Steven: *Spymaster,* Seite 339–352; David Ignatius in: *Wall Street Journal,* 10. Februar 1983.

180. *Ma'ariv,* 19. April 1987; Steve Posner: *Israel Undercover: Secret Warface and Hidden Diplomacy in the Middle East* (Syracuse, N. Y.: Syracuse University Press, 1987), Seite 20–78.

9. Die Geheimwaffe

181. Golan: *Road to Peace,* Seite 73.

182. *Ha'aretz,* 5. Januar 1978.

183. *Washington Post,* 5. Dezember 1987.

184. United Press International, 14. Juni 1986.

185. Pringle und Spiegelman: *Nuclear Barons,* Seite 297. Die vollständige Geschichte wurde veröffentlicht in: Elaine Davenport, Paul Eddy und Peter Gillman: *The Plumbat Affair* (London: Andre Deutsch, 1978). Siehe auch: *Ha'aretz,* 26. Juni 1978.

186. *Ha'aretz,* 5. Januar 1978.

187. Melman: *C.I.A. Report,* Seite 52.

188. *Ha'aretz,* 17. April und 22. Mai 1978.

189. Memorandum des israelischen Verteidigungsministeriums zum Treffen von Weizman und Turfanian am 18. Juli 1977 in Tel Aviv, das als »Streng geheim« klassifiziert von den militanten islamischen Besetzern der Teheraner US-Botschaft 1979 veröffentlicht wurde.

190. *Ma'ariv,* 20. September 1988; ebenso: Perlmutter, Handel und Bar-Joseph: *Two Minutes over Baghdad,* Seite 46.

191. Steven: *Spymasters,* Seite 210–220; Eisenberg, Dan und Landau: *Mossad,* Seite 77–98 und 212–227.

192. Die hier erstmals veröffentlichte Geschichte von Lakam wurde den Autoren durch »Quellen« ermöglicht, die anonym bleiben wollten.

10. Überrascht von Krieg und Frieden

193. *Ha'ir,* 2. Oktober 1987; Haber und Schiff: *Israel, Army, and Defense,* Seite 219.

194. Bamford: *Puzzle Palace.*

195. Melman: *C.I.A. Report,* Seite 69–75.

196. Richard Nixon: *R. N.: The Memoirs of Richard Nixon,* Bd. 2 (New York: Warner Books, 1978), Seite 475.

197. Sadat, zitiert in: Marvin Kalb und Bernard Kalb: *Kissinger* (New York: Dell Publishing, 1975), Seite 514.

198. Haber: *Lior,* Seite 20; ebenso: Yoel Ben-Porat in: *Al Hamishmar,* 20. September 1988.

199. Dayan berichtete dies israelischen Zeitungsherausgebern am 8. Oktober 1973; siehe auch: Perlmutter: *Two Minutes,* Seite 43−49.
200. *Koteret Rashit,* 16. November 1988.
201. Perlmutter: *Two Minutes,* Seite 43−51.
202. *Davar,* Wochenbeilage, 7. Dezember 1987.
203. Als »geheim« klassifizierter und von islamischen Besetzern der Teheraner US-Botschaft veröffentlichter Bericht der CIA über die israelischen Geheimdienste.
204. Melman: *C.I.A. Report,* Seite 101−104.
205. Melman und Raviv: *Behind the Uprising.*
206. Bob Woodward: *Veil: The Secret Wars of the CIA 1981−1987* (New York: Simon und Schuster, 1987), Seite 381; dies wurde zuvor bereits durch einen Kollegen von Bob Woodward bei der *Washington Post,* Don Oberdorfer, veröffentlicht.
207. Woodward: *Veil,* Seite 308, sowie: Steven: *Spymasters,* Seite 240.
208. Haber und Schiff: *Israel, Army, and Defense,* Seite 203.
209. Siehe: William Stevenson: *90 Minutes at Entebbe* (New York: Bantam Books, 1976).
210. Kol Israel radio report, 8. Juni 1983.
211. Ali erzählte die Episode dem israelischen Offiziellen Dan Pattir, der sie später an *Ma'ariv* weitergab: *Ma'ariv,* 22. November 1987.
212. Moshe Dayan: *Breakthrough: A Personal Account of the Egypt-Israel Peace Negotiations* (New York: Alfred A. Knopf, 1981), Seite 43−44 und 52.
213. Generalmajor Shlomo Gazit in: *Ma'ariv,* 7. Januar 1983.
214. Ze'ev Schiff: *A History of the Israeli Army* (New York: Macmillan, 1985), Seite 204.

11. Zum Nutzen der Juden

215. Tudor Parfitt: *Operation Moses* (New York: Stein and Day, 1985), als Serie veröffentlicht in: *Yediot Aharonot,* 25. Oktober 1985.
216. Ebenda, sowie: in einem Interview von Yehiel Kadishai mit den Autoren am 31. Oktober 1988.
217. Ettinger: *Jump,* Seite 378 und 390.
218. *Ha'ir,* 23. Oktober 1987.
219. *Ha'aretz,* 11. Januar 1988, sowie: Ilya Dzhirkvelov: *Secret Servant: My Life with the KGB and the Soviet Elite* (London: Collins, 1987), Seite 244−249.
220. Pincher: *Traitors,* Seite 98; *Ha'aretz,* 1. Dezember 1982.
221. *Ma'ariv,* 4. November 1988.
222. Ebenda, sowie: *Ha'aretz,* 11. Januar 1988.
223. *Al Hamishmar,* 15. Mai 1988; *Yediot Aharonot,* 26. Februar und 15. Mai 1988; *Davar,* 6. Dezember 1988; *CB Weapons Today* (Stockholm: Stockholm International Peace Research Institute, 1973), Jahrgang 2:242.
224. Ettinger: *Jump,* Seite 13.

225. Ebenda, Seite 386; Harel: *Soviet,* Seite 24 und 25.
226. *Ma'ariv,* 19. Oktober 1987; Ettinger: *Jump,* Seite 386.
227. *Ha'aretz,* 18. November 1988.
228. Kadishai im Interview mit den Autoren.
229. *Koteret Rashit,* 30. Oktober 1985; *Yediot Aharonot,* 25. Oktober und 2. November 1985.
230. *Koteret Rashit,* 30. Oktober 1985; *Ma'ariv,* 3. November 1988.

12. Das Zeitalter der Abenteurer

231. Bericht des Shin-Bet-Mitarbeiters Noam Federman in: *Ma'ariv,* 13. Mai 1988.
232. Ariel Sharon: *Warrior: The Autobiography of Ariel Sharon* (New York: Simon and Schuster, 1989), Seite 84.
233. Haber und Schiff: *Israel, Army, and Defense,* Seite 462 sowie 521–523; Sharon: *Warrior,* Seite 84–91.
234. Sharon: *Warrior,* Seite 260–262.
235. Shlomo Nakdimon: *Tammuz in Flames* (Jerusalem: Edanim/Yediot Aharonot, 1986), Seite 38–47; siehe auch: Perlmutter: *Two Minutes,* Seite 58–60.
236. Nakdimon: *Tammuz,* Seite 88; Perlmutter: *Two Minutes,* Seite 69–70.
237. Perlmutter: *Two Minutes,* Seite 69–70; *Yediot Aharonot,* 16. Oktober 1987.
238. Nakdimon: *Tammuz,* Seite 83 und 100.
239. Zitiert von verschiedenen Kabinettsmitgliedern 1980, die nicht genannt werden wollten.
240. *Washington Post,* 31. Mai 1987.
241. Avraham Tamir im Interview mit den Autoren am 28. November 1988.
242. *Ha'aretz,* 18. Juni 1981.
243. *Ma'ariv,* 22. Juni 1981.
244. Nakdimon: *Tammuz,* Seite 294 und 295.
245. Rede vom damaligen israelischen Verteidigungsminister Ariel Sharon am 7. November 1981 im »Jaffee Center for Strategic Studies« an der Universität von Tel Aviv.
246. *Davar,* 22. April 1984.
247. Sharon: *Warrior,* Seite 416. Zusätzliche Details wurden von weiteren Informanten preisgegeben, die an den geheimen Treffen teilnahmen und ungenannt bleiben wollten.
248. Die »Torpedierung« des Sudan-Iran-Projektes durch den Mossad wurde einem der Autoren durch eine vertrauenswürdige Quelle bekannt gemacht.
249. Woodward: *Veil,* Seite 204–212.
250. Shimon Shiffer: *Snow Ball: The Story Behind the Lebanon War* (Jerusalem: Edanim/Yediot Aharonot, 1984).
251. Sharon: *Warrior,* Seite 443.
252. Thomas Friedman: *From Beirut to Jerusalem* (New York: Harper and Row, 1989), Seite 139.

253. Sharon: *Warrior,* Seite 444 und 449.
254. Ebenda, Seite 452−454.
255. Ebenda, Seite 455.
256. Ebenda, Seite 499.
257. Ebenda, Seite 502.
258. *Ha'aretz,* 14. August und 10. Oktober 1983 sowie 25. Januar 1984.
259. Verschiedene israelische Zeitungsveröffentlichungen vom 15. bis 25. Februar 1983.

13. Morde und Vertuschungen

260. *Hadashot,* 23. September 1987.
261. Alex Libak im Interview mit den Autoren am 13. November 1988.
262. *Koteret Rashit,* 28. Mai 1986.
263. Ebenda.
264. Ebenda.
265. Bericht der Karp-Kommission, von der israelischen Regierung am 30. Dezember 1987 veröffentlicht.
266. *Washington Post,* 12. April 1987.
267. *Hadashot,* 23. September 1987.
268. *Yediot Aharonot,* 29. Mai 1987.
269. *Yediot Aharonot,* 2. Juni 1987.
270. *Yediot Aharonot,* 29. Mai 1987.
271. *Yediot Aharonot,* 11. November 1987.
272. *Koteret Rashit,* 2. Dezember 1987.
273. Bericht der Landau-Kommission, von der israelischen Regierung am 1. Dezember 1987 veröffentlicht.

14. Ein Spion in Amerika

274. *Washington Post,* 24. November 1985.
275. *New York Times,* 27. November 1985, sowie: *Washington Post,* 30. November 1985; Brief von Jonathan J. Pollard an die Autoren vom November 1990.
276. *U. S. News and World Report* [amerikanische Wochenzeitung], 1. Juni 1987; siehe auch: Pollard-Brief an die Autoren.
277. *Washington Post,* 30. Oktober 1986; *Ha'aretz, Davar* und *Al-Hamishmar,* 2. November 1986.
278. Wolf Blitzer: *Territory of Lies* (New York: Harper and Row, 1989), Seite 90 und 91.
279. Ebenda, Seite 96 sowie 130 und 131.
280. Blitzer: *Territory of Lies,* Seite 169.
281. *Washington Post,* 23. November 1985.
282. *U. S. News and World Report,* 1. Juni 1987.
283. *Washington Post,* 7. Juni 1986.
284. Blitzer: *Territory of Lies,* Seite 142−144.
285. Los Angeles Times, 27. November 1985.

286. CIA: *Israel: Foreign Intelligence* [»Secret«], Seite 9.
287. *Time,* 16. März 1987.
288. *Washington Post* und *New York Times,* 21. Dezember 1985.
289. *Hadashot,* 15. März 1987.
290. *Los Angeles Times,* 7. März 1987.
291. *Christian Science Monitor* und *Los Angeles Times,* 4. März 1987.

15. Das Chaos von Irangate

292. Stephen Green: *Living by the Sword: America and Israel in the Middle East, 1968–1987* (London: Faber and Faber, 1988), Seite 218.
293. Haber und Schiff: *Israel, Army, and Defense,* Seite 502.
294. BBC Television, »Panorama«, 1. Februar 1982.
295. Kimche im Interview mit: *Yediot Aharonot,* 2. Januar 1987.
296. Die Autoren haben Ghorbanifars für den Mossad verfaßte Studie gelesen und verarbeitet.
297. *Davar,* 12. Dezember 1986.
298. *New York Times,* 3. Dezember 1988; *Washington Post,* 2. und 3. Dezember 1988.
299. Die Reihenfolge der Ereignisse im Iran wurde den Autoren von verschiedenen Quellen berichtet, die an den einzelnen Geschehnissen teilnahmen und sogar im Besitz einiger bedeutender Dokumente waren, gleichzeitig jedoch auf ihrer Anonymität bestanden.

16. Geschäfte um jeden Preis

300. *Christian Science Monitor,* 27. Dezember 1982.
301. CBS-Abendnachrichten, 20. Februar 1980.
302. NBC-Nachtnachrichten, 25. Oktober 1989; *New York Times,* 27. Oktober 1989.
303. *The Military Balance 1981/82* (London: International Institute of Strategic Studies, 1982).
304. Aaron Klieman: *Israel's Global Reach: Arms Sales as Diplomacy* (McLean, Virginia: Pergamon-Brassev's, 1985), Seite 2–7.
305. Yossi Melman und Dan Raviv: »Israel's Other Arms Deal«, *Washington Post,* 30. November 1986.
306. *Los Angeles Times,* 4. August 1988.
307. *Christian Science Monitor,* 24. April 1986.
308. Harari erschien am 6. Januar 1990 im israelischen Fernsehen. *Ha'ir,* 5. Juni 1987; *Ma'ariv,* 22. Januar 1988.
309. Jonathan Marshall, Peter Dale Scott und Jane Hunter: *The Iran-Contra Connection* (Boston: South End Press, 1987), Seite 115–120.
310. Yair Klein im Interview mit dem israelischen Fernsehen am 25. August 1989.
311. *Ma'ariv,* 25. April 1988.

17. Der Atomverräter

312. Vanunu erzählte seine Geschichte der *Sunday Times* [London], 5. Oktober 1986.
313. *Hadashot* und *Yediot Aharonot*, 3. November 1986.
314. Ebenda.
315. Reverend John McKnight im Interview mit den Autoren am 16. Dezember 1986.
316. *Sunday Times,* 5. Oktober 1986.
317. *Sunday Mirror* [London], 29. September 1986.
318. *Sunday Times,* 16. November 1986.
319. Ebenda, sowie durch Gespräche der Autoren mit dem über die Geschichte berichtenden Journalisten-Team der *Sunday Times.*
320. Ebenda.
321. *Sunday Times,* 16. November 1986.
322. *Jerusalem Post,* 9. November 1986.
323. *Jerusalem Post,* 9. August 1987.
324. *Yediot Aharonot,* 28. März 1988.
325. *Sunday Times,* 21. Februar 1988.
326. Haber und Schiff: *Israel, Army, Defense,* Seite 416; London *Daily Telegraph,* 16. Juni 1988.
327. London *Daily Star,* 18. August 1987; *Sunday Telegraph,* 8. Mai und 24. Juli 1988; *Daily Telegraph* und *Independent,* 16. Juni 1988; *Daily Mail,* 17. Juni 1988; *Guardian,* 18. Juni 1988.
328. *Ma'ariv,* 23. Februar 1988.
329. *Economist,* 24. September 1988.

18. Der Tod der Informanten

330. *Jerusalem Post,* 26. Februar 1988; *Los Angeles Times,* 27. Februar 1988; *Washington Post,* 1. März 1988.
331. *New York Times,* 17. Februar 1988.
332. *Washington Post,* 17. April 1988.
333. *Sunday Times,* 24. April 1988.
334. Ebenda.
335. Nachrichtenagentur Reuters, 5. und 7. November 1988.
336. Der für die Operation verantwortliche und zurückgetretene General Ariel Sharon veröffentlichte die Details in einem Interview für die *New York Times,* das in *Ma'ariv* am 10. November 1988 nachgedruckt wurde.
337. Nachrichtenagentur Reuters am 24. August und 7. September 1989.

19. Eine Welt ohne Vertrauen

338. Victor Ostrovsky und Claire Hoy: *By Way of Deception* (New York: St. Martin's, 1990).
339. »Role of the Israeli Military Censor«, *Jane's Defence Weekly,* 26. August 1989, Seite 348–349.

340. *Ma'ariv,* 24. März 1988; *Yediot Aharonot* und *Ma'ariv,* 24. Februar 1989.

341. Der Journalist war der für den *Washington Star* schreibende David Halevy.

342. Das Netzwerk war ABC, und der Zensor hatte keine Beweise, daß dessen Nachrichtenkorrespondent in Israel hinter der Enthüllung stand.

343. *Jane's Defence Weekly,* 26. August 1989, Seite 349.

344. CIA: *Israel: Foreign Intelligence* [»Secret«], Seite 9.

345. Die israelische Version der Pollard-Affäre wurde in der *New York Times* vom 29. November 1985 dargelegt; die wichtigen Akteure in dieser Episode wurden von den Autoren interviewt.

346. Glenn Frankel von der *Washington Post* und Martin Fletcher von NBC verloren 1988 zeitweise ihre von der Regierung gewährte Presse-Akkreditierung, weil sie berichteten, daß Israel Abu Jihad in Tunis ermordet hatte. Ähnliche Maßnahmen wurden noch im gleichen Jahr gegen Paul Taylor und Steve Weizman von der Nachrichtenagentur Reuters für ihre Berichte über israelische Kommandos in der West Bank ergriffen. Auch Beispiele aus früheren Jahren lassen sich nennen, so der Fall von einem der beiden Autoren, Dan Raviv von CBS News, oder Tony Hatch von CBS Radio.

347. *Ha'aretz,* 1. September 1982.

348. *Ha'aretz,* 31. Dezember 1989; *Yediot Aharonot,* 5. Januar 1990.

20. Der Weg in die Zukunft

349. General Avraham Botzer, ein früherer Kommandeur der israelischen Marine, im israelischen Fernsehen am 6. Dezember 1990.

350. BBC Television, »Panorama«, 11. September 1989.

351. CIA: *Israel: Foreign Intelligence* [»Secret«], Seite 40.

 **HEYNE** BÜCHER

HEYNE SACHBUCH

Große Autoren und ihre Sachbuch-Klassiker

FREDERIC **VESTER** **Leitmotiv vernetztes Denken** Für einen besseren Umgang mit der Welt Erstmals im Taschenbuch

19/109

Horst-Eberhard **Richter** **Die hohe Kunst der Korruption** Erkenntnisse eines Politik-Beraters

19/158

Erwin Wickert **DER FREMDE OSTEN** China und Japan gestern und heute Erstmals im Taschenbuch – erweitert und aktualisiert

19/102

Lois Fisher-Ruge **Meine armenischen Kinder**

19/155

PETER **SCHOLL-LATOUR** **Der Ritt auf dem Drachen** Indochina – von der französischen Kolonialzeit bis heute Erstmals im Taschenbuch

19/98

KARLHEINZ DESCHNER **DAS KREUZ MIT DER KIRCHE** EINE SEXUALGESCHICHTE DES CHRISTENTUMS 12. erweiterte und aktualisierte Neuausgabe

19/16

EUGEN **KOGON** **DER SS-STAAT** DAS SYSTEM DER DEUTSCHEN KONZENTRATIONSLAGER

19/9

Robert Jungk Norbert R. Müllert **Zukunfts werk stätten** Mit Phantasie gegen Routine und Resignation

19/73

Wilhelm Heyne Verlag München

HEYNE BIOGRAPHIEN

Biographien zum Thema Wissenschaft

12/134

12/30

12/98

12/106

12/191

Wilhelm Heyne Verlag
München

Das
Portrait

Renommierte Journalisten
über Personen
unserer Zeitgeschichte

EVELYN ROLL
OSKAR LAFONTAINE

19/500

ORTWIN RAMADAN
VÁCLAV HAVEL

19/501

B. KERNECK·SAMSON
BORIS JELZIN

19/504

ULRICH ENCKE
SADDAM HUSSEIN

19/505

H. J. JAKOBS/U. MÜLLER
RUDOLF AUGSTEIN

19/507

ANDREAS STEINMANN
EDZARD REUTER

19/508

LUDGER FERTMANN
BJÖRN ENGHOLM

19/509

Wilhelm Heyne Verlag München

HEYNE SACHBUCH

Unentbehrliche und in ihrer Art einmalige Lexika

19/174

19/149

19/129

19/68

19/43

19/157

19/39

19/101

Wilhelm Heyne Verlag München

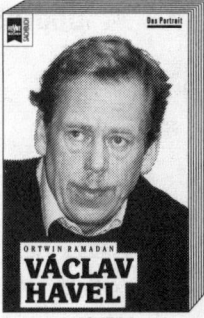